Der öffentliche Sektor

Ewald Nowotny · Martin Zagler

Der öffentliche Sektor

Einführung in die Finanzwissenschaft

6., aktualisierte und erweiterte Auflage

Ewald Nowotny
Österreichische Gesellschaft für Europapolitik
Wien, Österreich

Martin Zagler
Wirtschaftsuniversität
Wien, Österreich
Università del Piemonte Orientale
Novara, Italien

ISBN 978-3-658-36041-2 ISBN 978-3-658-36042-9 (eBook)
https://doi.org/10.1007/978-3-658-36042-9

Die Deutsche Nationalbibliothek verzeichnet diese Publikation in der Deutschen Nationalbibliografie; detaillierte bibliografische Daten sind im Internet über http://dnb.d-nb.de abrufbar.

Planung/Lektorat: Nora Valussi
Springer Gabler ist ein Imprint der eingetragenen Gesellschaft Springer Fachmedien Wiesbaden GmbH und ist ein Teil von Springer Nature.
Die Anschrift der Gesellschaft ist: Abraham-Lincoln-Str. 46, 65189 Wiesbaden, Germany

Vorwort zur 6. Auflage

Zwölf Jahre, in denen es auch zu beruflichen Veränderungen im Leben der beiden Autoren gekommen ist, sind seit der letzten Auflage dieses Lehrbuches vergangen. Vonseiten des Verlages wurde erfreulicher Weise weiterhin Interesse an unserem Lehrbuch registriert und so haben wir uns entschlossen, eine neue, überarbeitete Auflage herauszugeben. Diese Auflage berücksichtigt die vielfachen Veränderungen, die sich in den vergangenen Jahren in den Bereichen der Finanzwissenschaft und der Finanzpolitik ergeben haben. Beispiele dafür sind etwa die Diskussion um das Verhältnis von Geld- und Finanzpolitik und die wachsende Bedeutung des öffentlichen Sektors im Bereich der Umweltpolitik.

Eine Vielzahl von Personen haben bei der Entstehung dieses Buches über die Jahre mitgewirkt, und wir möchten uns an dieser Stelle bei Christian Scheer, Walpurga Köhler-Töglhofer, und Herbert Walther bedanken. Vonseiten des Verlags haben seit dem Abgang von Werner Müller, Nora Valussi und Merle Kammann die Betreuung übernommen, wofür wir uns herzlich bedanken möchten.

Wien
Oktober 2021

Ewald Nowotny
Martin Zagler

Inhaltsverzeichnis

Über die Autoren

Ewald Nowotny ist Universitätsprofessor i.R. der Wirtschaftsuniversität Wien, wo er das Institut für Finanz-und Geldpolitik leitete. Er war bzw. ist auch an den Universitäten Linz, Harvard, der Australian National University Canberra, und der Central European University tätig und erhielt ein Ehrendoktorat der Universität Klagenfurt. 2008 bis 2019 war er Gouverneur der Oesterreichischen Nationalbank und Mitglied des EZB-Rates.

Martin Zagler ist ordentlicher Universitätsprofessor für Wirtschaftspolitik an der Universität des östlichen Piemonts (Italien) und außerordentlicher Universitätsprofessor an der Wirtschaftsuniversität Wien. Er war unter anderem am Europäischen Hochschulinstitut, am University College in London und in Harvard tätig.

1 Finanzwissenschaft – Wirtschaftstheoretische und gesellschaftspolitische Grundlagen

Lernziele

- Ökonomische Analysen des öffentlichen Sektors einer Volkswirtschaft können unter unterschiedlichen wirtschaftstheoretischen Perspektiven erfolgen. Von Bedeutung sind hier insbesondere die Ansätze der neoklassischen Theorie, der (neo-)keynesianischen Theorie und die Ansätze der Institutionellen und der Verhaltensökonomie.
- Die „Multiple Theorie des öffentlichen Haushaltes" unterscheidet hinsichtlich des öffentlichen Sektors zwischen seiner Allokationsfunktion, seiner Distributionsfunktion und seiner Stabilisierungsfunktion.
- In der gesellschaftspolitischen Diskussion in Bezug auf den öffentlichen Sektor sind von spezieller Bedeutung die Positionen des Wirtschaftsliberalismus und die Perspektiven des Interventionismus, speziell in den Formen des Wohlfahrtsstaates und der Konzeption der „Sozialen Marktwirtschaft".

1.1 Öffentlicher Sektor und Wirtschaftswissenschaft

Wirtschafts- und Finanzkrisen, die ökonomischen Aspekte der Corona-Pandemie und nicht zuletzt die absehbaren Erfordernisse des Klimaschutzes haben in den vergangenen Jahren weltweit zu einer deutlich gewachsenen Bedeutung des öffentlichen Sektors geführt. Das hat sich auch in einer (wieder!) verstärkten Beachtung dieses Bereiches in der wirtschaftswissenschaftlichen Forschung und – mit Verzögerung – der wirtschaftswissenschaftlichen Lehre niedergeschlagen. Das vorliegende Lehrbuch geht aus von einem umfassenden Begriff der Finanzwirtschaft („public economics") als der Lehre der

E. Nowotny und M. Zagler, *Der öffentliche Sektor*,
https://doi.org/10.1007/978-3-658-36042-9_1

ökonomischen Charakteristika und Wirkungen des öffentlichen Sektors in einer Volkswirtschaft. Unter „öffentlichen Sektor" wird dabei – zumindest prinzipiell – die Gesamtheit nicht-privatwirtschaftlicher Aktivitäten verstanden. Dieser umfassende Ansatz geht demnach hinaus über den traditionellen Bereich der öffentlichen Einnahmen und Ausgabe und bezieht sich insbesondere auch auf Aspekte der öffentlichen Regulierung und Administration.

Damit ergeben sich auch Querbeziehungen speziell zu den Bereichen der Rechtswissenschaft, der Politikwissenschaft und der Soziologie. In diesem Sinn beschäftigt sich das vorliegende Lehrbuch mit den **Funktionen,** die der öffentliche Sektor bei unterschiedlichen wirtschaftlichen und gesellschaftlichen Voraussetzungen erfüllen soll und erfüllt. Die Formen und Möglichkeiten der Funktionserfüllung werden im Rahmen der **Wirkungslehre** des öffentlichen Sektors diskutiert. Schließlich müssen **Organisationsformen** und **Entscheidungsverfahren** untersucht werden, um zu verstehen, welche Maßnahmen tatsächlich getroffen werden, um öffentliche Funktionen zu erfüllen.

Eine volle Erfassung der Funktionen und Wirkungen des öffentlichen Sektors erfordert dabei, über den traditionellen Bereich der Einnahmen und Ausgaben der **Gebietskörperschaften** (Bund, Länder, Gemeinden) hinauszugehen. Dies bedeutet eine Einbeziehung der **Parafisci** (darunter versteht man insbesondere der Sozialversicherungshaushalte) wie auch der vielfältigen Formen öffentlicher Unternehmen. Insbesondere gilt es auch, die speziellen, fiskalischen und regulatorischen Effekte der **Europäischen Union** als **supranationale Institution**[1] mitzuberücksichtigen.

Wenn auch, schon aus Gründen des Umfanges, in diesem Lehrbuch keine vollständige Erfassung und Analyse des öffentlichen Sektors in dem angeführten umfassenden Sinn möglich ist, wird doch versucht werden, zumindest jeweils das Spektrum der alternativen Möglichkeiten zur Erfüllung der verschiedenen Funktionen des öffentlichen Sektors darzustellen.

Die Analyse und Beurteilung dieser verschiedenen Möglichkeiten wird dabei wesentlich auch von den vertretenen wirtschaftswissenschaftlichen Grundpositionen bestimmt sein. Hinsichtlich der Vielzahl wissenschaftlicher Ansätze in den Wirtschaftswissenschaften ist die für Fragen der Finanzwirtschaft wohl wichtigste Differenzierung die zwischen Ansätzen, die ausgehen von der individuellen Nutzenmaximierung rationaler Wirtschaftssubjekte und den Ansätzen, die wirtschaftliche Entscheidungen als (auch) bestimmt sehen von gesellschaftlichen, historischen und psychologischen Einflussfaktoren.[2] Für den Bereich der Finanzwirtschaft ergibt sich unter diesem Aspekt eine

[1] Supranationale Institutionen sind Institutionen, denen von den Mitgliedstaaten eigenständige Souveränitätsrechte übertragen wurden (z. B. in Form einer Zollunion mit gemeinsamer Außenwirtschaftspolitik). Im Gegensatz dazu verbleiben bei multilateralen Vereinbarungen (z. B. Freihandelszone oder Europäischer Stabilitätsfonds, ESM) die Souveränitätsrechte bei den Teilnehmerstaaten der entsprechenden Vereinbarung.

[2] Für einen umfassenden Überblick siehe J. T. Harvey (2020).

deutliche Differenzierung zwischen Analysen aus der Sicht der Neo-Klassik und Analysen aus einer institutionellen oder verhaltensökonomischen Sicht. Eine weitgehend analoge Differenzierung ist die zwischen einer entscheidungsorientierten „Public Choice-Finanzwirtschaft“[3] und einer „wohlfahrtsorientierten Finanzwirtschaft“.[4]

1.1.1 Neoklassische Theorie und Finanzwissenschaften

Der **neoklassische** Ansatz der Finanzwissenschaft geht vom Axiom des Rationalverhaltens und der individuellen und gesellschaftlichen Nutzenmaximierung aus[5]. Damit ist es möglich, Effizienzkriterien zu entwickeln, die eine Integration der Finanzwissenschaft in den umfassenden Ansatz der Wohlfahrtsökonomie erlauben.[6] Fragestellungen und Handlungsanleitungen, die sich aus diesem Ansatz ableiten, betreffen etwa das Problem eines „effizienten“, d. h. nutzenoptimierenden, Steuersystems oder die Frage, in welcher Weise finanzwirtschaftliche Instrumente eingesetzt werden, um ein gesellschaftliches Nutzenoptimum auch dort zu erreichen, wo der Markt als Allokationsmechanismus versagt.

In der neoklassischen Theorie handelt es sich in der Regel um normative[7] Empfehlung, die entscheidungslogisch abgeleitet wurden. Diese normativen Empfehlungen basieren aber teilweise auf positiven Zusammenhängen. So könnte ein normativer Besteuerungsgrundsatz lauten: „Die Steuerbelastung darf nicht leistungsfeindlich sein“. Dahinter stecken positive – und damit überprüfbare – Zusammenhänge, wie etwa dem zwischen Besteuerung und Arbeitseinsatz, aus deren Klärung sich erst der nähere Inhalt des normativen Postulates bestimmen lässt. Oder es werden auf Basis von Annahmen hinsichtlich Ausgangsausstattung und individueller Nutzenmaximierung Optimierungsstrategien in Bezug auf Fragen des öffentlichen Sektors (z. B. Steuer- und Ausgabenstrukturen) abgeleitet, welche den jeweiligen historisch-gesellschaftlichen Bezugsrahmen nicht berücksichtigen.

Die formale Geschlossenheit und Eleganz mancher normativen Ansätze ist freilich verbunden mit der Gefahr mangelnder empirischer Evidenzbasierung, bzw. generell mangelnder wirtschaftspolitischer und gesellschaftspolitischer Relevanz. Will man analysieren, was der öffentliche Sektor tut und welche Auswirkungen dieser auf die

---

[3] Siehe Blankart in seinem dafür prägenden Lehrbuch (2020, S. 28).

[4] Als Lehrbücher mit „mehr wohlfahrtsökonomischer Ausrichtung“ (Blankart 2020, S. 16): Brümmerhoff (2019), Zimmermann et al. (2021).

[5] Diese Grundannahme ist für die gesamte neoklassische Wirtschaftstheorie bestimmend. Ein Axiom, so wie auch dieses, wird nicht getestet, sondern als offensichtlich wahr angenommen.

[6] Wichtigstes dieser Kriterien ist das „Pareto-Kriterium“ (siehe Abschn. 4.1).

[7] Unter „normativ“ verstehen wir eine Aussage, die beschreibt „wie es sein sollte“. Im Gegensatz dazu ist eine „positive“ Aussage eine Beschreibung „wie es ist“.

Volkswirtschaft hat, ist ein normativer Ansatz demnach vielfach wenig zielführend. In dem vorliegenden Buch, das sich als eine anwendungsorientierte Einführung versteht, werden daher diese Aspekte der Finanzwissenschaft (z. B. Theorien der „Optimalen Besteuerung" oder die „reine Theorie der öffentlichen Güter") geringere Beachtung finden, obwohl ein erheblicher Teil der modernen finanzwissenschaftlichen Literatur, speziell des angelsächsischen Bereiches, dem Gebiet der neoklassischen, normativen Theorie zuzuzählen ist. Bestimmend in dieser Richtung wurden speziell die „Lectures in Public Economics" (1980) von Anthony Atkinson und Joseph Stiglitz. Hier und in drauffolgenden Lehrbüchern[8] erfolgt eine strikt auf dem normativen Modell der individuellen Nutzenmaximierung aufgebaute Analyse des öffentlichen Sektors (wobei sowohl Atkinson, wo Stiglitz in späteren Studien sehr wohl die Rolle institutioneller und politischer Faktoren hervorhoben).

1.1.2 Institutionenökonomie und Verhaltensökonomie

Den Ansätzen der Institutionenökonomie und der Verhaltensökonomie (behavioral economics) gemeinsam ist die Sicht der Menschen (auch) als „sozialer Wesen" im Rahmen einer **positiv-ökonomischen, institutionell** orientierten Analyse. Hier geht es um die Erfassung empirisch überprüfbarer Wirkungszusammenhänge, aber auch um die historisch-geistesgeschichtliche und psychologische Analyse des Entstehens von individuellen und sozialen Verhaltensweisen. Für die Finanzwissenschaft bedeutsam ist etwa die grundlegende Kritik, bzw. Ergänzung des neoklassischen Paradigmas der individuellen Nutzenmaximierung durch Ansätze des „experimentellen Ökonomie" (z. B. Fehr und Fischbacher 2002). Hier wird gezeigt, dass es auch „gesellschaftliche Präferenzen" gibt (wie es z. B. dem Konzept der „meritorischen Güter" entspricht, siehe Abschn. 3.3.4).

In Bezug auf institutionell-gesellschaftspolitische Aspekte geht es um Verknüpfung normativer gesellschaftspolitischer Vorstellungen mit entsprechenden wirtschafts- und im speziellen finanzpolitischen Arrangements. Einen spezifischen, engeren, Ansatz stellt die Richtung der **„Neuen Institutionenökonomie"** dar, die auf den Paradigmen der Neoklassik – insbesondere individueller Nutzenmaximierung – aufbaut und eine Integration dieser neoklassischen Ansätze mit institutionellen Fragestellungen anstrebt. Dies gilt etwa hinsichtlich der ökonomischen Wirkung von Eigentums- und Haftungsverhältnissen (**„theory of property-rights"**) und für die Analyse der ökonomischen Bestimmungsgründe institutioneller Entwicklungen (z. B. staatlicher Bürokratien). Insbesondere geht es auch darum, Modelle der rationalen Entscheidung über institutionelle

[8] In diesem Sinne auch das Konzept der „Neuen Finanzwirtschaft" (vgl. Richter und Wiegard 1993).

Alternativen zu entwickeln (**Transaktionskostenansatz**) und positiv-ökonomisch die Wirkung unterschiedlicher institutioneller „Arrangements“ zu analysieren. Aus diesen positiv ökonomischen, z. T. experimentell gestützten Analysen können sich auch Hinweise ergeben in Bezug auf unterschiedliche Interaktions- und Incentive-Formen im Hinblick auf Interventionen des öffentlichen Sektors. So ergibt sich etwa eine Skala von Lenkungsmöglichkeiten zwischen hoheitlichen Zwangsmaßnahmen und psychologischen Anreizen („nudging“[9] – „stupsen“).

Generell bedeutet die Betonung institutioneller und verhaltensökonomischer Aspekte keine Ausschließlichkeit gegenüber anderen Analyseverfahren. Gerade im Bereich der Finanzwissenschaft kann erwartet werden, dass sich eine stärkere Betonung institutioneller und verhaltensökonomischer Ansätze in Verbindung mit analytisch-empirischen Forschungsverfahren als besonders fruchtbar erweist. Ein entsprechender, in vielen Richtungen ausbaubarer Ansatz, der auch dem vorliegenden Lehrbuch zu Grunde liegt, ist dabei die von Richard Musgrave (1994) entwickelte „Multiple Theorie des öffentlichen Haushaltes“ als positiv-empirische Klassifizierung all der Tätigkeiten, die der öffentliche Sektor in prinzipiell marktwirtschaftlich organisierten Gesellschaften übernimmt. Dabei werden folgende Funktionen unterschieden:

- **Allokationsfunktion:** Hier geht es im Kern um die Korrektur- oder Ergänzungsmaßnahmen des öffentlichen Sektors bei Auftreten von „Marktversagen“ in der Bereitstellung knapper Ressourcen auf unterschiedliche Verwendungszwecke in einer Volkswirtschaft (siehe dazu Kap. 21). Unter dynamischen Aspekten umfasst dies die Bereiche der Wachstums- und Strukturpolitik.
- **Distributionsfunktion:** Korrekturen der Einkommens- und Vermögensverteilung in einer Gesellschaft entsprechend in politischen Prozessen manifestierten gesellschaftspolitischen Vorstellungen.
- **Stabilisierungsfunktion:** Öffentliche Eingriffe in den Fällen, wo Marktmechanismen nicht in der Lage sind, Vollbeschäftigung und Preisstabilität zu sichern im Sinn einer „Rückversicherungsfunktion“ des Staates.

Von Bedeutung ist, dass sich zwischen den einzelnen Funktionen Zielkonflikte ergeben können und dass neben dem fiskalischen Instrumentarium auch andere Bereich des öffentlichen Sektors im weiteren Sinn zur Anwendung kommen können (z. B. Geldpolitik, rechtliche Maßnahmen der Ordnungspolitik, administrative Eingriffe). Als theoretische Grundlage dient hier vor allem das Konzept der „Neuen Keynesianischen Synthese“, das, ausgehend von einer Gruppe von Ökonomen um Prof. Stanley Fischer am MIT, heute speziell im angelsächsischen Bereich die konkrete Form der

[9]Vgl. M. Sutter et al. (2010). Als Überblickswerk über die „Entwicklung der behavioral economics siehe Richard Thaler (2019).

Stabilisierungspolitik bestimmt.[10] Im Gegensatz zu den Gleichgewichts-Ansätzen der neo-klassischen „Theorie rationaler Erwartungen" und „effizienter Märkte" sehen neo-keynesianische Ansätze die Wirtschaftsentwicklung bestimmt durch Ungleichgewichte und Unsicherheit. Je stärker „keynesianisch" orientiert, desto stärker wird der Aspekt der radikalen Unsicherheit der Zukunft hervorgehoben.[11]

Die Bewertung und Lösung von Zielkonflikten ist freilich vielfach kein „ökonomisch – technisches" Problem, sondern ist vor der Grundlage unterschiedlicher gesellschaftspolitischer Traditionen und Positionen zu sehen. Generell können die Entwicklung und die Probleme der öffentlichen Finanzwirtschaft nicht ohne die Einbettung des öffentlichen Sektors in die gesamtwirtschaftliche ökonomische, politische und geistesgeschichtliche Entwicklung adäquat erfasst werden. In diesem Sinn ist die Finanzwissenschaft unmittelbarer noch als andere Bereiche der Volkswirtschaftslehre als „politische Ökonomie" aufzufassen, die das Wirken von Interessenpositionen, von Machtfaktoren und institutionell-historischen Einflüssen unmittelbar in ihre Analyse mit einbeziehen muss.[12]

Je nach weltanschaulicher Grundposition und ökonomisch-sozialer Interessengebundenheit werden sich daher sehr verschiedene Positionen hinsichtlich der Frage ergeben, welche Funktionen der öffentliche Sektor in einer Wirtschaft ausübt bzw. ausüben soll. Normative und positiv-ökonomische Sicht sind bei diesem Problembereich dabei meist schwer zu trennen, da auch positiv formulierten Aussagen in der Regel normative Annahmen zugrunde liegen.

Im Folgenden werden zwei Grundpositionen diskutiert, denen für die gesellschaftspolitische Beurteilung der öffentlichen Finanzwirtschaft entscheidende Bedeutung zukommt, wobei die geistesgeschichtlichen Wurzeln dieser Positionen zum Teil bis an die Anfänge der Gesellschaftsphilosophie zurückreichen. Die Gegenüberstellung dieser geistesgeschichtlichen Grundpositionen soll dazu anregen, finanzwissenschaftliche und finanzpolitische Aussagen nach ihrem ideengeschichtlichen und wertbezogenen Hintergrund beurteilen und damit relativieren zu können.

---

[10] Vgl. dazu Bofinger (2020, S. 441 ff.) sowie als eindrucksvolle praktische Darstellung bei Bernanke (2015).

[11] Zentral ist die Unterscheidung zwischen (prinzipiell) berechenbarem und modellierbarem Risiko und nicht berechenbarer Unsicherheit (Skidelsky 2018).

[12] Aber auch umgekehrt gilt: „Die Finanzen sind einer der besten Angriffspunkte der Untersuchung des sozialen Getriebes, besonders, aber nicht ausschließlich, des politischen." (Schumpeter, Die Krise des Steuerstaates, Graz 1918).

1.2 Liberalismus und Staat

Ausgehend von der englisch-schottischen Moralphilosophie des 17. und 18. Jahrhunderts (Locke, Hume)[13] entwickelte sich die wirtschaftsliberale Position in sehr unterschiedlichen Ausprägungen, die die jeweiligen gesellschaftspolitischen Fragestellungen und Interessenlagen widerspiegeln. Im Folgenden werden aus heutiger Sicht wesentliche Grundelemente einer wirtschaftsliberalen Position dargestellt, und es wird anschließend auf die Einschätzung des öffentlichen Sektors bei Adam Smith, Friedrich A. von Hayek und Milton Friedman, drei der bis heute einflussreichsten liberalen Ökonomen, eingegangen. Als Grundelemente einer wirtschaftsliberalen Position können dabei gesehen werden:

- **„Methodologischer Individualismus"**, d. h. alle sozialen Zustände sind an dem als vorgegeben zu akzeptierenden Willen der Individuen zu messen und zu beurteilen. Obwohl es auch aus der Sicht des Liberalismus selbstverständlich „öffentliche Angelegenheiten" gibt, gibt es methodisch kein „spezifisch öffentliches Interesse". Das Gesamtinteresse eines Staates ist als eine Summe der Einzelinteressen seiner Mitglieder zu sehen.[14]
- Die einzelnen Individuen werden sich entsprechend ihrer Interessen verhalten, was im neoklassischen Ansatz zum Paradigma des Rationalverhaltens und der **individuellen Nutzenmaximierung** eingeengt wird, sowohl als positive Hypothese wie als normative Forderung. Die Einzelnutzen sind dabei nicht erforscht und vergleichbar, nur der Einzelne kann den Nutzen aus seinen Handlungen bewerten. Diese Nutzenorientierung wird sich im Handeln der Individuen ausdrücken, Eingriffe in dieses Handeln sind daher als „paternalistische Bevormundung" abzulehnen.

Ein System freier (d. h.: sich selbst überlassener) Märkte führt dazu, dass auf quasi naturgesetzliche Weise (A. Smith: „by the natural course of things") die von Selbstinteresse und Gewinnsucht motivierten Handlungen der einzelnen zum gesamtwirtschaftlich günstigsten Ergebnis führen. Die **„unsichtbare Hand des Marktes"** ermöglicht damit eine weitgehende Harmonie zwischen den Interessen des einzelnen und denen der Gesellschaft. Aus der Position des Wirtschaftsliberalismus – und hier insbesondere Adam Smith's – bedeutet das nicht notwendigerweise, dass alle gesellschaftlichen Fragen nur oder am besten über Märkte zu regeln sind.

[13] Eine andere, dieser Tradition vielfach entgegengesetzte, Hauptströmung des Liberalismus ist dagegen die von der französischen, rationalistischen Aufklärung abgeleitete Entwicklung, die der interventionistischen Sicht des öffentlichen Sektors zugrunde liegt.

[14] Vgl. den bekannten Ausspruch der Hayek-inspirierten früheren britischen Prime Ministerin Margaret Thatcher: „There is no such thing as society".

1.2.1 Adam Smith und der Staat

Historischer Hintergrund ist der Kampf gegen das staatswirtschaftliche System des Merkantilismus, in dem der öffentliche Sektor als Instrument der Wirtschaftslenkung, der Wachstumspolitik und der Machtpolitik des absolut regierenden Fürsten eingesetzt wurde. Demgegenüber entwickelt Smith die liberale Konzeption einer sich selbst regelnden **„spontanen Ordnung"**. Politisch korrespondiert dies mit der Interessenlage des aufsteigenden Bürgertums, und des gegen die Zentralmacht kämpfenden niederen Adels. Ökonomisch entspricht es der Entwicklung eines kapitalistisch organisierten, dezentralisierten Produktions- und Handelsbereiches, im Gegensatz zu feudaler Agrarwirtschaft und zentralstaatlichen Großmanufakturen. Von diesen Ausgangspositionen her beschäftigt sich Adam Smith sehr eingehend mit den Funktionen des öffentlichen Sektors.[15]

Wirtschaftspolitische Interventionen im Sinne des Merkantilismus sind für ihn angesichts des Wirkens von Marktmechanismen nicht nur unnötig, sondern auch unmöglich, da ihnen unüberwindliche Informationsprobleme gegenüberstehen. Um eine möglichst ungestörte „freie" Kooperation der Individuen zu ermöglichen und die natürliche Ordnung der Dinge nicht zu beeinträchtigen, sei der öffentliche Sektor möglichst klein zu halten und habe sich im Wesentlichen auf folgende Aktivitäten zu beschränken:

- die Verteidigung des Landes,
- die Sicherung der Gerechtigkeit,
- die (restriktiv auszulegende!) Bereitstellung der öffentlichen Dienste und Einrichtungen, die der Wirtschaft und der Erziehung der Menschen förderlich sind,
- die Sicherung der Ausgaben, „die der Würde des Souveräns angemessen sind".

Darüberhinausgehende Aufwendungen werden als „unproduktiv" und für die Volkswirtschaft verloren angesehen. Anleihen sind, außer für die Kriegsfinanzierung, abzulehnen, da sie dazu führen, „uns weniger sparsam werden zu lassen".[16] Überdies können sie dazu dienen, das parlamentarische Steuerbewilligungsrecht, die wichtigste politische Waffe der Stände im Kampf gegen den Souverän, zu umgehen.

In neuen Entwicklungen der Wirtschaftswissenschaften wurden Adam Smith grundlegende Axiome der „unsichtbaren Hand" und der „spontanen Ordnung" wieder aufgenommen von der von den Ökonomen Robert Lucas und Thomas Sargent initiierten Richtung der „New Classical Economics". Im Gegensatz zu Keynes gehen sie aus von

---

[15] V. a. im 5. Buch seines Werkes „An Inquiry into the Nature and Causes of the Wealth of Nations" (Smith, 1776), in dt. Übersetzung neu herausgegeben von Recktenwald (1974).

[16] D. Ricardo, On the Principles of Political Economy and Taxation, Hrsg. v. Sraffa, Cambridge 1951 (London 1817), S. 247.

einer Welt voll flexibler Löhne und Preise. Basierend auf dieser (wenig realistischen!) Annahme erwarten sie, dass – von kurzfristigen Ausnahmen abgesehen – Märkte stets in der Lage sind ein gesamtwirtschaftliches Gleichgewicht, d. h. Vollbeschäftigung und Preisstabilität, zu sichern. In weiterer Zuspitzung postuliert die von Lucas entwickelte „Theorie rationaler Erwartungen", dass ein systematischer Einsatz von Wirtschaftspolitik – und damit auch Finanzpolitik, längerfristig stets unwirksam und kurzfristig meist schädlich sei.

Diese wirtschaftspolitische Position war durchaus einflussreich in den 1980er und 1990er Jahren und führte zur optimistischen Illusion der „Great Moderation" in den Jahren vor der Finanzkrise 2008. Das heißt zur Annahme, durch wirtschaftspolitische Zurückhaltung der Finanz- und der Geldpolitik ein „goldenes Zeitalter" eines längerfristig störungsfreien und preisstabilen Wirtschaftswachstums zu erreichen.[17] Sowohl unter Aspekten der Wirtschaftstheorie, wie unter dem Eindruck der empirischen Entwicklungen wurden die Perspektiven der „New Classical Economics" inzwischen freilich abgelöst von Konzepten der „Neuen Keynesianischen Synthese", die heute wohl den „mainstream" der wirtschaftswissenschaftlichen Diskussion darstellt.

1.2.2 Friedrich A. v. Hayek und der Staat[18]

Für Hayek ist die Gesellschaft aus einer „spontanen Ordnung", entstanden, und zwar „aus menschlichem Handeln, aber nicht nach menschlichem Entwurf". Gesellschaftliche Erscheinungen sind demnach als **evolutionäre,** traditionsgeformte Phänomene zu interpretieren, nicht als Ergebnis rationaler Entwürfe. Die Menschen werden in ihrem Handeln nicht nur von ihrer Einsicht in Kausalzusammenhänge zwischen Mitteln und Zielen geleitet, sondern auch von Verhaltensregeln, die sie nicht ausdrücklich kennen, die nicht der Verstand entworfen hat, sondern die sich durchgesetzt haben, weil sie wegen ihres gesellschaftlichen Erfolges imitiert wurden. Zu solchen, aus der „Weisheit der Vorfahren übernommenen, nicht rational begründeten Tabus der Gesellschaft" gehörten der „Respekt vor Eigentum und das Einhalten von Verträgen". Angesichts der Bedeutung dieser „spontanen", auf einer Unzahl nicht bewusster Informationen beruhender Ordnungen ist die Idee der rationalen Überschaubarkeit und Planbarkeit einer Gesellschaft ein „konstruktivistischer Irrtum". Dies gelte insbesondere für den Versuch, „die spontane Ordnung des Marktes durch eine zweckrationale Organisation" zu

[17] Siehe als tragisches Beispiel wissenschaftlicher Hybris die zentrale Aussage von Nobelpreisträger Robert E. Lucas in seiner Ansprache als Präsident der American Economic Association: „The central problem of depression-prevention (has) been solved for all practical purposes, and has in fact been solved for many decades" (Lucas 2003).

[18] Die wörtlichen Zitate stammen, sofern nicht anders angegeben, aus: F. A. v. Hayek, Die Verfassung der Freiheit, Tübingen 1991.

ersetzen. Die Funktion des Staates ist es, diese naturwüchsige, „natürliche Ordnung“ durch allgemeine Regeln abzusichern, keinesfalls aber auf spezielle Umstände abzustellen. Solche allgemeinen Regeln, die sichern sollen, dass der Marktmechanismus seine koordinierende Funktion entfalten kann, betreffen:

- Verhütung von Gewalt und Betrug,
- Schutz des Eigentums,
- Erzwingung der Einhaltung von Verträgen,
- Anerkennung gleicher Rechte für alle Individuen, in beliebigen Mengen zu erzeugen und zu beliebig festgesetzten Preisen zu verkaufen.

Soweit es um die Durchsetzung dieser Regeln geht, ist dem Staat das Monopol zur Zwangsausübung zuzusprechen. Sofern der Staat darüber hinaus Dienstleistungen für die Individuen erbringt, hat er unter denselben Bedingungen zu arbeiten, wie alle anderen Akteure auch. Dabei ist die Erbringung solcher Dienstleistungen nur zulässig, sofern sie geeignet ist, einen günstigen Rahmen für individuelle Entscheidungen zu schaffen.

Von besonderer Bedeutung für die Einschätzung der Funktionen des öffentlichen Sektors ist dabei die Feststellung, dass es für den öffentlichen Sektor unzulässig, aber auch undurchführbar sei, auf die Einkommensverteilung im Sinne einer „so genannten sozialen Gerechtigkeit“ einzuwirken. Hayek gibt dafür folgende Gründe an:

- Der Versuch, soziale oder distributive Gerechtigkeit (i. S. des Abbaus von Unterschieden in der materiellen Position der Einzelnen) zu verwirklichen, führe zu einer Zerstörung der „persönlichen Freiheit“, die als Abwesenheit staatlicher Einflussnahme verstanden wird. Denn ein solcher Versuch bedeute, dass die „zweckunabhängige spontane Ordnung“ der Gesellschaft durch hoheitliche staatliche Eingriffe ersetzt werde, die auf ein bestimmtes – distributives – Ziel abstellen.
- Es gibt kein allgemeines Einverständnis über die relative Wichtigkeit der einzelnen Ziele einer staatlichen Politik, insbesondere hinsichtlich des Verteilungszieles.
- Eine „spontane Ordnung“, wie der Marktmechanismus, kann gar nicht „ungerecht“ sein, da niemand für das Ergebnis dieser quasi naturgesetzlichen Ordnung verantwortlich ist. „Gerechtigkeit“ ist nur als Kategorie individuellen Verhaltens, im Sinne von „Fairness“, nicht als soziale Kategorie aufzufassen.
- Die natürliche, spontane Ordnung der Gesellschaft ist stets der Machtsetzungs-Autorität der Volksvertretung, insbesondere die Macht der Mehrheit vorzuziehen. Eine Einkommens-Umverteilung (z. B. durch progressive Besteuerung), bei der eine Mehrheit eine Minderheit gegen deren Willen belastet, stellt eine „willkürliche Diskriminierung“ dar.

Unter Bezugnahme vor allem auf die österreichischen Ökonomen F. A. von Hayek und Ludwig von Mises hat sich speziell in den USA eine sehr politisch orientierte ökonomische Richtung als **„Austrian Economics“** etabliert.[19] Kernpunkt ist auch hier ein radikal individualistischer Ansatz. Im Sinne von Hayek wird weiter speziell die zentrale Bedeutung der Ungewissheit künftiger Entwicklungen betont – dies im Gegensatz zur „Theorie rationaler Erwartungen“. Im Zentrum der dynamischen Betrachtung steht in Weiterführung der von Josef Schumpeter (1911/2006) entwickelten Wachstumstheorie die Figur des „Pionierunternehmers“ als Träger des Prozesses der „schöpferischen Zerstörung“, der durch staatliche Maßnahmen möglichst wenig eingeschränkt werden darf. Entsprechend plädieren Vertreter der „Austrian Economics“ für eine möglichst geringe Rolle des öffentlichen Sektors im Wirtschaftsgeschehen. Insbesondere sehen sie keine Notwendigkeit für staatliche Interventionen bei Wirtschaftskrisen, die als notwendige „Reinigungskrisen“ zur Erhöhung der längerfristigen wirtschaftlichen Dynamik gesehen werden.

Eine radikalisierte Version der „Austrian Economics“ stellt die Gruppe der „Libertarians“ dar. Grundlage ist eine evolutionäre sozialdarwinistische Sicht der Gesellschaft, das heißt die gesellschaftliche Berechtigung, bzw. Notwendigkeit, der Durchsetzung des „Rechtes des Stärkeren“. Das bedeutet Forderung nach einem Minimalstaat, insbesondere auch in Bezug auf distributive Eingriffe. Nicht ganz überraschend wird diese Denkrichtung sehr stark von US-amerikanischen „Think-Tanks“ vorangetrieben, die über massive Förderung vonseiten finanzstarker Geldgeber und Lobbies verfügen.

1.2.3 Milton Friedman und der Staat

Die große Weltwirtschaftskrise, die 1929 ausgebrochen war, hatte zu sinkendem Vertrauen in die Kräfte einer „freien Marktwirtschaft“ geführt. Im theoretischen Bereich führte dieser Vertrauensverlust zur Entwicklung des keynesianischen Systems. Im politischen Bereich entstanden aus dieser Krise – sofern sie nicht wie in Deutschland und anderen Staaten das Entstehen von Diktaturen begünstigte – Konzeptionen eines stärkeren Staatsinterventionismus, wie etwa in den USA der Roosevelt’sche „New Deal“ und in Nord- und West-Europa das System des „Wohlfahrtsstaates“.

Diesen Entwicklungen gegenüber wurde in der Zeit der raschen wirtschaftlichen Expansion nach dem zweiten Weltkrieg und der Verschärfung der politischen Spannungen zwischen Ost und West wieder stärker der Bezug auf Marktkräfte propagiert. Diese Diskussion zwischen „interventionistischen“ Befürwortern stärkerer Staatseingriffe und Vertretern neoliberaler Positionen hat seither im Zeitablauf zu häufig wechselnden geistigen und politischen „Vormachtstellungen“ geführt. Einer der einflussreichsten Diskutanten ist dabei Milton Friedman, vielfach in Weiterführung von

[19] Für einen Überblick siehe Boettke (1994). Die ursprüngliche „Wiener“ oder „Österreichischen Schule der Nationalökonomie“ war demgegenüber betont theoretisch und analytisch orientiert (Streissler 2008).

Argumenten von F. A. von Hayek. Auf Friedman stützt sich wiederum eine breite gesellschaftspolitische Literatur, auch im deutschen Sprachraum.[20]

Entsprechend der liberalen Tradition setzt Friedman als Zentralwert die Freiheit des Einzelnen. Diese Freiheit ist in seiner Sicht auf zweifache Weise unmittelbar verknüpft mit dem Wirtschaftssystem eines **„Wettbewerbskapitalismus"**, d. h. einer „freien, auf privatem Unternehmertum basierenden Marktwirtschaft".[21] Zum einen wird die Freiheit, beliebige wirtschaftliche Vereinbarungen zu schließen als wichtige Komponente der Freiheit und damit als ein Ziel für sich gesehen. Zum anderen sei diese „wirtschaftliche Freiheit ein unverzichtbarer Bestandteil bei der Erreichung politischer Freiheit", da sie über den Marktmechanismus das Entstehen von Machtkonzentration verhindere und eine freiwillige Kooperation der Individuen, entsprechend deren jeweiliger individueller Nutzenvorstellung („Konsumenten- und Produzentensouveränität"), ermögliche. Sowohl als Ziel an sich, wie auch als Instrument für konfliktfreie Lösungen gesellschaftlicher Probleme sei daher in möglichst großem Ausmaß auf den anonymen Automatismus des Marktes zurückzugreifen, um die Zahl der Probleme, „die eine eindeutig politische Entscheidung und Einigung erfordern", möglichst gering zu halten. Im Einzelnen bedeutet dies für die Aktivitäten des öffentlichen Sektors:

- Die Funktion des Staates hat primär darin zu bestehen, als Voraussetzung für die Organisation des Wirtschaftslebens durch freiwilligen Austausch „Ruhe und Ordnung" zu gewährleisten. „Das bedeutet, dass die Menschen keinen Zwang gegeneinander ausüben dürfen, dass Verträge, die freiwillig abgeschlossen wurden, eingehalten werden müssen.
- Die Bedeutung der Eigentumsrechte ist juristisch festgelegt, desgleichen ihre Auslegung und Durchsetzung. Es gibt einen festgelegten monetären Rahmen".
- Nun gibt es freilich Fälle, wo der Marktmechanismus seine Allokationsfunktion nicht adäquat erfüllen kann und daher vielfach eine Intervention des öffentlichen Sektors erforderlich erscheint. Soweit dieses **„Marktversagen"** in Form technisch begründeter Monopolstellungen beruht, meint Friedman jedoch, dass gegenüber der Übernahme durch den Staat oder öffentlichen Kontrollen „ein maßvolles Privatmonopol wohl das kleinere Übel ist". Denn „in einer sich laufend verändernden Gesellschaft ändern sich auch häufig die Bedingungen, die zu einem technischen Monopol geführt haben, wobei sowohl eine öffentliche Kontrollinstanz als auch ein Staatsmonopol auf solche veränderten Bedingungen nicht so schnell reagieren und sich als unfähiger erweisen würden als eine private Monopolwirtschaft".[22] Aus diesen

[20] Siehe u. a.: Barro (1996), Giersch (1998), Wilke (2003).

[21] Alle folgenden Zitate, wenn nicht anders vermerkt, sind entnommen aus: Friedman, Kapitalismus und Freiheit, Stuttgart 1971.

[22] Es ist allerdings zu beachten, dass in dieser Argumentation nur der „unmittelbare" Allokations-Effekt Berücksichtigung findet. Ein Einsatz staatlicher Monopolbetriebe als Instrument der Wirtschaftspolitik (z. B. Regional- oder Sozialpolitik) wird von vornherein ausgeschlossen.

Überlegungen heraus stellt sich Friedman gegen jede direkte staatliche Aktivität im Bereich des Verkehrswesens (insbesondere gegen staatlichen Betrieb oder Kontrolle von Eisenbahnen) wie auch gegen ein staatliches Postmonopol.

Ein zweiter Bereich von Marktversagen, aus dem sich die Notwendigkeit staatlicher Eingriffe ergeben kann, betrifft das Auftreten **externer Effekte**[23] (siehe Abschn. 3.5). Hier gibt es nach Friedman bestimmte Fälle, wo entsprechend den technischen Charakteristika eines „öffentlichen Gutes" (u. a.: Nicht-Ausschließbarkeit!) eine öffentliche Erstellung solcher öffentlicher Einrichtungen erforderlich ist. Die Finanzierung habe dabei nach Möglichkeit durch eine Besteuerung zu geschehen, die mit der Nutzung der entsprechenden Einrichtungen verbunden ist. Ein Beispiel dafür wäre die Errichtung von allgemeinen Straßen oder kleinen städtischen Parks, mit entsprechender Finanzierung durch Benzin- oder lokale Steuern.

Soweit jedoch die technische Möglichkeit einer direkten, „preismäßigen" Finanzierung gegeben ist, besteht keine Berechtigung mehr für eine Erstellung durch die öffentliche Hand. Denn wenn eine entsprechende Nachfrage besteht, werden in diesem Fall auch Privatunternehmen bereit und in der Lage sein, diese Leistungen zu erbringen. Als Beispiele für aus dieser Sicht ungerechtfertigte staatliche Aktivitäten nennt Friedman u. a. den staatlichen Bau von Autobahnen (die durch private Maut-Straßen zu ersetzen wären) und den Betrieb der amerikanischen Nationalparks.

Bezüglich des Erziehungs- und Ausbildungswesens tritt Friedman für eine „Reprivatisierung" der „Erziehungsindustrie" ein. Im Grundschulbereich, wo wegen der damit verbundenen externen Effekte ein gesellschaftliches Interesse an der Einhaltung einer allgemeinen Schulpflicht bei einheitlichen Minimalstandards bestehe, soll dieses Minimalprogramm dadurch erreicht werden, dass der Staat den Eltern Gutscheine gibt, um damit bis zu einer bestimmten Summe „staatlich anerkannte Ausbildungsleistungen einkaufen zu können". Diese Leistungen selbst könnten von privaten, gewinnorientierten Unternehmen angeboten werden, zwischen denen die Eltern dann frei wählen könnten, wobei die Eltern dann „entsprechend ihren Präferenzen" zusätzliche Mittel aufwenden könnten. Soweit es sich um höhere Ausbildung mit dem Ziel der beruflichen Qualifizierung handelt, sind die entsprechenden Aufwendungen als Investitionen in Humankapital zu sehen. Die Funktion des Staates läge hier nur darin, allfällige

[23] Wir haben es hier mit einem schönen Beispiel von „Wertung durch Terminologie" zu tun: Während einige Ökonomen (z. B. Kapp 1958) aus dem umfassenden und bei dezentralisierten Entscheidungsverhältnissen immanenten Auftreten „externer" Effekte ableiten, dass ein Marktsystem prinzipiell nicht in der Lage ist, eine effiziente Allokation zu gewährleisten, verwenden Friedman wie auch Hayek, die diesem Aspekt keine besondere Bedeutung zubilligen wollen, durchwegs den verharmlosenden Ausdruck „Nachbarschafts-Effekte".

„Unvollkommenheiten" des Kapitalmarktes in Bezug auf die Kreditfinanzierung solcher „Humankapital-Investitionen" zu korrigieren.

Aus ähnlichen Überlegungen wie den oben dargestellten werden von Friedman als „paternalistische" Eingriffe des Staates der Bau oder die Förderung von Sozialwohnungen und ein staatliches System der Pensions- und Krankenversicherung abgelehnt. Aus Gründen der allokativen Effizienz wendet er sich schließlich unter anderem gegen staatliche Preisstützungen in der Landwirtschaft, gegen Mietkontrollen, Preisregulierungen – aber etwa auch gegen die Wehrpflicht, statt derer man ein zu (Arbeits-)Marktpreisen angeworbenes Berufsheer unterhalten sollte, wie es inzwischen in den USA und Frankreich verwirklicht wurde.

Friedmans Einschätzung der stabilitätspolitischen Funktion des öffentlichen Sektors, auf die später noch ausführlicher eingegangen werden wird, beruht auf der Grundannahme, eine „wettbewerbskapitalistische" Wirtschaft sei – von kleinen Schwankungen abgesehen – immanent stabil. Eine gezielte Konjunkturpolitik des Staates führte daher in der Regel nur zu dem politisch unerwünschten Ergebnis eines höheren Staatsanteiles, sei aber ökonomisch weder nötig noch erfolgversprechend: „In der Finanz- wie in der Geldpolitik – alle politischen Erwägungen einmal zur Seite gestellt – wissen wir einfach nicht genug, um gewollte, absichtliche, wohlüberlegte Veränderungen in der Besteuerung oder den Ausgaben als wirksame Stabilisierungsmechanismen benutzen zu können. Wenn wir es dennoch versuchen, können wir fast sicher sein, die Dinge noch schlimmer zu machen". Die Finanzpolitik hat daher einen stetigen Verlauf entsprechend der langfristig gewünschten Staatsquote anzustreben, ohne „Rücksicht auf die Probleme der von Jahr zu Jahr verschiedenen wirtschaftlichen Stabilität zu nehmen".

Bei der Einflussnahme des öffentlichen Sektors auf die Einkommensverteilung handelt es sich in der Sicht Friedmans um „ein weiteres Gebiet, auf dem vom Staat durch eine Reihe von Maßnahmen mehr Schaden angerichtet wurde, als durch Gegenmaßnahmen ausgeglichen werden konnte". Denn „ein Großteil der tatsächlichen Ungleichheit rührt von Unvollkommenheiten des Marktes her", wozu Friedman v. a. alle Systeme staatlicher Monopole, von Tarifen und von staatlichen Lizenzierungen und Qualifikationsregeln (z. B. für Taxiunternehmen, Anwälte bis hin zu Ärzten) zählt. Wesentlich sei daher die Abschaffung dieser administrativen Einschränkungen. Auch die sich dann über den Markt ergebende Einkommens- und Vermögensverteilung werde zwar durch beträchtliche Ungleichheit charakterisiert sein, diese Ungleichheit habe aber als Anreiz und Lenkungsmittel eine wichtige allokative Funktion.

Darüber hinaus können jedoch „die meisten Unterschiede an Status oder Wohlstand letztlich als Folge des Zufalls ausgelegt werden", der als „naturgegeben" hinzunehmen ist. Insbesondere ist es unzulässig, dass eine Mehrheit eine Umverteilung zulasten einer wohlhabenden Minderheit ohne deren Zustimmung durchführt, da „niemand Richter in seinen eigenen Angelegenheiten sein dürfe". D. h. analytisch: da die individuellen Nutzen nicht vergleich- und abwägbar sind, ist nur auf die individuelle Nutzenmaximierung unter gegebenem institutionellen Rahmen, aber nicht auf eine darüber hinausgehende gesellschaftliche Wohlfahrtsfunktion abzustellen. Sofern jedoch Einhelligkeit besteht, bestehende Armut in gewissem Umfang durch staatliche Maßnahmen zu bekämpfen, so dürften diese Maßnahmen nicht durch „paternalistische“ Realleistungen (z. B. verbilligte Wohnungen) oder durch marktstörende Eingriffe erfolgen, sondern nur durch direkte Geldzuwendungen, insbesondere in Form einer negativen Einkommensteuer (siehe Abschn. 21.4) oder des Ersatzes eines Systems sozialer Sicherheit durch ein (notwendigerweise geringeres) „bedingungsloses Grundeinkommen“. Insgesamt sei jedoch so wie der Stabilisierungs- auch der Distributionsfunktion des Staates nur geringes Gewicht zuzuweisen, sodass die Funktion des öffentlichen Sektors im Wesentlichen nur in der Erfüllung eng abgegrenzter allokativer Aufgaben zu sehen sei. In Verbindung mit den theoretischen Positionen von Hayek hatte Milton Friedman und die mit ihm verbundenen Ökonomen der Universität von Chicago gewaltigen wirtschaftspolitischen Einfluss, speziell in den USA zur Zeit von Präsident Reagan, in Großbritannien unter Margaret Thatcher, sowie auch in Südamerika. Im Unternehmensbereich bedeutete dies das Abstellen auf das alleinige Ziel der unmittelbaren Gewinn-Maximierung („shareholder-value“) an Stelle einer „stakeholder“-Betrachtung unter Einbeziehen der Verantwortung gegenüber Kunden und Belegschaften. Im öffentlichen Bereich ein weitestmögliches Zurückdrängen des öffentlichen Sektors und speziell auch der Möglichkeiten von interventionistischen Eingriffen.

Das bedeutete etwa im Bereich der Geldpolitik die Einschränkung der Unabhängigkeit von Notenbanken durch eine „regelgebundene“ Erhöhung der Geldmenge („Monetarismus“)[24]. Im Bereich der Systeme sozialer Sicherheit galt die Empfehlung einer möglichst weitgehenden Ersetzung öffentlicher durch privatwirtschaftlicher Anbieter, insbesondere in der Alterssicherung in Form privater, kapitalgedeckter Pensionssysteme. Durchgehend erfolgte eine Politik der Privatisierung öffentlicher Unternehmen und Einrichtungen, in Fällen „natürlicher Monopole“ verbunden mit dem Aufbau – oft schwacher und von Spezialinteressen – beeinflusster Regulierungsinstanzen. Gegenüber staatlichen Ordnungsformen für private Unternehmen, etwa im Bankenbereich, wurde eine Politik der „De-Regulierung“ propagiert.

Prinzipiell ist es zweifellos richtig und notwendig, bestehende Institutionen immer wieder im Hinblick auf ihre Effizienz und ihre Notwendigkeit zu überprüfen. Unter diesem Aspekt hatte die von Hayek-Friedman inspirierte Politik in einigen Bereichen eine gewisse Berechtigung. In der Gesamtheit hat sich dieser Ansatz aber ökonomisch und gesellschaftspolitisch nicht bewährt und hat den Keim für eine Vielzahl von Fehlentwicklungen gelegt, die schließlich mit der Finanzkrise ab 2007 sichtbar wurden, was dann weltweit zu einer prinzipiellen Neueinschätzung der Rolle des öffentlichen Sektors führte.[25]

[24] „Money is much too serious a matter to be left to the Central Bankers“ (Friedman 1962, S. 51).

[25] Vgl. dazu etwa die Einschätzung des Chefökonomen der Financial Times (Martin Wolf 2014).

1.3 Interventionismus und Wohlfahrtsstaat

Die geistesgeschichtlichen Strömungen, die hier als „interventionistischer“ Ansatz zusammengefasst werden, sind in ihren Ausprägungen und wirtschaftspolitischen Aussagen weit heterogener als die insgesamt doch eher einheitliche Linie, die der wirtschaftliche Liberalismus seit Adam Smith aufweist. Folgende gemeinsame Grundelemente können jedoch zumindest für die modernen Vertreter dieser Richtung festgehalten werden:

- In Fortführung von Ideen, die letztlich auf die französische Aufklärung und deren Vorläufer zurückgehen, wird die menschliche Gesellschaft als nicht nur „natürlich gewachsen“ angesehen. Der Mensch sei vielmehr imstande und berufen, bewusst sein Schicksal und die Entwicklung der Gesellschaft zu beeinflussen und zu planen.
- Freiheit als menschlicher Grundwert bedeutet nicht nur – wie in der Position des Wirtschaftsliberalismus – die Abwesenheit von Zwang, sondern muss auch positiv die Möglichkeit enthalten, ein der Würde des Menschen entsprechendes Dasein zu führen.[26] Diese positiv verstandene Freiheit bedingt damit entsprechende materielle Voraussetzungen. Das bedeutet, dass ein gewisses Maß an Gleichheit eine Voraussetzung für eine nicht bloß formale Freiheit darstellt.[27]
- Entgegen dem von einer utilitaristischen „kapitalistischen Ethik“ (Max Weber) geprägten Menschenbild der Neoklassik, das auf individuelle Nutzenmaximierung, aufbaut, wird davon ausgegangen, dass der Mensch als soziales Wesen die Kooperation mit anderen und eine dauerhafte Sicherung seiner Existenz sucht. Neben dem Grundwert der Freiheit spielen daher auch die Werte der Solidarität und der Sicherheit[28] eine wesentliche Rolle, wobei es als Aufgabe des öffentlichen Sektors gesehen wird, über eine bloße „Armen-Fürsorge“ hinaus insbesondere zur wirtschaftlichen und sozialen Sicherheit des einzelnen beizutragen.[29]

[26] Zur grundlegenden Diskussion der Konzepte von „negativer“ und „positiver“ Freiheit siehe Berlin (2002).

[27] Vergleiche den berühmten kritischen Ausspruch von Anatole France: „Das Gesetz verbietet es Armen und Reichen in gleicher Weise, unter der Brücke zu schlafen.“

[28] Viele Psychologen sehen Sicherheit als das wichtigste menschliche Bedürfnis nach Abdeckung der physiologischen Grundbedürfnisse. Vgl. Maslow 1970.

[29] Dies steht im Gegensatz zum klassischen Liberalismus, der sowohl von stärkerer Egalität als auch von höherer Sicherheit ein Erlahmen der wirtschaftlichen Antriebskräfte erwartet. So sieht etwa Friedman das Wirtschaftsleben in wesentlichen Aspekten als Lotterie, die sehr unterschiedliche Gewinnchancen aufweisen muss, um eine Teilnahme reizvoll zu machen (Friedman 1971, S. 209 ff.). Zu diesem Vergleich ist freilich anzumerken, dass er nur gilt, wenn in dieser „Lotterie“ gleiche Ausgangsvoraussetzungen für alle Teilnehmer bestehen.

- Entgegen der liberalen Vorstellung der „unsichtbaren Hand“ ist eine Übereinstimmung zwischen individueller Nutzenmaximierung und gesamtgesellschaftlicher Wohlfahrt in vielen Bereichen, insbesondere wo es um Fragen der Macht und Einkommensverteilung geht, nicht zu erwarten und auch empirisch nicht belegbar.[30] Es kann daher erforderlich sein, gesamtgesellschaftliche Interessen gegenüber Einzelinteressen abzuwägen und notfalls zulasten des Einzelinteresses durchzusetzen. Das gesamtgesellschaftliche Interesse ist dabei aus moderner Sicht auf dem Weg der demokratischen Abstimmung zu ermitteln, wobei prinzipiell jedem mündigen Mitglied der Gesellschaft das gleiche Stimmrecht zuzubilligen ist.
- Die Frage, ob Märkte oder andere Formen der Wirtschaftssteuerung heranzuziehen sind, ist keine prinzipielle, sondern sie ist nach der jeweiligen Leistungsfähigkeit in Bezug auf die gesamtgesellschaftlichen Ziele zu beantworten. In den Fällen, wo über Marktmechanismen keine gesellschaftspolitisch adäquaten Ergebnisse zu erzielen sind, hat daher insbesondere[31] der Staat als Lenkungsmechanismus einzugreifen. Die ökonomische Funktion des öffentlichen Sektors ist demnach als die eines Instrumentes zum Erreichen gesamtgesellschaftlich erwünschter Zielsetzungen zu sehen.

Die aufgezeigten Grundprinzipien – die Annahme eines „spezifisch gesamtgesellschaftlichen Interesses“ und Einsatz des Staates als Instrument zu dessen Realisierung – variieren in ihrer praktischen Anwendung stark je nach den historischen Gegebenheiten und der analytischen Sicht des Wirtschaftsgeschehens. Die wichtigsten Unterschiede ergeben sich jedoch in der Frage nach der Ermittlung des **„gesamtgesellschaftlichen Interesses“**, wobei sich autoritäre Ansätze, wo diese Ermittlung aufgrund der vermeintlich höheren Einsicht eines einzelnen oder einer Gruppe erfolgt, und demokratische Verfahren gegenüberstehen.

1.3.1 Merkantilismus – Neo-Merkantilismus

Eine mit mehr oder weniger aufgeklärtem Absolutismus verbundene Form des Staatsinterventionismus war etwa der **Merkantilismus,** die vorherrschende Wirtschaftslehre des 17. und 18. Jahrhunderts. Zur (v. a. auch militärischen Stärkung) des Staates wurden Außenhandels-Überschüsse (und damit Gold-Zuflüsse) angestrebt. Dies sollte erreicht werden durch eine Kontrolle des Außenhandels und durch Maßnahmen zur Stärkung der nationalen Wirtschaft. Dies galt sowohl für staatliche Investitionen

[30] Vgl. dazu auch die Diskussion des „Gefangenen-Dilemmas“, Abschn. 3.6.

[31] Aber nicht ausschließlich: es gibt neben marktmäßiger und staatlicher Allokation auch den Bereich des „autonomen Sektors“ nicht erwerbswirtschaftlicher privater Aktivitäten (siehe Abschn. 3.1).

im Infrastrukturbereich (Straßen, Kanäle) wie auch für direkte Staatsaktivitäten im Produktionssektor, insbesondere in „technologisch fortgeschrittenen Bereichen" (staatliche Manufakturen).

Speziell in Großbritannien, der führenden Wirtschaftsmacht des 19. Jahrhunderts, setzte sich gegenüber dem System des Merkantilismus die von der klassischen Nationalökonomie (D. Ricardo) vertretene Position des Freihandels durch. In „aufstrebenden Staaten", wie zunächst in den USA und im Deutschen Reich, später in China, gab und gibt es freilich stets eine starke Position des „Neo-Merkantilismus".

Die Wirtschaftsentwicklung seit Ende des Zweiten Weltkrieges war aber jedenfalls bestimmt durch eine schrittweise internationale Öffnung der Märkte. Dies erfolgte insbesondere durch internationale Vereinbarungen zum Abbau „tarifärer" Handelshemmnisse (v. a. Zölle) und „nicht-tarifär" Handelshemmnisse (nationale Normierungen).[32] Den entsprechenden **Globalisierungs-Entwicklungen** stehen aber vielfältige Formen eines „Neo-Merkantilismus" gegenüber. Dies betrifft z. B. staatlichen Schutz nationaler „strategischer Wirtschaftszweige", Formen spezieller Wachstumspolitik im Bereich der Industrie- und Technologiepolitik, wie auch Maßnahmen unter den Aspekten der Umwelt- und der Sozialpolitik (siehe Kapitel Öffentliche Ausgaben).

1.3.2 Historische Schule und Staat

Im 19. Jahrhundert waren interventionistische Ansätze vor allem mit den Positionen der „historischen Schule der Nationalökonomie" verbunden. Die Ökonomen der **„historischen Schule"**[33] gingen davon aus, dass wirtschaftliche Erscheinungen nur als Teilbereich der gesamtgesellschaftlichen Entwicklung in ihrem jeweiligen historisch-soziologischen Zusammenhang erfasst und nicht auf quasi „naturgesetzlich" wirkende Mechanismen reduziert werden könnten. Je nach wirtschaftlich-gesellschaftlichem Entwicklungsstand kommen dabei dem öffentlichen Sektor unterschiedliche Funktionen zu.

Für die „ältere historische Schule", vertreten speziell durch Friedrich List, ging es darum, den wirtschaftlichen Entwicklungsrückstand der deutschen Staaten durch eine Politik von Entwicklungszöllen („Deutscher Zollverein") und Infrastrukturinvestitionen (Eisenbahn-Bau) zu überwinden. Die „jüngere historische Schule" befasste sich wirtschaftspolitisch vor allem mit Fragen der Distribution. Für entwickelte Industriegesellschaften wird diese Funktion nicht nur im allokativ-wachstumspolitischen Bereich gesehen, sondern wesentlich auch im verteilungspolitischen, da ein „freies Marktsystem" für zahlreiche soziale Gruppen zu keiner akzeptablen Verteilung der Einkommen führt.

[32] Diese „Liberalisierungs-Entwicklung" wurde auf internationaler Ebene v. a. vom **GATT** (International Agreement on Tarifs and Trade) und seiner Nachfolgeorganisation **WTO** (World Trade Organisation) bestimmt, auf europäischer Ebene durch die Entwicklung des EU-Binnenmarktes.

[33] Nach List ist als Vertreter der „jüngeren historischen Schule" v. a. Gustav Schmoller zu nennen.

Daraus ergibt sich eine politisch relevante „soziale Frage“. Wesentlich dafür ist wieder die empirisch abgeleitete Feststellung, dass „freie“ Tauschakte auf unvollkommenen Märkten, z. B. dem Arbeitsmarkt, häufig zwischen Kontrahenten mit ungleicher wirtschaftlicher und politischer Macht stattfinden. Die möglichen Optionen des schwächeren Partners sind im Vergleich zu denen des stärkeren natürlich wesentlich eingeengter. Die Funktion des Staates sei es hier, ausgleichend zugunsten des Schwächeren einzugreifen.

Aus dieser sozialreformatorischen Ausrichtung heraus entstand die Konzeption einer staatlichen **„Sozialpolitik“**[34], nach der der Staat Funktionen übernimmt, die zwar technisch auch der Einzelinitiative überlassen werden könnten, wo jedoch aus soziologisch-politischen Ursachen zumindest ergänzende staatliche Interventionen erforderlich sind. Diese Bereiche sind etwa die Vorsorge für Alter und Krankheit, Gesundheitssicherung sowie Erziehungswesen. Diese Überlegungen (und der wachsende politische Druck der Arbeiterbewegung) waren die Grundlage der Bismarck´schen Sozialreform, die bis heute die beitragsorientierten Sozialsysteme Kontinentaleuropas prägt. Der sozialpolitischen Aufgabenstellung habe dann auch ein Steuersystem zu entsprechen, das neben proportionalen Einnahmeformen zur Finanzierung der „laufenden“ Staatsausgaben auch progressive Steuern zur Finanzierung der Umverteilungsfunktionen des Staates zu enthalten habe.

1.3.3 Wohlfahrtsstaat und „Soziale Marktwirtschaft“

Es gibt keine einheitliche Definition und Systematik dessen, was unter „Wohlfahrtsstaat“ zu verstehen ist. Es handelt sich hier vielmehr um ein System staatlicher Interventionen, das in einem historischen Prozess über längere Zeiträume hinweg entstanden ist und in den einzelnen Staaten sehr unterschiedliche Akzente und Ausprägungen aufweist. Ausgangspunkte dieser Entwicklung waren insbesondere:

- Gewaltige wirtschaftliche und soziale Missstände, die die Betroffenen nicht bereit waren, entsprechend der Sicht des klassischen Liberalismus als „natürlich gegeben“ hinzunehmen.
- Die Instabilität des kapitalistischen Systems, die in der Weltwirtschaftskrise von 1929–1939 kumulierte.
- Die wachsende „Vermachtung“ der Märkte, die zu schwindendem Vertrauen in die allokative Effizienz des bestehenden Marktmechanismus führte.

[34] Für die Träger dieser Entwicklung entstand entsprechend ihrer interventionistisch-sozialreformerischen Orientierung der Ausdruck „Katheder-Sozialisten“, zu denen neben den Vertretern der jüngeren historischen Schule insbesondere auch Adolph Wagner zählt. Diese Gruppe begründete 1872 auch den „Verein für Socialpolitik“, der als wichtigste wirtschaftswissenschaftliche Vereinigung im deutschen Sprachraum auch noch heute, wenn auch mit gewandelter Schwerpunktsetzung, besteht.

Nach dem Zweiten Weltkrieg haben in Reaktion auf die genannten Problembereiche zwei Konzeptionen des Wohlfahrtsstaates im weiteren Sinn Bedeutung erlangt:

- Der Wohlfahrtsstaat („welfare state") in seiner Ausprägung in Skandinavien und (ursprünglich) in Großbritannien, charakterisiert durch hohe Staatsquoten und entsprechend hohe Steuerquoten, v. a. in Bezug auf direkte Steuern.[35]
- Die Konzeption der **„Sozialen Marktwirtschaft"**, die im Sinn des Subsidiaritätsprinzipes in stärkerem Maß auf Allokation über Märkte baut, Marktmechanismen aber durch entsprechende Interventionen mit sozialpolitischen und auch umweltpolitischen Zielsetzungen kompatibel machen müsste. Um Märkte vor „Vermachtungstendenzen" zu schützen ist eine wirkungsvolle staatliche Wettbewerbspolitik (Anti-Kartellpolitik) erforderlich.[36]

Zentral für beide Konzeptionen ergeben sich jedenfalls für den öffentlichen Sektor zwei Elemente:

- Bereitstellung von höherer Sicherheit, als dies über Marktprozesse möglich ist, in elementaren Problemlagen, wie Alter, Krankheit, Arbeitslosigkeit.
- Bereitstellung sozialer Leistungen aufgrund von öffentlich-rechtlichen Ansprüchen und nicht aufgrund individueller Gnade oder Wohltätigkeit.

Je nach Struktur und Umfang der wohlfahrtsstaatlichen Konzeption wird dabei in der modernen Theorie des Wohlfahrtsstaates folgende Unterscheidung getroffen:

- **Residualer Wohlfahrtsstaat:** Wohlfahrtsstaatliche Leistungen in den Bereichen Kranken- und Altersversicherung, Familienfürsorge etc., werden als „Sicherheitsnetz" für Arme gesehen und demnach nur aufgrund von Einkommens-Überprüfungen bereitgestellt.
- **Institutioneller (universeller) Wohlfahrtsstaat:** Wohlfahrtsstaatliche Leistungen werden in relevanten Bereichen prinzipiell allen Mitgliedern der Gesellschaft zur Verfügung gestellt, Einkommensdifferenzierungen erfolgen über die Seite öffentlicher Einnahmen.

---

[35] Vgl. u. a. Rothschild (1982), Esping-Andersen (2002). Wesentliche Vorläufer sind jedoch die unter dem Einfluss der „Katheder-Sozialisten" begonnenen sozialpolitischen Maßnahmen in Deutschland und die umfangreichen sozialen Dienste, wie sie z. B. von einzelnen Stadtverwaltungen in der Zwischenkriegszeit eingeführt worden waren. Für einen umfassenden Überblick über die moderne Theorie des Wohlfahrtsstaates siehe N. Barr (1992), Lindbeck (2003), Shafik (2021).

[36] Zur theoretischen Grundlegung siehe: Eucken, Grundsätze der Wirtschaftspolitik, 3. Aufl., Tübingen-Zürich 1960; A. Müller-Armack, Wirtschaftslenkung und Marktwirtschaft, Hamburg 1948; P. Bofinger (2020, S. 188 ff.).

In der Realität ist diese Unterscheidung in vielem ergänzungsbedürftig, etwa in Bezug auf das Ausmaß der Übernahme öffentlicher Verantwortung für die Bereiche Beschäftigungs-, Wohnungs- und Erziehungspolitik. Tendenziell entsprechen aber Deutschland, Österreich, Schweiz und die skandinavischen Staaten dem Typus des universellen Wohlfahrtsstaates, die USA dem Typus des residualen Wohlfahrtsstaates. Hinter diesen unterschiedlichen Entwicklungen stehen unterschiedliche historische Erfahrungen, unterschiedliche geistesgeschichtliche, z. T. auch aus religiösen Traditionen bestimmte Perspektiven, aber auch Verteilungs- und Effizienzüberlegungen.

Unter verteilungspolitischen Aspekten bedeuten einkommensabhängige Leistungen die Möglichkeit, bei gegebenem Finanzierungsvolumen eine größere „Treffsicherheit" zugunsten sozial Schwacher zu erzielen. Abgesehen von der Problematik der Einkommenserfassung und der damit möglicherweise verbundenen Abschreckungs- und Umgehungseffekte können mit Einkommensdifferenzierungen psychologisch diskriminierende Wirkungen und damit ein Abbau gesellschaftlicher Solidarität verbunden sein. Letztlich kann dies zu einem verringerten öffentlichen Interesse an Qualität und Umfang wohlfahrtsstaatlicher Leistungen führen („services for the poor tend to become poor services")[37].

Die konkrete Ausformung wohlfahrtsstaatlicher Institutionen wird neben den angeführten historisch-gesellschaftlichen Aspekten auch von der Entwicklung der ökonomischen Grundlagen und Anforderungen bestimmt sein. Es gibt demnach kein einmal festgeschriebenes Konzept des Wohlfahrtsstaates. Vielmehr sind die Entwicklung des Wohlfahrtsstaates und die sich daraus ergebenden Anforderungen an den öffentlichen Sektor für die einzelnen Aufgabenbereiche jeweils speziell zu erfassen. Als wichtigste, miteinander eng verbundene Funktionen des öffentlichen Sektors sind dabei zu sehen:

Staatliche Vollbeschäftigungspolitik: der Arbeitsmarkt wird nicht als „Markt wie andere Märkte" gesehen, sondern als von besonderen soziologischen und institutionellen Bedingungen geprägt, die auf die ungleiche Machtstellung der Marktteilnehmer zurückzuführen sind sowie auf den Umstand, dass die Integration in den Arbeitsprozess für den einzelnen nicht nur von ökonomischer, sondern auch von erheblicher soziologischer und psychologischer Bedeutung ist. Ein unbegrenztes Wirken des Preissystems ist für den Arbeitsmarkt daher weder als erwünscht noch, entsprechend den Analysen von Keynes, als wirkungsvoll zu betrachten. Daher hat der Staat die Aufgabe zu übernehmen, für einen hohen Stand der Beschäftigung zu sorgen.[38] Diesen Anspruch zu erfüllen, wird freilich in international verflochtenen Volkswirtschaften für den Einzelstaat immer schwieriger. Dennoch bleiben auch für offene Volkswirtschaften ökonomisch relevante Spielräume für eine stärker beschäftigungsorientierte Politik. Empirisch lässt sich

[37] Thurow (1971), S. 155 f.

[38] Grundlegend dafür der „Beveridge-Report": W. Beveridge, Full Employment in a Free Society, London 1944. Im Einzelnen siehe dazu Abschn. 23.2.

dabei zeigen, dass diese Spielräume von tendenziell wohlfahrtsstaatlich orientierten Regierungen stärker genutzt werden als von tendenziell marktliberalen (K. W. Rothschild 1986).

Staatliche Umverteilungspolitik: Die wirtschaftsliberale Position unterschätzt oder ignoriert die empirisch vorhandene erhebliche Ungleichheit in den wirtschaftlichen und sozialen Ausgangspositionen und das Phänomen der wirtschaftlichen Macht einzelner Gruppen. Dabei kann es letztlich nur zur Verteidigung bestimmter Gruppeninteressen führen, wenn die Bedeutung wirtschaftlicher Macht unterschätzt wird, der Einsatz politischer Macht – mit entsprechenden Auswirkungen auf den öffentlichen Sektor – jedoch als Bedrohung von Freiheit und wirtschaftlicher Leistungsfähigkeit gesehen wird. Aus der Sicht der Vertreter des Wohlfahrtsstaates ergibt sich, dass in den Fällen, wo die von einem „freien Marktmechanismus" bestimmte Verteilung der Einkommen und Lebenschancen von der Mehrheit der Bevölkerung als nicht gerecht empfunden wird, in einem demokratischen Staatswesen die Legitimation besteht, über den demokratisch bestimmten öffentlichen Sektor auf diese Verteilung korrigierend einzuwirken.[39]

Soziale Sicherheit: Über den Aspekt der Umverteilung und „Fürsorge" hinausgehend, ist „soziale Sicherheit" ein „immaterielles Gut, dessen Produktion weitgehend vom Staat zu übernehmen ist, weil dieser neben dem Inflationsschutz im Gegensatz zu privaten Versicherungsträgern eine fortlaufende Anpassung der Einkommen an die Produktivitätssteigerung garantieren und damit überhaupt erst das Grundbedürfnis sozialer Sicherheit befriedigen kann" (H. Riese, S. 95). Dieses umfassende Gut „soziale Sicherheit", das sich ja nicht nur auf einen absoluten, sondern auch auf einen relativen, sozialen Status bezieht, ist dabei nicht nur von Bedeutung für niedrige Einkommensschichten, sondern gesellschaftlich umfassend anzubieten, wobei in gesamtgesellschaftlicher Betrachtung die Nachfrage sogar der nach einem Superioren Gut entsprechen dürfte. Dafür würde die für die Budgets der meisten Staaten charakteristische überproportionale Ausweitung des Bereiches der sozialen Sicherheit bei wachsendem Realeinkommen sprechen, eine Entwicklung, die bei bloßem Abstellen auf den Wohlfahrtseffekt ja nicht verständlich wäre und von der darauf beruhenden traditionellen Sozialpolitik auch nicht erwartet wurde.

Besondere Bedeutung kommt der „Versicherungs-Funktion" des Wohlfahrtsstaates in Zeiten schwerer gesamtwirtschaftlicher Krisen zu, wie sich in den Jahren ab 2020 im Zuge der Corona-Pandemie gezeigt hat. Dabei gibt es historische Anhaltspunkte, dass ein erfolgreicher Einsatz der „Versicherungs-Funktion" des Wohlfahrtsstaates auch zu langfristig größerer Akzeptanz dieses Konzeptes führt, was bewirkt, dass

[39] Entsprechend der Konzeption des Wohlfahrtsstaates haben diese distributiven Eingriffe dabei nicht nur über Steuern und Geldtransfers zu erfolgen. Unter dem Aspekt der Verringerung von (auch soziologisch und psychologisch bestimmten) sozialen Ungleichheiten spielt auch die direkte Bereitstellung öffentlicher Leistungen, etwa im Unterrichts-, Gesundheits- und Sozialbereich, eine – auch finanzpolitisch – erhebliche Rolle.

Krisen-bedingte expansive Maßnahmen in den Folgejahren nicht vollständig zurückgeführt werden (The Economist 3/2021).

Wohlfahrtsstaat und Wirtschaftswachstum: Das Verhältnis von Wohlfahrtsstaat und Wirtschaftswachstum ist unter zwei Aspekten zu diskutieren:

- Wirkung des Wohlfahrtsstaates auf wirtschaftliches Wachstum.
- Abhängigkeit des Wohlfahrtsstaates von wirtschaftlichem Wachstum.

Je stärker ausgebaut (universeller) ein Wohlfahrtsstaat, desto höher die Abgabenquote. Aus der Sicht der traditionellen wirtschaftsliberalen neo-klassischen Ökonomie können sich daraus ceteris paribus negative Anreizeffekte für die Angebotsseite einer Volkswirtschaft und damit ein Zielkonflikt zwischen „equity and efficiency" ergeben. In der Tat können mikroökonomische Incentive-Strukturen von erheblicher gesamtwirtschaftlicher Relevanz sein, insbesondere in Bezug auf Produktionsfaktoren mit räumlicher und zeitlicher Flexibilität, wie Investitionskapital oder hochqualifizierte Arbeitskräfte.

Befürworter des Wohlfahrtsstaates weisen dem gegenüber darauf hin, dass wohlfahrtsstaatliche Strukturen nicht nur vom Grundwert der „Gerechtigkeit" her positiv zu beurteilen sind, sondern sich auch in einem engeren ökonomischen Sinn „produktiv" auswirken. Denn speziell die Verbesserung der Arbeits- und Lebensbedingungen bisher benachteiligter Gruppen wird sich auch in höheren qualitativen Arbeitsleistungen, leichterem Strukturwandel, rascheren Diffusionsmöglichkeiten des technischen Fortschritts und anderen Faktoren auswirken, die zu einer insgesamt höheren gesamtwirtschaftlichen Produktivität führen. Höhere Egalität und höhere wirtschaftliche Leistungsfähigkeit können daher häufig – wenn auch nicht immer – in einem komplementären Verhältnis zueinanderstehen und müssen nicht Gegensätze darstellen. Darüber hinaus wird zu erwarten sein, dass eine Gesellschaft, die nicht durch massive Einkommens- und Vermögensunterschiede gekennzeichnet ist, auch politisch und sozial stabiler ist, was wieder günstigere Grundlagen für eine langfristig dynamische wirtschaftliche Entwicklung ergibt.

Nimmt man als groben Indikator der „Wohlfahrtsstaat-Intensität" eines Landes den Anteil des öffentlichen Sektors (einschließlich Sozialversicherung) am Volkseinkommen, so lassen sich bei internationalen empirischen Vergleichen – jedenfalls keine negativen Zusammenhänge zwischen „Wohlfahrtsstaat-Intensität" und dem Wachstum von Produktion und Produktivität feststellen (Alesina und Perotti 1997). Generell gilt, dass die Fragestellung „equity or efficiency" zu kurz greift. Die Beziehungen zwischen diesen beiden Zielen der Wirtschaftspolitik sind vielmehr nur unter Bezug auf konkrete Einzelmaßnahmen, wie auch die institutionell-historischen Grundlagen einer Gesellschaft sinnvoll zu erfassen (Partridge 1997).

Die Zusammenhänge zwischen Umverteilungspolitik und wirtschaftlicher Entwicklung können freilich auch in anderer Richtung im Sinne einer „Wachstumsabhängigkeit" des Wohlfahrtsstaates gesehen werden. Wachstumseinbrüche und Stagnationsphasen werden (nicht zuletzt durch das Wirken der automatischen Stabilisatoren, siehe Abschn. 19.1) zu einer Verschlechterung der Lage der öffentlichen Haushalte führen. Speziell unter Bedingungen des internationalen Wettbewerbs werden auch die Kosteneffekte sozialpolitischer Maßnahmen verstärkt Beachtung finden.

Generell werden Maßnahmen der Umverteilung in Situationen politisch schwieriger werden, wo es nicht darum geht, Realeinkommenszuwächse zu verteilen, sondern wo Umverteilungs-Maßnahmen zu Realeinkommensverlusten einzelner wirtschaftlich stärkerer Gruppen führen würden. Kommt es unter einer solchen Konstellation zu einer Einschränkung des wohlfahrtsstaatlichen Gefüges einer Volkswirtschaft, kann dies freilich wieder zu höherer gesellschaftlicher Instabilität und zu langfristiger Dequalifizierung einzelner Bevölkerungsgruppen (Problem der „Zwei-Drittel-Gesellschaft") führen. Dies kann wieder die langfristigen Wachstumsgrundlagen einer Volkswirtschaft selbst beeinträchtigen und damit kumulative negative Prozesse einleiten. Eine wesentliche Fragestellung der modernen Theorie des Wohlfahrtsstaates (z. B. Snower 1996) liegt daher in dem Bemühen, wohlfahrtsstaatliche Sicherung mit „angebotsseitigen" Maßnahmen, z. B. in Richtung höherer Qualifikation und Flexibilität zu verbinden, um damit wieder die „endogenen" Wachstumsmöglichkeiten einer Volkswirtschaft zu stärken (siehe Kap. 21).

Hier kann sich eine Symbiose von interventionistischen und wirtschaftsliberalen Ansätzen[40] abzeichnen. Ein geringerer finanzieller Interventionsbedarf durch den öffentlichen Sektor – und damit auch eine Verringerung der finanziellen Abhängigkeit des Wohlfahrtsstaates von hohen Wachstumsraten der Wirtschaft – kann auch dadurch erzielt werden, dass manche Funktionen des öffentlichen Sektors weniger „ausgabenintensiv" erfüllt werden als bisher. Das kann erreicht werden durch verstärktes ex ante Abstellen auf Ursachen der Ausgabenentstehung anstelle nachträglicher Sanierung, was speziell von Bedeutung ist angesichts der gewaltigen Herausforderungen im Bereich des Klima- und Umweltschutzes.[41] Ein anderer Aspekt ist der verstärkte Einsatz von administrativen Regelungen anstelle direkter staatlicher Ausgaben.[42]

Als Gegengewicht zu den, mit einem umfangreichen öffentlichen Sektor verbundenen „technokratischen" und bürokratischen Tendenzen, werden vielfach ein Ausbau und eine Dezentralisierung demokratischer Mitwirkungsmöglichkeiten befürwortet. Dies würde tendenziell zu einer Stärkung der unteren Ebenen gegenüber dem Zentralstaat führen, aber auch zur Stärkung der Möglichkeiten der betrieblichen Mitbestimmung, wobei sich

[40] Vgl. dazu etwa von der liberalen Tradition herkommend: Dahrendorf (1975), Orszag und Snower (1999), von interventionistischen Ansätzen ausgehend: E. Nowotny (2004), Esping-Andersen (2002), Shafik (2021).

[41] Z. B. ex ante Verringerung des Bedarfs an Transportmitteln durch entsprechende Stadtplanung und Ausgestaltung der öffentlichen Transportmittel anstelle einer nachträglichen (vorübergehenden) Behebung von Verkehrsproblemen durch aufwendige Straßenbauten, Stadtautobahnen etc.

[42] Z. B. im Bereich des Umweltschutzes: Verbote, Gebote oder auch steuerpolitische Lösungen anstelle bzw. neben Formen der nachträglichen Sanierung.

freilich wieder Zielkonflikte zwischen Partikular- und Gesamtinteressen ergeben können (siehe Kap. 6).

Ein stärkeres Abstellen auf indirekte, weniger ausgabenintensive Formen der öffentlichen Aufgabenerfüllung und ein Ausbau „demokratischer Selbststeuerungsmechanismen“ könnten eine Abnahme direkter staatlicher Interventionen ermöglichen. Aus der Sicht des großen schwedischen Nationalökonomen und Theoretikers des Wohlfahrtsstaates, Gunnar Myrdal (1961, S. 75), würde dies langfristig dazu führen, dass der Zentralstaat nur mehr beschränkt direkt auftritt, „sobald er die allgemeinen Regeln für jene weit verstreuten Aktivitäten aufgestellt und durch seine Politik die Vorbedingungen für die Zusammenarbeit und die Kollektivverhandlungen dahingehend beeinflusst hat, dass gerechte und für alle annehmbare Resultate erzielt werden, die dem im demokratischen Prozess ermittelten politischen Willen der Bevölkerung entsprechen. Der Wohlfahrtsstaat von morgen hätte damit einen Gesellschaftstyp verwirklicht, der in vielen Grundelementen John Stuart Mill und alle frühen liberalen Philosophen, die vor hundert Jahren lebten, tief befriedigt hätte, d. h. wenn sie die Phantasie hätten aufbringen können, sich die letzten Folgen einer Entwicklung vorzustellen, deren erste Anfänge sie beobachteten“.

Literatur

Alesina, A., Perotti, R., The Welfare State and Competiveness. In: American Economic Review 1997, 87: 921 ff.

Barr, N. Economic Theory and the Welfare State: A Survey and Interpretation. In: J. of Economic Literature 1992, 30/2:741 ff.

Barro, R.M. Markets and Choices in a Free Society. Cambridge-London 1996.

Berlin Isaiah, Liberty, Oxford, 2002

Bernake, B.S., The Courage to Act, New York, 2015

Blankart, Ch.B. Öffentliche Finanzen in der Demokratie. Eine Einführung in die Finanzwissenschaft. 10. Aufl., München 2020.

Boettke J.P., Ed., The Elgar Companion to Austrian Economics, Aldershot, 1994

Bofinger, P. Grundzüge der Volkswirtschaftslehre, 5. Aufl., München 2020

Brümmerhoff, D. Finanzwissenschaft. 9. Aufl., München 2019.

Dahrendorf, R. Die neue Freiheit. München 1975.

Esping-Andersen, G., Why we need a New Welfare State. Oxford 2002.

Fehr, E., Fischbacher, U. Why Social Preferences Matter. In: The Economic J. 112, 2002

Friedman, M. Kapitalismus und Freiheit. Stuttgart 1971, (Chicago 1962).

Giersch, H. (Hrsg.) Merits and Limits of Markets. Heidelberg-Berlin 1998.

Harvey, J.T., Contending Perspectives in Economics. A Guide to Contemporary Schools of Thought, Cheltenham 2020

Hayek, F. A. v. Die Verfassung der Freiheit. 3. Aufl., Tübingen 1991.

Kapp, W., Volkswirtschaftliche Kosten der Privatwirtschaft, Tübingen 1958

Lucas Robert. E., Macroeconomic Priorities, American Economic Review 2003

Maslow, A., Motivation and Personality, New York, 2nd ed., 1970.

Musgrave, R.A., Musgrave, P. B., Kullmer, L. Die öffentlichen Finanzen in Theorie und Praxis. Bd. 1 (6. Aufl. 1994), Bd. 2 (5. Aufl. 1993), Bd. 3 (4. Aufl. 1992), Bd. 4 1978, Tübingen.
Myrdal, G. Jenseits des Wohlfahrtsstaates. Stuttgart 1961 (London 1958).
Nowotny, E., Evolution of structures of European economic policy. In: J. of Evolutionary Economics 2004, 14:211 ff.
Orszag, M. Snower, D. Expanding the Welfare System: A Proposal for Reform. In: M. Buti et al (siehe Abschnitt 1.3).
Partridge, M.D. Is Inequality Harmful for Growth? In: American Economic Review 1997, 87:1019 ff.
Putterman, L. Roemer, J.E., Sivestre, J. Does Egalitarianism Have a Future? In: J. of Econ. Lit. 1998, 36:816 ff.
Recktenwald H. C. (Hrsg.), Finanzpolitik, München 1974.
Richter, W.F., Wiegard, W. Zwanzig Jahre "Neue Finanzwissenschaft". Teil I: Überblick und Theorie des Marktversagens, Teil II: Steuern und Staatsverschuldung. In: ZWS 1993, 113:169 ff. u. 337 ff.
Rothschild, K.W. "Left" and "Right" in "Federal Europe". In: Kyklos 1986, 39(3):359 ff.
Rothschild, K.W. Observations on the Economics, Politics and Ethics of the Welfare State. In Zeitschrift für die gesamte Staatswissenschaft, 1982, 138/3:565 ff.
Schumpeter, J. Die Krise des Steuerstaates. In: Zeitfragen aus dem Gebiet der Soziologie. Graz 1918, wieder abgedruckt: In: R. Hickel (Hrsg.) Goldscheid R., Schumpeter J. Beiträge zur politischen Ökonomie der Staatsfinanzen. Frankfurt 1976.
Schumpeter, Joseph A., Theorie der wirtschaftlichen Entwicklung, Duncker&Humblot, Leipzig 2011, mit einer Einführung von J. Röpke und O. Stiller, Duncker&Humblot, München 2006
Skidelsky, R., Money and Government: A Challenge to Mainstream Economics, Allen Lane, London, 2018.
Smith, A. "An Inquiry into the Nature and Causes of the Wealth of Nations", 1776.
Snower, D.J. The Modern Welfare State: Problems and Suggested Reforms. In: Empirica 1996, 23:207 ff.
Streissler, Erich W., Die wirtschaftspolitische Enthaltsamkeit der Wiener Schule der Nationalökonomie. In: R. Neck, Hrsg., Die österreichische Schule der Nationalökonomie, Frankfurt, Peter Lang, 2008
Sutter, M. Haigner, S., Kocher, M. Choosing the stick or the carrot? Endogenous institutional choice in social dilemma situations. In: Review of Economic Studies (41, 2010, 1540 ff.)
Thaler, R. Misbehaving: The Making of Behavioral Economics (Dt.: Siedler V., Berlin) 2019.
Wilke, G., Neoliberalismus. Frankfurt am Main. 2003.
Wolf, M. The Shifts and the Shocks, Allen Lane, London 2014
Zimmermann, H., Henke, K.-D., M. Broer Finanzwissenschaft. 11. Aufl., München 2021.

Weiterführende Literatur

Atkinson, A.B, Stiglitz, J.E. Lectures in Public Economics. New York 1980
Auerbach, A. J., Feldstein M. (Hrsg.) Handbook of Public Economics. 2 Bde., Amsterdam 1995/97.
Buchanan, J.M. The Limits of Liberty. Between Anarchy and Leviathan. Chicago 1975.
Buti, M., Franco, D., Pench, L. (Eds) The Welfare State in Europe. Cheltenham 1999.
Caldwell, B. Hayek and Socialism. In: J. of Economic Literature 1997, 35: 1856 ff.
Carney, M., Valve(s): Building a Better Wordl for All. London 2020.

Engels, W. Die Rolle des Staates in der Wirtschaftsordnung. In: C.C. v. Weizsäcker (Hrsg.) Staat und Wirtschaft, S. 45 ff., Berlin 1979.
Eucken, W., Grundsätze der Wirtschaftspolitik, 3. Aufl., Tübingen-Zürich 1960.
Hamann Th., Theorie rationaler Erwartungen, Physica-Schrift, Vol. 40, 1993
Hayek, F. A. v. Die Irrtümer des Konstruktivismus. Tübingen 1975.
Hickel R. (Hrsg.) Goldscheid R., Schumpeter J. Beiträge zur politischen Ökonomie der Staatsfinanzen. Frankfurt 1976.
Leibfried, S., Mau, S., Welfare States: Construction, Deconstruction, Reconstruction, Edward Elgar, 2008.
Marterbauer M., Economic Development and Economic Policy in Austria and Sweden. In: O. Rathkolb (Ed.) Sweden-Austria: Two Roads to Neutrality and a Modern Welfare State. Berlin 2008.
Musgrave, R.A. Finanztheorie. 2. Aufl., Tübingen 1983.
Myrdal, G. Das politische Element in der nationalökonomischen Doktrinenbildung. Hannover 1963.
North, D.C. Institutions, Institutional Change and Economic Performance. Cambridge 1990.
Pirker, R.; Rauchenschwandtner, H. Sense of Community: A Fundamental Concept of Institutional Economics. Journal of Institutional and Theoretical Economics 1998, 154:45 ff.
Polanyi, K., The Great Transformation. Politische und ökonomische Ursprünge von Gesellschaft und Wirtschaftssystemen, Frankfurt 1995.
Rawls, J. Political Liberalism. New York 1993.
Richter, R. Neue Institutionenökonomik. In: G. Krause-Junk (Hrsg.) Steuersysteme der Zukunft. Berlin 1998.
Riese, H., Wohlfahrt und Wirtschaftspolitik. Reinbek b. H. 1975
Shafik, M., What we owe to each other: A New Social Contact for a Better Society, London 2021
Sinn, H.W. A Theory of the Welfare State. In: Scandinavian J. of Ecs. 1995, 97:495 ff.
Skidelsky, R. Money and Government. The Past and Future of Economics. New Haven 2008
Stiglitz, J.E., Schönfelder, B. Finanzwissenschaft. 2. Auflage (für die Bundesrepublik eingerichtete Version von Stiglitz, J. of Economics of the Public Sector. 2. Aufl., New
The Economist, The future of the welfare state, March 6th 2021
York), München 1996.

2 Umfang und Entwicklung des öffentlichen Sektors

Lernziele

- Zum öffentlichen Sektor zählen einerseits Institutionen, die sich insbesondere durch Zwangsabgaben (Steuerhoheit des Staates) finanzieren, wie Gebietskörperschaften und Parafisci, andererseits juristische Personen, die unter der Kontrolle des Staates stehen, insbesondere öffentliche Unternehmen.
- Eine keineswegs umfassende, aber dennoch Einblick gewährende Zusammenfassung öffentlicher Aktivitäten stellen Staatsquoten dar. Diese setzen sowohl an der Ausgabenseite des Budgets (Ausgabenquoten) als auch auf der Einnahmenseite (Abgabenquoten) an. Diese variieren sowohl zeitlich als auch geografisch zwischen einzelnen Ländern.
- Gründe für den Anstieg der Staatsquoten nach dem zweiten Weltkrieg liegen in der Tatsache, dass öffentliche Güter superiore Güter sind (Wagner´sches Gesetz), dass öffentliche Güter hauptsächliche Dienstleistungen sind mit geringen Produktivitätszuwächsen (Baumol´sche Kostenkrankheit), sowie in demographischen Faktoren (Urbanisierung, Alterung).

2.1 Was zählt zum öffentlichen Sektor?

Für die gerade für Aspekte der Staats- oder Verschuldungsquoten sensible Frage nach Definition und Erfassung des öffentlichen Sektors in einer Volkswirtschaft ist auf EU-Ebene das „Europäische System der Volkswirtschaftlichen Gesamtrechnung“ (ESVG) heranzuziehen. In der aktuell gültigen Fassung von 2010 wird der Staat durch seine „Befugnis, Steuern und andere obligatorische Abgaben zu erheben und Gesetze zu

E. Nowotny und M. Zagler, *Der öffentliche Sektor*,
https://doi.org/10.1007/978-3-658-36042-9_2

verabschieden, die das Verhalten wirtschaftlicher Einheiten beeinflussen", definiert. Die zentralen ökonomischen Funktionen des Staates sind

- Waren und Dienstleistungen für die Gemeinschaft bereitzustellen, entweder für den öffentlichen Konsum wie öffentliche Verwaltung, Verteidigung und Strafverfolgung oder für den individuellen Konsum wie Bildung, Gesundheit, Freizeit und kulturelle Dienstleistungen, und ihre Bereitstellung aus Steuern oder anderen Einkommen zu finanzieren;
- Umverteilung von Einkommen und Vermögen durch Transferzahlungen wie Steuern und Sozialleistungen;
- Sowie andere Arten der nicht marktbestimmten Produktion.

Zum öffentlichen Sektor zählen somit alle institutionellen Einheiten, die sich primär mit Zwangsabgaben von Einheiten anderer Sektoren finanzieren, sowie Nichtmarktproduzenten mit eigener Rechtspersönlichkeit, sofern sie vom öffentlichen Sektor kontrolliert werden und deren Hauptmittel aus Zuwendungen von öffentlichen Körperschaften stammen.

2.1.1 Gebietskörperschaften

Regional untergliedert die Volkswirtschaftliche Gesamtrechnung (VGR) insbesondere: Bund, Länder, Gemeinden und Gemeindeverbände. Ebenso werden hierzu auch supranationale Organisationen gezählt, soweit sie über eine gewisse Finanzautonomie verfügen, wie dies etwa bei der Europäischen Union der Fall ist.

2.1.2 Parafisci („intermediäre Finanzgewalten")

Als Charakteristika eines Parafiscus gelten:

- Organisatorisch selbständige Erfüllung öffentlicher Aufgaben.
- Finanzierung über eigene Finanzquellen mit Zwangscharakter, ohne selbst Träger von Hoheitsrechten zu sein, d. h. innerhalb eines meist gesetzlich vorgegebenen eingeschränkten Rahmens.

Die wichtigste Gruppe von Parafisci ist der Bereich der **Sozialversicherung** (gesetzliche Kranken-, Unfall-, Renten- und Arbeitslosenversicherung). Weitere wichtige Parafisci sind die Ständefisci (z. B. die Kammern für die Bereiche Industrie und Handel, Landwirtschaft, Arbeiter und Angestellte) und die Kirchenfisci (Religionsgemeinschaften des öffentlichen Rechts). Schließlich zählt hierzu der Bereich der **Fondswirtschaft,** d. h. von organisatorisch in gewissem Maß selbständigen Sondervermögen öffentlicher Haushalte, die für bestimmte, abgegrenzte Aufgabenstellungen errichtet wurden. Beispiele hierfür sind das ERP-Sondervermögen, entstanden aus der von den USA in der Nachkriegszeit geleisteten „Marshall-Plan"-Hilfe, oder der Fonds „Deutsche Einheit".

2.1.3 Öffentliche Unternehmen

Hier ist zwischen zwei wesentlichen Formen zu unterscheiden (siehe auch Kap. 9):

- **Öffentliche Unternehmen im eigentlichen Sinn** (öffentliche Sondervermögen), d. h. Unternehmen im öffentlichen Eigentum, die neben der Verfolgung erwerbswirtschaftlicher Zielsetzungen auch oder überwiegend wirtschafts- und gesellschaftspolitische Zielsetzungen zu erfüllen haben. Dazu zählen u. a.: Bahn und Post, sowie kommunale Verkehrs- und Versorgungsunternehmen. Entsprechend der Dynamik dieses Bereiches sind vielfältige Organisationsformen gegeben. So stellten etwa die Unternehmen Telekom, Postbank und Postdienst bis 1995 Sondervermögen des Bundes dar, die dann in privatrechtliche Aktiengesellschaften umgewandelt wurden.
- **Öffentliche Unternehmensbeteiligungen:** Hier handelt es sich um prinzipiell erwerbswirtschaftlich orientierte Unternehmen im vollständigen oder teilweisen Eigentum öffentlicher Haushalte. In Deutschland zählen hierzu z. B. die öffentlichen Beteiligungen an Telekom und an VW, in Österreich der über die Dachgesellschaft ÖBAG organisierte Beteiligungsbereich an einzelnen strategischen Unternehmen und der Elektrizitätswirtschaft.

Sofern Unternehmen, die sich zumindest teilweise im Besitz der öffentlichen Hand befinden, zumindest 50 % ihrer Kosten durch Verkaufserlöse erzielen, zählen sie laut ESVG 2010 nicht zum Sektor Staat.

Auf wirtschaftspolitische Aspekte öffentlicher Unternehmen wird in Kap. 9 näher eingegangen werden. An dieser Stelle sei auf die Notwendigkeit hingewiesen, stets die enge Verknüpfung zu berücksichtigen, die sich zwischen öffentlichen Unternehmen und den übrigen Bereichen des öffentlichen Sektors ergibt. Dies gilt insbesondere, wenn man die spezifische Rolle öffentlicher Unternehmen in ihrer Funktion als „Instrumente" der Wirtschaftspolitik betrachtet. Beispiele dafür sind der Einsatz öffentlicher Unternehmen als Instrumente der Raumordnungspolitik, der Konjunkturpolitik, der Sozialpolitik, der Strukturpolitik. Der entsprechende Einsatz öffentlicher Unternehmen ist dabei vielfach als Ergänzung oder auch als Alternative zu unmittelbar finanzpolitischen Instrumenten zu sehen. So sind etwa Fragen der Tarifgestaltung bei öffentlichen Verkehrsunternehmen oder bei Energieversorgungsunternehmen von größter Bedeutung für die Bereiche der Regional- und Energiepolitik und in ihrer Wirkung vielfach bedeutsamer als entsprechende spezifische Maßnahmen des öffentlichen Sektors über Steuervergünstigungen oder Subventionen.

Gleichzeitig ist auch zu berücksichtigen, dass vom Bereich der öffentlichen Unternehmen wesentliche Einflüsse auf die öffentlichen Haushalte im engeren Sinn ausgehen. Dies nicht zuletzt aus der Notwendigkeit, allfällige Betriebsabgänge öffentlicher Unternehmen über die öffentlichen Haushalte zu finanzieren. Schließlich ist auch festzustellen, dass gerade die öffentlichen Unternehmen und im speziellen die öffentlichen Unternehmensbeteiligungen heute den Bereich darstellen, der gesellschaftspolitisch hinsichtlich seiner Zugehörigkeit zum öffentlichen Sektor am stärksten umkämpft ist.

2.2 Der öffentliche Sektor in der volkswirtschaftlichen Gesamtrechnung (VGR)

Die Erfassung des öffentlichen Sektors stellt einen der schwierigsten und problematischsten Bereiche der VGR dar, denn öffentliche Haushalte sind unter dem Aspekt der Wohlstandsmessung ein Fremdkörper im System volkswirtschaftlicher Gesamtrechnungen. Zunächst werden nach den Konventionen der VGR[1] als „öffentlicher Sektor" nur der Bereich der Gebietskörperschaften (unterteilt nach Zentralhaushalt einschließlich ERP- und Lastenausgleichsfonds und nachgeordneten Gebietskörperschaften), und der Bereich der Sozialversicherung erfasst.

Für den in der geschilderten, eingeschränkten, Form erfassten „öffentlichen Sektor" ergeben sich nun bei seiner Integration in das System der VGR erhebliche Schwierigkeiten und Widersprüche gegenüber grundlegenden Ansätzen dieses Systems. Die wichtigsten Abweichungen sind dabei:

- Die VGR beschränkt sich im Wesentlichen auf die Erfassung von Marktvorgängen, mit wenigen, genau festgelegten Ausnahmen. Die Leistungen des öffentlichen Sektors werden jedoch überwiegend nicht über Märkte angeboten, sodass weder direkte Marktpreise noch Analogien zu Marktpreisen (wie etwa bei der Bewertung des Eigenverbrauches in der Landwirtschaft) ermittelt werden können.
- Die **Bewertung** öffentlicher Güter und Leistungen kann daher nicht, wie für die übrigen Wirtschaftsbereiche, vom Output, sondern muss vom Input, d. h. von den Kosten der Leistungserstellung, ausgehen. Es wird also angenommen, dass der Gemeinschaft öffentliche Leistungen so viel wert sind, wie für ihre Erstellung an Produktionskosten (insbesondere Personalkosten) benötigt wurde. Die Problematik dieser Konvention ist offensichtlich und ist von besonderer Bedeutung, wenn es gilt, intertemporale oder internationale Vergleiche anzustellen. So müssen hohe bzw. rasch wachsende öffentliche Ausgaben, z. B. im Gesundheitswesen, Militär-

[1] Eine Gesamtdarstellung des öffentlichen Sektors in der VGR findet sich jeweils im Statistischen Jahrbuch für die Bundesrepublik Deutschland.

bereich etc., nicht notwendigerweise auf hohe bzw. steigende Leistungen in diesen Bereichen hinweisen, sondern können auch durch entsprechende Lohnentwicklungen, organisatorisch bedingte Kostensteigerungen etc. verursacht sein.

- Damit in Zusammenhang steht das Problem der Ermittlung **realer Größen öffentlicher Leistungen.** Die VGR liefert unmittelbar nur nominelle Werte, die über entsprechende Preisindizes in Realwerte transformiert werden. Solche Indizes sind jedoch für den öffentlichen Bereich nur beschränkt anwendbar. Auch Rückrechnungen über direkte Ermittlungen der Entwicklung der Arbeitsproduktivität sind mit großen statistischen Problemen verbunden. In der Regel werden hier Werte aus technisch vergleichbaren privatwirtschaftlich organisierten Branchen herangezogen. Insgesamt bedeutet dies einen Bereich großer statistischer Unsicherheit und Unschärfe hinsichtlich der Frage, wie weit ein Anstieg öffentlicher Ausgaben die reale Produktionsausweitung oder nur die Wirkung gestiegener Kosten wiedergibt (siehe auch Abschn. 2.4.3).
- Ein grundlegendes Problem liegt schließlich darin, dass öffentliche Leistungen, die ja letztlich stets privaten Haushalten oder Unternehmen zugute kommen, bei diesen als (meist unentgeltlich erbrachte) Konsum- oder als Vorleistungsgrößen erfasst werden müssten. Die VGR ist jedoch nicht in der Lage, diese Unterscheidung zu berücksichtigen, und erfasst sämtliche öffentlichen Dienstleistungen als **„Staatsverbrauch"** (siehe unten). Die mangelnde Unterscheidung (bzw. Unterscheidbarkeit) von Vorleistung und Endprodukt, sowohl nach Empfängerkreis wie nach Verwendungsart, führt aber auch dazu, dass etwa eine bloße Vermehrung der Inputs (z. B. mehr Beamte, mehr Militärausgaben etc.) in der VGR bereits als Erhöhung des Endproduktes („öffentlicher Konsum") ausgewiesen wird, während im privatwirtschaftlichen Bereich nicht auf die Entwicklung der Inputs, sondern auf die Entwicklung (und Bewertung) der Endproduktion abgestellt wird. In noch stärkerem Maße als dies ohnedies schon generell für die VGR der Fall ist, werden hier die Unzulänglichkeit der entsprechend der VGR ermittelten Größen als **Wohlfahrtsmaß** und die nur bedingte Aussagekraft als **Produktionsmaß** sichtbar.

Die oben angeführten Probleme zeigen sich am deutlichsten hinsichtlich des Produktionskontos des Staates im Rahmen der VGR. Das **Produktionskonto** des Staates unterscheidet sich von dem des Unternehmenssektors vor allem dadurch, dass der überwiegende Teil des Produktionswertes des öffentlichen Sektors in Form unentgeltlich abgegebener Güter und Leistungen besteht und daher, wie dargestellt, mit den entstandenen Aufwendungen, d. h. zu **Faktorkosten** und nicht zu Marktpreisen bewertet wird. Im Gegensatz zum Unternehmensbereich wird demnach das Produktionskonto des öffentlichen Sektors von der Soll-(„linken")Seite her begonnen, die die Vorleistungen plus Bruttowertschöpfung (Löhne und Gehälter, Abschreibungen, aber nicht die Saldogröße Gewinne!) enthält. Die Abschreibungen werden dabei nach der Systematik der VGR nur für Gebäude, nicht für andere Sachanlagen vorgenommen.

Der **Bruttoproduktionswert** des öffentlichen Sektors ergibt sich dann auf der rechten Seite als Entsprechung der angeführten Größen und enthält Verkäufe und selbsterstellte Anlagen sowie vor allem die unentgeltlich bereitgestellten öffentlichen Güter und Dienstleistungen („Staatsverbrauch"). Die Bezeichnung „Staatsverbrauch" bzw. „Eigenverbrauch" oder **„Staatlicher Konsum"** ist insofern irreführend als es sich hier ja nicht um „Konsum" durch den Staat handelt, sondern wie beim privaten Produktionsbereich um die Abgabe von Gütern und Leistungen an die „konsumierenden Bürgerinnen und Bürger" und Unternehmen, wobei in diesem Fall Produktion und Vertrieb eben nicht über Marktsteuerung, sondern über politische Allokationsprozesse bestimmt werden.

2.3 „Staatsquoten" – Begriffe und Verwendung

Es ist nicht möglich, die wirtschaftliche Bedeutung des öffentlichen Sektors in einer Volkswirtschaft durch eine einzelne Kennzahl oder Quote zu erfassen. Dies zunächst schon deshalb, weil sich ein wichtiger Teil staatlicher Maßnahmen gar nicht in Ausgaben oder Einnahmen öffentlicher Haushalte niederschlägt, obwohl diese Maßnahmen erhebliche wirtschaftspolitische Bedeutung haben können: Man denke etwa an die wirtschaftlichen Effekte von Maßnahmen des Sozial- und Arbeitsrechtes (z. B. Schutzbestimmungen, Lohnfortzahlung im Krankheitsfall), der Umweltschutzpolitik (Auflagen, Verbote), der Raumordnungs- und Wohnungspolitik (Flächenwidmungspläne, Mietzinsbegrenzungen), aber auch an die Möglichkeit des Staates, Private zu ganz oder teilweise unentgeltlichen Dienstleistungen zu verpflichten (Wehrdienst, teilweise Steueradministration etc.).

Die Bedeutung der Berücksichtigung dieser nicht-monetären staatlichen Interventionen für die Erfassung des „Staatseinflusses" liegt vor allem darin, dass vielfach Substitutionsbeziehungen zwischen nicht-monetären, ausgabeseitigen und steuerlichen Einflussmöglichkeiten bestehen. So können etwa bestimmte umweltschutzpolitische Ziele sowohl durch Gebote und Verbote (z. B. Emissionsverbote) als auch durch direkte öffentliche Ausgaben (z. B. Bau und Betrieb von Kläranlagen, Subventionen) als auch durch steuerliche Maßnahmen (z. B. Abwasserabgabe) erreicht werden.

Das bedeutet, dass bestimmte öffentliche **Aufgaben** unter Umständen mit sehr unterschiedlicher öffentlicher **Ausgabenintensität** (Zimmermann 1973) erfüllt werden können, was sich wieder in sehr unterschiedlicher Weise in den verschiedenen Formen der Erfassung der Staatsquote niederschlagen wird.[2] Speziell bei intertemporalen und internationalen Vergleichen kann daher ein bloßes Abstellen auf „konventionelle" Staats-

[2] Es können freilich auch die gesamtwirtschaftlichen Kosten je nach **Art** der Aufgabenerfüllung verschieden sein, etwa wenn präventive Maßnahmen (z. B. Verbot gefährlicher Produkte und Verfahren, Verpflichtung zum Tragen von Schutzkleidung) billiger sind als Maßnahmen der nachträglichen Sanierung (z. B. Behandlung in Krankenanstalten).

quoten zu unvollständigen, z. T. sogar irreführenden Ergebnissen führen (man denke z. B. an die unterschiedliche statistische Bewertung der Funktion „Verteidigung", je nachdem, ob in einem Land Wehrpflicht besteht, wie in Österreich, oder nicht, wie in Deutschland).

2.3.1 Ausgabenquoten

Die bekannteste Ausgabenquote ist die Staatsausgabenquote (q). Es handelt sich hier um das Verhältnis der Gesamtausgaben des öffentlichen Sektors (A), zum Bruttoinlandsprodukt zu Marktpreisen[3] (Y),

$$q = A/Y$$

Diese sehr häufig verwendete Quote bedarf in verschiedener Hinsicht der näheren Spezifizierung:

- Es ist die jeweils verwendete Abgrenzung des öffentlichen Sektors anzugeben, insbesondere hinsichtlich der Einbeziehung der Sozialversicherung und der öffentlichen Unternehmen.
- Bei der Interpretation der Staatsausgabenquote ist zu berücksichtigen, dass ihre Höhe nicht nur vom Zähler, sondern auch vom Nenner bestimmt ist. So können etwa selbst bei nomineller Konstanz der Staatsausgaben konjunkturelle Schwankungen des BIP zu Änderungen der Staatsquote führen (z. B. zu einem Steigen in einer Wirtschaftskrise).
- Die Größe „Gesamtausgaben" des öffentlichen Sektors enthält sowohl Ausgaben für Güter und Dienstleistungen als auch Transferzahlungen. Die Staatsausgabenquote stellt damit keine „echte" Quote dar, da die Transferzahlungen ja zu weiteren Ausgaben in anderen Wirtschaftsbereichen führen. Die Staatsausgabenquote kann daher auch nicht als Maß für die Beanspruchung des Bruttoinlandsprodukts durch den öffentlichen Sektor herangezogen werden. Wohl aber kann die Staatsausgabenquote als Indiz dafür herangezogen werden, wie groß der Anteil jener Kreislaufströme ist, die über den öffentlichen Sektor laufen, d. h. über die in politisch determinierten Allokationsprozessen entschieden wird.

---

[3] Früher wurde auch das Bruttosozialprodukt als Kenngröße verwendet, weil damit die Leistungskraft der Staatsbürger (also das Volk, welches zumindest in einer Republik den Staat definiert) gemessen wird, unabhängig ob die Staatsbürger im In- oder Ausland leben. Heute wird häufiger das Bruttoinlandsprodukt verwendet, welches auf dem Einwohnerkonzept (egal welcher Nationalität) beruht, weil staatliche Leistungen zumeist den Einwohnern zugutekommen, und auch diese in der Regel dafür mit ihrer Steuerleistung aufkommen.

Die **Realausgabenquote** gibt das Verhältnis zwischen der mit dem öffentlichen Sektor direkt verbundenen Endnachfrage zum Bruttoinlandsprodukt zu Marktpreisen wieder. Bei dieser Quote, in der die Transferzahlungen nicht enthalten sind, handelt es sich also um eine „echte" Quote, die den Anteil des öffentlichen Sektors an der Bruttoproduktion von Gütern und Dienstleistungen in einer Volkswirtschaft anzeigt. Die Endnachfrage des öffentlichen Sektors nach Gütern und Dienstleistungen entspricht dem Ausmaß des „öffentlichen Konsums" (richtiger: des privaten Konsums an öffentlichen Dienstleistungen) und der öffentlichen Bruttoinvestitionen. Dementsprechend kann man in einer weiteren Aufspaltung eine gesonderte **öffentliche Investitions(ausgaben)quote** und eine **Staatsverbrauchsquote,** wie auch eine **Sachausgaben**- und eine **Personalausgabenquote** ermitteln. Gerade bei der Realausgabenquote ist es auch wichtig, zwischen der Entwicklung in nominellen und in realen, inflationsbereinigten Werten zu unterscheiden, da zu erwarten ist, dass die „Preise" (genauer: die Kosten) für die vom Staat bereitgestellten Leistungen rascher steigen als die für das Bruttoinlandsprodukt insgesamt ermittelte Preissteigerungsrate (siehe Abschn. 2.4).

Abb. 2.1 zeigt die Entwicklung der Staatsausgabenquote, der Realausgabenquote (ohne Zinsendienst) und der Investitionsquote für Deutschland, Österreich und die Europäische Union von 1995 bis 2020. Die Differenz zwischen der Staatsausgabenquote und der Realausgabenquote entspricht der **Transferquote.** Mit Ausnahme von 2020 (aufgrund der Pandemie) zeigt sich eine sehr konstante Entwicklung. Während die Realausgabenquote kaum Fluktuationen aufweist, kommt es aufgrund der Transferausgaben zu deutlichen Schwankungen bei der Staatsausgabenquote, sehr gut zu sehen ab 2008 aufgrund der großen Rezession. Mit Stand 2020 weist Deutschland eine Staatsausgabenquote von 51,5 % auf, Österreich von 56,1 %.

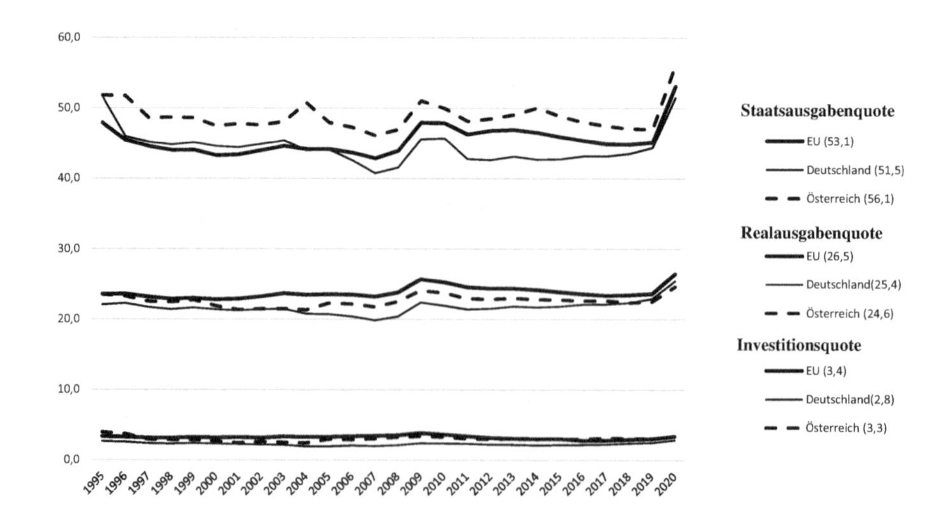

Abb. 2.1 Ausgabenquoten (in % des BIP). (Quelle: Ameco Datenbank)

2.3.2 Abgabenquoten

Die Abgabenquote stellt den Anteil aller öffentlicher Einnahmen am Bruttoinlandsprodukt dar. Die Abgabenquote wird daher häufig auch als **Einnahmenquote** bezeichnet. Zu den staatlichen Einnahmen zählen Steuern, Gebühren und Beiträge (insbesondere Sozialversicherungsbeiträge), sowie Einnahmen des Staates aus unternehmerischer Tätigkeit und die öffentliche Kreditaufnahme. Während Gebühren und Beiträgen in der Regel eine öffentliche Gegenleistung gegenübersteht, ist eine Zweckbindung bei Steuern nicht die Regel, weshalb gerne die Steuerquote gesondert ausgegeben wird.

In der Regel wird die umfassendere **Abgabenquote** die ökonomisch aussagekräftigere Größe sein, da es vielfältige Substitutionsbeziehungen zwischen allgemeiner Steuerfinanzierung und spezieller Finanzierung über Sozialversicherungsbeiträge gibt. So können etwa Einnahmeerhöhungen der Sozialversicherung sowohl durch direkte Beitragserhöhungen wie durch erhöhte – steuerfinanzierte – Staatszuschüsse erreicht werden. Auch ist in manchen Staaten das Sozialversicherungssystem in den Staatshaushalt integriert (z. B. in Dänemark und Schweden), was zu hohen Steuerquoten und niedrigen Sozialversicherungsquoten führt, in anderen Staaten, wie in Deutschland und Österreich, sind die Sozialversicherungsträger in Form selbstständiger Parafisci organisiert.

In korrekter ökonomischer Interpretation zeigt die Abgabenquote, wie groß der Anteil des Sozialproduktes ist, der aufgrund gesetzlicher Verpflichtungen an den öffentlichen Sektor abzuführen ist und damit nicht der **unmittelbaren** Disposition über Marktmechanismen unterliegt. Die Abgaben- und erst recht die Steuerquote sind aber kein adäquates Maß für das Ausmaß der wirtschaftlichen Rolle des öffentlichen Sektors in einer Wirtschaft und auch kein ausreichender Indikator für die wirtschaftliche „Belastung" der Staatsbürger durch den öffentlichen Sektor. Es ist daher auch der manchmal verwendete Ausdruck **„Steuerlastquote"** irreführend. Denn „Belastung" kann ökonomisch sinnvoll nur als endgültiger Verzicht auf Ressourcen interpretiert werden. Abgaben stellen zu einem erheblichen Teil jedoch keinen endgültigen Ressourcenverzicht dar, sondern dienen der Finanzierung von öffentlichen Ausgaben, die zwar nicht notwendigerweise dem jeweiligen Steuerzahler direkt, wohl aber dem privaten Sektor insgesamt zugute kommen. Die öffentlichen Abgaben sind daher eher als Zahlung für öffentlichen Konsum im weiteren Sinn (d. h. inklusive Transfers und Investitionen) zu sehen, der über politische Allokationsmechanismen gesteuert wird. Sie stehen damit, zumindest bei Globalbetrachtung, in gewisser Analogie zu den Zahlungen für privaten Konsum, der über Marktmechanismen gesteuert wird und die jedenfalls nicht als „Last" interpretiert werden.

Die Problematik einer isolierten Betrachtung der Steuerquote als „Belastungsquote" zeigt sich besonders deutlich bei der Verwendung von Steuervergünstigungen als Instrument der Sozialpolitik (z. B. Kinderfreibeträge) oder der Wirtschaftspolitik (z. B. Investitionsförderung über Steuerermäßigungen). Werden diese Steuervergünstigungen, auch als **Steuertransfers** oder indirekte Transfers bezeichnet, abgeschafft und aufkommensneutral durch direkte Transfers (z. B. Familienbeihilfen, Investitionszuschüsse) ersetzt, so bewirkt dies eine Erhöhung der statistisch ausgewiesenen Steuerquote, obwohl die gesamtwirtschaftliche „Belastung" konstant geblieben ist. Die Verteilungswirkung innerhalb der privaten Einkommen wird freilich eine andere sein.

Auch bei den Abgabequoten kam es in den letzten 25 Jahren zu keinen nennenswerten Veränderungen. Österreich weist sowohl eine Steuer- als auch Einnahmenquote über dem Durchschnitt der Europäischen Union auf, während Deutschland mit der Einnahmenquote im Europäischen Schnitt liegt, aber leicht höhere Sozialversicherungsbeiträge – und dementsprechend eine leicht niedrigere Steuerquote – aufweist (Abb. 2.2).

Neben Ausgaben- und Einnahmenquoten lassen sich noch weitere Quoten berechnen, welche die Struktur des öffentlichen Sektors abbilden, etwa die Beschäftigungsquote, welche den Anteil der öffentlichen Bediensteten an der Gesamtzahl der Erwerbstätigen misst, sowie Defizit- und Schuldenquoten (dazu mehr in Kap. 18).

2.3.3 Staatsquoten im internationalen Vergleich

Abb. 2.3 zeigt die Staatsausgabenquoten innerhalb der Europäischen Union. Bei der Interpretation dieser Daten erscheinen vor allem folgende Aspekte von Bedeutung:

- Schon innerhalb des kleinen und wirtschafts- und gesellschaftspolitisch relativ homogenen Kreises der in Abb. 2.3 enthaltenen Staaten zeigen sich erhebliche Unter-

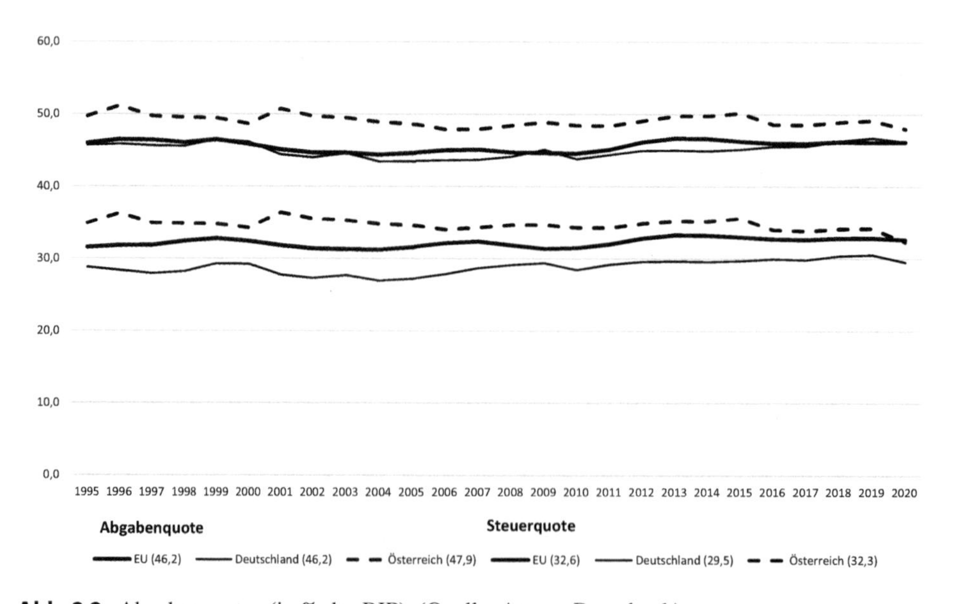

Abb. 2.2 Abgabenquoten (in % des BIP). (Quelle: Ameco Datenbank)

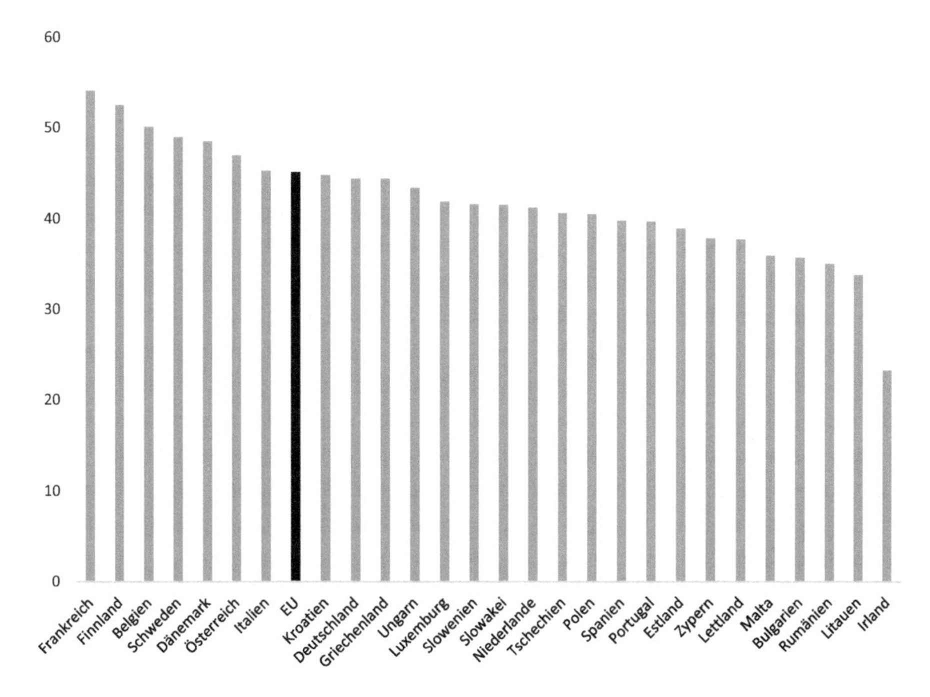

Abb. 2.3 Staatsausgabenquoten in der EU in 2019 (in % des BIP). (Quelle: Ameco Datenbank)

schiede in der wirtschaftlichen Position des öffentlichen Sektors. Dabei lässt sich anhand der dargestellten Gruppe kein systematischer Zusammenhang zwischen Staatsquoten und anderen ökonomischen Variablen wie etwa Sozialprodukt/Kopf ableiten. Dies zeigt etwa ein Vergleich zwischen Schweden und den Niederlanden, beides Staaten mit sehr hohem Pro-Kopf-Bruttoinlandsprodukt.

- Den höchsten Wert (mit 54 %) weist das „etatistische" Frankreich, den geringsten Wert das „angelsächsische" Irland (mit lediglich 23 %). Nennenswert ist, dass skandinavische Länder (Finnland, Schweden, Dänemark) hohe Quoten aufweisen, während das Baltikum (Estland, Lettland, Litauen) und Südosteuropa (Rumänien und Bulgarien) geringe Quoten aufweisen.
- Staaten mit vergleichsweise niedrigeren Pro-Kopf-Einkommen weisen in der Regel auch niedrige Abgabequoten auf, während bei Staaten mit hohem Pro-Kopf-Einkommen hinsichtlich der Abgabequoten große Unterschiede bestehen. Dies zeigt, dass sich eine Gesellschaft offensichtlich mit höherem Pro-Kopf-Bruttoinlandsprodukt einen größeren öffentlichen Sektor (insbesondere auch anteilsmäßig höheren öffentlichen Konsum) leisten „kann", dass das Ausmaß, in dem sie diese Möglichkeit nutzt, aber entsprechend den politisch artikulierten Präferenzen sehr stark variiert (siehe dazu Abschn. 2.4).

2.4 Entwicklungstendenzen von Niveau und Struktur des öffentlichen Sektors

Die öffentliche Ausgaben- und Einnahmenstruktur war nicht immer so konstant wie in den letzten 25 Jahren. Bei näherer Analyse lassen sich bereits aus der groben Darstellung deutliche Unterschiede in der Dynamik der Staatsquoten erkennen: Im 19. Jahrhundert bis hin zum Ausbruch des 1. Weltkrieges zeigt sich eine annähernde Konstanz der Staatsquote, die im Deutschen Reich zwischen 13 und 17 % lag. Der 1. Weltkrieg bringt einen massiven **„Niveauverschiebungseffekt"** um fast 10 Prozentpunkte.

In der Zwischenkriegszeit erfolgt eine weitere starke Ausweitung der Staatsquote von 25 % auf 39 %. Besonders „expansive" Einflüsse gehen dabei von der 1929 einbrechenden Weltwirtschaftskrise aus, wo wachsenden staatlichen Interventionserfordernissen ein stagnierendes bzw. schrumpfendes Sozialprodukt gegenübersteht, und von der mit dem Hitler-Regime einsetzenden Aufrüstung. Die Kriegsjahre führten schließlich zu extrem hohen Staatsquoten. Nach Weltkrieg und Währungsreform zeigt sich wieder eine deutliche Verschiebung der Staatsquote (diesmal nach unten auf 36 % für 1950). Die weitere Entwicklung ist dann durch eine im Vergleich zur Zwischenkriegszeit schwächere aber stetige Dynamik nach oben gekennzeichnet.

Hinter der Entwicklung der gesamtwirtschaftlichen Staatsquoten stehen jedoch tief greifende Änderungen in der **Struktur der Staatsausgaben,** die von besonderem Interesse sind: So entfielen 1872 etwa 63 % der gesamten Staatsausgaben auf direkte und indirekte Militärlasten, da ja auch der Schuldendienst im wesentlichen auf die Kosten früherer Kriege[4] zurückzuführen war. Das Ende des 1. Weltkriegs brachte dann einen deutlichen Wandel vom „Militär- und Verwaltungsstaat" zum beginnenden Sozialstaat, eine Entwicklung, die sich – nach der neuerlichen Militarisierung des Staates in der Zeit des Nationalsozialismus – nach Ende des 2. Weltkriegs verstärkt fortsetzte. Die Zentralbereiche staatlicher Ausgaben liegen nun im Sozial-, Gesundheits- und Bildungswesen, sowie in Infrastrukturaufwendungen im Zusammenhang mit der wirtschaftlichen Entwicklung.

Der Strukturwandel zum **„Wohlfahrts- und Leistungsstaat"** ist ein international wirkendes Phänomen, wobei freilich Form und Ausmaß dieses Strukturwandels wieder stark von den jeweiligen wirtschaftlichen und vor allem politischen Gegebenheiten der jeweiligen Staaten bestimmt sind.

Dies zeigt sich auch für die Zeit seit dem zweiten Weltkrieg sehr deutlich aus einem groben **Strukturvergleich** der Entwicklung Deutschlands und Österreichs (Tab. 2.1). Man sieht, dass in allen drei Staaten ein Wandel insofern stattgefunden hat, als nun der Transferbereich, der neben den Subventionszahlungen vor allem den Bereich der sozialen Sicherheit im weitesten Sinn umfasst, an Umfang den „klassischen" Bereich

[4] Krieg Österreich-Preußen 1866, Deutsch-Französischer Krieg 1870/71.

Tab. 2.1 Anteile staatlicher Ausgabenkategorien am BIP. (Quelle: OECD, National Accounts)

	1959	1980	2000	2020
Deutschland	14,3	21,1	19,0	22,6
Ausgaben für Güter und Dienste	14,0	21,2	25,8	26,0
Transfers				
Österreich	11,3	18,1	18,4	21,4
Ausgaben für Güter und Dienste	9,9	20,1	23,3	31,5
Transfers				

der Aufwendungen für öffentlichen Konsum und öffentliche Investitionen überwiegt. Gleichzeitig sieht man jedoch auch deutliche Unterschiede in der jeweiligen Struktur und Dynamik. Während sich die Ausgaben für Güter und Dienste in Deutschland und Österreich über die Zeit angenähert haben, gibt es nach wie vor einen erheblichen Unterschied in den Transfers. Weiters zeigt sich, dass – offenbar aufgrund von Kriegsfolgen und gesellschaftlichem Nachholbedarf – in Deutschland und Österreich die Entwicklung der Ausgabenquoten im Zeitraum von 1959 bis 1980 sehr dynamisch war, seit 1980 die größere Dynamik dagegen im Bereich der Transferquoten zu sehen ist.

Insgesamt kann das Ergebnis des Ländervergleiches wieder als Hinweis dafür gesehen werden, dass in Bezug sowohl auf Niveau wie auch Struktur der Staatstätigkeit zwar gewisse ökonomische Einflussfaktoren wirken, dass dieses Wirken aber offensichtlich ziemlich weite Spielräume offenlässt, die den Einfluss der jeweiligen gesellschaftspolitischen Struktur widerspiegeln. Es ist daher, wie in den nächsten Abschnitten dargestellt, erforderlich, für die Erklärung der Entwicklung des öffentlichen Sektors nicht auf **eine,** sondern auf eine Vielzahl von Bestimmungsgrößen abzustellen, deren Gewicht nach den jeweiligen historischen und gesellschaftlichen Gegebenheiten variieren wird.

2.4.1 Das „Wagner'sche Gesetz steigender Staatsquoten" – öffentliche Leistungen als superiores Gut

Das „Wagner'sche Gesetz steigender Staatsquoten", erstmals 1863 aufgestellt von Adolph Wagner, postuliert eine ökonomische „Regelmäßigkeit", wonach das Wachstum der Staatsausgaben nicht bloß proportional, sondern überproportional zum Wachstum des BIP erfolge – die **Staatsquoten** demnach langfristig ansteigen. In moderner Terminologie entspricht dies der These, dass die Nachfrage nach öffentlichen Leistungen langfristig eine Einkommens-Elastizität von über 1 aufweist, öffentliche Leistungen also als **superiore Güter** zu betrachten seien. Für diese „Produkteigenschaft" öffentlicher Leistungen können mehrere Bestimmungsfaktoren angeführt werden:

- Stellung öffentlicher Leistungen in der **Bedürfnishierarchie** der privaten Nachfrage: Diese Argumentation geht aus von der Vorstellung einer physiologisch-psychologisch-sozial bestimmten Bedürfnishierarchie. Mit zunehmendem Wohlstand (realem Pro-Kopf-Einkommen) verlagert sich nun ein erheblicher Teil der privaten Nachfrage von überwiegend privat erstellten „primären" Bedürfnissen (Nahrung, Kleidung, Wohnung) zu „höheren" Bedarfsbereichen, die zu erheblichen Teilen nicht mehr allein durch private, sondern durch öffentliche Leistungen abgedeckt werden. Dies gilt insbesondere für Leistungen des öffentlichen Sektors im Rahmen seines „Kultur- und Wohlfahrtszweckes" (A. Wagner), wie höhere Schulbildung, soziale Sicherheit, und eine bessere Gesundheitsversorgung. Die steigende Lebenserwartung in entwickelten Volkswirtschaften führt ebenso zu einer Verschiebung der Bedürfnisse in Richtung höher öffentlicher Ausgaben, sowohl in Bezug auf den Gesundheitssektor als auch auf Pensionszahlungen.
- Öffentliche Leistungen als **Komplementärgüter** privater superiorer Güter: Öffentliche Leistungen stehen vielfach in einem Komplementaritätsverhältnis zu privat erstellten Gütern mit hoher Einkommenselastizität der Nachfrage. Das gilt etwa für die durch das Bedürfnis nach individueller Mobilität bestimmte Nachfrage nach Kraftfahrzeugen, die massive – öffentlich erstellte – komplementäre Straßenbauinvestitionen erfordert[5]. In einem weiteren Sinn können unter dem „Komplementaritätsaspekt" auch alle jene Aufgabenstellungen des öffentlichen Sektors erfasst werden, bei denen es um die Abdeckung negativer externer Effekte der privaten Produktion geht. Dies umfasst etwa die zunehmenden Anforderungen im Bereich des Umweltschutzes, der Bewältigung zunehmender verkehrs- und produktionsbedingter Gesundheitsschädigungen etc. Generell kann dabei erwartet werden, dass schon der langfristige Strukturwandel von der Agrar- zur Industrie- und Dienstleistungswirtschaft durch den höheren Grad der Arbeitsteilung einen erhöhten Bedarf an staatlichen Interventionen mit sich bringt.

2.4.2 Demographische Faktoren

Schließlich gibt es eine Reihe von langfristig wirkenden Phänomenen, die in einem oft sehr komplexen positiven Verhältnis zum gesamtwirtschaftlichen Wachstum stehen und von erheblichem Einfluss auf die Nachfrage nach öffentlichen Leistungen sein können.

---

[5] Im Einzelnen kann diese Beziehung freilich sehr viel komplexer sein als hier angeführt: So kann ein autonomes „Angebot" öffentlicher Straßenbauten selbst wieder die Nachfrage nach privaten Kraftfahrzeugen erhöhen. Ebenso ist zu unterscheiden zwischen einem „autonomen" Bedürfnis nach individueller Mobilität und einem „induzierten" oder „aufgezwungenen", z. B. durch Einstellen öffentlicher Verkehrsangebote, durch „verkehrsinduzierende" weitläufige Siedlungsformen, durch Verlagern von Einkaufsmöglichkeiten aus dem Stadtgebiet etc.

Von diesen „Nebeneffekten“ seien, über die oben genannten allgemeinen Aspekte hinaus, insbesondere hervorgehoben:

- Zunehmende **Verstädterung:** Der Verstädterungsgrad zeigt in allen Industriestaaten eine langfristig zunehmende Tendenz.[6] Geht man davon aus, dass die Gemeindeausgaben nicht proportional, sondern überproportional zur Bevölkerungszahl der Gemeinde zunehmen, wie dies das **Brecht'sche Gesetz** postuliert, so ergeben sich aus dieser Entwicklung erhebliche zusätzliche realwirtschaftliche Anforderungen an den öffentlichen Sektor.
- Steigende **Lebenserwartung:** Die Lebenserwartung hat sich in allen Industriestaaten langfristig erhöht.[7] In Verbindung mit sinkenden bzw. konstanten Geburtenraten ergibt sich damit eine Erhöhung des Anteils älterer Menschen an der Gesamtbevölkerung, was erhebliche zusätzliche realwirtschaftliche Anforderungen an den öffentlichen Sektor, speziell in den Bereichen Gesundheitswesen und soziale Sicherheit, bedeutet. Darüber hinaus gehen generell von relativ raschen Veränderungen in der Altersstruktur der Bevölkerung ausgabensteigernde Wirkungen aus, da sie zu rasch wechselnden Anforderungen an Infrastrukturkapazitäten und zu entsprechenden Ungleichgewichten führen können (z. B. gleichzeitige Überkapazitäten im Grundschulbereich und Unterkapazitäten in Pensionistenheimen).

2.4.3 Die „Baumol'sche Kostenkrankheit persönlicher Dienstleistungen"

Bisher war fast ausschließlich auf realwirtschaftliche Bestimmungsfaktoren der Entwicklung der Staatsquote abgestellt worden. Tatsächlich stellen aber Staatsquoten in der üblicherweise verwendeten Form Beziehungen zwischen **nominellen** Größen dar. Das bedeutet, dass wachsende Staatsquoten neben (oder statt) unterschiedlichen realen Wachstumsraten auch darauf beruhen können, dass es im öffentlichen Sektor zu höheren Preissteigerungsraten kommt als im privaten. Da für öffentliche Leistungen in der Regel keine Preise bestehen, sind direkte Vergleiche der jeweiligen Preissteigerungsraten kaum möglich. Wohl aber ist es möglich, entsprechende Anhaltspunkte aus dem Vergleich unterschiedlicher Kostenentwicklungen zu gewinnen.

---

[6] Der Anteil der Bevölkerung in Orten mit über 20.000 Einwohnern stieg in Deutschland von 5,3 % im Jahr 1800 auf 34,6 % im Jahr 1910 und 57,8 % im Jahr 1991 (Recktenwald 1977, S. 728). Seither zeigt sich eine stagnierende Tendenz (Anteil 2020: 59,6 %), was freilich vor allem durch die dynamische Entwicklung städtischer Randgemeinden bewirkt ist und sich in entsprechenden zusätzlichen Agglomerationskosten (v. a. Verkehrsinfrastruktur) auswirkt.

[7] In Deutschland stieg die Lebenserwartung für Männer (Frauen) zwischen 1891/1900 und 2018/2020 z. B. von 40,6 (44,0) auf 78,6 (83,4) Jahre.

Ausgangspunkt der Überlegungen ist dabei der Umstand, dass der öffentliche Sektor zu erheblichen Teilen als **„Dienstleistungsbereich“** zu sehen ist. Für diesen („tertiären“) Bereich ist jedoch vielfach eine gegenüber der Gesamtwirtschaft überdurchschnittliche Kostenentwicklung festzustellen, für die man den Begriff des **„tertiären Kostenverhaltens“** geprägt hat. Dieses tertiäre Kostenverhalten beruht auf folgender Konstellation:

- Die Lohnkosten im Dienstleistungssektor werden sich ungefähr im Gleichschritt mit den anderen, insbesondere industriellen, Bereichen der Wirtschaft entwickeln, da es sonst zur Abwanderung von Arbeitskräften käme.
- Der Zuwachs der Arbeitsproduktivität wird dagegen in vielen – und gerade den öffentlichen – Dienstleistungsbereichen typischerweise geringer sein als in den anderen Sektoren. Denn während sowohl im Agrar- wie im Industriebereich durch technischen Fortschritt und erhöhte Kapitalintensität erhebliche Produktivitätssteigerungen möglich waren und sind, sind die entsprechenden Möglichkeiten im Dienstleistungsbereich, wo das „Produkt“ ja im Wesentlichen in der personellen Komponente liegt, wesentlich geringer.[8]
- Das Zusammenwirken gleicher Lohn- und ungleicher Produktivitätsentwicklung bewirkt, dass die (Lohn-)Stückkosten im „produktivitätsschwachen“ Dienstleistungsbereich gegenüber der Gesamtwirtschaft überdurchschnittlich stark zunehmen werden.

Für den öffentlichen Sektor bedeutet dies: Wenn sich die Nachfrage nach seinen Leistungen zumindest so entwickelt wie die Gesamtnachfrage, der **reale** Anteil des öffentlichen Konsums an der Gesamtnachfrage demnach konstant bleibt, so wird sein **nomineller** Anteil und, aufgrund der unterdurchschnittlichen Produktivitätsentwicklung, sein Anteil an den Beschäftigten **steigen.** Der Anstieg der Staatsquote wäre daher in dieser Hinsicht als **monetäres** (Kosten-) und nicht (nur) als reales Phänomen zu sehen. Diese Entwicklung, die von dem amerikanischen Ökonomen William Baumol (1967) in einer grundlegenden Arbeit als **„Kostenkrankheit persönlicher Dienste“** bezeichnet wurde, lässt sich auch empirisch deutlich belegen, wenn auch die Ermittlung von Inflationsraten für öffentliche Leistungen im Einzelnen stets mit erheblichen methodischen Problemen behaftet ist. Es ist auch festzuhalten, dass sich die „Kostenkrankheit öffentlicher Dienste“ eben nur auf den öffentlichen Konsum bezieht, nicht aber auf die öffentlichen Investitionen und vor allem nicht auf die Transferausgaben, den am raschesten wachsenden Bereich des öffentlichen Sektors.

[8] Es gibt allerdings Bereiche mit Möglichkeiten für zunehmende Digitalisierung.

2.4.4 Gesellschaftspolitische Bestimmungsfaktoren der Entwicklung der Staatsquoten

Wie für die Analyse von Produktions- und Nachfrageentwicklungen insgesamt, gilt für den öffentlichen Sektor in ganz speziellem Maß, dass die Entwicklung seiner Produktion nicht nur aus der Entwicklung realwirtschaftlicher „Bedürfnisse" abgeleitet werden kann, sondern auch das Ausmaß und Form der Durchsetzung dieser Bedürfnisse zu tatsächlichen Ausgabenentscheidungen. Die Entwicklung der Staatsquoten kann und wird daher auch von gesellschaftspolitischen Veränderungen beeinflusst sein, die auf die Entscheidungsverhältnisse in Bezug auf Ausmaß und Struktur des öffentlichen Sektors wirken. Dabei sind von besonderer Bedeutung:

- **Wandlungen in der politischen Struktur des Staates:** Für die meisten westlichen Industriestaaten ist die politische Entwicklung der letzten 100 Jahre charakterisiert durch eine Ausweitung der demokratischen Rechte, wobei für die Entwicklung der Staatsquote insbesondere die verstärkte politische Bedeutung der ärmeren Bevölkerungsschichten und die stärkere budgetpolitische Rolle des Parlaments von Bedeutung sind. Die stärkere budgetpolitische Bedeutung der Parlamente und damit der Parteien kann über Mechanismen der Parteienkonkurrenz, der Einflussnahme spezieller Verbände etc. eine tendenziell Ausgabenerhöhende Wirkung haben (siehe Abschn. 4.5). Es sind freilich auch gegenteilig wirkende Effekte denkbar, etwa durch eine – konkurrenzbedingte – schärfere Kontrolle der Ausgabentätigkeit und insbesondere durch die gegenüber autokratischen Regierungsformen geringere Bereitschaft zu Kriegen – der, historisch gesehen, teuersten „Staatsaktivität". Das stärkere politische Gewicht der ärmeren Teile der Bevölkerung bewirkt eine Umstrukturierung und Ausweitung des öffentlichen Sektors in Hinblick auf Bereiche, die für diese Gruppen von speziellem Interesse sind. Dazu gehören etwa die Übernahme beschäftigungs- und damit konjunkturpolitischer Verantwortung durch den öffentlichen Sektor und der Ausbau des Systems der sozialen Sicherheit. Das Wirken dieser gesellschaftspolitischen Faktoren wird dabei freilich nicht kontinuierlich erfolgen. Vielmehr kann erwartet werden, dass es aufgrund institutioneller und politischer Restriktionen zu verschiedenen Verzögerungen im Wirksamwerden dieser Tendenz kommt (Timm 1961), die dann in historisch bestimmten „Schüben" aufgeholt werden.
- **Niveauverschiebungseffekte:** Die oben angeführte Tendenz zu einer im Zeitablauf diskontinuierlichen, schubweisen Entwicklung der Staatsquote liegt auch der These der Niveau-Verschiebungseffekte zugrunde, die von Peacock und Wiseman (1961) aufgestellt wurde. Danach steht in politisch und ökonomisch „ruhigen" Zeiten den Wünschen oder Notwendigkeiten nach überproportionalen Erhöhungen der öffentlichen Ausgaben ein ausgeprägter Steuerwiderstand entgegen. Dieser Steuerwiderstand bedeutet eine Bevorzugung privater Konsum- und Investitionsmöglichkeiten gegenüber staatlich angebotenen Leistungen. Dabei bleibt offen, ob dies als

Ausfluss der „tatsächlichen" Präferenzen der Staatsbürger oder – z. B. im Sinn J. K. Galbraiths – als Wirkung von durch Reklame etc. bedingten „Verzerrungen" der Präferenzen zu Gunsten privater Konsumformen zu interpretieren ist. In speziellen Krisenzeiten (insbesondere Kriegen) sinkt jedoch dieser Steuerwiderstand, was überproportionale Ausgabenerweiterungen ermöglicht, die bei Rückkehr zu „normalen" Zeiten nicht mehr bzw. nicht vollständig, rückgeführt werden.

- **Einnahmenseitige Effekte:** In den 60er und 70er Jahren brachten die wachsende Bedeutung progressiver Steuern, in Verbindung mit relativ hohen Inflationsraten, dem öffentlichen Sektor auch ohne die Notwendigkeit spezieller zusätzlicher steuergesetzlicher Maßnahmen überproportional steigende Steuereinnahmen. Dies ermöglichte wieder überproportionale Ausgabenzuwächse. Stärkerer Steuerwiderstand und vor allem stärkere internationale Steuerkonkurrenz und – in Europa – eine restriktivere Verschuldungspolitik haben freilich seither die Finanzierung zusätzlicher Staatsausgaben erschwert. Dies hat tendenziell zu einer Konstanz der Staatsausgabenquoten, speziell im Bereich der Realausgabenquoten geführt.

Literatur

Baumol, W.J. Macroeconomics of Unbalanced Growth: The Anatomy of Urban Crises. In: American Economic Review, 1967, 57:415.
Peacock, A. T., Wiseman, J. The Growth of Government Expenditure in the UK. Princeton 1961.
Pitlik, M., Schratzenstaller, M., Growth implications of structure and size of public sectors. WIFO Working Paper 404/2011, Wien 2011.
Recktenwald, H. C. Umfang und Struktur der öffentlichen Ausgaben in säkulärer Entwicklung. In: HdF I:713 ff, Tübingen 1977.
Timm, H. Das Gesetz der wachsenden Staatsausgaben. In: FA 1961, N. F. 21: 210 ff.
Zimmermann, H. Die Ausgabenintensität der öffentlichen Aufgabenerfüllung. In: FA 1973/74, NF 32:110 ff.

Weiterführende Literatur

Agell, J., Lindh, T., Ohlsson, H., Growth and the Public Sector: A critical Essay, In: European Journal of Political Economy, 1997, Vol. 13(1), 33–52.
Bohl, M.T., Some International Evidence on Wagner's Law. In: Public Finance, 1996, Vol. 51(2):185 ff.
Bundesministerium der Finanzen, Entwicklung der Steuer- und Abgabenquoten, Berlin 2020
DeLong, B., On the proper size of the public sector, and the proper level of public debt, in the 21st century, In: Blanchard, O., Rajan, R.G., Rogoff, K.S., Summers, L.H. (Hrsg), Progress and Confusion: The State of Macroeconomic Policy, 2015, Washington Center for Equitable Growth.
Eurostat, Europäisches System der Volkswirtschaftlichen Gesamtrechnung, 2010.
Feldstein, M. How big should government be? In: National Tax Journal 1997, 197:213

Ferris, J.S., West, E.G. The Cost Disease and Government Growth: Qualifications to Baumol. In: Public Choice 1996, 89: 35 ff.
Franz, A. Der öffentl. Sektor in der volkswirtschaftlichen Gesamtrechnung. In: W. Weigel (Hrsg.) HB der österr. Finanzpolitik. S. 187 ff, Wien 1986.
Gantner, M. Meßprobleme öffentlicher Aktivitäten. Baden-Baden 1984.
Grimm, D. (Hrsg.) Staatsaufgaben. Baden-Baden 1994.
Handler, H., Koebel, B., Reiss, P., Schratzenstaller, M., The Size and Performance of Public Sector Activities in Europe, In: Acta Oeconomica, 2006, Vol. 56(4), 399–422.
Jüngling, M. Staatseinnahmen in säkularer Sicht. Göttingen-Zürich 1991.
Katsimi, M. Explaining the Size of the Public Sector, In: Public Choice, 1998, Vol 96, 117–144.
Kirchgässner, G., Pommerehne, W.W. Die Entwicklung der öffentlichen Finanzen in föderativen Systemen. In: D. Grimm (Hrsg.) Staatsaufgaben. Baden-Baden 1994, 1: 149 ff.
Koren, S., Stiassny, A. Tax and Spend or Spend and Tax. In: Empirica 1995, 22:127 ff.
Kratena, K. Der öffentliche Sektor in kleinen offenen Volkswirtschaften – ein internationaler Vergleich. In: Wirtschaft und Gesellschaft 1992, 18:311 ff.
Kroker, R. Der Staat als Wirtschaftsfaktor. Zur Aussagefähigkeit der Staatsquote. Köln 1981.
Kuhn, T. Determinanten der Staatsausgaben: Bevölkerung und Urbanisierung. In: IFO-Studien 1993, 39:127 ff.
Leetz, W. Zur Einbeziehung der öffentlichen Unternehmen in die Staatsquote. In: Zeitschrift für öffentliche und gemeinwirtschaftliche Unternehmen 1981, 4:420 ff.
Lehner, G. Die Entwicklung der Staatsquote in Österreich. In: W Weigel et al (Hrsg.) Handbuch der österreichischen Finanzpolitik, S. 217 ff, Wien 1986.
Leineweber, N. Das säkulare Wachstum der Staatsausgaben. Göttingen-Zürich 1988.
Littmann, K. Ausgaben, öffentliche – II: Die "Gesetze" ihrer langfristigen Entwicklung. In: HdWW 1: 49 ff, Stuttgart-New York 1977.
Littmann, K. Definition und Entwicklung der Staatsquote. Kommission für den wirtschaftlichen und sozialen Wandel. 42. Göttingen 1975.
Matzner, E., Blaas, W., Schönbäck, W. Die Entwicklung des Staatsanteils – eine funktionsanalytische Betrachtung. In: C.C. Weizsäcker (Hrsg.) Staat und Wirtschaft, S 505 ff, Berlin 1979.
Peacock, A., Scott, A. The Curious Attraction of Wagner's Law. In: Public Choice 2000.
Reich, U.P. Zur Berechnung der realen Staatsquote. Ifo-Studien 1981, 27:75 ff.
Saunders, P. Explaining International Differences in Public Expenditure: An Empirical Study. In: Public Finance 1988, 43:271 ff.
Tiepelmann, K., Van der Beek, G. (Hrsg.) Politik der Parafiski Intermediäre im Balanceakt zwischen Staats- und Bürgernähe, Hamburg 1997.
Towse, R. Baumol's Cost Disaease. Cheltenham 1997.
Wagner, A. Das Gesetz der zunehmenden Staatstätigkeit (1863). Wieder abgedruckt u. a. In: H.C. Recktenwald (Hrsg.) Finanztheorie S. 241 ff, Köln 1969.

3 Funktionen des öffentlichen Sektors – Analytische Grundlagen

Lernziele

- Güter, von deren Nutzung niemand ausgeschlossen werden kann (Nicht-Ausschließbarkeit) und/oder deren Nutzung niemanden anderen daran hindert, diese ebenfalls zu nutzen (Nicht-Rivalität), werden in der Regel nicht vom Markt bereitgestellt. Eine gemeinschaftliche Bereitstellung, etwa durch den öffentlichen Sektor ist daher erforderlich.
- Auch das Bestehen von Marktmacht erfordert den Eingriff des öffentlichen Sektors. Während vielfach das Wettbewerbsrecht ausreichen sollte, um Monopole oder Oligopole zu zerschlagen, ist dies im Falle natürlicher Monopole, wie die meisten Netzwerkindustrien, oft nicht ausreichend.
- Externe Effekte bestehen, wenn die Handlung eines Wirtschaftssubjekts einen direkten Einfluss auf den Nutzen oder die Produktionskosten eines anderen hat, ohne dass dies über den Markt abgegolten wird. In diesem Fall sind Marktpreise gesellschaftlich ineffizient, was zu einem notwendigen Eingriff des öffentlichen Sektors führen kann.
- Informationsasymmetrien, wie adverse Selektion, moralischer Hazard, oder das Principal-Agent-Problem können ebenso staatliche Eingriffe nötig machen.

3.1 Begründungen staatlicher Aktivitäten – Marktversagen

Im vorangegangenen Kap. 2 haben wir die positiv-ökonomische Frage dargestellt, welches Ausmaß und welche Bedeutung der öffentliche Sektor einnimmt. In diesem Kapitel soll nun die normative Frage gestellt werden, warum es sinnvollerweise einen

E. Nowotny und M. Zagler, *Der öffentliche Sektor*,
https://doi.org/10.1007/978-3-658-36042-9_3

öffentlichen Sektor gibt. Im nächsten Kapitel werden wir uns dann der Frage widmen, welche Probleme beim Erstellen von öffentlichen Gütern auftreten können (Staatsversagen). Zur Eingrenzung der Diskussion wird dabei von einer Wirtschafts- und Gesellschaftsordnung ausgegangen, die prinzipiell auf den Institutionen des Privateigentums und des Marktes aufbaut.

Die Intervention des öffentlichen Sektors bedarf somit jeweils einer speziellen Begründung, die letztlich immer daraus abgeleitet wird, dass der Marktmechanismus entweder wegen des Fehlens wesentlicher konstitutiver Voraussetzungen gar nicht angewandt werden kann oder dass er zu gesellschaftspolitisch unerwünschten Ergebnissen in Bezug auf Allokation, Distribution oder Stabilisierung führt. Ein entsprechendes **Marktversagen** kann dabei in Bezug auf allokative, distributive und stabilisierungspolitische Aspekte auftreten, wobei weiters zwischen statischer und dynamischer Sicht unterschieden werden kann. Im Folgenden sollen einige untereinander vielfach verbundene Aspekte eines solchen „Marktversagens" diskutiert werden.

Die Ableitung öffentlicher Interventionen aus der Konzeption des Marktversagens bedeutet freilich nicht, dass Interventionen des öffentlichen Sektors damit als „Lückenbüßer", als bloß „akzidentielles" Element des Wirtschaftsgeschehens aufgefasst werden müssen. Für moderne, wie auch für die meisten historischen Gesellschaften ist vielmehr von einem überwiegend komplementären Verhältnis zwischen marktbestimmten und staatlichen Aktivitäten auszugehen.

Überwiegend komplementäre, z. T. aber auch substitutive Beziehungen bestehen auch im Verhältnis zwischen „öffentlichem" und **„Drittem"**, bzw. **„Non-profit" Sektor.** Letzterer umfasst einen sehr heterogenen Bereich „jenseits von Markt und Staat", zu dem verschiedenste Formen der „Eigenarbeit", der freiwilligen Kooperation (z. B. im Familienverband, wie auch im Rahmen von Non-profit-Organisationen) und der gesellschaftlichen Selbstorganisation zählen. Die Bedeutung dieses „Dritten Sektors" war im Laufe der Entwicklung arbeitsteilig organisierter kapitalistischer Gesellschaften über lange Perioden hinweg stark rückläufig. Seit einiger Zeit zeigen sich jedoch Anzeichen für ein wieder zunehmendes Gewicht des „Dritten Sektors", insbesondere im Sozial- und Dienstleistungsbereich (Badelt 1997; Weiß 1998).

In der wissenschaftlich-gesellschaftspolitischen Diskussion ist die Entwicklung auch in Zusammenhang zu sehen mit der Konzeption des Kommunitarismus (Etzioni 1995). Zentral für diesen Ansatz ist die Betonung des moralischen und sozialen Kontextes im Sinne eines über individuelle Nutzenmaximierung hinausreichenden „Gemeinwohles" oder „öffentlichen Interesses". Entsprechend dem Subsidiaritätsprinzip soll diese „Gemeinwohl-Orientierung" dabei möglichst an überschaubaren Gemeinschaften ansetzen, wobei Elemente der Freiwilligkeit und der Non-profit-Organisation neben dezentralen öffentlichen Diensten eine erhebliche Rolle spielen.

3.2 Fehlen von Eigentumsrechten

Grundlegend für das Funktionieren eines marktwirtschaftlichen Allokationsmechanismus ist ein System von Eigentumsrechten, das einzelnen Individuen das Recht gibt, eine Sache zu nutzen und andere von der Nutzung auszuschließen, und dass auch die Durchsetzungsmöglichkeiten der jeweiligen Ansprüche bestimmt. Tatsächlich bedeutet der Tausch von Gütern und Dienstleistungen zwischen Individuen ja den Austausch der entsprechenden Eigentumsrechte. Es ist unbestrittene Aufgabe des Staates, die Bestimmung und Durchsetzung dieser Eigentumsrechte sicherzustellen. Da dies offensichtlich nicht ohne Kosten für den Staat und die Privaten von statten gehen kann, entstehen einzelwirtschaftliche wie gesamtwirtschaftliche Transaktionskosten.

Es gibt aber auch **„Gemeinschaftsgüter"** („common property resources", „Allmendegüter"), bei denen keine individuellen Eigentumsrechte bestehen. Ihre Nutzung steht für jedes Mitglied der Gesellschaft offen, ein Handel, d. h. eine entgeltliche Abgabe von Eigentumsrechten, ist daher weder sinnvoll noch möglich. Die ältere Nationalökonomie hat diese Güter, wie saubere Luft und reines Wasser, als „freie Güter" bezeichnet und als Gegensatz gesehen zu den „knappen Gütern", bei denen allein eine „ökonomische" Handlungsweise angebracht sei.

Heute dagegen wird ein zentrales Problem unseres Wirtschafts- und Gesellschaftssystems eben darin gesehen, dass tatsächlich für viele der früher als „frei" betrachteten Güter sehr wohl Knappheitsverhältnisse vorliegen, dass aber keine gesellschaftlich befriedigenden Allokationsmechanismen für diese Güter bestehen. Die ökonomische Problematik, die sich aus der Existenz solcher „Gemeinschaftsgüter" ergibt, an denen keine individuellen Eigentumsrechte bestehen, wurde schon von dem schottischen Gesellschaftstheoretiker David Hume in seiner „Treatise on Human Nature" (1740) an Hand eines Beispiels gezeigt, das heute vielfach als „Die Tragödie der Allmende" („the tragedy of the commons")[1] diskutiert wird:

Ausgangspunkt sei eine gesellschaftliche Regelung, wonach den Bewohnern eines Dorfes eine Wiese zur unentgeltlichen Nutzung als Weidegrund zur Verfügung steht. Jeder Dorfbewohner hat das Recht der kostenlosen Nutzung, wobei dieses Recht aber unverkäuflich ist, was bedeutet, dass mangels individueller Eigentumsrechte kein Marktaustausch möglich ist. Verhalten sich nun die einzelnen Dorfbewohner entsprechend ihrer unmittelbaren individuellen Nutzenmaximierung, so wird jeder das „kostenlose" Gut möglichst stark in Anspruch nehmen, was dazu führen wird, dass eine Überbean-

[1] Dass es sich nicht nur um ein theoretisches Konzept handelt zeigt die Tastsache, dass ein Großteil der Londoner Parks auf diese „commons" zurückgeht. Diese dienten dazu, vor Erfindung von Kühltransporten Vieh zu den Schlachthäusern in der Stadt zu transportieren. (Dieses Beispiel beweist nebenbei, wie technologische Entwicklungen den Bedarf an öffentlichen Gütern verändern können.)

spruchung der Weidekapazität und damit eine Verschlechterung der Qualität und Nutzbarkeit der Allmende insgesamt eintritt.

Ein weiterer Aspekt ergibt sich, wenn man annimmt, dass die Leistungsfähigkeit der Allmende durch irgendwelche einfache Maßnahmen (z. B. ein Drainage System) gehoben werden könnte. Wird es zu dieser gesamtwirtschaftlich sinnvollen Investition kommen? Sicher nicht auf der Basis unkoordinierter individueller Aktivitäten entsprechend dem Marktmodell. Denn wenn ein einzelner diese Investition durchführt, bedeutet dies, dass auch alle anderen Mitglieder der Dorfgemeinschaft von dieser Verbesserung profitieren, ohne dass sie zu den Kosten beigetragen hätten. Kein Mitglied der Gemeinschaft wird bereit sein, sein eigenes Interesse an Verbesserungen zu zeigen und es kann auch nicht (wie bei einem Kaufvorgang) dazu gezwungen werden („Nicht-Offenbarung der Präferenzen“). Es wird daher für jedes einzelne Mitglied rational sein, darauf zu warten, dass ein anderer die Verbesserung durchführt, um dann ohne eigenen Kostenbeitrag davon zu profitieren. Dieses Verhalten als **„free-rider“** (als „Trittbrettfahrer“) ist ein charakteristisches Problem in Situationen, wo aufgrund faktischer oder rechtlicher Gegebenheiten ein Ausschluss von der Nutzung nicht möglich ist. Aus diesem berühmten Beispiel lassen sich folgende Schlussfolgerungen ableiten:

- Bei „Gemeinschaftsgütern“ wird individuelle kurzfristige Nutzenmaximierung in Konflikt mit den Anforderungen der individuellen langfristigen Nutzenmaximierung geraten.
- Individuelle kurzfristige Nutzenmaximierung wird aber auch bewirken, dass die Nutzungsmöglichkeiten für andere Individuen langfristig beeinträchtigt werden (z. B. Qualitätsminderung durch Überbeanspruchung). Im Gegensatz zur optimistischen Annahme der klassischen Nationalökonomie wird die individuelle (kurzfristige) Nutzenmaximierung demnach nicht zu einem gesamtwirtschaftlichen Optimum führen.
- Trotz der geschilderten negativen Wirkungen wird es für den einzelnen bei individualistischen, unkoordinierten Entscheidungsverhältnissen dennoch rational sein, sich entsprechend der kurzfristigen Nutzenmaximierung zu verhalten. Denn er muss davon ausgehen, dass die übrigen Mitglieder des Systems entsprechend ihrer Strategie der kurzfristigen Nutzenmaximierung von seiner Bedachtnahme auf längerfristige Aspekte (z. B. sparsamere Nutzung, Produktivitätsfördernde Investitionen etc.) profitieren würden, ohne sich jedoch an seinen Kosten zu beteiligen.
- Die langfristig negativen Effekte, die bei „freien Gütern“ aus individuellen Entscheidungsverhältnissen entstehen, können nur vermieden werden, wenn es gelingt, entsprechende Koordinierungsmechanismen einzurichten, die zu einer Durchsetzung der langfristig und gesamtgesellschaftlich optimalen Strategie gegenüber der Strategie kurzfristiger individueller Nutzenmaximierung führen. Form und Wirksamkeit solcher Koordinierungsmechanismen werden dabei bestimmt sein von der Höhe der „Koordinierungskosten“ und den Möglichkeiten der Sanktionierung. Nach diesen Kriterien wird sich ableiten lassen, ob Möglichkeiten der direkten Koordinierung

bestehen (z. B. durch Etablierung individueller Eigentumsrechte[2]) oder ob ein direktes Eingreifen des Staates erforderlich ist.

3.3 Öffentliche Güter

3.3.1 Reine öffentliche Güter

Verwandt, aber nicht ident mit dem oben behandelten Problem der „Gemeinschaftsgüter" ist die Konzeption der „öffentlichen Güter" (siehe Übersicht 3.1). „Reine" öffentliche Güter sind durch zwei wesentliche Eigenschaften charakterisiert:

- **Nicht-Ausschließbarkeit:** Für ein reines öffentliches Gut gilt, dass es entweder technisch unmöglich oder kostenmäßig unzweckmäßig wäre, jemanden von der Nutzung dieses Gutes auszuschließen, dass man sich aber umgekehrt auch nicht von deren Nutzung entziehen kann. Dies gilt unabhängig davon, ob der Nutzer zur Finanzierung dieses Gutes beiträgt oder nicht, sodass eine Bereitstellung über Märkte, die einen Ausschluss bei Nicht-Zahlen voraussetzt, nicht möglich ist.
- **Nicht-Rivalität im Konsum:** Das bedeutet, dass der Konsum durch ein Individuum den Konsum der anderen (physisch) nicht beeinträchtigt.

Typisch sind für reine öffentliche Güter, dass sowohl Nicht-Ausschließbarkeit als auch Nicht-Rivalität vorliegt. Das unterscheidet reine öffentliche Güter von Gemeinschaftsgütern, wo sehr wohl Rivalität im Konsum vorliegt. Umgekehrt gibt es aber auch Güter, für die zwar Nicht-Rivalität gilt, wo aber Ausschließbarkeit vorliegt und die deshalb als private Güter angeboten werden können (z. B. eine Theatervorstellung bis zum Erreichen der Kapazitätsgrenze). Diese Güter werden als **„Mautgüter"** („toll-goods") bezeichnet (Blankart 2017, S. 50).

Kein Kriterium für die Eigenschaft als öffentliches Gut ist, wie einige der nachfolgenden Beispiele zeigen, die direkte Bereitstellung durch die öffentliche Hand. In der finanzwissenschaftlichen Literatur wird demnach auch manchmal zwischen dem Begriff „Kollektivgut", der auf die spezifischen, oben angeführten Gutseigenschaften abstellt und dem Begriff „öffentliches Gut", der sich auf die Bereitstellung bezieht, unterschieden. Im Folgenden wird allerdings „öffentliches Gut" als umfassender Begriff verwendet.

Als Beispiele für reine öffentliche Güter werden üblicherweise etwa angegeben:

[2] Selbst für den einfachen Fall der „commons" (siehe vorherige Fußnote) ist dies nicht unproblematisch. Eine Privatisierung würde es dem Besitzer (wenn er ein lokales Monopol auf die Weide hat) ermöglichen, einem durchziehenden Viehhändler den gesamten Wert seiner Herde abzuverlangen, da ja andernfalls die Herde – aber in Folge auch London – verhungern würde.

- Landesverteidigung: Wenn ein Gebiet durch entsprechende Maßnahmen nach außen geschützt ist, so gilt dieser Schutz für alle Bewohner des Gebietes, unabhängig, ob sie sich an den Kosten beteiligen oder nicht, unabhängig aber auch, ob der einzelne diesen Schutz überhaupt will oder nicht.
- Leuchtturm: Kein Schiff im Sichtbereich des Leuchtturmes kann von der entsprechenden „Nutzung" ausgeschlossen werden oder mindert die „Nutzungsmöglichkeit" der anderen.[3]

3.3.2 Ökonomische Zustände als öffentliche Güter

Wichtiger als die angeführten konventionellen Beispiele reiner öffentlicher Güter erscheinen jedoch moderne Ansätze, bei denen ökonomische Zustände entsprechend ihren Charakteristika als öffentliche Güter analysiert werden. Dies gilt etwa für:

- **„Gerechte" Einkommensverteilung als öffentliches Gut:** Sowohl ein Individuum wie die Gesellschaft als Ganzes können bestimmte Wünsche hinsichtlich der gesamtwirtschaftlichen Verteilung von Einkommen und Vermögen haben, wobei dieser Zustand als öffentliches Gut in dem Sinn zu verstehen ist, als die erreichte Struktur (Verteilung) für alle Teilnehmer des entsprechenden Wirtschaftsraumes gilt (Nichtausschließbarkeit, Nichtrivalität, bezogen auf ein einzelnes Individuum). Wenn aus verschiedenen Gründen (z. B. „interdependente Nutzenfunktionen", Berücksichtigung negativer externer Effekte von Armut in Form von Verbrechen, Krankheit etc.) eine stärker egalitäre Einkommensverteilung angestrebt wird, so stellt sich auch hier das „Trittbrettfahrerfahrer-Problem" dahingehend, dass der einzelne von der „Nutzen-günstigeren" gesamtgesellschaftlichen Einkommensverteilung profitieren kann, gleichgültig, ob er seinen Beitrag dazu leistet oder nicht. Ein Marktmechanismus, der auf individuellen Entscheidungsmechanismen beruht, wird daher hinsichtlich dieser distributiven Aufgabenstellung versagen.
- **Preisstabilität als öffentliches Gut:** Preisstabilität kommt allen Mitgliedern eines Wirtschaftsgebietes zugute, gleichgültig, ob sie zu ihrem Erreichen beigetragen haben oder nicht. Das wird für die einzelnen Entscheidungsträger die Versuchung bedeuten, sich (bei verbalen Bekenntnissen zur Stabilität) als „Schwarzfahrer" zu verhalten,

[3] Obwohl stets zitiert, sind Leuchttürme eigentlich Mischgüter, da durchaus eine Gebühr für deren Nutzung verlangt werden kann und wurde, vgl. Ronald Coase (1974), „The Lighthouse in Economics," Journal of Law and Economics, Vol. 17, 364–65.

d. h. durch nicht stabilitätskonformes Verhalten Einzelvorteile zu erringen und gleichzeitig von der Gesamtstabilität zu profitieren.[4]

- **„Gute Regierung“ als öffentliches Gut:** Regierungen können eine Fülle von Zielen verfolgen (dazu mehr im Abschn. 4.5), darunter auch den Wünschen und Bedürfnissen der Bevölkerung Rechnung zu tragen. Da niemand von einer guten Regierung ausgeschlossen werden kann (selbst jene, die nicht gewählt haben), aber auch keine Rivalität im Konsum herrscht, handelt es sich tatsächlich um einen öffentliches Gut.[5]

Die Sicht dieser Zustände als öffentliches Gut[6] ist dabei insofern aussagekräftiger als die übliche Diskussion im Rahmen wirtschaftspolitischer Zielkataloge, als damit auf Spezifika des Entscheidungsmechanismus hingewiesen wird, die von erheblicher wirtschaftspolitischer Bedeutung sind (Versagen des Marktmechanismus, „Free-rider“-Probleme etc.).

3.3.3 Unvollkommen öffentliche Güter und Mischgüter

Praktisch wichtiger als der Bereich der reinen öffentlichen Güter ist, hinsichtlich der unmittelbaren Erstellung von Gütern und Leistungen durch die öffentliche Hand, die Konzeption der „unvollkommen öffentlichen Güter“. Auch hier handelt es sich um Güter, für die das Charakteristikum der Nicht-Ausschließbarkeit gilt. Während aber bei reinen öffentlichen Gütern die Nutzungsmöglichkeit für alle Teilnehmer des Wirtschaftssystems gleich ist[7], gilt dies nicht für unvollkommen öffentliche Güter. Diese Unterschiede in der (physischen) Nutzungsmöglichkeit können dabei insbesondere aus folgenden Aspekten entstehen:

- Geografische Lage: die Nutzungsmöglichkeit einer Straße, einer Feuerwache etc. wird von der Nähe des einzelnen zu den entsprechenden öffentlichen Einrichtungen abhängen.

[4] Dies gilt etwa für das Verhalten der Einzelunternehmen, einzelner Gewerkschaften, einzelner nachgeordneter Gebietskörperschaften, einzelner Ministerien etc. gegenüber den jeweiligen gesamtwirtschaftlichen Zielsetzungen sowie für das Verhältnis zwischen unterschiedlichen Trägern der Finanz- und der Geldpolitik. Vgl. dazu: Hansmeyer und Mackscheidt 1973, S. 132 f.

[5] Siehe dazu World Bank (1997).

[6] In gewissem Sinn handelt es sich dabei teilweise eher um „Gemeinschafts-Ressourcen“, da ja die Handlungen des einzelnen Akteurs zu Lasten anderer gehen, d. h. in diesen Fällen keine „Nichtrivalität des Konsums“ vorliegt.

[7] Dies besagt aber nicht, dass der individuelle subjektive Nutzen, der aus diesen gleichen „Mengen“ entsteht, gleich sein muss!

- Notwendigkeit komplementärer privater Güter: die Nutzungsmöglichkeit einer Straße, eines Naturschutzgebietes, eines durch öffentliche Kläranlagen gesäuberten Sees kann davon abhängen, ob man ein Auto, ein Seegrundstück etc. besitzt, und wird damit generell einkommensabhängig.

Tatsächlich gilt für die meisten vom öffentlichen Sektor bereitgestellten öffentlichen Güter, dass sie als unvollkommen öffentliche Güter zu betrachten sind. Die Bedeutung der Unterscheidung zwischen „reinen" und „unvollkommen" öffentlichen Gütern liegt darin, dass sich aus der unterschiedlichen Nutzungsmöglichkeit unvollkommen öffentlicher Güter – im Gegensatz zu „reinen öffentlichen Gütern" – spezifische Verteilungswirkungen ergeben, was in der Folge zu Problemen in Bezug auf die Erstellung und Bewertung dieser öffentlichen Güter führt. Dies gilt sowohl hinsichtlich regional differenzierender Effekte wie auch hinsichtlich differenzierender Effekte in Bezug auf die personelle Einkommensverteilung.

Eine andere Art der „Unvollkommenheit" öffentlicher (aber auch privater) Güter kann darin bestehen, dass zwar ein einheitliches Angebot von allen Teilnehmern eines ökonomischen Systems in gleichem Ausmaß „konsumiert" wird, dass dieser Konsum aber insofern rivalisierend ist, als seine Qualität mit zunehmender Benutzerzahl abnimmt. Wird etwa die Zahl der Schüler, die auf einen Lehrer entfallen, erhöht, so „konsumiert" zwar jeder Schüler nach wie vor das gesamte Unterrichtsprogramm, die Qualität des Unterrichts kann aber negativ betroffen sein. Die Bedeutung des Konzeptes dieser „Mischgüter" liegt darin, dass bei der Bereitstellung dieser öffentlichen Güter Probleme der Kapazitätsauslastung bzw. der Überfüllung auftreten können, was wieder für die entsprechende Investitionsplanung und insbesondere auch für regionale Aspekte von Bedeutung ist.

3.3.4 Meritorische Güter

Von den vorher behandelten Formen öffentlicher Güter strikt zu unterscheiden ist die Gruppe der „meritorischen Güter", der im Rahmen der öffentlichen Ausgaben für Güter und Dienstleistungen in der Regel wohl die quantitativ bedeutsamste Position zukommt. Hier handelt es sich um Bereiche, wo „rein technisch" von der Produktions- wie von der Verwendungsseite her eine marktmäßige Erstellung und Verwertung möglich ist, wo demnach insbesondere Ausschließbarkeit gegeben ist, wo aber die Ergebnisse dieser Marktprozesse als ökonomisch und/oder gesellschaftspolitisch unerwünscht angesehen werden. Die Gründe dafür können im Wesentlichen in folgenden, miteinander vielfach verbundenen Aspekten liegen:

- In der Annahme, dass es sich um Bereiche handelt, wo ein Wirken der „Konsumentensouveränität“ aufgrund zu geringer Information[8], zu kurzer Zeithorizonte[9] etc. zu unerwünschten Ergebnissen führen würde.
- In verteilungspolitischen Zielsetzungen. Dabei soll die Durchführung in Form der Bereitstellung meritorischer Güter an Stelle von Geldleistungen (wie es liberale Ökonomen empfehlen würden) gewährleisten, dass die öffentliche Hilfe tatsächlich die entsprechenden Zielgruppen erreicht (z. B. direkte Abgabe kostenloser Mahlzeiten, kostenloser Schulbücher etc. an Kinder, im Gegensatz zu Geldleistungen an die Eltern, wo Missbrauchsmöglichkeiten bestehen) bzw. dass positive externe Effekte, die mit den entsprechenden redistributiven Programmen verbunden sind, auch tatsächlich eintreten (z. B. Bereitstellung von Sozialwohnungen als Voraussetzung für Slum-Beseitigung). Darüber hinaus ist es unter Umständen leichter, im politischen Prozess ein Einverständnis über redistributive Maßnahmen zu erzielen, wenn die Mittelverwendung durch Bereitstellung meritorischer Güter kontrollierbar ist, als wenn die Redistribution durch allgemeine Geldtransfers erfolgt.[10]

3.3.5 Angebot und Erstellung öffentlicher Güter

Wie in den vorhergehenden Abschnitten gezeigt, ist wegen der verschiedenen Formen des „Marktversagens“ in diesen Fällen ein privates Angebot öffentlicher Güter nicht möglich oder nicht erwünscht. Das Angebot muss daher gemeinschaftlich bestimmt und finanziert werden. Handelt es sich um kleine Entscheidungsgruppen, sind dabei Formen der freiwilligen Kooperation denkbar, bei einer großen Zahl von Betroffenen

[8] Es handelt sich hier insbesondere um das Problem der Informationsabhängigkeit individueller Präferenzstrukturen, ein Problem, das gerade von Verfechtern einer streng individualistischen Nutzenmaximierung häufig übersehen wird. Es geht dabei darum, dass man etwas kennen muss, um es wünschen zu können. Der Nutzen einer Schulbildung kann z. B. erst beurteilt werden, wenn man die Bildungsinhalte und ihre Wirkung auf Lebensführung, wirtschaftliche Ergebnisse etc. kennt. Die Einführung einer allgemeinen Schulpflicht musste daher zunächst „paternalistisch“ gegenüber denen verordnet werden, die noch keine Schulbildung genossen hatten. Zur „Kontext-Abhängigkeit“ von Präferenzen siehe Sunstein (1997) und Bowles (1998).

[9] Ein typisches Beispiel hier sind kurzsichtige (myopische) Präferenzen. Zu Semesterbeginn wird es Studierenden relativ egal sein, an welchem Tag genau die Prüfung stattfindet. Am Tag vor der Prüfung hingegen würden sie hingegen eine deutlich höhere Zahlungsbereitschaft für eine Verschiebung aufweisen, um mehr Zeit zum Lernen zu haben. Ob sich daraus ein Recht für den Staat ergibt, einzugreifen (verordnete Lernzeiten, Abschaffung von Studentenfesten und dgl. mehr) ist fraglich, insbesondere da es sich ja um individuelle, wenn auch zeitinkonsistente Wünsche handelt.

[10] Im Allgemeinen basiert ein derartiger Eingriff auf „altruistischen“ Präferenzen der Gebenden. Eine Sachleistung an Bedürftige erhöht den Nutzen der Spender, während eine analoge Geldleistung, die nicht dem Zweck des Spenders entspricht zwar den Nutzen des Empfängers, nicht aber des Spenders erhöht.

Tab. 3.1 Charakteristika privater und öffentlicher Güter

	Nicht-Ausschließbarkeit	Nicht-Rivalitat im Konsum	Physische Nutzungsmöglichkeit für die Mitglieder des ökonomischen Systems
Private Güter	Nein	Kann bestehen	Verschieden
Reine öffentliche Güter	Ja	Ja	Gleich
Unvollkommen öffentliche Güter	Ja	Ja	Verschieden
Mischgüter	Beides möglich	Kann bestehen	Gleich
Meritorische Güter	Nein	Kann bestehen	Verschieden, soll durch öffentl. Erstellung beeinflusst werden

wird dagegen in aller Regel ein Angebot über öffentliche Haushalte mit entsprechender Zwangsfinanzierung, vornehmlich in Form von Steuern, erforderlich sein. Dabei ist freilich zu beachten, dass öffentliches Angebot nicht gleichzusetzen ist mit Produktion durch öffentliche Stellen. Wesentlich ist die Bestimmung von Art und Umfang der angebotenen Leistungen durch den öffentlichen Sektor, während die Produktion der Leistung selbst im privaten Sektor erfolgen kann (z. B. Straßenbau durch private Bauunternehmen). Insbesondere dort, wo eine spezielle permanente Kontrolle der Leistung oder übergeordnete politische Überlegungen eine Rolle spielen (z. B. Rechts- und Sicherheitswesen), wird in der Regel eine direkte Produktion durch den öffentlichen Sektor unabdingbar sein, wobei freilich der davon erfasste Bereich je nach Effizienzüberlegungen und gesellschaftspolitischen Einstellungen im Zeitablauf und im internationalen Vergleich variiert (vgl. unterschiedliche Regelungen des Schulwesens oder die „marktwirtschaftliche Militärproduktion“ durch Söldnerheere).

Hinsichtlich der Frage, welches Ausmaß an öffentlichen Gütern nun vom öffentlichen Sektor angeboten wird bzw. werden soll, gibt es eine umfangreiche normative „Theorie öffentlicher Güter“ sowie positiv-ökonomische Ansätze, wonach das Angebot an öffentlichen Gütern aus der Wirkung der entsprechenden politischen Prozesse, die Niveau und Struktur des Budgets bestimmen, abgeleitet wird. Diese verschiedenen Ansätze werden in Abschn. 4.5 näher dargestellt werden.

3.4 Unvollkommener Wettbewerb und natürliche Monopole

Allokative Effizienz durch Marktallokation setzt entsprechend funktionierende Wettbewerbsmärkte voraus. In statischer Sicht entspricht dem das Konzept der **vollständigen Konkurrenz,** dem gemäß seinen restriktiven Voraussetzungen[11] freilich nur sehr wenige Märkte – annähernd – entsprechen (z. B. Rohstoffbörsen). In dynamischer Sicht relevanter ist das Konzept des **funktionsfähigen Wettbewerbs** (workable competition), wo nicht auf Strukturmerkmale, sondern auf ökonomische Ergebnisse als Bewertungskriterium abgestellt wird. Entscheidend ist demnach der Beitrag einer Marktstruktur zur wirtschaftlichen Dynamik in Form höherer Produktivität, stärkerem technischen Fortschritt, besserer Entsprechung von Konsumentenwünschen etc. Im Extremfall können unter diesen Aspekten auch Monopole ökonomisch effizient sein, wenn es sich um (vorübergehende) „Leistungsmonopole" von „Pionierunternehmern" handelt, die neue Güter, Produktionsverfahren oder Vertriebe entwickeln.[12]

Wenn demnach die Frage nach der ökonomisch effizienten Wettbewerbsstruktur vielfach nicht eindeutig beantwortbar ist, besteht aber jedenfalls ein weiter Bereich von Verhaltensweisen, die als ökonomisch ineffiziente Wettbewerbsbeschränkungen zu betrachten sind. Diese Problematik ist jeder Marktwirtschaft immanent, da für die einzelnen Unternehmer (zumindest kurzfristig) vielfach der Anreiz besteht, durch Absprachen, Konzentration etc. höhere Preise und damit Erträge als bei konkurrierendem Marktverhalten zu erzielen.[13] Es besteht demnach für den öffentlichen Sektor die Aufgabenstellung, dieser Form von Marktversagen durch Maßnahmen der **Wettbewerbspolitik** entgegenzuwirken. Der Staat hat hier die Aufgabe, als Gegenmacht gegen die „Vermachtungstendenz der Märkte" (Eucken 1952) zu wirken.

Wichtigster Ansatzpunkt sind dabei die Regelungen des **Kartellrechts** in Bezug auf den Missbrauch marktbeherrschender Stellungen und in Bezug auf wettbewerbsmindernde Effekte von Unternehmensvereinbarungen (Kartellen) und Unternehmenszusammenschlüssen (Fusionskontrolle). Der Stärkung der Stellung der Konsumenten

---

[11] Insbesondere: Unendlich viele Anbieter und Nachfrager, völlig homogene Güter, volle und kostenlose Information, freier Marktzutritt.

[12] Die Konzeption des „Pionierunternehmers" als Träger wirtschaftlicher Dynamik wurde vor allem von Joseph Schumpeter (Theorie der wirtschaftlichen Entwicklung, Leipzig 1912) entwickelt. Zentral ist dabei der Anreiz, als vorübergehender Monopolist Pionier- oder Vorsprungsgewinne erzielen zu können. Im Interesse der Verstärkung und Sicherung dieser Anreizfunktion können solche Pioniergewinne auch durch die Institution des Patentrechts für bestimmte Zeiträume durch den Staat abgesichert werden.

[13] In diesem Sinn bereits Adam Smith: „Geschäftsleute des gleichen Gewerbes kommen selten, selbst zu Festen und zur Zerstreuung, zusammen, ohne dass das Gespräch in einer Verschwörung gegen die Öffentlichkeit endet oder irgendein Plan ausgeheckt wird, wie man die Preise erhöhen kann." (Smith, An Inquiry into the Nature and Causes of the Wealth of Nation. 1776, zitiert nach dtv- Ausgabe, München 1983, S. 112).

gegenüber der Stellung der Produzenten dienen weiters Maßnahmen zur Senkung der Informationskosten der Konsumenten in Bezug auf Preise und Qualität (Verbraucherinformation) sowie besondere Haftungsregelungen (Produzenten- bzw. Produkthaftungspflicht).

Spezielle Aspekte des Marktversagens ergeben sich im Fall **„natürlicher Monopole"**. Die Konstellation eines natürlichen Monopols liegt vor, wenn beim Angebot eines Gutes die Durchschnittskosten bei zunehmender Menge über den gesamten Output-Bereich fallen. Dies gilt typischer Weise für Wirtschaftsbereiche, die durch hohe Investitionskosten (Fixkosten) und niedrige variable Kosten (Grenzkosten) charakterisiert sind, wie z. B. Wasserversorgung und leitungsgebundene Energieversorgung. Wenn in diesen Fällen bereits ein Anbieter vorliegt, würde jeder zusätzliche Anbieter nur zu höheren Kosten anbieten können. Eine Konkurrenzsituation wäre daher volkswirtschaftlich ineffizient und am Markt auch nicht durchsetzbar, da der „etablierte" größere Anbieter den neuen Konkurrenten jederzeit unterbieten könnte.

Im Fall natürlicher Monopole kann daher auch durch Maßnahmen der Wettbewerbspolitik das Entstehen von dauerhaften Monopolstellungen nicht verhindert werden. Um dieser Form von Marktversagen zu begegnen, sind daher direkte öffentliche Eingriffe in die Produktions- und Preisentscheidung des Unternehmens nötig. Dies kann durch Formen der **Regulierung** oder durch Übertragung der Produktion an **öffentliche Unternehmen** geschehen (siehe Kap. 9).

In einigen Fällen hat sich die Bedeutung von natürlichen Monopolen aufgrund technischer Entwicklungen reduziert, etwa im Bereich der Telefonie, wo die Entwicklung der Mobiltelefonie die hohen Netzwerkkosten deutlich reduziert hat. Auch wurden natürliche Monopole – mit unterschiedlichem Erfolg – durch Teilung von Netzinfrastruktur und Leistungserbringung (z. B. bei der Telefonie, Energieversorgung, Eisenbahn, …) eliminiert oder abgeschwächt.

3.5 Externe Effekte

Externe Effekte liegen vor, wenn die ökonomische Lage eines Wirtschaftssubjektes durch Aktionen eines anderen Wirtschaftssubjektes positiv oder negativ beeinflusst wird, ohne dass Gegenleistungen (Bezahlungen, Entschädigungen) erfolgen. Im Einzelnen unterscheidet man dabei zwischen technologischen und pekuniären externen Effekten. Technologische externe Effekte liegen vor, wenn sich die Aktionen eines Wirtschaftssubjektes auf die Produktions- oder Nutzenfunktionen eines oder mehrerer anderer Wirtschaftssubjekte auswirken, ohne dass sich dies in Änderungen der Faktor- oder Produktpreise niederschlägt. Es besteht demnach hier eine Differenz zwischen privaten und sozialen Kosten der Produktion bzw. Nutzen des Konsums. Ein Beispiel dafür wären die Abwässer einer Fabrik, die als Nebenwirkung (negativer externer Effekt!) des Produktionsprozesses entstehen und bei Dritten zu negativen Effekten im Konsumbereich (Gesundheitsschädigung) oder auch im Produktionsbereich (z. B. Notwendigkeit von Kläranlagen für Betriebsprozesse anderer Unternehmen) führen.

Von pekuniären externen Effekten (die auch die technologischen umfassen) spricht man, wenn – vor allem über Preisbewegungen – pekuniäre Vor- oder Nachteile für Wirtschaftssubjekte durch Aktionen eines anderen verursacht werden. Ein Beispiel eines negativen externen Effektes dieser Art liegt vor, wenn die Erhöhung der Produktion in einem Wirtschaftszweig zu Preiserhöhungen bei Vorleistungen (z. B. Rohstoffen) führt, die auch von anderen Wirtschaftszweigen in Anspruch genommen werden.

Unter den Aspekten pekuniärer externer Effekte kann auch generell die Problematik der Wirkung unterschiedlicher institutioneller Strukturen bei offenen Märkten gesehen werden. Beispiele dafür sind etwa die Wirkungen, die von Staaten mit niedrigen Umwelt- und Sozialstandards auf Staaten mit höheren Standards ausgehen („Sozial- bzw. Umweltdumping"). Die Bemühungen um Harmonisierungen bzw. Mindeststandards z. B. im Rahmen der EU sind als Maßnahmen zur Reduzierung entsprechender negativer pekuniärer externer Effekte zu interpretieren.

Die Existenz technologischer externer Effekte bewirkt nun, dass die vom Produzenten einer Ware zu tragenden Kosten und die darauf beruhenden Preise nicht den gesamten volkswirtschaftlichen Kosten entsprechen müssen. Da für den Produzenten aber nur die internen, von ihm zu tragenden Kosten in seine Produktionsentscheidungen eingehen, ergibt sich daraus eine Fehlallokation, d. h. ein zu hoher Verbrauch der nicht in die betriebliche Produktionsentscheidung eingehenden Kostenfaktoren. Negative externe Effekte sind daher als „volkswirtschaftliche" oder „zusätzliche gesellschaftliche" Kosten der Produktion (beziehungsweise der Konsumtion) aufzufassen, die nicht in die Unternehmenskalkulation (oder Nutzenüberlegungen) eingehen, sondern auf Dritte oder die Gesellschaft als Ganzes abgewälzt werden. Der umgekehrte Fall ist der der positiven externen Effekte, wo der gesamtgesellschaftliche Nutzen einer Maßnahme den individuellen Nutzen des Urhebers übersteigt.

Während die ältere Nationalökonomie externe Effekte im Sinne Marshalls, Pigous und anderer Begründer dieses Konzeptes als Ausnahmeerscheinungen des Wirtschaftsablaufes betrachtete, hat die ökonomische Erfassung insbesondere der Umweltprobleme zu einer gewaltigen Aufwertung der analytischen und empirischen Bedeutung dieser Konzeption geführt. Denn wenn man den Verbrauch an (marktmäßig nicht bewerteten) „Umweltgütern" in einer Volkswirtschaft berücksichtigt, wird offensichtlich, dass es kaum einen Bereich gibt, der nicht direkt oder über Zwischenprodukte Umweltgüter verbraucht und damit zusätzliche gesellschaftliche Kosten seiner Produktions- und Konsumaktivität hervorruft. Aus dieser über die Beachtung der Umweltproblematik ungemein ausgeweiteten Bedeutung der externen Effekte ergibt sich aber, dass in allen Wirtschaftsbereichen (wenn auch in verschiedenem Ausmaß) Preise und soziale Kosten voneinander divergieren.

Dies bedeutet aber eine wesentliche Beeinträchtigung der allokativen Effizienz eines „reinen", marktbestimmten Preissystems, sodass nun Probleme des „Marktversagens" als umfassendes Phänomen auftreten. Eine Korrektur dieses „Marktversagens" kann vonseiten des öffentlichen Sektors durch eine Vielzahl von Ansätzen erfolgen (siehe Abschn. 3.6):

- Begründung von Eigentumsrechten an bisher „freien" Gütern (z. B. Wasser), sodass deren Inanspruchnahme nun auch mit privaten (und nicht nur sozialen) Kosten oder mit quantitativen Begrenzungen verbunden werden kann.
- Anlastung der sozialen Kosten („Internalisierung negativer externer Effekte") durch entsprechende Steuern. bzw. Anreizzahlungen, um Verhaltensänderungen von Verursachern sozialer Kosten zu erreichen.
- Subventionierung von Produktionen mit möglichen positiven externen Effekten, um durch Abgeltung der entsprechenden sozialen Nutzen eine gesamtwirtschaftlich erwünschte Ausweitung der Produktion zu erreichen.

Ein unter dem Begriff **„Coase-Theorem"** diskutierter Ansatz versucht freilich nachzuweisen, dass auch bei Auftreten externer Effekte effiziente Lösungen durch private Verhandlungen der Beteiligten gefunden werden können. Voraussetzung ist freilich zunächst, dass der Staat entsprechende Eigentumsrechte schafft und gewährleistet. Das Coase-Theorem besagt, dass bei vollständiger Spezifikation von Eigentumsrechten (wozu auch Haftungsregeln zählen), Abwesenheit von Transaktionskosten und vollständiger Information aller Beteiligten private Verhandlungen (z. B. über die Entschädigung für negative externe Effekte) zu allokativ effizienten Ergebnissen führen und zwar unabhängig davon, wie die Eigentumsrechte zwischen „Verursachern" und „Geschädigten" verteilt sind.

Ein simples Beispiel sei der Fall zweier Nachbarn, von denen einer seinen Rasen mäht und dabei entsprechenden Lärm entwickelt (negativer externer Effekt). Besteht ein „Eigentumsrecht auf Ruhe", kann der andere Nachbar das Rasenmähen verbieten. Der am Rasenmähen Interessierte kann nun versuchen, seinem Nachbarn das „Recht auf Ruhe" ganz oder teilweise (für bestimmte Zeiträume) abzukaufen. Besteht umgekehrt ein „Recht auf einen stets gemähten Rasen", kann der ruhebedürftige Nachbar versuchen, seinem Rasenmähenden Nachbar dieses Recht abzukaufen. Die entsprechenden Verhandlungen würden dann zu einem Ergebnis führen, das insofern allokationseffizient ist, als die für das Verhandlungsergebnis entscheidenden jeweiligen Zahlungsbereitschaften die jeweiligen relativen Nutzen der Kontrahenten ausdrücken. Unabhängig von der Ausgestaltung der „Eigentumsrechte" ergibt sich in beiden Fällen das idente (pareto-) optimale Ausmaß an Schädigung („Invarianzthese").

Dabei ist freilich zu berücksichtigen, dass hier von der Annahme eines gleichen Einkommens (und eines gleichen Grenznutzen des Einkommens) der beiden Akteure ausgegangen werden muss. Unterschiedliche Einkommen würden sich dagegen in Unterschieden der die Zahlungsbereitschaft limitierenden Zahlungsfähigkeit ausdrücken. Allokative „Pareto"-Effizienz ist eben nur für eine jeweils gegebene Einkommensverteilung abzuleiten, sodass sich bei einer anderen Einkommensverteilung auch eine andere Allokation (z. B. ein anderes Verhältnis zwischen Lärm und Ruhe) als „effizient“ ergeben wird (siehe Abschn. 4.1).

Eine weitere Einschränkung der Aussagekraft des Coase-Theorems ergibt sich, wenn auch Organisations- und Informationskosten berücksichtigt werden. In diesem Fall wird die ursprüngliche Verteilung der „Umwelteigentumsrechte“ – entgegen den Aussagen des Coase-Theorems – sehr wohl von allokativer Bedeutung sein. Stehen etwa einem Verursacher eine Vielzahl von Geschädigten gegenüber, werden private Verhandlungen vielfach erst erfolgen können, wenn die Geschädigten vorher bereit – und in der Lage – sind, sich zu organisieren und entsprechende Kosten aufzuwenden. Nur dann wird vielfach auch eine volle Erfassung der sozialen Kosten unter Einbeziehung allfälliger kumulativer und langfristiger Effekte der Umweltschädigung erfolgen können. Aber auch abgesehen von den übrigen sehr restriktiven Annahmen des Modells ist jedenfalls darauf hinzuweisen, dass auch in diesem Fall staatliches Handeln insofern erforderlich ist, als spezifische Eigentumsrechte für bisher „freie“ Güter geschaffen werden müssen (z. B. an „sauberer“ Luft und „sauberem“ Wasser) und Mechanismen der Verteilung und Durchsetzung dieser Eigentumsrechte erforderlich sind (siehe dazu im einzelnen Kap. 22).

3.6 Marktversagen und individualisierte Entscheidungsverhältnisse: Ansätze der Spieltheorie

In teilweiser Überschneidung mit den Theorien öffentlicher Güter und externer Effekte lassen sich aus der Theorie der strategischen Spiele[14] unterschiedliche Formen des Marktversagens ableiten. Im Kern geht es dabei jeweils um Fragen des strategischen Verhaltens bei der privaten Bereitstellung öffentlicher Güter (im weitesten Sinn). Ausgangspunkt ist eine Konstellation

- der individuellen Nutzenmaximierung,
- der gegenseitigen Abhängigkeit der Markteilnehmer hinsichtlich des Ergebnisses ihrer Handlungen,
- und der Unsicherheit hinsichtlich der Reaktion der anderen Marktteilnehmer.

Für eine solche Konstellation lässt sich nun zeigen, dass Entscheidungsverhältnisse auf der Basis individueller Nutzenmaximierung nicht zu gesellschaftlich optimalen Ergebnissen führen (Matzner 1982). Diese Aussage steht in krassem Gegensatz zur optimistischen Annahme der klassischen Nationalökonomie hinsichtlich des Wirkens der

[14] Begründet durch John v. Neumann und Oskar Morgenstern. Von speziellem Interesse für den öffentlichen Sektor: M. Taylor, 1975.

„unsichtbaren Hand des Marktes“ und hat selbstverständlich weitreichende Bedeutung für Notwendigkeit und Ausmaß öffentlicher Interventionen.

3.6.1 Das Gefangenen-Dilemma

In der ursprünglichen Form eines Entscheidungsproblems zweier Untersuchungsgefangener wurde es von A. W. Tucker publiziert.[15] Wir analysieren eine Variante im Bereich des öffentlichen Sektors. Nehmen Sie an, zwei Gemeinden überlegen zur Schaffung von Arbeitsplätzen an zwei angrenzenden Grundstücken jeweils einen Gewerbepark zu errichten. Bauen beide, so erhalten beide Gemeinden einen Vorteil in der Höhe von zwei (2). Wird nicht gebaut, so erhalte beide nichts (0). Baut hingegen nur eine Gemeinde, so bezahlt diese die gesamten Errichtungskosten, während sowohl Bewohner der eigenen als auch der Nachbargemeinde einen Arbeitsplatz finden werden. Wir nehmen an, dass die Gemeinde die allein den Gewerbepark errichtet aufgrund der Erschließungskosten einen Verlust von minus eins (-1), während die Nachbargemeinde durch ihr free-rider Verhalten in der Höhe von drei (3) profitiert. Die Gemeinden können sich gegenseitig zu nichts rechtlich verbinden. Es ergibt sich folgende, beiden Spielern bekannte, Auszahlungsmatrix (die Zahlen sind jeweils die zu erwartenden Vorteile, angegeben links für A, rechts für B) (Tab. 3.2):

Für A ergibt sich nun folgendes Kalkül: Wenn B den Gewerbepark nicht errichtet, kann sich A durch ebenfalls nicht errichten von -1 auf 0 verbessern. Wenn B baut, kann sich A durch nicht bauen von 2 auf 3 verbessern. Unabhängig von der Strategie von B bringt das nicht errichten eines Gewerbeparks für A auf jeden Fall einen Vorteil, während die Errichtung eine Verschlechterung bringen kann. Bei individuellem Rationalverhalten wird A daher die Strategie des free-ridens wählen. Dasselbe gilt für B. Beide Gemeinden werden damit ohne Gewerbepark und zusätzliche Arbeitsplätze verbleiben.

Dieses Ergebnis ist ein Beispiel für ein **„Nash-Gleichgewicht“,** d. h. eine aus individueller Nutzenmaximierung abgeleitete, in diesem Fall aber suboptimale Lösung. Dies kann entstehen, wenn die „Spieler“ (in diesem Fall die Gemeinden) im Ergebnis verbunden sind (was der andere tut, hat Einfluss auf meine Auszahlung) und Ungewissheit über die Strategie des anderen herrscht. Die optimale gemeinschaftliche Strategie – jedenfalls bei einmaligem Spiel – wäre demgegenüber das beidseitige Errichten gewesen, da es gegenüber dem Nashgleichgewicht für beide Gemeinden eine Verbesserung von null auf zwei bringen würde. Die Unmöglichkeit der Kooperation führt aber dazu, dass diese Strategie vom einzelnen nicht verfolgt werden kann, sodass das

[15] Wenn es um Kooperationsprobleme mehrerer – und nicht nur zweier – Individuen geht, wird in der Literatur auch der Begriff „soziales Dilemma“ verwendet (Richter und Wiegard 1993, S. 210).

Tab. 3.2 Gefangenen-Dilemma: Auszahlungsmatrix

	B: Kein Gewerbepark	B: Errichtung Gewerbepark
A: Kein Gewerbepark	0; 0	3; −1
A: Errichtung Gewerbepark	−1; 3	2; 2

Ergebnis des individuellen Optimalverhaltens von dem des gemeinschaftlichen Optimalverhaltens abweicht.

Die Spieltheorie weist nun darauf hin, dass es eine Vielzahl wirtschaftlicher Konstellationen von individuellen Entscheidungen unter Unsicherheit gibt, für welche die Problematik des „Gefangenen-Dilemmas" gilt. Dazu zählen aus den Bereichen der (reinen) öffentlichen Güter (z. B. Preisstabilisierung, Konjunkturbelebung) und der Gemeinschaftsgüter (z. B. Nutzung begrenzter Naturvorräte, begrenzter Fischbestand, Nahverkehrsproblematik etc.).

Bei individualisierten Entscheidungsverhältnissen und Unsicherheit hinsichtlich des Verhaltens der anderen Marktteilnehmer führt die für den einzelnen (die Einzelgruppe) optimale Strategie zu gesamtwirtschaftlich, vielfach auch zu individuell suboptimalen, Ergebnissen. Ein „Marktversagen" durch entsprechende individualisierte Entscheidungskonstellation kann nun in zweifacher Hinsicht zu Anforderungen an den öffentlichen Sektor führen:

- Als Erfordernis einer ex ante Koordinierung der individuellen Entscheidungsträger durch den öffentlichen Sektor (bzw. durch andere, umfassende Organisationen), die in Form von Einkommenspolitik, Investitionssteuerung, Raumordnungspolitik etc. auftreten kann, oder
- als Erfordernis einer nachträglichen Sanierung der Folgen gesamtwirtschaftlich suboptimaler Entscheidungsverfahren, z. B. in Form einer („nachträglichen") Beschäftigungspolitik, Preisstabilisierungspolitik, Energiepolitik, Straßenbaupolitik etc.

3.7 Unsicherheit und Informationsprobleme

Ausmaß, Form und Bewältigung von Risiko und Unsicherheit[16] sind von größter Bedeutung sowohl für die gesamtwirtschaftliche wie die individuelle Entwicklung. Zum Teil kann der Schutz gegenüber verschiedenen Formen von Risiko durch nicht-

[16] Wenn es möglich ist, die Wahrscheinlichkeit des Eintreffens eines ungewissen Ereignisses anzugeben, spricht man in der ökonomischen Theorie üblicherweise von Risiko; bei Abwesenheit jeglicher Kenntnis einer Wahrscheinlichkeit von Unsicherheit.

marktmäßige, nicht-staatliche Institutionen (z. B. Familie), z. T. durch marktmäßige Versicherungen zustande kommen. Es gibt jedoch eine – wachsende – Zahl von Fällen, wo eine gesamtwirtschaftlich effiziente Risikoabdeckung oder -minderung bei gegebener soziologischer Struktur und individuell-marktmäßigen Entscheidungsverhältnissen nicht zustande kommt, wo aber über den öffentlichen Sektor Risikoübernahmen oder effizienzsteigernde Eingriffe erfolgen können.

Die Behebung von „Marktversagen" durch öffentliche Übernahme von Risiken, die privatwirtschaftlich nicht abgedeckt werden können, hat dabei sowohl distributive wie allokative Bedeutung. So sah etwa die jüngere historische Schule der Nationalökonomie im Sinn einer „Assekuranztheorie des Staates" eine wesentliche Funktion des öffentlichen Sektors in der Bereitstellung umfassender, über allgemeine Steuern finanzierter „Sicherheit" gegenüber elementaren Problemsituationen wie Alter, Krankheit, Arbeitslosigkeit. Die allokative Betrachtung betont dagegen, dass Marktmechanismen konstitutiv nicht in der Lage sind, bestimmte Formen von Unsicherheit oder Risiko zu erfassen und daher in diesen Fällen öffentliche Interventionen als Ergänzung oder Ersatz von Marktallokation nötig sind.[17]

Die neuere theoretische Literatur diskutiert diese Problematik vor allem unter Bezug auf Probleme der unvollkommenen und im speziellen **asymmetrischen Information.** Diese Informationsprobleme führen dann dazu, dass Unsicherheiten bezüglich zukünftiger wirtschaftlicher oder technischer Entwicklungen nicht bzw. nicht effizient über Märkte für zukünftige Ansprüche („Zukunftsmärkte") erfasst werden können. Unter den Aspekten des Marktversagens sind dabei folgende Phänomene von besonderem Interesse:

3.7.1 Principal-Agent-Probleme

Ausgangspunkt ist eine Konstellation, wo ein Auftraggeber (der „Prinzipal") Hilfskräfte („Agenten") braucht, um eine bestimmte Leistung zu erbringen. Der Prinzipal verfügt jedoch nicht über vollkommene Information über das Verhalten seiner Agenten, d. h. er kann die Tätigkeit der Agenten nicht voll kontrollieren bzw. feststellen, wieweit ein bestimmtes Ergebnis auf das Handeln des Agenten zurückzuführen ist. Sowohl für Prinzipal wie Agent wird von einem Handeln auf Basis individueller Nutzenmaximierung ausgegangen. Da die Nutzenvorstellungen von Prinzipal und Agent aber nicht übereinstimmen müssen, besteht damit für den Prinzipal Ungewissheit, ob der Agent tatsächlich in seinem Interesse handelt. Es wird daher für den Prinzipal in solchen Konstellationen der nicht direkt möglichen Kontrolle sinnvoll sein, „anreizkompatible"

[17] „The failure of the market to insure against uncertainties has created many social institutions in which the usual assumptions of the market are to some extend contradicted" (Arrow 1971, S. 967 f.).

Strukturen zu schaffen, die dazu führen, dass der Agent aus individueller Nutzenmaximierung ein Verhalten entwickelt, das auch dem Nutzen des Prinzipals entspricht. Es handelt sich hier um ein grundlegendes Problem sämtlicher Organisationsstrukturen, seien sie staatlich (siehe Abschn. 4.4) oder privat.

Ein typisches Principal-Agent-Problem stellt z. B. das Verhältnis zwischen Eigentümer und Management eines Unternehmens dar, wo etwa durch Formen der Gewinnbeteiligung „Incentive-Kompatibilität" erreicht werden soll. Im Rahmen der Diskussion von „Marktversagen" kann das Principal-Agent-Problem als allgemeiner informationstheoretischer Bezugsrahmen für die im Folgenden diskutierten Spezialfälle von adverser Selektion und moralischem Risiko gesehen werden.

3.7.2 Adverse Selektion

Ausgangspunkt ist ein Markt (z. B. ein Versicherungsmarkt), wo die einzelnen Teilnehmer unterschiedliche Qualitätsmerkmale (z. B. Risikomerkmale) aufweisen. Sind z. B. auf einem Versicherungsmarkt diese Merkmale dem Versicherungsunternehmen bekannt, ist es möglich, zu jeweils risikoäquivalenten Prämien Versicherungen anzubieten. Personen mit günstigen Risikomerkmalen („gute Risiken") hätten dann entsprechend geringere Prämien zu zahlen als „schlechte Risiken". Ein Problem adverser Selektion entsteht nun, wenn zwar das einzelne Individuum über seinen Risikograd Bescheid weiß, der Versicherer aber keine Möglichkeit hat, diese Information vollständig und zuverlässig zu erlangen. Der Versicherer muss daher Durchschnitts-Prämien anbieten, die auch die Existenz schlechter Risiken berücksichtigen. Personen, die wissen, dass sie schlechte Risiken sind, werden es dabei rentabel finden, sich zu diesen „Durchschnitts-Prämien" versichern zu lassen. Für Personen, die gute Risiken sind, wird es dagegen nicht sinnvoll sein, die für ihre Risikokategorie zu teuren Versicherungen einzugehen. Es kommt damit zu einer Kumulierung schlechter Risiken. Dies wird im Weiteren wieder eine Prämienerhöhung erfordern und damit einen circulus vitiosus einleiten, der zu einer weiteren Einschränkung des Teilnehmerkreises etc. führt, bis es schließlich zum Zusammenbruch eines marktmäßigen Versicherungsangebotes kommt.

Dieser Fall individueller Informationsasymmetrien kann gelöst bzw. entschärft werden, wenn durch Formen einer allgemeinen Versicherungspflicht gesichert werden kann, dass Versicherungsprämien aufgrund des Gesetzes der großen Zahl versicherungsmathematisch ermittelt werden können und damit strategisches Verhalten einzelner Marktteilnehmer nicht den Bestand des Versicherungssystems gefährden kann. Dies spielt eine besondere Rolle in den Bereichen, wo verborgene Risiken besonders schwer ermittelbar sind und gleichzeitig aus gesellschaftspolitischen Gründen eine umfassende Abdeckung dieser Risiken erwünscht ist, wie z. B. in Bezug auf Krankenversicherung. Demgemäß sind dann öffentliche Interventionen unterschiedlicher Form (Versicherungspflicht, Bereitstellung öffentlicher Leistungen etc.) erforderlich (vgl. Kap. 8).

3.7.3 Moralisches Risiko (moral hazard)

Das informationstheoretische Problem, das unter dem Begriff „moralisches Risiko" diskutiert wird, besteht darin, dass die Vereinbarung einer Versicherung zu einer dadurch verursachten Änderung der Risikomerkmale führen kann. Diese Änderung kann vom Versicherer aber aufgrund asymmetrischer Information weder prognostiziert noch ex post nachgewiesen werden. So könnte etwa eine Unfallversicherung zu riskanterem Verhalten, eine Arbeitslosenversicherung zu geringerem Arbeitseinsatz führen. In bestimmtem Umfang kann diesem Problem marktwirtschaftlich durch entsprechende Anreizstrukturen begegnet werden (z. B. Selbstbehaltregelungen). Wo solche Regelungen nicht möglich oder wegen sozialer Effekte nicht erwünscht sind, werden private Versicherungskontrakte nicht zustande kommen, sodass, soll Versicherungsschutz bereitgestellt werden, Formen staatlicher Intervention heranzuziehen sind.

3.7.4 Weitere Informationsprobleme

Neben den angeführten entscheidungstheoretischen Aspekten, die zu „Marktversagen" führen können, bestehen aus dem Aspekt der Unsicherheit eine Reihe weiterer Probleme, die öffentliche Interventionen erfordern können. Wichtige, untereinander vielfach verbundene Beispiele solcher Fälle sind:

- **Fehlen von Wahrscheinlichkeiten:** Für Unsicherheiten, d. h. für Ereignisse, die zwar als solche bekannt sind, die jedoch hinsichtlich der Wahrscheinlichkeit des Auftretens und hinsichtlich der Größe möglicher Schäden nicht erfasst werden können, ist eine marktwirtschaftliche Prämienkalkulation mangels versicherungsmathematischer Voraussetzungen nicht möglich (z. B. Unsicherheiten bei der Einführung neuer Technologien).
- **Größe möglicher Schäden:** Es gibt Risiken, für die zwar unter Umständen historische Wahrscheinlichkeiten errechenbar sind, wo aber im Eintretensfall der Schaden so groß und kumulierend ist (z. B. Erdbeben und andere Naturkatastrophen), dass eine entsprechende Liquiditätsvorsorge und Risikenverteilung (z. B. durch Rückversicherung) marktwirtschaftlich nicht möglich ist.
- **Einkommensbeschränkungen:** Wenn die marktwirtschaftlich bestimmte Versicherungsprämie so groß ist, dass ihre Bezahlung das Einkommen des entsprechenden Wirtschaftssubjektes unter das Existenzminimum drücken würde, wird eine Versicherung trotz „objektiven Bedarfes" nicht zustande kommen.
- **Unterschiede zwischen individueller und sozialer Zeitpräferenz:** Die Abwägung von gegenwärtigem und künftigem Nutzen (Erträgen, Konsum etc.) kann für ein Individuum, das ja sterblich ist, zu einer höheren Zeitpräferenz führen als dies für den Staat als soziale Ordnung gilt, der prinzipiell auf Dauer angelegt ist. Daraus kann sich neben der geringeren Möglichkeit der Risikotragung auch eine aus gesamtwirt-

schaftlicher Betrachtung zu geringe Risikobereitschaft des einzelnen ergeben. Ein Beispiel wäre das Unterlassen gesamtwirtschaftlich wichtiger Investitionen (z. B. von Forschungsaufwendungen), deren Erträge erst sehr spät und unsicher anfallen.

Aus den oben angeführten, noch vielfach ergänzbaren Beispielen (zum Bereich Sozialversicherung siehe Kap. 7) ergibt sich jeweils, dass durch entsprechende Maßnahmen des öffentlichen Sektors privatwirtschaftlich nicht bewältigbare Unsicherheitselemente gemildert oder aufgehoben werden können. Dies ist sowohl hinsichtlich der direkten Wohlfahrtswirkungen, wie auch hinsichtlich der Wachstums- und Stabilisierungseffekte des öffentlichen Sektors von erheblicher Bedeutung und liefert eine wesentliche Begründung für große Bereiche der öffentlichen Tätigkeit, etwa in Bezug auf Sozialpolitik, Forschungsförderung etc.

Literatur

Arrow, K.J. The Organization of Economic Activity: Issues Pertinent to the Choice of Market vs. Non Market Allocation. In: R.H. Haveman, J. Margolis (Hrsg.) Public Expenditures and Policy Analysis. Chicago 1971.

Badelt, Ch. (Hrsg.) Handbuch der Nonprofit Organisation. Stuttgart 1997.

Blankart, Ch.B. Öffentliche Finanzen in der Demokratie. 9. Auflage, 2017, München 2003.

Bowles, S. Endogenous Preferences: The Cultural Consequences of Markets and other Economic Institutions. In: J. of Economic Literature 1998, 36:75 ff.

Etzioni, A. Die Entdeckung des Gemeinwesens. Stuttgart 1995.

Hansmeyer, K.-H., Mackscheidt, K., Die Free-Rider-Position der Finanzpolitik. Notenbankpolitik und Staatsaktivität. In: D. Duwendag, Hrsg., Macht und Ohnmacht der Bundesbank, Frankfurt 1973.

Richter, W.F., Wiegard, W. Zwanzig Jahre "Neue Finanzwissenschaft". In ZWS 1993, 113:169 ff.

Smith, A., An Inquiry into the Nature and Causes of the Wealth of Nation. 1776, zitiert nach dtv-Ausgabe, München 1983.

Sunstein, C.R. Free Markets and Social Justice. New York-Oxford, 1997.

Weiß, W. Der "Dritte" Sektor zwischen Markt und Staat. Berlin-Bern 1998.

World Bank (1997), The State in a Changing World. Oxford: Oxford University Press.

Weiterführende Literatur

Akerlof, G. A., Shiller, R. J., Phishing for Phools: The Economics of Manipulations and Decepetion. Princeton, 2016.

Arnold, V. Theorie der Kollektivgüter. München 1992.

Arrow, K.J. Essays in the Theory of Risk-Bearing. 3. Aufl., Amsterdam 1976.

Barr, N. Economic Theory and the Welfare State. In: J. of Economic Literature 1992, 30/2:741 ff.

Batina, R.G. Public Goods. Berlin-Heidelberg 2005

Blom-Hansen, J. Is Private Delivery of Public Services Really Cheaper? Evidence from Public Road Maintenance in Denmark. In: Public Choice 2003, 419:438

Coase, R.H. The Problem of Social Costs. In: J. of Law and Economics, 1960, 3: 1 ff.
Eucken, W., Die Grundlagen der Nationalökonomie, Springer, Heidelberg, 1950.
Fritsch, M., Wein Th., Ewers, H.-J. Marktversagen und Wirtschaftspolitik. 10. Aufl., München 2018.
Furubotn, E.G., Pejovich, S. Property Rights and Economic Theory: A Survey of Recent Literature. In: J. of Economic Literature, 1972, Vol X.
Greene, K.V. Attitudes toward Risk and the Relative Size of the Public Sector. In: Public Finance Quarterly 1973, Vol I.
Isaac, W., and Williams, Group Size and the Voluntary Provision of Public Goods: Experimental Evidence Utilizing Large Groups. Journal of Public Economics, Vol. 54(1), 1994.
Leach, J. A Course in Public Economics. Cambridge 2004.
Matzner, E. et al. Die Entwicklung des Staatsanteils – eine funktionsanalytische Betrachtung. In: C. C. v. Weizsäcker (Hrsg.) Staat und Wirtschaft. Schriften des Vereins für Socialpolitik, N. F. Bd. 102, Berlin 1979.
Medema, S.G. (Hrsg.) Coasean Economics. Boston 1998.
Monissen, H.G. Externalitäten und ökonomische Analyse. In: E. Streissler, Chr. Watrin (Hrsg.) Zur Theorie marktwirtschaftlicher Ordnungen. S. 342 ff, Tübingen 1980.
Ostrom, Elinor. 1990. Governing the Commons: The Evolution of Institutions for Collective Action. New York: Cambridge University Press, deutsche Fassung: Tübingen, 1999.
Priddat, B.P. Zur Ökonomie der Gemeinschaftsbedürfnisse: Neuere Versuche einer ethischen Begründung der Theorie meritorischer Güter. In: ZWS 1992, 112:239 ff.
Rapaczinski, A. The Role of the State and the Market in Establishing Property Rights. In: J. of Economic Perspectives 1996, 10:87 ff.
Sälte, P.M. Externe Effekte: "Marktversagen" oder Systemmerkmal? Heidelberg 1989.
Schmidt, K. Mehr zur Meritorik. Kritisches und Alternatives zu der Lehre von den öffentlichen Gütern. In: ZWS 1988, 108:383 ff.
Schüller, A. (Hrsg.) Property Rights und ökonomische Theorie. München 1983.
Stiglitz, J.E. On the Economic Role of the State. In: A. Heertje (Hrsg.) The Economic Role of the State, Oxford 1989:9 ff.
Taylor, R. Anarchy and Cooperation. London-New York 1976.
von Neumann, J. und Morgenstern, O., Theory of Games and Economic Behavior. Princeton, Princeton University Press, 1953.

4 Entscheidungstheoretische Grundlagen – Wohlfahrtsökonomie und Public Choice Theorie

Lernziele

- Der erste Hauptsatz der Wohlfahrtsökonomie besagt, dass unter bestimmten Voraussetzungen (insbesondere vollkommene Konkurrenz) der Markt zu einer effizienten (nicht aber notwendig gerechten) Allokation der Ressourcen führt.
- Letzteres verlangt einen gesellschaftlichen Konsens, der aber nur bei Einstimmigkeit mit Sicherheit gegeben ist. Das Arrow´sche Unmöglichkeitstheorem zeigt, dass ein Mehrheitswahlrecht oft zu keiner eindeutigen Lösung gesellschaftlicher Präferenzen führt.
- Neben dem Dilemma der Entscheidungsfindung kann es zu Staatsversagen kommen, weil der öffentliche Sektor oftmals als Monopolist agiert (agieren muss), und Akteure des öffentlichen Sektors (Politiker, Parteien, Beamte, Lobbyisten, …) eventuell nicht das gemeingesellschaftliche Interesse, sondern ihr eigenes Interesse verfolgen.

Jede gesellschaftspolitische Analyse, die den öffentlichen Sektor in seiner politisch-historischen Entwicklung betrachtet, impliziert selbstverständlich auch Vorstellungen darüber, welche Ziele auf welche Weise über den öffentlichen Sektor erreicht werden sollen (siehe Kap. 1). Daneben gibt es jedoch in der Finanzwissenschaft auch eine Vielzahl von Ansätzen, die sich speziell auf die Frage konzentrieren, wie Entscheidungen im öffentlichen Sektor zustande kommen bzw. welche Form diese Entscheidungen nach normativen Ansätzen annehmen sollten. Diese Fragestellungen einer finanzwissenschaftlichen Entscheidungstheorie sind Teil einer umfassenden ökonomischen Entscheidungstheorie, die für den gesamten Bereich der Theorie der Wirtschaftspolitik wie auch der Politikwissenschaft von Interesse ist.

E. Nowotny und M. Zagler, *Der öffentliche Sektor*,
https://doi.org/10.1007/978-3-658-36042-9_4

Gerade der Bereich der nicht-marktmäßigen Entscheidungen ist Gegenstand lebhafter wissenschaftlicher Kontroversen im Sinn eines „Paradigmenstreites" Neben historisch-analytischen Ansätzen in der Tradition Myrdals und Galbraiths (siehe Abschn. 1.3) bezieht sich die Diskussion vor allem auf folgende Positionen:

- Ansätze der **Wohlfahrtsökonomie,** die speziell der sogenannten „Neuen Finanzwissenschaft" zugrunde liegen. Dabei geht es um **normative** entscheidungstheoretische Ableitungen wirtschaftlicher Effizienzkriterien in Bezug auf Umfang und Finanzierung des öffentlichen Sektors. Basis ist dabei der neoklassische Bezug auf individuelle Nutzenfunktionen.
- Von **„Staatsversagen"** ist generell zu sprechen, wenn aus Aktivitäten des öffentlichen Sektors gesamtwirtschaftliche Ineffizienzen und damit Wohlfahrtsverluste entstehen. Dies kann sowohl das Angebot von, wie auch die Nachfrage nach, öffentlichen Leistungen betreffen. Staatsversagen kann dabei z. B. auftreten als statische Fehlallokation öffentlicher Ressourcen (z. B. als Folge absoluter Angebotsmonopole), als dynamischer Effizienzverlust, z. B. bei Fehlen von Anreizen zur Kostensenkung und Einsatz von technischem Fortschritt oder über effizienzmindernde Wirkungen auf den privaten Sektor einer Volkswirtschaft.
- Ansätze der **Public Choice Theorie** (Theorie öffentlicher Entscheidungen). Auch hier wird von den Grundlagen der neoklassischen Theorie (Abstellen auf individuelle, vorgegebene und starre Präferenzen) ausgegangen, es wird aber jeweils eine spezielle Berücksichtigung bzw. Bezugnahme hinsichtlich der institutionellen Aspekte des öffentlichen Sektors angestrebt. In normativer Hinsicht geschieht dies in Bezug auf die Entwicklung „effizienter" politischer Entscheidungsregelungen (Entwicklung von **„Verfassungskonzepten"**). In positiv-ökonomischer Hinsicht bemüht sich die **„Ökonomische Theorie der Politik"** (synonym auch **„Neue Politische Ökonomie"**) empirisch überprüfbare Thesen über das Verhalten der finanzpolitischen Akteure und die damit verbundenen ökonomischen Effekte abzuleiten. Es wird demnach angestrebt, die den öffentlichen Sektor bestimmenden politischen Entscheidungen endogen aus bestimmten sozio-ökonomischen Verhaltensweisen und Variablen zu erklären und nicht als für die Analyse exogen vorgegeben zu betrachten.

4.1 Wohlfahrtsökonomische Ansätze

Die zentrale Problemstellung ist hier die Frage nach einer gesamtwirtschaftlich „effizienten" Allokation der Ressourcen in einer Volkswirtschaft. Ausgangspunkt entsprechender wohlfahrtsökonomischer Ansätze ist – explizit oder implizit – der (erste)[1]

[1] Vielfach wird folgende Aussage als „zweiter Hauptsatz der Wohlfahrtstheorie" bezeichnet: Jede bestimmte pareto-effiziente Allokation kann unter den Konkurrenzbedingungen des ersten Haupt-

„Hauptsatz der Wohlfahrtstheorie“: „Wenn alle Wirtschaftssubjekte unter den Bedingungen vollkommener Konkurrenz handeln, wird das bei Vorliegen entsprechender Voraussetzungen zu einer effizienten Allokation der Ressourcen führen“. Im Wesentlichen kann dieser Hauptsatz der Wohlfahrtstheorie als Formalisierung von Adam Smith's Konzept der „unsichtbaren Hand des Marktes“ (vgl. Abschn. 1.2.1) gesehen werden. Entsprechend sind auch hier die jeweiligen Bedingungen bzw. Einschränkungen zu beachten. Dies gilt zunächst hinsichtlich der Annahme von vollkommenem Wettbewerb, d. h. der Annahme, dass alle Wirtschaftssubjekte Preisnehmer (und damit Mengenanpasser) sind. Zu den „entsprechenden Voraussetzungen“, die für die Gültigkeit des Hauptsatzes der Wohlfahrtstheorie gegeben sein müssen, zählt weiters das Fehlen bzw. die Vernachlässigbarkeit der im Hinblick auf Marktversagen diskutierten Phänomene wie externe Effekte, öffentliche Güter, etc. (siehe Kap. 3).[2]

Von besonderer Bedeutung ist schließlich die analytische Erfassung der „effizienten Allokation“ über das Konzept der **„Pareto-Effizienz“**. Ausgangspunkt ist, wie dargestellt, das Modell eines Wirtschaftssystems, das auf vollkommenen Märkten beruht. Die Nachfrageentscheidungen auf diesen Märkten werden von den Konsumenten aufgrund ihrer subjektiven Präferenzstrukturen, die Entscheidungen in Bezug auf Art und Weise der Produktion werden von gewinnmaximierenden Unternehmern getroffen. Es gilt demnach, sowohl Tauscheffizienz wie Produktionseffizienz zu erreichen. Tauscheffizienz liegt vor, wenn die Grenzraten der Substitution (GRS)[3] aller Marktteilnehmer gleich sind. Produktionseffizienz liegt vor, wenn die Grenzrate der Transformation (GRT)[4] zweier Güter dem Verhältnis ihrer Grenzkosten entspricht.[5]

---

satzes realisiert werden, wenn die Erstausstattungen der Wirtschaftssubjekte entsprechend verteilt werden. Dies weist darauf hin, dass es in einem Marktsystem (unendlich) viele pareto-optimale Allokationen gibt – abhängig von der jeweils vorgegebenen Einkommensverteilung. Eine Umverteilung der Einkommen wird daher (ohne direkte allokative Eingriffe in den Marktprozess) dazu führen, dass nun eine andere Allokation pareto-effizient ist (vgl. auch Rosen und Windisch 1992, S. 103 ff.).

[2] Das Vorliegen entsprechender Formen von Marktversagen stellt dann umgekehrt eine wesentliche allokationstheoretische Begründung von Staatsinterventionen dar – wobei freilich auch mögliche Fälle von „Staatsversagen“ mitbedacht werden müssen.

[3] Die Grenzrate der Substitution gibt an, welche Menge des Gutes A ein Wirtschaftssubjekt bereit ist für eine zusätzliche Einheit des Gutes B einzutauschen, ohne dass dies zu einer Änderung seines Nutzens führt (d. h. Veränderung auf einer gegebenen Indifferenzkurve). Solange unterschiedliche Grenzraten der Substitution vorliegen, lässt sich durch Tausch eine Erhöhung des Gesamtnutzens erreichen.

[4] Die Grenzrate der Transformation gibt an, um wie viel bei gegebener Faktorausstattung (gegebener Tranformationskurve) die erzeugte Menge A reduziert werden muss, um die Erzeugung einer zusätzlichen Einheit von B zu ermöglichen.

[5] Bei der gegebenen Annahme vollkommener Konkurrenz wird ein gewinnmaximierender Mengenanpasser bis zu dem Punkt produzieren, wo die Grenzkosten der Produktion dem Preis entsprechen.

Pareto-Optimalität kann nun definiert werden als ein Zustand, in dem es unmöglich ist, durch eine Änderung der Allokation die Lage eines Teilnehmers des ökonomischen Systems zu verbessern, ohne gleichzeitig die Lage eines anderen zu verschlechtern.[6] Es ist demnach ab Erreichen des „Optimalzustandes" nicht mehr möglich, weitere Wohlfahrtsverbesserungen durch eine Reallokation von Ressourcen zu erreichen. Dabei wird – implizit oder explizit – eine vorgegebene Einkommensverteilung als Grundlage akzeptiert, da es – im Gegensatz zur Bestimmung der „ökonomischen Effizienz" – nicht möglich sei, „objektive" Kriterien in Bezug auf die „Gerechtigkeit" der Einkommensverteilung anzuwenden.[7]

Aufgrund der angeführten weitgehenden Voraussetzungen, die für ein Pareto-Optimum erfüllt sein müssen (keine Monopoleffekte, keine Externalitäten etc.) kann allerdings nicht angenommen werden, dass es möglich ist, in einer Volkswirtschaft für sämtliche Teilmärkte die paretianischen Optimalbedingungen zu erfüllen. Die **Theory of Second Best (Theorie des Zweitbesten)** zeigt nun, dass partielles Optimieren für einzelne Teilmärkte nicht notwendigerweise zu höherer gesamtwirtschaftlicher (allokativer) Effizienz führt. Es kann demnach nicht davon ausgegangen werden, dass ein gesamtwirtschaftliches Optimum umso eher erreicht ist, je mehr Teilmärkte die paretianischen Optimalbedingungen erfüllen. Vielmehr kann es unter Aspekten der allokativen Effizienz erforderlich sein, dass es bei Unerfüllbarkeit der paretianischen Optimalbedingungen auf einem Markt auch auf anderen Märkten zu Abweichungen vom Pareto-Optimum kommt.

Das bedeutet, dass partielle wirtschaftspolitische Maßnahmen, die nur einige der „Hindernisse" zum Erreichen einer pareto-optimalen Allokation beseitigen, zu einer

[6] Durch Einführen von **Kompensationskriterien** zwischen den betroffenen Wirtschaftssubjekten kann die angeführte, wirtschaftspolitisch extrem restriktive Optimalitäts-Bedingung etwas erweitert werden, was aber nichts an der Problematik der normativen Grundlagen der wirtschaftlichen Effizienzkriterien ändert. So stellt das **Kaldor-Hicks-Kriterium** darauf ab, ob die Gewinner einer Reallokation in der Lage sind, die Verlierer zu entschädigen. Eine Reallokation ist dann als effizient zu betrachten, wenn bei entsprechenden Kompensationszahlungen insgesamt ein höherer Nutzen erreicht werden kann, wobei die entsprechenden Kompensationen aber nicht tatsächlich stattfinden müssen.

[7] Grundlegend ist hier das Postulat der Unzulässigkeit interpersoneller Nutzenvergleiche. Dadurch wird die Behandlung von Verteilungsaspekten schon von den Annahmen her ausgeschlossen, während dagegen für die Praxis der Wirtschafts- und Finanzpolitik gerade dieser Aspekt von zentraler Bedeutung ist. So geht etwa die Konzeption der progressiven Besteuerung davon aus, dass der Nutzen einer zusätzlichen Geldeinheit für Reiche niedriger ist als für Arme. Formale Versuche des Einbaues von Verteilungsüberlegungen in das Konzept der Pareto-Effizienz erfolgen über die Annahme „altruistischer" individueller Nutzenfunktionen und über Ansätze von Entscheidungsregeln in Bezug auf gesellschaftliche „Fairness" (vgl. dazu Rawl's „Theorie der Gerechtigkeit" Abschn. 4.3).

insgesamt ineffizienten Allokation führen können, da die „Verbesserung" in einem spezifischen Bereich möglicherweise „Verschlechterungen" in anderen Bereichen mit sich bringt. Da eine gleichzeitige Berücksichtigung sämtlicher allokativer „Ineffizienzen" jedoch nie möglich ist, kann die Schlussfolgerung für den Bereich der Wirtschafts- und Finanzpolitik nur darin bestehen, beim Setzen trotzdem erforderlicher, „zweitbester" wirtschaftspolitischer Maßnahmen auf Interdependenzen und Nebeneffekte zu achten. Beispiele für diese Problematik werden etwa bei der Theorie öffentlicher Unternehmen und beim Einsatz allokativer Lenkungssteuern (z. B. im Umweltschutzbereich) diskutiert.

Im Rahmen der „allgemeinen Gleichgewichtstheorie" lassen sich nun Bedingungen und Formen einer im obigen Sinn pareto-effizienten Allokation ableiten. Die **„reine Theorie öffentlicher Güter"**, wie sie insbesondere von P. A. Samuelson und R. A. Musgrave unter Bezug auf frühere Ansätze von E. Lindahl entwickelt wurde, stellt den formalen Einbau des öffentlichen Sektors in eine Konzeption des allgemeinen Gleichgewichts dar. Dabei wird die Funktion des öffentlichen Sektors nur in der Bereitstellung öffentlicher Güter gesehen, seine anderen Funktionen, insbesondere in Bezug auf Stabilisierung und Distribution, bleiben ausgeklammert.

In Anwendung der allgemeinen Gleichgewichtstheorie wird die Frage gestellt, welche Höhe und Struktur der öffentlichen Ausgaben die gesellschaftliche Wohlfahrt maximiere. In Umgehung der spezifischen Charakteristika öffentlicher Güter, insbesondere der Nicht-Ausschließbarkeit, wird dabei die individuelle Steuerzahlung – angenommener Weise nach dem Äquivalenzprinzip (vgl. Abschn. 10.5) – als Preis des öffentlichen Gutes interpretiert und damit eine Konstruktion gewonnen, die eine Behandlung analog zu Marktprozessen erlaubt. Es bleibt das Problem der Aggregation individueller Nutzenfunktionen, das formal durch das Einführen einer sozialen Wohlfahrtsfunktion „gelöst" wird.

Analog zum Fall zweier privater Güter lässt sich dieser Ansatz nun für den Fall darstellen, wo ein privates Gut und ein öffentliches Gut vorliegen. Ausgangspunkt bei der Ermittlung der „wohlfahrtsoptimalen" intersektoralen Allokation zwischen öffentlichem und privatem Sektor in einer Volkswirtschaft ist wieder die Annahme eines bestimmten Anfangsbestandes an volkswirtschaftlichen Ressourcen (Arbeit, Kapital, Boden) und gegebener Produktionsfunktion, wobei davon ausgegangen wird, dass der öffentliche Sektor nur öffentliche, der private Sektor nur private Güter erzeugt. Um nun unter den unendlich vielen technisch möglichen Kombinationen privater und öffentlicher Güter die wohlfahrtsoptimale Allokation ermitteln zu können, bedarf es der zusätzlichen Kenntnis der entsprechenden Präferenzstruktur einer Gesellschaft. Die in einer sozialen Indifferenzkurve „offenbarte" Nachfrage nach verschiedenen möglichen Güterkombinationen ist als das Ergebnis von Markt- und politischen Prozessen zu sehen, bei denen über die Durchsetzung der einzelnen individuellen Präferenzen entschieden wurde. Die Durchsetzung der Präferenzen wird dabei wesentlich auch von der Einkommens- und Vermögenssituation der einzelnen Marktteilnehmer bestimmt, sodass sich bei anderen Strukturen der Einkommensverteilung auch andere Formen der sozialen

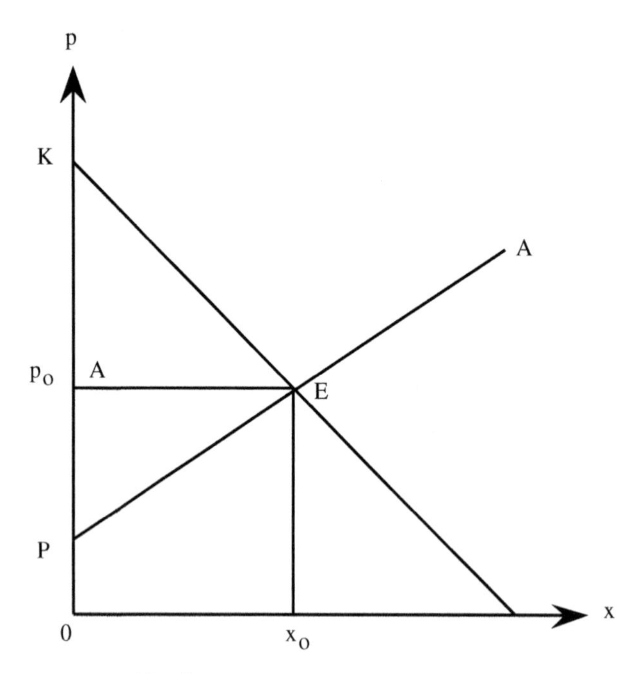

Abb. 4.1 Konsumenten- und Produzentenrente

Indifferenzkurven ergeben würden. Gleiches würde etwa auch in Bezug auf andere Verfahren des politischen Systems (z. B. in Bezug auf das Wahlrecht) gelten.

Das gesellschaftlich „wohlfahrtsoptimale" Verhältnis zwischen privaten und öffentlichen Gütern ergibt sich dort, wo die Grenzrate der Transformation zwischen öffentlichen und privaten Gütern der Grenzrate der Substitution zwischen öffentlichen und privaten Gütern entspricht. Es ist damit ein Zustand erreicht, bei dem unter den gegebenen Annahmen (insbesondere vorgegebener Einkommensverteilung) kein Mitglied der Gesellschaft bessergestellt werden kann, ohne dass zumindest ein anderes Individuum schlechter gestellt werden müsste.

Das Konzept des Pareto-Optimums stellt den wesentlichen Maßstab dar, den die Wohlfahrtsökonomie für Fragen der allokativen Effizienz heranzieht. Sollen darüber hinaus Aussagen getroffen werden über das **Ausmaß** von Nutzenänderungen durch Änderungen der Allokation, so wird hierfür vor allem auf das Konzept der **Konsumentenrente** und der **Produzentenrente** Bezug genommen.[8] Es wird versucht, die Werte von Konsumenten- und Produzentenrente in Geldeinheiten auszudrücken und damit einen Maßstab für die Beurteilung allokativer Veränderungen zu gewinnen. Die Ableitung kann dabei für das jeweilige individuelle Wirtschaftssubjekt erfolgen, die Angebots- und Nachfragekurven können aber auch (wie in Abb. 4.1) als Marktangebots-

[8] Für entsprechende Anwendungen im Bereich der Theorie siehe Kap. 11 und 21.

bzw. -nachfragekurven interpretiert werden. In diesem Fall handelt es sich dann um die auf einem Markt insgesamt realisierten Konsumenten- bzw. Produzentenrenten.

Unter der **Konsumentenrente** (consumer´s surplus) versteht man den Nutzengewinn eines Konsumenten, der dann auftritt, wenn der (einheitliche) Marktpreis unter dem Preis liegt, den der Konsument bereit gewesen wäre aufgrund seiner Nutzeneinschätzung zu zahlen. Die Nachfragekurve nach einem Gut[9] zeigt, wie viel ein Konsument aufgrund seiner Nutzeneinschätzung jeweils bereit wäre, für eine Einheit des betreffenden Gutes zu zahlen – ihr Fallen entspricht der Annahme eines sinkenden Grenznutzens. Kauft der Konsument eine Menge x_0 zum Marktpreis p_0, so erzielt er eine Konsumentenrente im Ausmaß des „Nettonutzens“ zwischen der Kaufsumme p_0x_0 und seiner maximalen Zahlungsbereitschaft für die Menge x_0. In Abb. 4.1 entspricht dies der Fläche AEK. Unter der **Produzentenrente** versteht man die Differenz zwischen der Grenzkostenkurve, die die jeweilige Angebotsbereitschaft der Produzenten darstellt (Angebotskurve A) und dem einheitlichen Marktpreis. In Abb. 4.1 entspricht dies der Fläche AEP.

Unter dem Aspekt, dass Wohlfahrtsänderungen sich jeweils im (konsum-gebundenen) Nutzen niederschlagen (die Rolle als Arbeitnehmer etc. wird nicht berücksichtigt), wird speziell das Konzept der Konsumentenrente vielfach auch als Kriterium bei der Behandlung wirtschaftspolitischer Fragestellungen herangezogen. Die Ableitung konkreter Empfehlungen aus diesem Konzept muss jedoch – ebenso wie im Fall der oben dargestellten wohlfahrtstheoretischen Ansätze – nicht zuletzt aufgrund der weithin fehlenden empirischen Erfassbarkeit vielfach als problematisch betrachtet werden.

4.2 Wohlfahrtsfunktionen

Ein Grundproblem wohlfahrtsökonomischer Ansätze bildet stets die Überführung der individuellen Nutzenordnungen in eine **soziale Wohlfahrtsfunktion,** die den Anforderungen des Pareto-Optimums entspricht. Ein formal einfacher Weg ist dabei die **Einstimmigkeitsregel** von Wicksell: Danach sind Vorschläge vorzulegen, die das Ausmaß der gewünschten öffentlichen Güter, die erforderliche Steuerhöhe und die Verteilung der Steuerlast auf die einzelnen Mitglieder der Gemeinschaft enthalten müssen. Zur Annahme eines Vorschlages ist – wegen des Postulates der Unzulässigkeit interpersoneller Nutzenvergleiche – Einstimmigkeit erforderlich. Dies bedeutet auch, dass jeder angenommene Änderungsvorschlag automatisch das Kriterium der Pareto-Optimalität erfüllt, da er zumindest für einen Beteiligten (den Antragsteller) eine Ver-

[9] In „exakterer“ Fassung wird in der theoretischen Ableitung der Konsumentenrente von der „einkommenskompensierten Nachfragekurve“ ausgegangen. Dabei werden die durch die Preisänderungen hervorgerufenen Änderungen der Einkommenslage in der Form kompensiert, dass für jede Preisänderung das Einkommen gesucht wird, das den Konsumenten in der gleichen Einkommenslage lässt, in der er vor der Preisänderung war.

besserung bedeutet, ohne für irgendeinen anderen Beteiligten eine Verschlechterung seiner Nutzensituation zu bringen (da ja sonst ein Veto ausgeübt worden wäre).

Aus offensichtlichen Gründen stellt das Kriterium der Einstimmigkeit jedoch keinen praktikablen Entscheidungsmechanismus für den öffentlichen Sektor dar. Es werden vielmehr verschiedene Formen der **Mehrheitswahl** nötig sein. Dabei bedeutet freilich die für öffentliche Güter charakteristische Nicht-Ausschließbarkeit, das hier (im Gegensatz zum Fall privater Güter) für die einzelnen Individuen kein Zwang zur Offenlegung der individuellen Präferenzen und damit in der Regel auch keine Möglichkeit ihrer Aggregation besteht. Darüber hinaus lässt sich zeigen, dass unter bestimmten Bedingungen keine eindeutige Ableitung einer **sozialen** Wohlfahrtsfunktion aus den **individuellen** Präferenzen über Abstimmungsprozesse möglich ist.

Dies ist der Inhalt des **Arrow´schen Unmöglichkeitstheorems.** Arrow (1951) geht von einigen einfachen Postulaten aus, die bei der Ableitung einer sozialen Wohlfahrtsfunktion zu gelten haben. Die wichtigsten dieser Postulate sind:

- Akzeptieren der jeweiligen individuellen Präferenzen,
- keine Zulassung von irrelevanten Alternativen,
- kein Diktator, der sich über die Präferenzen hinwegsetzt,
- Beachtung des logischen Erfordernisses der **Transitivität.**[10]

Als Weg zur Ermittlung einer sozialen Wohlfahrtsfunktion unter den genannten Bedingungen sei nun der Weg der Mehrheitsabstimmung gewählt. Wie das nachfolgende Beispiel zeigt, führt dieses Verfahren bei Vorliegen von mehr als zwei Alternativen jedoch nicht immer zu eindeutigen Ergebnissen **(Arrow-Condorcet´sches Wahlparadoxon):**

Gegeben sind drei Wähler (Wählergruppen), die mit Mehrheit über drei Alternativen (A, B, C) abzustimmen haben. Für jeden Wähler besteht eine Präferenzstruktur bezüglich der vorgegebenen Alternativen, wobei jeweils angegeben wird, welche der möglichen Alternativen jeweils einer anderen vorgezogen wird (vgl. Tab. 4.1).[11]

Wird über alle drei Alterativen gleichzeitig abgestimmt, wird – unter Annahme von strategischem Verhalten – jede Alternative eine Stimme erhalten, also keine Mehrheit zustande kommen.

Wird nun paarweise abgestimmt, so ergibt sich, dass bei einer Wahl zwischen den Alternativen A und B die Alternative A entsprechend der jeweiligen Präferenzstrukturen mit den Stimmen der Wähler I und II gegen die Stimmen des Wählers III gewählt wird. Bei einer Wahl zwischen B und C ergibt sich entsprechend ein Stimmenverhältnis von 2:1 für B. Das Kriterium der Transitivität würde nun erfordern, dass bei einer

[10] D. h.: Wenn Alternative A der Alternative B und Alternative B der Alternative C vorgezogen wird, so ist auch A der Alternative C vorzuziehen.

[11] $A \phi B$ bedeutet, dass Alternative A der Alternative B vorgezogen wird, etc.

Tab. 4.1 Arrow-Condorcet´sches Wahlparadoxon

Wähler	Präferenzstruktur
I	A ≻ B ≻ C
II	C ≻ A ≻ B
III	B ≻ C ≻ A

Wahl zwischen A und C die Alternative A gewählt wird. Tatsächlich ergibt sich aber aus unserem Beispiel, dass bei einer Abstimmung A gegen C mit einem Stimmenverhältnis von 1:2 die Alternative C präferiert wird. Obwohl die Präferenzstrukturen jedes einzelnen Wählers in sich konsistent sind, führt das Verfahren der Mehrheitsabstimmung dennoch zu keinem logisch konsistenten Ergebnis. Die jeweiligen Mehrheitsentscheidungen werden dabei von der Reihenfolge der Abstimmungsvorgänge abhängen („zyklische Mehrheiten"). Das bedeutet, dass in diesem Fall eine eindeutige Ableitung einer sozialen Wohlfahrtsfunktion unter den von Arrow aufgestellten Postulaten nicht möglich ist.

Es ist offensichtlich, dass dieses Unmöglichkeitstheorem eine wesentliche Einschränkung für den Bereich der Wohlfahrtstheorie darstellt. Dementsprechend wurden verschiedene Versuche unternommen, um durch ergänzende Regelungen die Kriterien der logischen Konsistenz und Eindeutigkeit bei Wahlverfahren mit Mehrheitsentscheidungen zu erreichen (z. B. Berücksichtigung der unterschiedlichen Intensität der jeweiligen Präferenzen, Stimmentausch – „logrolling" – etc.). In der Praxis der Politik wird die Gefahr solcher „Abstimmungsparadoxa" meist dadurch entschärft, dass durch Verfahrensregeln Abstimmungen auf die Wahl zwischen zwei Alternativen reduziert werden (z. B. der weitergehende Vorschlag ist zuerst abzustimmen).

4.3 Verfassungstheoretische Ansätze: zwischen Anarchie und „Leviathan"

So wie bei den in der Wohlfahrtsökonomie verwurzelten Theorien des öffentlichen Sektors handelt es sich auch bei den verfassungstheoretischen Ansätzen um normative Fragen. Die Fragestellung dieser Ansätze geht jedoch nun nicht nach einem als optimal definierten **Ergebnis** öffentlicher Aktivitäten, sondern nach optimalen **Verfahren,** um ein solches Ergebnis zu realisieren. Die „reine" normative Theorie des öffentlichen Sektors schenkt diesem Aspekt keine Aufmerksamkeit, sondern sieht den Staatsapparat als einen neutralen Mechanismus (in den Worten J. M. Buchanans: als einen „wohlwollenden Despoten"), um im Interesse aller Mitglieder des Gemeinwesens eine durch entsprechende Wahlverfahren ermittelte soziale Wohlfahrtsfunktion zu maximieren.

Die verfassungstheoretischen Ansätze dagegen gehen aus von einem hypothetischen Ursprungszustand der Anarchie, in der nur das „Recht" des jeweils Stärkeren gilt. Die hohen Kosten der Unsicherheit eines solchen Systems bedeuten jedoch, dass es gesamtwirtschaftlich effizienter ist, demgegenüber einen Zustand anzustreben, in dem durch einen übergeordneten Machthaber – den „Leviathan“ (Th. Hobbes), in moderner Terminologie: durch den Staat – ein gewisses Maß an öffentlichen Gütern, insbesondere das öffentliche Gut „Sicherheit“, angeboten wird. Es ist dies die Idee des **„Gesellschaftsvertrages“**, des **„contrat social“**, wie sie insbesondere von Denkern der Aufklärung wie J. J. Rousseau, John Locke und Montesquieu entwickelt und auch von Adam Smith übernommen wurde. Die Frage wird nun wieder aufgenommen, wie ein solcher „Gesellschaftsvertrag“ zu konstruieren sei, um als gerecht und effizient betrachtet werden zu können.

Grundproblem ist dabei ein immanentes Spannungsverhältnis zwischen den Werten der Freiheit und der Gerechtigkeit bzw. Sicherheit. Das größte Maß an (formaler) Freiheit ergibt sich in einem Zustand der **Anarchie** ohne jede staatliche Institution und damit ohne jede staatliche Einschränkung des individuellen Handelns. Da diese „Freiheit“ bei nicht-kooperativem Verhalten auch nur einiger Mitglieder der Gesellschaft aber zur Unterdrückung Schwächerer bzw. zum Kampf aller gegen alle führt – wofür es eine Vielzahl historischer Beispiele gibt – sind im Sinn einer „geordneten Anarchie“ Regeln für die Ausübung der Freiheitsrechte jedes Einzelnen nötig – was demnach auch eine Einschränkung dieser Freiheitsrechte bedeutet.

Das Entstehen einer solchen **Gesellschaftsverfassung** kann als evolutionärer Prozess (Hayek 1971) oder als Ergebnis der politischen Willensbildung im Sinne gesellschaftlicher Verträge (und in der Regel vorausgegangener politischer Kämpfe) gesehen werden. Diese grundlegende Gesellschaftsverfassung bestimmt mit der Festlegung und Sicherung rechtlicher Institutionen, z. B. in Bezug auf persönliche Sicherheit und persönliches Eigentum, dann wesentlich die wirtschaftlichen Spielräume und Möglichkeiten der einzelnen Wirtschaftssubjekte. In der konkreten Ausformung geht es dabei in demokratischen Staaten um das System der Grund- und Freiheitsrechte, auf dem dann auch die konkrete Wirtschaftsverfassung eines Staates aufzubauen hat (z. B. in Bezug auf die Finanz-, die Geld- und die Sozialverfassung). Die Entwicklungen in den postkommunistischen Staaten zeigen, wie wichtig – und wie schwierig – der Aufbau entsprechender Institutionen und Verfassungsstrukturen ist.

Um wirksam zu sein (und zu bleiben) bedarf eine Verfassung des sie tragenden gesellschaftlichen Konsenses. Eine zentrale Problemstellung in diesem Zusammenhang ist die Frage, in welchem Ausmaß und in welcher Form der gesellschaftliche „Verfassungsvertrag“ Aspekte der **„Gerechtigkeit“** erfasst. Im Minimalprogramm der „geordneten Anarchie“ im Sinn von Th. Hobbes (im Wesentlichen wieder aufgenommen von Nozick 1974) ist das Verteilungsergebnis, das sich auf einem jeweiligen konkreten Markt (z. B. Arbeitsmarkt) ergibt, als gerecht anzusehen. Die verfassungsgemäße Aufgabe des Staates beschränkt sich demnach darauf, diese Marktergebnisse durch Bereitstellung entsprechender Institutionen (insbesondere Eigentumsrechte) zu ermöglichen und zu schützen.

Ein weitergehendes Konzept zum Aspekt der „Gerechtigkeit“ wurde von John Rawls in seiner einflussreichen **„Theory of Justice“** (1971) entwickelt: Ausgangspunkt ist ein „Urzustand“, in dem die Menschen von Selbstinteresse geprägt sind, wo aber völlige

Ungewissheit (ein „veil of ignorance“) hinsichtlich der persönlichen Erfolgsaussichten jedes einzelnen herrsche. Die in einer solchen Situation von rationalen Individuen gewählte Entscheidungsregel wird dann als „gerecht“ definiert. Als eine solche Entscheidungsregel wird von Rawls das **„Maximin-Prinzip“** abgeleitet, wonach immer die Alternative gewählt werden sollte, deren schlechtestes Ergebnis besser ist als das schlechteste Ergebnis aller übrigen Alternativen. Bezogen etwa auf die Frage der Einkommensverteilung ergibt sich daraus nach Rawls die Forderung, dass unter verschiedenen Verteilungsalternativen diejenige gewählt werden soll, bei der die ärmste Gruppe noch am relativ besten gestellt ist.

Auch hinsichtlich der Frage nach der (wohlfahrtsökonomisch) „effizienten“ Form des „Gesellschaftsvertrages“ wird von einem Ausgangszustand der Rawls'schen Ungewissheit ausgegangen. Zusätzlich werden nun bestimmte grundlegende Verhaltensannahmen in Bezug auf den öffentlichen Sektor eingeführt. Von besonderem Einfluss sind dabei die Ansätze von Buchanan (1980, 1985) und Niskanen (1971, 1996). Hier wird der öffentliche Sektor nicht als Instrument der allgemeinen Wohlfahrtsmaximierung gesehen, sondern als „Leviathan“, als Herrschaftsinstrument einer als in sich geschlossen betrachteten, ihren privaten Nutzen maximierenden Gruppe von Politikern und Beamten.

Ausgestattet mit Zwangsgewalt, die mit der Steuerhoheit verbunden ist, wird sich der „Leviathan“-Staat nach dieser Sicht demnach wie ein einkommensmaximierender Monopolist verhalten. Die Aufgabenstellung besteht nun darin, ex ante, im „Urzustand der Ungewissheit“, Verfassungsregeln zu entwickeln, die diese Verhaltensweisen begrenzen und damit den steuerzahlenden Bürger vor dem „Leviathan“-Staat schützen. In Übereinstimmung mit Überlegungen wie sie auch von F. A. v. Hayek (1971) entwickelt wurden, wurden insbesondere von Brennan und Buchanan verschiedene Vorschläge einer „Steuer-Verfassung“ konzipiert. Entsprechende Überlegungen beziehen sich etwa auf verfassungsrechtliche Begrenzungen der Steuerprogression oder auf die verfassungsrechtliche Festlegung von Obergrenzen der gesamtwirtschaftlichen Steuerquoten. Das Steuersystem selbst sollte weitgehend auf zweckgebundene Steuern abstellen, um damit eine möglichst große Entsprechung zwischen Steuerbasis und öffentlichen Ausgaben zu erreichen.

Der Gedanke, feste verfassungsrechtliche Grenzen öffentlicher Einnahmen und Ausgaben einzuführen, um damit der „Eigendynamik von Politik und Bürokratie“ entgegenzuwirken, hat in einigen Fällen auch erhebliche praktische Bedeutung erlangt.[12] Sowohl

[12] Dies gilt insbesondere für die USA, wo, ausgehend von Kalifornien („Proposition 13“), in einer Reihe von Staaten verfassungsmäßige Obergrenzen für die Gesamtbesteuerung oder für Einzelsteuern festgelegt wurden und wo für einzelne Staaten und auch für den Bund eine verfassungsmäßige Verpflichtung für ein ausgeglichenes Budget besteht bzw. angestrebt wird. Vgl. hierzu C Folkers: Begrenzungen von Steuern und Staatsausgaben in den USA, Baden-Baden 1983. Zur verfassungsmäßigen Begrenzung der öffentlichen Schuldaufnahme in Deutschland (Art. 115 GG) siehe Abschn. 18.3.2.

hinsichtlich der theoretischen Grundlagen wie auch hinsichtlich ihrer praktischen Auswirkungen, erscheinen diese Ansätze jedoch als in vielfacher Weise problematisch:

- Es ist zwar richtig, dass die Annahme des Staates als neutraler, „wohlwollender Automat“ zur Maximierung einer sozialen Wohlfahrtsfunktion unrealistisch ist. Ebenso unrealistisch ist es aber, nun „einfach das Vorzeichen zu verändern“ und den Staat ausschließlich als Instrument einer einkommensmaximierenden Politiker-Bürokraten-Klasse zu sehen. Vor allem wird damit der Blick auf den wesentlichen Unterschied zwischen den finanzpolitischen Entscheidungsmechanismen in einer Diktatur und in einer Demokratie verstellt. Denn in einer Demokratie wird der politische Prozess wesentlich durch den Parteienwettbewerb bestimmt, der eine direkte Rückkoppelung zum Wähler/Steuerzahler impliziert. Sowohl historische Analysen wie auch die im folgenden Abschnitt behandelten Modelle der „ökonomischen Theorie der Politik“ zeigen, dass politische Prozesse wesentlich komplexer sind als sie in dem, in seiner Reduktion irreführenden, „Leviathan“-Ansatz erscheinen.
- Der „Leviathan“-Ansatz bezieht sich im Wesentlichen nur auf den Allokations-Aspekt des öffentlichen Sektors und klammert insbesondere den Stabilisierungsaspekt weitgehend aus. Dies gilt auch für die daraus abgeleiteten wirtschaftspolitischen Vorschläge, etwa in Hinblick auf eine verfassungsmäßige Verpflichtung zu einem ausgeglichenen Budget. Eine solche Verpflichtung würde nicht nur einen stabilitätspolitischen Einsatz des öffentlichen Sektors verhindern, sondern hätte darüber hinaus deutlich pro-zyklische, destabilisierende Effekte.
- Eine staatliche Regelung in den Verfassungsrang zu erheben, bedeutet, dass sie nur unter erschwerten Bedingungen, etwa nur mit 2/3 Mehrheit, zu ändern ist. Das hat den Effekt, dass in diesen Fällen das Prinzip des allgemeinen, gleichen Wahlrechts in seiner Wirkung insofern aufgehoben ist, als eine Minderheit Entscheidungen der Mehrheit blockieren kann, d. h. dass ihren Stimmen „mehr Gewicht“ zukommt.

Das Ziel solcher Regelungen liegt dabei in einem Minderheitenschutz oder in der Fixierung grundlegender gesellschaftspolitischer Prinzipien. Bei verfassungsrechtlichen Festlegungen von öffentlichen Einnahmen- und Ausgabenquoten ist freilich zu beachten, dass damit unter Umständen erhebliche verteilungspolitische Effekte verbunden sein können. Denn im Gegensatz zu den Ausgangsannahmen der „Leviathan-Modelle“ sind die tatsächlichen Verteilungen von Einkommen und Vermögen im Ausgangszeitpunkt jeweils sehr ungleich. Daher sind auch die Interessenstandpunkte hinsichtlich verteilungspolitischer Regelungen durch den öffentlichen Sektor (z. B. Gestaltung einer progressiven Einkommensteuer) sehr unterschiedlich. Eine verfassungsmäßige Fixierung dieser Regelungen bedeutet nun, dass Verteilungsfragen nicht nach dem Prinzip des allgemeinen, gleichen Wahlrechts zu lösen sind, sondern dass hier Fälle eintreten können, wo den Stimmen der „wohlhabenden Minderheit“ ein stärkeres effektives Gewicht eingeräumt wird als den Stimmen der „ärmeren Mehrheit“.

4.4 Formen des Staatsversagens

Die im Kap. 3 dargestellten Formen des „Marktversagens“ zeigen, in welchen Fällen eine Allokation über Märkte entweder nicht möglich ist oder als ökonomisch ineffizient bzw. gesellschaftspolitisch problematisch erscheint. Der Hinweis auf entsprechende Schwächen von Marktprozessen erlaubt jedoch noch keine unmittelbare Aussage darüber, ob und in welchem Ausmaß nun Marktmechanismen durch staatliche Allokationsmechanismen ersetzt werden können oder sollen. Denn auch öffentliche Allokationsmechanismen sind mit einer Reihe von Problemen behaftet, die zu gesamtwirtschaftlichen Ineffizienzen führen können. Aus der Schwäche eines Ansatzes ergibt sich demnach noch nicht automatisch die Stärke des anderen. Nötig ist vielmehr eine auf die jeweilige Fragestellung bezogene Gesamtbetrachtung der Stärken und Schwächen der verschiedenen Allokationsmechanismen.

Dabei ist zu berücksichtigen, dass in der gesamtwirtschaftlichen Betrachtung nicht nur Fragen der allokativen Effizienz heranzuziehen sind, auf deren Definition und Erfassung im Abschn. 4.1 eingegangen wurde. Nötig ist vielmehr ein Einbeziehen sämtlicher wirtschaftspolitischer Zielsetzungen, insbesondere auch von Verteilungsgesichtspunkten. Zwischen Verteilungsaspekten („equity“) und allokativer Effizienz („efficiency“) können dabei sowohl kurz- wie langfristig Spannungen bestehen, die im politischen Prozess als Zielkonflikte auftreten.

Die Diskussion von Formen des „Staatsversagens“ stellt einerseits ab auf allgemeine Effizienzprobleme großer Organisationen (z. B. Bürokratieproblem) und andererseits auf Probleme, die sich aus spezifischen Eigenschaften des öffentlichen Sektors (Hoheitsgewalt, Monopolstellung) und aus spezifischen Entscheidungsverfahren ergeben. Im Folgenden werden einige, vielfach miteinander verbundene Aspekte der „Theorie des Staatsversagens“ dargestellt:

4.4.1 Der öffentliche Sektor als Monopolist

Der öffentliche Sektor agiert in vielen Bereichen als mit Hoheits-, d. h. mit Zwangsgewalt, ausgestatteter Monopolist. Er verfügt dabei in vielen Fällen über ein absolutes Monopol, d. h. es besteht auch Schutz vor potenziellen Konkurrenten und Substitutionskonkurrenz (nicht angreifbare Märkte) oder der Staat kann zumindest private Konkurrenten (z. B. im Unterrichts- und Gesundheitsbereich) wesentlich beeinflussen. Im Gegensatz zum privaten Monopolisten sind gesamtwirtschaftliche Effizienzverluste dabei nicht auf Wirkungen eines gewinnmaximierenden Verhaltens, sondern auf das mögliche Auftreten von kostenmäßiger Ineffizienz (z. B. „Kostenmaximierung“) zurückzuführen. D. h. dass mangelnder Wettbewerbsdruck zur Folge haben kann, dass öffentliche Leistungen zu überhöhten Kosten erstellt und angeboten werden. Die Ursachen dafür können in technischen und organisatorischen Ineffizienzen liegen, sowie im Auftreten ökonomischer Renten bei der Erstellung öffentlicher Leistungen (z. B. über dem Wettbewerbsniveau liegende Arbeitseinkommen, Preise für Zulieferungen etc.). In dynamischer Betrachtung kann die Stellung als absoluter Monopolist einen geringeren Zwang zu technischen und organisatorischen Verbesserungen und damit langfristige Effizienzverluste bedeuten.

Bei der Diskussion der Monopoleigenschaften des öffentlichen Sektors ist freilich zu berücksichtigen, dass eine öffentliche Monopolstellung nicht a priori zu allokativer Ineffizienz führen muss. Der Umstand, dass der öffentliche Sektor nicht als gewinnmaximierender Monopolist auftritt, kann es als ökonomisch sinnvoll erscheinen lassen, ein privates Monopol durch ein öffentliches Monopol zu ersetzen, das seine Preis- und Mengenpolitik nach gesamtwirtschaftlichen Effizienzkriterien ausrichtet.[13] Dies gilt speziell bei „natürlichen Monopolen", wo die Bereitstellung von Konkurrenz- oder Substitutionsgütern technisch oder wirtschaftlich nicht sinnvoll wäre, wie z. B. bei der Wasserversorgung. Hier wird zur Verhinderung des Missbrauchs von „Marktmacht" vielfach ein öffentlicher Regelungsbedarf bestehen. Dieser muss freilich nicht notwendiger Weise zur Übernahme der Produktion (z. B. durch öffentliche Unternehmen) führen, sondern kann auch durch öffentliche Kontroll- und Regulierungsmechanismen gegenüber privaten Unternehmen erfolgen (z. B. „regulated industries" im Bereich der Energieversorgung). Es handelt sich hier demnach in vielen Fällen im Kern nicht um eine Frage von staatlichem oder privatem Angebot, sondern um die Frage einer volkswirtschaftlich effizienten Regelung von Monopolproblemen. Dies bedeutet, dass neben Aspekten der allokativen Effizienz auch personelle und regionale Verteilungswirkungen mit zu berücksichtigen sind (was noch nichts über die Art ihrer Berücksichtigung, z. B. über die Preisgestaltung oder über Geldtransfers, aussagt).

Der Sicht von Teilen des öffentlichen Sektors als Monopolist ist weiters – jedenfalls für demokratische Staaten – der Umstand entgegenzustellen, dass die Produktionsentscheidung selbst dem Prozess der Parteienkonkurrenz unterworfen ist. Damit besteht ein Rückkoppelungsprozess zu „politischen Marktmechanismen", auf deren Eigenschaften und Probleme noch eingegangen werden wird (siehe Abschn. 4.5).

Weitere Wettbewerbseffekte ergeben sich – bei gegebenen politischen bzw. rechtlichen Voraussetzungen – aus Aspekten der räumlichen Mobilität. Bei entsprechend hoher räumlicher Mobilität der Bevölkerung bzw. generell der Produktionsfaktoren ergibt sich für den einzelnen öffentlichen Haushalt in vielen Bereichen ein Verlust seines absoluten Monopols und der Zwang zur räumlichen Konkurrenz nach „Preis- und Leistungsrelationen". Praktische Beispiele zeigen sich im Verhältnis zwischen den Gemeinden, Kantonen, zum Teil auch Ländern eines Staates[14], wie auch historisch und in der Gegenwart – als Aus- bzw. Abwanderungsbewegungen zwischen einzelnen

[13] Etwa im Sinn einer „Simulation" vollkommener Wettbewerbsmärkte durch Formen der Grenzkosten-Preisbildung.

[14] Vgl. dazu als extrem stilisierte Form das „Tiebout-Modell" der regionalen Konkurrenz, Abschn. 6.1.4.

Staaten („voting by feet"). Mit zunehmendem Abbau administrativer Schranken der Mobilität (speziell im Rahmen der Europäischen Union), werden Aspekte „staatlicher Konkurrenz-Konstellationen" tendenziell an Bedeutung gewinnen. Der Konkurrenzaspekt wird dabei in den Bereichen am stärksten sein, wo die Mobilität der Betroffenen am höchsten ist, also tendenziell stärker in Bezug auf den Faktor Kapital als auf den Faktor Arbeit.

4.4.2 Entscheidungsstrukturen

Im Bereich privater Haushalte und Unternehmen fallen bei Allokationsentscheidungen (z. B. Kauf oder Erstellung von Gütern und Leistungen) die Entscheidungsfindung, die Kostentragung und die Nutzung bei ein und demselben Entscheidungsträger zusammen (bzw. unterliegen entsprechenden internen Koordinierungsprozessen). Es besteht demnach ein immanenter Zwang zu Kosten-, Nutzen-, und damit Effizienzüberlegungen. Im öffentlichen Bereich ist dieses Zusammenfallen in der Regel nicht gegeben. Politische und administrative Entscheidungsträger, Kostenträger (z. B. Steuerzahler) und Nutzenempfänger öffentlicher Leistungen können unterschiedliche Gruppen sein bzw. in unterschiedlichem Ausmaß von den Folgen einer Entscheidung betroffen sein. Entgegen der problematischen Annahme eines „gesamtgesellschaftlichen Interesses" (ausgedrückt etwa in einer „sozialen Wohlfahrtsfunktion"), gibt es in der Realität sehr unterschiedliche Interessenlagen innerhalb einer Gesellschaft. Dies kann zu entsprechend strategischem Verhalten einzelner Gruppen führen und sich in gesamtwirtschaftlichen Ineffizienzen niederschlagen.

Entscheidend für diese Problematik ist die Frage, ob der politische Prozess bei der Bereitstellung öffentlicher Güter in der Lage ist, tatsächlich die Präferenzen „der Gesellschaft" wiederzugeben oder ob es hier zu systematischen „Verzerrungen" kommt. Auf diese generelle Problematik wurde in Kap. 2 näher eingegangen. Für die Diskussion von „Staatsversagen" von besonderem Interesse ist in diesem Zusammenhang die Möglichkeit spezieller Gruppeninteressen **(„special interest groups"),** den politischen Entscheidungsprozess so zu manipulieren, dass besondere Vorteile gegenüber anderen Gruppen erreicht werden. Die Macht dieser speziellen Gruppeninteressen kann dabei beruhen auf der Möglichkeit einer besonderen Einflussnahme auf die öffentliche Meinung („Verzerrung der Präferenzen"), auf strategischem Abstimmungsverhalten, auf direkter Einflussnahme auf Politiker und Verwaltung oder im Nutzen technischer Schlüsselstellungen. Ergebnis kann jedenfalls sein, dass es gelingt, sich der Mitfinanzierung öffentlicher Leistungen ganz oder teilweise zu entziehen bzw. zusätzliche Leistungen zu erlangen ohne sich an der Finanzierung zu beteiligen. Entsprechend der im vorigen Abschnitt diskutieren Problematik öffentlicher Güter und des „Schwarzfahrerverhaltens" (free-rider-Verhalten) kann es daher auch im öffentlichen Bereich zu allokativen Ineffizienzen kommen.

Ein generelles Problem ergibt sich weiters aus dem Umstand, dass bei „kostenloser“ Abgabe öffentlicher Leistungen der für den Nachfrager relevante „Preis“ von Null unter den tatsächlichen Grenzkosten der Erstellung liegt. Die nachgefragte Menge wird daher nicht durch die Gegenüberstellung von Grenzkosten und (individuellen oder „gesellschaftlichen“) Grenznutzen bestimmt, sondern kann wegen **„fiskalischer Illusion“** der Wähler (hinsichtlich Nutzen und Kosten) darüber hinaus gehen. Es kann demnach zu Überproduktion mit entsprechenden Effzienzverlusten bzw. Opportunitätskosten kommen. Zum Teil sind die geschilderten Probleme den Entscheidungsstrukturen bei der Erstellung öffentlicher Leistungen immanent, sodass als Alternative nur der Verzicht auf die entsprechenden Leistungen bleibt.

Zum Teil sind jedoch auch Mechanismen vorhanden bzw. denkbar, die die Bedeutung dieser Entscheidungsprobleme zumindest abschwächen. Beispiele dafür sind die engere Verknüpfung von öffentlicher Leistung und Finanzierung durch projektbezogene öffentliche Abstimmungen (siehe das Referendum-System in der Schweiz), die entgeltliche Abgabe öffentlicher Leistungen durch Gebühren, Kostensätze etc. oder zweckgebundene Abgaben.

4.4.3 Informations-, Überwachungs- und Sanktionsprobleme

Auch abgesehen von den speziellen Problemen der politischen Entscheidungsbildung bei der Allokation öffentlicher Güter besteht für den öffentlichen Sektor das generelle organisationstheoretische Problem, zentrale (in diesem Fall politisch festgelegte) Interessen über eine Vielzahl von einzelnen Akteuren (z. B. Beamte) wirksam werden zu lassen und das Wirken der Akteure zu kontrollieren. Es handelt sich hier demnach um ein mehrfaches **„Principal-Agent-Problem“**.

Konkret geht es dabei z. B. um die Frage, wie die über Wahlen etc. ermittelten öffentlichen Präferenzen in tatsächliches Handeln der Verwaltung transformiert werden können. Ein erster Schritt ist dabei die Umsetzung politischer Vorstellungen in konkrete Gesetzesformulierungen und die dabei wirksamen Einflüsse von Beamtenschaft und Interessengruppen. Nächste Stufe ist die Interpretation und Anwendung der Gesetze durch die Verwaltung und gegebenenfalls durch Gerichte (im Fall von Steuergesetzen etwa durch den Bundesverfassungsgerichtshof in Karlsruhe und den Bundesfinanzhof in München bzw. in Österreich durch den Verwaltungs- und den Verfassungsgerichtshof). Das tatsächliche Ergebnis dieser Verwaltungs- und Interpretationsakte kann dabei vom ursprünglichen politischen Wollen unter Umständen sehr erheblich abweichen.

Spezielle Interessengruppen und Lobbies wirken ja nicht nur auf die politischen Akteure ein, sondern es kann auch ein besonderes Naheverhältnis zwischen Verwaltungsträgern, die in der Regel eine längere Amtsdauer aufweisen als Politiker, und Vertretern spezieller Interessengruppen auftreten. Dabei können die Interessenvertreter in Einzelfragen über bessere Informationsgrundlagen, bessere Expertenabstützung etc. verfügen als die Träger der staatlichen Verwaltung. Solche Naheverhältnisse zwischen öffentlicher

Verwaltung und Interessenvertretungen können sich bis zu einer „umgekehrt wirkenden" Einflussnahme einer öffentlichen Verwaltung zugunsten von Spezialinteressen entwickeln (Phänomen des **„capturing"** in der Theorie öffentlicher Regulierung: Agieren einer Aufsichtsbehörde im Interesse des zu Kontrollierenden).

Schließlich stellt sich das Problem der **Kontrolle** der staatlichen Tätigkeit, sowohl in Form der politischen Kontrolle wie der administrativen Kontrolle, speziell durch öffentliche Rechnungshöfe und Kontrollämter. Dabei geht es zunächst um die Interessenlagen von Kontrollierenden und Kontrollierten. So wird die Kontrollfunktion eines Parlamentes gegenüber der Regierung wesentlich davon abhängen, wie stark die entsprechenden Minderheitsrechte der Opposition ausgebaut sind, da deren Interessenlage an einer Kontrolle deutlich anders ist als die der parlamentarischen Mehrheit, die die Regierung stellt.

Im Rahmen der administrativen Kontrolle ergibt sich die zentrale Frage, wie weit eine nachträgliche externe Kontrolle, z. B. durch einen Rechnungshof, überhaupt in der Lage ist, Zugang zu den für eine wirksame Kontrolltätigkeit nötigen Informationen zu erhalten, was nicht zuletzt auch von der personellen Ausstattung der Kontrollbehörden abhängen wird. Schließlich stellt sich die Frage nach der Rückkoppelung und Wirkung von Kontrollergebnissen. Die Wirkung vieler Entscheidungen ist auch bei Kritik durch eine nachträgliche Kontrolle nicht mehr reversibel. Eine mit dem Ablauf großer Projekte (z. B. im Bau- oder Rüstungsbereich) verbundene gleichlaufende „begleitende Kontrolle" kann aber wieder dazu führen, dass es zu einer Vermengung von Entscheidungs- und Kontrollinstanzen und damit zu einer Verwischung von Verantwortung kommt. Schließlich stellt sich die Frage nach der Verarbeitung von Kontrollergebnissen im politischen Bereich und damit nach den mit Kontrollen tatsächlich verbundenen Sanktionen.

Ein grundlegendes ökonomisches Problem bei sämtlichen Aktivitäten des öffentlichen Sektors ist die Frage nach der adäquaten Erfassung seiner Tätigkeit. Da eine Preisbewertung öffentlicher Aktivitäten in der Regel nicht vorliegt, beschränkt sich die Erfassung meist auf die Kostenseite. Dem entspricht der Ansatz des kameralistischen öffentlichen Rechnungswesens, wie auch der volkswirtschaftlichen Gesamtrechnung, die Leistungen des öffentlichen Sektors über die Ausgabenseite, also über die Input-Seite der öffentlichen Leistungen, zu erfassen (siehe Abschn. 2.2).

Dabei ist zu beachten, dass damit nur ein Teil der Kosten öffentlicher Tätigkeit sichtbar wird, da der öffentliche Sektor über die öffentlichen Ausgaben hinaus auch Kostenwirkungen im Bereich der Privaten haben kann (Folgekosten öffentlicher Maßnahmen, z. B. von Gesetzen; externe Effekte des öffentlichen Sektors). Wichtiger noch ist aber das grundlegende Problem, dass die ökonomisch relevante Leistungsgröße des öffentlichen Sektors (so wie jedes anderen Bereiches) ja nicht die Input-, sondern die Output-Seite ist. Konkret hieße das z. B. im Gesundheitswesen, nicht die Aufwendungen für Krankenhäuser etc. als Leistungs-Indikator heranzuziehen, sondern die damit erzielten Verbesserungen im Gesundheitszustand der Bevölkerung.

Die Probleme einer adäquaten Erfassung öffentlicher Leistungen bedeuten auch, dass in diesem Bereich Produktivitätsmessungen und Produktivitätsvergleiche vielfach sehr schwierig sind und eine Tendenz besteht, höheren Input mit höherer Leistung gleichzusetzen. Weiters ergibt sich daraus auch eine wesentliche Einschränkung für die Anwendung ökonomisch sinnvoller (und nicht nur formaler) Überwachungs- und Sanktionsmechanismen und damit verbunden das Problem falscher Incentivestrukturen (in Richtung Input-Erhöhung und nicht in Richtung Produktivitätssteigerung).

4.5 Der Ansatz der „ökonomischen Theorie der Politik"

Finanzpolitische wie generell wirtschaftspolitische Entscheidungen, etwa in Bezug auf öffentliche Ausgaben oder Steuern, werden im Rahmen politisch-administrativer Prozesse getroffen. Die herkömmliche Theorie der Wirtschaftspolitik und Finanzwissenschaft hat diese Entscheidungsprozesse entweder als **exogen,** als außerhalb ihres Erklärungsbereiches gesehen und sich darauf beschränkt, die ökonomischen Wirkungen dieser exogen vorgegebenen Entscheidungen zu analysieren, oder sie war bestrebt, normative Kriterien für solche Entscheidungen zu entwickeln. Die **„ökonomische Theorie der Politik"** (auch **„Neue Politische Ökonomie"** genannt) stellt sich nun die Aufgabe, im Rahmen einer positiv-ökonomischen Analyse auch die politisch-administrativen Entscheidungsprozesse **endogen** zu erfassen, d. h., im Rahmen eines politisch-ökonomischen Gesamtsystems zu „erklären".[15]

4.5.1 Akteure

Für die Analyse politischer Phänomene im Rahmen der ökonomischen Theorie der Politik ist dabei charakteristisch, dass zum einen der Einfluss von ökonomischen Variablen (Arbeitslosigkeit, Inflation etc.) auf das politische Verhalten im Vordergrund steht, und zum anderen das Verhalten der einzelnen Akteure der Wirtschafts- und Finanzpolitik eines demokratischen Staates mit den Verhaltensannahmen der neoklassischen ökonomischen Theorie (insbesondere Nutzenmaximierung) erfasst wird. Die Akteure in diesem politisch-ökonomischen Gesamtmodell der Wirtschafts- und Finanzpolitik in einem demokratischen Staatswesen werden dabei typischerweise unter folgenden Gruppierungen erfasst:

[15] Erste wichtige Ansätze in dieser Richtung finden sich bei Joseph A. Schumpeter (1942), für moderne Darstellungen siehe Blankart (2017), Frey und Kirchgässner (1994), Baake und Borck (2007).

- **Wähler:** Die einzelnen Wirtschaftssubjekte können in einem demokratischen System ihre Präferenzen in Bezug auf Leistungen des öffentlichen Sektors im Weg von Abstimmungsverfahren ausdrücken, wobei dies, was insbesondere in der Schweiz eine Rolle spielt, in Form **direkter Demokratie** geschehen kann oder indirekt im Rahmen einer **repräsentativen Demokratie** durch Wahl eines Parlaments. Es wird angenommen, das Verhalten der Wähler werde durch individuelle Nutzenmaximierung bestimmt, wobei ihre Position quasi als die der „Konsumenten" auf dem „politischen Markt" gesehen wird.[16]
- **Interessengruppen:** Bestimmte Gruppen von Wählern sind für die Durchsetzung ihrer Vorstellungen nicht nur auf die Wahlmechanismen des „politischen Marktes" angewiesen, sondern können durch Organisierung in Interessengruppen zusätzlichen direkten Einfluss erlangen. Der „Marktmechanismus" kann in diesen Fällen durch direkte Verhandlungen zwischen den Gruppen bzw. zwischen Interessengruppen und öffentlicher Hand ergänzt bzw. ersetzt werden (z. B. Einflussnahme auf Steuergesetzgebung, Subventionen etc.). Die Organisationsfähigkeit einzelner Gruppen wird dabei umso größer sein, je ökonomisch einheitlicher ihre Interessenlage ist. Ihr politisches Gewicht wird umso größer sein, je größer ihr ökonomisches „Drohpotential" (z. B. Investitionsstop, Streik, Verweigerung von Parteispenden) ist. Typischerweise werden demnach Interessen der Produzentenseite (Gewerkschaften, Unternehmerverbände) eine politisch wirkungsvollere Vertretung finden als Interessen der Konsumentenseite[17] bzw. der nicht im aktiven Wirtschaftsleben Stehenden.

[16] Das Konzept der individuellen Nutzenmaximierung ist freilich gerade bei politischen Entscheidungen in vielfacher Hinsicht problematisch, worauf bei der Gesamtbeurteilung dieses Modells noch eingegangen werden wird. Neben generellen Problemen dieses Konzeptes (Abstellen auf kurzfristige oder langfristige Nutzen etc.) gilt für Wahlentscheidungen ein besonders Maß von persönlichem Bezug (Bewertung der Persönlichkeit der Kandidaten) und eine spezielle Abhängigkeit von externen Informationen. Daher kommt den **Medien** als Mittler zwischen Wähler und Politik eine besondere Rolle zu; damit aber auch der Frage hinsichtlich der Verfügungsmacht und Motivation in Bezug auf den Medienbereich. Entsprechend der besonderen Informationsabhängigkeit im politischen Bereich muss daher auch die grundlegende neoklassische Annahme fest vorgegebener individueller Präferenzen hier besonders problematisch erscheinen. In der Politik geht es vielmehr in erheblichem Maß um die Einflussnahme auf bzw. Änderung von Präferenzen. In diesem Kontext ist auch die Bedeutung von Wahlkämpfen und Wahlwerbung zu sehen, die vielfach weit über die Funktion der politischen Information hinausgehen. Je geringer eine historisch-ideologische Fundierung der Wählerschaft (bzw. der Parteien), umso massiver und teurer werden Wahlkämpfe und umso größeres Gewicht gewinnen Fragen der Medien und der Parteienfinanzierung und der damit verbundenen Einflussmöglichkeiten.

[17] Die Rolle „grüner" Interessengruppen ist kein Widerspruch zu diesen Annahmen, da die politische Wirksamkeit dieser Gruppen vor allem aus ihrer Bedeutung in Wahlgängen und nicht als Teilnehmer in „internen" Verhandlungsprozessen resultiert.

Je enger, regional oder sektoral spezifischer dabei die entsprechenden **„Verteilungskoalitionen“** (M. Olson, 1982) sind, desto stärker treten Konstellationen des „Gefangenen-Dilemmas“ und des „free-rider-Verhaltens“ auf, d. h. Konstellationen, wo ein an den jeweiligen Einzelinteressen orientiertes Verhalten zu gesamtwirtschaftlicher Ineffizienz führt. Für umfassende Interessengruppen (z. B. branchenübergreifende Gewerkschaften und Unternehmerverbände) besteht die Möglichkeit – und vielfach auch die Notwendigkeit – gesamtwirtschaftliche Überlegungen (mit-)zuberücksichtigen. Sie können in weiten Bereichen als (Mit)-Produzent öffentlicher Güter gesehen werden, z. B. im Rahmen einer auf das „reine öffentliche Gut Preisstabilität“ bezogenen gesamtwirtschaftlichen Einkommenspolitik (vgl. Abschn. 3.3). Für kleine, spezifische Interessengruppen **(„Lobbies“)** ist dagegen eine Orientierung an gesamtwirtschaftlichen Überlegungen schon konstitutiv nicht sinnvoll und möglich. Diese Lobbies werden vielmehr von ihren Mitgliedern errichtet und finanziert, um spezielle Einkommensvorteile zu erreichen. Dieser Kampf um spezifische Gruppen-Vorteile (**„rent-seeking“**-Verhalten) besteht vielfach im Bemühen, den Mitgliedern der entsprechenden Interessengruppe Verteilungsvorteile in Form von staatlich abgesicherten Monopolrenten zu verschaffen (z. B. Importbeschränkungen für Konkurrenzprodukte, Zugangsbeschränkungen für bestimmte Berufe etc.). Die Bedeutung solcher Lobbies wird umso größer sein, je geringer die ideologische Komponente der Politik, je geringer die Möglichkeiten der öffentlichen Kontrolle gegenüber Politik und Bürokratie und je stärker die einzelnen politischen Akteure in Bezug auf Wahlkampf-Finanzierung und Expertise auf Interessengruppen angewiesen sind. Die politischen Prozesse in den USA, zum Teil auch im Rahmen der EU, bieten dafür ausreichendes empirisches Material.

- **Politische Parteien und Regierung:** Demokratische Staatswesen sind charakterisiert durch ein System der Parteienkonkurrenz, wobei die Mehrheitspartei bzw. -gruppierung die Regierung bildet. Um ihre gesellschaftspolitischen Vorstellungen durchsetzen zu können, muss eine Partei über eine Parlamentsmehrheit verfügen (bzw. entsprechende Koalitionen eingehen). Als „nutzenmaximierendes“ Verhalten kann demnach ein Maximieren einer gesellschaftspolitisch-ideologischen Zielfunktion unter der Restriktion der Sicherung der nötigen Mehrheit angenommen werden. In einfacherer Form wird dies häufig auf die Sicht der politischen Parteien als „Stimmenmaximierer“ reduziert, die Parteien werden als „Produzenten“ erfasst, die auf dem „politischen Markt“ konkurrierende Programme offerieren.
- **Öffentliche Verwaltung und Bürokratie:** Bürokratische Organisationen weisen nach **Max Weber** (1922) folgende wesentliche Merkmale auf:
  - Arbeitsteilige und fachmäßige Spezialisierung der Mitarbeiter.
  - Damit verbunden eine hierarchische Struktur mit festen Kompetenzregelungen.
  - Eine „Regelhaftigkeit des Verwaltungshandelns“, d. h. rationale Berechenbarkeit des Ergebnisses, unabhängig von der Person des Durchführenden und des Betroffenen. Bürokratisierung dient dazu, „Gemeinschaftshandeln“ in geordnetes

„Gesellschaftshandeln" zu überführen und bewirkt damit gleichzeitig ihre „Unentrinnbarkeit".

Nach Max Weber haben sich solche bürokratische Organisationsformen der sachlichen, spezialisierten un-(bzw. über-)persönlichen Arbeitsteilung als überlegen gegenüber anderen Formen gesellschaftlicher Organisation gezeigt. Gerade die Demokratie, die im Gegensatz zum Feudalismus durch das Prinzip der gesetzlichen Gleichbehandlung – und damit der Regelhaftigkeit – charakterisiert ist, ist engstens mit dem Prinzip der Bürokratie verbunden. Die Ausweitung des Prinzips der Gleichbehandlung wird auch zu einer Ausweitung der Bürokratie führen.

Freilich bestehen auch Bürokratieprobleme, insbesondere aufgrund der Anreizstruktur.[18] Die für bürokratische Organisationen typische Hierarchie und Regelgebundenheit eröffnet nur wenige positive Anreize (incentives) zu dynamischem und innovativem Handeln und damit zu Produktivitätsfortschritten. Die mit bürokratischen Positionen vielfach verbundene regelgebundene Entlohnung und besondere dienstrechtliche Absicherung wieder reduziert auch die Bedeutung von Abschreckung (disincentives) gegen produktivitätsmindernde Verhaltensweisen, solange sie im Rahmen der vorgegebenen Regeln bleiben. Wichtigster positiver wie negativer Sanktionsmechanismus ist nicht die direkte monetäre Abgeltung von Leistungen, sondern die Beschleunigung bzw. Verlangsamung des Aufstieges im Rahmen von Hierarchien. Diese Aufstiegsmöglichkeiten können von – individuell – nutzenmaximierenden Bürokraten aber strategisch gesteuert werden, z. B. durch eine Erhöhung der von ihnen kontrollierten Ausgaben und Personalstände.

Der Bereich der Bürokratie im weitesten Sinn wird in der ökonomischen Theorie der Politik nicht als „neutrales Instrument" zur Durchführung der Vorstellungen der demokratisch berufenen Instanzen gesehen, sondern (auch) als Akteur mit eigenen Einflussmöglichkeiten und Zielsetzungen bezüglich Ausmaß und Gestaltung des öffentlichen Sektors. Diese Zielsetzungen werden vor allem aus den individuellen Interessen der Mitglieder einer hierarchischen, weder von Wahlen noch von Marktmechanismen direkt abhängigen Organisation abgeleitet. So wird etwa angenommen, dass eine positive Verknüpfung der Ausgabenhöhe einer Verwaltung mit bürokratischem Status zu einem Verhalten der Ausgabenmaximierung vonseiten der Verwaltung führen kann.

[18] Bürokratische Organisationsformen und die damit verbundenen Probleme sind freilich nicht auf den öffentlichen Sektor beschränkt, sondern ein allgemeines Charakteristikum moderner Organisationen in Wirtschaft und Politik. Im Bereich des öffentlichen Sektors kommen zu den allgemeinen Charakteristika bürokratischer Organisationsformen die Hoheitsgewalt und die damit vielfach gegebene Monopolstellung und öffentliche Finanzierung, sowie die spezielle politische und rechtliche Einbindung hinzu. Unter diesen Gesichtspunkten können bürokratische Organisationsformen zu ökonomischen Ineffizienzen führen, die eine zentrale Rolle in den Diskussionen um „Staatsversagen" einnehmen.

4.5.2 Politische Ökonomie und Allokation

Eine einfache Darstellung dieser Sicht für den Fall zweier konkurrierender Parteien (Politiker) stellt das **„Medianwählermodell“** (Downs 1957) dar. Angenommen wird, die entsprechenden Programme seien eindimensional entlang eines Kontinuums darstellbar (z. B. Umfang des Budgets) und es sei eine bestimmte Verteilung der Präferenzen der Wähler bezüglich der Programme der einzelnen Parteien gegeben (in Abb. 4.2: Normalverteilung). Stimmenmaximierende Parteien werden dann stets versuchen, die Median-Position einzunehmen, d. h. die Position des Wählers (der Wählergruppe), der bezüglich seiner Präferenzen genau die Mitte der Wählerschaft ausmacht.

Aus Abb. 4.2 ist ersichtlich, dass Positionen „links“ oder „rechts“ vom Medianwähler zu ungünstigeren Wahlergebnissen führen würden. Würde etwa eine Partei „L“ eine Position L_1, eine andere Partei „R“ eine Position R_1 einnehmen, so wird nach diesem einfachen Modell erwartet, dass L die Stimmen sämtlicher Wähler „links“ von L_1 und R die Stimmen sämtlicher Wähler „rechts“ von R_1 erhalten würde. Wenn sich die zwischen den Positionen L_1 und R_1 liegenden Wähler je zur Hälfte für L und R entscheiden, wird sich insgesamt ein Wahlsieg für R ergeben, da die Position von R näher zur Median-Position liegt. Bei stimmenmaximierendem Verhalten würde dann aber in einer nächsten Wahl die unterlegene Partei ihre Position in Richtung Median ändern.

Insgesamt lässt sich nach diesem einfachen Modell ein „Drang zur Mitte“ in Bezug auf Programme und politische Darstellung erwarten. Unterschiede zwischen den Parteien werden sich demnach vor allem aus unterschiedlichen Einschätzungen der Wählerpräferenzen (der „Median-Position“) ergeben. Bezugspunkt für dieses Modell ist dabei

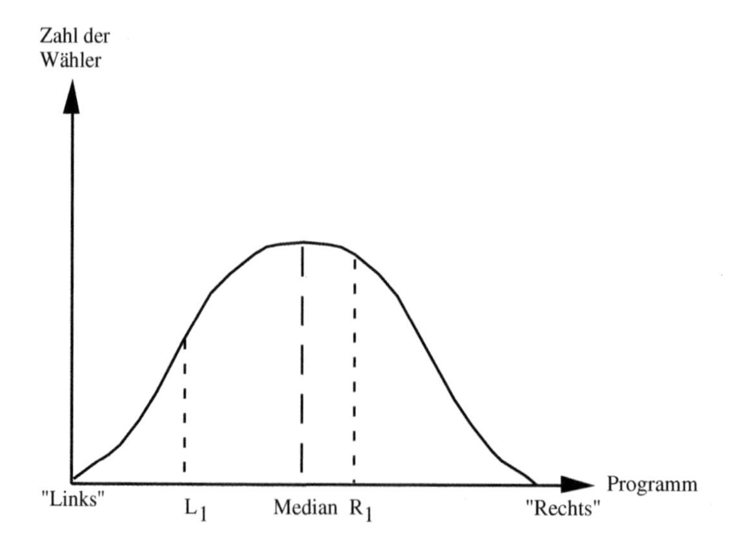

Abb. 4.2 Medianwählermodell

speziell ein politisches System mit Mehrheitswahlrecht[19], das auf parlamentarischer Ebene stets mit einer starken Tendenz zu einem Zwei-Parteien-System verbunden ist. Im Fall des **Verhältniswahlrechts** (Proportionalwahlrecht) wie es für Kontinentaleuropa typisch ist, ist dagegen jede Partei – annähernd[20] – mit ihrem jeweiligen Stimmenanteil im Parlament vertreten. In einer solchen Konstellation wird es für einzelne Parteien möglich und sinnvoll sein, sich auf die Vertretung spezifischer Wählerpräferenzen zu konzentrieren und sich demnach nicht an der Medianwähler-Position zu orientieren. Darüber hinaus ist zu berücksichtigen, dass politische Entscheidungen in der Regel nicht anhand eines eindimensionalen Kontinuums erfassbar sind, sondern eine Vielfalt von Problembereichen umfassen. Speziell unter den Bedingungen eines Verhältniswahlrechts sind politische Strategien wesentlich komplexer zu sehen als dies mit dem Medianwählermodell möglich ist.

4.5.3 Politische Ökonomie und (De-)Stabilisierung

Ausgangspunkt sei eine bestimmte Wirtschaftslage, spezifiziert durch die Variablen Inflation, Arbeitslosigkeit und Wirtschaftswachstum. Die Werte dieser Variablen bestimmen nun wesentlich die Popularität (ermittelt über regelmäßige Meinungsumfragen bzw. Wahlen), die die Regierung bei den Wählern genießt (**„Popularitätsfunktion"**).[21] Die Regierung, gestellt von der Mehrheitspartei bzw. einer entsprechenden Koalition, wird bestrebt sein, spezielle gesellschaftspolitisch-ideologische Anliegen durchzusetzen. Gleichzeitig wird es ihr aber auch darum gehen, ihre Wiederwahl zu sichern. Sie wird daher versuchen, wirtschaftspolitisch gegenzusteuern, sobald die wirtschaftlich bestimmten Popularitätswerte unter ein für die Wiederwahl erforderliches Maß sinken. Dabei hat sie allerdings auch die Reaktionen der staatlichen Verwaltung, sowie die Budgetrestriktion zu berücksichtigen. Abb. 4.3 enthält eine vereinfachte Darstellung der Zusammenhänge zwischen den einzelnen Akteuren eines politisch-öko-

[19] Der/die mit einfacher Mehrheit gewählte Kandidat/Kandidatin erhält das jeweilige Mandat, alle übrigen abgegebenen Stimmen bleiben ohne politische Wirkung. Dieses Wahlsystem gilt z. B. für Parlamentswahlen in Großbritannien und den USA, ebenso für Präsidentenwahlen bei Volkswahl (wie in den USA und Österreich).

[20] Um eine zu große Parteizersplitterung im Parlament zu verhindern und damit die Bildung handlungsfähiger Regierungsmehrheiten zu erleichtern, wird ein System des Verhältniswahlrechts meist mit einer parlamentarischen „Sperrklausel" versehen sein, die von einer Partei übersprungen werden muss, um in das Parlament einziehen zu können (in Deutschland 5 %, in Österreich 4 %).

[21] In empirischen Untersuchungen kommen Frey und Kirchgässner (1994, S. 16) zum Ergebnis, dass für Deutschland eine Erhöhung der Arbeitslosigkeit um einen Prozentpunkt eine Reduzierung der Popularität der Regierung um 0,8 Prozentpunkte bewirkt, eine entsprechende Erhöhung der Inflationsrate eine Reduzierung um 0,5 Prozentpunkte, während eine entsprechende Erhöhung der realen Wachstumsrate zu einer Erhöhung der Popularität um 0,4 Prozentpunkte führt.

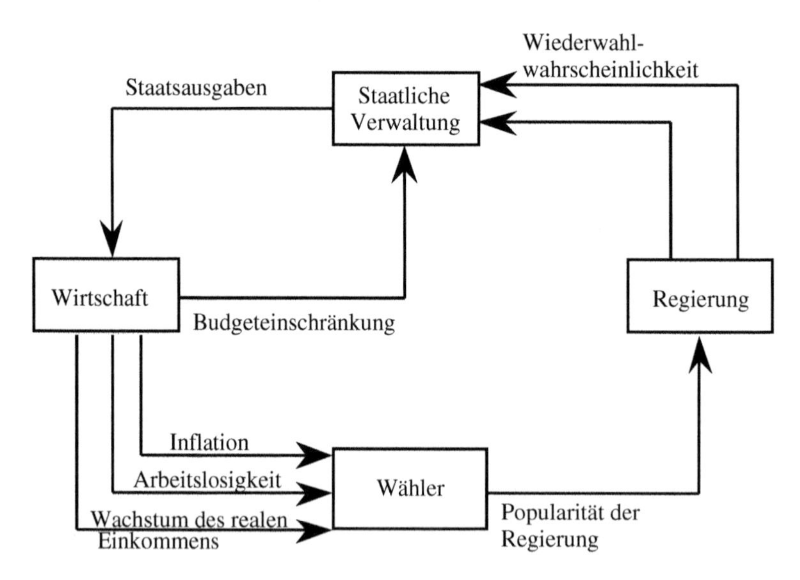

Abb. 4.3 Ein einfaches politisch-ökonomisches Modell. (Quelle: Frey und Kirchgässner (1994, S. 15))

nomischen Modells, entsprechend den Vorstellungen der ökonomischen Theorie der Politik:

Die von der Regierung gesetzten wirtschaftspolitischen Maßnahmen werden nun die wirtschaftliche Lage beeinflussen, wobei die entsprechenden Zusammenhänge freilich vielfach sachlich und zeitlich nicht genau planbar sind und durch exogene Entwicklungen überdeckt werden können. Jedenfalls wird sich die wirtschaftliche Entwicklung wieder in einem entsprechenden Stimmungsbild der Wählerschaft niederschlagen. Insgesamt ergibt sich damit ein geschlossenes politisch-ökonomisches Modell, in dem die Wirtschaftslage das politische Handeln und dieses wieder die Wirtschaftslage beeinflusst. Dieses Grundmodell kann noch in vielerlei Hinsicht verfeinert werden, etwa wenn man annimmt, dass die Regierung nur auf die Popularität zum Zeitpunkt der Wahl abstellt, die Wähler sich nach der jeweils aktuellen Wirtschaftslage entscheiden und wirtschaftspolitische Maßnahmen mehrfache Effekte haben können, die jedoch zu unterschiedlichen Zeiten wirksam werden.

Aus entsprechenden politisch-ökonomischen Ansätzen werden auch Modelle abgeleitet, in denen politisches (Stimmenmaximierungs-)Verhalten das (sonst als stabil angenommene) wirtschaftliche Geschehen beeinflusst. Ein Beispiel dafür ist das Konzept des **„Politischen Konjunkturzyklus“**. Ausgangspunkt ist eine stimmenmaximierende Regierung, die ihre Wiederwahl durch eine möglichst günstige Kombination von niedriger Arbeitslosigkeit und niedriger Preissteigerungsrate sichern will. Es gelte aber das Phillips-Kurven-Dilemma eines „Austausches“ zwischen Arbeitslosigkeit und Inflation, d. h. niedere Arbeitslosenraten können nach diesem Ansatz nur durch höhere Inflationsraten „erkauft“ werden. Wenn allerdings die Arbeitsmärkte auf eine expansive Wirtschaftspolitik rascher reagieren als die Preisentwicklung, kann dies eine stimmenmaximierende Regierung zu folgender Strategie nutzen: Vor der Wahl wird eine expansive Budgetpolitik betrieben, die zu einer Senkung der Arbeitslosigkeit führt. Entsprechend der angenommenen Wirkungsverzögerung bleiben die Preise aber noch stabil. Der „Phillips-Kurven-Effekt" höherer Inflationsraten tritt entsprechend der Verzögerungswirkung erst nach der (dank der günstigen Wirtschaftsdaten gewonnenen) Wahl auf. Nun wird die Regierung zur Inflationsbekämpfung auf eine restriktive Wirtschaftspolitik übergehen. Dies wird jedoch zu höheren Arbeitslosenraten, in der Folge zu einer niedrigeren Inflationsrate führen. Vor der nächsten Wahl wird die Regierung dann, wie gezeigt, wieder eine expansive Wirtschaftspolitik betreiben und damit wieder eine „optimale" Kombination von Arbeitslosen- und Inflationsraten erreichen. Es ist damit ein politisch bedingter Konjunkturzyklus entstanden – während die Sicht der „Stabilitätsfunktion des öffentlichen Sektors" davon ausgeht, dass es Aufgabe des öffentlichen Sektors sei, Konjunkturschwankungen, die aus dem Wirtschaftsmechanismus selbst entstehen, zu dämpfen.

Es ist freilich zu bedenken, dass das Konzept der politischen Konjunkturzyklen auf zahlreichen Annahmen beruht, die in der Realität nicht bzw. nur teilweise gegeben sind. Zum einem wird die zugrunde liegende Phillips-Kurven-Hypothese insbesondere aus der Sicht der Theorie rationaler Erwartungen, d. h. der „Lernfähigkeit" von Wirtschaftssubjekten und Wählern, heute vielfach kritisiert. Generell ist festzuhalten, dass die Annahme einer politisch steuerbaren Konjunkturentwicklung – wenn überhaupt – nur für eine geschlossene Wirtschaft gelten kann. Dem entspricht (entsprach) in erheblichem Ausmaß die Wirtschaft der USA – wie ja generell bei vielen Public-Choice-Ansätzen der ursprüngliche Bezugrahmen auf die USA zu beachten ist. Für international offene Volkswirtschaften wie sie für Europa typisch sind, sind Konjunkturschwankungen dagegen vielfach exogen durch Auslandseinflüsse bestimmt und daher nicht direkt politisch gestaltbar.[22] Das Konzept des politischen Konjunkturzyklus reduziert sich dann auf unterschiedliche politisch bestimmte Reaktionen auf exogene Konjunktureinflüsse bzw. auf Überlegungen hinsichtlich der Wahl des Zeitpunktes für Steuererhöhungen bzw. -senkungen, Änderungen von Transferausgaben etc.

4.5.4 Politische Ökonomie und Verteilung

In Bezug auf die **Distributionsfunktion** des öffentlichen Sektors ist, nach dem Medianwählermodell, die budgetäre Umverteilung in der parlamentarischen Demokratie als Ergebnis der Ungleichheiten der Verteilung von Kaufkraft und Stimmkraft zu inter-

[22] So konnten etwa für Österreich als kleine offene Volkswirtschaft, aber auch für Deutschland, in empirischen Analysen kaum politische Konjunkturzyklen im obigen Sinn festgestellt werden (Neck 1989; Frey 1997).

pretieren: Bei linkssteiler Verteilung[23] der Einkommen und bei Abstimmung nach der einfachen Mehrheitsregel können die Stimmbürger mit unterdurchschnittlichem Einkommen als Mehrheit der Wähler die Bezieher überdurchschnittlich hoher Einkommen überstimmen und auf diese Weise eine fiskalische Umverteilung von „Reich" zu „Arm" erreichen. Eine andere, unter der Bezeichnung **„Director's Law"** (Stigler 1970) bekannt gewordene Hypothese nimmt an, der demokratische Willensbildungsprozess führe zu einem Budget, das in erster Linie die mittleren Einkommensklassen begünstige. Als Begründung wird dabei vor allem darauf abgestellt, dass durch „schichtspezifische" Unterschiede in der Wahlbeteiligung bzw. im „Wechselwählerverhalten" die effektive Wählerstimmenverteilung (bzw. „Wählerreagibilität") von der nominellen Verteilung der Wählerstimmen abweiche. Wieder andere Hypothesen postulieren eine Umverteilung von „unten" nach „oben" als Folge unterschiedlicher „Markt-" und „Meinungsmacht".

Aus neoklassischer Sicht kann aber auch die These abgeleitet werden, dass der Mechanismus des „politischen Marktes" dazu führe, dass der Einsatz des öffentlichen Sektors jeweils den Anforderungen der (Pareto-)Effizienz entspreche (Gary Beckers (1983) „efficient redistribution hypothesis"): Ausgangspunkt ist wieder die Annahme, dass staatliches Handeln letztlich durch politischen Einfluss vonseiten sozialer Gruppen, die ihren jeweiligen Nutzen maximieren, bestimmt wird. Man denke nun an die Möglichkeit einer staatlichen Maßnahme, durch die alle sozialen Gruppen einen Nutzenzuwachs erreichen können oder die zumindest den Nutzen einer Gruppe verbessert, ohne den Nutzen anderer Gruppen zu reduzieren. Es ist zu erwarten, dass eine soziale Gruppe nun diese Maßnahme propagiert und sich dagegen auch keine Opposition erheben wird, sodass diese nutzenverbessernde Maßnahme von der Regierung gesetzt werden wird. Im Rahmen des politischen Wettbewerbs wären alle sozialen Gruppen bestrebt, solche nutzenverbessernden Maßnahmen zu „entdecken". Es kann daher angenommen werden, dass zu jedem beliebigen Zeitpunkt im Rahmen des öffentlichen Sektors bereits jeweils alle Maßnahmen gesetzt wurden, die in der Lage sind, den Nutzen der Gesellschaft oder einzelner Gruppen zu erhöhen, ohne den Nutzen anderer Gruppen zu reduzieren. In diesem Sinn wäre das gegebene Ausmaß staatlicher Aktivitäten daher jeweils paretoeffizient.

Zum praktischen Erklärungswert dieses Modells ist freilich anzumerken, dass Politik vielfach dadurch charakterisiert ist, dass es hier typischerweise um allokative und distributive Änderungen geht, die über das enge Konzept der Pareto-Effizienz hinausgehen, wo demnach interpersonelle oder intergruppenbezogene Nutzenvergleiche erforderlich sind. Außer in den Fällen, wo Einstimmigkeitserfordernisse oder andere Veto-Möglichkeiten gegeben sind, wird es im politischen Prozess demnach auch zu Lösungen kommen können, wo den Verbesserungen für eine Gruppe Verschlechterungen für eine andere Gruppe gegenüberstehen, das formale Kriterium der Pareto-Effizienz demnach nicht

[23] Eine linkssteile (oder rechtsschiefe) Verteilung hat ein positives drittes Moment über der Mitte.

erfüllt ist. Die Becker'sche „efficient redistribution"-Hypothese würde unter diesen Einschränkungen besagen, dass der politische Wettbewerb jedenfalls dazu führt, dass sämtliche mögliche staatliche Maßnahmen in Richtung auf ein Pareto-Optimum gesetzt werden – dass es aber auch andere staatliche Maßnahmen gibt, die dieses Kriterium nicht erfüllen (Bullock 1995).

4.5.5 Bürokratie

Generell geht es dabei um die Berücksichtigung von **Eigeninteressen der Bürokratie.** Anders als Max Weber, der die Bürokratie als neutrales und effizientes Werkzeug ohne eigene Interessen betrachtet, betont die moderne ökonomische Theorie der Bürokratie (grundlegend hierzu Niskanen 1971) die Eigeninteressen der einzelnen Angehörigen der Bürokratie. Das Verhalten eines individuell nutzenmaximierenden Bürokraten kann dabei, speziell in Verbindung mit den oben dargestellten Anreizstrukturen und Informationsasymmetrien, in Widerspruch zu den gesamtwirtschaftlichen Anforderungen stehen, und zu Produktivitätsverlusten führen. Dies gilt etwa für Fragen des Arbeitseinsatzes, des Interesses an organisatorischen und technischen Innovationen, der Mobilität etc. Eine besondere Problematik ergibt sich dann, wenn Status und die Möglichkeit zu Beförderungen abhängig sind von der Größe der verwalteten Budgets oder der Zahl der Untergebenen. In diesem Fall kann die rationale Strategie eines individuell nutzenmaximierenden Bürokraten in einer Strategie der Ausgabenmaximierung bestehen. Das kann bedeuten, bestehende Aufgaben auf möglichst ausgaben- und/oder personalintensive Weise zu erfüllen bzw. ausgabenerhöhende Programme zu initiieren.

Zweifellos ist die Berücksichtigung der Eigeninteressen der Akteure eine wichtige Ergänzung zur traditionellen Theorie der Bürokratie. Allerdings ist auch hier vor zu einfachen Verallgemeinerungen zu warnen. Denn das Paradigma der individuellen Nutzenmaximierung reicht zweifellos nicht aus, um individuelles und soziales Verhalten vollständig zu erfassen, sondern ist jeweils durch Berücksichtigung der sozialen und historischen Zusammenhänge zu ergänzen. Dies gilt für den deutschen Sprachraum mit seinen stark institutionell und historisch geprägten Bürokratien wohl noch deutlicher als speziell für die USA, wo der Wechsel zwischen Privat- und Staatswirtschaft fließender ist. Es empfiehlt sich daher hier (wie auch bei anderen Fragestellungen) Vorsicht gegenüber einer zu schnellen Übertragung amerikanischer Ansätze und ihrer empirischen Fundierung.

4.5.6 Gemeinsame Elemente

Alle entsprechenden Anwendungen der „ökonomischen Theorie der Politik" setzen voraus, dass die Wähler die Verteilungswirkungen der öffentlichen Einnahmen und Ausgaben richtig beurteilen, also keine „fiskalischen Illusionen" etwa in der Form vorliegen, dass die Stimmbürger ihre tatsächliche Steuerbelastung unterschätzen oder die Ausgabenvorteile überschätzen – oder umgekehrt. Überdies sprechen öffentliche Ausgabenprogramme vielfach nicht nur bestimmte Einkommensklassen an. Die Programme der um die Wählerstimmen kämpfenden Parteien stellen vielmehr häufig auf bestimmte, oft in einflußreichen „pressure groups" organisierte Wählerkreise ab, die sich in erster Linie durch Gemeinsamkeit ihrer ökonomischen Aktivität (Beruf, Wirtschaftsbereich usw.) oder anderer soziologischer Merkmale auszeichnen (Landwirte, Junge, Alte usw.), weniger dagegen durch eine einkommensmäßige Homogenität.

Der Versuch des Ansatzes der „ökonomischen Theorie der Politik", die politischen Bestimmungsprozesse des öffentlichen Sektors endogen in einem politisch-ökonomischen Gesamtmodell zu erfassen, ist zweifellos von großer Bedeutung für die Entwicklung einer realitätsnäheren Theorie des öffentlichen Sektors. Dabei kann dies freilich nicht bedeuten, analog zu der in vielerlei Hinsicht wirklichkeitsfremden Vorstellung einer „Mechanik vollkommener Märkte" nun eine „politische Mechanik" abzuleiten. Dies gilt insbesondere hinsichtlich einer zu simplen Anwendung des Paradigmas der individuellen Nutzenmaximierung auf soziale Prozesse.[24] Zweifellos ist dieses Paradigma von erheblichem erkenntnisleitenden Wert. Für die Ableitung konkreter Erklärungsansätze ist dieses Paradigma jedoch vielfach nicht eindeutig. Dies gilt z. B. für die Frage, ob von kurzfristigem oder langfristigem nutzenmaximierenden Verhalten auszugehen ist. Gerade bei stark institutionell und historisch bestimmten Bereichen wie denen der Politik und der Bürokratie können sich sehr unterschiedliche Verhaltensweisen als individuell optimal erweisen, je nachdem, ob man von kurzen oder langen Zeithorizonten ausgeht und je nachdem, welche Form des sozialen „Lernens", der Erwartungsbildungen, der Organisation von Gruppeninteressen etc. man annimmt.

Jedenfalls werden die in den Modellen der „ökonomischen Theorie der Politik" erfassten Zusammenhänge jeweils durch eine Vielzahl zusätzlicher spezifischer Einflussfaktoren modifiziert werden. Dazu zählen etwa ideologische Einflüsse, Unsicherheiten bezüglich der Wirkungszusammenhänge und -verzögerungen im ökonomischen wie politischen Bereich, Verfügbarkeit und Beeinflussung von Informationen (Propaganda), verfassungsrechtlich-institutionelle Besonderheiten etc. Letztlich sind die Entwicklungen des öffentlichen Sektors und die entsprechenden finanzpolitischen Entscheidungen als Ergebnisse komplexer historischer Prozesse zu sehen, zu deren Analyse die ökonomische Theorie der Politik wichtige Beiträge, sicherlich aber keine ausschließliche „Erklärung" beisteuern kann.

[24] Für eine grundlegende Kritik der Rolle des neoklassischen Paradigmas der individuellen Nutzenmaximierung im Rahmen von Public-Choice-Ansätzen und die Einbeziehung „moralischer Komponenten" im Sinn einer umfassenden „Sozioökonomie" siehe z. B. Etzioni (1992).

Literatur

Baake, P. und Borck, R. (Hrsg.), Public Economics and Public Choice, Berlin/Heidelberg, 2007.
Becker, G.S. A Theory of Competition Among Pressure Groups for Political Influence. In: Quaterly Journal of Economics 1983, 98:371 ff.
Blankart, B. Öffentliche Finanzen in der Demokratie. München 2017.
Brennan, G., Buchanan, J. The Power to Tax: Analytical Foundations of a Fiscal Constitution. New York 1980 (dt. Übers.: Besteuerung und Staatsgewalt. Analytische Grundlagen einer Finanzverfassung. Hamburg 1988).
Brennan, G., Buchanan, J. The Reason of Rules: Constitutional Political Economy. London 1985.
Bullock, D.S. Are Government Transfers Efficient? An Alternative Test of the Efficient Redistribution Hypothesis. In: J. of Political Economy 1995, Vol. 103.
Downs, A. An Economic Theory of Democracy. New York 1957) (dt Übers.: Ökonomische Theorie der Demokratie. Tübingen 1968).
Etzioni, A. The Moral Dimension. New York 1992 (dt. Übers.: Jenseits des Egoismus-Prinzips – Ein neues Bild von Wirtschaft, Politik und Gesellschaft. Stuttgart 1994).
Frey, B. (Hrsg.) Political Business Cycles. Cheltenham 1997.
Frey. B., Kirchgässner, G. Demokratische Wirtschaftspolitik. 2. Auflg. München 1994.
Hayek, F.A. v. Die Verfassung der Freiheit. Tübingen 1971.
Neck, R. Politisch-ökonomische Bestimmungsgrößen der Österr. Finanzpolitik. In: Jb. f. Neue Politische Ökonomie 1989, 8:88 ff.
Niskanen, W.A. Bureaucracy and Public Economics (Reprint from 1971), Chelthenham 1996.
Niskanen,W.A. Bureaucracy and Representative Government. Chicago 1971.
Nozick, R. Anarchy, State and Utopia. New York 1974 (dt. Übers.: Anarchie, Staat, Utopia, München 1977).
Olson, M. The Rise and Decline of Nations. New Haven – London 1982.
Rawls, J.A. A Theory of Justice. Cambridge, Mass. 1971 (dt. Übers.: Eine Theorie der Gerechtigkeit, Frankfurt 1975).
Rosen, H.S., Windisch, R. Finanzwissenschaft I. München 1992.
Schumpeter, J.A. Kapitalismus, Sozialismus und Demokratie. München 1942/1980.
Stigler, G.E. Director's Law of Public Income Redistribution. In: J. of Law and Economies, 1970, 13:1 ff.
Weber, M. Wirtschaft und Gesellschaft. 6. rev. Aufl., J. Winckelmann (Hrsg.) Bd 2, Tübingen 1922/1976.

Weiterführende Literatur

Apolte, T. How Tame Will Leviathan Become in Institutional Competition – Competition Among Governments in the Provision of Public Goods. In: Public Choice 2001, 259:381
Arrow, K.J. Social Choice and Individual Values. New York 1963.
Baumol, W.J. Welfare Economics and the Theory of the State. 2. Aufl., London 1967.
Becker, W., Gretschmann. K., Mackscheid, K. Präferenzen für Staatsausgaben. Zur theoretischen und empirischen Bestimmung der Nachfrage nach öffentlichen Gütern, Baden-Baden 1992.
Belcke, A. Politische Konjunkturzyklen in Theorie und Empirie. Tübingen 1996.
Bernholz, P., Streit, M.E., Vaubel, R. (Hrsg.) Political Competition, Innovation and Groth. Heidelberg-Berlin 1998.
Blankart, Ch. B., Koester, G. B., Political Economics versus Public Choice, Two views of political economy in competition, Kyklos, 59 (2) 2006, 171–200

Buchanan, J.M., Tullock, G. The Calculus of Consent. Logical Foundations of Constitutional Democracy. Ann Arbor 1962.
Datta-Chaudhuri, M., Market Failure and Government Failure, In: Journal of Economic Perspectives, 1990, Vol. 4(3), 25–39.
Gärtner, M. The Quest for Political Cycles in OECD Economies. In: European J. of Political Economy 1994, 10/3:427 ff.
Gouveia, M., Masia, N.A. Does the median voter model explain the size of government?: Evidence from the states. In: Public Choice 1998, 159:177
Hanusch, H. Anatomy of Government Deficiencies. Berlin 1983.
Hobbes, Th., Leviathan (1651), Fetscher, I. (Hrsg.), Neuwied/Berlin 1966.
Jänicke, M. Staatsversagen. München 1986.
Kiefer, D. Macroeconomic Policy and Public Choice. Heidelberg-Berlin 1998.
Krause-Junk, G. Abriss der Theorie von den öffentlichen Gütern. In: HdF I:687 ff, Tübingen 1977.
Mc Nutt, P. The Economics of Public Choice. Cheltham 1996.
Meyer, M. Prinzipale, Agenten und ökonomische Methode-Tübingen 2004
Moser, P., The Political Economy of Democratic Institutions, Cheltenham, 2000.
Mueller, D.C. Public Choice III, Cambridge 2003.
Olson, M. Die Logik des kollektiven Handelns. Tübingen 1968.
Pommerehne, W.W. Präferenzen für öffentliche Güter. Ansätze zu ihrer Erfassung, Tübingen 1987.
Recktenwald, H.C. The Public Waste Syndrome: A Comprehensive Theory of State Failures. In: H. Hanusch (Hrsg.) Public Finance and the Quest for Efficiency. S. 22 ff, Detroit 1984.
Rodgarkia-Dara, A. Starnberger, S. Die Prinzipal-Agent-Beziehung zwischen Gesetzgebung und Verwaltung. In: E. Theurle et al. (Hrsg.) Kompendium der österr. Finanzpolitik. Wien 2002, S. 153 ff.
Scheuerle, A. Politisch erzeugte Konjunkturzyklen. Tübingen 1999.
Schlieper, U. Pareto-Optima, externe Effekte und die Theorie des Zweitbesten. Köln 1969.
Sen, A. Rationality and Social Choice. In: AER 1995, 85 (1):1 ff.
Stigler, G.J. The Citizen and the State. Essays on Regulation. Chicago 1975.
Stiglitz, J.E., Government Failure vs. Market Failure: Principles of Regulation, In: Balleisen, E.J., Moss, D.A. (Hrsg.), Government and Markets, 2010, Cambridge University Press.
Tridimas, G. The Economics and Politics of the Structure of Public Expenditure. In: Public Choice 2001, 299:316
Tullock, G. On Voting. Cheltenham 1998.
Tullock, G. The Politics of Bureaucracy. Washington 1965.
Tullock, G., Seldon, A., Brady, G.L., Government Failure: A primer I Public Choice, In: Cato Institute, 2005.
Weymark, J.A., Social Welfare Functions, In: Adler, M.D, Fleurbaey, M. (Hrsg), The Oxford Handbook of Well-Being and Public Policy, 2016, Oxford University Press.

5 Art und Ausmaß öffentlicher Ausgaben

Lernziele

- Öffentliche Ausgaben werden in gesetzliche Verpflichtungen und Ermessensausgaben; Personal-, Sach- und Transferausgaben; Ausgaben nach Ministerial- oder Resortprinzip sowie Ausgaben nach dem Funktionalprinzip gegliedert.
- Sowohl Deutschland als auch Österreich geben fast die Hälfte des Budgets für Soziale Sicherheit und Gesundheit aus, für Bildung knapp über 10 %, und Wirtschaft und Verkehr knapp unter 10 %.
- Infrastrukturausgaben stellen eine Kombination von Personal- und Sachausgaben dar, wobei die aus Infrastruktur resultierende Leistung für den Bürger über die folgenden Jahre oder Jahrzehnte entsteht.

Von den Problemfeldern, die üblicherweise im Rahmen der Theorie und Politik öffentlicher Ausgaben erfasst werden, wurden an anderer Stelle bereits die Theorie öffentlicher Güter (Abschn. 3.3), die Erfassung im Rahmen der volkswirtschaftlichen Gesamtrechnung (Abschn. 2.2) und die langfristigen Entwicklungstendenzen (Abschn. 2.4) behandelt, da es sich hier letztlich immer um Problemstellungen handelt, die den gesamten öffentlichen Sektor und nicht nur die Ausgabenseite betreffen. In diesem Abschnitt wird im Rahmen der instrumentalen Betrachtung auf spezielle institutionelle und ökonomische Aspekte der öffentlichen Ausgaben eingegangen werden, während die Wirkungsanalyse im Kap. 11 erfolgt. Die Diskussion der öffentlichen Ausgaben beschränkt sich im vorliegenden Kapitel überwiegend auf den Bereich der öffentlichen Haushalte im engeren Sinn. Es sei jedoch daran erinnert, dass darüber hinaus öffentliche Ausgaben in erheblichem Umfang von öffentlichen Unternehmen und Parafisci getätigt werden, wobei die Abgrenzung zwischen den

E. Nowotny und M. Zagler, *Der öffentliche Sektor*,
https://doi.org/10.1007/978-3-658-36042-9_5

einzelnen Bereichen vielfach nur eine historisch-institutionelle und nicht eine ökonomisch-funktionale ist.

5.1 Erfassung und Systematik öffentlicher Ausgaben

In der politischen Diskussion dominierend ist die administrative Gliederung nach dem **Ministerial- oder Ressortprinzip.** Diese Gliederung ist insbesondere Anhaltspunkt für die Erfassung der Bedeutung der einzelnen Bereiche der Exekutive sowohl in Bezug auf Planung und Vollzug des öffentlichen Haushaltes wie auch in Bezug auf die Phase der Kontrolle. Im internationalen Vergleich wird die jeweilige Ausgabenstruktur dabei je nach föderaler Aufgabenverteilung und institutioneller Gliederung verschieden sein. In Deutschland stellen im Bundeshaushalt – bei Gesamtausgaben von 556,6 Mrd. EUR (2021) – die Bundesministerien für Arbeit und Sozialordnung und für Verteidigung sowie die Verwaltung der Bundesschuld die „ausgabenstärksten Ressorts" dar.

Eine weitere Gliederung ist die nach **gesetzlichen Verpflichtungen** einerseits und **Ermessensausgaben** andererseits. Das für öffentliche Haushalte typische Überwiegen der gesetzlichen und vertraglichen Verpflichtungen wird vielfach als wesentliche Ursache für die **Starrheit** öffentlicher Ausgabenstrukturen gesehen. Tatsächlich sind freilich auch gesetzliche Ausgabenverpflichtungen durch entsprechende Gesetzesänderungen variierbar, während andererseits viele Ermessensausgaben (z. B. Ausgaben für Energie und Instandhaltung) kurzfristig nur begrenzt veränderbar sind. Das Phänomen der Starrheit öffentlicher Ausgabenstrukturen ist daher letztlich nicht auf institutionelle, sondern auf politische und administrative Faktoren zurückzuführen.

Von spezieller ökonomischer Aussagekraft ist die Gliederung nach dem **Funktionalprinzip,** wie sie ebenfalls im jährlichen Haushaltsplan des Bundes enthalten ist. Unabhängig von der Ressorteinteilung werden dabei die öffentlichen Ausgaben nach Aufgabenbereichen zusammengefasst, um so eine funktionsbezogene wirtschaftspolitische Analyse zu ermöglichen. Tab. 5.1 zeigt die Ausgabenstruktur in funktionaler Gliederung, jeweils für die Gesamtheit der Gebietskörperschaften in Deutschland und Österreich. Bei erheblichen Unterschieden in der gesamtwirtschaftlichen Staatsquote zeigen sich doch Ähnlichkeiten in der Struktur der Ausgaben. So stellt in beiden Staaten der Bereich „Soziales und Gesundheitswesen" die größte Ausgabenkategorie dar.

In Bezug auf die Erfassung der gesamtwirtschaftlichen Wirkung öffentlicher Ausgaben besteht das wichtigste Kriterium in der Frage, ob bzw. in welcher Form gesamtwirtschaftliche Ressourcen in Anspruch genommen werden. Diesem Kriterium entspricht folgende volkswirtschaftliche Gliederung, die im Ansatz von A. C. Pigou und G. Colm entwickelt wurde:

- Realausgaben,
- Transferausgaben,
- Darlehen.

Tab. 5.1 Ausgaben der Gebietskörperschaften in funktionaler Gliederung (2017)

Ausgabenkategorie	Deutschland		Österreich	
	In Mrd. EUR	% d. Ausg	In Mrd. EUR	% d. Ausg
Bildungswesen	43,5	12,2	8,9	11,3
Soziale Sicherheit u. Gesundheitswesen	176,5	49,5	39,8	50,4
Öffentliche Ordnung und Sicherheit	7,9	2,2	2,9	3,7
Verteidigung	37,1	10,4	2,3	2,9
Wirtschaft und Verkehr	35,3	9,9	9,8	12.4
Sonstiges	47,0	13,2	15,2	19,3
Ausgaben insgesamt	**356,7**	**100,0**	**78,9**	**100,0**

Quelle: Finanzbericht 2020, Bundesfinanzministerium; Gebarungen und Sektor Staat 2004, Statistik Austria, eigene Berechnungen

Die **Realausgaben** setzen sich aus Sach- und Personalausgaben zusammen. In jedem Fall geht es darum, dass der öffentliche Sektor reale Ressourcen auf den Güter- und Faktormärkten in Anspruch nimmt und dafür entsprechende Zahlungen leistet. Im Gegensatz dazu steht bei den **Transferausgaben** den öffentlichen Zahlungen keine (unmittelbare) Gegenleistung gegenüber, es handelt sich hier nur um eine Umschichtung von Kaufkraft, aber nicht um eine unmittelbare Inanspruchnahme volkswirtschaftlicher Ressourcen. Dabei wird zwischen Zahlungen an Unternehmen (Subventionen) und Zahlungen an private Haushalte (insbesondere Sozialausgaben) unterschieden. Vielfach wird es zweckmäßig sein, Transferausgaben als negative Steuern zu betrachten, da diese anders als Realausgaben keine Ressourcen in Anspruch nehmen, aber analog zu Steuern Kaufkraft verschieben, und derart ökonomische Effekte auslösen.

Die Kreditgewährung der öffentlichen Hand an Private – der öffentliche **Aktivkredit** – führt ebenfalls nicht zur Inanspruchnahme volkswirtschaftlicher Ressourcen, wobei im Gegensatz zu den Transferzahlungen die entsprechenden Ausgaben jedoch nicht endgültig, sondern rückzahlbar sind.

Wie aus Tab. 5.2 ersichtlich, zeigt eine Analyse nach den oben genannten Kriterien eine sehr unterschiedliche Struktur der einzelnen Typen von Gebietskörperschaften: So liegt der Schwerpunkt des Bundes bei den Transferausgaben, der der Länder bei den Personalausgaben und der der Gemeinden neben den Personal- auch bei den Sachausgaben (insbesondere Infrastrukturinvestitionen). Dies entspricht den unterschiedlichen Aufgabenstellungen der einzelnen staatlichen Ebenen, entsprechend den Kompetenzregelungen im Rahmen des Finanzausgleiches im weiteren Sinn (siehe Kap. 6).

Die **Finanzstatistik** unterscheidet zwischen Ausgaben der laufenden Rechnung, die die Real- und Transferausgaben umfassen, und Ausgaben der Kapitalrechnung. Letztere gibt Auskunft über Vermögensänderungen, z. B. durch Erwerb von Grundstücken oder Beteiligungen der öffentlichen Hand.

Tab. 5.2 Deutschland: Öffentliche Ausgaben nach Arten 2018 (in Mrd. Euro) [a)]

	Insgesamt	Bund	EU-Anteile	Länder	Gemeinden u. Gemeindeverbände[b)]	Sozialversicherung
Ausgaben der laufenden Rechnung[c)]	1.319	344	28	353	224	643
Personalausgaben	294	52		151	69	22
laufender Sachaufwand	409	39		53	59	258
Zinsausgaben	40	24		13	3	0
laufende Zuweisungen u. Zuschüsse, Schuldendiensthilfen	1225	255	28	174	150	619
Ausgaben der Kaptalrechnung[c)]	110	42		46	36	5
Sachinvestitionen	56	12		13	30	1
Vermögensübertragung	59	29		27	3	0
Darlehen	13	1		9	2	0
Erwerb v. Beteiligung, Tilgung an öff. Bereich	12	3		3	3	4
Bereinigte Ausgaben	1429	386	28	399	260	648
Schuldentilgungen am Kreditmarkt	30	3		6	2	

a) Ohne Krankenhäuser und Hochschulkliniken mit kaufmännischem Rechnungswesen
[b)] Kassenmäßige Ausgaben einschließlich Ausgaben der kommunalen Zweckverbänd
[c)] Abzüglich Zahlungen auf gleicher Ebene
Quelle: Statistisches Jahrbuch für die Bundesrepublik Deutschland 2019, Statistisches Bundesamt.

5.2 Öffentliche Sachausgaben

Die öffentliche Hand unterscheidet sich von anderen Nachfragern auf den Gütermärkten vor allem durch die spezifisch von ihr verfolgten Ziele und die Organisation der Zielerfüllung. Der Wegfall der Notwendigkeit einer (zumindest längerfristigen) Gewinnerzielung mindert den Druck auf Kostenminimierung. Die Möglichkeit der Verknüpfung der öffentlichen Auftragsvergabe mit individuellen oder politischen Interessen kann sich zudem zwischen Vergeber und Empfänger **öffentlicher Aufträge** in einer Vielzahl spezieller Beziehungen ausdrücken, die von legaler Einflussnahme bis zur Korruption reichen können. Zwar werden solche Probleme tendenziell in jeder Großorganisation mit entsprechender Komplexität auftreten, der öffentliche Sektor weist hier jedoch die größte Zahl von Ansatzpunkten auf. (vgl. auch Abschn. 4.5).

Spezielle Aspekte der öffentlichen Auftragsvergabe ergeben sich aber auch durch das mögliche Auftreten von Zielkonflikten. Dem fiskalischen einzelwirtschaftlichen Ziel, eine gegebene Leistung an den kostengünstigsten Anbieter zu vergeben, können andere Zielsetzungen der Wirtschafts- und Finanzpolitik entgegenstehen. So muss das einzelwirtschaftlich kostengünstigste Angebot nicht immer identisch sein mit dem mit den geringsten gesamtwirtschaftlichen Kosten (z. B. bei unterschiedlicher Bedeutung negativer externer Effekte). Ebenso kann es darum gehen, bei Vergabe öffentlicher Aufträge durch Nutzen positiver externer Effekte zusätzliche wirtschaftspolitische Wirkungen zu erzielen. Dies gilt etwa für den Einsatz im Rahmen der Regionalpolitik, der Technologiepolitik („procurement policy“), darüber hinaus aber auch hinsichtlich einer stabilitätspolitischen Steuerung von Zeitpunkt und Streuung der Vergabe öffentlicher Aufträge.

Ob und in welchem Ausmaß bei Auftreten solcher Zielkonflikte ein Abgehen von fiskalischen Zielen der (kurzfristigen, isolierten) Kostenminimierung gerechtfertigt ist, hängt von der Bewertung der einzelnen Zielsetzungen ab, nicht zuletzt aber auch von der Frage, wie die volkswirtschaftliche Effizienz alternativer Möglichkeiten zum Erreichen der angestrebten außerfiskalischen Zielsetzungen einzuschätzen ist.

Eine weitere Besonderheit ergibt sich vielfach hinsichtlich der Marktstellung der öffentlichen Hand. In vielen Bereichen kommt der öffentlichen Hand erhebliche Nachfragemacht zu, wobei wieder zwischen der Stellung des öffentlichen Sektors insgesamt und der des einzelnen öffentlichen Haushaltes zu unterscheiden ist. Dies gilt etwa für den Bereich der Bauinvestitionen, wo der öffentliche Sektor insgesamt den weitaus größten Nachfrager darstellt, diese Nachfrage jedoch speziell im Hochbau von einer Vielzahl öffentlicher Haushalte ausgeübt wird. Dies kann etwa hinsichtlich des konjunkturpolitischen Einsatzes der entsprechenden Nachfrageströme zu erheblichen Koordinierungsproblemen führen (siehe Kap. 6).

Auf der Angebotsseite sieht sich die öffentliche Hand vielfach Angebotsoligopolen gegenüber (z. B. einer begrenzten Zahl möglicher Anbieter für bestimmte Rüstungsgüter), wobei hier eine Tendenz zu kooperativem Oligopolverhalten, bis hin zu illegalen Preisabsprachen (z. B. in der Bauwirtschaft) nicht auszuschließen ist. Insgesamt kann sich demnach eine Vielzahl von Marktkonstellationen für die Stellung des öffentlichen Sektors auf den Gütermärkten ergeben. Von einer Konstellation eines beidseitigen Monopols, z. B. bei Vergabe von Rüstungsaufträgen an den einzigen technisch geeigneten Produzenten, über Positionen eines Nachfragemonopols (Monopson), z. B. in Bezug auf verschiedene Aufträge von Post und Bahn, bis hin zur Stellung eines „normalen Nachfragers“ in einer Polypolsituation (z. B. Stellung einer kleinen Einzelgemeinde beim Ankauf maschineller Anlagen).

Die Besonderheiten öffentlicher Aufträge in Bezug auf Zielsetzungen, Organisation und Marktstellung finden auch in speziellen Formen der Vergabe öffentlicher Aufträge ihren Niederschlag. Die wichtigsten dieser Formen sind:

- Öffentliche Ausschreibung
- Beschränkte Ausschreibung
- Freihändige Vergabe.

Nach den Bestimmungen des Haushaltsgrundsätzegesetzes (§ 30 HGrG) und der Bundeshaushaltsordnung (§ 55 BHO) hat die **öffentliche Ausschreibung** die Regelform der Vergabe öffentlicher Aufträge zu sein.[1] Dabei besteht für interessierte Unternehmen die Möglichkeit, für die von der öffentlichen Stelle möglichst exakt festgelegte ausgeschriebene Leistung verschlossene Angebote abzugeben. Die Öffnung der eingegangenen Angebote erfolgt öffentlich, Nachverhandlungen sind nicht zulässig. Nach Ausscheiden der ungeeigneten Angebote ist das mit dem niedrigsten Preis zu wählen.

Das gleiche Verfahren gilt auch für die **beschränkte Ausschreibung,** allerdings mit dem Unterschied, dass von der ausschreibenden Stelle nur eine beschränkte Zahl von Unternehmen zur Abgabe von Angeboten eingeladen wird. Dies hat den Vorteil größerer administrativer Einfachheit und größerer Möglichkeiten, wirtschaftspolitische Vorstellungen durchzusetzen (z. B. Bevorzugung heimischer Anbieter). Es hat jedoch den Nachteil, dass durch den durch die administrativen Zugangsschranken eingeschränkten Wettbewerb fiskalische und allokative Nachteile auftreten können.

Noch stärker gelten die angeführten Überlegungen für die Form der **„freihändigen Vergabe“,** d. h. die unmittelbare Auftragserteilung durch eine öffentliche Stelle. Diese Vergabeform wird bei Kleinaufträgen zweckmäßig sein, ist aber auch von Bedeutung, wenn es um Aufträge geht, die der Geheimhaltung unterliegen oder wo aus technischen Gründen von vornherein nur ein Anbieter infrage kommt. Bei Aufträgen dieser Kategorie (insbesondere im Militärbereich) wird zum Teil von Preisvereinbarungen auf **Kostenbasis** ausgegangen, d. h. der Preis entspricht den Kosten plus einem angemessen Gewinnzuschlag. Eine solche Preisregel ist manchmal unvermeidbar, wenn es sich z. B. um technische Neuentwicklungen im Auftrage des Staates handelt, deren Kosten wegen der hohen Ungewissheit ex ante nicht seriös kalkuliert werden können. Generell sind solche Regelungen jedoch sehr problematisch, da die Ermittlung der „tatsächlichen“ Kosten vielfach schwierig ist, der Zwang zur Kostenminimierung wegfällt und insgesamt der Spielraum für Manipulationen und Interventionen stark erhöht wird. Es ist daher in solchen Fällen zu überprüfen, ob es unter Umständen sinnvoll ist, von der Beschaffung

[1] Eine analoge Regelung enthält in Österreich die ÖNORM A 2050 sowie das Bundesvergabegesetz 1993.

bei privaten Anbietern abzugehen und stattdessen unmittelbar auf öffentliche Eigenproduktion (z. B. staatliche Forschungsstellen) abzustellen.

Österreich hat mit der Bundesbeschaffung GmbH. eine zentrale Institution geschaffen, die für alle Bundesdienststellen zentral die Beschaffung organisiert, um einerseits die Einhaltung von Verfahrensvorschriften sicherzustellen und andererseits Synergien und Einsparungspotentiale zu nutzen. Dies ersetzt weitgehend beschränkte Ausschreibungen und freihändige Vergaben.

Um Wettbewerbsgleichheit zu sichern, gilt für Mitgliedstaaten der EU die Verpflichtung, öffentliche Aufträge im Amtsblatt der Europäischen Gemeinschaften auszuschreiben, sofern diese für Dienstleistungs- und Lieferaufträge den Wert von 200.000 EUR überschreiten[2]. Die Vergabe selbst kann dann nach einem offenen Verfahren, bei dem jeder interessierte Lieferant sein Anbot einreichen kann, erfolgen oder nach einem Präqualifikationsverfahren, bei dem nur die nach der Bekanntmachung als Bewerber aufgetretenen Unternehmen, die vom öffentlichen Auftraggeber zu einer Angebotsabgabe aufgefordert werden, ihre Offerte einreichen dürfen. Bei Verdacht von Diskriminierung steht Unternehmen ein Beschwerderecht bei der EU-Kommission, sowie letztlich beim Europäischen Gerichtshof zu. Analoge Regelungen bezüglich der internationalen Öffnung der Vergabe öffentlicher Aufträge sind im Rahmen des WTO-Vertrages vorgesehen.

5.3 Personalausgaben

Die Erbringung öffentlicher Leistungen erfordert in der Regel den Einsatz entsprechender Arbeitskräfte. Dieser Arbeitskrafteinsatz kann auf unterschiedlichen ökonomischen und rechtlichen Grundlagen erfolgen. Formen des ehrenamtlichen, freiwilligen und unentgeltlichen Einsatzes spielen eine Rolle bei der Erstellung öffentlicher Leistungen in Form gesellschaftlicher Selbstorganisation (z. B. freiwillige Feuerwehren, Sozialdienste etc.). Auch die Ausübung politischer Funktionen erfolgt in den Fällen, wo sie mit geringem Zeitaufwand verbunden ist, vielfach auf ehrenamtlicher Basis. Wo dagegen höhere berufliche Anforderungen auftreten, ist es erforderlich, die Ausübung politischer Funktionen mit einer entsprechenden Bezahlung zu verbinden, da ansonsten diese Tätigkeiten nur Personen mit ausreichendem finanziellen Hintergrund offenstehen.

Wichtigste Formen eines **zwangswirtschaftlichen** Arbeitskrafteinsatzes sind der Wehr- bzw. Zivildienst. Es handelt sich hier um die hoheitliche Inanspruchnahme menschlicher Ressourcen, ohne dass dieser Inanspruchnahme ein markt-adäquates Entgelt gegenübersteht. Aus finanzwissenschaftlicher Sicht handelt es sich um eine Form

[2] Für Bauleistungen gilt der Wert von 5 Mio. EUR, für Lieferungen im Sektor Telekommunikation 600.000 EUR, und für Lieferungen in den Sektoren Wasser, Energie, und Transport 400.000.

Tab. 5.3 Beschäftigte des öffentlichen Dienstes in Deutschland 2018

	Vollzeit	insgesamt	in %
Bund	439.400	496.300	10,3
Länder	1.636.800	2.419.800	50,4
Gemeinden	919.300	1.518.600	31,6
Sozialversicherung	236.100	368.200	7,7
Zusammen	3.231.500	4.802.900	100,0

Quelle: Statistisches Jahrbuch Deutschland 2019, Statistisches Bundesamt

der Naturalsteuer, wobei in manchen Staaten (z. B. der Schweiz) auch eine monetäre Ergänzungsabgabe für diejenigen (männlichen) Personen eingehoben wird, die zur Erfüllung der Militärpflicht (d. h. der Naturalsteuer) nicht herangezogen werden („Wehrpflichtersatz").

Die wichtigste Form der Personalbedarfsdeckung des öffentlichen Sektors ist jedoch die über den **Arbeitsmarkt.** Der öffentliche Sektor in seiner Gesamtheit ist in den meisten Staaten der größte Arbeitgeber in einer Volkswirtschaft[3], wobei innerhalb des öffentlichen Sektors die Strukturen je nach föderativer Aufgabenverteilung, Organisation der öffentlichen Unternehmen etc. variieren. In Deutschland betrug die Zahl der öffentlich Bediensteten 2005 rund 3,8 Mio. (siehe Tab. 5.3). Zum öffentlichen Dienst im weiteren Sinn hinzuzählen sind die rund 500.000 Bediensteten der mittelbaren öffentlichen Verwaltung (Sozialversicherungsträger, Arbeitsverwaltung, Bundesbank, etc.). Die „personalstärksten" Bereiche sind beim Bund das Militär, bei den Ländern der Bereich „Schulen und Hochschulen" und bei den Gemeinden der Bereich „Gesundheit und Erholung", der insbesondere die Krankenanstalten umfasst.

Die Beschäftigungsverhältnisse im öffentlichen Dienst sind nach ihrer Rechtsform gegliedert in die als Beamte, Angestellte und Arbeiter. Die Arbeitsbeziehungen mit den Arbeitern und Angestellten sind nach dem allgemeinen Arbeitsrecht, im speziellen durch Tarifverträge, geregelt. Ein Spezifikum des öffentlichen Sektors ist dagegen das einseitig durch Gesetz geregelte **Beamtenverhältnis** als ein gegenseitiges öffentlich-rechtliches Treueverhältnis. Kern der „hergebrachten Grundsätze des Berufsbeamtentums" (Art. 33 Abs. 5 GG) ist die Verpflichtung des Beamten, seine Aufgaben unparteiisch, loyal und gehorsam unter Bedachtnahme auf das Allgemeinwohl auszuüben. Es handelt sich demnach auch um das Erfordernis von über eine unmittelbare Leistung hinausgehenden Verhaltensweisen. Dem entspricht, dass als Besoldungsgrundsatz nicht vom Leistungsprinzip, sondern vom **Alimentationsprinzip** ausgegangen wird. Wesentliche Kenn-

[3] Der Anteil der öffentlich Bediensteten an den gesamten unselbstständig Beschäftigten betrug 2007 in Deutschland 12,6 % und in Österreich 14,6 %, wobei freilich auch Probleme unterschiedlicher Abgrenzungen des öffentlichen Sektors zu berücksichtigen sind (siehe Kap. 2).

zeichen dieses Prinzips sind eine an einer geregelten Laufbahn orientierte, durch Gesetz und durch Kollektivvertrag geregelte Bezahlung, die Unkündbarkeit (um entsprechende Unabhängigkeit zu gewährleisten) sowie am Endgehalt – und nicht am durchschnittlichen Lebenseinkommen – orientierte Altersruhegelder (Pensionen).

Angesichts der Größenordnungen der öffentlichen Personalstände und der entsprechenden Zahlungsströme gehen von den Regelungen des öffentlichen Personalwesens auch erhebliche **gesamtwirtschaftliche Wirkungen** aus. Von allokativen Aspekten her bedeutsam ist hier vor allem die Spannung zwischen Alimentationsprinzip und Leistungsprinzip. Zwar werden unter Aspekten der langfristigen Effizienz (z. B. Betriebsloyalität, soziale Stabilität) auch im nichtstaatlichen Bereich Elemente des Alimentationsprinzips von Bedeutung sein. Dennoch verbleibt im öffentlichen Bereich eine deutlich stärkere Bedeutung dieses Prinzips. Dies wird speziell dort als problematisch erscheinen, wo es sich nicht um die Erfüllung von Aufgaben der Hoheitsverwaltung, sondern um Tätigkeiten im Rahmen der Leistungsverwaltung handelt. Die Übertragung von Regelungen, die vor allem entwickelt wurden, um die Stellung der Beamten bei der Erfüllung öffentlich-rechtlicher Funktionen zu bestimmen und zu sichern (z. B. streng hierarchische Gliederung, geringe Sanktionsmöglichkeiten), kann in diesem Fall zu erheblichen Ineffizienzen bei der Erfüllung öffentlicher Leistungen führen. Je enger dabei die entsprechenden beamtenrechtlichen Sonderbestimmungen gefasst sind (z. B. Versetzungsschutz) und je größer der Kreis der von diesen Regelungen Betroffenen, umso bedeutsamer können die Probleme allokativer Ineffizienz werden. Allokative Ineffizienzen können aber auch entstehen, wenn durch unzureichende Besoldung, mangelnde Schulung etc. öffentliche Dienste nicht durch entsprechend leistungsfähiges Personal ausgeführt werden können.

Unter den Aspekten der Einkommenspolitik und der Stabilisierungspolitik ist das Arbeitgeber-Verhältnis des öffentlichen Sektors, schon von den Größenordnungen her, von erheblicher Bedeutung. Dies spricht insbesondere für eine tendenzielle Stetigkeit der öffentlichen Besoldungs- und vor allem Beschäftigungspolitik, um konjunkturverschärfende, prozyklische Effekte zu vermeiden. Darüber hinaus ist auch die „Leitbild-Funktion" der öffentlichen Arbeitgeber von Bedeutung. Dies gilt einerseits hinsichtlich der Ausstattung der Dienstverhältnisse, vor allem aber auch hinsichtlich der Höhe der Gehaltsabschlüsse, wobei unmittelbare Übertragungen angesichts der Besonderheiten des öffentlichen Dienstes (insbesondere höhere Arbeitsplatzsicherheit) nicht möglich sind bzw. als problematisch erscheinen müssen.

In Bezug auf die dienstrechtlichen und besoldungspolitischen Entwicklungen ist freilich auch zu berücksichtigen, dass gerade hier der Handlungsspielraum des öffentlichen Sektors nur unter Berücksichtigung der polit-ökonomischen Rahmenbedingungen adäquat analysiert werden kann. Zu diesen Rahmenbedingungen zählen etwa der Umstand, dass die öffentlich Bediensteten in der Regel eine große und gut organisierte Interessengruppe in einer Volkswirtschaft darstellen, wie auch der Umstand, dass öffentlich Bedienstete einen deutlich überproportionalen Anteil der Mitglieder gesetzgebender Körperschaften ausmachen.

5.4 Transferausgaben

Transferausgaben sind Zahlungen des öffentlichen Sektors, denen keine (unmittelbare) Gegenleistung gegenübersteht. Dabei ist zu unterscheiden zwischen Transferzahlungen an private Haushalte (**Sozialtransfers**) und Transferzahlungen an Unternehmen (**Subventionen**). Während bei den bisher behandelten öffentlichen Ausgaben für Güter und Leistungen (Realausgaben) der öffentliche Sektor in Konkurrenz zum Privatsektor reale Ressourcen in Anspruch nimmt, handelt es sich hier nur um die Übertragung von Kaufkraft. Die realwirtschaftliche Verfügung liegt bei den Empfängern der Transfers. Allerdings ist es möglich, diese realwirtschaftliche Verfügbarkeit durch Verwendungsauflagen einzuschränken. Gerade bei der Diskussion von Transferausgaben ist es wichtig zu berücksichtigen, daß in funktionaler Betrachtung die mit Transferausgaben angestrebten Zielsetzungen vielfach auch mit anderen finanzpolitischen Instrumenten erreichbar sind (siehe Abschn. 2.3).

Beispiele dafür sind Steuervergünstigungen („tax transfers“) anstelle direkter Transfers oder die direkte „kostenlose“ Bereitstellung von Gütern (Unterrichtswesen, Wohnraum etc.) in Form von „Realtransfers“ anstelle der monetären Kaufkraftübertragung. Bei der finanzwissenschaftlichen Wirkungsanalyse ist es daher meist sinnvoller, statt von einem bloß ausgabenseitigen von einem im obigen Sinn umfassenderen Transferbegriff auszugehen, wie auch umgekehrt eine Analyse von Steuerwirkungen vielfach einer ergänzenden Berücksichtigung von Transfereffekten bedarf.[4] Für entsprechende Analysen von Transferwirkungen siehe die Kap. 8 (Sozialversicherung), Kap. 21 (Allokationswirkungen) und Kap. 23 (Verteilungswirkungen des öffentlichen Sektors). Generell ist hinsichtlich der Wirkung sämtlicher Transferformen zwischen den damit verbundenen Einkommens- und den Substitutionseffekten zu unterscheiden. Der **Einkommenseffekt** bezieht sich auf die mit der Transferzahlung verbundene Erhöhung des Realeinkommens des Empfängers, der **Substitutionseffekt** auf die mit dem Transfer verbundene Änderung der relativen Preise aus der Sicht des Transferempfängers.

Solche Substitutionseffekte können erwünscht sein (z. B. im Hinblick auf die Lenkungswirkung bei strukturpolitischen Subventionen) oder auch unerwünscht (z. B. hinsichtlich möglicher negativer Einflüsse auf die Allokationsentscheidung zwischen Arbeit und Freizeit). Je nach Zielsetzung der Transferzahlung wird der Einkommenseffekt (z. B. bei Sozialtransfers) oder der Substitutionseffekt (z. B. bei strukturpolitischen Subventionen) im Vordergrund stehen und der jeweils andere Effekt eine (erwünschte oder unerwünschte) Nebenwirkung darstellen.

Unter polit-ökonomischer Betrachtung stellen Transfers einen besonders sensiblen Bereich der Finanzwirtschaft dar, da die starke Differenzierbarkeit zu sehr erheb-

[4] Dies gilt etwa für die „Steuerlast-Vergleiche“ nach Einkommensgruppen, die sinnvoller Weise auf „Netto-Effekte“, d. h. unter Einbeziehung von Transferleistungen, zu beziehen sind.

lichen gruppenspezifischen Nutzeneffekten führen kann, denen bei allgemeiner Steuerfinanzierung breitgestreute und entsprechend schwer zuordenbare Kosteneffekte gegenüberstehen. Daher bieten sich Transfers als spezieller Ansatzpunkt für Strategien von speziellen Interessengruppen und Lobbies an. Eine wichtige Rolle spielt dabei unter polit-ökonomischen Aspekten die Sichtbarkeit der Transferleistung. So werden spezielle Interessengruppen im Allgemeinen bemüht sein, entsprechende Forderungen in möglichst wenig sichtbarer Form, das heißt insbesondere als Steuervergünstigung (Steuersubvention) zu erlangen.[5]

Im Interesse einer gesamtwirtschaftlich effizienten Finanzpolitik ist es daher wichtig, dass die Öffentlichkeit und die finanzpolitischen Entscheidungsträger über möglichst umfassende Informationen über Umfang und Art der geleisteten Transfers verfügen. Speziell für den Bereich der Subventionen, aber auch für einige Formen von Transferzahlungen an private Haushalte sind solche Informationen in den jeweiligen **Subventionsberichten** enthalten, die nach § 12 StWG alle zwei Jahre von der Bundesregierung vorzulegen sind (in Österreich: Förderungsbericht).

Transferzahlungen an private Haushalte (Sozialtransfers) stellen überwiegend ein Instrument der finanzpolitischen Distributionspolitik dar, zum Teil aber auch ein allokationspolitisches Lenkungsinstrument, um Einfluss auf die Einkommensverwendung der privaten Haushalte zu nehmen. Einen Gesamtüberblick über die Funktion, die Vergabeform und die Finanzierungsart des Systems staatlicher bzw. staatlich veranlasster expliziter Transfers an private Haushalte in Deutschland gibt Tab. 5.4.

Danach stehen bei den **Transferfunktionen** ganz eindeutig die Alterssicherung (37 %) und die Absicherung gesundheitlicher Risiken (42 %) im Vordergrund. Hinsichtlich der Form der **Vergabe** zeigt sich, dass die Gesamtheit der erfassten Transferleistungen zu 58 % aus Einkommensleistungen und zu nahezu 37 % aus Sachleistungen an einzelne Personen besteht. Die **Struktur der Finanzierung** mit 33 % Zuschüssen des Staates, 31 % Sozialbeiträgen der Arbeitgeber und 34 % Sozialbeiträgen der Versicherten (vor allem Arbeitnehmer) macht deutlich, welche zentrale Stellung die Parafisci der Sozialversicherung im Transfersystem einnehmen (Kap. 8). Es handelt sich bei diesen Transfers im Rahmen des Sozialversicherungssystems um „unechte" Transfers, bei denen die Leistungen an die Transferempfänger (zumindest zu einem erheblichen Teil) an deren vorhergegangene Leistungen (Beiträge) geknüpft sind. „Echte" Transfers werden dagegen nach dem Versorgungsprinzip unter sozialpolitischen Aspekten ohne

[5] Dies gilt nicht, wenn die Mitglieder der entsprechenden Interessengruppe, sei es aufgrund ihrer Einkommenssituation, sei es (auch) aufgrund günstiger steuerlicher Regelungen, nur eine geringe Steuerleistung zu erbringen haben und daher von (weiteren) Steuerermäßigungen durch Steuersubventionen nicht profitieren können. In solchen Fällen (z. B. Agrarsubventionen) werden die entsprechenden Interessengruppen für direkte Transferausgaben eintreten. Vgl. dazu u. a. Surrey (1981), S. 143 ff.

Tab. 5.4 Explizite Transfers an Haushalte im Überblick: Funktion, Vergabeform und Finanzierungsart – Deutschland 2018

	Mio. Euro	%
A. Leistungen:		
Ehe und Familie (Kinder, Ehegatten, Mutterschaft)	109.597	11,0
Gesundheit (Krankheit, Invalidität)	419.975	42,1
Beschäftigung (Arbeitslosigkeit)	30.597	3,1
Alter und Hinterbliebene	366.217	36,7
Wohnen	17.267	1,7
Allgemeine Lebenshilfe (Resozialisierung, Familienberatung u. a.)	8.667	0,9
davon:		
Einkommensleistungen	579.559	58,2
Sachleistungen	373.628	37,5
Verwaltungsausgaben	37.378	3,8
Sonstige Ausgaben	4595	0,4
B. Finanzierung:		
Sozialbeiträge der Versicherten	332.198	31,3
Sozialbeiträge der Arbeitgeber	363.218	34,3
Zuschüsse des Staates	348.666	32,9
Sonstige Einnahmen	16.184	1,5

Quelle: Sozialbudget 2019, Bundesministerium für Arbeit und Soziales; eigene Berechnungen

Bezugnahme auf entsprechende Vorleistungen des Empfängers geleistet. Wichtige Beispiele dieser Sozialtransfers sind:

- **Kindergeld:** Im Sinn eines Familienlastenausgleichs wird ein öffentlicher Beitrag zu den privaten Kosten des Unterhalts von Kindern geleistet. Die Abwicklung erfolgt in Betrieben bis 50 Beschäftigten durch die Arbeitsämter, in größeren Betrieben durch die Unternehmen. Die Finanzierung geht seit 1996 zulasten von Bund und Ländern (Verrechung des Kindergeldes mit der Lohnsteuer; vgl. hiezu Abschn. 13.5).[6]
- **Sozialhilfe:** Die Sozialhilfe hat die Funktion, nach dem Fürsorgeprinzip subsidiär als „soziales Fangnetz" in den Fällen zu wirken, wo entsprechender sozialer Bedarf besteht, aber keine anderen öffentlichen Sozialleistungen oder unterhaltspflichtige Angehörige zur Verfügung stehen. Träger der Sozialhilfe sind die kreisfreien Städte und die Landkreise. Die Finanzierung fällt überwiegend den Gemeinden zu, wobei

[6] Zur Entwicklung in Österreich siehe Abschn. 13.6.

die Länder via Finanzausgleich mit ca. 24 % an der Finanzierung beteiligt sind. Die Leistungen können sowohl in monetären wie in realen Transfers erfolgen.

- Leistungen nach dem **Bundesausbildungsförderungsg**esetz (BAföG)
- und das Pflegegeld.

Wichtige Formen von Transferzahlungen an private Haushalte, die auf die **Art der Einkommensverwendung** abstellen, sind das Wohngeld (in Österreich: Wohnungsbeihilfe), das in Abhängigkeit von Einkommen und Familiengröße als Beitrag zu den Kosten der Wohnungsnutzung geleistet wird, die Wohnungsbauprämien und andere Formen der Förderung der Vermögensbildung.

Die Funktion des letztgenannten Transfers liegt in der Förderung einer breiteren Vermögensstreuung, wie auch in Zielsetzungen der Wohnungsbau- bzw. der Kapitalmarktpolitik. Für die Inanspruchnahme bestehen Einkommenshöchstgrenzen. Auch hier ist wieder zu berücksichtigen, dass, alternativ zu direkten Transfers, die Förderung auch über Steuervergünstigungen erfolgen könnte, bei freilich unterschiedlicher verteilungspolitischer Wirkung.[7]

Transferzahlungen an Unternehmen **(Subventionen)** dienen überwiegend als Instrument der staatlichen Allokationspolitik (siehe dazu eingehend Kap. 21). Von erheblicher Bedeutung ist aber auch ihr verteilungspolitischer Einsatz, wobei die Abgrenzung zwischen allokativen und distributiven Effekten vielfach sehr schwierig ist. Dies gilt etwa für Subventionszahlungen im Rahmen der Regionalpolitik, der Agrarpolitik oder der Branchenstrukturpolitik (z. B. Kohle, Werften).

Generell ist davon auszugehen, dass der verteilungspolitische Effekt von Subventionen **(„Objektförderung“)** ungezielter und damit verteilungspolitisch weniger effizient ist als der eines Abstellens auf Sozialtransfers **(„Subjektförderung“).** Wichtige Beispiele dieser Problematik sind etwa die Wohnbauförderung oder die staatliche Preisstützung von Grundnahrungsmitteln. Gerade hier ist auch die Frage der ökonomischen Inzidenz der eingesetzten Transferzahlungen vielfach nicht oder nur sehr schwierig zu beantworten.[8]

Demgegenüber können freilich wieder – etwa in Bezug auf die Notwendigkeit von Einkommensgrenzen und Einkommensnachweisen – psychologische Aspekte und Aspekte der administrativen Durchführbarkeit für ein Abstellen auf Formen der Objektanstelle der Subjektförderung sprechen.

---

[7] Siehe z. B. die steuerliche Förderung des Versicherungssparens über Lebensversicherungen etc. In Österreich werden direkte „Vermögensbildungstransfers“ (allerdings ohne Einkommensobergrenzen) nur für Bausparprämien gewährt.

[8] So können etwa von Agrarsubventionen Wirkungen auf das reale Einkommen der unmittelbaren Produzenten (Landwirte), der Konsumenten (über billigere Preise) und der Produzenten von Vorleistungen (via die erhöhte Kaufkraft von Produzenten und/oder Konsumenten) ausgehen.

5.5 Infrastrukturausgaben

Übergreifend gegenüber den bisherigen Ausgabenkategorisierungen umfasst der Bereich der Infrastrukturausgaben sowohl Investitions- wie Personalausgaben. Eine einheitliche Definition des Begriffes Infrastruktur fehlt. Generell kann davon ausgegangen werden, dass es sich bei Infrastruktur um denjenigen Teil einer Volkswirtschaft handelt, der die Grundlage und Voraussetzung für weitere wirtschaftliche Aktivitäten bildet. Dem entspricht der englische Begriff des „social overhead capital", das heißt des materiellen, institutionellen und personellen „Unterbaues" einer Volkswirtschaft. Im Einzelnen werden insbesondere folgende Bereiche zur Infrastruktur gezählt: Verkehr, Energieversorgung, Erziehung, Forschung, Gesundheitswesen, Erhaltung der natürlichen Ressourcen, Wasserwirtschaft, Wohnungsbau, Kultur- und Freizeiteinrichtungen. Wie aus obiger Aufzählung ersichtlich, werden Infrastrukturleistungen überwiegend, aber nicht ausschließlich vom öffentlichen Sektor erbracht.

Weiterhin ist zwischen materiellen (Sachkapital) und immateriellen Komponenten (insbesondere Humankapital) der Infrastruktur zu unterscheiden. Bei der Erfassung der Infrastruktur einer Volkswirtschaft ist zwischen entsprechenden Stromgrößen und Bestandsgrößen zu differenzieren:

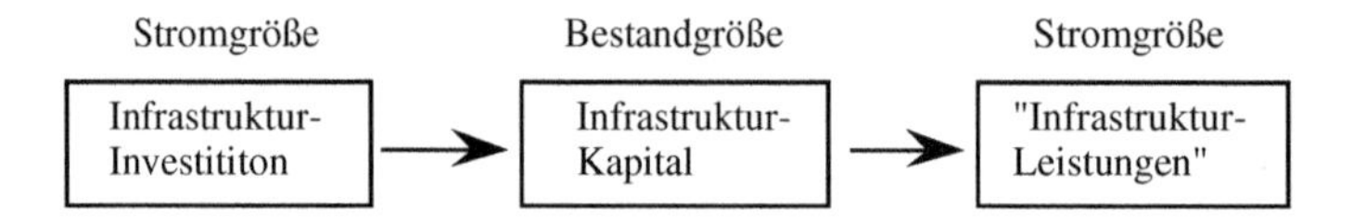

Das Infrastrukturangebot kann dabei (als Vorleistung) produktiven Zwecken dienen (z. B. betriebliche Energieversorgung) oder (als Endprodukt) konsumtiven Zwecken (z. B. Erholungseinrichtungen), wobei freilich vielfache Überschneidungen möglich sind (z. B. Nutzung von Straßen für betriebliche Transporte und für Ausflugsfahrten). In Ergänzung zur obigen Darstellung ist von Bedeutung, dass die Erbringung von Infrastrukturleistungen nicht nur Kapital-, sondern auch Personalinputs und laufende Sachausgaben erfordert. Diesen Komponenten kommt als **Folgekosten** von Infrastrukturinvestitionen erhebliche finanzpolitische Bedeutung zu.[9]

Trotz der sehr unterschiedlichen Bereiche, die insgesamt die Infrastruktur einer Volkswirtschaft ausmachen, lassen sich doch einige charakteristische **gemeinsame Merkmale** feststellen. Dazu zählen insbesondere:

- Hinsichtlich der Erstellung sind Infrastrukturprojekte vielfach Großprojekte mit langen Ausreifungszeiten, technischen Unteilbarkeiten und keiner Möglichkeit für

[9] Es handelt sich hier um Folgekosten im eigentlichen Sinne, das heißt ohne Finanzierungskosten und Abschreibung.

regionale oder nationale Importe. Diese Charakteristika führen etwa dazu, dass auftretende Engpässe (z. B. im Verkehrsbereich) vielfach nicht sofort behebbar sind und daher einer längerfristigen Planung besondere Bedeutung zukommt. Aus dem Aspekt der technischen Unteilbarkeit (z. B. nötige Mindestgrößen für Energie- oder Verkehrsprojekte) ergibt sich die Notwendigkeit, Infrastrukturinvestitionen oft „schubweise" vornehmen zu müssen, wobei die Nachfrage erst allmählich in die entstandenen Kapazitäten hineinwächst.

- Infrastrukturprojekte sind vielfach von langer Lebensdauer, was bewirkt, dass den Investitionen im Verhältnis zum bestehenden Kapitalstock eine relativ geringe Bedeutung zukommt. Anpassungen an geänderte Nachfragebedingungen (z. B. im Wohnungsbereich) sind daher in Bezug auf den Gesamtbestand nur relativ langsam möglich.
- Die hohe Kapitalintensität vieler Infrastrukturbereiche bedeutet, dass die Kosten des Infrastrukturangebotes überwiegend durch die Fixkostenkomponente bestimmt sind. Fragen der Kostendegression (economies of scale) und damit Fragen des Auslastungsgrades sind damit für die Kostenhöhe von entscheidender Bedeutung. Die geschilderten Kostenstrukturen führen dazu, dass vielfach die Grenzkosten der Produktion unter den durchschnittlichen Gesamtkosten liegen werden. Eine Orientierung der Preise an den Grenzkosten, wie es den wohlfahrtsökonomischen Optimalbedingungen entspräche, würde in diesen Fällen zu betriebswirtschaftlichen Verlusten führen. Es sind daher andere Preisfestsetzungsregelungen bzw. Formen der öffentlichen Verlustabdeckung erforderlich (vgl. Kap. 8).
- Infrastrukturprojekte sind typischerweise mit einer Vielzahl externer Effekte verbunden, unterliegen vielfach nicht dem Ausschluss-Prinzip und nehmen (nationale oder regionale) Monopolstellungen ein. Alle diese Faktoren führen dazu, dass eine Anwendung des Marktmechanismus in diesen Bereichen nicht oder nur eingeschränkt möglich ist. Infrastrukturleistungen werden daher meist öffentlich erbracht werden. Wo private Erstellung vorliegt (z. B. vielfach im Energiebereich), wird versucht, durch Maßnahmen der öffentlichen Regulierung Missbräuche von Marktmacht zu verhindern.

Zunehmendes Interesse finden Ansätze einer öffentlich-privaten Mischfinanzierung von Infrastrukturinvestitionen (**Public-Private-Partnerships**). Voraussetzung für eine solche Finanzierungsform ist eine – zumindest teilweise – Eigenwirtschaftlichkeit des entsprechenden Infrastrukturprojektes, z. B. durch Mauteinnahmen, Benützungsgebühren, etc. Die konkrete Durchführung der öffentlich-privaten Mischfinanzierung kann dann in unterschiedlichen Formen erfolgen. In Deutschland werden seit der Wiedervereinigung und vor dem Hintergrund knapper öffentlicher Mittel vor allem drei neue Varianten der Finanzierung des Ausbaus der Verkehrsinfrastruktur diskutiert und erprobt:

- Beim **Betreibermodell** erfolgen Erstellung, Finanzierung und Betrieb durch Private, die dann ein Nutzungsentgelt erheben. Dieses Nutzungsentgelt kann sowohl fix in

Form einer monatlichen oder jährlichen Pauschale eingehoben werden, oder aber in Form einer „Schattenmaut" nutzungsabhängig. Dabei zahlt die öffentliche Hand für jeden Benutzer eine gewisse Summe an den privaten Betreiber. Diese Variante einer „Privatisierung der Infrastruktur" ist seit dem Fernstraßen-Privatisierungsgesetz v. 30.8.1994 in erster Linie für Brücken, Tunnel und Gebirgspässe von Bundesautobahnen und Bundesstraßen möglich.

- Beim **Leasing-Modell** finanziert und errichtet ein privates Konsortium das Infrastrukturprojekt, wird Eigentümer auf Zeit und vermietet die neue Einrichtung für diese Zeit an den öffentlichen Verband, der eine feste jährliche Leasingrate zahlt. Diese Variante läuft für den öffentlichen Verband auf eine Vorfinanzierung hinaus. Es ist daher umstritten, ob dies nicht als Kreditaufnahme und insofern als Verstoß gegen die Haushaltsgrundsätze der Klarheit und Wahrheit zu werten ist und ob es sich wirklich um eine günstigere Finanzierungsform als Kreditaufnahme handelt.
- Beim **Konzessionsmodell** liegen lediglich Erstellung und (Vor)-Finanzierung in privater Hand. Nach Fertigstellung geht das Objekt an den Staat über, der nach der Art eines Ratenkaufes über einen vorab vereinbarten Zeitraum die Bau- und Finanzierungskosten ratenweise erstattet.

Hinsichtlich der makroökonomischen Aspekte von Infrastruktur sind vor allem die wachstumspolitischen Wirkungen von Bedeutung. Infrastrukturinvestitionen entziehen der Privatwirtschaft Ressourcen, die eventuell kurzfristig zu rascheren Wachstumseffekten führen könnten. Längerfristig dagegen erweitern Infrastrukturinvestitionen den Wachstumsspielraum der übrigen Wirtschaft. Private Investitionen sind in der Regel komplementär zu öffentlichen Infrastrukturinvestitionen, insofern als die Grenzproduktivität des privaten Kapitals bei höherer Infrastrukturausstattung steigt.

Steht bezüglich der Wachstumswirkungen von Infrastrukturinvestitionen der Kapazitätseffekt im Vordergrund, so ist hinsichtlich der Konjunkturaspekte vor allem der Einkommenseffekt von Bedeutung. Infrastrukturinvestitionen (z. B. Wohnungs- oder Straßenbau) stellen typischerweise den wichtigsten Ansatz einer ausgabenseitigen fiskalischen Stabilisierungspolitik dar. Allerdings gibt es hinsichtlich des konjunkturpolitischen Einsatzes auch erhebliche Einschränkungen und Probleme. So weisen Infrastrukturinvestitionen vielfach lange Planungs- und Vorlaufzeiten auf, sind demnach nur in beschränktem Maß kurzfristig variierbar. Daraus ergibt sich die Gefahr erheblicher Zeitverzögerungen bis zur Nachfragewirksamkeit eines Infrastrukturprogrammes, was wieder zu letztlich prozyklischen Effekten führen kann.

Da die Nachfrage nach Infrastrukturleistungen überwiegend von langfristig wirkenden Faktoren (z. B. Bevölkerungsentwicklung) bestimmt ist, besteht ferner die Gefahr, dass ausgeprägte konjunkturelle Variationen entweder zu Engpässen oder zu Überkapazitäten führen, mit jeweils volkswirtschaftlich und fiskalisch negativen Effekten. Der Spielraum für konjunkturelle Variationen von Infrastrukturinvestitionen ist daher beschränkt und besteht vor allem in der Möglichkeit des Vorziehens oder Verzögerns von auf die langfristige Bedarfsentwicklung angepassten Projekten. Das

Vorhandensein rasch realisierbarer „Schubladenprojekte" kann dabei helfen, die Einsatzverzögerungen im Rahmen einer expansiven Konjunkturpolitik möglichst gering zu halten. Je langfristiger die Tendenz zur Unterauslastung volkswirtschaftlicher Kapazitäten, desto wichtiger und erfolgversprechender wird der stabilisierungspolitische Einsatz langfristig konzipierter Infrastrukturprogramme, die neben den stabilisierungspolitischen auch auf wachstumspolitische Effekte abzielen.

Die Verteilungswirkungen von Infrastruktureinrichtungen können, entsprechend dem heterogenen Charakter dieses Bereiches, sehr verschieden sein. Insbesondere werden sie auch davon abhängen, ob die Finanzierung der entsprechenden Infrastruktureinrichtungen aus allgemeinen Steuermitteln, aus Gebühren oder Beiträgen oder über Marktpreise erfolgt. Bei isolierter Betrachtung der Ausgabenseite (siehe dazu auch Kap. 21) können Verteilungswirkungen entstehen über

- die Leistungserstellung (durch Heranziehung entsprechender Produktionsfaktoren, z. B. Bauarbeiter).
- die Leistungsabgabe (durch Inanspruchnahme entsprechender Infrastrukturleistungen, z. B. von Hochschulen),
- Reaktionen, die mit der Weitergabe von „Infrastruktur-Nutzungen" verknüpft sind (z. B. höhere Unternehmensgewinne oder geringere Güterpreise durch eine durch Infrastrukturinvestitionen erreichte Verringerung der Transportkosten).

Da sämtliche oben genannte Effekte nicht gleichmäßig in einer Volkswirtschaft wirken werden, werden Infrastruktureinrichtungen zu spezifischen personellen, sektoralen und regionalen Verteilungswirkungen führen.

Literatur

Surrey, S., Der amerikanische Kongress und die Steuerlobby. Wie es zu privilegierenden Sondervorschriften in den Steuergesetzen kommt. In: Steuer und Wirtschaft, Bd. 58 (1981), S. 143 ff.

Weiterführende Literatur

Aderna, W. et al., Net Public Social Expenditure. OECD, Paris 1996.

Albrecht, D., Thormälen, T. Subventionen – Politik und Problematik. Frankfurt 1991.

Andreae, C.-A., Büchel, H., Wilflingseder, C. Öffentlicher Dienst 11: Besoldung. In: HdWW 5:532, Stuttgart 1980.

Bayer, K. (Koord.) Der Staat und seine Funktionen. Neue Formen der Erfüllung öffentlicher Aufgaben, Wien 1998.

Beirat f. Wirtschafts- und Sozialfragen. Innovative Kooperationen für eine leistungsfähige Infrastruktur, Wien 1998.

Blankart, Ch. B., Öffentliche Finanzen in der Demokratie, 9. Auflage, München 2017.

Brandes, W., Buttler, F. (Hrsg.) Der Staat als Arbeitgeber. Frankfurt/M. 1990.
Budäus, D., Eichhorn, P. Public Private Parntership – Neue Formen öffentlicher Aufgabenerfüllung. Baden-Baden 1997.
Bundesministerium der Finanzen, Subventionsbericht. Bericht der Bundesregierung über die Entwicklung der Finanzhilfen und Steuervergünstigungen. Bonn, laufende Jahrgänge.
Dürnecker, G., Zagler, M., Long-run growth implications of government expenditures in Austria, In: Wirtschaftspolitische Blätter, 2003 Vol. 50(2), 213–221.
Erbsland, M. Die öffentlichen Personalausgaben. Frankfurt 1991.
Ford, R., Poret, P. Infrastructure and Private-Sector Productivity. In: OECD Economic Studies 1991, 17:63 ff.
Gramlich, E.M. Infrastructure Investment: A Review Essay. In: J. of Economic Literature, 32:1176 ff.
Haveman, R. (Hrsg.) Public Finance and Public Employment. Detroit 1982.
Hedkamp, G. Die Bedeutung der Infrastruktur in makroökonomischer Sicht. In: A. Oberhauser (Hrsg.) Finanzierungsprobleme der deutschen Einheit III, Berlin 1995.
Henneberger, F. Arbeitsmärkte und Beschäftigung im öffentlichen Dienst. Bern 1997.
Hoffmann, U. Produktivitätseffekte der öffentlichen Infrastruktur. Frankfurt/M. 1996.
Kitterer, W., Schlag, C.-H. Sind öffentlichen Investitionen produktiv? In: FA, 1995, 52:460 ff.
Kolodziej, M. Die private Finanzierung von Infrastruktur. Frankfurt/M. 1996.
Kronenberger, S. Die Investitionen im Rahmen der Staatsausgaben. Frankfurt/M 1988.
Munell, A. H. Infrastructure Investment and Economic Growth. In: J. of Economic Perspectives 1992, 6:189 ff.
Oberhauser, A. Familie und Haushalt als Transferempfänger. Frankfurt 1989.
OECD. Budgeting for Results. Perspectives on Public Expenditure Management, Paris 1995.
OECD. Issues and Developments in Public Management, Paris 1997.
Pfähler, W., Hoffmann, U., Bönte, W. Does Extra Public Infrastructure Capital Matter? An Appraisal of Empirical Literature. In: FA, 1996, Bd. 53:68 ff.
Puwein, W. (Koord.) Investitionen in die Infrastruktur. Wien 1996.
Sanz, I., Velázquez, F.J., Determinants of the Composition of Government Expenditure by Functions, In: European Economy Group Working Papers 13, European Economy Group, 2002.
Shelton, C., The Size and Composition of Government Expenditure, In: journal of Public Economics, 2007, Vol. 91(11–12), 2230–2260.
Thöni, E., Smekal, C., Lehar, G. Folgekosten öffentlicher Investitionen. Wien 1979.
Transfer-Enquete-Kommission. Das Transfersystem in der Bundesrepublik Deutschland. Stuttgart 1981.

6 Föderale Systeme öffentlicher Finanzen

Lernziele

- Die ökonomische Theorie des Föderalismus beschäftigt sich mit den Begründungen föderaler Staatsformen und den Kriterien für die Aufgabenverteilung in einem föderativen Staatswesen. Die wichtigsten dieser Kriterien sind die Frage der Präferenzen gegenüber öffentlichen Leistungen, die Kostenverläufe ihrer Erstellung und das Ausmaß interregionaler externer Effekte. Jedes dieser Kriterien kann im Zeitablauf Veränderungen unterliegen, sodass sich auch die ökonomisch optimale Aufgabenverteilung in einem föderalen Staat verändern kann. Daraus können sich Spannungen mit verfassungsrechtlich festgelegten Aufgabenstrukturen ergeben.
- Bei der konkreten Ausgestaltung eines föderalen Systems ist zwischen Gesetzgebungs-, Verwaltungs- und Ertragshoheit zu unterscheiden. Dies ist speziell von Bedeutung für die Ausgestaltung des vertikalen, wie des horizontalen Finanzausgleiches.
- Die Ausgestaltung der föderalen Finanzwirtschaft ist stets von großer politischer Bedeutung und daher mit erheblicher Komplexität verbunden. Dies wird für die Regelungen in Deutschland und in Österreich dargestellt.

In den meisten Staaten und so auch in Deutschland und Österreich ist der öffentliche Sektor kein einheitliches Wirtschaftssubjekt. Neben der Unterscheidung zwischen Fisci und Parafisci ist innerhalb der Gruppe der Gebietskörperschaften zwischen den öffentlichen Haushalten des Bundes, der Länder und Gemeinden zu unterscheiden. Das relative Gewicht der einzelnen staatlichen Ebenen ist dabei in den einzelnen Staaten sehr verschieden. Zusätzlich zu den Ebenen von Bund, Ländern und Gemeinden besteht für

E. Nowotny und M. Zagler, *Der öffentliche Sektor*,
https://doi.org/10.1007/978-3-658-36042-9_6

die Mitglieder der Europäischen Union (EU) schließlich eine weitere (supranationale) Ebene der föderalen Finanzwirtschaft.

Es ist freilich darauf hinzuweisen, dass die „Intensität des Föderalismus" nicht durch einen einzigen fiskalischen Indikator erfasst werden kann. So ist neben der Verteilung der Ausgabenkompetenzen auch von Bedeutung, wie weit der Spielraum in der Ausübung dieser Kompetenzen von der Finanzierungsseite (z. B. durch zweckgebundene Zuschüsse einer anderen Gebietskörperschaft) eingeschränkt ist. Ebenso ist zu beachten, dass viele wichtige Aktivitäten des öffentlichen Sektors sich nicht oder nur in geringem Maß in direkten öffentlichen Ausgaben niederschlagen (z. B. Gesetzgebung im Bereich des Zivil-, Sozial-, Verwaltungs- und Strafrechts, Umweltschutznormen etc.) und der Zentralisierungsgrad der jeweiligen Bereiche daher nicht aus den Ausgabenstrukturen ersichtlich ist. Dies gilt insbesondere für die EU, deren allokative Effekte überwiegend nicht von öffentlichen Ausgaben, sondern von administrativ-juridischen Regelungen ausgehen.

Für die Finanzwissenschaft ergibt sich aus der Existenz verschiedener regionaler Ebenen öffentlicher Haushalte zunächst die **normative** Fragestellung nach der Begründung eines föderalistischen Systems und nach der optimalen Ausgaben- und Einnahmenverteilung in einem solchen System. Die diesen Fragestellungen entsprechenden Ansätze werden üblicherweise unter dem Begriff der **„ökonomischen Theorie des Föderalismus"** zusammengefasst. Daneben ergibt sich als zweiter Forschungsbereich für die Finanzwissenschaft die **positiv-ökonomische** Fragestellung nach den ökonomischen Effekten eines gegebenen föderativen Systems und im speziellen seines finanzpolitischen Kernstückes, des **Finanzausgleiches** zwischen den beteiligten Gebietskörperschaften. Unter Finanzausgleich im weitesten Sinn versteht man dabei

- die Verteilung der **Aufgaben** und die daraus resultierende Verteilung der **Ausgaben** in einem Bundesstaat **(passiver Finanzausgleich),**
- die Verteilung der **Einnahmen,** insbesondere der Steuern, zwischen den einzelnen **Ebenen** (Bund, Länder, Gemeinden) eines Bundesstaates **(aktiver vertikaler Finanzausgleich),**
- die Verteilung der **Einnahmen** zwischen den **Ländern** bzw. zwischen den **Gemeinden** eines Bundesstaates, insbesondere unter dem Aspekt einer größeren regionalen Einheitlichkeit in den Möglichkeiten der Aufgabenerfüllung **(aktiver horizontaler Finanzausgleich).**

6.1 Zur ökonomischen Theorie des Föderalismus

6.1.1 Begründung föderativer Staatsformen

Bei der Frage nach der Begründung föderalistischer Organisationsformen eines Staatswesens ist zwischen dem Aspekt der **Dezentralisierung** und dem des Föderalismus zu unterscheiden. Dezentralisierung heißt, dass eine öffentliche Funktion von verschiedenen Verwaltungsstellen, jedoch nach einheitlichen Regeln oder Weisungen durchgeführt wird. Eine gewisse räumliche Dezentralisierung wird sich für jeden Staat schon aus technischen Gründen ergeben. Der entscheidende Aspekt eines föderalistischen Systems[1] besteht demgegenüber darin, dass über den Aspekt der verwaltungsmäßigen Dezentralisierung hinaus in Bezug auf verschiedene öffentliche Funktionen auch die politische Willensbildung auf verschiedenen Ebenen des öffentlichen Sektors erfolgt. Die Praxis föderativer Systeme ist dabei durch die verschiedensten Abstufungen bestimmt, sowohl was die Mitwirkung an der politischen Willensbildung[2] als auch an der Verwaltung[3] betrifft. Die Frage nach Ausmaß und Form eines föderalistischen Systems ist im Wesentlichen als politisch-historisch determiniert zu betrachten. Besonderes Gewicht erhalten föderale Lösungen dabei insbesondere unter folgenden Aspekten:

- Föderalismus als **Minderheitenschutz:** In Staaten mit unterschiedlichen sprachlichen, religiösen, ethnischen Strukturen bedeutet eine starke Stellung der nachgeordneten Gebietskörperschaften einen Schutz der einzelnen Gruppen gegenüber der durch die Mehrheit bestimmten Politik des Zentralstaates.[4]
- Föderalismus als **Machtdiffusion:** So wie für das Prinzip der Gewaltentrennung zwischen Exekutive, Legislative und Justiz liegt auch für ein föderales Staatssystem eine wesentliche Begründung in dem Bestreben, einen Missbrauch der Staatsmacht durch ein System von Kontrollen und Gegenmacht („checks and balances") zu verhindern. Dieser Gesichtspunkt war insbesondere auch dafür maßgeblich, dass 1949 im Grundgesetz für Deutschland speziell unter dem Einfluss der USA eine sehr starke Stellung der Länder vorgesehen wurde, wobei gleichzeitig durch die Neuordnung der Ländergrenzen für ein ausgeglicheneres ökonomisches Verhältnis zwischen den

---

[1] Im Gegensatz zur staatsrechtlichen Literatur, die unter „Föderalismus" meist nur das Verhältnis zwischen Bund und Ländern behandelt, wird in der ökonomischen Diskussion in der Regel unter „Föderalismus" das Verhältnis zwischen Bund, Ländern und auch Gemeinden diskutiert.

[2] Mögliche Formen der Mitwirkung sind: Lokale oder regionale Autonomie, Trennung in Grundsatzgesetzgebung und Ausführungsgesetzgebung, Mitwirkungsrechte an der Gesetzgebung anderer Ebenen (z. B. via Bundesrat, Zustimmungserfordernisse, Gemeindeaufsicht).

[3] Da in der Praxis staatlicher Tätigkeit auch weisungsgebundenes Verwaltungshandeln meist nicht völlig determiniert und „neutral" ist, ist auch das Ausmaß des **„Vollzugsföderalismus"**, d. h. das weisungsgebundene Durchführen von Regelungen höherer Gebietskörperschaften durch die Verwaltung nachgeordneter Gebietskörperschaften von Bedeutung für die „Föderalismus-Intensität" eines politischen Systems. Vgl. z. B. die Durchführung von (Bundes-)Steuergesetzen durch Länderbehörden.

[4] Dabei wird angenommen, dass aus den angeführten Gründen zwischen den Teilregionen unterschiedliche und innerhalb der einzelnen Teilregionen relativ homogene individuelle Präferenzen gegenüber einzelnen öffentlichen Gütern bestehen.

einzelnen Ländern gesorgt werden sollte, als dies im Kaiserreich und der Weimarer Republik der Fall war (dominierende Stellung Preußens!).

6.1.2 Kriterien für die Aufgabenverteilung im föderativen Staat

Geht man davon aus, dass aus politisch-historischen Gründen eine föderalistische Struktur eines Staatswesens gewünscht bzw. gegeben ist, so bleibt weiterhin die Frage, welche Aufgaben des öffentlichen Sektors nun von welcher staatlichen Ebene zu erfüllen sind. Als generelle Leitlinie kann hier das **„Subsidiaritätsprinzip“**[5] dienen. Dieses besagt, dass die Erfüllung einer öffentlichen Aufgabe jeweils der „untersten“, dafür geeigneten Ebenen des öffentlichen Sektors übertragen werden soll. Die normative **ökonomische Theorie des Föderalismus** kann als Operationalisierung der allgemeinen Perspektive des Subsidiaritätsprinzips gesehen werden. In dieser Theorie werden insbesondere drei Aspekte genannt, die als Kriterien für die Zuweisung öffentlicher Aufgaben in einem föderalistischen System herangezogen werden können:

- Grad der regionalen Homogenität der **Präferenzen** gegenüber öffentlichen Gütern und Leistungen,
- **Kostenverläufe** der Erstellung öffentlicher Dienste,
- Ausmaß interregionaler **externer Effekte.**

Ausgangspunkt der Diskussion ist das Konzept der „öffentlichen Güter“ (siehe Abschn. 3.3). Bei „reinen öffentlichen Gütern“, wo die Konsummenge bzw. die Nutzungsmöglichkeit aus der Bereitstellung eines öffentlichen Gutes für jedes Individuum innerhalb eines Staatsgebietes, unabhängig von seinem geografischen Standort, gleich ist, gibt es keinen ökonomischen Grund beziehungsweise keine Möglichkeit für eine dezentralisierte Versorgung mit öffentlichen Gütern. Im Fall dieser „nationalen öffentlichen Güter“ wäre die Versorgung mit diesen Gütern notwendigerweise zentral.[6]

Über das Ausmaß der „Produktion“ dieses Gutes ist dabei auf gesamtstaatlicher Ebene zu entscheiden, wo das endgültige Ergebnis in der Regel einen Kompromiss zwischen den Vorstellungen der einzelnen Gruppierungen und Parteien über die gewünschte Versorgung mit dem jeweiligen öffentlichen Gut darstellt.

Gegenüber den „reinen, nationalen öffentlichen Gütern“ sind aber nun in der Regel andere Formen öffentlicher Güter charakteristisch, bei denen die Konsummöglich-

[5] Das Subsidiaritätsprinzip wurde speziell im Rahmen der katholischen Soziallehre entwickelt, wird aber auch z. B. explizit im EU-Vertrag angeführt (Art. 5, Lissabon-Vertrag).

[6] Es ist aber auch der Fall „internationaler öffentlicher Güter“ denkbar, wo die Entscheidungsbildung dann auf einer international zentralen Ebene zu erfolgen hätte (etwa in Bezug auf die Beseitigung grenzüberschreitender Umweltgefährdungen).

keiten aus der Bereitstellung dieser Güter räumlichen Begrenzungen unterworfen sind und daher jeweils nur einer regional abgegrenzten Teilmenge der gesamtstaatlichen Bevölkerung zugänglich sind.

Auch in diesem Fall der räumlichen Differenzierbarkeit kann das Ziel der Wirtschaftspolitik in einer regional einheitlichen Versorgung mit dem entsprechenden öffentlichen Gut bestehen. Diese Form der Allokation der öffentlichen Güter ist aber nur dann ökonomisch (pareto-)effizient, wenn auch die **Präferenzen** der Bewohner der einzelnen Regionen und die regionalen Kosten der Bereitstellung des öffentlichen Gutes gesamtstaatlich identisch sind. Nimmt man dagegen an, dass die Präferenzen der Bewohner einzelner Regionen verschieden (und – vereinfachend – innerhalb der Region identisch) sind, und nimmt man zunächst weiter vereinfachend an, dass die Kosten der Erstellung des öffentlichen Gutes unabhängig sind von der erstellenden staatlichen Ebene[7], so wird die gesamtwirtschaftliche wie auch die regionale Wohlfahrt nur im Rahmen eines dezentralen Systems der Versorgung und Entscheidung in Bezug auf öffentliche Güter maximiert. In diesem System wird nun jede Region die Möglichkeit haben, die Versorgung mit einem bestimmten und regional unvollkommenen öffentlichen Gut (z. B. lokales und regionales Schul- und Gesundheitswesen, Freizeiteinrichtungen, lokale und regionale „Umweltqualität" etc.) entsprechend ihrer Präferenzen zu bestimmen. Je größer die Unterschiede in den „regionalen Präferenzen", eine desto ungleichere Versorgung mit dem entsprechenden öffentlichen Gut lässt sich, ceteris paribus, erwarten, und desto höher wird auch der „Wohlfahrtsgewinn" einer „differenzierten" gegenüber einer „national einheitlichen" Lösung anzusehen sein.

Der Aspekt unterschiedlicher regionaler Präferenzen ist jedoch nicht nur, wie es den üblichen (wohlfahrts-)ökonomischen Denkansätzen entspricht, in Bezug auf das **Ergebnis** einer föderalistischen Organisationsform von Interesse.

Zu einem erheblichen Teil dürften das Phänomen und die Begründung des Föderalismus eher im **Entscheidungsprozeß** selbst zu suchen sein.[8] Ein dezentralisierter Entscheidungsprozess kann aber direkte Wohlfahrtseffekte haben, etwa durch erhöhte Machtdiffusion und -kontrolle und stärkere soziale Identifikation. Dem sind allerdings auch die Kosten der staatlichen Willensbildung gegenüberzustellen. Es ist anzunehmen,

[7] D. h. es wird angenommen, dass es keine economies of scale bei der Versorgung durch größere Einheiten gibt.

[8] Diesem wird im ökonomischen Denken – im Gegensatz zu juridischen oder politikwissenschaftlichen Ansätzen – ja in der Regel kein besonderer, vom Ergebnis isolierter Wert beigemessen. Die moderne Nationalökonomie befasst sich zwar, vor allem im Bereich der Theorie öffentlicher Güter, in zunehmendem Maß auch mit der Form von Entscheidungsprozessen, aber in der Regel nur im Hinblick auf die Bewertung und Prognose des materiellen Endergebnisses (durch Berücksichtigung der Kosten der Einigung und Information, der Probleme der Aggregation individueller Präferenzen usw.), aber nicht in dem Sinn, dass die Form des Entscheidungsprozesses einen Eigenwert in sich darstellt.

dass diese unmittelbaren Kosten (neben den mittelbaren Kosten durch eine allfällige geringere allokative Effizienz) bei einem föderativen System sowohl im Bereich der politischen Willensbildung (durch eine größere Zahl beschließender Gremien usw.) als auch im Bereich der Vollziehung (größere Kosten der Koordination) höher sein werden als bei einer gesamtstaatlich zentralen Politik („Kosten des Föderalismus").

Ein weiteres Kriterium zur Diskussion der „optimalen" regionalen Entscheidungsebene ist die Form der **Kostenverläufe öffentlicher Dienste,** insbesondere die Frage nach Bestehen bzw. Ausmaß von Kostenvorteilen größerer „Produktionseinheiten" (economies of scale). Die Kosten der Erstellung öffentlicher Güter und Dienste pro Kopf der Bevölkerung variieren in der Regel mit der Größe der zu versorgenden Einheit. Die Form und das Ausmaß der zugrunde liegenden economies of scale werden dabei selbstverständlich von den jeweiligen technischen Eigenschaften des speziellen öffentlichen Gutes abhängen. Bei „regional unvollkommenen öffentlichen Gütern" ist nun eine Erweiterung der ursprünglichen Gruppe ohne Erhöhung der Kosten der Erstellung des öffentlichen Gutes (in gleicher „Qualität") nur bis zu einem gewissen Maß zu erwarten, während bei darüber hinausgehenden Größenordnungen zusätzliche Ausgaben für die Erzeugung des öffentlichen Gutes nötig sind. Unter Umständen kann dies sogar zu diseconomies of scale führen, indem z. B. die größere Gruppe eine schwerfälligere und durch höhere Kosten des Informationsflusses (pro Kopf oder „Produktionseinheit") teurere Verwaltung bedingt.

Obwohl es bereits zahlreiche empirische Untersuchungen zur Frage von Kostenfunktionen öffentlicher Dienste gibt, scheinen eindeutige Antworten bis jetzt nicht möglich zu sein. Dies vor allem auch, weil im Allgemeinen die Bedingung der gleichen Qualität bei der Ausweitung des Versorgungsraumes mit einem öffentlichen Gut (z. B. Schulwesen) mangels geeigneter Indikatoren in empirischen Untersuchungen nur schwer überprüfbar ist. Die praktisch größte Bedeutung kommt dem Problem der **economies of scale** im Bereich der öffentlichen Güter aber nicht in der Frage nach der optimalen vertikalen Gliederung der staatlichen Organisation zu, sondern in der – analytisch eng verbundenen – Frage nach der optimalen horizontalen Gliederung, insbesondere nach der optimalen Größenordnung für die Erstellung der traditionellerweise „kommunalen" Dienste.

Generell kann davon ausgegangen werden, dass die Bedeutung von economies of scale umso größer sein wird, je höher der Anteil der Fixkosten an den Gesamtkosten der Erbringung einer öffentlichen Leistung ist. Bei kapitalintensiven öffentlichen Aufgabenstellungen ist aber unter Umständen eine Bereitstellung durch gemeinsame **kommunale Zweckverbände** möglich, wobei meist freilich eine regionale Koordinierungsfunktion durch die nächsthöhere Gebietskörperschaft erforderlich ist (z. B. bei Abwasserreinigung und Kanalisation). Die Bedeutung von economies of scale für öffentliche Dienste kann sich in einzelnen Bereichen auch relativieren durch die Möglichkeit des **Kontrahierens.** Das bedeutet, dass eine (kleine) Gebietskörperschaft die Art der Aufgabe determiniert, die Aufgabenerfüllung an einen (großen) privaten Anbieter überträgt. Bei relativ einfachen Möglichkeiten der Definition und Überprüfung der Qualität der Aufgabenerfüllung kann kontrahieren eine sinnvolle Form der Bereiterstellung öffentlicher Dienstleistungen sein. Dies gilt etwa für kleine Gemeinden hinsichtlich der Übertragung der Müllabfuhr an große private Anbieter. Wo Qualitätsaspekte allerdings komplexer sind (z. B. Schulwesen, soziale Dienstleistungen) haben sich Kontrahierungsansätze, wo sie versucht wurden (z. B. Großbritannien, Schweden), in der Praxis meist nicht bewährt.

Ein weiteres Kriterium für die „optimale" regionale Organisation ist das Ausmaß der **interregionalen externen Effekte („spillovers")** der einzelnen Maßnahmen einer Region. Dabei kann es sich sowohl um positive externe Effekte handeln (z. B. Bau einer Durchfahrtsstraße, kostenlose Bereitstellung eines überregionalen Erholungsgebietes) als auch um negative externe Effekte (z. B. regional übergreifende Umweltschädigungen, Raumplanungsmaßnahmen mit negativen Effekten für andere Regionen). Generell gilt dabei, dass nur dann, wenn alle Kosten und Erträge ihrer Handlungen auch von den Mitgliedern einer Region zu tragen sind und damit in ihre Überlegungen eingehen, erwartet werden kann, dass die Versorgung mit öffentlichen Gütern in wirtschaftlich effizientem Ausmaß erfolgt (**„Prinzip der fiskalischen Äquivalenz"**). Tatsächlich wird eine solche Konstellation freilich häufig nicht gegeben sein. Dabei ist zu erwarten, dass das Ausmaß interregionaler externer Effekte und damit die Wohlfahrtsminderung durch eine nicht effiziente Allokation der öffentlichen Güter um so größer ist, je kleiner die für die Versorgung mit öffentlichen Gütern zuständigen Regionen sind. Im Einzelnen wird der Wohlfahrtseffekt dabei selbstverständlich von den konkreten technischen Eigenschaften des jeweiligen Umweltgutes abhängen.

Die besondere wirtschaftspolitische Problematik, die sich aus der Beachtung der unterschiedlichen Zuständigkeitskriterien ergibt, liegt nun in der Möglichkeit von **Zielkonflikten** bei Befolgung der einzelnen Kriterien. Die Aktualität dieser Problematik zeigt sich an Hand der vielfach sehr lebhaften Diskussion um Fragen von **Gemeindezusammenlegungen** oder dem Verlangen nach stärkerer **Dezentralisierung** öffentlicher Dienste.

Abb. 6.1 enthält eine Darstellung entsprechender Zielkonflikte bzw. der unterschiedlichen Ergebnisse, je nach Berücksichtigung einzelner **Kriterien der förderalen Zuordnung.** Bezugspunkt ist der Zusammenhang zwischen dem Verlauf von Durchschnitts-(Pro-Kopf-)Kosten und Nutzen bei Erstellung eines unvollkommen öffentlichen Gutes und der Bevölkerungsanzahl des jeweiligen Versorgungsbereiches. Gegeben sei demnach ein bestimmtes Ausmaß eines unvollkommen öffentlichen Gutes bzw. eines meritorischen Gutes (z. B. ein Schulsystem, ein Krankenhaussystem, Feuerschutz). In Abb. 6.1 wird hinsichtlich der **Kostenverläufe** angenommen, dass mit zunehmender Bevölkerung die Kosten der Bereitstellung je Mitglied der Gebietskörperschaft (DK) zunächst sinken, ab einer gewissen Größe der zu versorgenden Personengruppen aber dann diseconomies of scale auftreten.

Den Kosteneffekten stehen nun **Nutzenerwägungen** gegenüber. Der „durchschnittliche Nutzen je Betroffenen" wird von der (Bevölkerungs-)Größe der regionalen Einheit dabei in verschiedener Weise berührt werden. Zunächst äußert sich das Charakteristikum

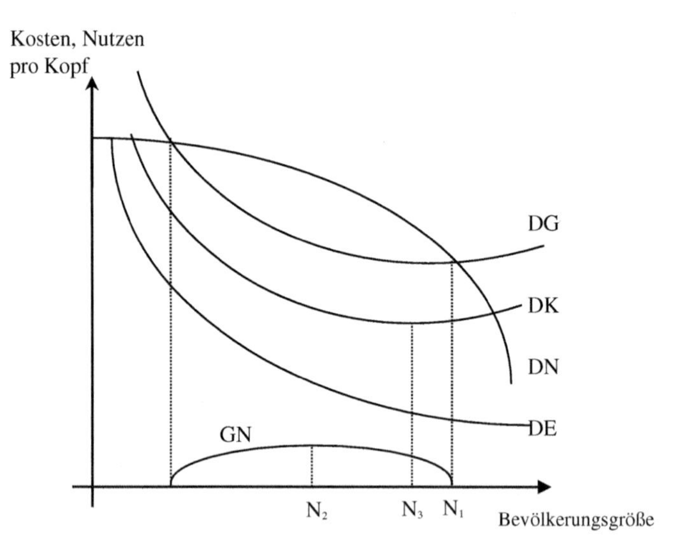

Abb. 6.1 Die optimale Größe der regionalen Entscheidungsebene: Der Einfluss von Kosten- und Nutzenkriterien und des Ausmaßes interregionaler externer Effekte

„unvollständiger öffentlicher Güter" in der nach der geografischen Lage usw. variierenden „Konsummöglichkeit" bzw. in der Möglichkeit der „Überfüllung" der Kapazität eines bestimmten öffentlichen Gutes. Aber auch wenn das absolute Ausmaß des Konsums des entsprechenden Gutes für jedes Individuum der Gebietskörperschaft gleich ist, gilt dies nicht, wie oben gezeigt, für den aus dem Konsum gezogenen Nutzen. Je größer nun die Gruppe ist, die über die Versorgung mit dem jeweiligen öffentlichen Gut zu entscheiden hat (etwa im Weg einer Mehrheitswahl), desto geringer ist die Möglichkeit des einzelnen, diese Entscheidung zu beeinflussen. Desto größer ist damit die Wahrscheinlichkeit für den einzelnen, ein Konsumniveau (oder eine spezielle Ausstattung) des öffentlichen Gutes akzeptieren zu müssen, das von seinem optimalen Nutzenniveau abweicht. Beide genannten Faktoren führen dazu, dass der „durchschnittliche individuelle Nutzen" aus dem Konsum des öffentlichen Gutes mit zunehmender Gruppengröße abnimmt, wie es anhand der Kurve DN in Abb. 6.1 dargestellt wurde.

Aus Abb. 6.1 sind nun die unterschiedlichen Optima je nach der Gewichtung der einzelnen Kriterien ersichtlich. Geht man für die Bestimmung der optimalen regionalen Zuordnung nur vom technischen Aspekt der Kostenfunktion der Erstellung des entsprechenden Umweltgutes aus, so liegt das Optimum bei einer Bevölkerungsgröße N_1 im Minimum der Durchschnittskostenkurve. Berücksichtigt man auch die angeführten Nutzenerwägungen, so ist der Nettoeffekt zwischen den zwei genannten Aspekten entscheidend für die Bestimmung der für die Versorgung mit dem Umweltgut „optimalen" Größe der Gebietskörperschaft beziehungsweise bei vorgegebener Größen der regionalen Einheiten für die „Zuteilung" zur „optimalen" Ebene der staatlichen Organisation. Dieser

„Nettoeffekt", der **„fiscal return"** je Bewohner, entspricht der Differenz zwischen der Kosten- und der Nutzenfunktion. Dabei zeigt sich, dass die aufgrund des „Nettonutzens" ermittelte optimale Bevölkerungsgröße kleiner, der optimale Dezentralisierungsgrad demgemäß höher ist, als es sich bei alleiniger Betrachtung aufgrund der Kostenfunktion der Erstellung des öffentlichen Gutes ergäbe.

Die zusätzliche Berücksichtigung **interregionaler externer Effekte** (spill-overs) geht davon aus, dass das Auftreten solcher externer Effekte zu allokativen Ineffizienzen führt, die als gesamtwirtschaftliche Kosten dargestellt werden können. Diese Kosten sind vor allem als Opportunitätskosten, d. h. als der durch die nicht-effiziente Allokation entgangene Nutzen, aufzufassen. Die durchschnittlichen gesamtwirtschaftlichen Kosten des Auftretens interregionaler externer Effekte (DE) sinken mit zunehmender Größe der Region, d. h. mit zunehmender Internalisierung.

Bei gleichzeitiger Berücksichtigung aller drei genannten Kriterien wird deutlich, dass etwa die Betrachtung von Kostenverläufen allein nicht ausreicht, um die optimale Größe der regionalen Entscheidungsebene zu bestimmen, sondern dass es hier auch der zusätzlichen Berücksichtigung der „regionalbezogenen" Nutzenverläufe bedarf. Je regional divergierender (aufgrund unterschiedlicher Präferenzen und/oder Einkommen) die regionalen Konsumwünsche in Bezug auf ein öffentliches Gut sind und je größer daher die Nutzeneinbußen bei überregional einheitlicher Erstellung, desto kleiner wird bei gegebenem Kostenverlauf die optimale Größe der regionalen Entscheidungseinheit sein. Umgekehrt wird bei gegebenen Nutzenstrukturen diese optimale Größe umso größer sein, je bedeutsamer bei der Erstellung des öffentlichen Gutes economies of scale und das Auftreten externer Effekte sind.

Die „Ermittlung" bzw. Bewertung der entsprechenden Nutzenverläufe und die Berücksichtigung der aufgezeigten Austauschverhältnisse haben dann selbstverständlich im Wege politischer Prozesse zu erfolgen. Dabei ist auch zu beachten, dass sowohl die Kosten- wie die Nutzenfunktionen im Zeitablauf, etwa durch technischen Fortschritt, Einkommensänderungen etc., Veränderungen erfahren können. Das bedeutet, dass in diesen Fällen die Berücksichtigung ökonomischer Kriterien Änderungen in der föderalistischen Struktur eines Staates erfordern würde und damit Spannungen zu der meist langfristig festgeschriebenen, verfassungsrechtlichen Struktur entstehen können.

6.1.3 Erfüllung öffentlicher Funktionen in einem Bundesstaat

Geht man von einem, nach Bund – Ländern – Gemeinden gegliederten, föderalistischen System aus, so können aus den obigen Überlegungen folgende Schlussfolgerungen hinsichtlich der kompetenzmäßigen Verteilung der einzelnen Funktionen des öffentlichen Sektors gezogen werden:

- **Allokation:** Hinsichtlich der Erfüllung der Allokationsfunktion wird sich eine Abstufung zwischen den einzelnen Ebenen, entsprechend den oben diskutierten

Kriterien, ergeben. So werden etwa „reine öffentliche Güter“ wie Landesverteidigung typischerweise Angelegenheit des Zentralstaates sein, gleiches gilt für öffentliche Investitionen mit ausgeprägten externen Effekten, wie etwa gesamtstaatlich wichtige Verkehrsverbindungen. Auf der anderen Seite stehen typisch „lokale“ öffentliche Funktionen, wie Straßenreinigung. Für einen breiten Bereich der Allokationsfunktionen des öffentlichen Sektors ist daher eine eindeutige Zuordnung nach ökonomischen Kriterien a priori nicht möglich, da hier jeweils die konkrete Erfassung der Nutzen- und Kostenfunktionen maßgeblich ist. Dementsprechend zeigen sich auch in vielen wichtigen Bereichen (z. B. Schulwesen, Gesundheitswesen, Umweltschutz) zwischen einzelnen, föderalistisch organisierten Staaten erhebliche Unterschiede in der jeweiligen Kompetenzverteilung.

- **Distribution:** Eine als gerecht empfundene Einkommensverteilung kann als ein „reines öffentliches Gut“ interpretiert werden (Abschn. 3.3). In einem föderativen System, in dem es weitgehende interregionale Mobilität der Faktoren Kapital und Arbeit gibt, wird die Distributionsfunktion daher notwendigerweise im Wesentlichen von der zentralstaatlichen Ebene wahrgenommen werden müssen.[9] Denn unterschiedliche „Umverteilungsintensitäten“ der Steuer- und Transfersysteme auf regionaler oder lokaler Ebene hätten zur Folge, dass Personen mit hohen Einkommen aus „umverteilungsintensiveren“ Regionen abwandern und Personen mit niedrigem Einkommen in diese Regionen zuwandern würden. Die dadurch entstehende instabile Situation würde letztlich die Durchsetzung von Umverteilungszielsetzungen insgesamt verhindern bzw. sie nur in dem Maß gestatten, wie es der „wenigst umverteilungsintensiven“ Region entspricht.
- **Stabilisierung:** Auch wirtschaftliche Stabilität, insbesondere in Bezug auf Preisniveau und Beschäftigung, kann als „reines öffentliches Gut“ gesehen werden (Abschn. 3.3). So ist es für eine Einzelregion im Rahmen einer integrierten Volkswirtschaft kaum möglich, eine eigenständige Konjunkturpolitik zu betreiben, da, etwa im Fall einer expansiven Konjunkturpolitik, ein erheblicher Teil der neugeschaffenen Nachfrage über regionale Importe in andere Regionen abfließen würde. Die Stabilisierungsfunktion wird daher im Wesentlichen durch den Zentralstaat übernommen werden müssen, wo auch am ehesten die Koordination mit der ja notwendigerweise zentralen Geldpolitik erfolgen kann. Die Zuweisung der stabilitätspolitischen Verantwortung an den Zentralstaat bedeutet jedoch nicht, dass diese Funktion nur über den Bundeshaushalt erfüllt werden könne. Vielmehr wird die Erfüllung der Stabilisierungsfunktion auch die stabilitätspolitische Koordinierung der Haushalte der nachgeordneten Gebietskörperschaften umfassen.

---

[9] Für eine abweichende Stellungnahme gegenüber dieser finanzwissenschaftlichen „Mehrheitsposition“ siehe James Buchanan (1968), der davon ausgeht, dass sich Vorstellungen über eine „gerechte Einkommensverteilung“ (im Sinne einer Interdependenz der Nutzenfunktionen) nicht auf den Gesamtstaat, sondern nur auf kleinere Gruppen bzw. Regionen beziehen.

- **Wachstums- und Strukturpolitik:** Die Möglichkeiten, auf regionaler und lokaler Ebene Wachstums- und Strukturpolitik zu betreiben, hängen wesentlich von der Mobilität der Produktionsfaktoren und der Bedeutung externer Effekte ab. So wird es etwa für eine Gemeinde in der Regel bei großer Mobilität der Betroffenen wenig sinnvoll sein, als Wachstumsstrategie „Humankapital-Investitionen", wie etwa berufliches Ausbildungswesen, zu forcieren. Dagegen besteht auf lokaler wie regionaler Ebene die Möglichkeit, auf die Qualität immobiler Standortfaktoren einzuwirken (Angebot von Betriebsgrundstücken, Verkehrserschließung etc.) und auf diese Weise Wachstums- und Strukturpolitik zu betreiben. Dabei können sich freilich Konflikte zwischen gesamtwirtschaftlicher und lokaler Effizienz der Wachstumspolitik ergeben.

Einen einflussreichen neo-klassischen Ansatz hinsichtlich der regionalen Bereitstellung öffentlicher Güter stellt das **Tiebout-Modell** dar. In diesem regionalökonomischen Ansatz wird gezeigt, dass eine gesamtwirtschaftlich effiziente Bereitstellung öffentlicher Güter dann erfolgt, wenn die Finanzierung öffentlicher Leistungen in Form der „benefit-Besteuerung" erfolgt und die Individuen in der Lage sind, je nach ihren Präferenzen Wohnorte mit unterschiedlichen Versorgungsniveaus zu wählen (**„voting by feet"**). Personen mit hohen Präferenzen für öffentliche Leistungen würden demnach in Orte mit hohem Versorgungs- und Steuerniveau ziehen, entsprechend umgekehrtes gilt für Personen mit niedrigen Präferenzen. Hintergrund ist das US-System der Finanzierung des lokalen Schulwesens durch lokale Liegenschaftsbesteuerung (property-tax). Entsprechend dem Tiebout-Modell wäre dabei die niedrige Schulqualität in armen Regionen der USA durch die geringe Präferenz der Bewohner für qualitätsvolle Schulausbildung zu „erklären".

Dieses Modell ist nicht nur für europäische Verhältnisse krass unrealistisch und daher hinsichtlich der wirtschaftspolitischen Übertragbarkeit irreführend: Das gilt sowohl für die Annahme in Bezug auf Mobilität und Information wie insbesondere für die Annahmen gleicher Anfangsbedingungen in Bezug auf Einkommen, Vermögen und regionale Steuerbasis. Höhere Steuerquoten in einer Region oder Gemeinde sind demnach nicht notwendigerweise als Ausdruck der Präferenz für höhere öffentliche Leistungen zu interpretieren, sondern können auch Ausdruck der größeren Schwierigkeiten armer Regionen sein, eine den übrigen Regionen entsprechende „Standard-Ausstattung" mit öffentlichen Leistungen zu finanzieren. Dies gilt insbesondere, wenn man realistischerweise nicht nur auf den Allokationsbereich bei ausschließbaren öffentlichen Leistungen abstellt, sondern auch nicht-ausschließbare Leistungen und Distributionsaspekte berücksichtigt.

Verbunden mit dieser Diskussion ist auch die generelle Frage, inwieweit im Rahmen eines föderalen Systems Ansätze der **Politikkoordinierung** bzw. -harmonisierung nötig sind bzw. inwieweit auf Formen des **Politikwettbewerbs** gesetzt werden kann. Aus wirtschaftsliberaler Sicht können Formen eines Politikwettbewerbes zu höherer, „wettbewerbs-getriebener" gesamtwirtschaftlicher Dynamik führen. Dies gelte für Wettbewerb zwischen Regionen wie zwischen Staaten. Im Gegensatz zu Wettbewerb auf der

Unternehmensebene geht es hier freilich nicht um unterschiedliche unternehmerische Initiativen in Bezug auf Produktion oder Vertrieb, sondern um unterschiedliche institutionelle Angebote. Diese können sich beziehen auf unterschiedliche physische oder soziale Infrastruktur (z. B. politische und soziale Stabilität), sie können aber auch bestimmt sein durch sehr unterschiedliche Ausgangsvoraussetzungen. Dies gilt etwa für den **„Steuerwettbewerb"** durch Kleinstaaten ohne Bedarf an flächendeckender Infrastruktur, wie Inselstaaten in der Karibik oder Monaco. Generell wird Steuerwettbewerb – auch durch Flächenstaaten – bei freiem Personen- und Kapitalverkehr für die Staaten/Regionen, die sich am Steuerwettbewerb nicht beteiligen, eine ökonomische Einschränkung der parlamentarischen Besteuerungsrechte bedeuten. Die Besteuerungsmöglichkeit für mobile Produktionsfaktoren (Kapital, Personen mit hohem Einkommen und/oder hohem Vermögensbesitz) werden durch Steuerwettbewerb begrenzt, was zu einem Ungleichgewicht hinsichtlich der Belastung vergleichsweise weniger mobiler Wirtschaftsbereiche (unselbstständig Beschäftigte, Klein- und Mittelunternehmen) führen kann.

6.1.4 Zur Dynamik föderativer Finanzwirtschaften

In den Verfassungen bzw. Finanzverfassungen der jeweiligen Bundesstaaten wird eine bestimmte Aufgabenstruktur festgelegt, aus der sich bestimmte Ausgabenerfordernisse ergeben, denen jeweils die Finanzausstattung entsprechen soll (Prinzip der Konnexität). Wie reagiert nun ein föderales System, wenn sich im Zeitablauf Änderungen in den ursprünglich festgelegten Ausgaben- und Einnahmestrukturen und damit finanzielle Ungleichgewichte zwischen den einzelnen Ebenen eines Bundesstaates ergeben? Eine besondere Herausforderung stellte sich in Deutschland in Form der finanzpolitischen Aspekte der Wiedervereinigung.

Das **„Popitz'sche Gesetz der Anziehungskraft des größten Etats"** behauptet hier für eine föderale Finanzwirtschaft einen tendenziellen Anstieg des Anteils des Zentralstaates auf Kosten der nachgeordneten Gebietskörperschaften. Tatsächlich lässt sich für die Zeit seit dem 2. Weltkrieg für die Mehrzahl föderal organisierter Staaten eine solche Tendenz aber nicht nachweisen. Dabei ist zu berücksichtigen, dass prinzipiell in einem föderalen System im Wesentlichen drei Möglichkeiten bestehen, auf Wandlungen in der Aufgabenstruktur der Gebietskörperschaften und damit zusammenhängende finanzielle Ungleichgewichte zu reagieren:

- Übertragung von Kompetenzen an andere öffentliche Körperschaften, z. B. im Rahmen der „Gemeinschaftsaufgaben".
- Erhöhung der Einnahmen der „notleidenden" Gebietskörperschaften durch höhere eigene Einnahmen oder höhere Ertragsanteile, z. B. durch die Stärkung der Gemeindefinanzen im Rahmen der Finanzreform.

- „Beihilfen" durch andere Gebietskörperschaften durch Kostentragungen und andere Formen von Transfers.

Der häufigst beschrittene Weg ist die letztgenannte Alternative, wie der starke Zuwachs der Bedeutung der Transfers insbesondere für die kommunalen Haushalte zeigt. Dies hängt damit zusammen, dass über Transfers eine höhere Lenkungswirkung erreicht werden kann und sie auch als politisch nicht so endgültig und bindend erscheinen wie Änderungen in den Ausgaben- oder Besteuerungskompetenzen. Speziell auf Gemeindeebene kann damit freilich die Beziehung zwischen Ausgabenentscheidungen und selbstverantworteter Einnahmenbestimmung deutlich geschwächt werden, was nicht nur den Grad der Gemeindeautonomie einengt, sondern auch zu allokativen Ineffizienzen führen kann.

Die wesentlichen Ursachen für das Entstehen von Ungleichgewichten in einer föderativen Finanzwirtschaft liegen in unterschiedlichen Entwicklungen von ausgabeseitigen Anforderungen. So hatten und haben die Gemeinden die Hauptlast beim Ausbau der Infrastruktur zu tragen, während etwa dem Bund die Hauptlast im Rahmen einer expansiven Konjunkturpolitik zukommt. Aber auch die Struktur der Einnahmenseite kann zu einer unterschiedlichen Dynamik im Rahmen eines föderalen Systems führen. Denn die einzelnen Steuerformen weisen sehr unterschiedliche langfristige Aufkommenselastizitäten[10] auf. Von besonderer Dynamik ist dabei in der Regel die Einkommensteuer, deren Aufteilung damit von wesentlicher Bedeutung ist für die langfristige Entwicklung der relativen finanziellen Position der einzelnen Ebenen eines Bundesstaates. In Österreich wurde auf diese Problematik in der Form reagiert, dass für sämtliche bedeutsamen Steuern in Form der „gemeinschaftlichen Bundesabgaben" ein einheitlicher Verteilungsschlüssel besteht. Für den Bereich der föderalen Finanzwirtschaft ist jedenfalls charakteristisch, dass sie in einem steten Spannungsverhältnis zwischen gesellschaftspolitischen, rechtlichen und ökonomischen Kräften steht, was auch dazu führen kann, dass Ungleichgewichte zwischen langfristig konstanten rechtlichen Bedingungen und gewandelten ökonomischen Anforderungen auftreten können, die oft von erheblicher gesamtwirtschaftlicher Tragweite sind.

[10] Die Aufkommenselastizität einer Steuer ist das Verhältnis zwischen der relativen Veränderung des Steueraufkommens und der relativen Veränderung des Sozialprodukts im gleichen Zeitraum (vgl. Abschn. 2.3).

6.2 Aufgabenfinanzierung im Bundesstaat

Neben (bzw. nach) der Frage der Aufgaben- (bzw. Ausgaben-)Verteilung ist in einem föderativen System die Frage der Verteilung der öffentlichen Einnahmen zu lösen. Dabei ist zunächst zwischen folgenden Aspekten der **Steuerhoheit** zu unterscheiden:

- **Gesetzgebungshoheit:** Sie betrifft Form und Höhe der einzelnen Steuern. In Deutschland und Österreich liegt die Gesetzgebungshoheit überwiegend beim Bund (allerdings in Deutschland unter weitgehender Mitwirkung des Bundesrates als Ländervertretung).
- **Verwaltungshoheit der Steuern:** Liegt in Deutschland überwiegend bei den Ländern, während der Bund nur die Zölle, Bundes-Verbrauchsteuern, Einfuhrumsatzsteuer und die EG-Abgaben verwaltet. In Österreich liegt die Verwaltungshoheit überwiegend beim Bund.
- **Ertragshoheit:** Bedeutet das Recht einer Gebietskörperschaft auf den ganzen – oder teilweisen – Ertrag einer Steuer.

Unter Berücksichtigung dieser verschiedenen Aspekte der Steuerhoheit können nun folgende Systeme hinsichtlich der Gestaltung der Einnahmenstruktur in einem Bundesstaat unterschieden werden:

- **Trennsystem:** Hier besteht im Prinzip volle steuerpolitische Unabhängigkeit der einzelnen Gebietskörperschaften innerhalb eines Bundesstaates, analog zur Situation zwischen einzelnen souveränen Staaten. Dementsprechend werden bei grenzüberschreitenden Aktivitäten auch Regelungen der Koordination der Steuerpflicht, insbesondere in Bezug auf das Problem der Doppelbesteuerung erforderlich sein. Abschwächungen eines strengen Trennsystems können sich durch folgende Einrichtungen ergeben:
  Gleiche Erfassung der **Bemessungsgrundlagen** (bei weiterhin unterschiedlichen Steuertarifen). Dies gilt etwa für die hinsichtlich der Einkommensbesteuerung weitgehend autonomen Kantone der Schweiz.
  Anrechenbarkeit der Steuerleistung gegenüber einer Gebietskörperschaft für die Bemessungsgrundlage der Steuer einer anderen Gebietskörperschaft, woraus sich eine Verflechtung der Aufkommensentwicklung ergibt.
  Gesamtstaatlich einheitliche Regelung einer Steuer, wobei der einzelnen Gebietskörperschaft jedoch die Möglichkeit offengelassen wird, die Steuersätze innerhalb eines gewissen Rahmens zu variieren **(gebundenes Trennsystem).** Diese Regelung gilt etwa in Deutschland und in Österreich in Bezug auf die Grundsteuer, die bundesgesetzlich geregelt ist, deren Aufkommen jedoch voll den Gemeinden zufließt, denen hinsichtlich der Steuersätze ein gewisser Spielraum eingeräumt ist. Eine noch weitergehende Form ist die Bindung bei den Steuern (z. B. Kraftfahrzeugsteuer), deren

Ausgestaltung durch Bundesgesetz erfolgt, deren Ertrag jedoch voll einer anderen Gebietskörperschaft (im angeführten Fall den Ländern) zufließt.

- **Verbundsystem:** In diesem Fall ist die Gesetzgebungshoheit bei einer Gebietskörperschaft, überwiegend beim Bund, konzentriert, die anderen Ebenen des Bundesstaates haben jedoch das Recht auf einen Anteil am Ertrag dieser Steuer. Dabei sind zwei Probleme zu lösen: zunächst im Rahmen des **vertikalen Finanzausgleichs** die Verteilung des Steueraufkommens zwischen den einzelnen Ebenen (Bund – Länder – Gemeinden) und, zweitens, im Rahmen des **horizontalen Finanzausgleichs** die Aufteilung der auf eine Ebene entfallenden Steueranteile auf die einzelnen Länder bzw. Gemeinden.
- **Zuweisungssystem:** Hier ist die Steuerhoheit bei einer Ebene, in der Regel dem Zentralstaat konzentriert, von wo Finanzzuweisungen an die übrigen Gebietskörperschaften erfolgen. Die „Föderalismus-Intensität" eines solchen Systems wird dabei wesentlich davon bestimmt sein, wie weit die empfangende Gebietskörperschaft über diese Zuweisungen frei verfügen kann („blockgrants") oder wie weit die Zuweisungen an bestimmte Verwendungszwecke gebunden sind (Zweckzuweisungen, „conditional grants"). Eine Sonderform stellen Zuweisungen dar, die von der höheren Gebietskörperschaft für bestimmte Zwecke geleistet werden, wenn die tiefere Gebietskörperschaft bereit ist, eine bestimmte Eigenleistung zu erbringen („matching grants"). Oft ergänzt dieses System als **sekundärer vertikaler Finanzausgleich** die Verteilung der Steuerquellen (**primärer** vertikaler Finanzausgleich)

Generell steht jede Finanzverfassung in einem Spannungsfeld zweier Prinzipien (Behnke 2020): Dem Prinzip der fiskalischen Autonomie und Leistungsfähigkeit der einzelnen föderalen Einheiten einerseits und dem Prinzip der gesamtstaatlichen Solidarität zwischen den föderalen Einheiten andererseits. In der Praxis der meisten Bundesstaaten findet man daher **Mischsysteme,** die Elemente aller drei oben dargestellten Ansätze enthalten, wobei in Deutschland und Österreich die Bedeutung des Verbundsystems dominiert. Unabhängig von der formalen Struktur stellt sich jedoch in jedem dieser Systeme die Frage nach der ökonomisch effizienten Zuordnung der einzelnen Steuerarten in Bezug auf die Finanzierung der verschiedenen Ebenen eines föderalen Systems.

6.3 Föderale Finanzwirtschaft und Finanzausgleich in Deutschland

6.3.1 Aufgaben- und Ausgabenverteilung

Die **Aufgabenverteilung** und die entsprechenden Regelungen der Ausgabentragung sind im Grundgesetz (GG) festgelegt. Die wichtigsten Aufgabenstellungen der **Bundesebene** sind dabei: Auswärtige Beziehungen (einschließlich EU), Verteidigung, Soziale Sicherung, Bahn und Post (über eigene Wirtschaftskörper). Die **Länder** sind funktionsmäßig vor allem tätig in den Bereichen Kulturwesen, öffentliche Sicherheit und Justiz, Gesundheitswesen sowie in der Form der Bundesauftragsverwaltung insbesondere in den Bereichen Fernstraßenbau und Finanzverwaltung. Die **Gemeinden,** denen im GG das Recht der Selbstverwaltung eingeräumt ist, sind vor allem in der Erbringung kommunaler Versorgungs- und Entsorgungsaufgaben und im Schulwesen engagiert. Eine besondere Form der Verflechtung stellt die Kategorie der **Gemeinschaftsaufgaben** dar, die im Zuge der Finanzreform 1969 in das GG aufgenommen wurde. Es handelt sich dabei um ursprüngliche Landesaufgaben[11], die nun in Zusammenwirken von Bund und Ländern gemeinsam geplant und finanziert werden.

Mit der deutschen Wiedervereinigung ergaben sich gewaltige fiskalische Herausforderungen angesichts der geringen Finanzkraft der neuen Bundesländer. Im Rahmen der „Solidarpakt-Regelung" wurden zunächst direkte Finanzierungsleistungen im Wege des **Fonds Deutsche Einheit** erbracht. Mit der Neuregelung des **Finanzausgleichsgesetzes** wurden per 1.1.1995 die neuen Bundesländer in das System des Finanzausgleichs integriert, was im Wege des horizontalen Finanzausgleichs erhebliche Mittelzuführungen bedeutete. Die Zuweisungen aus dem Fonds Deutsche Einheit liefen aus. Dafür wurde seit 1995 im Rahmen des **Solidarpaktes I** und seit 2005 **Solidarpaktes II** das Instrument der Sonderbedarfs-**Bundesergänzungszuweisungen** zum Abbau teilungsbedingter Sonderbelastungen sowie zum Ausgleich unterproportionaler kommunaler Finanzkraft geschaffen. Die Mittelzuführung aus dem Solidarpakt II endete 2019. Mit Inkrafttreten der Reform des **Länderfinanzausgleiches** zum 1.1.2020 wurde der horizontale Finanzausgleich von den „Geberländern" zu den „Nehmerländern" abgeschafft. Demgegenüber erfolgte eine erhebliche Ausweitung der Bundesergänzungszuweisungen. Dies entspricht einer Stärkung des vertikalen, gegenüber dem horizontalen Finanzausgleich. Angesichts der Vielzahl der miteinander verbundenen Regelungen kommen entsprechende Analysen (Schorf 2020) zum Schluss, dass durch die Neuregelung des Finanzausgleichs gegenüber dem alten System zwar große formale, aber nur geringe materielle Unterschiede bestehen. Auch erhalten die neuen Bundesländer neben den steuerbasierten Einnahmen weiterhin erhebliche Fördermittel des Bundes (z. B. für Verkehrsmaßnahmen, Städtebauförderung, Arbeitsmarktpolitik), wie auch regionalspezifische Förderungen aus EU-Fonds (Hesse 2020).

6.3.2 Einnahmenverteilung – Finanzausgleich

Der **vertikale Finanzausgleich** bezieht sich auf die Aufteilung der Finanzmittel, speziell der Anteile an den **Gemeinschaftssteuern** zwischen Bund und Ländern, sowie auf den **kommunalen Finanzausgleich** zwischen einem Bundesland und seinen Kreisen,

[11] Hochschulbau, Verbesserung der regionalen Wirtschaftsstruktur, der Agrarstruktur, Küstenschutz, Bildungsplanung und Forschungsfinanzierung.

Tab. 6.1 Gemeinschaftssteuern – Ertragsanteil (in Prozent)

	Bund	Länder	Gemeinden
Lohn- und Einkommensteuer	42,5	42,5	15
Körperschaftsteuer	50,0	50,0	0
Abgeltungssteuer	44,0	44,0	12
Umsatzsteuer	51,5	46,3	2,3

Städten und Gemeinden. Der **horizontale Finanzausgleich** bezieht sich auf das Verhältnis zwischen den Ländern bzw. Gemeinden. Die Gemeinschaftssteuern, auf die rund zwei Drittel der staatlichen Einnahmen entfallen und die Aufteilung auf die einzelnen staatlichen Ebenen sind in Tab. 6.1.[12] dargestellt.

Die wichtigsten ausschließlichen **Bundessteuern** sind: Solidaritätsbeitrag, Energiesteuer, KFZ-Steuer, Versicherungssteuer, Stromsteuer. Diese Steuern sind nicht **zweckgebunden.** Zusätzlich bestehen spezifische zweckgebundene Abgaben (z. B. Mauten).

Ausschließliche **Ländersteuern** sind z. B. die Grunderwerbsteuer, Erbschafts- und Schenkungssteuer. Die Vermögensteuer ist formal in Kraft, wird aber seit 1997 nicht mehr eingehoben. Von der langen Liste der **Gemeindesteuern** sind vor allem die Gewerbesteuer, Grundsteuer, Hundesteuer, Getränkesteuer, Verpackungssteuer von Bedeutung. Die Gewerbesteuer geht an Bund und Länder, sodass sich de facto ein Aufteilungsschlüssel zwischen Bund, Ländern, Gemeinden von 3,5; 11,1, 85,4 % ergibt (H. Zimmermann et al. 2021, S. 239). Die Steuereinnahmen der einzelnen **Bundesländer** entsprechen dem örtlichen Aufkommen aus den Länderanteilen an den Gemeinschaftssteuern (ohne Umsatzsteuer) und aus den jeweiligen Landessteuern. Der horizontale Ausgleich zwischen den Ländern im Sinn des vom Grundgesetz monierten „Wahrung der Einheitlichkeit der Lebensverhältnisse“ (Art. 106 (3) GG) erfolgt – neben **Ergänzungszuweisungen** des Bundes – durch den Länderfinanzausgleich der Umsatzsteuer.

Zunächst wird die Gesamtheit des Umsatzsteueranteils der Länder auf die einzelnen Bundesländer nach ihrem Einwohneranteil aufgeteilt. Bereits daraus ergibt sich ein Ausgleichseffekt zwischen bevölkerungsstarken, aber umsatzschwachen Bundesländern und Bundesländern, die bevölkerungsschwach aber umsatzstark sind. Es verbleiben freilich weiterhin erhebliche Unterschiede in der relativen **Steuerkraft** der einzelnen Bundesländer. Um einen weiteren regionalen Ausgleich zu erzielen, werden dann hinsichtlich der Umsatzsteuer-Anteile Zu- und Abschläge durchgeführt, die sich an der **Finanzkraft** und einer **Ausgleichsmesszahl** orientieren. Die Finanzkraft unterscheidet sich von der Messzahl-Steuerkraft durch den Einbezug der Gemeindesteuern.

[12] Zur Darstellung der einzelnen Steuern siehe Kap. 13–16 des Buches.

Die Ausgleichsmesszahl bedeutet eine Berechnung der durchschnittlichen Steuerkraft nicht nach tatsächlichen, sondern nach gewichteten Einwohnerzahlen („veredelte Bevölkerungszahl"). So werden Einwohner von Stadtstaaten bei den Ländern- und Gemeindesteuern mit 135 % gegenüber den Einwohnern von Flächenländern gewichtet. Dies entspricht den Vorstellungen des **Brecht'schen Gesetzes,** wonach mit steigender Einwohnerzahl die Pro-Kopf-Ausgaben einer Gemeinde steigen.[13]

Ein weiteres finanzausgleichsrelevantes Element besteht in der **gegenseitigen Haftung.** In einem Urteil des Bundesverfassungsgerichts aus 1992 wird aus dem „bündischen Prinzip" des GG abgeleitet, dass Bund und Länder für einander einzustehen haben. Unter diesem Aspekt können „Sonderbedarfsbundesergänzungszuweisungen", die freilich mit Auflagen versehen sind, an in finanziellen Schwierigkeiten befindlichen Länder geleistet werden. Durch diese Regelungen besteht für Länderhaushalte kein „Konkursrisiko". In Österreich ist diese Frage rechtlich nicht eindeutig geklärt, wie sich im Verhältnis zwischen Bund und dem Land Kärnten im Kontext der Probleme der Hypo-Alpe-Adria Bank ergab.

Insgesamt zeigen die vielfältigen und komplexen Regelungen des Finanzausgleichs wie schwierig es ist, allgemein gefasste politische Zielsetzungen, wie die nach einer „Einheitlichkeit der Lebensverhältnisse" in konkrete ökonomische und auch rechtlich justiziable Verfahren umzusetzen. Darüber hinaus zeigt sich hier auch die für jede Gesellschaft zentrale Frage nach dem Ausmaß der gesellschaftlichen Solidarität und der damit verbundenen Bereitschaft zur Umverteilung zwischen reicheren und ärmeren Ländern (oder im Fall der EU: Staaten). Das Ausmaß der föderalen „Umverteilungsbereitschaft" ist jedenfalls ein sehr sensibles historisch, politisch und zum Teil auch ideologisch bestimmtes gesellschaftliches Phänomen.[14]

6.3.3 Kommunaler Finanzausgleich

Die Erträge der Gemeinden aus ihrem Anteil an der Einkommensteuer und aus der Gewerbesteuer werden nach dem örtlichen Aufkommen verteilt. Dadurch ergeben sich erhebliche Unterschiede im Pro-Kopf-Steueraufkommen der Gemeinden. Die Regelungen hinsichtlich des Ausgleichs unterschiedlicher Finanzkraft zwischen den Gemeinden werden in jedem Bundesland durch eigene Landesgesetze geregelt und daher im Einzelnen in jedem Bundesland verschieden. Generell wird in jedem Flächenstaat ein

[13] Die Gründe dafür werden darin gesehen, dass größere Gemeinden zentralörtliche Leistungen auch für ihr Umland erbringen (positive externe Effekte) und die Kosten einzelner öffentlicher Leistungen mit zunehmender Bevölkerung überproportional ansteigen. Ob und in welcher form diese Zusammenhänge tatsächlich bestehen, ist freilich empirisch umstritten.

[14] Im deutschen Finanzausgleich waren (Stand 2020) fünf Länder „Geberländer" mit Bayern bei weitem an der Spitze, den größten Empfängerbetrag weist das Land Berlin auf.

Teil der Landeseinnahmen („Verbund-Masse")[15] für den finanziellen Ausgleich zwischen den Gemeinden verwendet. Der überwiegende Teil dieser Mittel geht als frei verfügbare **„Schlüsselzuweisungen"** an die Gemeinden, wobei sich der Anteil der einzelnen Gemeinden in der Regel wieder aus der Gegenüberstellung von Finanzkraft und Finanzbedarf ergibt. Neben der (veredelten) Bevölkerungsgröße werden für die Ermittlung des Finanzbedarfes häufig auch zusätzliche „Ergänzungsansätze" herangezogen (z. B. Berücksichtigung von Bevölkerungsentwicklung und Bevölkerungsstruktur, zentralörtliche Funktionen). Daneben besteht in jedem Bundesland eine Vielzahl von Programmen für spezifische, zweckgebundene Transfers der Länder an die Gemeinden, insbesondere in Form von Zweckzuweisungen, bzw. als Bedarfszuweisungen für besonders finanzschwache Gemeinden.

6.4 Föderale Finanzwirtschaft in Österreich

Dem Zentralstaat kommt in Österreich eine wesentlich stärkere Stellung zu als in Deutschland. Neben den Kompetenzen für äußere Beziehungen und Sicherheit, soziale Sicherheit, Bahn und Bundesstraßenbau hat der Bund entsprechend der Kompetenzverteilung der Bundesverfassung unter anderem auch direkte Ausgabenverantwortlichkeit in Bezug auf das höhere Schulwesen und die Universitäten, das gewerbliche und landwirtschaftliche Förderungswesen und die innere Sicherheit.

Wichtige Kompetenzen der **Bundesländer** umfassen etwa die Bereiche Raumplanung, Naturschutz und Abfallbeseitigung. Daneben gibt es wichtige Bereiche wie Krankenanstalten- und Elektrizitätswesen, wo zwar dem Bund die Grundsatzgesetzgebung, den Ländern aber die Durchführungsgesetzgebung und Administration obliegt. Im großen Bereich der „mittelbaren Bundesverwaltung" (z. B. Bundesstraßenbau) schließlich wird der Landeshauptmann/die Landeshauptfrau und der entsprechende Verwaltungsapparat des Landes als Organ des Bundes tätig („Vollzugsföderalismus").

Die Funktion der **Gemeinden** liegt vor allem in den Bereichen des Grundschulwesens und der Ver- und Entsorgung. Wien hat im Finanzausgleich eine Sonderstellung als Land und Gemeinde.

Die einnahmeseitigen Beziehungen zwischen den Gebietskörperschaften werden durch das **Finanzverfassungsgesetz 1948** bestimmt, auf dessen Grundlage die konkrete Aufteilung der öffentlichen Abgaben in dem in der Regel für jeweils 6 Jahre beschlossenen **Finanzausgleichsgesetz** erfolgt. Der aktuelle Finanzausgleich für die Jahre 2017 bis 2021 beruht auf dem **Finanzausgleichsgesetz 2017,** sowie einer Reihe

[15] Art. 106 (7) GG sieht vor, dass ein von der Landesgesetzgebung festzulegender Teil der Einkommen-, Körperschaft- und Umsatzsteuer-Einnahmen der Länder hierzu verwendet werden muss; es können jedoch auch weitere Steuern (insbesondere die Grunderwerbsteuer und die Kraftfahrzeugsteuer) herangezogen werden.

weiterer Zusatzgesetze und **Art. 15a BVG-Vereinbarungen** (Vereinbarungen zwischen Bund und Bundesländern über Angelegenheiten ihres jeweiligen Wirkungsbereiches).

Für alle Ebenen der Gebietskörperschaften, stellen die durch den Finanzausgleich erfassten **gemeinschaftlichen Bundesabgaben** die weitaus wichtigste Einnahmequelle dar. Zu diesen gemeinschaftlichen Bundesabgaben zählen insbesondere Lohn- und Einkommenssteuer, Umsatzsteuer, Kapitalverkehrssteuern, Alkoholsteuer, Mineralölsteuer, Kraftfahrzeugsteuer, Versicherungssteuer und Normverbrauchsabgabe. Für die gemeinschaftlichen Bundesabgaben gilt gemäß Finanzausgleichsgesetz 2017 zwischen Bund, Länder und Gemeinden ein Aufteilungsschlüssel von 67.934; 20.217; 11.849 %. Diese generelle Regelung wird dann noch durch eine Vielzahl von Zusatzregelungen, die zu Zu- und Abschlägen führen ergänzt.[16] **Ausschließliche Abgaben** spielen nur bei den **Gemeinden** eine wesentliche Rolle. Dies gilt insbesondere für die Grundsteuer und die Kommunalsteuer. Die Kommunalsteuer trat mit der Steuerreform 1994 an die Stelle der abgeschafften Gewerbesteuer, um den Gemeinden weiterhin eine eigenständige Finanzierungsform zu sichern. In Weiterentwicklung der bisherigen Lohnsummensteuer wird auf sämtliche unselbstständige Einkommen ein Abgabensatz von 3 % erhoben.

Die Zuweisung der jeweiligen Abgabenerträge an die einzelnen Länder und Gemeinden über den horizontalen Finanzausgleich erfolgt in sehr komplizierten Verfahren. Für die Länder richtet sich zunächst die Aufteilung zu 77.017 % nach der Volkszahl, zu 22.983 % nach Fixschlüsseln. Für die Gemeinden erfolgt die Aufteilung zu 17.235 % nach der Volkszahl, zu 24.250 % nach Fixschlüsseln und zu 58.515 % nach dem **„abgestuften Bevölkerungsschlüssel"**, der wieder entsprechend den Vorstellungen des „Brecht'schen Gesetzes" mit wachsender Gemeindegröße höhere Pro-Kopf-Anteile vorsieht. So wird in Gemeinden bis 10.000 Einwohnern für die Zurechnung im Rahmen des abgestuften Bevölkerungsschlüssels jeder Bewohner mit 1,41 multipliziert, bis zu einem Faktor von 2 1/3 bei Gemeinden mit über 50.000 Einwohnern.

Der Ausgleich der Finanzkraft zwischen den Bundesländern erfolgt vor allem durch das Abstellen auf das Verteilungskriterium der Volkszahl (Wohnbevölkerung) bzw. des abgestuften Bevölkerungsschlüssels (an Stelle des „örtlichen Aufkommens"). In Bezug auf die Gemeinden ergeben sich weitere Ausgleichseffekte dadurch, dass ein Teil der den Gemeinden eines Landes zustehenden Ertragsanteile nicht unmittelbar an die Gemeinden ausgezahlt wird, sondern einen vom jeweiligen Land verwalteten „Gemeindeausgleichs-Fonds" bildet, aus dem entsprechend dem jeweiligen Investitionsbedarf **Bedarfszuweisungen** an die Gemeinden geleistet werden. Diese Mittel werden in der Regel ergänzt durch eigene Mittel des Landes, insbesondere aus der **„Landesumlage"**, einer Abgabe der Gemeinden an das jeweilige Bundesland. Die verbleibenden Ertragsanteile der Gemeinden werden dann in einem zweiten Schritt dazu verwendet,

[16] Die Detaillierung der Aufteilungsschlüssel und die Fülle der Zusatzvereinbarungen spiegeln die Härte und die Komplexität der politischen Verhandlungen um den jeweiligen Finanzausgleich.

in den Gemeinden, wo der Finanzbedarf die Finanzkraft übersteigt, einen Teil (30 %) der Differenz abzudecken. Die restlichen Ertragsanteile werden nach dem abgestuften Bevölkerungsschlüssel verteilt. Hinzu kommen noch eine Reihe von Transferzahlungen und Kostentragungsregelungen zwischen den einzelnen Gebietskörperschaften, sodass der Finanzausgleich insgesamt ein überaus kompliziertes Gebilde darstellt, das oft weniger nach Gesichtspunkten der ökonomischen Rationalität als unter politischen und historischen Aspekten erklärbar erscheint.

Insgesamt zeigt das System des Finanzföderalismus in Österreich eine starke Konzentration der öffentlichen Einnahmen bei den gemeinschaftlichen Bundesabgaben, für die der Bund die alleinige politische Verantwortung trägt. Über diesen Abgabenbereich erfolgt auch der wesentliche Umverteilungseffekt zwischen „reichen" und „armen" Bundesländern. Von manchen Kritikern wird, etwa nach dem Beispiel der Schweiz[17], eine größere steuerpolitische Autonomie speziell der Bundesländer gefordert, um durch „Steuerwettbewerb" zu stärkerem fiskalischen Verantwortungsbewusstsein auf regionaler Ebene und letztlich zu geringeren gesamtwirtschaftlichen Steuerquoten und geringeren regionalen Umverteilungseffekten zu gelangen. Sowohl aus technischen Aspekten (administrative Mehrkosten bei Erfassung von Einkommen aus mehreren Gebietskörperschaften) wie auch aus politischen Aspekten (Stärkung der gesamtstaatlichen Einheit eines kleinen EU-Mitgliedsstaates) ist ein verfassungsrechtlicher Konsens für stärkere Dezentralisierung auf der Einnahmenseite nicht zu erwarten. Auch die bestehenden Möglichkeiten einer Differenzierung von Gemeindeabgaben (insbesondere durch Variation der Hebesätze der Grundsteuer) werden in der Praxis kaum genützt. Kommunaler Standortwettbewerb findet vor allem über Bereitstellung von Liegenschaften und Infrastruktur und über die Effizienz von Bewilligungsverfahren statt.

Ein durchgehendes Thema bei Finanzausgleichsverhandlungen ist ein – teilweises – Ersetzen der Verteilungswirkungen des abgestuften Bevölkerungsschlüssels durch Formen eines stärker „bedarfsorientierten Finanzausgleichs". In gewissem Ausmaß erfolgt dies durch Zuschüsse etwa in der Finanzierung von Nahverkehr, Krankenanstalten oder Theatern. Ein Erreichen gleichwertiger Lebensverhältnisse auf kommunaler Ebene ist freilich vor allem durch eine Vielzahl von Faktoren außerhalb der öffentlichen Finanzwirtschaft bestimmt (Transport- und Informationskosten, wirtschaftliche Zentralisierungstendenzen etc.).[18]

[17] Vgl. dazu Blankart (2017, S. 485 ff.)

[18] Vgl. dazu die umfassenden Analysen der 2018 von der Bundesregierung eingesetzten „Kommission gleichwertige Lebensverhältnisse".

Literatur

Buchanan, J. M., The Demand and Supply of Public Goods, Chicago 1968

Hesse, M., Öffentliche Haushalte in Ost- und Westdeutschland. Bundesinstitut für politische Bildung, 17.8.2020

Scherf, W., Länderfinanzausgleich 2020: Neue Form-alte Probleme, Wirtschaftsdienst 2020, 8, 601–607

Zimmermann, H., Henke, K.-D., Broer, M., Finanzwissenschaft, 13. Aufl., München 2021

Weiterführende Literatur

Ahmad, E., Brosio, G., Handbook of Fiscal Federalism, Edward Elgar, 2008.

Andreae, C.-A., Theurl, E. Das Gesetz von Popitz und seine Gültigkeit für Österreich. In: W. Weigel et al. (Hrsg.) Handbuch der österreichischen Finanzpolitik, S 419 ff, Wien 1986.

Behnke, N., Finanzausgleich, Finanztransfer und Reform der Finanzverfassung. Bundesinstitut für politische Bildung, 24.4.2020

Blankart C.B., Borck R., Local Public Finance. In: J.B. Backhaus, R.E. Wagner, Eds., Hanbook of Public Finance, Boston 2004.

Blankart, Ch. B., Öffentliche Finanzen in der Demokratie, 9. Auflage, München 2017.

BMF, Der bundesstaatliche Finanzausgleich, Berlin (BMF) 2015.

Bös, D. et al. (Hrsg.) Probleme des Finanzausgleichs I. Schriften des Vereins für Sozialpolitik, Vol. 96/1, Berlin 1978.

Büttner, T., Steuerwettbewerb und Finanzausgleich, ifo Schnelldienst 59, 2006, s. 12 ff.

Feld, L. P. and Schnellenbach, I., Fiscal Federalism and Long-Run Macroeconomic Performance: A. Survey of Recent Research) EPC: Government and Policy 29 (2011), pp. 224–243.

Feld, L. P., Zimmermann, H. und Döring, Th., Fiscal Federalism, Decentralisation and Economic Growth, in: Public Economics and Public Choice. Contributions in Honor of Charles B. Blankart, Berlin, Heidelberg (Springer) 2007, S. 103–133.

Feld, L.P., Schneider, F., Zum Wandel des föderalistischen Aufgaben-, Ausgaben- und Finanzierungsspektrums: Österreich und die Schweiz im Vergleich. In: E. Theurl, H. Winner, R. Sausgruber, Hrsg., Kompendium d. österr. Finanzpolitik. Wien-New York 2002.

Fuest, C., Thöne, M., Reform des Finanzföderalimus in Deutschland, Berlin: Stiftung Marktwirtschaft, 2009.

Geißler René, Knüpling Felix, Kropp Sabine&Wieland Joachim (Hgs.). Das Teilen beherrschen. Analysen zur Reform des Finanzausgleichs 2019. Baden-Baden: Nomos 2015, S. 43–166.

Genser, R., Holzmann, R., Öffentlicher Sektor: Finanz- und Sozialpolitik. In: R. Nock, E. Nowotny, G. Winckler, Hrsg., Grundzüge der Wirtschaftspolitik Österreichs, 3. Auflage, Wien 2001.

Geske, O.E., Der bundesstaatliche Finanzausgleich, München 2001.

Glomm, G., Lagunoff, R. A Tiebout Theory of Public vs. Private Provision of Collective Goods. In: J. Public Econ. 1998, 68(1):91 ff.

Hansmeyer, K.H., Zimmermann, H., Das Popitzsche Gesetz und die Entwicklung der Ausgabenverteilung zwischen Bund und Ländern. In: W.A.S. Koch, H.G. Pollson (Hrsg.), Staat, Steuern und Finanzausgleich, Berlin 1984.

Homburg, S. Ursachen und Wirkungen eines zwischenstaatlichen Finanzausgleichs. In: A. Oberhauser (Hrsg.) Fiskalföderalismus in Europa, Berlin 1997.
Kuhn, T. Theorie des kommunalen Finanzausgleichs. Berlin-Heidelberg 1995.
Lenk, Th., Glinka Ph. (2017): Die Bund-Länder-Finanzbeziehungen – Zur Neuregelung ihren Zukunftsperspektiven. ZSE Zeitschrift für Staats- und Europawissenschaften | Journal for Comparative Government and European Policy, 15 (2–3), 417–442.
Nowotny, E. Tax Assignment and Revenue Sharing in the Federal Republic of Germany and in Switzerland. In: Ch.E. McLure jr. (Hrsg.) Tax Assignment in Federal Countries. Center for Research on Federal Financial Relations. The Australian National University, Canberra 1983.
Oates, W.E., An essay on fiscal federalism. In: J. of Ec. Literature, 1999 (37): 1120 ff.
Oberhauser, A. (Hrsg.) Fiskalföderalismus in Europa. Berlin 1997
Olson, M. The Principle of Fiscal Equivalence. In: American Economic Review 1969, 59:479 ff.
Pilz, D., Platzer, R., Stadler, W. (Hrsg.) Handbuch der kommunalen Finanzwirtschaft. Wien 1996.
Pohmer, D. (Hrsg.) Probleme des Finanzausgleichs II. Schriften des Vereins für Sozialpolitik, Vol 96/II, Berlin 1980.
Popitz, J., Der Finanzausgleich, in: Handbuch der Finanzwirtschaft, 1. Aufl., 1927, Bd. 2, S. 338–375
Republik Österreich, Parlament, Finanzausgleich 2017 bis 2021. Analyse des Budgetdienstes. Wien 2016.
Richter, W.F., Kommunaler Standortwettbewerb und effizienzorientierte Besteuerung. In: E. Theurl, H. Winner, R. Sausgruber, Hrsg., Wien-New York 2002.
Scharpf, F.W. et al. (Hrsg.) Politikverflechtung: Theorie und Empirie des kooperativen Föderalismus in der Bundesrepublik. Kronberg 1976.
Schneider, F., Lenk, Th., Grundzüge der föderalen Finanzverfassung aus ökonomischer Perspektive: Trennsystem vs. Verbundsystem, in: H.J. Schmidt-Trenz, Hrsg., Zukinft des föderalen Finanzausgleichs, Baden-Baden (Nomos) 2000.
Schweisfurth, Tilmann/Voß, Wolfgang (Hrsg.): Haushalts- und Finanzwirtschaft der Länder in der Bundesrepublik Deutschland, in: Schriften zur öffentlichen Verwaltung und öffentlichen Wirtschaft, Band 236, Berlin 2017, S. 79–116.
Thöni, E. Politökonomische Theorie des Föderalismus, Baden-Baden 1986.
Tiebout, Ch. M. An Economic Theory of Fiscal Decentralization. In: NBER (Hrsg.) Public Finance: Needs, Sources and Utilization. Princeton 1961.
Weigel, W., Leithner, E., Windisch, R., Hrsg., Handbuch der österreichischen Finanzpolitik, Wien 1986.
Wissenschaftlicher Beirat beim Bundesministerium der Finanzen, Reform des bundesstaatlichen Finanzausgleichs, Berlin 2015
Wissenschaftlicher Beirat beim Bundesministerium für Finanzen, Haushaltskrisen im Bundesstaat, BMF Schriftenreihe, H. 78, Berlin (Stollfuß Verlag) 2005.
Wissenschaftlicher Beirat beim Bundesministerium für Wirtschaft und Arbeit, Zur finanziellen Stabilität des deutschen Föderalstaates, Berlin 2005.
Zimmermann, H., Dörring, T., Kommunalfinanzen, 4. Aufl., Berlin 2019

Die Finanzwirtschaft der Europäischen Union

7

Lernziele

- Die Europäische Union verfügt als supranationale Institution über Eigenmittel zur Finanzierung ihrer ausgabenseitigen Aktivitäten, vor allem der Strukturfonds und der gemeinsamen Agrarpolitik.
- Die wichtigsten wirtschaftspolitischen Effekte gehen aber aus von den im Rahmen der EU geschaffenen rechtlichen und institutionellen Strukturen. Dazu zählen die Regelungen zur Funktion des Europäischen Binnenmarktes (die „Vier Freiheiten") und von spezieller finanzwirtschaftlicher Bedeutung der Stabilitäts-und Wachstumspakt und der ihn ergänzende Fiskalpakt.
- Mit dem Wirken der EU sind erhebliche Allokations- und Verteilungseffekte verbunden. In jüngster Zeit hat die EU mit dem Aufbaupaket „Next Generation EU" ein starkes Instrument zur Behebung der negativen Folgen der COVID-19-Pandemie, sowie zur Umsetzung ihrer klimapolitischen Ziele geschaffen. Zur Finanzierung dieses Sonderprogrammes ist die EU auch erstmals ermächtigt, auf den Kapitalmärkten Anleihen aufzunehmen. Es werden die Möglichkeiten und die Grenzen dieser Aktivitäten dargestellt.

7.1 Institutionelle Grundlagen

Die EU stellt als supranationale Einrichtung für ihre Mitgliedstaaten neben Gemeinden, Ländern und Zentralstaat eine vierte Ebene der öffentlichen Finanzwirtschaft – und damit auch des Finanzausgleichs – dar. Fragen der Finanzverfassung betreffen dabei einerseits das Verhältnis zwischen den öffentlichen Haushalten der EU, der Mit-

E. Nowotny und M. Zagler, *Der öffentliche Sektor*,
https://doi.org/10.1007/978-3-658-36042-9_7

gliedstaaten und deren nachgeordneten Gebietskörperschaften und andererseits die Entscheidungs- und Wirkungszusammenhänge innerhalb des EU-Haushaltes.

Für die ökonomische Analyse der Kompetenzverteilung zwischen der EU und ihren Mitgliedstaaten können die in Abschn. 6.1 dargestellten Kriterien der „ökonomischen Theorie des Föderalismus“ wie Fragen der regionalen Homogenität der Präferenzen, der Kostenverläufe öffentlicher Leistungen und interregionaler externer Effekte herangezogen werden.[1] Die entsprechenden Aspekte finden ihren normativen Niederschlag im **Subsidiaritätsprinzip,** das seit dem Vertrag von Maastricht die Grundlage der föderalen Struktur der EU darstellt. Dieses Prinzip besagt, dass Kompetenzen und Verantwortung auf der – technisch und ökonomisch – jeweils tiefstmöglichen – bürgernächsten – Ebene einer Gesellschaft anzusiedeln sind.[2]

Zwischen dem Subsidiaritätsprinzip als Eingriffsbegrenzung für überregionale Ebenen und anderen gesellschaftspolitischen Prinzipien können freilich Zielkonflikte von erheblicher wirtschaftspolitischer Relevanz bestehen. Am deutlichsten wird dies bei Akzeptieren eines für ein föderales System geltenden regionalen Solidaritätsprinzips aus dem sich die Verpflichtung ergibt, über eine gemeinsame oder übergeordnete Regelung durch interregionale Umverteilung interregionale Unterschiede in den Lebensverhältnissen zu reduzieren (siehe Abschn. 6.7).

Aus politökonomischer Sicht zentral ist für ein dem Subsidiaritätsprinzip entsprechendes föderales System das Konzept der **Machtdiffusion,** wonach zur Kontrolle von Machtmissbrauch das funktionale Konzept der Gewaltentrennung (Legislative, Exekutive, Justiz) durch eine regionale Gewaltentrennung ergänzt wird. Gerade für die EU, die ja noch über keine ausgearbeitete systematische Verfassungsstruktur verfügt, können sich dabei vielfach Konflikte zwischen funktionalen und regionalen Ansätzen der Gewaltentrennung ergeben (z. B. Kompetenzüberschneidungen zwischen EU- und nationaler Legislative oder Gerichtsbarkeit).

Unter dem Aspekt der Finanzverfassung ist einerseits die Ebene des EU-Haushaltes von Interesse, andererseits die Koordinierungsfunktion der EU gegenüber den nationalen öffentlichen Haushalten. Der Haushalt der EU ist insgesamt vergleichsweise gering[3] und engen rechtlichen Begrenzungen unterworfen. Die Aufgaben- und damit Ausgabenübernahme durch die EU muss vom Rat in Form des mehrjährigen Finanzrahmens (MFR) nach Zustimmung des Europäischen Parlaments einstimmig beschlossen werden. Art wie Umfang der Eigenmittel sind ebenfalls durch einstimmigen Beschluss des Rates und Ratifizierung durch die Mitgliedstaaten festzulegen. Die Gesamthöhe der Eigenmittel ist

[1] Vgl. für entsprechende Ansätze z. B. Biehl (1994), Nowotny 1997.

[2] Das Subsidiaritätsprinzip verfügt über eine lange geistesgeschichtliche Tradition, seine bekannteste Formulierung erfolgte in der päpstlichen Sozialenzyklika „Quadragesimo anno“, 1931.

[3] Die Gesamtausgaben der EU belaufen sich für die Finanzperiode 2021–2027 auf 1,40 % (Zahlungen), bzw. 1,46 % (Verpflichtungen) des BNE aller EU 27-Mitgliedstaaten.

mit maximal 1,40 % des Bruttonationaleinkommens (BNE) der Mitgliedstaaten limitiert **(Eigenmittelplafondierung).**[4]

2020 wurde neben dem mehrjährigen Finanzrahmen für die Jahre 2021 bis 2027 in Höhe von 1074,3 Mrd. ein zeitlich und inhaltlich begrenztes Programm zur Bewältigung der Effekte der COVID19-Pandemie beschlossen. Dieses Programm „Next Generation EU", hat eine Laufzeit 2021–2023 mit einem Gesamtvolumen von 750 Mrd., wovon 390 Mrd. für Zuschüsse, 360 Mrd. als Darlehen verwendet werden. Dieses Programm wird – erstmals – durch Kreditaufnahme der Europäischen Union finanziert. Um die Rückzahlung zu sichern wurde die Eigenmittelobergrenze bis 2058 zweckgebunden um 0,6 Prozentpunkte erhöht.

Die **Eigenmittel** der Gemeinschaft bestehen, neben kleineren Einnahmeblöcken, im Wesentlichen aus den folgenden Kategorien.

- **Zölle,** entsprechend der Übertragung der außenhandelspolitischen Kompetenzen und der damit verbundenen Einführung des gemeinsamen Zolltarifs gegenüber Drittländern im Rahmen der Bildung einer Zollunion, sowie Ausgleichsbeträge für Agrarimporte.
- **Mehrwertsteuer-Eigenmittel.** Hierbei handelt es sich um einen Anteil an den Mehrwertsteuereinnahmen der Mitgliedsländer, bezogen auf eine vereinheitlichte Mehrwertsteuerbemessungsgrundlage (nicht die Mehrwertsteuereinnahmen!).
- **Plastikabgabe.** Auf Basis von nicht recycelten Kunststoffverpackungen.
- **BNE-Eigenmittel.** Der für alle Mitgliedstaaten einheitliche Eigenmittelsatz in Bezug auf das Bruttonationaleinkommen wird im jährlichen Haushaltsverfahren nach dem Prinzip der Restfinanzierung als Differenz zwischen den prognostizierten anderen Einnahmen und der Eigenmittel-Obergrenze festgelegt.

In der Regel entfallen rund zwei Drittel der gesamten Eigenmittel auf die BNE-Eigenmittel und je 15 % auf die anderen Kategorien. Im Zusammenhang mit der erstmals in größerem Umfang erfolgten Kreditaufnahme durch die EU, die zumindest bei der Beschlussfassung, als einmalige Sonderaktion gesehen wird, stellt sich die Frage, wie diese aufgenommenen Schulden zurückzuzahlen sind, da ja, im Gegensatz zu den Haushalten der Mitgliedstaaten, eine Neuverschuldung (Rollierung) zur Refinanzierung fällig gewordener Kredite nicht zulässig wäre. Hier ergeben sich im Wesentlichen drei Möglichkeiten: Änderung der Ausgabenstruktur des EU-Haushaltes durch höhere Anteile für Schuldendienst, Erhöhung der nationalen Beiträge oder Schaffung neuer Einnahmequellen der EU. Letzteres ist der Vorschlag der EU-Kommission. Als Möglichkeiten hier-

[4] BNE, Bruttonationaleinkommen: Summe der innerhalb eines Jahres von allen Bewohnern eines Staates erwirtschafteten Einkommen, unabhängig davon, ob diese im Inland oder im Ausland erzielt wurden (bis 1999 als Bruttosozialprodukt (BSP) bezeichnet).

für werden zum Beispiel genannt Mittel aus dem CO_2-Emissionsanteil für Luftverkehr und Schifffahrt, eine CO_2-Grenzausgleichssteuer[5], eine Finanztransaktionssteuer, eine Digitalsteuer. Für keine dieser potenziellen eigenen Einnahmen gibt es aber derzeit einen politischen Konsens.

Die **Ausgabenseite** des EU-Haushaltes ist bestimmt durch die Vielzahl der, der EU übertragenen Aufgaben. Dazu zählen insbesondere Förderungen im Rahmen der Regional- und Agrarpolitik, der Klima- und Umweltpolitik, Sozialfragen (EU-Sozialfonds), Forschung, Innovation und Technologie[6], Mobilitätsförderung[7], Nachbarschafts- und Entwicklungspolitik.

Ein direktes Instrument des regionalen Ausgleichs in der EU stellt der **Kohäsionsfonds** dar, durch den Mitgliedstaaten mit einem Pro-Kopf-BNE von weniger als 90 % des Gemeinschaftsdurchschnittes bei Investitionsvorhaben unterstützt werden. Das wichtigste Instrument einer expliziten Struktur- und Regionalpolitik sind die Transfers im Rahmen der **Strukturfonds.** Empfänger sind dabei in der Regel nicht einzelne Mitgliedstaaten, sondern spezielle Projekte, die nach verschiedenen Kriterien abgegrenzt werden. Dabei wird vom Grundsatz der „Additionalität" ausgegangen, d. h. die Mittel der Strukturfonds sollen nicht als Substitut, sondern als Ergänzung nationaler Ausgaben wirken.

Einen zentralen, wenn auch tendenziell geringer werdenden Bereich des EU-Haushaltes stellen die Ausgaben im Rahmen der Gemeinsamen Agrarpolitik (GAP) dar. Dieser Bereich ist schon seit Gründung der EU vergemeinschaftet und hat sich in einer Vielzahl von Reformschritten entwickelt. Die Förderleitlinien der GAP werden jeweils mehrjährig beschlossen. Für die Periode 2021 bis 2027 sind 365 Mrd. EUR eingeplant. Ursprünglich arbeitete die GAP über die Herstellung garantierter gemeinsamer Erzeugerpreise. Heute beruht die GAP auf zwei Säulen. Die erste, weitaus größere, Säule besteht aus Direktzahlungen an Landwirte und gemeinsamen „Marktordnungen" für einzelne Agrarerzeugnisse. Die zweite Säule zielt ab auf die Entwicklung des ländlichen Raumes unter zunehmender Beachtung von Aspekten der Ökologie und des Klimaschutzes.

Wichtige integrationspolitische Effekte gehen auch aus von Institutionen, die nicht im EU-Haushalt enthalten sind, sondern eigene Rechtspersönlichkeiten darstellen. Von spezieller Bedeutung ist die **Europäische Investitionsbank** (EIB), die größte Entwicklungsbank der Welt, und ihr Technologiefonds **European Investment Fund** (EIF) für Eigenkapital Bereitstellung für neue Technologieunternehmen.

[5] Für Ausgleich bei Importen aus Staaten mit einer geringeren CO_2-Abgabenbelastung.

[6] In Form mehrjähriger Rahmenprogramme für Forschung und Innovation (Horizon Europe) sowie European Research Council.

[7] Hierzu zählen die Mobilitätsprogramme Erasmus für Studierende und Auszubildende sowie Erasmus und für Berufstätige.

Die wichtigsten gesamtwirtschaftlichen Effekte der EU gehen freilich nicht vom EU-Budget aus, sondern von den im Rahmen der europäischen Integration geschaffenen institutionellen Strukturen. Dazu zählen insbesondere die Europäische Wirtschafts- und Währungsunion (WWU) und der auf der Grundlage der Einheitlichen Europäischen Akte (EEA) im Jahre 1987 geschaffene **Europäische Binnenmarkt.** Zentral sind dafür die im Europäischen Binnenmarkt entwickelten „vier Freiheiten" (nüchterner: vier Mobilitätsbereiche):

- Freiheit des Warenverkehrs
- Freiheit des Dienstleistungsverkehrs
- Freiheit des Kapitalverkehrs
- Freiheit des Personenverkehrs

Die Umsetzung dieser Bereiche erfolgt im Rahmen des Rechtsbesttandes der EU („aquis communautaire"). Dieser beruht auf dem EU-Vertrag („Primärrecht") und Beschlüssen, die auf der Basis des EU-Vertrages in folgenden Formen („Sekundärrecht") gefasst werden:

- Verordnungen: Dies sind generelle Normen, die unmittelbar in allen Mitgliedstaaten gelten und speziell im Bereich der Agrarpolitik eine Rolle spielen.
- Richtlinien: Dies ist die häufigste Form der Beschlussfassung, z. B. im Rahmen der Durchsetzung des Binnenmarktes im Bereich von Handel, Transport, Bank- und Versicherungswesen. Richtlinien sind für jeden Mitgliedstaat hinsichtlich des zu erreichenden Zieles verbindlich, überlassen ihm aber die Wahl der Form und der Mittel, dieses Ziel durch eigene nationale Gesetzgebung zu erreichen.
- Entscheidungen regeln verbindlich einen Einzelfall.
- Empfehlungen sind unverbindliche Beschlussfassungen, meist als Vorbereitung für Verordnungen oder Richtlinien.

7.2 Allokations- und Verteilungseffekte

Aus der Rolle der EU als Wirtschaftsgemeinschaft mit gemeinsamer Außenwirtschaftspolitik (Zollunion[8]) und dem Wirken des gemeinsamen Binnenmarktes ergeben sich unmittelbar eine Vielzahl von Allokationseffekten, die wieder mit einer Reihe von Verteilungseffekten verbunden sind. Der wirtschaftsliberalen Grundorientierung des EU-Vertrages entspricht

[8] Zollunion bedeutet eine Wirtschaftsgemeinschaft mit gemeinsamem Außenzoll und damit Übertragung der Außenhandelskompetenz an die supranationale Ebene. Im Gegensatz dazu gibt es bei einer Freihandelszone zwar keine Zölle zwischen den Mitgliedsstaaten, aber keinen gemeinsamen Außenzoll. Die Außenhandels-Kompetenz verbleibt bei den einzelnen Mitgliedstaaten.

als allokationspolitische Perspektive das Primat eines möglichst uneingeschränkten „freien" Wettbewerbes. Dies entsprechende **Wettbewerbspolitik** stellt demnach für die EU-Kommission einen wesentlichen Arbeitsbereich dar, wo die Kommission auch unmittelbar – supranational – Entscheidungen fällen kann, gegen die nur Rechtsmittel beim Europäischen Gerichtshof eingebracht werden können. Bedeutsam sind hier Maßnahmen im Bereich von Kartellverfahren, gegen den Missbrauch einer marktbeherrschenden Stellung und der Fusionskontrolle. Für den unmittelbaren Bereich des öffentlichen Sektors von Bedeutung ist die Anwendung der allgemeinen Wettbewerbsregeln auch auf öffentliche Unternehmen und Monopole, wobei es hier im Einzelnen freilich differenzierte Regelungen gibt. Unter dem Aspekt der Verhinderung von „Wettbewerbs-Verfälschungen" besteht in der EU ein komplexes System von „Beihilfe-Verfahren" zur Prüfung der Zulässigkeit von staatlichen Beihilfen und Subventionen. Hier können sich erhebliche Spannungen zu anderen wirtschaftspolitischen Zielen ergeben, wie sich etwa in Bezug auf Bankenbeihilfen im Rahmen der Finanzkrise oder auf Unterstützungsmaßnahmen im Rahmen der Corona-Krise zeigt.

Im unmittelbaren Bereich der Finanzwirtschaft der EU bestehen Programme für den Einsatz von EU-Mitteln für die Stärkung der wirtschaftlichen Dynamik und der internationalen Wettbewerbsfähigkeit einerseits und andererseits für die Stärkung und Sicherung der persönlichen und regionalen Chancengleichheit in der EU. In allen Fällen stellen sich dabei Fragen nach der Notwendigkeit und Berechtigung öffentlicher Interventionen im Rahmen einer prinzipiell marktwirtschaftlichen Wirtschaftsordnung[9]. Im Bereich der Strukturpolitik geht es auf EU-Ebene vor allem um das Erreichen von Größenvorteilen und Grundlagenfinanzierung für Forschung und Entwicklung und um das erleichterte Nutzen von Skaleneffekten im Rahmen einer europäischen Industriepolitik[10].

Im Bereich der Regionalpolitik besteht die Gefahr, dass sich aus der Öffnung der Märkte im Rahmen der Wirtschaftsintegration eine Vergrößerung regionaler Wohlstandsunterschiede ergibt, bedingt durch den höheren Entwicklungsstand bereits reicherer Regionen, deren bessere Wachstumsperspektiven und die damit verbundene Sogwirkung. Das wichtigste Instrumentarium der EU im Rahmen der aufgezeigten Herausforderungen sind die **Europäischen Innovations- und Strukturfonds** (ESI).

Zu diesen zählen insbesondere:

- Fonds für regionale Entwicklung (EFRE)
- Europäischer Sozialfonds (ESF)

---

[9] Siehe Tirole (2017 S. 355 ff.).

[10] Ein erfolgreiches Beispiel ist das „Airbus"-Projekt, bei anderen Projekten z. B. in den Bereichen der Transportmittel und der pharmazeutischen Industrie haben sich – noch ungelöste – Zielkonflikte mit dem derzeitigen Ansatz der EU-Wettbewerbspolitik ergeben.

- Kohäsionsfonds für Strukturhilfen in EU-Regionen mit einem Pro-Kopf-Einkommen unter 90 % des EU-Durchschnittes
- Europäischer Fonds für die Entwicklung des ländlichen Raumes
- Europäischer Meeres- und Fischereifonds

Mit allen diesen Instrumenten soll es speziell wirtschaftlich schwächeren Regionen und Marktteilnehmern erleichtert werden, die Herausforderungen des europäischen Binnenmarktes zu bewältigen. In den meisten Fällen geht es dabei um Partnerschaft, bzw. Ergänzung mit strukturpolitischen Aktivitäten vonseiten der einzelnen Staaten oder Regionen (Prinzip der Kofinanzierung). Dies kann, verbunden mit Problemen der administrativen Umsetzung freilich auch dazu führen, dass in einzelnen Staaten verfügbare EU-Mittel nur langsam oder gar nicht eingesetzt werden. Andererseits kann mit den erheblichen Beträgen, um die es hier geht, auch die Gefahr von ineffizienter oder frauduloser Verwendung verbunden sein. Die Einhaltung der entsprechenden EU-Vorschriften wird vom Europäischen Rechnungshof und dem Europäischen Amt für Betrugsbekämpfung (OLAF) überprüft. Es besteht hier, wie bei allen öffentlichen Interventionen aber immer eine Spannung zwischen notwendiger problembezogener Flexibilität und administrativer Stringenz.

Eine neue, erweiterte, Dimension hat die Europäische Wachstums- und Strukturpolitik mit dem 2020 beschlossenen Aufbaupaket **„Next Generation EU"** das mit 750 Mrd. EUR[11] dotiert ist. Kern des Pakets ist die **„Aufbau- und Resilienzfazilität"** mit einem Umfang von 672,5 Mrd. Davon entfallen 360 Mrd. auf zinsbegünstigte Darlehen und 312,5 Mrd. auf direkte Zuschüsse. Ein weiteres Programm, „React-EU", dient zur Hilfe bei der Finanzierung von Kurzarbeit. Insgesamt soll „Next Generation EU" helfen, die wirtschaftlichen Folgen der Corona-Pandemie zu bewältigen und die Weichen für ein langfristig ökologisch nachhaltiges Wachstum zu legen. Für die Inanspruchnahme der entsprechenden Mittel müssen die Mitgliedstaaten entsprechende Vorschläge erstellen, die sich vor allem auf Projekte in den Bereichen Klimawandel, Digitalisierung und Bildung beziehen. Für die Finanzierung des Aufbaupaketes ist die EU-Kommission ermächtigt, auf den Kapitalmärkten Anleihen aufzunehmen, deren Rückzahlung im Zeitraum 2028 bis 2058 erfolgen soll. Entsprechend EU-Vertrag[12] ist dies als einmalige „Sondermaßnahme" zu sehen. Die Rückzahlung der Kredite soll nach Vorstellungen der EU-Kommission auf neuen Eigenmitteln beruhen. Dies könnten sein ein Teil der Einnahmen aus Emissionszertifikaten, eine CO_2-Grenzabgabe auf

[11] Der Umfang von 750 Mrd. entspricht Preisen von 2018. Zu Preisen von 2021 beträgt der Umfang 870,1 Mrd.

[12] Art. 310 AEUV (Vertrag über die Arbeitsweise der Europäischen Union - Fortführung des Vertrages über die Europ. Gemeinschaft - EGV) sieht vor, dass im Haushaltsplan der EU „Einnahmen und Ausgaben auszugleichen" sind. Die Ermächtigung zur Schuldaufnahme im Rahmen des Programmes „Next Generation EU" beruht dagegen auf den Artikeln 122, 311, 352 (AEUV), die bei speziellen Notfällen Maßnahmen „im Geiste der Solidarität" (Art. 122) ermöglichen.

Importe aus Staaten mit geringeren Umweltauflagen, eine „Binnenmarktabgabe" für Großkonzerne und/oder eine Digitalsteuer. Falls keine politische Einigung über neue Eigenmittel zustande kommt, müsste die Rückzahlung aus dem laufenden Budget zulasten anderer Positionen oder durch Erhöhung der Beiträge der Mitgliedstaaten erfolgen.

Anders als im Rahmen eines nationalen Bundesstaates gibt es im System der EU keinen formalen Finanzausgleich, der zu Verteilungswirkungen zwischen den einzelnen Gebietskörperschaften führt. Aber aus der Summe der Einnahmen- und Ausgabenstrukturen ergeben sich ausgeprägte Umverteilungswirkungen zwischen den einzelnen Mitgliedstaaten. Entsprechend der Diskrepanz zwischen Zahlungen an die EU und Rückflüssen aus der EU resultieren „Nettozahler" und „Nettoempfänger". Für den Zeitraum 2014 bis 2020 war, gemessen als Anteil am nationalen BNE (und auch absolut) Deutschland mit 0,38 % der größte Nettozahler (Österreich 0,31 %). Größte „Nettoempfänger"-Staaten waren Ungarn (3,7 %), Lettland, Estland[13].

In gesamtwirtschaftlicher Betrachtung ist freilich festzustellen, dass die EU-Mitgliedschaft kein „Null-Summen-Spiel" darstellt, sondern Mehrwert für alle Beteiligten schafft. Für die Berechnung eines entsprechenden „Integrations-Benefit" sind demnach über die unmittelbaren fiskalischen Finanzströme hinaus speziell auch die Effekte in Bezug auf Handels- und Investitionsströme und die entsprechenden Einkommen zu berücksichtigen[14]. Entsprechende Studien zeigen etwa für den Zeitraum 2013–2019 für Deutschland den höchsten Netto-Integrations-Benefit in Prozent des nationalen BIP (14 %), gefolgt von Estland und Dänemark (Österreich 4 %).

7.3 Stabilisierung und Koordinierung

Hinsichtlich der Stabilisierungsfunktion handelt es sich um die wirtschaftspolitischen Aufgabenstellungen der Sicherung von Preisstabilität und der möglichst hohen (bzw. „stabilitätskompatiblen") Auslastung der Ressourcen (speziell des Faktors Arbeit) (siehe Kap. 24). Das Erreichen dieser Zielsetzungen kann als Erstellung reiner öffentlicher Güter interpretiert werden. Damit verbunden sind vielfältige Probleme von „free-rider-Effekten" zwischen den einzelnen Trägern der Stabilisierungsfunktion, wobei diese Probleme auch als „Prisoner-Dilemma-Konstellationen" analysiert werden können. Daraus ergibt sich generell die Notwendigkeit, die stabilisierungspolitische Funktion in einem föderalen System überwiegend beim Zentralstaat anzusiedeln.

[13] Berücksichtigt man auch die Administration Europäischer Institutionen steht Luxemburg (3,9 %) an der Spitze.

[14] Siehe dazu speziell Bachtrögler-Unger et al. (2020); Schratzentaller (2019).

Die Europäische Union ist freilich kein Bundesstaat, sondern ein Integrationsgebilde „sui generis". Entsprechend sind im Rahmen der Wirtschafts- und Währungsunion (WWU) eine Zentralisierung der stabilisierungspolitischen Kompetenz in Bezug auf die Geldpolitik, nicht aber in Bezug auf die Finanzpolitik erfolgt.

Die speziellen stabilisierungspolitischen Probleme einer föderalen europäischen Finanzwirtschaft können auch unter Aspekten (pekuniärer) externer Effekte analysiert werden. Bei einem voll liberalisierten Binnenmarkt, d. h. einheitlichen Kapital- und Gütermärkten, festen Wechselkursen (bzw. einheitlicher Währung) und geringem Gewicht eines zentralen Haushaltes besteht dabei das Problem, dass mit einem solchen System insgesamt ein restriktiver stabilisierungspolitischer Bias verbunden sein kann. Eine entsprechende Größe des jeweiligen Nationalstaates vorausgesetzt, wird das Land mit der restriktivsten Nachfragepolitik die Gesamtentwicklung eines gemeinsamen Marktes dominieren, indem es zulasten der anderen Mitgliedstaaten Exportüberschüsse und Importrückgänge erreicht und damit auch entsprechende Multiplikatorwirkungen auslöst. Umgekehrt gilt für ein einzelnes Mitgliedsland des gemeinsamen Marktes, dass eine isolierte expansive Nachfragepolitik durch die für einen Binnenmarkt typischen – und allokativ erwünschten – hohen marginalen Importquoten an enge Grenzen stößt.

Dies erfordert zum einen Koordinierungsregelungen gegen „free-rider-Verhalten" und kann zum anderen direkte, kapitalmarktbestimmte Barrieren auslösen. Für die Zuweisung der Stabilisierungsfunktion im Rahmen einer europäischen Finanzverfassung ergeben sich damit folgende Schlussfolgerungen: Soweit stabilisierungspolitische Problemlagen (Arbeitslosigkeit, Inflation) auf strukturelle Faktoren (in Bezug auf Arbeits- und Gütermärkte) zurückzuführen sind, dürfte angesichts der nach wie vor erheblichen Inhomogenität der europäischen Wirtschaftsstruktur der Nationalstaat die effizienteste Bezugsebene darstellen. Soweit stabilisierungspolitische Problemlagen dagegen auf makroökonomischen Faktoren (insbesondere zu geringe oder zu hohe gesamtwirtschaftliche Nachfrage) beruhen, wird die Erfüllung der Stabilisierungsfunktion in zunehmendem Maß von der Gemeinschaftsebene zu übernehmen sein.

Ein spezielles Problem kann sich im Rahmen einer Währungsunion weiters beim Auftreten struktureller oder konjunktureller **asymmetrischer Schocks** in einem Mitgliedsland ergeben. Die Bedeutung extern verursachter asymmetrischer Schocks könnte zunehmen, wenn der weitere Verlauf der europäischen Integration – analog zu Entwicklungen in den USA – zu einer wachsenden regionalen Konzentration spezieller Wirtschaftsbereiche führt. In einer Währungsunion steht eine Abwertung als „traditionelles" Instrument zur Bewältigung asymmetrischer Schocks nicht zur Verfügung. Als Ausgleichsmechanismen verbleiben damit national flexible Faktorpreise oder Wanderungsbewegungen oder auf den betroffenen Nationalstaat, bzw. die Region bezogene fiskalische Stabilisierungseffekte[15].

---

[15] Entsprechend orientiert sich daher das als Antwort auf die Corona-Pandemie 2020 beschlossene EU-Hilfsprogramm primär an der unterschiedlichen Intensität der gesundheitlichen und der

Für die USA zeigen entsprechende Studien[16], dass durch automatische Stabilisierungswirkungen der zentralen Haushalte (via Bundessteuern und Transfers) regionale Einkommensänderungen zu etwa 35 % durch die zentrale Ebene (Bund und Sozialversicherung) kompensiert werden. Die zentralen Haushalte erfüllen damit in einem föderalen System eine stabilisierungspolitische „Versicherungsfunktion". Analoge Analysen für die EU kommen dagegen zu einem Kompensationsgrad von nur 13 % (Masson und Taylor 1993), was eine Verschärfung regionaler Ungleichgewichte im Rahmen der EU befürchten lässt. Auch dieser Aspekt spricht demnach dafür, im Rahmen einer europäischen Finanzverfassung unter stabilisierungspolitischen Aspekten die Rolle des Gemeinschaftshaushaltes, sei es direkt oder (realistischer) in Bezug auf seine Koordinierungsfunktion zu stärken.[17]

Stabilisierungspolitische Effekte werden von einer Vielzahl wirtschaftspolitischer Akteure, speziell aus den Bereichen der Geldpolitik, der Fiskalpolitik und der Einkommenspolitik bestimmt. Für eine effiziente Stabilisierungspolitik – und damit die Vermeidung unnötiger gesamtwirtschaftlicher Kosten durch Über- oder Unterauslastung der Ressourcen – ist daher eine Koordinierung der einzelnen Akteure erforderlich. Für die EU stellen sich hier schwerwiegende Herausforderungen: Zum einen in Bezug auf eine stabilisierungspolitische Koordinierung zwischen der einheitlichen Geldpolitik und der weiterhin überwiegend nationalen Finanzpolitik und zum anderen der Koordinierung zwischen den einzelnen Trägern der nationalen Finanzpolitik. Für das Verhältnis zwischen Geld- und Finanzpolitik gelten für die Staaten des Euro-Raumes die im EU-Vertrag für die unabhängige Europäische Zentralbank festgelegten Zielsetzungen. Art. 127 (AEUV) lautet: „Das vorrangige Ziel der ESZB[18] ist es, die Preisstabilität[19] zu gewährleisten. Soweit dies ohne Beeinträchtigung des Zieles der Preisstabilität möglich ist, unterstützt das ESZB die allgemeine Wirtschaftspolitik in der Gemeinschaft, um zur Verwirklichung der im Art. 2 festgelegten Ziele der Gemeinschaft beizutragen. Zu diesen Zielen zählen, neben anderen, Wachstum und Beschäftigung in der EU[20]. Bei der konkreten Umsetzung dieser Zielsetzungen und der konkreten Gestaltung von

damit verbundenen wirtschaftlichen Betroffenheit der durch die Pandemie verursachten externen Schocks in den einzelnen Mitgliedstaaten.

[16] So z. B. Sachs und Sala-i-Martin (1992).

[17] Für entsprechende Vorschläge siehe z. B. Italianer und Van Heukelen (1992), Juncker (2015).

[18] Der EU-Vertrag bezieht sich auf das ESZB – Europäisches System der Zentralbanken – dem die Zentralbanken aller EU-Mitgliedstaaten angehören. Dies unter der Annahme, dass letztlich alle EU-Staaten Mitglieder der Europäischen Währungsunion (EWWU) werden.

[19] Die EZB definiert Preisstabilität als einen Anstieg des harmonisierten Europäischen Verbraucherpreisindex (HVPI) von „nicht über, aber nahe bei zwei Prozent".

[20] Das Mandat der US Notenbank enthält dagegen als gleichwertige Aufgabenstellung neben Preisstabilität auch das Ziel der Vollbeschäftigung.

Koordinierungsformen zwischen Geld- und Fiskalpolitik kann sich freilich erheblicher politischer und juristischer Diskussionsspielraum ergeben (siehe Kap. 20).

Bei der Gründung der europäischen Währungsunion waren vor allem die Staaten mit einer traditionell Preisstabilitäts-orientierten Geldpolitik, allen voran Deutschland, interessiert an einer klaren stabilitätspolitischen Trennung von Geld- und Finanzpolitik. Entsprechend wurden in die Europäischen Verträge eine Reihe von Anreiz- und Abschwächungsmechanismen aufgenommen, um eine „stabilitätsorientierte" Finanzpolitik in den einzelnen Mitgliedstaaten sicher zu stellen.

Zu den wichtigsten dieser Regelungen gehören:

- Art. 123 (AEUV): Verbot der monetären Staatsfinanzierung
- Art. 125 (AEUV): „no-bail-out-Klausel", d. h.: kein Mitgliedsland haftet für die Verbindlichkeiten eines anderen Mitgliedslandes

Falls öffentliche Haushalte Defizite aufweisen, hat ihre Finanzierung demnach über die Kredit- und Finanzmärkte zu erfolgen. Das bedeutet auch eine Kontroll- und Sanktionswirkung demokratischer Entscheidungen durch Einschätzung und Wirken vonseiten der Finanzmärkte[21]. Im Extrem ergibt sich aus den Regelungen des EU-Vertrages zumindest theoretisch, für jedes Mitgliedsland des Euro-Raumes die Möglichkeit der „Staats-Insolvenz": Diese trifft ein, wenn der Staat Zahlungen in einer Währung zu leisten hat, auf die er nicht selbst Zugriff hat. Entsprechend Art. 123 ist der Euro aber für jeden Staat des Euroraumes technisch als „Fremdwährung" zu sehen[22]. In ökonomischer Betrachtung stellt sich freilich das Problem, dass dieser auf den Einzelstaat bezogene Ansatz nicht berücksichtigt, dass speziell in einer Wirtschafts- und Währungsunion der Konkurs eines Staates auch negative (externe) Effekte auf andere Staaten des Währungsprogrammes haben kann. Dies etwa durch Erwartungen der Kapitalmärkte (mögliche „Ansteckungs-Effekte") oder durch Probleme für die Kredit-gebenden Banken in anderen Staaten.

Es wurden daher Mechanismen entwickelt, um die Wahrscheinlichkeit des Eintretens einer von den Kapitalmärkten bestimmten „Extrem-Situation" eines Staatskonkurses durch vorbeugende Regelungen zu verringern. Die wichtigste dieser Regelungen ist der Wachstums- und Stabilitätspakt (siehe unten). Für den Fall der konkreten Konkursgefahr wurden dagegen Interventionsinstrumente entwickelt, die in der Lage sind, die Solvenz gefährdeter Staaten durch die Vergabe von begünstigten Krediten herzustellen, wobei die Rückzahlung dieser Kredite durch eine Reihe von mikro- und makro-

[21] Dem entspricht die umstrittene Wortprägung der Kanzlerin Angela Merkel von einer „marktkonformen Demokratie". Ein Überblick über die Diskussion zu dieser Wortprägung findet sich zu diesem Schlagwort in Wikipedia.

[22] Dies ist anders für Staaten mit Verschuldung in eigener Währung und leichterem – de facto – Zugang zur Notenbank, wie etwa Japan oder USA.

ökonomischer Bedingungen („Konditionalität") gesichert wird[23]. Auf globaler Ebene wurde dafür der Internationale Währungsfonds (IWF) geschaffen, auf Ebene der Euro-Staaten der **Europäische Stabilitätsmechanismus** (ESM). Der ESM kann an Staaten in Finanzierungsproblemen Kredite mit unterschiedlichen Graden der Konditionalität vergeben. Darüber hinaus kann er bei Problemen bei der Abwicklung von Banken in wirtschaftlichen Problemlagen im Notfall eine Übergangsfinanzierung („Backstop") übernehmen, wenn dafür im europäischen Bankenabwicklungsfonds (SRF) nicht genug Geld vorhanden ist. Damit soll die Notwendigkeit eines staatlichen „bail-outs" verringert werden, das heißt staatlicher Hilfsmaßnahmen zur Rettung gesamtwirtschaftlich „systemisch wichtiger" Banken. Der ESM ist allerdings nicht, wie EU oder IWF, eine supranationale Institution, d. h. mit eigener Entscheidungshoheit, sondern eine „intergouvernementale" Einrichtung. Das heißt, Entscheidungen bedürfen der Zustimmung der einzelnen Teilnehmerstaaten, in vielen Fällen, so auch in Deutschland, unter Einbeziehung der nationalen Parlamente. Dies kann sich als Erschwernis beim Einsatz in Krisenfällen erweisen.

7.4 Stabilitätspakt und „Europäisches Semester"

Im Rahmen des Vertrages von Maastricht 1992 wurden die Vorbedingungen fixiert, die ein Staat erfüllen muss, um an der Europäischen Wirtschaft- und Währungsunion teilnehmen zu können (**„Maastricht-Kriterien"**). Im Vertrag von Amsterdam wurde 1997 die fiskalische Komponente dieser **Konvergenzkriterien** im Rahmen des **Stabilitäts- und Wachstumspaktes (SWP)** als generelle Leitlinie für die Haushaltspolitik der EU-Staaten festgelegt. Demnach darf das Bruttodefizit des gesamten öffentlichen Sektors (Bund, Länder, Gemeinden, Sozialversicherung) nicht mehr als 3 % des Bruttoinlandsproduktes, die Schuldenquote nicht mehr als 60 % des Bruttoinlandsproduktes betragen. Zum Zeitpunkt der Verschuldungskrise einiger Mitgliedstaaten des Euro-Raumes und der damit verbundenen „Eurokrise" wurden 2012 die Regelungen des SWP durch den „Vertrag über Stabilität, Koordinierung und Steuerung der Wirtschafts- und Währungsunion" (**„Fiskalpakt"**) weiter verschärft. Dies war freilich mit der Gefahr von erheblichen prozyklischen, krisenverlängernden Wirkungen verbunden. Die EU hat daraus Lehren gezogen und auf die Wirtschaftskrise durch die Corona-Pandemie 2020/21 mit deutlich expansiven Maßnahmen reagiert. Kernstück des Fiskalpaktes sind Erweiterungen des SWP durch fünf Verordnungen und eine Richtlinie („Sixpack"), zu denen später noch zwei Verordnungen hinzukamen („Twopack").

[23] Konkrete Beispiele sind die Maßnahmen im Zusammenhang mit den Stabilisierungsprogrammen für Griechenland und Zypern und in abgeschwächter Form für Spanien, Irland, Portugal.

Dabei ist im Rahmen des SWP zwischen einer präventiven und einer korrektiven Komponente zu unterscheiden. Schwerpunkt der **präventiven Komponente** ist das mittelfristige Haushaltsziel **(MTO)** eines im Grundsatz strukturell ausgeglichenen Haushalts, unmittelbar das Ziel eines „strukturellen Defizits" von maximal 1 % des BIP bzw. 0,5 % des BIP für Staaten mit einer Schuldenquote über 60 %[24]. In Ergänzung erfordert die **1/20 Schuldenregel** die Verringerung von Staatsschulden über 60 % des BIP um durchschnittlich 5 % der Differenz zu 60 % des BIP pro Jahr. Das „strukturelle Defizit" ist das um konjunkturelle und einmalige Effekte bereinigte Defizit des öffentlichen Sektors. Die **korrektive Komponente** enthält das **Verfahren bei übermäßigem Defizit,** das eine Rückführung des Defizits auf höchstens 3 % und der Staatsverschuldung auf 60 % des BIP erreichen soll.

Bei beiden Komponenten sind gegen Staaten, die den entsprechenden Empfehlungen des EU-Rates nicht Folge leisten, Sanktionen in Form von vorübergehenden, bis letztlich endgültigen Strafzahlungen vorgesehen. Das entsprechende Verfahren beruht auf einer Stellungnahme des Wirtschafts- und Finanzausschusses **(ECOFIN)** an die EU-Kommission, die dann dem **EU-Rat** (Rat der Regierungschefs) eine Empfehlung übermittelt. Gemäß Fiskalpakt kann die EU-Kommission bereits automatisch Sanktionen in Form von Geldstrafen verhängen.

In Zeiten der Corona-Pandemie wurde der Stabilitätspakt sistiert und es gibt eine kritische Diskussion, wann und in welcher Form er weitergeführt werden solle. Ein spezieller Kritikpunkt betrifft das methodisch vielfach problematische und in der konkreten Anwendung nicht immer leicht erklärbare Konzept des strukturellen Defizits. Umstritten ist hier vor allem das Konzept der Ermittlung des gesamtwirtschaftlichen Produktionspotentials **(„potential output")** und damit die Unterscheidung zwischen konjunkturellen und strukturellen Effekten. Von Bedeutung ist hier vor allem die Unterscheidung zwischen Struktur- und Konjunktur-bedingter Arbeitslosigkeit. Die EU-Kommission hat hier in der Vergangenheit vielfach eine Unterauslastung der Produktionskapazitäten als einen Rückgang des Produktionspotenzials gedeutet und damit speziell die Bedeutung konjunktureller Arbeitslosigkeit unterschätzt. Das führte dann in Zeiten konjunktureller Schwäche zu einem Ansteigen des angegebenen „strukturellen Defizits" und damit zu konjunkturell restriktiven, Krisen-verlängernden Empfehlungen der EU-Kommission.

Eine wesentliche Voraussetzung für das Wirksamwerden speziell der präventiven Komponente des SWP ist eine enge und rechtzeitige Koordinierung der EU-Kommission mit den Mitgliedstaaten der EU. Dem dient ein regelmäßiger Koordinierungs- und Überwachungsmechanismus **(„Europäisches Semester")** auf Basis des Fiskalpaktes, der von

---

[24] In den nationalen „Schuldenbremsen" ist das strukturelle Defizit in Deutschland auf maximal 0,35 % in Österreich 0,5 % des BIP begrenzt (siehe Kap. 20).

den Vertragspartnern die Umsetzung der Fiskalregeln in nationales Recht und die Einhaltung der mittelfristigen Haushaltsziele (MTO) sichern soll.

In diesem Rahmen haben die Staaten des Euro-Raumes jährlich ein **Stabilitätsprogramm,** die übrigen EU-Staaten ein **Konvergenzprogramm** vorzulegen. Diese Programme werden gemeinsam mit den jeweiligen nationalen Reformprogrammen im Frühjahr jedes Jahres den EU-Instanzen übermittelt. Nach entsprechender Analyse verfasst die EU dann **„Länderspezifische Empfehlungen“,** die im Herbst in die jeweilige nationale Haushaltsplanung und das entsprechende Budget eingehen sollen. Grundlage der entsprechenden Budgetplanung ist der in jedem EU-Mitgliedsland zu erstellende **Stabilitätspakt,** der vor allem auch eine **Schuldenbremse** für die einzelnen Gebietskörperschaften enthält (siehe Abschn. 6).

Letztlich steht hinter den vielfältigen und oft sehr komplexen Koordinierungs- und Kontrollprozessen der Europäischen Finanzordnung ein sehr grundlegendes politisches und ökonomisches Spannungsverhältnis. Einerseits erfordert die wirtschafts- und gesellschaftspolitische Funktionserfüllung im Rahmen der europäischen Integration die Möglichkeit zu starkem und raschem gemeinsamen finanzpolitischen Handeln. Andererseits gibt es derzeit keinen politischen Willen für eine gemeinsame europäische Finanzpolitik, einschließlich eines entsprechenden „Finanzausgleiches“ in einem europäischen Bundesstaat. Entsprechend betont speziell das deutsche Bundesverfassungsgericht das Budgetrecht des Bundestages als „Kronjuwel“ der nationalen Parlamente. Für die Zukunft der europäischen Finanzverfassung wird es daher darum gehen müssen, mit klugem Pragmatismus Wege zwischen einer extremen Interpretation der nationalen Budgethoheit und einer zu weitgehenden technokratisch-ökonomischen Sicht zu finden[25].

Literatur

Bachtrögler-Unger, J., Holzner, M., Kubeková, V., Schratzentaller, M., Overcoming the net position thinking in the EU Member States, OeGfE Policy Brief 19/2020

Italianer, A., Van Henkelen, M. Proposals for Community Stabilisation Mechanismus. In: EC, The Economics of Community Public Finance. European Economy, Special Issue 1992.

Juncker, J.-C. In cooperation with D. Tusk, J. Dijsselbloem, M. Draghi, M. Schulz, Completing Europe‘s Economic and Monetary Union (5 presidents’ report), Brüssel 2015

Masson, P., Taylor, M., Fiscal Policy within Common Currency Areas. In: J. of Common Market Studies, 1993, 31/1: 29 ff.

Nowotny, E. Zur regionalen Dimension der Finanzverfassung der EU – gegenwärtiger Stand und Perspektiven. In: A. Oberhauser (1997): 97 ff.

Nowotny, E., Rules versus Flexibility and the Future of European Monetary Policy, OeGfE Policy Brief 03/2020.

[25] Vgl. etwa Nowotny (2020), Zimmermann et al. (2021, S. 314 ff.).

Sachs, J., Sala-i-Martin X., Fiscal Federalism and Optimum Currency Areas, Evidence for Europe from the United States. In: Canzoneri, Grilli, MKasson (Eds.), Establishing a Central Bank, 1992, 195 ff.
Schratzentaller, M., Strengthening added value and sustainability orientation in the EU budget: In: E. Nowotny, D. Ritzberger-Grünwald, H. Schuberth (Hrsg.) How to finance cohesion in Europe? Cheltenham: Edgar Elgar, 2019
Tirole, J. Economics for the Common Good, Princeton 2017
Zimmermann, H., Henke, K.-D., Broer, M., Finanzwissenschaft 13. Aufl., München 2021

Weiterführende Literatur

Adam, H., Mayer, P., Europäische Integration, 3. Aufl. München 2020
Allard, C., Toward a fiscal union for the Euro area. In: P.K. Brooks, M. Radhan, Eds. The Mechanics of a Strong Euro Area, IMF Policy Analysis 2015, S. 195–218
Badinger, H., Growth Effects of Economic Integration: Evidence from the EU Member States. Review of World Economics, 141, 1, S. 50–78, 2005
Bénassy-Quéré, A., Coeré, B., Jacquet, J., Pisani-Ferry, J., Politique économique, Les règles et procedures budgetaires dans la zone euro, Louvain-la-Neuve, 2017, 193–199
Biehl, D., Zur ökonomischen Theorie des Föderalismus: Grundelemente und ihre Anwendung auf die EU-Finanzunion. In: H. Schneider, W. Wessels, Hrsg., Föderale Union Europas Zukunft. München 1994.
Bundesministerium der Finanzen, Fiskalpolitische Institutionen in der Eurozone, Berlin 2012
Bundesministerium der Finanzen, Themenheft EU-Haushalt, April 2016
Crescenzi, R., Giua, M., "One or many Cohesion Policies of the European Union? On the differential economic impacts of Cohesion Policy across member states", Regional Studies, 2020 54 (1), S. 10–20
Dermertzis, M., Wolff, G. What are the Prerequisites for a Euro-Area Fiscal Capacity? Bruegel Policy Contribution 14, Sept. 2016, Brüssel
Eichengreen, B., Wyplosz, The Stability Pact: More than a Minor Nuisance? In: Economic Policy 13 (26) 65–104.
Europäische Kommission (Hrsg.) Die Finanzverfassung der Europäischen Union, Luxemburg 1995.
European Union-Publications Office, EU budget at a glance, Luxemburg 2015
Fandl, M. Monetary and Financial Policy in the Euro Area, Springer, Cham, 2018
Feigl, G., Soukup, N., Europäisches Semester neu: Nachhaltige Entwicklung von Wohlstand und Wohlergehen in den Mittelpunkt rücken. OeGfE Policy Brief 06/2020.
Hagen, J. v., Eichengreen, B. Federalism, Fiscal Restraints and European Monetary Union. In: American Economic Review, Papers and Proceedings 1996, 86(2):134 ff.
Holzmann, R. (Hrsg.) Maastricht: Monetary Constitution without a Fiscal Constitution? Baden-Baden 1996.
Mayerhofer, P., „Wozu braucht die Europäische Union Kohäsionspolitik – und welche Politik braucht sie"?, in Biffl, G., Pffer, T. (Hrsg.), Struktur- und Investitionsfonds und andere Maßnahmen zur Sicherung der Stabilität und Wettbewerbsfähigkeit Europas, Europa und Globalisierung, 2018, 3, S. 87–112. Wifo Monateberichte 2/2021

Nowotny, E. Unionale Solidarität – Rolle und Wirkungen der Geld- und Finanzpolitik im Euroraum. In: Hilpold, P., Raffeiner, A., Steinmair, (Hrsg.), Rechtsstaatlichkeit, Grundrechte und Solidarität in Österreich und in Europa. Innsbruck 2021, S. 791–804

Nowotny, E., Ritzberger-Grünwald, D., Schuberth, H. (Eds.), How to Finance Cohesion in Europe?, Cheltenham, 2019

Oberhauser, A. (Hrsg.) Fiskalföderalismus in Europa, Berlin 1997

Schratzentaller, M. Krenek, A. (2020), Tax-based own resources to finance the EU-budget. In: Intereconomics 54 (3) pp 171 ff

Wyplosz, C. Monetary Union and Fiscal Policy Discipline. In: European Economy 1990.

8 Sozialversicherung

Lernziele

- Sozialversicherungen decken gesellschaftliche Risiken wie Gesundheit, Arbeitslosigkeit oder Alter ab.
- Weil oftmals moralischer Hazard auftritt (man versichert sich nicht, in der Hoffnung, dass die Gesellschaft trotzdem die Kosten übernimmt) greift der öffentliche Sektor in die Organisation und Bereitstellung ein.
- Arbeitslosenversicherungen verteilen von Beschäftigten (die Prämien zahlen) zu Arbeitslosen (die Arbeitslosenunterstützung erhalten) um. Effekte auf Arbeitsangebot und Lohnhöhe sind hier umstritten.
- Die Pensionsversicherung – aber auch die Krankenversicherung – verteilt von jungen, gesunden Menschen zu kranken, älteren Menschen um, und hat somit neben der intragenerationalen auch eine intragenerationale Verteilungswirkung.

Öffentliche Sozialleistungen werden in Deutschland und Österreich nur zu einem geringen Teil unmittelbar von den Gebietskörperschaften getragen. Soweit es sich um die Absicherung der Risiken Alter, Krankheit, Unfall und (in Deutschland) Arbeitslosigkeit handelt, erfolgt dies zum überwiegenden Teil durch **Sozialversicherungen.** Sozialversicherungsträger sind öffentlich-rechtliche Selbstverwaltungskörper mit einem, vom öffentlichen Haushalt getrennten, eigenen Haushalt. Wegen ihrer organisatorischen Trennung vom öffentlichen Haushalt werden derartige Institutionen auch als **Parafisci** oder **intermediäre Gewalten** bezeichnet. Sie sind berechtigt, Zwangsabgaben einzuheben. Die Mitgliedschaft ist zumeist obligatorisch und wird aus der Stellung des jeweiligen Mitglieds im Produktionsprozess abgeleitet. Die Leistungen der Sozialversicherungsträger werden zumeist nach anderen Grundsätzen gewährt als die öffentlichen

E. Nowotny und M. Zagler, *Der öffentliche Sektor*,
https://doi.org/10.1007/978-3-658-36042-9_8

Sozialleistungen (vgl. Abschn. 5.4). Zum Bereich der Sozialversicherung zählen in Deutschland und Österreich insbesondere die gesetzliche Rentenversicherung (Pensionsversicherung), die gesetzliche Krankenversicherung und Pflegeversicherung, die gesetzliche Unfallversicherung und die Arbeitslosenversicherung.

8.1 Organisationsprinzipien der Sozialversicherung

8.1.1 Versicherungs-, Versorgungs- und Fürsorgeprinzip

In einem nach dem **Versicherungsprinzip** organisierten Sozialversicherungssystem schließen sich Personen, die von einem bestimmten Risiko betroffen sind, zu einer „Gefahrengemeinschaft" zusammen. Sie bezahlen Beiträge, aus denen den Mitgliedern die versicherten Schäden vergütet werden. Dieses Verfahren ist nur für „versicherbare Risiken" anwendbar. Das sind solche Risiken, die gleichartig sind und eine ausreichend große Anzahl von Personen betreffen. Der Eintritt des Schadens muss zufällig erfolgen (das heißt, die Schadensfälle dürfen nicht voneinander abhängig sein und der Versicherte darf den Eintritt des Schadens nicht selbst herbeiführen). Die Gesamtsumme des Schadens muss kalkulierbar sein. Im Allgemeinen werden Krankheit, Alter und Unfall als versicherbare Risiken angesehen. Arbeitslosigkeit, vor allem konjunkturelle Arbeitslosigkeit, ist privatwirtschaftlich nicht versicherbar, da in diesem Fall sämtliche Versicherte bzw. ein erheblicher Teil von ihnen gleichzeitig betroffen sein können.

Versicherungen können als **Individualversicherungen** auf dem **Äquivalenzprinzip** beruhen, was bedeutet, dass die Höhe der Beiträge von der individuellen Schadenswahrscheinlichkeit abhängt bzw. die Leistungen nach der Höhe der Beiträge bemessen werden. Als **Sozialversicherungen** werden jene Versicherungstypen bezeichnet, die trotz unterschiedlicher Beiträge die gleiche Leistung erbringen oder auch Leistungen an Personen gewähren, die gar keine Beiträge bezahlt haben (z. B. mitversicherte Familienangehörige). Ein Leistungsausschluss oder ein Ausschluss wegen zu hohen Risikos ist bei Sozialversicherungen nicht möglich. Begründet wird die Form der Sozialversicherung zumeist mit dem Prinzip der Solidarität der Versichertengemeinschaft.

Nach dem **Versorgungsprinzip** entstehen Leistungsansprüche ohne unmittelbare Beitragsleistung. Die Versorgungsleistungen werden im Allgemeinen vom Staat erbracht und zwar für solche Personen, denen gegenüber der Staat eine besondere Verpflichtung übernommen hat (z. B. Beamte, Kriegsopfer oder Flüchtlinge). Wer Anspruch auf Versorgung hat, hängt letztlich davon ab, wie der Staat seine Verpflichtung definiert. Es können durchaus auch alle Staatsbürger in den Genuss von Versorgungsleistungen kommen.[1]

[1] Das wird immer dann der Fall sein, wenn der Staat ein bestimmtes Basiseinkommen für sämtliche Bürgerinnen und Bürger, unabhängig vom Erwerbseinkommen des Einzelnen sichern will

Das **Fürsorgeprinzip** unterscheidet sich vom Versorgungsprinzip dadurch, dass die Empfänger keinen oder nur einen subsidiären Rechtsanspruch auf die Leistung haben. Sie wird ihnen entsprechend ihren individuellen Merkmalen gewährt, wobei sie ihre Bedürftigkeit nachweisen müssen.[2] Fürsorgeleistungen werden nicht nur vom Staat, sondern auch von privaten, karitativen Organisationen erbracht.

8.1.2 Ökonomische Organisationsform

Marktwirtschaftliche Sicherungsformen beruhen auf der individuellen Vorsorge der Haushalte bzw. betrieblichen Sozialleistungen, welche als Lohnbestandteil gelten. Haushalte können Risken absichern indem sie sparen oder Versicherungsverträge abzuschließen. Beide Formen setzen ein ausreichend hohes Einkommen der Haushalte sowie die Existenz entsprechender privater Finanzierungsinstitutionen und Versicherungen voraus. Marktwirtschaftliche Sicherungsformen entsprechen dem Äquivalenzprinzip.

Nicht über den Markt vermittelt sind alle Formen staatlicher Sicherung sowie jene durch Verbände. Der Staat kann soziale Dienstleistungen entweder unmittelbar zur Verfügung stellen (z. B. Gesundheitsdienst) oder monetäre Transfers (z. B. staatliche Pensionen) gewähren. Staatliche Sicherungseinrichtungen sind zumeist nach dem Versorgungs- oder Fürsorgeprinzip aufgebaut. Der Staat kann aber ebenso gut eine auf dem Versicherungsprinzip beruhende Institution schaffen. Staatliche Sicherungseinrichtungen können im Allgemeinen von allen Staatsbürgern in Anspruch genommen werden. Im Gegensatz dazu organisieren Verbände nur bestimmte Personengruppen – zumeist nach dem Merkmal ihrer Berufszugehörigkeit bzw. ihrer Stellung in der Arbeitswelt. Sie üben ihre Aufgaben in Selbstverwaltung aus. Eine besondere Form staatlichen Eingriffs ist die Zwangsversicherung, also die sämtlichen (oder einer Gruppe von) Staatsbürgern auferlegte Pflicht, sich bei einer privaten oder öffentlich-rechtlichen Institution versichern zu lassen.

8.1.3 Kriterien der Leistungsgewährung

Nach dem **Kausalprinzip** werden die Leistungen an der Ursache des Schadensfalles orientiert. Das Kausalprinzip wird aus dem Äquivalenzprinzip abgeleitet: Da der Ver-

(z. B. eine Volkspension). Dem entsprechen auch Überlegungen eines „bedingungslosen Grundeinkommens".

[2] Bei öffentlichen Fürsorgeleistungen (Sozialhilfeleistungen) wird daher meist auch überprüft, ob Unterhaltspflichten vonseiten Verwandter bestehen.

sicherte Beiträge bezahlt hat, steht ihm für jeden Schadensfall die entsprechende Leistung zu. In der Praxis hat das Kausalprinzip häufig zur Folge, dass eine Person für den gleichen Schaden unterschiedliche Leistungen erhält, je nachdem, wie er zustande gekommen ist, bzw. dass sich Leistungen verschiedener Versicherungsträger überschneiden.

Das **Finalprinzip** setzt die Leistung in Beziehung zum Ziel, der Wiedergutmachung des Schadens, unabhängig von seiner Ursache. Damit ist zumeist eine effizientere Leistungsgestaltung verbunden. Die Anwendbarkeit des Finalprinzips hängt jedoch von der Einheitlichkeit des Versicherungssystems ab.

8.1.4 Finanzierung

Die Finanzierung von sozialen Sicherungsleistungen kann aus **Beiträgen, Steuern** oder **Gebühren** erfolgen. Welche dieser Finanzierungsarten gewählt wird, hängt vor allem mit der Organisationsform des entsprechenden Systems zusammen. Dem Versicherungsprinzip entspricht eine Finanzierung aus Beiträgen, dem Versorgungs- und Fürsorgeprinzip entspricht die Steuerfinanzierung. Für die Sozialversicherung charakteristisch ist eine Finanzierung durch Arbeitgeber- und Arbeitnehmerbeiträge.

Die Finanzierungsverfahren werden nach **Kapitaldeckungsverfahren** und nach **Umlageverfahren** unterschieden. Das Kapitaldeckungsverfahren gleicht einem kollektiven Sparen. Dabei wird aus den Einnahmen soviel Kapital akkumuliert, dass die Ausgaben aus den Erträgen des Kapitals bezahlt werden können. Dieses Verfahren ist empfindlich gegenüber Entwicklungen auf den Kapitalmärkten. Die Verzinsung entspricht dem marktüblichen Zinssatz.

Beim Umlageverfahren werden die laufenden Ausgaben aus den laufenden Einnahmen bezahlt. Es eignet sich vor allem dann, wenn die Ausgaben der wirtschaftlichen Entwicklung angepasst werden sollen. Die Verzinsung entspricht dem Lohnsummenwachstum und ist empfindlich in Bezug auf Rezessionen und demografische Entwicklungen.

8.2 Ökonomische Aspekte der Sozialversicherung

8.2.1 Aspekte des Marktversagens

Sozialversicherungseinrichtungen sind zwar institutionell meist von der staatlichen Verwaltung getrennt, in ihrer ökonomischen Organisationsform können sie jedoch dem öffentlichen Sektor zugerechnet werden: die Mitgliedschaft ist zum großen Teil obligatorisch, die Versicherung erfolgt nur zum Teil nach Leistungsäquivalenz; der Staat greift in die Beitrags- und Leistungsgestaltung ein, er garantiert aber auch den finanziellen Bestand der Sozialversicherungsträger.

Der staatliche Eingriff in die Sozialversicherung folgt aus dem Umstand, dass eine marktwirtschaftliche Organisation der sozialen Sicherung aus einer Reihe von Gründen zu einer aus gesellschaftlicher Sicht suboptimalen Versorgung mit dem Gut „Existenzsicherung" führen kann (vgl. Kap. 3): Die **Nachfrage** kann zu **gering** sein, weil die Individuen

- Unsicherheit über die Wahrscheinlichkeit und die Höhe des Schadens haben,
- Risiken unterschätzen,
- sich bewusst nicht versichern, in der Annahme, sie würden bei Eintritt eines ernsthaften Schadensfalles staatliche oder private Hilfe erhalten („Schwarzfahrerverhalten"),
- über kein ausreichendes Einkommen zur Bezahlung der Versicherungsprämie oder zur Bildung von Reserven verfügen,
- vom Schaden betroffen werden, bevor sie ein Einkommen erzielen.

Das **Angebot** an Versicherungsleistungen kann **zu gering** sein, wenn

- die Risiken der Versicherten voneinander abhängig sind,
- die Schadenswahrscheinlichkeit nach Abschluss des Versicherungsvertrages vom Versicherten beeinflusst werden kann („moral hazard")[3],
- die Versicherten unterschiedlich hohes Risiko haben, der Versicherer sie bei Vertragsabschluß aber nicht nach Risken einteilen kann. Damit kommt es zu durchschnittlichen Prämien, wodurch Personen mit geringem Risiko keine Versicherung abschließen[4],
- der Versicherer die Risiken unterscheiden kann und die schlechten Risiken von der Versicherung ausschließt,
- Finanzinstitutionen nicht entsprechend entwickelt sind.

Jeder der genannten Fälle kann dazu führen, dass die privatwirtschaftliche Ausstattung mit Versicherungseinrichtungen nicht ausreicht, um die tatsächlich auftretenden Risiken abzudecken. Eine gleichmäßige Versorgung der Bevölkerung hat andererseits beträchtliche externe Effekte: die Qualität des Faktors Arbeit wird verbessert, soziale Unruhe vermieden, die ärmeren Bevölkerungsschichten werden in die Gesellschaft integriert usw. Je größer der Kreis der Versicherten, desto effizienter ist – aufgrund der Risiko-

[3] Ein Versicherter, der vor Abschluss des Versicherungsvertrages ein bestimmtes Risiko hält und von der Versicherung entsprechend eingestuft wird, kann zum Beispiel durch den Abschluss des Versicherungsvertrages den Anreiz zur Schadensverhütung verlieren – was die Schadenswahrscheinlichkeit entsprechend erhöht.

[4] Problem der adversen Selektion (siehe Abschn. 3.7).

streuung – das Versicherungssystem. Soziale Sicherung ist zwar kein öffentliches Gut im engeren Sinne, hat aber viele Aspekte eines meritorischen Gutes.

Der staatliche Eingriff kann auf unterschiedliche Art und Weise erfolgen: steuerliche Begünstigung von Versicherungsprämien, privatem Sparen oder betrieblichen Sozialleistungen; Subventionen; Zwangsversicherung; Bereitstellung von Sicherungseinrichtungen durch Parafisci oder Anbieten sozialer Dienstleistungen durch den Staat. Für eine Versicherungspflicht sprechen vor allem die oben angeführten Argumente zur Begründung der mangelnden Nachfrage, für die öffentliche Bereitstellung jene zur Begründung des mangelnden Angebots. Für öffentliche Einrichtungen spricht zudem der Umstand, dass in wirtschaftlichen Krisensituationen ihr Bestand besser gesichert ist als jener der privaten Institutionen. Da viele der zu versichernden Risiken unter Umständen eine existentielle Bedrohung der Betroffenen bedeuten, ist anzunehmen, dass diese die größere Sicherheit staatlicher Einrichtungen vorziehen.

8.2.2 Auswirkungen auf Sparen und Kapitalbildung

Die Sparquote hat in der herkömmlichen ökonomischen Theorie große Bedeutung, da ein unmittelbarer Zusammenhang zwischen Spar- bzw. Investitionsquote und Wirtschaftswachstum postuliert wird. Bestünde in der Tat ein derartiger Zusammenhang und ließe sich feststellen, dass die Existenz eines Sozialversicherungssystems das Sparen beeinflusst, hätte das entsprechende Konsequenzen für das Wirtschaftswachstum (vgl. auch Abschn. 21.2).

Hierbei gilt es zwischen Renten, die mittels Kapitaldeckungverfahren finanziert werden, und Renten, die mittels Umlageverfahren finanziert werden, zu unterscheiden. Beim **Kapitaldeckungsverfahren** werden Rentenbeiträge am Kapitalmarkt investiert, weshalb die Verzinsung jener auf private Ersparnisse entspricht, und es somit zu keiner Verzerrung der Sparentscheidung kommt.

Beim **Umlageverfahren** hingegen finanzieren die Beiträge der aktuellen Beitragszahler die Renten der aktuellen Pensionisten. Dabei ist zwischen Systemen mit definierten Renten (defined benefits) und definierten Beiträgen (defined contributions) zu unterscheiden. Im ersten Fall wird die Höhe der Rente durch eine vorgegebene Formel (z. B. x % vom Einkommen der letzten Jahre) bestimmt, weshalb einerseits die implizite Verzinsung der Rentenbeiträge nicht jener am Kapitalmarkt entsprechen muss, und es andererseits zu erheblichen Finanzierungslücken in der Pensionsversicherung (wenn die Formel zu generös ist) kommen kann. Im zweiten Fall hingegen wird die Pension an die laufenden Einnahmen angepasst. Falls die Anzahl der einzahlenden Person steigt, oder aber deren Pensionsbeiträge aufgrund steigender Löhne steigen, können Pensionen erhöht werden, andernfalls werden Renten gekürzt. Die implizite Verzinsung entspricht etwa dem Anstieg der Arbeitsbevölkerung und dem Lohnanstieg[5], und unterscheidet sich ebenfalls von der Verzinsung auf Ersparnisse.

Sofern die Verzinsung der beiden Systeme nicht ident ist, wird das Umlageverfahren die Konsumentscheidung beeinflussen. Wenn Zinsen geringer als Bevölkerungs- und Lohnwachstum sind, wird mehr konsumiert (und damit eindeutig weniger gespart), andernfalls wird weniger konsumiert (mit unsicherem Effekt auf das Sparen).

Die These, dass eine Sozialversicherung das **private Sparen** vermindere, wird vor allem von Martin Feldstein (1976) vertreten. Er argumentiert dabei mit der Lebenszyklushypothese des Konsums (siehe dazu Abschn. 21.2). Existiert eine Sozialversicherung, die das Einkommen der Individuen im Alter garantiert, substituieren diese ihre eigenen Vermögenswerte durch Sozialversicherungsansprüche, womit das private Sparen sinkt. Dieser negative Effekt ist jedoch nicht eindeutig – wie Feldstein selbst bemerkt – da neben dem Substitutionseffekt noch ein positiver Einkommenseffekt berücksichtigt werden muss: Die Sozialversicherung senkt nach dem Lebenszyklusmodell auch das geplante Rentenalter. Damit wird die Periode, in der das – niedrigere – Sozialversicherungs-Einkommen bezogen wird, länger, was zu einer Erhöhung des privaten Sparens führt. Feldstein hat daher versucht, den Nettoeffekt der Sozialversicherung empirisch zu schätzen. Er kommt zum Ergebnis, dass der Substitutionseffekt den Einkommenseffekt überwiegt, und die Existenz einer Sozialversicherung das gesamtwirtschaftliche Sparen daher senkt.[6]

Diese Argumentation wurde auch manchmal dazu verwendet, um die Verlangsamung des Wirtschaftswachstums in den Industrieländern seit Anfang der 70er Jahre zu erklären. Das ist aus zwei Gründen problematisch. In empirischen Studien wurde gezeigt, dass der negative Zusammenhang zwischen Sozialversicherung und privatem Sparen nicht so eindeutig ist, wie von Feldstein behauptet.[7]

[5] In jüngster Vergangenheit ist die Erwerbsbevölkerung im Verhältnis zur Anzahl der Rentenbezieher zurückgegangen (dependency ratio), und Medianlöhne sind kaum gestiegen, weshalb es eher zu einem Rückgang der Renten hätte kommen sollen.

[6] Eine Veränderung des Sparverhaltens verändert aber auch den Kapitalstock und über die Grenzproduktivität wiederum den Zinssatz und den Lohn (wodurch das Umlageverfahren noch unattraktiver werden würde). Ein komplettes makroökonomisches Modell würde aber den Rahmen dieses Buches sprengen.

[7] So haben etwa Länder mit wesentlich besser ausgebauten Sozialversicherungssystemen als jenem der USA (z. B. Deutschland und Österreich) eine höhere Sparquote als diese. Siehe Busch und Wüger (1981), 223 ff.

8.2.3 Auswirkungen auf den Arbeitsmarkt

In der Literatur wird gelegentlich argumentiert, die Existenz staatlicher Sicherungseinrichtungen senke das Arbeitsangebot (vgl. u. a. Nickell 1979). Die Argumente beziehen sich vor allem auf die Arbeitslosenunterstützung. Diese erhöhe die Dauer der Arbeitslosigkeit, da die Arbeitnehmer aufgrund dieses Einkommensersatzes einen geringeren Anreiz haben, rasch einen neuen Arbeitsplatz anzunehmen.

Die tatsächliche Bedeutung dieses Effekts wird vor allem davon abhängen, in welchem Ausmaß Leistungen der Arbeitslosenversicherung das bisherige Nettoeinkommen ersetzen und welche Regelungen für die Ausbezahlung von Arbeitslosengeld bestehen. Generell wird die Einflussmöglichkeit der Arbeitnehmer auf die Dauer der Arbeitslosigkeit dabei beschränkt sein. Soweit er überhaupt eine Rolle spielt, ist dieser Effekt vor allem für Zeiten der Hochkonjunktur zu erwarten, wenn Arbeitnehmer aufgrund ihrer starken Position am Arbeitsmarkt eine längere Sucharbeitslosigkeit in Kauf nehmen können. Gerade in diesen Zeiten gibt es jedoch keine Arbeitslosigkeit in nennenswertem Umfang. Der massive Anstieg der Arbeitslosigkeit in den 70er Jahren und im Konnex der „Corona-Krise“ kann daher mit der Existenz der Arbeitslosenversicherung nicht ausreichend erklärt werden, sondern ist primär auf strukturelle und konjunkturelle Faktoren zurückzuführen.

Hinsichtlich der Effekte auf die Arbeitskräftenachfrage stehen vor allem die Kostenwirkungen in Diskussion. Die von der Unternehmensseite zu tragenden Sozialabgaben stellen die wichtigste Komponente der **Lohnnebenkosten** dar. Dazu kommen weitere „Folgekosten“, die sich für die Unternehmen aus den „Bürokratielasten“, die mit der administrativen Abwicklung der Sozialversicherung auf Unternehmensseite verbunden sind, ergeben. Vor allem die mit den Arbeitgeberbeiträgen zur Sozialversicherung verbundene Versteuerung des Faktors Arbeit kann – abhängig von den jeweiligen Substitutionselastizitäten – unter Umständen zu einer (beschleunigten) Substitution von Arbeit durch Kapital und damit zu einer Verringerung der Arbeitskräftenachfrage führen.

8.2.4 Verteilungseffekte

Die Aufgabe einer (Sozial-)versicherung besteht gerade darin, einen Risikoausgleich durchzuführen, der in einer versicherungsimmanenten „Umverteilung“ entsprechend den unregelmäßig auftretenden Versicherungstatbeständen besteht. Das ist jedoch keine Umverteilung im üblichen Sinn des Wortes, denn darunter ist nur die systematische Bevorzugung oder Benachteiligung bestimmter Personen oder Gruppen zu verstehen. Sind die Beiträge der Mitglieder entsprechend ihrem jeweiligen Risiko (etwa bezüglich Alter, Geschlecht, Gesundheitszustand) differenziert, und richtet sich die Inanspruchnahme der Leistung nur nach zufällig auftretenden Versicherungstatbeständen, so ist auch die Begünstigung oder Benachteiligung der jeweiligen Mitglieder durch Zufall bestimmt. In einer exakt nach dem Äquivalenzprinzip organisierten Versicherung dürften systematische Umverteilungseffekte nicht auftreten. Eine völlige Übereinstimmung von Risiko- und Beitragsstruktur ist zudem in der Praxis schwer durchführbar und kann vor allem auch aus sozialpolitischen Gründen als nicht wünschenswert angesehen werden.

Sind Beitrags- und Risikostruktur nicht in Übereinstimmung, kommt es zu („differentiellen") Umverteilungsvorgängen. Diese können entweder in Bezug auf einen Zeitpunkt (bzw. eine Periode) analysiert werden (Querschnittsbetrachtung) oder in Bezug auf die gesamte Lebensdauer eines Individuums oder die verschiedenen Lebensphasen eines Altersjahrgangs **(Längsschnittbetrachtung)**.

- In zeitpunktbezogener Sicht **(Querschnittsbetrachtung)** kommt es zur interpersonellen Umverteilung. Diese ist horizontal, wenn sie Personen innerhalb der gleichen Einkommensklasse betrifft, und vertikal, wenn unterschiedliche Einkommensklassen betroffen sind. Stellt man (speziell bei der Rentenversicherung) auf die Gruppen („Generationen") von Beitragszahlern und Leistungsempfängern ab, so spricht man von **intergenerationeller Umverteilung.**[8]
- In der Längsschnittbetrachtung kann die Sozialversicherung einerseits zu einer reinen „Umschichtung" von Einkommensteilen zwischen verschiedenen Lebensphasen eines Individuums durch Spar- und Entsparvorgänge führen; dann spricht man von intertemporaler oder intrapersoneller Umverteilung im Lebensablauf. Wird nicht nur der zeitliche Verlauf des individuellen Lebenseinkommens beeinflusst, sondern auch das Verhältnis der Umfänge der Lebenseinkommen von Mitgliedern einer Altersgruppe zueinander oder das Verhältnis der Lebenseinkommen zwischen verschiedenen Altersgruppen, so kommt es **zur interpersonellen Umverteilung** im Lebensablauf.

Verteilungseffekte können von folgenden Faktoren ausgehen:

- **Beitragsgestaltung:** Sie begünstigt (bei gleicher Leistungsinanspruchnahme) z. B. mitversicherte Familienangehörige in der Krankenversicherung, Personen mit Ausfalls- und Ersatzzeiten in der Rentenversicherung sowie all jene, deren Einkommen höher als die Bemessungsgrundlage ist.
- **Leistungsbezug:** Verteilungseffekte ergeben sich (bei undifferenzierter Beitragsgestaltung), erstens, über Regelungen, die bestimmten Personen, im Verhältnis zur

[8] Analog zum realwirtschaftlichen Ansatz bei der Betrachtung der intertemporalen Verteilungswirkungen der öffentlichen Verschuldung (vgl. Kap. 18) gilt auch für die Rentenversicherung, dass eine zeitliche Einkommensverschiebung in gesamtwirtschaftlicher Sicht nicht möglich ist. Jede Rentnergeneration kann nur aus dem laufenden Sozialprodukt alimentiert werden (sogenannter „Mackenroth'scher Satz"). Der „Generationenvertrag" zwischen der jeweiligen Generation der Erwerbstätigen und den noch nicht bzw. nicht mehr Erwerbstätigen ist unter diesem Aspekt daher kein Vertrag, sondern ein von der jeweiligen Finanzierungstechnik (Kapitaldeckungs-, Umlageverfahren oder Finanzierung aus dem Staatshaushalt) unabhängiger, ökonomischer Sachzwang.

Beitragsleistung, mehr oder bessere Leistungen zugestehen (z. B. niedrigere Altersgrenze für Frauen und Rente nach Mindesteinkommen in der Rentenversicherung). Verteilungswirksam ist, zweitens, der vermehrte Leistungsbezug von Personen mit überdurchschnittlich hohem Risiko (z. B. berufsspezifische Krankheiten und Unfallhäufigkeit, bildungs- und geschlechtsspezifische Arbeitslosigkeit, schicht- und geschlechtsspezifische Lebenserwartung). Beim Leistungsbezug begünstigt sind, drittens, jene Personen, die bessere Informationen über das Leistungsangebot haben (z. B. schichtspezifisches „Gesundheitsbewusstsein") oder einen besseren Zugang dazu (z. B. Stadtbewohner, denen ein höheres Angebot an Fachärzten zur Verfügung steht).

- **Finanzierung der Sozialversicherung durch Dritte:** Das sind in erster Linie die Arbeitgeberbeiträge sowie die Bundeszuschüsse zur Sozialversicherung, die aus Steuern finanziert werden, deren Verteilungswirkung jeweils speziell analysiert werden muss.

8.2.5 Konjunkturelle Effekte

Das Budget der Sozialversicherung ist – ebenso wie der Staatshaushalt – von konjunkturellen Schwankungen betroffen. Das gilt vor allem für die Einnahmenseite, wenn die Beitragseinnahmen an die Lohn- und Gehaltssumme gebunden sind. Diese steigt im Konjunkturaufschwung mit zunehmender Beschäftigung und einer größeren Zahl an Überstunden und fällt entsprechend in einer Rezession. Ein Anstieg der Arbeitslosigkeit bedeutet also einen entsprechenden Ausfall an Beitragszahlern. (Werden die Beiträge der Arbeitslosen für Kranken- und Rentenversicherung von anderen Institutionen getragen, wie z. B. in Deutschland von der Bundesanstalt für Arbeit, so ist das bloß eine Verlagerung der Finanzierungslast).

Die Ausgaben der einzelnen Versicherungsträger sind nicht alle gleich konjunkturreagibel. Relativ konstant über den Konjunkturzyklus bleiben die Ausgaben für Kranken- und Unfallversicherung. Stärker betroffen ist die Rentenversicherung, deren Ausgaben von zwei Seiten konjunkturellen Einflüssen ausgesetzt sind: Erstens, über die Zahl der Rentenempfänger, da der Zugang zur Rentenversicherung von der jeweiligen Arbeitsmarktsituation abhängig ist. In Rezessionen sind gerade ältere Arbeitnehmer in überdurchschnittlichem Maße von Arbeitslosigkeit betroffen und sind daher häufig zur vorzeitigen Inanspruchnahme des Altersruhegeldes (über die flexible Altersgrenze oder das vorgezogene Altersruhegeld wegen Arbeitslosigkeit) gezwungen. Zweitens werden die Renten an das allgemeine Lohnniveau angepasst und schwanken daher mit diesem. Den größten Einfluss hat die Konjunktur auf die Arbeitslosenversicherung. Diese hat in der Hochkonjunktur fast keine und in der Rezession sehr hohe Ausgaben.

Wirtschaftskrisen können somit zu erheblichen Finanzierungsschwierigkeiten umlagefinanzierter Sozialversicherungen führen: die Einnahmen sinken bei konstanten oder gar zunehmenden Ausgaben. Dieses Problem stellt sich vor allem bei länger anhaltenden Rezessionen. Der Staatshaushalt wird in dieser Situation durch Abdeckung der Defizite der Sozialversicherungsträger zusätzlich belastet.

Die Sozialversicherung kann zwar nicht unmittelbar als konjunkturpolitisches Instrument betrachtet werden. Konjunkturelle Wirkungen des Sozialversicherungsbudgets sind allerdings, allein wegen dessen Größe, unvermeidlich. Die eben beschriebenen Einflüsse der konjunkturellen Situation auf die Einnahmen und Ausgaben der Sozialversicherung bedingen zugleich die Möglichkeit ihrer konjunkturstabilisierenden Wirkung.

Kommt es in der Rezession zu Einnahmeausfällen, so sinkt die gesamtwirtschaftliche Abgabenbelastung; der Entzug von Kaufkraft wird verringert. Steigen in der Rezession gleichzeitig die Ausgaben, so gehen davon expansive Effekte auf die gesamtwirtschaftliche Nachfrage aus. Es besteht also die Wirkung eines **automatischen Stabilisators.** Ein klassisches Beispiel dafür ist die Arbeitslosenversicherung, wo die entsprechenden Einnahme- und Ausgabenwirkungen am ausgeprägtesten vorhanden sind.

Literatur

Busch, G., Wüger, M. Social Security and Saving – A Critical Note on the Feldstein Hypothesis, Empirica 2, 1981, 223 ff.

Feldstein, M. S. "Social Security and Saving: The Extended Life Cycle Theory". In: American Economic Review, 1976, 66:77.

Weiterführende Literatur

Badelt, Ch., Österle, A. Grundzüge der Sozialpolitik, Allgemeiner Teil. Wien 1998.

Barr, N., Diamond, P., The Economics of Pensions, Oxford Review of Economic Policy, Vol. 22(1), 2006, 15–39.

Boldrin, M., Dolado, J.J., Jimeno, J.F., Peracchi, F. The future of pensions in Europe. In: Economic Policy 1999, 289:320

Breyer, F. Ökonomische Theorie der Alterssicherung. München 1990.

Demmel, R., Keuschnigg, C. Funded Pensions and Unemployment. In: Finanzarchiv 2000, 22–38

Felderer, B. (Hrsg.) Kapitaldeckungverfahren versus Umlageverfahren: demographische Entwicklung und Finanzierung von Altersversicherung und Familienlastenausgleich. Schriften des Vereins für Socialpolitik, NF 163, Berlin 1987.

Feldstein, M. Privatizing Social Security. Chicago 1998.

Gahlen, B., Hesse, H., Ramser, H.J. (Hrsg.) Theorie und Politik der Sozialversicherung. Tübingen 1990.

Galasso, V., Profeta, P., The political economy of social security: a survey, European Journal of Political Economy, Vol. 18(1), 2002, 1–29.

Gustman, A.L., Steinmeier, T. L., How effective is redistribution under the social security benefit formula? Journal of Public Economics, Vol. 82(1), 2001, 1–28.

Hansmeyer, K. H., Schidt, K. (Hrsg.) Finanzierungsprobleme der sozialen Sicherung I, II. Schriften des Vereins für Socialpolitik 194/I, II. Berlin 1991.

Henke, K.-D., Hesse J.J., Schuppert, G.F., (Hrsg.) Die Zukunft der sozialen Sicherung in Deutschland. Baden-Baden 1991.

Homburg, S. The Efficiency of Unfunded Pension Systems. In: J. of Institutional and Theoretical Economics 1990, 146:640 ff.

Homburg, S. Theorie der Alterssicherung. Berlin 1988.

Hinrichs, K., The German welfare state system: with special reference to the old- age pension system, In: Aspalter, C (Hrsg.), The Routledge International Handbook to Welfare State Systems, 2019, Routledge.

Lampert, H. Lehrbuch der Sozialpolitik. 10. Aufl., Berlin et al., 2020.

Leichsenring, K., The Austrian welfare state system: with special reference to the old- age pension system, In: Aspalter, C (Hrsg.), The Routledge International Handbook to Welfare State Systems, 2019, Routledge.

Nickell, S. Education and Lifetime Patterns of Unemployment, Journal of Political Economy, 87(5), 1979.

Schnabel, R. Rates of Return of the German Pay-as-You-Go Pension System. In: Finanzarchiv 1998, 374:399.

Wiß T., Divergent occupational pensions in Bismarckian countries: the case of Germany and Austria. Transfer: European Review of Labour and Research. 2018, Vol. 24(1), 91–107.

9 Öffentliche Unternehmen und Regulierung

Lernziele

- Der öffentliche Sektor reguliert private Unternehmen über eine Vielzahl von rechtlichen Regelungen, insbesondere bei Auftreten von natürlichen Monopolen.
- Natürliche Monopole können entweder im Besitz des Staates stehen (sogenannte öffentliche Unternehmen), oder sich in privater Hand befinden. Während im Falle von bestreitbaren Märkten kein staatlicher Eingriff notwendig ist, sind insbesondere bei Auftreten von irreversiblen Kosten staatliche Eingriffe nötig.
- Die Gemeinwirtschaft schreibt öffentlichen Unternehmen eine weitere wichtige Rolle zu, nämlich als Leitfunktion für private Unternehmen.

9.1 Grundlagen und Formen der Regulierung

In einer prinzipiell marktwirtschaftlichen Ordnung bedürfen Eingriffe des öffentlichen Sektors stets der Begründung durch Formen des Marktversagens – wobei freilich bereits darauf hingewiesen wurde, dass der Nachweis eines Falles von Marktversagen noch nicht ausreicht für die konkrete Festlegung, ob und in welcher Form eine öffentliche Intervention zu erfolgen hat (siehe Kap. 3). Öffentliche Eingriffe können, wie in Kap. 5 dargestellt, dabei nicht nur über öffentliche Ausgaben und Einnahmen erfolgen.

E. Nowotny und M. Zagler, *Der öffentliche Sektor*,
https://doi.org/10.1007/978-3-658-36042-9_9

Allokative Aspekte stehen im Zentrum neoklassischer Ansätze der Regulierung öffentlicher Unternehmen. Ausgangspunkt sind jeweils Zielsetzungen der gesamtwirtschaftlichen Effizienz (siehe Abschn. 4.1), wobei sich vor allem zwei Fragen stellen:

- Für welche Wirtschaftsbereiche sind Maßnahmen der Regulierung bzw. der Überführung in öffentliche Unternehmen erforderlich?
- Wie sollen sich entsprechend regulierte bzw. öffentliche Unternehmen speziell hinsichtlich ihrer Preisgestaltung verhalten?

Die Notwendigkeit regulierender Eingriffe ergibt sich unter allokationstheoretischen Aspekten generell bei Vorliegen von Marktversagen. Für die Theorie der Regulierung und öffentlicher Unternehmen ist die wichtigste Form[1] von Marktversagen das Vorliegen eines natürlichen Monopols. So weisen einige Produktionstechnologien wie der Eisenbahntransport, die leitungsgebundene Telekommunikation, und die Verteilung (nicht die Produktion) von Elektrizität Eigenschaften wie insbesondere Unteilbarkeiten und Vernetzung auf. Diese führen dazu, dass es kostengünstiger ist, die Produktion in einem einzigen Unternehmen zu organisieren als in mehreren. Sowohl bei der Eisenbahn als auch bei der Stromverteilung, beim Telefonnetz oder auch bei der Wasser- oder Gasversorgung würde Wettbewerb zwischen zwei Unternehmen eine Verdoppelung des Versorgungsnetzes bedeuten und von daher vermeidbare Kosten verursachen.

Wichtige wirtschaftliche Effekte des öffentlichen Sektors können auch über administrativ-rechtliche Regelungen und über direkte Unternehmenstätigkeit des öffentlichen Sektors erreicht werden.[2] In beiden Fällen geht es um Korrekturen von Marktversagen und die entsprechenden wirtschafts- und gesellschaftspolitischen Zielsetzungen, wobei hinsichtlich der Vorgangsweise zu unterscheiden ist zwischen

- **Außenregulierung:** Regulierung privater Unternehmen durch öffentliche Regelungen und Instanzen;
- **Innenregulierung:** direkte Markteingriffe in Form öffentlicher Unternehmen bzw. Unternehmensbeteiligungen.

---

[1]Andere Formen allokativen Marktversagens, die für Fragen der Regulierung und öffentlicher Unternehmen relevant sind, sind das Auftreten von externen Effekten und von Unsicherheit. Diese Aspekte werden jedoch eher von gemeinwirtschaftlichen Ansätzen der Theorie öffentlicher Unternehmen erfasst, auf die in Folge eingegangen werden wird.

[2]Historisch spielt neben den Aspekten des Marktversagens auch die Finanzierungsfunktion öffentlicher Unternehmen eine Rolle. Bei Fehlen eines funktionsfähigen Steuersystems erfolgte die Finanzierung des öffentlichen Sektors zu einem erheblichen Teil durch direkte Unternehmenseinkünfte (z. B. Staatsdomänen). Auch der Betrieb staatlicher Monopole (z. B. Post, Salz) hatte bis ins 19. Jahrhundert überwiegend fiskalische Funktion. Analytisch können die entsprechenden Monopolgewinne als spezifische indirekte Steuer auf das jeweilige Produkt gesehen werden. Weiterhin von Bedeutung ist die fiskalische Funktion vielfach bei öffentlichen Unternehmen der Gemeinden.

Im Verlauf der wirtschaftlichen Entwicklung kommt (bzw. kam) in Europa Formen der Innenregulierung über öffentliche Unternehmen in den Bereichen Transport und Kommunikation, Energieversorgung, usw. eine wesentliche Rolle zu. In den USA dagegen entstand als Reaktion auf Monopolmissbräuche speziell bei Versorgungsunternehmen („public utilities") ein System der Außenregulierung privater Unternehmen durch unabhängige staatliche Kommissionen (regulatory agencies). Auch in allen europäischen Staaten gibt es Formen der Außenregulierung, z. B. im Wettbewerbsrecht und in der Banken- und Versicherungsaufsicht mit den jeweiligen Regulierungsbehörden (z. B. Bundeskartellamt). Theoretisch können die beiden Formen der Regulierung als austauschbar gesehen werden und müssten demnach bei identen staatlichen Zielfunktionen, vollkommener Information und Implementierung auch zu identen Ergebnissen führen. Gibt man jedoch die Annahme der vollkommenen Information auf und unterstellt man zusätzlich noch divergierende Zielsetzungen verschiedener involvierter Agenten, dann stellt sich allerdings die Frage, ob sich durch die unterschiedlichen Ausgestaltungen bzw. Organisationsformen nicht tatsächlich Effizienzunterschiede ergeben. Während der letzten zwei Jahrzehnte ist es – ausgehend von den USA – zu einer heftigen Debatte hinsichtlich der Effizienz von Teilen der öffentlichen Unternehmungen und von Regulierungen gekommen. Privatisierungs- und Deregulierungsmaßnahmen sind Folge dieser Diskussionen. Im Mittelpunkt der Debatten standen und stehen vor allem Allokations- bzw. Effizienzüberlegungen, aber auch Versorgungs- und Distributionsüberlegungen.

Hinsichtlich der **Innenregulierung** gibt es eine Vielzahl von Erscheinungsformen, wobei nach dem Grad der **wirtschaftlich-organisatorischen und rechtlichen Selbstständigkeit** gegenüber der allgemeinen Verwaltung und der Stellung zum öffentlichen Haushalt meist unterteilt wird in:

- **Reine Verwaltungs- und Regiebetriebe:** Sie verzeichnen den geringsten „Selbstständigkeitsgrad", sie sind weder organisatorisch noch rechtlich selbstständig, werden zur Verwaltung gerechnet und verfügen über kein eigenes Vermögen. Ihre Einnahmen und Ausgaben sind Teil des öffentlichen Haushalts ihres jeweiligen Trägers, in den sie unmittelbar, das heißt unsaldiert eingehen **(Bruttobetriebe)**. Auch die Personalstruktur und die Geschäftsgebarung sind der Verwaltungspraxis angenähert. Die Dispositionsfreiheit ist eingeschränkt. Vielfach werden Ent- und Versorgungsleistungen kleiner und mittlerer Kommunen in dieser Form organisiert, ebenso vielfach Kultur- und Bildungseinrichtungen.
- **Verselbstständigte Verwaltungs- und Regiebetriebe:** Sie sind organisatorisch selbstständig, jedoch rechtlich unselbstständig. Trotz fehlender eigener Rechtspersönlichkeit haben sie durch ihre wirtschaftlich-organisatorische Eigenständigkeit gegenüber den reinen Regiebetrieben wesentlich größere Freiheitsräume. Das Vermögen dieser verselbstständigten Verwaltungsbetriebe ist aus dem öffentlichen Haushalt ausgegliedert (Sondervermögen). Im Haushalt des Trägers erscheint nur die Gewinnabführung oder die Verlustabdeckung **(Nettobetriebe).** Die Überwachung durch den öffentlichen Träger erfolgt über vom Träger beschickte Aufsichtsgremien. Beispiele

für diese Organisationsformen sind die kommunalen Eigenbetriebe im Versorgungs- und Verkehrsbereich und die Organisation von Bahn und Post vor der Überführung in privatrechtliche Organisationsformen.

- **Rechtlich und organisatorisch-wirtschaftlich selbstständige Unternehmen:** Sie sind entweder in der Rechtsform des öffentlichen Rechts oder in der des Privatrechts gestaltet:
- Unternehmen in **öffentlich-rechtlicher Form:** Öffentliche Unternehmen können die Rechtsform der Anstalt, der Körperschaft des öffentlichen Rechts oder der Stiftung annehmen. Körperschaften des öffentlichen Rechts haben meist Mitglieder (Kammern, Innungen), ihre Selbstverwaltung erfolgt durch Mitglieder, die Funktionen in den Organen einnehmen. Die öffentliche Hand beschränkt sich auf formale Kontrolle. Anstalten des öffentlichen Rechts haben dagegen in der Regel „Benutzer" (Rundfunkanstalten). Hier geht die staatliche Einflussnahme etwa durch die Bestellung der leitenden Organe ein. Öffentlich-rechtliche Stiftungen (z. B. Stiftung Warentest) sind mit einem Vermögen zur Erreichung eines bestimmten gemeinnützigen Zwecks ausgestattet, wobei die Geschäftsführung und der Vorstand an diesen Vermögenszweck gebunden sind.
- Unternehmen in Form des **Privatrechts:** Es gelten hier dieselben gesellschaftsrechtlichen Vorschriften wie für private Unternehmen. Vorteile sind größere Flexibilität des Managements durch eine relativ selbstständige, durch das Gesellschaftsrecht abgesicherte, Stellung. Zu diesem Organisationstypus zählen insbesondere öffentliche Unternehmensbeteiligungen an prinzipiell erwerbswirtschaftlich organisierten, im Wettbewerb stehenden Unternehmen. Die Beteiligung der öffentlichen Hand kann dabei eine vollständige oder eine Mehrheitsbeteiligung sein, oder eine Minderheitenbeteiligung darstellen. Privatrechtlich organisiert sind überwiegend auch die gemeinwirtschaftlichen Unternehmen, die sich im Eigentum von Kirchen, Genossenschaften, Gewerkschaften etc. befinden und speziell in Bereichen wie Wohnungswirtschaft, Kommunikation und Kreditwesen tätig sind.

9.2 Regulierung privater Unternehmen

Die Regulierungsformen im Bereich der **Außenregulierung** stellen einen wesentlichen Bestandteil der Wirtschafts- und Sozialordnung eines Staates dar und sind in ihrer Vielzahl quantitativ kaum erfassbar. Dazu zählen etwa Regelungen im Bereich des Arbeits- und Sozialrechts, des Umweltrechts, des Verbraucherschutzes, der Wohnungswirtschaft, der Geld- und Kapitalmärkte etc., wobei sich für die Mitgliedstaaten der EU in zunehmendem Maß die entsprechenden Regelungskompetenzen von der nationalen auf die supranationale Ebene verlagern.

Besonders ausgeprägte Bereiche der Außenregulierung mit Regulierungsinstanzen, die über entsprechende Eingriffsrechte verfügen, stellen jeweils die Notenbanken dar, in Deutschland können hiezu auch die Einrichtungen der Wettbewerbsaufsicht (mit dem Bundeskartellamt, Berlin), sowie die Banken- und Versicherungsaufsicht mit den entsprechenden Aufsichtsbehörden gezählt werden. In Österreich werden die entsprechenden Regulierungsfunktionen von Ministerien bzw. Gerichtsbarkeit (Kartellwesen) ausgeübt. Im Zuge der Aufgabe von Staatsmonopolen bzw. der Privatisierung öffentlicher Unternehmen wachsen in Europa generell die Zahl und die Bedeutung öffentlicher Regulierungsinstanzen, die nun die Aufgabe der Außenregulierung gegenüber der bisherigen Innenregulierung wahrnehmen. Beispiele dafür sind etwa entsprechende Regulierungseinrichtungen im Telekommunikations-, Radio- und Fernsehbereich sowie die Kontrollbehörden für nunmehr privatisierte Wirtschaftssektoren wie Gas-, Strom- und Wasserversorgung sowie Telekommunikation.

Regulierung und Antitrustpolitik sind aus den gleichen geschichtlichen Wurzeln hervorgegangen. Die Antitrustpolitik in den USA basiert auf der Zielsetzung, die Marktprozesse durch einen von Beschränkungen möglichst freizuhaltenden Wettbewerb zu ordnen. Öffentliche Regulierung ist erforderlich, wenn ein solcher Wettbewerb bei der Ordnung der Marktprozesse versagt oder gar nicht erst wirksam werden kann. Zum einen können Größenersparnisse **natürliche Monopole**[3] entstehen lassen, zum anderen können aufgrund besonderer ökonomischer Bedingungen häufig ruinöse Preiskriege ausbrechen und leistungsfähige Kapazitäten vernichtet werden. Im ersten Fall muss die regulierende Kommission private Monopolmacht überwachen und im zweiten Fall muss sie den Wettbewerb beschränken und regulieren. In beiden Fällen geht es darum, mit bürokratischen Entscheidungsprozessen den Wettbewerb, soweit er nicht stattfinden kann oder nicht stattfinden soll, im Hinblick auf bestimmte Ergebnisse wie optimale Ressourcenallokation, optimale Preissetzung, Produktqualität und -sicherheit zu stimulieren. Die europäische Form der Regulierung zielte und zielt nicht nur auf Verhinderung der Ausbeutung der Konsumenten und Marktmissbrauch ab, sondern hatte von vornherein „positiv gestalterische“ Ziele (z.B. ordnungs-, kommunal- und vor allem sozialpolitische Ziele).

In monopolistischen wie auch in kompetitiven Strukturen sind die wichtigsten Ansatzpunkte der Regulierung:

- **Marktzutrittsbeschränkungen –** Entsprechende Regelungen reichen von der Verleihung einer rechtlichen Monopolstellung über die Bedarfsprüfung bis zur Konzession bzw. – mit der schwächsten Intensität – bis zur Anzeigepflicht und beinhalten mitunter auch Investitionsgenehmigungen für neue Kapazitäten.
- **Preisregulierung** bzw. Regelung von Tarifniveau und -struktur, beinhaltet Gewinn- und Kostenkontrolle. Die unterschiedlichen Intensitäten des Eingriffs sind: Preisfestsetzung, Festsetzung von Mindest- oder Höchstpreisen, Preisanzeigepflicht.

[3] Ein natürliches Monopol liegt vor, wenn in einem Wirtschaftsbereich die Durchschnittskosten über den gesamten Produktionsverlauf (bis zur Kapazitätsgrenze) fallen (siehe Abschn. 3.4).

- **Qualitäts- und Konditionenfestsetzung –** in Form von Standards, Mindestqualitätsfestlegung, Tarifauszeichnungspflicht zum Schutz der Konsumenten. Oft ist es den Konsumenten nicht möglich, die Qualität von Gütern und Dienstleistungen zum Zeitpunkt des Kaufs einzuschätzen, sondern erst im Rahmen ihres Gebrauchs. Unsicherheit kann auch bezüglich der Zuverlässigkeit bestimmter Anbieter auftreten. In derartigen Fällen liegen Informationsasymmetrien zwischen den Käufern und Anbietern vor. Regulierung in Form bestimmter Qualitätsstandards oder in Form von Haftungsbestimmungen soll eine zumindest teilweise Abhilfe gegen dieses Problem schaffen.
- **Kontrahierungszwang –** Hier werden die Bedingungen festgelegt, unter denen die regulierten Unternehmen verpflichtet sind, ihre Leistungen jedermann anzudienen. Daraus resultiert auch die Feststellung, dass es dem jeweiligen Unternehmen nicht alleine überlassen ist, zu entscheiden, wann es den Markt verlässt, weil es sich so dem Kontrahierungszwang entziehen könnte.

Dieser Katalog erfasst die traditionelle Regulierung von Versorgungsunternehmen. Allerdings treten nicht in allen regulierten Branchen die gleichen Eingriffe auf. Energieversorgungsunternehmen werden etwa durch regulierende Eingriffe gezwungen, Optionen auf Nachfrage zur Verfügung zu halten, die nur in Krisenzeiten ausgeübt werden. Anzahl und Instrumente der Regulierung sind also nicht festgeschrieben.

Viele der politischen und ökonomischen Ziele der Regulierung, so etwa distributions- und allokationspolitische Zielsetzungen, lassen sich letztlich jedoch auf die Frage eines optimalen Preisniveaus bzw. einer optimalen Preisstruktur reduzieren. So geht es bei Vorliegen eines natürlichen Monopols um die Suche nach einem Preisvektor, der Kostendeckung erlaubt und gleichzeitig Wohlfahrtsverluste minimiert. Regional- und verteilungspolitische Ziele können – obwohl umstritten – unter anderem durch eine Tarifstruktur mit interner Subventionierung umgesetzt werden. Eine Sonderform der Preisregulierung ist die **Rentabilitätsregulierung.** Hiezu gehören die Ertragsratenregulierung (Gewinnbegrenzung; dem Unternehmen wird eine bestimmte höchst zulässige Verzinsung auf das eingesetzte Kapital gewährt) und die Cost-Plus-Regulierung (Gewinnbegrenzung; dem Unternehmen wird ein Aufschlag auf seine nachgewiesenen Kosten gewährt entsprechend einer mark-up Preisstrategie).

Preisfestsetzung, Marktzutrittsregelungen, Qualitätsstandards und Kontrahierungszwang gehören in den Bereich der sogenannten **„administrativen Regulierung" der Außenregulierung.** Das tatsächliche Spektrum an Regulierungsmaßnahmen ist aber wesentlich breiter. Hinsichtlich der **Außenregulierung** lassen sich folgende Alternativen unterscheiden.

- **Administrative Regulierung:** Stellt extrem hohe Informationsanforderungen, denn die regulierende Kommission muss die Produktions-, Kosten- und Nachfragebedingungen genau kennen; sie ist jedoch auf die Informationen vonseiten der regulierten Unternehmen angewiesen – (Problem der asymmetrischen Information).

- **„Anreiz"-Regulierung:** Im Wesentlichen geht es darum, auf unterschiedliche Arten zu versuchen, bei begrenztem Marktzutritt Anreize für das Management zu schaffen, sich effizient zu verhalten und das Informationsproblem zu minimieren, etwa durch entsprechende Entlohnungsschemata für das Management oder die Belegschaft.
- **Preis-Obergrenzen:** Es erfolgt keine Begrenzung des zulässigen Gewinns, der der Unternehmung zugestandene Entwicklungspfad des durchschnittlichen Preisniveaus orientiert sich an einem Indikator für die gesamtwirtschaftlichen Preissteigerungen, korrigiert um die geschätzte zukünftige Produktivitätsentwicklung im Unternehmen.
- **Yardstick-Competition:** Da der Wettbewerb als informationsgenerierender Mechanismus fehlt, wird eine Verringerung der Informationsprobleme durch die Verwertung von Informationen von anderen regulierten Unternehmen angestrebt (yardstick-competition). Es ist dies der Versuch, über den Regulierungsprozess einen indirekten Wettbewerb zwischen Unternehmen oder Unternehmensteilen herzustellen, die nicht direkt miteinander konkurrieren. Ein alternativer Vorschlag zur Generierung eines „Pseudo-Wettbewerbs" ist das **„Franchise-Bidding"** – als ein Verfahren zur Bewältigung von Effizienzproblemen natürlicher Monopole: eine geschützte Monopolsituation wird in periodischen Abständen ausgeschrieben und an den Bestbieter vergeben.[4]

9.3 Neoklassische Theorie der Regulierung und öffentlicher Unternehmen

Sind die Voraussetzungen für ein natürliches Monopol gegeben, so ist wirtschaftspolitisch einsichtig, dass der Staat interveniert, sei es durch Übernahme in öffentliches Eigentum oder durch Vergabe einer Monopollizenz und strenger staatlicher Aufsicht, kombiniert mit Preis- oder Mengenregulierung. Ob die Form des öffentlichen Unternehmens oder der Regulierung gewählt wird, ist einerseits eine Frage nach der volkswirtschaftlich effizienten Regelung von Monopolproblemen, andererseits eine Frage von gesellschaftlich-historischen Gegebenheiten und Traditionen. Durch die Monopolregulierung oder das öffentliche Unternehmen sollen mehrere Probleme gleichzeitig gelöst werden: einerseits die Ausnutzung der technischen und kostenmäßigen Effizienz und andererseits eine Beschränkung der daraus resultierenden Marktmacht.

[4] Entweder wird die Lizenz an jenen Bieter vergeben, der bereit ist, zu den niedrigsten Preisen anzubieten oder sie kann an den Bieter vergeben werden, der bereit ist, für die Lizenz den höchsten Preis zu zahlen, wobei das Ergebnis im ersten Fall idealer Weise zu allokativer Effizienz führt. Im zweiten Fall ist zwar kein allokativ optimales Ergebnis erzielbar, jedoch ist es dem Lizenzgeber möglich, einen Großteil der Monopolrente abzuschöpfen. Um effiziente Lösungen zu erhalten, müssen jedoch eine Reihe von Voraussetzungen erfüllt sein, so muss der Auktionsprozess hinreichend kompetitiv sein, d. h. die Zahl der Bieter muss groß genug sein, um abgestimmtes Verhalten auszuschalten und zudem ist auf das Ausmaß irreversibler Kosten Bedacht zu nehmen, ebenso auf die hohen Transaktionskosten.

Speziell von Baumol (1982) wurde demgegenüber die **„Theorie der bestreitbaren Märkte“** („contestable markets“) entwickelt, die zeigen will, dass derartige natürliche Monopole nicht unbedingt in staatlicher Hand sein bzw. einer staatlichen Regulierung unterliegen müssen, um eine optimale Allokation zustandezubringen. Der Wettbewerb am Markt sei nicht erforderlich, um in natürlichen Monopolmärkten eine optimale Allokation herbeizuführen. Es genüge die Markteintrittsdrohung, also potenzieller Wettbewerb. Man kann darunter den Versuch verstehen, das Modell der vollkommenen Konkurrenz durch das Modell des vollkommen angreifbaren Marktes auf alle Marktformen zu verallgemeinern. Das Hauptaugenmerk wird auf die potenzielle Konkurrenz gelegt – allerdings liegen auch stark idealisierte Marktbedingungen zugrunde, denn „a contestable market is one into which entry is absolutely free, and exit is absolutely costless“ (Baumol 1982, S. 32).

Eben diese Bedingungen sind jedoch nicht gegeben, wenn **„irreversible Kosten“** („versunkene Kosten“, sunk costs) vorliegen. Es sind dies Kosten, die, wenn sie einmal getätigt wurden, bei Austritt aus einem Markt von dem betroffenen Unternehmen nicht mehr zurückgeholt werden können. Beispiele dafür sind Ausgaben für Forschung und Entwicklung und für fest installierte Leitungs- und Kommunikationsnetze. Da in diesen Fällen die Opportunitätskosten[5] Null sind – eine alternative Verwendung ist ja nicht (mehr) möglich – , besteht hier eine Kosten-Asymmetrie zwischen dem „etablierten“ Unternehmen und einem allfälligen neuen Konkurrenten, der die entsprechenden Aufwendungen im Fixkostenbereich erst tätigen müsste. Irreversible Kosten können demnach eine Eintrittsbarriere auf dem jeweiligen Markt darstellen und damit dem bestehenden Unternehmen eine – wenn auch nicht unbegrenzte – Monopolstellung verschaffen. Diese Monopolmacht kann zum Erzielen von Monopolgewinnen zulasten der Konsumenten genutzt werden.[6] Nun sind aber gerade Wirtschaftszweige, die die Charakteristika natürlicher Monopole aufweisen, meist auch durch das Auftreten erheblicher irreversibler Kosten charakterisiert. Dies erfordert demnach entsprechende öffentliche Interventionen in Form von Regulierungen oder öffentlichen Unternehmen.

9.4 Gemeinwirtschaft und Instrumentaltheorie öffentlicher Unternehmen

Die im Folgenden dargestellte gemeinwirtschaftliche Theorie öffentlicher Unternehmen ist nicht als Gegensatz zu den oben diskutierten neoklassischen Ansätzen zu sehen. Vielmehr geht es um andere Akzentsetzungen, insbesondere eine stärkere Berücksichtigung

[5] Kosten, ausgedrückt als entgangener Nutzen (Ertrag) bei alternativer Verwendung der eingesetzten Mittel.

[6] Der Gewinn je Produkteinheit entspricht der Differenz zwischen dem (Monopol-) Preis und den Durchschnittskosten.

von (personellen und regionalen) Verteilungswirkungen neben allokativen Effekten. Das Konzept der **„Gemeinwirtschaft"** entspricht der interventionistischen Sicht des öffentlichen Sektors, bei der davon ausgegangen wird, dass es Aufgabe der öffentlichen Hand ist, „gesamtwirtschaftliche" und „gesamtgesellschaftliche" Interessen, die auch im Gegensatz zu Einzelinteressen stehen können, zu vertreten (siehe Abschn. 1.4). Die Erfassung dieser Gesamtinteressen habe im Weg demokratischer Verfahren (Wahlen) zu erfolgen. Als Instrument zum Erreichen dieser Gesamtinteressen, die in speziellen gesellschaftspolitischen Zielsetzungen zu konkretisieren sind, können neben öffentlichen Einnahmen und Ausgaben und Formen der öffentlichen Regulierung auch **gemeinwirtschaftliche** Unternehmen dienen.

Es sind dies Unternehmen, die keinen privatwirtschaftlichen Eigentümer haben, auf dessen Einkommens- und/oder Vermögensmaximierung abzustellen ist, sondern die von einem öffentlichen Träger mit Zielsetzungen betrieben werden, die über das einzelwirtschaftliche Rentabilitätsziel hinausgehen. Solche Träger sind dabei nicht nur öffentliche Haushalte, sondern auch der Non-profit Sektor[7]. Der Begriff „Gemeinwirtschaft" wird demnach funktional definiert. Das heißt, ein Unternehmen verhält sich dann gemeinwirtschaftlich, wenn sein Wirtschaften nicht (ausschließlich) vom Ziel der individuellen Gewinn- oder Vermögensmaximierung bestimmt ist, sondern abstellt auf eine entsprechend definierte gemeinwohlorientierte Zielsetzung, die über die für Unternehmen regelmäßig bestehende gesellschaftliche Verantwortung hinausgeht.

Gemeinwirtschaftlichkeit wird vielfach gekoppelt mit der Zielsetzung der Eigenwirtschaftlichkeit im Sinne von **Kostendeckung,** um ein marktkonformes Erreichen von Gemeinwohl-Zielsetzungen durch öffentliche Unternehmen zu ermöglichen. Dieses Dualitätskonzept (Gemeinwirtschaftlichkeit und Eigenwirtschaftlichkeit) kann zu Problemen führen, wobei folgende Möglichkeiten der Zielharmonisierung bestehen (Thiemeyer 1975, S. 23):

- Gewinnmaximierung unter Beschränkungen (gemeinwirtschaftliche Aufgaben)
- Verlustminimierung als Gewinnmaximierung (Minimierung des bei Verfolgung der gemeinwirtschaftlichen Zieles auftretenden Defizits)
- Gemeinwirtschaftliche Gewinnverwendung (Gemeinwirtschaftlichkeit wird durch die Gewinnverwendung angestrebt).

Der Sicht von gemeinwirtschaftlichen Unternehmen als Instrumente zum Erreichen wirtschafts- und gesellschaftspolitischer Zielsetzungen entspricht die Konzeption der **Instrumentalfunktion gemeinwirtschaftlicher Unternehmen.** Entsprechende

[7] Dazu zählen Vereine, Gewerkschaften und Genossenschaften.

Zielsetzungen, für deren Erreichen (auch) der Einsatz öffentlicher Unternehmen von Bedeutung sein kann, sind:

- wettbewerbspolitische Zielsetzungen, z. B. gemeinwirtschaftliche Unternehmen als „natürliche Monopolisten" oder als Gegenmacht zur Förderung der Wettbewerbsintensität in oligopolistischen Märkten;
- wachstumspolitische Zielsetzungen, z. B. Übernahme wirtschaftlich riskanter Innovationen entsprechend einem Zeithorizont, der über den hinausgeht, der privaten Investoren möglich ist;
- regionalpolitische Zielsetzungen, z. B. direktes Durchsetzen regionalpolitischer Vorstellungen an Stelle einer Förderungspolitik für private Unternehmen;
- raumordnungspolitische Zielsetzungen, z. B. in Bezug auf Wohnungspolitik, Arbeitsstätten, Einrichtungen der Infrastruktur und Erholungsräume;
- sozialpolitische bzw. verteilungspolitische Zielsetzungen, in Bezug auf Preisgestaltung, Leistungserbringung, innerbetriebliche Sozialpolitik;
- Versorgungssicherheit: Im Gegensatz zu privaten Unternehmen, die oftmals nur gewisse Märkte mit hohen Margen bearbeiten („Rosinenpicken"), sind gemeinwirtschaftliche Unternehmen oftmals verpflichtet, den gesamten Markt zu versorgen, was etwa mit regionalpolitischen oder sozialpolitischen Zielen einhergeht;
- konjunktur- und beschäftigungspolitische Zielsetzungen, z. B. Einsatz öffentlicher Unternehmen als Hilfestellung bei der Bewältigung von Strukturkrisen (Auffanggesellschaft für Umstrukturierungen etc.), Einbeziehen gesamtwirtschaftlicher Aspekte bei Preis- und Lohnpolitik öffentlicher Unternehmen;
- innenpolitische Zielsetzungen, z. B. Verhinderung politischer Missbräuche von wirtschaftlicher Macht;
- außenpolitische Zielsetzungen, z. B. Verhinderung von unerwünschtem wirtschaftlichen und politischen Einfluss bei ausländischem Eigentum in zentralen Wirtschaftsbereichen.[8]

Die Frage, ob die genannten und andere wirtschafts- und gesellschaftspolitische Zielsetzungen ganz oder teilweise über den Einsatz öffentlicher Unternehmen oder über direkte hoheitliche Interventionen (Gebote und Verbote) oder über das konventionelle Instrumentarium der öffentlichen Ausgaben und Einnahmen anzustreben sind, ist primär eine Frage der relativen technischen Effizienz der einzelnen Instrumente.

Der Instrumentalisierung sind jedenfalls Grenzen gesetzt, die im wirtschaftspolitischen Handeln zu berücksichtigen sind. Hier ist insbesondere zu beachten, dass die zunehmende Internationalisierung der Instrumentalisierung jener gemeinwirtschaftlichen

[8] Diese politischen Zielsetzungen spielten (und spielen) aufgrund entsprechender Erfahrungen z. B. eine wichtige Rolle bei den nach dem 2. Weltkrieg erfolgten Verstaatlichungen in Frankreich (z. B. Renault) und z. T. auch in Österreich.

Unternehmen, die erwerbswirtschaftlich orientiert sind und dem Anbieterwettbewerb unterliegen, Grenzen setzt – wie überhaupt die unterschiedlichen Marktformen, in denen ein gemeinwirtschaftliches Unternehmen tätig ist, entscheidend für seinen wirtschaftspolitischen Einsatz sind. Aus politikwissenschaftlicher Sicht und aus der Sicht von Public-Choice-Ansätzen ergeben sich Probleme der Instrumentalthese daraus, dass öffentliche Unternehmen Teil eines komplexen Politikprozesses sind, da sie sehr unterschiedlichen politischen Forderungen, unterschiedlichen normativpolitischen Strömungen, ad hoc-Einflüssen, historisch sich wandelnden Gegebenheiten, Traditionen, Konsensmechanismen und anderen politischen Einflussgrößen unterliegen. Grenzen für die Instrumentalfunktion können sich dabei ergeben aus der Fülle unterschiedlicher Entstehungsanlässe und aus der unterschiedlichen Trägerschaft bei föderaler Struktur, aus unterschiedlichen Rechtsformen und Marktverhältnissen, aber auch bei gemischtöffentlichen und gemischtwirtschaftlichen Unternehmen aus den unterschiedlichen Beteiligungsverhältnissen.

9.5 Effizienzprobleme öffentlicher Unternehmen

Aus der Sicht des „Public-Interest"-Ansatzes haben Maßnahmen der Regulierung und öffentlicher Unternehmen die Funktion, Formen von **Marktversagen** zu korrigieren. Dies gilt sowohl für die normative neoklassische Analyse, wie für umfassendere positiv-ökonomische Ansätze der Theorie der Gemeinwirtschaft. Demgegenüber betonen normative und positiv-ökonomische „Public-Choice"-Ansätze Formen des Staatsversagens (vgl. Abschn. 4.4). Diese Ansätze lassen sich auch auf Fragen der Regulierung und öffentlicher Unternehmen anwenden, wofür insbesondere im Rahmen der „Chicago School of Regulation" Arbeiten von George Joseph Stigler (1975) und Gary Becker (1983) geleistet wurden. Im Kern geht es dabei stets um verschiedene Aspekte von Eigentums- und Informationsproblemen. Auf einige dieser Ansätze wird im Folgenden eingegangen.

9.5.1 Property-Rights-Ansätze

Beim **Property-Rights-Ansatz** liegt ein wesentlicher Grundgedanke darin, dass Art und Umfang von Eigentumsrechten nicht nur den Wert einer Sache für den jeweiligen Eigentümer bestimmen, sondern auch sein Verhalten im Umgang mit dieser Sache beeinflussen. Unterschiede in der Struktur von Eigentumsrechten üben spezifische und vorherbestimmbare Wirkungen auf das ökonomische Verhalten aus. Es werden damit Aussagen über wirtschaftliche Effizienzwirkungen unterschiedlicher institutioneller Bedingungen getroffen. Die Verteilung der Eigentumsrechte stellt gleichzeitig ein spezielles Anreizsystem für individuelles Handeln dar. Es wird davon ausgegangen, dass Wirtschaftssubjekte ihre Eigeninteressen verfolgen, d. h. Grundpostulat ist die individuelle Nutzenmaximierung.

Innerhalb der Unternehmensverfassungen sind Verfügungsrechtstrukturen zum Teil durch Gesetz zwingend vorgegeben, zum Teil sind alternative unternehmerische Verteilungen von Property-Rights grob fixiert, zum anderen sind Verfügungsrechte in Vereinbarungen und Verträgen auszuhandeln und festzulegen. Formulierung, Durchsetzung und Kontrolle verursachen aber Kosten (Transaktionskosten). Diese Kosten spielen in Unternehmungen eine besondere Rolle – insbesondere die **Kontrollkosten,** die sich für die Eigentümer aufgrund der Verdünnung ihrer Eigentumsrechte ergeben. Je höher die Verdünnung, desto höher die Kontrollkosten, desto größer ist aber der Anreiz, bei Annahme individueller Nutzenmaximierung von vertraglichen Vereinbarungen zum eigenen Vorteil abzuweichen. Unterschiedliche Verteilungen der Property-Rights bedingen unterschiedlich hohe Transaktionskosten und damit unterschiedlich hohe Anreize für eigennütziges, vom Eigentümerwillen abweichendes und damit ineffizientes Verhalten in dem Unternehmen. Die infrage stehenden Verfügungsrechte sind das Koordinations-, das Aneignungs- und das Veräußerungsrecht.

Es können sich also Unterschiede der Effizienz zwischen den Standardfällen der klassischen Unternehmersicht, das heißt private und öffentliche Unternehmen als Instrumente ihrer Eigentümer, der managergeleiteten privaten und öffentlichen Unternehmen und der mitbestimmten privaten und öffentlichen Unternehmen ergeben.

Die erste Variante entspricht weitgehend der mikroökonomischen Standardunternehmenstheorie; die herkömmliche Gewinnmaximierungsregel entspringt der eigennützigen Unternehmensmotivation, die ihrerseits verfügungsrechtlich abgesichert ist. Dem Eigentümer stehen Aneignungs- und Veräußerungsrecht zum Zwecke der Kapitalisierung seiner Unternehmenstätigkeit zu. Alle Verfügungsrechte sind in der Hand des Eigentümers konzentriert.

Wendet man dieses Modell auf öffentliche Unternehmen an, so bedeutet dies, dass der Staat als Eigentümer das alleinige Recht zur Willensbildung und Zielvorgabe bei seinen Unternehmen hat und dieses Recht auch ausübt. Die Sichtweise entspricht der oben dargestellten Instrumentalthese, nach der öffentliche Unternehmen als Instrumente des Trägers, vor allem als Instrumente der Wirtschaftspolitik von Gebietskörperschaften, zu sehen sind. Allerdings wird im Rahmen der Property-Rights-Theorie die Annahme problematisiert, dass die vom Träger vorgegebenen Ziele ohne Probleme bis auf die unterste unternehmerische Hierarchiestufe vermittelbar sind und zudem realisiert werden; es werden eben die Motive der Unternehmensangehörigen explizit miteinbezogen.

Dabei wird von Vertretern der Ineffizienzthese öffentlicher Unternehmen (vgl. z. B. Stauss 1983) unter Bezug auf die ökonomische Theorie der Bürokratie (vgl. Abschn. 4.4) die Hypothese aufgestellt, dass aufgrund der vergleichsweise stark bürokratisierten Organisation in öffentlichen Unternehmungen die Zieldivergenz zwischen Eigentümern und Managern systematisch größer ist, als dies die Theorie der Eigentumsrechte allein erklären könnte. Aufgrund der langen Entscheidungswege und der unflexiblen Budgetverwaltungen würde die Verfolgung der betriebswirtschaftlichen Ziele beeinträchtigt und durch das System erfolgsunabhängiger Einkommen und Beförderungen noch verstärkt. Im Unterschied zu privaten Unternehmen wird in öffentlichen Unternehmen für das Management ökonomisch effizientes Verhalten weniger attraktiv als das Streben nach persönlichen Nutzen in Gestalt der Maximierung von Gehalt, Macht und Geltung, die in enger Verbindung stehen mit der Höhe des Budgets und der Größe der Abteilung eines Managers. Es besteht daher wenig Anreiz zu einem sparsamen Mitteleinsatz und damit eine Tendenz zur Verfolgung von Wachstumszielen zulasten von Effizienzzielen. Durch Privatisierung würde der Spielraum zur Verfolgung persönlicher Ziele eingeengt, da das Ziel der Umsatz- bzw. Budgetmaximierung zumindest längerfristig durch die Bedingung, Gewinne in angemessener Höhe zu erzielen, erheblich eingeschränkt würde.

Der empirische Gehalt dieses Ineffizienz-Argumentes wird je nach ökonomischem Umfeld und institutionellen Gegebenheiten variieren. Insbesondere wird zu prüfen sein, wieweit es sich bei den angeführten Aspekten um generelle Effizienzprobleme von Großunternehmen handelt (denen auch Effizienzvorteile, z. B. in Bezug auf „Schumpeter'sche" Innovationen, gegenüberstehen können) und wieweit spezifische Probleme auf öffentliches Eigentum und Regulierung zurückgehen. Dies wird wieder abhängen von der Organisationsform öffentlicher Unternehmen, von Form und Leistungsfähigkeit der Kontrollmechanismen und auch von der Frage, wieweit „politischer Wettbewerb" die Ausübung der Eigentümerfunktionen durch politische Instanzen positiv oder negativ beeinflusst.

Vertreter der Ineffizienztheorie öffentlicher Unternehmen führen als ein weiteres Argument im Rahmen von Property-Rights-Ansätzen an, dass in öffentlichen Unternehmen vielfach eine relativ stärkere und wirkungsvollere **Mitbestimmung** der Arbeitnehmer und damit größere Möglichkeit für eine „rent-seeking" Strategie (vgl. Abschn. 4.1) besteht. Es wird davon ausgegangen, dass der gewerkschaftliche Organisationsgrad und die Effektivität gewerkschaftlicher Aktivitäten in öffentlichen Unternehmen höher sind als in privaten Unternehmen. Die Arbeitnehmer üben einen vergleichsweise bedeutenderen Einfluss auf die unternehmensinternen Entscheidungen aus, weshalb sie sich auch gegen billigere oder besser qualifizierte Arbeitskräfte von außen abschirmen könnten und mitunter stärkere Reallohnerhöhungen und auch die gleichzeitige Erhaltung (oder Ausdehnung) der Beschäftigung erreichen könnten. Privatisierung würde die Verhandlungsmacht der Gewerkschaften – und dadurch entsprechende Ineffizienzen – verringern.

Auch bei dieser Argumentation ist freilich zu unterscheiden, ob es um die Verteilung von Monopolrenten innerhalb eines Unternehmens geht (die bei unveränderter Monopolstellung im Privatisierungsfall dann eben stärker den privaten Eigentümern zufallen würden) oder ob mit stärkerer Mitbestimmung der Arbeitnehmer über den Verteilungseffekt hinaus spezifische Effizienzaspekte verbunden sind. Abgesehen von Fragen des Eigenwertes von Demokratie kann Mitbestimmung unter allokativen Effizienzaspekten auch als Instrument zur Senkung von Informations- und damit Transaktionskosten gesehen werden, was zu kostengünstigerer Produktion und größerer Bereitschaft zu Strukturwandel führen kann. Die empirische Analyse dieser Fragen ist naturgemäß schwierig. Jedenfalls aber weisen Wirtschaftsordnungen mit tendenziell höherer Mitbestimmungsintensität – wie etwa Deutschland und Österreich – mittelfristig eine stärkere Produktivitätsentwicklung auf als etwa Wirtschaftsordnungen, wo, wie etwa in den USA und Großbritannien, die Mitbestimmungsmöglichkeiten der Arbeitnehmer und die gewerkschaftlichen Organisationsgrade deutlich geringer sind.

9.5.2 Principal-Agent-Probleme

Phänomene der asymmetrischen Information stellen ein zentrales Problem für jede komplexere Organisation dar. Jede Form asymmetrischer und unvollkommener Information eröffnet Spielräume für Einkommenserzielung bzw. -umverteilung. Die Ansätze der Public-Choice-Theorie stellen dabei darauf ab, dass diese Möglichkeiten von „rational handelnden", ihren individuellen Nutzen maximierenden, Akteuren auch voll genutzt werden.

Es ist offensichtlich, dass bei Versuchen, über Formen der Außenregulierung das Verhalten von Unternehmen zu beeinflussen, Informationsproblemen besondere Bedeutung zukommt. Eine generelle Darstellung dieser Probleme erfolgt im Rahmen der Diskussion des Principal-Agent-Dilemmas (siehe Abschn. 4.4). Auch im Fall spezieller Formen der (Außen-)Regulierung gilt, dass der Prinzipal dem „Agenten" einen (positiven oder negativen) Anreiz bieten muss, damit dieser die Zielsetzungen des Prinzipals verfolgt.

Die Informationsasymmetrie ermöglicht aber auch eine Koalition zwischen dem regulierten Unternehmen und den mit diesem kooperierenden Unternehmen oder anderen Interessengruppen gegen das allgemeine Interesse. Wieweit die einzelnen Unternehmen ihre Interessen durchsetzen können, hängt letztlich von den institutionellen Details des Regulierungsprozesses ab. Aufgrund der mangelnden Informationen stellt sich für die regulierenden Behörden das Problem, die Eingriffe so zu gestalten, dass sie sowohl die statischen als auch die dynamischen Effizienzbedingungen möglichst gut erfüllen. Die Unternehmen können den Informationsvorsprung zu ihren eigenen Gunsten nutzen und insbesondere versuchen, Regulierungen zu ihren Ungunsten durch selektive Informationssteuerung zu verhindern. Was die Informationsproblematik erheblich verkompliziert, ist, dass Entscheidungen ja auf mehreren Ebenen und sequentiell getroffen werden, d. h. mehrstufig ablaufen und auf allen diesen Stufen diese Informationsasymmetrie auftritt. Beispielsweise ist die Regulierungsbehörde Prinzipal gegenüber dem regulierten Unternehmen, jedoch Agent bezüglich der Regierung, diese ist wieder Agent gegenüber den Bürgern, aber Prinzipal gegenüber der Behörde usw. Auf allen involvierten Ebenen entstehen somit diskretionäre Spielräume zur Durchsetzung eigener Interessen. Das Problem kann zwar durch den Aufbau von Kontroll- und Anreizmechanismen gelindert, jedoch nicht zur Gänze ausgeschaltet werden.

9.5.3 Capturing

Im Extrem laufen die auf den Informationsasymmetrien basierenden Theorien auf die sogenannte **Capture-Theorie** (Stigler 1975) hinaus, wo die Kausalität umgekehrt wird und die Regulierung überhaupt zugunsten der Regulierten erfolgt, d. h. die regulierenden Instanzen werden von den regulierten Unternehmen instrumentalisiert. Verschiedenste psychologische und ökonomische Einflussformen können dazu führen, dass eine Regulierungsbehörde, die zum Zweck der Wahrung von Konsumenteninteressen eingerichtet worden war, in immer stärkerem Maß die Interessenlage der Produzentenseite vertritt. Schließlich sind auch Konstellationen denkbar, wo die Regulierungseinrichtung ex ante im Interesse der Produzenten eingerichtet wird, wie etwa bei manchen Standesregelungen der freien Berufe.

Aus Public-Choice-Sicht kann generell der Prozess der Regulierung quasi als Markt gesehen werden, auf dem Politiker oder deren Beauftragte Regulierung anbieten, während die Interessengruppen diese nachfragen. Form und Ausmaß der Regulierung sind demnach als Ergebnis des „politischen Wettbewerbs“ zu sehen. Wenn aus verschiedenen Gründen dieser politische Wettbewerb nicht zu allokativ effizienten Lösungen führt, ergibt sich unter diesem Aspekt ein Argument für Deregulierung oder Privatisierung, d. h. eine stärkere Gewichtung des „ökonomischen“ Marktes gegenüber dem „politischen“ Markt.

Literatur

Baumol, W.J. Contestable Markets: An Uprising in the Theory of Industry Structures. In: American Economic Review 1982, 72 (1):1–15.

Stauss, B. Private und öffentliche Unternehmen im Effizienzvergleich, Unternehmensverfassung in Lichte der Property Rights-Theorie. In: Zeitschrift für öffentliche und gemeinwirtschaftliche Unternehmen 1983, Band 6, Heft 3:278–298.

Stigler, G. J. The Citizen and the State – Essays on Regulation, Chicago, 1975.

Thiemeyer, T. Wirtschaftslehre öffentlicher Betriebe. Reinbek bei Hamburg 1975.

Weiterführende Literatur

Bernier, L., Public enterprises as policy instruments: the importance of public entrepreneurship, Journal of Economic Policy Reform, Vol. 17(3), 2014.

Boos, F., Krönes, G. Die Instrumentalfunktion öffentlicher Unternehmen, Hauptprobleme und Lösungsansätze. In: Zeitschrift für öffentliche und gemeinwirtschaftliche Unternehmen 1990/2.

Bös, D. Privatization in Europe: A Comparison of Approaches. In: Review of Economic Policy, 9, (1):95–111, Oxford 1993.

Bös, D., Pricing and Price Regulation: An Economic Theory for Public Enterprises and Public Utilities, North-Holland, 2014.

Braeutigam, R.R. Optimal Policies for Natural Monopolies. In: R. Schmalensee, G.D. Willing (Hrsg.) Handbook of Industrial Organization 1989, II:1290–1346.

Edeling, T., Stölting, E., Wagner D., Öffentliche Unternehmen zwischen Privatwirtschaft und öffentlicher Verwaltung, Berlin: Springer, 2004.

Feldstein, M. Distributional Equity and the Optimal Structure of Public Prices. In: American Economic Review 1973, 62:32 ff.

Greiling, D., Grüb, B., Sustainability reporting in Austrian and German local public enterprises, Journal of Economic Policy Reform, 2014, Vol. 17(3), 209–223.

Hodge, G.A., Privatization: An International Review of Performance, 2000, Routledge.

Hotelling, H. The General Welfare in Relation to Problems of Taxation and Railway and Utility Rates. In: Econometrica, 1938, 6:242–269.

Kahn, A.E. The Economics of Regulation. Cambridge, Mass. 1988.

Megginson, W.L., Netter, J.M. From state to market: A survey of empirical studies on privatization. In: Journal of Economic Literature 2001, 321:389

Noll, W. Die Relevanz der Property Rights-Theorie für eine Theorie öffentlicher Unternehmen. In: Zeitschrift für öffentliche und gemeinwirtschaftliche Unternehmen 1992, Beiheft 14:45–55.

Obermann G., Scharmer, F., Soukup, K. Budgetäre Auswirkungen von Ausgliederungen aus dem öffentlichen Haushalt. Das öffentliche Haushaltswesen in Österreich, 1993, 34:180 ff.

Peltzman, S. The Economic Theory of Regulation After a Decade of Deregulation. Brookings Papers on Economic Activities, 1989.

Pestieau, P., Tulkens, H. Assessing and Explaining the Performance of Public Enterprises. In: FA 1993, NF 50:293 ff.

Ramsey, F. P. A Contribution to the Theory of Taxation. In: Economic Journal, 1927:47–61.

Rees, R. The Economics of Regulation and Public Enterprises. Hempel Hempstead 1994.

Sappington, D., Stiglitz, J. Privatization, Information and Incentives. In: J. of Policy Analysis and Management 1987, 6: 567 ff.

Schneider, F., Bartel, R. Gemeinwirtschaft versus Privatwirtschaft. Ein Effizienzvergleich, Wien 1989.

Schneider, F., Hofreither, M. (Hrsg.) Deregulierung und Privatisierung öffentlicher Unternehmungen in westeuropäischen Ländern: Erste Erfahrungen und Analysen, Wien 1990.

Shleifer, A. State versus Private Ownership. In: Journal of Economic Perspectives 1998, 133:150

Thieme, H.J. (Hrsg.) Privatisierungsstrategien im Systemvergleich. Schriften des Vereins für Socialpolitik, NF 223, Berlin 1993.

Thiemeyer, T. (Hrsg.) Instrumentalfunktion öffentlicher Unternehmen. Baden-Baden 1990.

Thiemeyer, T. Privatisierung öffentlicher Unternehmen. Baden-Baden 1987.

Van der Bellen, A. Öffentliche Unternehmen zwischen Markt und Staat. Köln 1977.
Van der Bellen, A. Privatisierung öffentlicher Unternehmen und Konsolidierung öffentlicher Haushalte. In: Das öffentliche Haushaltswesen in Österreich, 1989, 30:75ff.
Vickers, J., Yarrow, G. Economic Perspectives on Privatization. In: J. of Economic Perspectives 1991, 5(2):111–132.

Öffentliche Einnahmen

10

Lernziele

- Steuern stellen die weitaus wichtigste Form der öffentlichen Finanzierung dar und dienen der Finanzierung öffentlicher Ausgaben. Die bedeutendsten Kategorien sind Steuern auf Einkommen (sowohl von juristischen als auch natürlichen Personen), Konsum, sowie Beiträge zur Sozialversicherung.
- Nach dem Äquivalenzprinzip sollen Bürger für empfangene öffentliche Leistungen einen äquivalenten Beitrag in Form von Steuern leisten. Nach dem Leistungsfähigkeitsprinzip sollen Bürger nach ihren Möglichkeiten (Leistungsfähigkeit) einen Beitrag in Form von Steuern leisten, wobei Personen mit größeren Möglichkeiten (höherem Einkommen) mehr zahlen sollen.
- Ein proportionaler Steuertarif liegt vor, wenn bei steigender Bemessungsgrundlage der Steuerbeitrag proportional steigt, ein progressiver (regressiver) Steuertarif hingegen, wenn bei steigender Bemessungsgrundlage der Steuerbetrag mehr (weniger) als proportional steigt.

10.1 Formen öffentlicher Einnahmen

Die wichtigsten Formen öffentlicher Einnahmen sind:

- Steuern,
- Gebühren und Beiträge,
- Erwerbseinkünfte,

E. Nowotny und M. Zagler, *Der öffentliche Sektor*,
https://doi.org/10.1007/978-3-658-36042-9_10

- Öffentliche Verschuldung und Vermögensveräußerung,
- Einnahmen aus währungspolitischen Maßnahmen.

Steuern sind nach allgemeinen Normen bestimmte Zwangsabgaben an den öffentlichen Sektor, ohne Anspruch auf spezielle Gegenleistung im Einzelfall. Speziell charakteristisch gegenüber Markttransaktionen sind dabei der Zwangscharakter und das Fehlen eines Anspruchs auf Gegenleistung. Es handelt sich bei Steuern stets um eine Geldleistung. Es ist aber zu beachten, dass der Staat auch über die Möglichkeit verfügt, unmittelbar mit Zwangscharakter reale Ressourcen in Anspruch zu nehmen (z. B. Wehrdienst, früher Hand- und Spanndienste[1]). Zölle stellen spezielle Steuern auf Importe dar, wobei für die Mitgliedsstaaten der Europäischen Gemeinschaft, entsprechend dem Charakter einer Zollunion, die Festlegung von Zöllen in die Kompetenz der Gemeinschaft fällt.

Gebühren und Beiträge stellen (wie Steuern) Zwangsabgaben dar, weisen jedoch (in Ähnlichkeit zu öffentlichen Erwerbseinkünften) einen – mehr oder weniger stark ausgeprägten – Anspruch auf Gegenleistung auf. Dabei spricht man von Gebühren, wenn es sich um Zwangszahlungen für individuell zurechenbare Leistungen handelt, wo demnach eine individuelle Ausschließbarkeit gegeben ist. Beiträge sind Zwangszahlungen für öffentliche Leistungen, die einer bestimmten Gruppe zugutekommen, ohne dass hier eine individuell zurechenbare Gegenleistung vorliegt. Es handelt sich dabei nicht um individuell zurechenbare Einzelleistungen des öffentlichen Sektors, sondern um Gesamtaktivitäten, wobei eine Ausschließbarkeit demnach auch nicht gegenüber einem Individuum, sondern gegenüber einer speziellen Gruppe besteht.

In der finanzpolitischen Praxis sind die Unterscheidungen zwischen Gebühren und Beiträgen sowie ihre Abgrenzung von Erwerbseinkünften vielfach fließend und unscharf. **Verwaltungsgebühren** sind für bestimmte öffentlich-rechtliche Dienstleistungen (Amtshandlungen) zu zahlen (z. B. Ausstellen eines Passes, Grundbucheintragungen). **Benutzungsgebühren** stellen – analog zu Preisen – die Gegenleistung für die individuell zurechenbare Inanspruchnahme öffentlicher Einrichtungen dar (z. B. Müllabfuhr, Wasserversorgung, Kanalisation). Gebühren spielen als öffentliche Einnahmen speziell für die kommunalen Haushalte eine erhebliche Rolle.

Hinsichtlich der Form und Höhe von Gebühren wird (z. B. in den entsprechenden Gemeindeverordnungen) vielfach vom Prinzip der **„Kostendeckung“** im Sinn einer kostenmäßigen Äquivalenz ausgegangen. Abweichungen von diesem Prinzip sind möglich aus verteilungspolitischen Gründen (z. B. bei Gebühren für Kindergärten etc.) oder aus allokationspolitischen Gründen, wenn Gebühren als Instrument der Nachfragelenkung eingesetzt werden (z. B. Gebühren für die Benutzung von Kultureinrichtungen). Bezüglich der Gebühren- bzw. Preisgestaltung öffentlicher Versorgungsunternehmen besteht eine umfangreiche finanzwissenschaftliche Literatur, die sich insbesondere

[1] Siehe dazu zum Beispiel http://de.wikipedia.org/wiki/Spanndienst.

auf Form und Möglichkeit der Berücksichtigung wohlfahrtsökonomischer Kriterien (z. B. Grenzkostenpreisbildung) bezieht (siehe Kap. 9). Die finanziell wichtigste Form von Beiträgen sind die Sozialversicherungsbeiträge (siehe Kap. 8). Andere Beispiele sind Anliegerbeiträge, die von Grundstückseigentümern für entsprechende öffentliche Leistungen erbracht werden müssen, sowie Fremdenverkehrsbeiträge, die der Errichtung und Erhaltung der allgemeinen „Fremdenverkehrsinfrastruktur" einer Gemeinde dienen.

Bei den **Erwerbseinkünften** handelt es sich um Einkünfte, die der öffentliche Sektor nicht im Rahmen seiner Finanzhoheit, sondern über seine Teilnahme am Marktprozess erzielt. Es handelt sich dabei insbesondere um Einkünfte aus dem Verkauf von Gütern und Dienstleistungen durch öffentliche Unternehmen, aus Vermietung und Verpachtung und aus Zinseinnahmen. Sind die öffentlichen Unternehmen voll in den Haushalt der jeweiligen Gebietskörperschaft integriert („Regiebetrieb", Bruttobetrieb), werden die entsprechenden Einnahmen (ebenso wie die Ausgaben) voll im Haushalt dieser Gebietskörperschaft aufscheinen. Handelt es sich um selbständige öffentliche Unternehmen bzw. Beteiligungen, werden nur die entsprechenden Faktoreinkommen (Gewinnausschüttungen an den öffentlichen Haushalt) aufscheinen.

Die Grenzen zwischen Erwerbseinkünften und Gebühren sind insbesondere dort fließend, wo es sich um Leistungen öffentlicher Monopolbetriebe handelt (z. B. Gas- und Wasserwirtschaft). Ist bei öffentlichen Monopolbetrieben die Erzielung von Erwerbseinkünften (insbesondere im kommunalen Bereich) mit fiskalischen Zielsetzungen verbunden, so entspricht dies ökonomisch dem Charakter einer speziellen Verbrauchsteuer. Unter dem Aspekt der Erwerbseinkünfte gewannen auf Bundesebene in den vergangenen Jahren insbesondere die Gewinnüberweisungen der Bundesbank erhebliche Bedeutung (5,9 Mrd. Euro in 2019). Gemäß § 27 Bundesbank-Gesetz ist der nach Dotierung von Rücklagen verbleibende Reingewinn der Bundesbank an den Bund zu überweisen.[2] Die ökonomische Beurteilung dieser Gewinnüberweisungen ist umstritten.[3] Zumindest hinsichtlich des Gewinnanteiles, der im Zusammenhang mit der Veranlagung der Währungsreserven aus Kursgewinnen und ausländischen Zinseinkünften stammt, kann davon ausgegangen werden, dass es sich dabei in ökonomischer Betrachtung um – im konkreten Fall nicht-inflationäre – Geldschöpfung zugunsten des Bundes handelt. Ab 1.1.1999 ist die Gewinnentwicklung der Notenbanken des Euro-Raumes wesentlich bestimmt durch ihren Anteil am Gewinn der Europäischen Zentralbank.

Öffentliche Verschuldung (siehe dazu ausführlich Kap. 18) und **Vermögensveräußerungen** stellen beide insoweit „marktwirtschaftliche" Einnahmeformen des öffentlichen Sektors dar, als der öffentliche Sektor hier (mit Ausnahme der „Zwangsan-

[2] Analoge Regelungen bestehen in Österreich.

[3] Siehe u. a. Socher und Smekal (1985) und Kap. 20.

leihen") ohne Zwangsgewalt auf den Kapital- bzw. Gütermärkten auftritt und sich den entsprechenden Bedingungen gemäß verhalten muss.

Demgegenüber beruhen öffentliche Einnahmen aus **währungspolitischen Maßnahmen** in der Regel auf öffentlich-rechtlichen Grundlagen. Es handelt sich hier um Geldschöpfungsgewinne („Seigniorage"). Dies sind Einkommen, die der Regierung aus der Geldproduktion, d. h. der Ausgabe von Notenbankgeld, zufließen. Es handelt sich hier um die Ausgabe unverzinslicher oder niedrig verzinslicher Schuldtitel, die vom Publikum in Form von Geld oder von Banken in Form von Reserven bei der Notenbank gehalten werden (Wagner 1992). Ein Beispiel dafür sind Einnahmen aus der Münzhoheit (Ausprägung von Scheidemünzen). Generell zählen hierzu sämtliche Formen der direkten Geldschöpfung zugunsten des öffentlichen Sektors (z. B. Notenbankkredite, zumindest teilweise die Überweisung von Notenbankgewinnen), wobei die Notenbankgesetze der meisten Staaten und das Statut der Europäischen Zentralbank jedoch Begrenzungen für diese Form öffentlicher Einnahmen vorsehen.

10.2 Formen und Entwicklung von Steuersystemen

Die Diskussion von Steuersystemen ist vor allem unter zwei Aspekten von Interesse: Einerseits unter dem normativen Aspekt der Übertragung der in der Finanzwissenschaft entwickelten Steuergrundsätze auf ein Gesamtsystem der Besteuerung, zum anderen ist es in positiv-ökonomischer Betrachtung von Interesse zu analysieren, inwieweit sich Steuerstrukturen im Zeitablauf und im internationalen Vergleich unterscheiden.

Die normative Diskussion von Steuersystemen geht aus von der Suche nach einem **„rationalen Steuersystem"**, das am ehesten den vorgegebenen wirtschafts- und gesellschaftspolitischen Anforderungen an ein Steuersystem entspricht. Historisch zählen zu dieser Diskussion auch die vielfach entwickelten Vorschläge einer das gesamte Besteuerungsproblem „lösenden" Alleinsteuer, die an die Stelle aller anderen Steuern zu treten habe. Von besonderer Bedeutung waren in diesem Zusammenhang die oft dem Gedanken der Bodenreform verbundenen Vorschläge[4] einer Alleinsteuer auf Grund und Boden mit dem Ziel einer Besteuerung der Grundrente.

Schon angesichts des Finanzbedarfs eines modernen Staatswesens müssen heute moderne „rationale Steuersysteme" stets Mehrsteuersysteme sein. Die Ausgestaltung und Gewichtung der einzelnen Steuern wird dabei nach den jeweiligen wirtschafts- und gesellschaftspolitischen Voraussetzungen variieren. Für moderne Industriestaaten mit demokratischem und marktwirtschaftlichem System wird davon ausgegangen (z. B. bei Heinz Haller 1981), dass die tragenden Elemente eines rationalen Steuer-

[4] So z. B. in dem berühmten Buch von Henry George („Progress and Poverty", New York 1879) und- allerdings nicht als Alleinsteuer konzipiert- vom Kreis der Bodenreformer um A. Damaschke.

systems in einer allgemeinen Einkommensteuer (in ihren verschiedenen Formen) und einer allgemeinen Verbrauchsteuer (Umsatzsteuer) zu sehen sind. Die Einkommensteuer[5] entspricht dabei insbesondere der Betonung des Leistungsfähigkeitsprinzips und der Distributionsfunktion des öffentlichen Sektors. Die Rolle der allgemeinen Verbrauchsteuer (in Form einer einheitlichen Mehrwertsteuer) ergibt sich vor allem aus der fiskalischen Notwendigkeit einer Ergänzung der Einkommensteuer. Dabei ist eine allgemeine Verbrauchsbesteuerung gesamtwirtschaftlich effizienter (im Sinn der Neutralität der Besteuerung) als partielle Verbrauchsteuern. Als Nebensteuern sind schließlich im „rationalen System" von Haller unter distributiven Aspekten eine Erbschaft- und eine Vermögensteuer vorzusehen, unter äquivalenztheoretischen Aspekten eine Besteuerung des Straßenverkehrs und als Lenkungssteuern eine Besteuerung von Spirituosen und Tabak. In der modernen Diskussion gewinnen auch Umwelt- und Energiesteuern als Lenkungssteuern an Bedeutung.

Einen zentralen Ansatzpunkt der normativ orientierten „Neuen Finanzwissenschaft" stellt schließlich der Versuch dar, ausgehend von der **„Theorie der optimalen Besteuerung"**, ein Steuersystem zu entwickeln, das allokative Effizienz mit distributionspolitischen Vorstellungen verbindet.

Im Vergleich zu „rationalen Steuersystemen" weisen historisch gewachsene, konkrete Steuersysteme stets eine Vielzahl von Systemwidrigkeiten auf. Dazu zählen Fälle der Steuerhäufung und -überschneidung (z. B. zwischen Einkommensbesteuerung und Gewerbesteuer, vgl. Kap. 14), wie auch Fälle von Steuerlücken bzw. einer faktischen Verletzung der Grundsätze der Allgemeinheit und Gleichmäßigkeit (z. B. eine im Verhältnis zu Unselbständigen-Einkommen ungleiche einkommenssteuerliche Erfassung von Einkommen aus Kapitalbesitz und Landwirtschaft). Steuersystematisch problematisch sind auch vielfach die „Bagatellsteuern" auf einzelne Verbrauchsgüter, speziell im Hinblick auf die Aspekte der Steuerneutralität und der Wohlfeilheit der Besteuerung.

Versuche, **Steuerreformen** in Richtung einer Annäherung an rationale Steuersysteme durchzuführen, sind freilich selten von Erfolg gekrönt. Die Gründe dafür liegen vor allem im politisch-wirtschaftlichen Bereich, da ein bestehendes Steuersystem ja in erheblichem Ausmaß als Resultat einer bestimmten politisch-ökonomischen Struktur und Machtverteilung zu sehen ist[6] und daher nur bei massiven Änderungen dieser Strukturen grundlegende Veränderungen zu erwarten sind. Darüber hinaus gibt es aber auch eine Vielzahl technischer, bürokratischer und psychologischer Aspekte, die einer leichten Veränderbarkeit eines Steuersystems entgegenstehen. So sind etwa Steueränderungen –

---

[5] Haller geht von der Haushaltsbesteuerung mit Vollsplitting aus, vgl. Abschn. 13.4.

[6] In diesem Sinn u. a. Schumpeter (1918) und eine umfangreiche auf seinem Ansatz aufbauende Literatur.

selbst wenn sie in Richtung eines „rationalen Systems" erfolgen – in der Regel mit Anpassungskosten verbunden, zu denen noch die Gewöhnungseffekte an alte Systeme und die Ungewissheit neuer Überwälzungsvorgänge hinzutreten können. Diese Aspekte liegen der „**Canard'schen Steuerregel** (1801)" („Alte Steuern, gute Steuern – neue Steuern, schlechte Steuern") zugrunde, die freilich nicht defätistisch als Absage an jede Zweckmäßigkeit oder Möglichkeit von Steuerreformen zu interpretieren ist.[7]

Die **empirische Analyse** von Steuersystemen zeigt, dass konkrete Steuersysteme stets vom wirtschaftlichen Entwicklungsstand, den technisch-bürokratischen Möglichkeiten der Steuereinhebung und den jeweiligen gesellschaftspolitischen Vorstellungen geprägt sind. So wird im historischen Kontext die Form eines Steuersystems zunächst davon abhängen, wie weit eine Volkswirtschaft von geldwirtschaftlichen und wie weit sie von naturalwirtschaftlichen Aspekten geprägt ist. In einer weiteren Stufe wird die Frage nach der Existenz eines betrieblichen Rechnungswesens und der Möglichkeit der Erfassung persönlicher Einkünfte zu stellen sein.

Sowohl steuertechnische wie gesellschaftspolitische Aspekte führten dazu, dass die Steuersysteme des 18. und 19. Jahrhunderts überwiegend auf einer Kombination von Ertragsteuern (insbesondere Grund- und Gewerbesteuern), partiellen Verbrauchsteuern und Zöllen beruhten. Die steuertechnischen Vorteile dieses Systems bestehen vor allem im Fehlen der Notwendigkeit einer Erfassung persönlicher Einkommensverhältnisse, die Nachteile liegen in tendenziell regressiven Verteilungswirkungen und in allokativen Ineffizienzen. Speziell die steuertechnischen Aspekte sind dabei auch heute für die Konzeption von Steuersystemen in Entwicklungsländern von Bedeutung, wobei bei rohstoffexportierenden Staaten auch entsprechende Exportsteuern eine große Rolle spielen können.

Vor allem die stärkere Betonung der Distributionsfunktion führte ab Ende des 19. Jahrhunderts zum „Siegeszug der direkten Einkommensbesteuerung". Wie in Tab. 10.1 ersichtlich, kommt es zumindest seit 2000 zu keinen größeren Verschiebungen bei den großen Steuerkategorien, Steuern auf Einkommen und Vermögen[8], Steuern auf Konsum[9], und Sozialversicherungsbeiträge. Letztere fallen in Deutschland leicht überproportional aus, Konsum hingegen leicht unterproportional. Unter den Industriestaaten variiert das Gewicht der direkten Besteuerung innerhalb der verschiedenen Gesamtsteuersysteme

[7] Zum theoretischen Hintergrund und zur Bedeutung dieses Grundsatzes in der praktischen Steuerpolitik des 19. Jahrhunderts und in der modernen Theorie der Steuerreform vgl. C. Scheer; Steuer, Steuerverteilung und Steuerinzidenz in der deutschen Finanzwissenschaft der ersten Hälfte des 19. Jahrhunderts und der Einfluss der britischen Nationalökonomie. In: H. Scherf (Hrsg.): Studien zur Entwicklung der ökonomischen Theorie VI (Schriften des Vereins für Socialpolitik, NF 115/VI, Berlin (1988, S. 152 ff.).

[8] In der Tabelle unter Einkommen geführt, weil Steuern auf Vermögen keinen wesentlichen Beitrag ausmacht und nicht explizit ausgewiesen wird.

[9] Inklusive Zölle.

Tab. 10.1 Abgabenstrukturen: Anteile von Steuern und Sozialabgaben am Gesamtabgabenaufkommen des öffentlichen Sektors (in Prozent)

Land	Jahr	Einkommen	Konsum	Sozialversicherung
Deutschland	2000	27,5	23,4	36,7
	2010	25,0	24,8	35,1
	2019	28,4	23,0	34,6
Österreich	2000	27,2	30,4	29,3
	2010	26,2	29,5	29,2
	2019	27,9	28,2	30,4
Europäische Union	2000	28,1	29,0	29,3
	2010	26,3	29,0	29,4
	2019	28,2	29,3	28,7

Quelle: Ameco Datenbank

stark. Während im angelsächsischen und im skandinavischen Bereich ein deutliches Überwiegen der direkten Besteuerung festzustellen ist, weisen Österreich und Deutschland annähernd gleich Einnahmenanteile an direkten und indirekten Steuern auf.

10.3 Ziele der Besteuerung

Ein traditionell bedeutsamer Bereich der normativen Finanzwissenschaft ist die Diskussion der Ziele und Grundsätze der Besteuerung, wobei die aus dieser Diskussion abgeleiteten Kriterien – zum Teil in abgeschwächtem Maß – vielfach auch auf den Bereich der Gebühren, Beiträge und unter Umständen auch auf den Bereich der öffentlichen Erwerbseinkünfte übertragbar sind. Dabei ist selbstverständlich zu berücksichtigen, dass Ziele und Grundsätze der Besteuerung in ihrer konkreten Ausformung jeweils sowohl unter Bezugnahme auf die gesellschaftspolitisch-ökonomischen wie auch die administrativ-technischen Gegebenheiten einer Gesellschaft zu sehen sind.

Hinsichtlich der **Ziele** der Besteuerung ist zwischen fiskalischen und außerfiskalischen Zielen zu unterscheiden. Das **fiskalische Ziel** der Erzielung von Einnahmen für den öffentlichen Sektor galt über lange Zeit als ausschließlich oder jedenfalls deutlich dominierende Zielsetzung der Besteuerung. **Außerfiskalische Zielsetzungen** bedeuten demgegenüber, dass Steuern bewusst als Instrumente der Wirtschafts- und Sozialpolitik eingesetzt werden. Es geht demnach nicht nur darum, dass auch „rein fiskalisch" orientierte Steuern allokativ, distributiv etc. nicht „neutral" sind (vgl. Kap. 23), sondern es wird über diesen Aspekt der „Nebenwirkungen" hinaus ein gezielter Effekt angestrebt. Beispiele sind der Einsatz von Steuern als Instrument der Einkommensumverteilung oder als Instrument der makroökonomischen Nachfragelenkung, von Steuervergünstigungen als Instrument der Investitionsförderung etc.[10]

In der finanzpolitischen Praxis sind mit der Besteuerung regelmäßig sowohl fiskalische wie außerfiskalische Zielsetzungen verknüpft, wobei der moderne Interventionsstaat tendenziell zu einer stärkeren Betonung der außerfiskalischen Zielsetzungen führte. Dabei ist freilich zu beachten, dass hier sowohl Fragen der relativen Effizienz gegenüber anderen wirtschaftspolitischen Instrumenten auftreten, insbesondere gegenüber dem Einsatz öffentlicher Ausgaben und administrativer Regelungen, als auch Probleme von Zielkonflikten. Solche Zielkonflikte können sowohl zwischen fiskalischen und außerfiskalischen Zielsetzungen, wie auch zwischen einzelnen außerfiskalischen Zielsetzungen (z. B. verteilungspolitischer versus wachstumspolitischer Einsatz) bestehen. Diese Problematik führt dazu, dass in der finanzpolitischen Diskussion vielfach wieder für eine stärkere Gewichtung der fiskalischen gegenüber den außerfiskalischen Zielsetzungen der Besteuerung eingetreten wird (vgl. Kap. 21, 22 und 23).

10.4 Grundsätze der Besteuerung

Von besonderem Einfluss für die Formulierung von Besteuerungsgrundsätzen waren historisch die vier von Adam Smith formulierten Postulate der

- Gleichmäßigkeit,
- Bestimmtheit,
- Billigkeit und
- Bequemlichkeit der Besteuerung.

Die moderne finanzwissenschaftliche Diskussion folgt im deutschen Sprachraum bei der Erarbeitung von Steuergrundsätzen vor allem der Gliederung nach Fritz Neumark (1970). Dabei wird unterschieden nachfolgenden Steuergrundsätzen:

[10] Weitestgehendes Beispiel einer außerfiskalischen Sicht der Besteuerung ist das Konzept der „Functional Finance“, wo die Finanzierung des öffentlichen Sektors unmittelbar über Geldschöpfung zu erfolgen hat, Steuern dagegen im wesentlichen „nur“ die Aufgabe haben, bei allfälligen inflatorischen Tendenzen kompensierend auf die gesamtwirtschaftliche Nachfrage einzuwirken.

10.4.1 Fiskalisch-budgetäre Grundsätze

Sie umfassen den Grundsatz der Ausreichendheit der Steuererträge und den Grundsatz der Steigerungsfähigkeit des Steueraufkommens. Diese Grundsätze besagen, dass das Steuersystem in der Lage sein muss, den politisch vorgegebenen Ausgabenrahmen zu finanzieren, was im Bedarfsfall die Bereitschaft zu diskretionären Änderungen der Steuergesetze, sei es in Bezug auf langfristige oder – im zweiten Fall – kurzfristige Bedarfsänderungen, erfordert.

10.4.2 Ethisch-sozialpolitische Grundsätze

Zentral sind hier die „Gerechtigkeitspostulate" der Allgemeinheit, Gleichmäßigkeit und Verhältnismäßigkeit der Besteuerung.

Das Prinzip der **Allgemeinheit** verlangt, dass alle über steuerliche Leistungsfähigkeit verfügenden Personen ohne Unterschied nach Stand, Klasse etc. zur Steuerleistung herangezogen werden.

Das Prinzip der **Gleichmäßigkeit** der Besteuerung verlangt, dass Personen in gleichen oder gleichartigen steuerlich relevanten Verhältnissen gleich, Personen in ungleichen Verhältnissen adäquat differenziert behandelt werden. Dieses Diskriminierungsverbot erfordert dabei nicht nur eine formale, sondern auch eine materielle Gleichbehandlung. Problematisch erscheinen in dieser Hinsicht etwa Steuervergünstigungen, die trotz formaler Allgemeinheit faktisch nur einem begrenzten Personenkreis offenstehen.

Der Grundsatz der **Verhältnismäßigkeit** besagt, dass die Verteilung der individuellen Steuerlasten der Verteilung der individuellen ökonomischen Leistungsfähigkeit entsprechen solle. Auf dieses grundlegende „Leistungsfähigkeitsprinzip" der Besteuerung wird im nächsten Abschnitt noch gesondert eingegangen. Ein spezieller Aspekt dieses Prinzips ist auch der Grundsatz der Vermeidung von ungewollten inflationsbedingten Mehrbelastungen und von Verzerrungen der Belastungsproportionen.

Über das Leistungsfähigkeitsprinzip hinaus geht das Redistributionsprinzip, das im Sinne der Redistributionsfunktion des öffentlichen Sektors auf eine Korrektur der marktmäßigen Primärverteilung abzielt. Dabei ist allerdings zu beachten, dass diese Funktion nicht nur (unter Umständen nicht einmal primär) vonseiten der öffentlichen Einnahmen, sondern etwa auch über Transferausgaben etc. erreicht werden kann.

10.4.3 Wirtschaftspolitische Grundsätze

Der Grundsatz der **aktiven Steuerflexibilität** erfordert, dass das Steuersystem in der Lage ist, mittels diskretionärer Maßnahmen rasch den jeweiligen stabilitätspolitischen Erfordernissen im Sinne einer antizyklischen Steuerpolitik zu entsprechen. Der

Grundsatz der **passiven Steuerflexibilität** fordert ein Steuersystem, das durch eine automatische antizyklische Reaktion auf Nachfrageschwankungen zu einer Stabilisierung der gesamtwirtschaftlichen Nachfrage beiträgt („built-in-flexibility"). Von Bedeutung sind hier insbesondere die „automatische Stabilisatorwirkung" der Einkommenssteuer und deren Stellung im Gesamtsystem.

Der Grundsatz der **wachstumspolitischen Ausrichtung** der Besteuerung besagt, dass vom Steuersystem keine wachstumshemmenden und darüber hinaus (unter Berücksichtigung anderer Zielsetzungen) nach Möglichkeit wachstumsfördernde Wirkungen ausgehen sollen. Nach dem Grundsatz der **Steuerneutralität** soll das Steuersystem z. B. nicht zu Wettbewerbsverfälschungen führen, wobei auch hier Zielkonflikte, z. B. mit dem wachstumspolitischen Einsatz der Besteuerung, möglich sind.

10.4.4 Steuerrechtliche und steuertechnische Grundsätze

Der Grundsatz der **Widerspruchslosigkeit** der Besteuerung, der im weiteren Sinn auch das Postulat der **Systemhaftigkeit** der Besteuerung einschließt, erfordert eine klare, widerspruchslose Struktur von Zielen und Mitteln der Besteuerung. Die Grundsätze der **Transparenz** und der **Praktikabilität** der Besteuerung sowie der Stetigkeit des Steuerrechts betonen in steuertechnischer Hinsicht zunächst die Notwendigkeit von Verständlichkeit und Eindeutigkeit steuerlicher Bestimmungen, den Verzicht auf zu häufige Detailänderungen und die Rücksichtnahme auf die zumutbaren steuerrechtlichen Fähigkeiten der Steuerpflichtigen. Darüber hinaus sind mit diesen Prinzipien aber auch verteilungspolitische Aspekte verbunden, da Verstöße gegen die genannten Prinzipien zu erhöhten Informationskosten bei den Steuerpflichtigen führen (z. B. Kosten der Steuerberatung), wobei die Fähigkeit und Bereitschaft zum Eingehen solcher Kosten mit dem Einkommen variieren werden.

Der Grundsatz der **Wohlfeilheit** der Besteuerung verlangt schließlich die Berücksichtigung der Einhebungskosten der Steuern, sowohl in Bezug auf die Aufwendungen, die bei der Steuerverwaltung als auch beim Steuerpflichtigen (compliance costs) anfallen.

10.5 Äquivalenzprinzip und Leistungsfähigkeitsprinzip

Eine Kernfrage aller „Steuergrundsätze" ist die nach einer inhaltlichen Erfassung des Prinzips der „Gerechtigkeit der Besteuerung". In der finanzwissenschaftlichen Diskussion stehen hier als die zwei „Fundamentalprinzipien der Besteuerung" (H. Haller) das Äquivalenz- und das Leistungsfähigkeitsprinzip einander gegenüber. Beide

Prinzipien entstammen einer langen geistesgeschichtlichen Tradition[11] wobei konkrete moderne Steuersysteme stets eine Kombination beider Elemente aufweisen.

Das **Äquivalenzprinzip** (benefit principle) fordert eine Entsprechung zwischen den von einem Staatsbürger empfangenen Leistungen und den von ihm zu erbringenden Abgaben. Die Äquivalenz kann sich dabei beziehen auf die Verteilung der Nutzen bzw. der davon (auch) bestimmten „Zahlungsbereitschaft" der einzelnen Staatsbürger (Nutzenäquivalenz) oder auf die mit den in Anspruch genommenen Leistungen verbundenen Kosten (Kostenäquivalenz). Grundlegend für das Äquivalenzprinzip ist die Vorstellung einer „quasi-marktmäßigen" Allokation öffentlicher Leistungen, wobei Steuern als die entsprechenden Preise zu sehen sind.

Aus diesem Ansatz ergeben sich auch die Beschränkungen des Äquivalenzprinzips: Es bezieht sich nur auf die Allokationsfunktion des öffentlichen Sektors. Anforderungen, die sich hinsichtlich der Distributions- und Stabilisierungsfunktion ergeben, können nicht in praktikabler Weise erfasst werden. Aber auch innerhalb des allokationspolitischen Einsatzes setzt die Anwendung des Äquivalenzprinzips die Abgrenzbarkeit (bzw. Ausschließbarkeit) der Empfänger öffentlicher Leistungen voraus. Eben dies ist aber bei den meisten Formen öffentlicher Güter nicht gegeben. Von praktischer Bedeutung ist das Äquivalenzprinzip daher vor allem bei der Finanzierung meritorischer Güter, insbesondere durch Gebühren und Beiträge oder in Form von Erwerbseinkünften.

Hinsichtlich der Finanzierung meritorischer Güter bestehen dabei freilich Einschränkungen, die sich aus technischen Problemen, vor allem aber aus verschiedenen Formen von Zielkonflikten ergeben. So wird innerhalb der Betrachtung allokativer Zielsetzungen die Anwendung des Äquivalenzprinzips zwar einerseits durch die Gegenüberstellung und damit Sichtbarmachung von Leistungen und Kosten tendenziell zu höherer Rationalität von Angebot und Nachfrage bei öffentlichen Leistungen führen (bzw. eine solche Rationalität erst ermöglichen). Andererseits kann bei Konstellationen des „Marktversagens" (z. B. bei externen Effekten) eine Finanzierung nach unmittelbarer kostenmäßiger Äquivalenz zu gesamtwirtschaftlich unerwünschten Ergebnissen führen.[12] Vor allem aber können sich Konflikte zwischen allokativen und distributiven Zielsetzungen dort ergeben, wo kostenäquivalente Steuern oder Gebühren tendenziell zum distributiv (und z. T. auch allokativ) unerwünschten Ausschluss einkommensschwacher Bevölkerungsgruppen führen würden. Diese Problematik tritt speziell im Ausbildungs- und Gesundheitswesen auf, wo daher häufig auf eine – technisch mögliche

[11] Für eine entsprechende Darstellung siehe z. B. Mann, Steuerpolitische Ideale, Jena 1936, repr. Stuttgart 1978.

[12] Ein Beispiel dieser Problematik stellt etwa die Bereitstellung von präventiven medizinischen Maßnahmen, z. B. Schutzimpfungen, dar, wo in gewissen Fällen im Hinblick auf die damit verbundenen positiven externen Effekte (Reduzierung der Ansteckungsgefahr) ein Abgehen von der kostenmäßigen Äquivalenz zugunsten der beitragsfreien (aber ökonomisch nicht „kostenlosen") Abgabe erfolgt.

– kostenmäßige Äquivalenz verzichtet bzw. eine solche durch soziale Staffelung der Beiträge, Gebühren etc. abgeschwächt wird. Es ist allerdings auch möglich, kostenmäßige Äquivalenzfinanzierung mit direkten, einkommensbezogenen Transfers zu verbinden (Subjektförderung, siehe Kap. 23).

Eine spezielle Form der Äquivalenzfinanzierung stellt die **Zweckbindung** von Steuern dar, die auf Produkte erhoben werden, die mit den entsprechenden öffentlichen Ausgaben in einem kausalen (oder zumindest komplementären) Verhältnis stehen. Beispiele dafür sind die Zweckbindung von Benzin- und Kraftfahrzeugsteuern für Straßenbau- bzw. insgesamt Verkehrsausgaben. Aus finanzwissenschaftlicher Sicht werden Zweckbindungen vielfach skeptisch beurteilt,[13] da einerseits eine individuelle Äquivalenz dadurch vielfach nicht erreicht werden kann und vor allem mit Zweckbindungen eine erhöhte und vielfach gesamtwirtschaftlich nicht effiziente Starrheit der öffentlichen Haushalte verbunden ist. Dem entspricht der Haushaltsgrundsatz des „Non-Affektations-Prinzips", d. h. des Verbotes der Zweckbindung.

Die konkrete Bedeutung des Äquivalenzprinzips in einem Staat wird, entsprechend den obigen Überlegungen, insbesondere von Art und Ausmaß des Angebotes öffentlicher Leistungen und von der Behandlung der angesprochenen Zielkonflikte abhängen. Eine spezielle Rolle spielt das Äquivalenzprinzip in Form von Gebühren und Beiträgen bei den kommunalen Haushalten, wo distributive und stabilisierungspolitische Aspekte keine wesentliche Rolle spielen. Aber auch auf der Ebene des Zentralstaates wird vielfach für eine stärkere Bedeutung äquivalenzorientierter Einnahmen plädiert. Dafür spricht, dass mit wachsendem Volumen öffentlicher Leistungen Fragen der allokativen Effizienz an Bedeutung gewinnen, was zumindest für eine (teilweise) Sichtbarmachung der mit öffentlichen Leistungen verbundenen Kosten spricht. Darüber hinaus begegnen äquivalenztheoretisch begründete öffentliche Einnahmen in Form von Gebühren, aber auch von zweckgebundenen Abgaben, vielfach einem geringeren Steuerwiderstand.

Das **Leistungsfähigkeitsprinzip** der Besteuerung (ability-to-pay-principle) besagt, dass sich die Steuerlast eines Wirtschaftssubjekts nach seiner individuellen wirtschaftlichen Leistungsfähigkeit bestimmen solle. Im Gegensatz zum Äquivalenzprinzip besteht hier demnach keine direkte Verbindung zwischen Steuerzahlung und der Nutzung öffentlicher Leistungen. Dem Leistungsfähigkeitsprinzip entspricht vielmehr das Postulat, dass Steuerzahler von gleicher wirtschaftlicher Leistungsfähigkeit eine gleich hohe Steuerlast zu tragen haben („horizontale Gerechtigkeit"), Steuerpflichtige von unterschiedlicher wirtschaftlicher Leistungsfähigkeit dagegen eine entsprechend unterschiedliche Steuerlast („vertikale Gerechtigkeit").

Die Grundprobleme, die sich dabei im Rahmen des Leistungsfähigkeitsprinzips zeigen, beziehen sich auf die Fragen nach der Erfassung der wirtschaftlichen Leistungs-

---

[13] Für eine abweichende positive Beurteilung siehe Brennan und Buchanan (1980, S. 150 ff.).

fähigkeit eines Individuums und nach den Prinzipien bei der Berücksichtigung unterschiedlicher Grade der Leistungsfähigkeit. Als Indikatoren der wirtschaftlichen Leistungsfähigkeit kommen vor allem das Einkommen[14], der Konsum und das Vermögen eines Individuums in Betracht.

Hinsichtlich des **Vermögens** als Indikator der wirtschaftlichen Leistungsfähigkeit ist festzuhalten, dass eine adäquate Erfassung zwar unter Umständen hinsichtlich des Real-, nicht aber hinsichtlich des Humankapitals möglich ist. In der Praxis der Steuerpolitik wird daher dem Leistungsfähigkeitsprinzip im Wesentlichen ein Abstellen auf die Besteuerung der (unterschiedlich breit erfassten) Einkommen entsprechen, wobei allerdings einem Abstellen auf Konsum v. a. in Form spezieller „Luxussteuern" und Vermögen eine ergänzende Funktion zukommen kann.

Das Konzept des Leistungsfähigkeitsprinzips kann allerdings nicht nur bei der **Einkommensentstehung,** sondern auch bei der **Einkommensverwendung** ansetzen. Geht man davon aus, dass Nutzen aus Bedürfnisbefriedigung nur durch Konsum und nicht von Einkommen als solche vermittelt wird, würde dies bedeuten, dass dem Leistungsfähigkeitsprinzip am ehesten die individuellen Konsumausgaben als Steuerbasis entsprächen. Eine solche **„Konsumsteuer"** als persönliche Ausgabensteuer (**„expenditure tax"**)[15] wurde z. B. von Nicolaus Kaldor (1955) vorgeschlagen, scheiterte aber an konzeptuellen und praktischen Problemen. Die neuere Diskussion um eine Reorientierung der Steuersysteme in Richtung Konsum-Basierung versucht einen indirekten Ansatz für die praktische Durchführung einer an den persönlichen Konsumausgaben orientierten Besteuerung. Wichtiges Beispiel eines solchen Ansatzes ist das Konzept der **„zinsbereinigten Einkommensteuer"**. Auf die Diskussion „Einkommens- versus konsumorientierte Steuersysteme" wird in Abschn. 11.1 eingegangen.

Hinsichtlich der Frage, in welcher Weise unterschiedliche Grade wirtschaftlicher Leistungsfähigkeit zu berücksichtigen sind, wird in der Finanzwissenschaft die **Opfertheorie** herangezogen: Ausgangspunkt ist die Forderung nach Opfergleichheit der Steuerzahler. Danach soll die Steuerzahlung für die einzelnen Steuerzahler jeweils einen gleichen Wohlfahrtsverlust bedeuten, wobei dieser Wohlfahrtsverlust wieder in unmittelbare Beziehung zum Einkommen gesetzt wird. Unter der Annahme identischer Nutzenfunktionen in Bezug auf das Einkommen bedeutet dies, dass auf Steuerpflichtige mit gleichem Einkommen die gleiche Steuerpflicht zu entfallen habe. Bei unterschiedlichem

[14] Zur Definition des Einkommens- und Konsumbegriffs sie hier auf die Debatte im Abschn. 11.6 verwiesen.

[15] Im Gegensatz zu einer persönlichen Ausgabensteuer, bei der die Konsumausgaben unmittelbar bei der jeweiligen Person (Haushalt) besteuert werden, ist die Umsatzsteuer eine Objektsteuer, die individuelle Lebensverhältnisse nicht berücksichtigt. Gesamtwirtschaftlich entspricht allerdings die Wirkung einer Mehrwertsteuer mit Sofortabzug („Mehrwertsteuer vom Konsumtypus") einer proportionalen persönlichen Ausgabensteuer (ohne Freibetrag). Vgl. Abschn. 15.1.

Einkommen (unterschiedlicher wirtschaftlicher Leistungsfähigkeit) kann das Prinzip der Opfergleichheit in verschiedener Weise interpretiert werden:

- Als gleiches **absolutes Opfer,** d. h. die Nutzeneinbuße ist für alle Steuerpflichtigen von absolut gleicher Höhe, unabhängig vom jeweiligen Einkommen eines Steuerpflichtigen.
- Als gleiches **relatives** Opfer, d. h. die jeweilige Nutzeneinbuße stellt für alle Steuerpflichtigen einen gleichen Prozentsatz des Gesamtnutzens ihres Einkommens dar.
- Als gleiches **marginales** Opfer, d. h. Gleichheit der Grenznutzen des Einkommens für alle Steuerpflichtigen nach Vornahme der Besteuerung. Dieser Ansatz ist freilich weniger als eine „Gerechtigkeitsregel", sondern eher als eine „Effizienzregel" im Sinn einer „Minimierung des Gesamtopfers" zu interpretieren. Geht man davon aus, dass mit steigendem Einkommen der Grenznutzen sinkt, dann bedeutet dies bei identen Nutzenfunktionen, dass eine Einkommensnivellierung in dem vom erforderlichen Gesamtsteueraufkommen bestimmten Ausmaß erfolgt.

Offensichtlich ist mit dem Prinzip des gleichen absoluten Nutzenopfers die geringste, mit dem Prinzip des gleichen marginalen Opfers die höchste „Umverteilungsintensität" verbunden. Als wichtigste Entsprechung des Leistungsfähigkeitsprinzips wird üblicherweise das Prinzip des gleichen relativen Opfers gesehen.

Die Übertragung des jeweiligen politisch gewählten Opferprinzips in einen konkreten Steuertarif erfordert dann freilich eine Vielzahl von Annahmen. Diese betreffen eine feste Beziehung zwischen Einkommen und Gesamtnutzen, die Möglichkeit interpersoneller Nutzenvergleiche, um einen allgemeinen „nutzenorientierten" Steuertarif erstellen zu können und schließlich Vorstellungen hinsichtlich des Zusammenhanges von Grenznutzen und Einkommen. Analog dem 1. Gossen'schen Gesetz (Gesetz vom abnehmenden Grenznutzen)[16], wird dabei von der Annahme eines mit steigendem Einkommen sinkenden Grenznutzens des Einkommens ausgegangen.

In Abb. 10.1 stellt U_1 eine entsprechende, auf das Einkommen bezogene Nutzenfunktion dar, wobei der Kurvenverlauf (sinkender Anstieg der Kurve) der Annahme des sinkenden Grenznutzens des Einkommens entspricht. B_1 und A_1 sind die Einkommen zweier Steuerpflichtiger vor der Besteuerung. Wie zu sehen, bedeutet bei entsprechender Nutzenfunktion bereits das Postulat des gleichen absoluten Nutzenopfers ($U_{B1}-U_{B2}=U_{A1}-U_{A2}$), dass der entsprechende Einkommensverlust für B, den Bezieher des höheren Einkommens, absolut größer zu sein hat als für A. Analog wird in der Regel das Prinzip des gleichen relativen Opfers, bei Annahme eines stark sinkenden Grenznutzens des Einkommens, nicht ein proportionales, sondern ein überproportionales „Ein-

[16] Der zusätzliche Nutzen („Grenznutzen") jeder zusätzlichen Einheit eines Gutes ist mit zunehmender Menge eines Gutes kleiner als der der vorhergehenden Einheit.

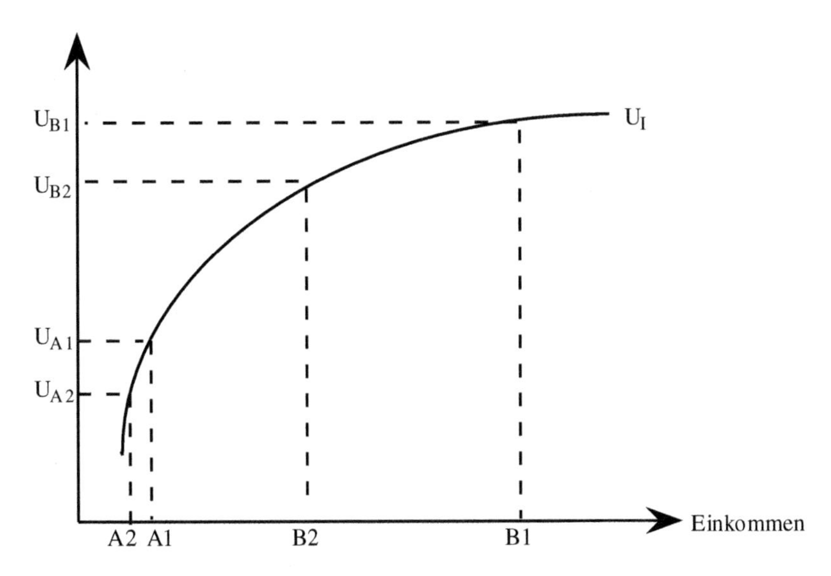

Abb. 10.1 Nutzenfunktion und Steueropfer

kommensopfer" der höheren Einkommen erfordern, um dem geringeren Nutzen der marginalen Einkommenseinheiten der Bezieher höherer Einkommen zu entsprechen.

Diese Sicht stellt die nutzentheoretische Begründung einer progressiven Einkommensbesteuerung dar.[17] Die praktische Unmöglichkeit der empirischen Erfassung konkreter Nutzenfunktionen lässt freilich keine unmittelbare Übertragung der angeführten Opferprinzipien in einen konkreten Progressionstarif zu. Dies bleibt letztlich eine politische Entscheidung.

10.6 Grundbegriffe und Ansatzpunkte der Besteuerung

Die wichtigsten ökonomischen und steuertechnischen Grundbegriffe der Besteuerung sind:

[17] Es ist daher nicht nur als Zufall zu betrachten, dass unter maßgeblicher Mitwirkung Eugen Böhm-Bawerks, eines wichtigen Vertreters der „Wiener Grenznutzen-Schule", der auch mehrmals das Amt des Finanzministers ausübte, 1896 in Österreich die progressive Einkommensteuer eingeführt wurde (die allerdings z. B. in Preußen bereits seit 1891 bestand).

- **Steuersubjekt** (Steuerpflichtiger) ist die natürliche oder juristische Person, auf die die gesetzlich bestimmte Steuerverpflichtung zutrifft, d. h. der Tatbestand, an den die Steuerpflicht anknüpft. In der Regel ist der Steuerpflichtige ident mit dem **Steuerzahler,** eine Ausnahme ist der Fall des Quellenabzuges, wo die Steuer von einem Dritten einbehalten und an den Fiskus überwiesen wird (z. B. Lohnsteuer).
- **Steuerträger** ist die Person, die die (ökonomische) Last der Besteuerung in Form einer Minderung ihrer wirtschaftlichen Dispositionskraft trägt.
- **Steuerdestinatar** ist die Person, die nach der Absicht des Steuergesetzgebers Träger einer Steuer sein soll. Infolge von Überwälzungsvorgängen, Anpassungsprozessen etc. gibt es zahlreiche Fälle, wo Steuerpflichtiger und Steuerträger wie auch Steuerträger und Steuerdestinatar nicht ident sind.
- **Steuerobjekt** (Steuergegenstand) ist die Sache, Transaktion oder Geldsumme, an die die Besteuerung zur Begründung einer Steuerpflicht anknüpft (z. B. Einkommen, Vermögen).
- **Steuerbemessungsgrundlage** ist die Größe, die der Ermittlung der Steuerschuld zugrunde gelegt wird (z. B. der Teil des Einkommens, auf den entsprechend den steuerrechtlichen Bestimmungen der Steuertarif anzuwenden ist). Die entsprechende Größe kann dabei in monetären Wertgrößen (im Fall der Wertsteuern) oder in physischen Einheiten ausgedrückt sein. In letzterem Fall spricht man von „spezifischen Steuern". Beispiel dafür sind eine Besteuerung nach Gewicht, Hubraum oder Grundstücksgröße.
- **Steuersatz** ist der absolute oder relative Betrag, der auf die jeweilige, sich aus der Bemessungsgrundlage ergebende Besteuerungseinheit entfällt. Die systematische Zusammenstellung der für unterschiedliche Größen einer Bemessungsgrundlage geltenden Steuersätze ergibt den Steuertarif, der demnach die funktionale Beziehung zwischen Steuerbemessungsgrundlage und Steuerschuld darstellt.
- **Steuerschuld** ist der Betrag, der sich entsprechend aus der Anwendung der Steuersätze auf die Bemessungsgrundlage, unter Berücksichtigung allfälliger steuerrechtlicher Zusatzregelungen (z. B. Steuerabsetzbeträge), ergibt. **Steuerfreibetrag:** Bei Einräumung eines Steuerfreibetrages ist nur der den Freibetrag übersteigende Teil der Steuerbemessungsgrundlage zu besteuern, es handelt sich hier demnach um einen Abzug bei der Ermittlung der Steuerbemessungsgrundlage.
- **Steuerfreigrenze:** Unterhalb der Freigrenze wird keine Steuer eingehoben, bei Überschreiten der Freigrenze unterliegt die gesamte Besteuerungsmenge der Steuerpflicht. Solche Regelungen dienen vor allem zur Entlastung von Bagatellfällen.
- **Abzug von der Steuerschuld** (Steuerabsetzbetrag): Hier wird nach Festlegung der Steuerschuld ein in absoluter Größe festgelegter Betrag abgezogen.

Je nach der Stellung einer Steuer im Gesamtsystem und ihrer technischen Ausgestaltung kann unterschieden werden nach.

- **Mehrgliedrige Steuern** sind dadurch gekennzeichnet, dass eine Steuer in mehreren, getrennten Erhebungsformen auftritt, wobei zwischen den einzelnen Gliedsteuern eine gegenseitige Anrechenbarkeit der gesamten Steuerbeträge besteht. Wichtigstes Beispiel ist die Einkommensteuer, die in Form der veranlagten Einkommensteuer, der Lohnsteuer und der Kapitalertragssteuer auftritt.
- **Ergänzungssteuern** haben die Funktion, zur besseren Erreichung eines bestimmten Steuerzwecks in Ergänzung zu einer anderen Steuer beizutragen. So kann etwa die Vermögensteuer als Ergänzung zur Einkommensteuer gesehen werden, indem sie zu einer Vorbelastung bzw. adäquateren Erfassung der „Besitzeinkommen" führt.
- **Folgesteuern** sollen Möglichkeiten der Steuervermeidung einer anderen Steuer verhindern. So stellt die Schenkungsteuer eine Folgesteuer zur Erbschaftsteuer dar.
- **Kontrollsteuern** sind Steuern, aus denen sich Anhaltspunkte hinsichtlich der Erfüllung der Steuerpflicht bei anderen Steuern ergeben. So kann etwa die Umsatzsteuer in gewissem Ausmaß als Kontrollsteuer bezüglich steuerpflichtiger Einkommen dienen.
- **Subjektsteuern** sind Steuern, die an der persönlichen Leistungsfähigkeit des Steuerpflichtigen anknüpfen, während **Objektsteuern** an Tätigkeiten oder Objekten (z. B. Grundstücken) anknüpfen.
- **Pauschalsteuern** sind Steuern, die unabhängig von ökonomischen Bezugsgrößen auferlegt werden. „Klassisches" Beispiel dafür ist eine für alle Steuerpflichtigen einheitliche Kopfsteuer. Davon zu unterscheiden sind Pauschalierungen, bei denen aus Gründen der administrativen Entlastung vereinfachte Verfahren der Ermittlung der Steuerschuld verwendet werden können (z. B. Pauschalbeträge statt Nachweis der tatsächlichen Aufwendungen, Durchschnittssatzbesteuerung).

Nach der Stellung im volkswirtschaftlichen Gesamtzusammenhang lassen sich Steuern nachfolgenden Ansatzpunkten unterscheiden:

- Besteuerung im Rahmen der **Einkommensentstehung:** Hierzu zählt vor allem die Einkommensteuer, die sowohl beim Empfänger der Einkommen wie auch an der Stelle der Entstehung (Quellenabzugsverfahren) ansetzen kann. Ebenfalls an der Einkommensentstehung, aber in einer früheren Phase, ohne Zurechnung an die individuelle Leistungsfähigkeit, setzen die **Ertragsteuern** an, bei denen das Steuerobjekt der Ertrag eines Produktionsfaktors ist. Dies gilt etwa für die Besteuerung auf Basis des Grund- oder des Gewerbeertrages.
- Besteuerung im Rahmen der **Einkommensverwendung:** Aus technischen Gründen wird es dabei in der Regel, wie die Versuche einer Ausgabensteuer zeigten, nicht möglich sein, direkt beim steuerpflichtigen Individuum anzuknüpfen. Steuerlicher Anknüpfungspunkt ist daher in der Regel der Produktions- oder Kaufvorgang. Dabei ist wieder zu unterscheiden zwischen einer umfassenden Verbrauchsbesteuerung (in Form der Umsatzbesteuerung) und speziellen Verbrauchsteuern.

- Besteuerung von **Vermögen und Vermögensverkehr:** Unabhängig von der Besteuerung der mit dem Vermögen verbundenen Erträge kann auch der Vermögensbestand selbst bzw. der Wertzuwachs des Vermögens Gegenstand der Besteuerung sein. Die Vermögensbesteuerung kann dabei die Funktion einer Ergänzungssteuer zur Einkommensbesteuerung haben oder auch ein eigenständiges Instrument einer, auf Vermögensumverteilung in einer Volkswirtschaft abzielenden, Politik darstellen. Vermögenszuwächse stellen im Sinn einer umfassenden Einkommensbesteuerung einen Teil der für die Einkommensteuer relevanten Bemessungsgrundlage dar. Die steuerpolitische Praxis folgt diesem Ansatz freilich nur in sehr eingeschränktem Maß, wobei speziell die Erfassung nicht realisierter Wertzuwächse des Vermögens erhebliche konzeptuelle und technische Probleme aufwirft[18]. Steuern auf den Vermögensverkehr setzen vor allem beim Eigentumswechsel an (z. B. Grunderwerbsteuer). Allokativ kann dies durch die Erhöhung der entsprechenden Transaktionskosten zu negativen Effekten führen, steuerpolitisch stehen dem allerdings die Vorteile der geringeren Hinterziehungsmöglichkeit gegenüber, die speziell dort vorliegen, wo eine staatliche Mitwirkung für die Eigentumsübertragung erforderlich ist (z. B. bei Grundstücksverkäufen). Auch die Erbschaftsteuer stellt eine Form der Besteuerung des Vermögenstransfers dar, wobei ihr außer distributiven Aspekten auch die Funktion einer Folgesteuer zur Erfassung vorausgegangener Steuervermeidungen und -hinterziehungen im Rahmen der Einkommen- und Vermögensteuer zukommt.

Eine häufige, inhaltlich freilich wenig eindeutige Unterscheidung ist schließlich die in **direkte** und **indirekte** Steuern. Traditionelles Unterscheidungskriterium ist dabei die Frage der Überwälzbarkeit. Direkte Steuern sind demnach Steuern, die nicht überwälzbar sind (bzw. nicht überwälzbar sein sollen), d. h. wo Steuerzahler und Steuerträger ident sind, wie dies insbesondere für die Einkommen- und Vermögenssteuern angenommen wird. Indirekte Steuern sind dagegen Steuern, wo die Steuerlast vom Steuerzahler überwälzt werden kann, wie insbesondere Umsatzsteuern. Die moderne Steuerüberwälzungslehre zeigt freilich, dass die traditionellen Überwälzungsannahmen in vielfacher Hinsicht als problematisch zu betrachten sind (siehe Kap. 10), sodass die analytische Grundlage der traditionellen Unterscheidung zwischen direkten und indirekten Steuern nicht mehr tragfähig ist. Allerdings spielt diese Unterscheidung als institutionelle Klassifizierung weiterhin eine erhebliche Rolle, wobei als direkte Steuern in der Regel sämtliche Formen der Einkommensbesteuerung und der Vermögensbesteuerung erfasst werden.

---

[18] Eine Ausnahme stellen Aktien und Fonds, die aufgrund der Depotpflicht leicht an der Quelle zu besteuern sind.

10.7 Steuerliche Tariflehre

Der **Steuertarif** gibt die funktionale Beziehung zwischen Steuerbetrag (Steuerschuld) T und der Steuerbemessungsgrundlage B an. Dem entspricht die Steuerbetragsfunktion:

$$\mathrm{T} = \mathrm{T(B)}$$

Das Verhältnis von Steuerbetrag T und Bemessungsgrundlage B ist der **Durchschnittssteuersatz** t[19]:

$$\mathrm{t} = \mathrm{T(B)/B}$$

Der **Grenzsteuersatz** t' entspricht dem Verhältnis der marginalen Änderung des Steuerbetrages bei marginaler Änderung der Bemessungsgrundlage (erste Ableitung der Steuerbetragsfunktion):

$$\mathrm{t}' = \mathrm{dT/dB}$$

Je nach Veränderung des Durchschnittssteuersatzes bei Veränderung der Bemessungsgrundlage unterscheidet man proportionale, progressive und regressive **Tarifverläufe:**

Proportionaler Tarif: Bei jeder Höhe der Bemessungsgrundlage bleibt der Durchschnittssteuersatz (t) konstant, Durchschnitts- und Grenzsteuersatz (t') entsprechen einander.

$$t' = t \,\mathrm{mit}\, \mathrm{dt'/dB} = 0$$

Progressiver Steuertarif: Der Durchschnittssteuersatz (t) steigt mit steigender Bemessungsgrundlage.

$$\frac{dt}{dB} = \frac{d(T/B)}{dB} = \frac{t' - t}{B} > 0$$

Daraus folgt aber auch unmittelbar, dass der Grenzsteuersatz größer als der Durchschnittssteuersatz ist. Je nachdem, ob der Anstieg des Durchschnittssteuersatzes mit steigender Bemessungsgrundlage konstant bleibt, größer wird oder sich verringert, spricht man von linearer, beschleunigter oder verzögerter Progression (siehe Abb. 10.2).

Regressiver Tarif: Der Durchschnittssteuersatz sinkt bei wachsender Bemessungsgrundlage, sodass $t>t'$. Dabei ist zwischen linearer, beschleunigter und verzögerter Regression zu unterscheiden. Von den auf die Bemessungsgrundlage bezogenen **Tarifverläufen** sind die, auf das jeweilige Einkommen bezogenen effektiven **Belastungsverläufe** zu unterscheiden. Soweit eine Identität von Einkommen und Bemessungsgrundlage vorliegt, wird im Rahmen der Einkommensteuer eine Identität

[19] Aus ökonomischer Sicht ist freilich vielfach nicht der Bezug auf die aus den steuerrechtlichen Bestimmungen abzuleitende Bemessungsgrundlage relevant, sondern der Bezug auf individuelle oder makroökonomische Gesamt-Einkommensgrößen, die dann entsprechend der Ermittlung von Durchschnittsteuersätzen, Aufkommenselastizitäten etc. zugrunde zu legen sind.

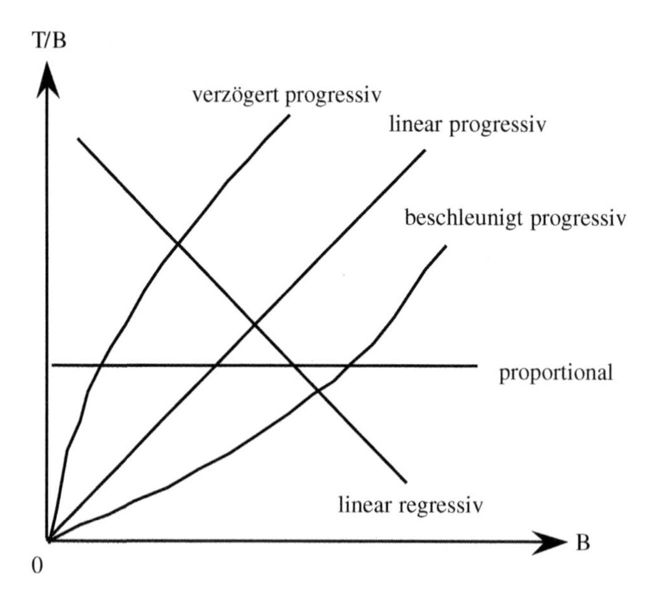

Abb. 10.2 Tarifverläufe

von Tarif- und Belastungsverlauf gegeben sein. Bei anderen, nicht auf das Einkommen bezogenen Steuern wird dies dagegen nicht der Fall sein (vgl. dazu die Diskussion bezüglich der regressiven Belastungsverläufe von Verbrauchsteuern, Abschn. 23.5).

Zur **Messung** der Progression (bzw. der Regressivität) eines Steuertarifes können verschiedene **Progressionsbegriffe** herangezogen werden. Zu den wichtigsten zählen die **Formale** (direkte) **Progression** η_1 bestimmt als Veränderung des Durchschnittssteuersatzes (t) bei Änderungen der Bemessungsgrundlage:

$$\eta_1 = \frac{dt}{dB} = \frac{t' - t}{B}$$

Die **Steueraufkommenselastizität** η_2 ist bestimmt als das Verhältnis der relativen Änderungsrate des Steueraufkommens (T) zur relativen Änderungsrate der Bemessungsgrundlage (B). Nach Umformung ist die Aufkommenselastizität auch als Quotient aus marginalem und durchschnittlichem Steuersatz darstellbar[20]:

$$\eta_2 = \frac{dT}{T} / \frac{dB}{B} = \frac{t'}{t}$$

[20] Je nach Fragestellung kann sich die Aufkommenselastizität auch auf das Verhältnis zwischen relativer Veränderung des Steueraufkommens und relativer Veränderung des Sozialproduktes beziehen.

Die **Residualelastizität** (η_3) ist bestimmt als das Verhältnis der relativen Änderungsrate der nach Abzug des Steuerbetrages verbleibenden Bemessungsgrundlage zur relativen Änderung der Steuerbemessungsgrundlage:

$$\eta_3 = \frac{d(B-T)}{B-T} / \frac{dB}{B} = \frac{1-t'}{1-t}$$

Unterschiedliche Maßnahmen der Steuerpolitik, z. B. Änderungen der Grenzsteuersätze oder der Bemessungsgrundlage, können auch bei gleicher Aufkommenswirkung die entsprechenden Progressionsmaße unterschiedlich beeinflussen. Für die Beurteilung, z. B. von Steuerreformen, ist es daher wichtig zu beachten, dass sich die einzelnen Progressionsmaße dabei nicht notwendigerweise in dieselbe Richtung verändern müssen.

Progressive Belastungsverläufe können durch unterschiedliche **Tariftypen** erreicht werden. Bei Verknüpfung eines konstanten Steuersatzes mit einem Steuerfreibetrag ergibt sich eine **indirekte Progressionswirkung.** Der Grenzsteuersatz ist zwar entsprechend der linearen stetigen Steuerbetragsfunktion konstant, der Durchschnittssteuersatz steigt aber mit steigender Bemessungsgrundlage, wie in Abb. 10.3 dargestellt wird.

Stufentarife sind charakterisiert durch die Zerlegung der Steuerbemessungsgrundlage in Teilmengen, wobei jeder Teilmenge (Stufe) ein bestimmter Steuerbetrag (Stufenbetragstarif) oder Steuersatz (Stufensatztarif) zugeordnet ist. Beim **Stufenbetragstarif** ergibt der Umstand, dass innerhalb einer Steuerstufe der Steuerbetrag absolut konstant bleibt, innerhalb jeder Stufe einen Regressionseffekt (Sinken des Durchschnittssteuersatzes). Beim **Stufendurchschnittssatztarif** (Stufensatztarif mit Gesamtmengenstaffelung) besteht dagegen für alle Besteuerungsmengen einer Stufe ein gleicher Durchschnittssteuersatz, es ergibt sich damit innerhalb einer Stufe ein Proportionaleffekt, wobei jeweils beim Übertritt in die nächste Stufe Sprünge auftreten.

Im Fall des **Stufengrenztarifes** (Stufensatztarif mit Teilmengenstaffelung) besteht für alle Besteuerungsmengen einer Stufe ein gleicher Grenzsteuersatz. Dabei ergibt sich

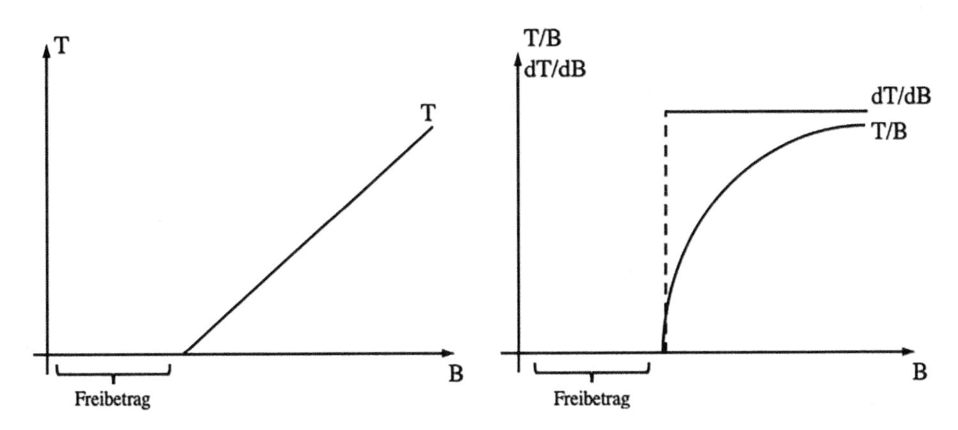

Abb. 10.3 Indirekte Progression

innerhalb jeder Besteuerungsteilmenge ein (sich abschwächender) Progressionseffekt, wobei in diesem Fall ein einheitlicher Verlauf der Durchschnittssteuersätze besteht.

Der Zusammenhang zwischen Steuerbetrag (Steuerschuld) und Bemessungsgrundlage kann auch durch einen **Formeltarif** erfasst werden, wie dies bei der Einkommensteuer in Deutschland der Fall ist (siehe dazu ausführlich Abschn. 13.4).

Literatur

Brennan, G., Buchanan, J.M. The Power to Tax. Analytical Foundations of a Fiscal Constitution. London 1980.

George, H. Progress and poverty: An inquiry into the cause of industrial depressions and of increase of want with increase of wealth: The remedy. New York: Appleton, 1879.

Haller, H. Die Steuern. Grundlinien eines rationalen Systems öffentlicher Abgaben. 3. Aufl., Tübingen 1981.

Kaldor, N. An Expenditure Tax. London 1955.

Mann, F. K. Steuerpolitische Ideale, Jena: Fischer, 1936, repr. Stuttgart 1978.

Neumark, F. Grundsätze gerechter und ökonomisch rationaler Steuerpolitik, Tübingen 1970.

Scheer, Ch. Steuerpolitische Ideale – gestern und morgen. In: G. Krause-Junk (Hrsg.) Steuersysteme der Zukunft, S 155 ff, Berlin 1998.

Schumpeter, J. Die Krise des Steuerstaats. Graz 1918. Wieder abgedruckt in: Hickel, R., Goldscheid, R., Schumpeter, J. Beiträge zur politischen Ökonomie der Staatsfinanzen. Frankfurt 1976.

Socher, K., Smekal, Chr. (Hrsg.) Staatsfinanzierung und Notenbank, Wien 1985.

Wagner, H. Seigniorage und Inflationsdynamik. In: Kredit und Kapital, 25:335 ff, 1992.

Weiterführende Literatur

Aaron, H.J., Gale, W.G. (Hrsg.) Economic Effects of Fundamental Tax Reform. Washington 1996.

Bös, D., Felderer, B. (Hrsg.) The Political Economy of Progressive Taxation. Berlin et al 1989.

Bös, D., Rose, M., Seidl, Ch. (Hrsg.) Beiträge zur neueren Steuertheorie. Berlin-Heidelberg 1984.

Brennan, G., Buchanan, J.M. The Power to Tax. Analytical Foundations of a Fiscal Constitution. London 1980, (dt. Übersetzung: Besteuerung und Staatsgewalt, Hamburg 1989).

Castanheira, M., Nicodème, G. & Profeta, P., On the political economics of tax reforms: survey and empirical assessment. International Tax and Public Finance, 2012, Vol. 19, 598–624.

Dickertmann, D., Gelbhaar, S. Das System der öffentlichen Einnahmen. In: Steuer und Studium 1994, 5/94:214 ff.

Franke, S.F. Steuerpolitik in der Demokratie, Berlin 1993.

Genser, B. Steuerprogression. Konzepte und quantitative Ergebnisse für Österreich. In: W. Weigel, E. Leithner, R. Windisch (Hrsg.) Handbuch der österreichischen Finanzpolitik. FS Wilhelm Weber, S. 297 ff, Wien 1986.

Haller, H. Rationale Steuersysteme und Bestimmungsgründe empirischer Steuerverfassungen. In: HdF IV:312 ff, Tübingen 1980.

Hansjürgens, B. Alternative Begründungen des Äquivalenzprinzips: Mehr Effizienz im politischen Prozeß. In: List Forum 1998, Vol. 24:307 ff.

Hickel, R. Wie gerecht ist das deutsche Steuersystem? Zum voranschreitenden Abbau der Besteuerung nach dem Prinzip der Leistungsfähigkeit. In: W. Elsner, W.W. Engelhardt, W. Glastetter (Hrsg.) Ökonomie in gesellschaftlicher Verantwortung, Festschrift S. Katterle, Berlin 1998.

Hinterberger, F., Müller, K., Petersen, H.-G. „Gerechte" Tariftypen bei alternativen Opfertheorien und Nutzenfunktionen. In: FA 1987 NF 45: S. 45 ff.

Homburg, St. Allgemeine Steuerlehre. München 1997.

Homburg, St. Steuerrecht für Ökonomen. München 1996.

Kay, J. A. Tax Policy: A Survey. The Economic Journal, Vol. 100(399), 1990, 18–75.

Kiesling, H. Taxation and Public Goods. A Welfare-Economic Critique of Tax Policy Analysis, Ann Arbor 1992.

Krause-Junke G. (Hrsg.) Steuersysteme der Zukunft. Berlin 1998.

Messere, K. (Hrsg.) The Tax System in Industrialized Countries. Oxford 1998.

Mors, M., Bucher, A., Kosonen, K., Cattoir, P., Koevoets, W., Vanborren, W., "European Tax Survey," Taxation Papers 3, Directorate General Taxation and Customs Union, European Commission, 2004.

Neumark, F. Steuern. I: Grundlagen. In: HdWW 7, S. 295 ff, Stuttgart 1977.

Neumark, F. Steuerpolitische Ideale der Gegenwart. In: H. Zimmermann (Hrsg.) Die Zukunft der Staatsfinanzierung, S. 45 ff, Stuttgart 1988.

Oberhauser, A. Deutsches Steuersystem und Steuergerechtigkeit. In: A. Rauscher (Hrsg.) Steuergerechtigkeit, Köln 1997.

Pohmer, D. (Hrsg.) Beiträge zum Äquivalenzprinzip und zur Zweckbindung öffentlicher Einnahmen. Schriften des Vereins für Socialpolilik, N F Bd 121, Berlin 1981.

Reding, K., Müller, W. Einführung in die Allgemeine Steuerlehre. München 1999.

Robinson, L., Slemrod, J. Understanding multidimensional tax systems. Int Tax Public Finance 19, 237–267 (2012).

Schmölders, G., Hansmeyer, K.-H. Allgemeine Steuerlehre. 5. Aufl., Berlin 1981.

Seidl, C. Die Renaissance des Opfergleichheitsprinzips der Besteuerung. In: Steuer und Wirtschaft 1988, 65:93 ff.

Slemrod, J, Gillitzer, C., Insights from a Tax-systems Perspective, CESifo Economic Studies, Vol. 60(1), 2014, 1–31.

11 Wirkungsanalysen finanzpolitischer Instrumente – Inzidenztheorie

Lernziele

- Das Steuersubjekt (der Steuerpflichtige) ist nicht notwendigerweise der Steuerdestinatar, weil Steuern auf andere Wirtschaftssubjekte übergewälzt werden.
- Die Inzidenzanalyse befasst sich mit der Frage, wer letztendlich die ökonomische Steuerlast trägt. Steuern führen in der Regel zu Veränderungen der Preise auf Märkten. Steigen Preise zur Gänze mit der Steuer, wird die Steuer komplett überwälzt, steigen Preise hingegen nur teilweise, dann wird die Steuer von beiden Marktteilnehmern gemeinsam getragen.
- Preisänderungen aufgrund von Steuern führen aber auch zu einer Veränderung der getauschten Mengen, und damit zu allokativer Ineffizienz. Steuern führen in der Regel zu Verzerrungen auf Märkten.

Jede Analyse des Einsatzes finanzwirtschaftlicher Instrumente setzt die Kenntnis oder zumindest bestimmte Annahmen in Bezug auf die Wirkungsweise der eingesetzten Instrumente voraus. Dies gilt nicht nur für Instrumente der Steuerpolitik – das traditionelle Interessengebiet der „Steuerwirkungslehre" -, sondern auch für Instrumente der Ausgabenseite und für direkte, administrative staatliche Eingriffe. Dabei ist auch zu beachten, dass Fragen der Wirkungsanalyse nicht nur, wie dies häufig der Fall ist, in Zusammenhang mit dem distributiven Einsatz des öffentlichen Sektors zu diskutieren sind, sondern für jeden Bereich der Finanzpolitik von Bedeutung sind. Die in diesem Kapitel diskutierten Wirkungs- und Inzidenzprobleme stellen daher eine Grundlage dar für sämtliche Formen der Finanzpolitik, wie sie in den folgenden Kapiteln dargestellt werden, während auf spezifisch verteilungspolitische Aspekte gesondert im Kap. 23 eingegangen wird.

E. Nowotny und M. Zagler, *Der öffentliche Sektor*,
https://doi.org/10.1007/978-3-658-36042-9_11

11.1 Wirkungssystematik finanzpolitischer Instrumente

Grundlegend für die Erfassung der Wirkung finanzpolitischer Instrumente ist die Frage, in welcher Weise die Wirtschaftssubjekte auf den Einsatz eines bestimmten Instrumentes **reagieren** bzw. welcher **Spielraum** ihnen für ein solches Reagieren offensteht. Form und Intensität der Reaktion der Wirtschaftssubjekte werden dabei auch wesentlich von der **Technik** des Instrumenteneinsatzes abhängen. Dabei sind insbesondere folgende Aspekte von Bedeutung:

- **Wahrnehmbarkeit:** Bei Steuern können die Reaktionen der Wirtschaftssubjekte verschieden sein, je nachdem, ob die Steuerlast explizit ausgewiesen ist (z. B. bei Einkommensteuern) oder nicht (z. B. bei Verbrauchsteuern). Demzufolge wird von den Trägern der Steuerpolitik unter Umständen versucht, psychologische Barrieren gegen Steuererhöhungen durch Abstellen auf „unmerkliche Steuern" zu umgehen. Bei Transferausgaben wiederum wird die Wahrnehmbarkeit verschieden sein, je nachdem, ob für ein bestimmtes Verteilungsziel (z. B. erleichterter Hochschulzugang) direkte Zuschüsse (Studienbeihilfen), indirekte Subventionen (Zuschüsse an private Universitäten) oder Realtransfers (entgeltfreie Benützung staatlicher Universitäten) als Instrumente eingesetzt werden.
- **Administrative Aspekte:** Die Reaktionsmöglichkeiten und -formen der Wirtschaftssubjekte können verschieden sein, je nachdem, ob eine Steuer nach dem Quellenabzugsverfahren oder nach dem Veranlagungsprinzip eingehoben wird. Ebenso kann es, etwa bei Transfers, von erheblicher praktischer Bedeutung sein, ob ihre Auszahlung von Amts wegen erfolgt oder ob individuelle Antragstellung (verbunden unter Umständen mit administrativ aufwendigen Bedürfnisnachweisen, Rentabilitätsnachweisen u. ä.) erforderlich ist.
- **Dauer des Mitteleinsatzes:** Ein und dasselbe finanzpolitische Instrument kann unter Umständen sehr unterschiedliche ökonomische Reaktionen auslösen, je nachdem, wie lange es im Einsatz steht bzw. welche künftige Einsatzdauer die Wirtschaftssubjekte erwarten. So werden etwa Wirtschaftssubjekte unter Umständen auf die Neueinführung einer Steuer oder einer Subvention ganz anders reagieren als auf eine gleichartige, seit längerem bestehende Steuer oder Subvention. Ebenso können Erwartungen von Änderungen bei finanzpolitischen Instrumenten zu **Vorzieheffekten** (z. B. gegenüber einer erwarteten Erhöhung von Verbrauchsteuern) oder **Verzögerungseffekten** (z. B. Warten auf eine kommende Investitionsprämie) führen. Gewöhnungseffekte und Erwartungen sind demnach von wesentlichem Einfluss für die tatsächliche Wirksamkeit finanzpolitischer Maßnahmen, ihr Unterschätzen kann zu erheblichen Effizienzminderungen führen. Auch ist zu berücksichtigen, dass jede Änderung des Einsatzes finanzpolitischer Instrumente mit Kosten verbunden ist, die teils als direkte Kosten (Informationskosten, Verwaltungskosten), teils als volkswirtschaftliche Kosten auftreten (Anpassungskosten als Folge geänderter Preis- und Einkommensrelationen).

Tab. 11.1 Wirkungen von Steuern und öffentlichen Ausgaben: Systematik möglicher Reaktionsweisen der Wirtschaftssubjekte

Reaktionsform	Zahlungswirkung	Wirkung auf das Nettoeinkommen
Neutralität	Ja	Ja
Steuereinholung	Ja	Nein: durch Leistungserhöhung,
Ausgabenkompensation	Ja	Nein: durch Leistungssenkung,
Steuervermeidung	Nein	Nein: durch legale Verhaltensanpassung,
Ausgabenanpassung	Ja	Ja: durch legale Verhaltensanpassung,
Steuerhinterziehung	Nein	Nein: durch illegale Verhaltensanpassung
Ausgabenerschleichung	Ja	Ja: durch illegale Verhaltensanpassung,
Steuerüberwälzung	Ja	Nein: durch Preisanpassung,
Nutzenüberwälzung	Ja	Nein: durch Preis (Kosten-)anpassung

Sowohl diese Kosteneffekte wie auch psychologische Aspekte sprechen daher dafür, eine möglichst große Stetigkeit im Einsatz finanzpolitischer Instrumente anzustreben und zu häufige und zu abrupte Änderungen insbesondere im Bereich von öffentlichen Förderungsausgaben und von Steuern zu vermeiden.

Unter Berücksichtigung der Aspekte der Steuer- und Ausgabentechnik kann nun die in den folgenden Abschnitten dargestellte **Klassifikation möglicher Reaktionsweisen** der Wirtschaftssubjekte auf den Einsatz finanzpolitischer Instrumente erstellt werden. Für einen Gesamtüberblick siehe Tab. 11.1 Dabei wird unterschieden nach der Zahlungswirkung, d. h. ob es überhaupt zu einem Zahlungsstrom zwischen öffentlichem Sektor und privatem Wirtschaftssubjekt kommt, und der Einkommenswirkung, d. h. ob letztlich eine Änderung im Nettoeinkommen des privaten Wirtschaftssubjektes bewirkt wird.

11.1.1 Steuer- und Ausgabenneutralität

In diesem Fall wird das Verhalten der Wirtschaftssubjekte durch die Steuer oder öffentliche Ausgabe in keiner Weise verändert, der Gesamteffekt beschränkt sich auf den fiskalischen Aspekt der Einnahmenerzielung bzw. Mittelvergabe. Geht man aus von der Annahme einer vorgegebenen effizienten Allokation der Ressourcen, ist Neutralität des öffentlichen Sektors als erwünscht und Nicht-Neutralität als effizienzmindernd zu betrachten (siehe die Diskussion der „Zusatzlast von Steuern und Ausgaben", Abschn. 11.3). Stellt man dagegen ab auf Steuern und Ausgaben als Instrumente zur Korrektur bestehender Ineffizienzen eines Marktsystems, so bewirkt neutrales Verhalten der Wirtschaftssubjekte die Unwirksamkeit des Einsatzes dieses Instrumentes. Ein Beispiel dafür ist etwa das Problem der Mitnahme-Effekte, z. B. im Zusammenhang mit steuerlichen oder ausgabenseitigen Maßnahmen der Investitionsförderung: In diesem Fall nehmen die Unternehmen zwar die Förderung in Anspruch, ändern ihr Verhalten jedoch nicht gegenüber einer Situation ohne finanzpolitische Förderung.

11.1.2 Steuereinholung und Ausgabenkompensation

In diesem Fall setzt ein Wirtschaftssubjekt als Reaktion auf eine Einkommensveränderung durch Steuern oder öffentliche Ausgaben Handlungen, die dazu führen, dass das Einkommen wieder erreicht wird, über das das Wirtschaftssubjekt vor Einsatz der entsprechenden finanzpolitischen Maßnahme verfügte.

Im Fall der **Steuereinholung** bedeutet dies, dass ein Wirtschaftssubjekt auf eine Erhöhung der Steuerbelastung durch zusätzliche Leistung reagiert, um durch entsprechende Erhöhung des Bruttoeinkommens sein Nettoeinkommen konstant zu halten. Die Leistungserhöhung kann dabei über erhöhten Arbeits- oder Kapitaleinsatz erfolgen. Spezielle Möglichkeiten ergeben sich bei **Sollertragsteuern.** Hier wird ein Steuerbetrag vorgeschrieben, der auf Schätzungen in Bezug auf eine „durchschnittliche Ertragslage" beruht. Gelingt es dem Wirtschaftssubjekt, darüberhinausgehende Erträge zu erzielen, so erreicht es damit eine Reduzierung seiner effektiven gegenüber der vorgesehenen Steuerbelastung. Der Effekt einer Sollertragsteuer wird sich etwa in den Fällen einer **Steuerpauschalierung** ergeben, wo die Einkommensteuerzahlungen nicht aufgrund individueller Einkommensnachweise, sondern aufgrund des Anknüpfens an Durchschnitts- bzw. Erfahrungswerte festgelegt werden. Verfahren der Steuerpauschalierung spielen insbesondere eine Rolle bei der Besteuerung von Landwirtschaft.

In Bezug auf die Ausgabenseite kann Kompensation in der Weise erfolgen, dass staatliche Ausgabenströme dazu führen, private Einkommenserzielung zu substituieren. Dies wäre etwa der Fall, wenn als Folge einer Transferzahlung des Staates die eigene Leistung des Wirtschaftssubjektes eingeschränkt würde. Dabei kann dieses Problem nicht nur in Bezug auf private Wirtschaftssubjekte, sondern auch im Verhältnis öffentlicher Haushalte zueinander eine Rolle spielen. So wird etwa das Problem diskutiert, dass Unterstützungszahlungen des Bundes an die Gemeinden unter Umständen nicht zu höheren Ausgaben der Gemeinden führen, sondern nur zu einer Substitution von eigenem Steueraufkommen der Gemeinden durch Mittel des Zentralstaates (sog. flypaper effect). Das heißt, die Gemeinden würden Zuschüsse nicht für Nettoerhöhungen ihrer Investitionen, sondern zur Schonung ihrer eigenen Finanzkraft verwenden. Ein Mittel, um solche Kompensationseffekte auf der Ausgabenseite einzuschränken oder zu vermindern, ist die Vergabe von bedingten Transfers, insbesondere das Erfordernis einer eigenen Gegenleistung („matching-grant") vonseiten der Empfänger.

Kompensationseffekte können nicht nur bei der Einführung oder Erhöhung von Transfers, sondern auch bei deren Reduzierung entstehen. So zeigte sich etwa bei mengengebundenen Subventionierungen in der Landwirtschaft, dass eine Reduzierung der Subvention je Mengeneinheit zu einer Erhöhung der Gesamtproduktion führen kann, da die Landwirte versuchten, durch „Einholung" ihr Gesamteinkommen konstant zu halten. Soll in einem solchen Fall ein angestrebter fiskalischer Kürzungseffekt erreicht werden, muss die Reduzierung der Subvention je Mengeneinheit mit einer quantitativen Restriktion (Kontingentierung) verknüpft werden.

11.1.3 Steuervermeidung und Ausgabenanpassung

Wirtschaftssubjekte können auf den Einsatz einer finanzpolitischen Maßnahme in der Weise reagieren, dass sie – im legalen Rahmen – ihr Verhalten gegenüber dem ursprünglichen Zustand verändern, um die Zahlung einer Steuer zu vermeiden oder in den Genuss einer Ausgabenwirkung zu kommen. Diese Fälle der **Steuervermeidung**[1] oder der **Ausgabenanpassung** können zu erheblichen finanzpolitischen Problemen führen, wenn sie etwa in Form unerwünschter Abschreckeffekte **(disincentive-Effekte)** der Besteuerung oder als unerwünschte Anreizeffekte **(incentive-Effekte)** für die Beanspruchung öffentlicher Leistungen auftreten. Steuervermeidung und Ausgabenanpassung können vielfach aber auch wirtschaftspolitisch angestrebt werden, um entsprechende wirtschaftspolitische Ziele durch fiskalisch motivierte Verhaltensänderungen der Wirtschaftssubjekte zu erreichen. Solche **Lenkungssteuern** oder **Lenkungstransfers** können sich etwa auf folgende Bereiche beziehen, wobei die tatsächliche Wirkung wieder von einer Reihe zusätzlicher Faktoren (Inzidenz, Wahrnehmbarkeit, Nachfrageelastizität etc.) beeinflusst wird (siehe auch Kap. 21):

- **Konsumbereich:** Die spezielle Besteuerung schädlicher Produkte (Alkohol, Tabak) soll Steuervermeidung durch Konsumeinschränkung hervorrufen. Die Subventionierung bzw. kostenlose Bereitstellung (Realtransfers) anderer Bereiche (z. B. Theater, Sportplätze) soll zu höherer Nachfrage anregen.
- **Produktionsbereich:** Durch unterschiedliche Besteuerung substituierbarer Inputs können über Vermeidungseffekte Lenkungseinflüsse ausgeübt werden. Ein Beispiel dafür wäre eine höhere Besteuerung spezieller Energieträger (z. B. Mineralöle),

---

[1] Vom ökonomischen Begriff der „Steuervermeidung" zu unterscheiden ist der steuerrechtliche Begriff der (unzulässigen) „Steuerumgehung" (§ 42 dt. AO, § 22 ö. BAO). Steuervermeidung kann u. a. durch die Wahl einer bestimmten Rechtsform erfolgen; Beispiel für eine legale Steuervermeidung durch rechtliche Anpassung ist etwa die Gründung einer Privatstiftung. Dagegen liegt eine steuerrechtlich unzulässige Steuerumgehung des im Steuergesetz zum Ausdruck kommenden Belastungsprinzips vor, wenn rechtliche Gestaltungsmöglichkeiten „missbraucht" werden, d. h. wenn Wege gewählt werden, die „unangemessen" in dem Sinne sind, dass „verständige Parteien" sie zur Erreichung des angestrebten Zieles unter den gegebenen Umständen nicht gewählt hätten. Rechtliche Folge einer derartigen Steuerumgehung ist, dass der steuerlichen Behandlung nicht die tatsächliche, sondern die nichtgewählte, den wirtschaftlichen Vorgängen „angemessene" rechtliche Gestaltung zugrunde gelegt wird.

der durch Ausweichen auf andere Energieträger (z. B. Kohle) oder auf andere Produktionsfaktoren (z. B. Kapital in Form energiesparender Investitionen) begegnet werden kann. Schließlich basiert das Instrumentarium der Investitionsförderung im Wesentlichen darauf, dass Anreize gegeben werden, die auf der Vermeidung von Steuerzahlungen (z. B. Gewinnsteuern) bzw. auf der Erlangung zusätzlicher öffentlicher Mittel beruhen.

- **Regionale Lenkungswirkungen:** Das Einräumen von regionalen Steuervorteilen und von regional gebundenen Subventionen (z. B. Bereitstellen verbilligter Grundstücke) zielt darauf ab, durch entsprechendes Anpassungsverhalten potenzieller Investoren Standortvorteile gegenüber anderen Regionen zu erreichen.

Die praktisch wichtigsten Formen der Steuervermeidung ergeben sich jedoch durch Ausnützen steuerlicher Differenzierungen. So werden etwa bei unterschiedlicher einkommenssteuerlicher Behandlung verschiedener Einkommensarten die Wirtschaftssubjekte versuchen, ihr Einkommen in der steuergünstigsten Form zu erzielen.[2] Gleiches gilt bei räumlich mobilen Produktionsfaktoren hinsichtlich des Ausnützens internationaler Unterschiede in Form und Ausmaß der Besteuerung (Problem der **„Steueroasen"**).

Hinsichtlich unerwünschter Formen der Ausgabenanpassung ist etwa an Änderungen im Produktions- und Leistungsangebot zu denken, die in Hinblick auf die Erlangung von Subventionen oder auf spezielle Entgeltstrukturen erfolgen (z. B. im Agrarbereich oder bei medizinischen Dienstleistungen). Ebenso zählen hierzu Fälle, wo Leistungen unterbleiben (z. B. Arbeitseinsatz), um nicht durch höhere Einkünfte die Berechtigung zum Bezug spezieller Transferzahlungen, die an Einkommensgrenzen geknüpft sind, zu verlieren.

Formen der von der Steuerpolitik unbeabsichtigten oder unerwünschten Steuervermeidung oder Ausgabenanpassung stellen ein zunehmend wichtiges Problem der Finanzpolitik dar. Mit dem wachsenden Einsatz fiskalpolitischer Instrumente zur Erreichung nicht-fiskalischer Zielsetzungen (z. B. im Rahmen der staatlichen Wachstumspolitik, Strukturpolitik, Regionalpolitik) wächst das Problem unerwünschter **Nebeneffekte,** indem die entsprechenden Maßnahmen auch Spielraum schaffen für Möglichkeiten der Steuervermeidung und Ausgabenanpassung.

Daraus können sich auch schwerwiegende Zielkonflikte ergeben, etwa zwischen den – angestrebten – allokativen und den – damit de facto verbundenen – distributiven Effekten. Diese Problematik wird noch akzentuiert durch das **Informationsproblem,** das insbesondere bei zunehmend komplizierter werdenden steuerrechtlichen Regelungen

[2] Beispiele dafür wären etwa die Bevorzugung des – steuerbegünstigten – Wertzuwachses gegenüber dem laufenden Einkommen; unterschiedliche steuerliche Behandlung von Einkommen aus selbstständiger und unselbstständiger Tätigkeit, unterschiedliche steuerliche Behandlung je nach der Rechtsform eines Unternehmens.

bewirkt, dass Bezieher höherer Einkommen durch bessere Information und Beratung eher in der Lage sein werden, Möglichkeiten der legalen Steuervermeidung zu nutzen als andere.

Gleichzeitig entsteht damit aber auch ein **Allokationsproblem,** wenn in einer Volkswirtschaft erhebliche Ressourcen[3] eingesetzt werden, um Möglichkeiten der Steuervermeidung und – in geringerem Maß – der Ausgabenanpassung zu ermitteln. Schließlich kann dieses Problem auch zu negativen **steuerpsychologischen Effekten** führen, wenn eine – angenommene oder tatsächliche – Verletzung der horizontalen und vertikalen Steuergerechtigkeit zu wachsendem **Steuerwiderstand** führt. Analoges gilt bei wachsendem öffentlichen Misstrauen in Bezug auf den Umfang unerwünschter Formen der Ausgabenanpassung.

11.1.4 Steuerhinterziehung und Ausgabenerschleichung

Bei den Phänomenen der Steuerhinterziehung und der Ausgabenerschleichung handelt es sich um rechtswidrige Formen von Steuervermeidung und Ausgabenanpassung, wobei die Grenzen zwischen (noch) legalem und illegalem Verhalten in diesem Bereich mitunter fließend sind. In der Finanzwissenschaft herkömmlicherweise meist wenig beachtet, handelt es sich hier doch um Erscheinungen von größter Wichtigkeit. Denn die Nichtberücksichtigung von Möglichkeiten und Formen von Steuerhinterziehung und Ausgabenerschleichung kann zu schwerwiegenden Verzerrungen in der analytischen Erfassung der distributiven und allokativen Wirkungen finanzpolitischer Instrumente führen. Darüber hinaus sind diese Phänomene auch von großem Einfluss auf die finanzpolitische „Atmosphäre" eines Staates und die daraus entspringenden finanzpolitischen Einflüsse.[4]

Steuerhinterziehung erfolgt vor allem durch Manipulation bezüglich der Steuerbemessungsgrundlage. Dabei sind v. a. zwei Ansatzpunkte von Bedeutung:

- Verschweigen oder Verfälschen der **Bruttobemessungsgrundlage:** Dies geschieht etwa durch Nichtmelden umsatzsteuerpflichtiger Vorgänge oder (bzw. und)

[3] Es handelt sich hier etwa um einen – umfangmäßig schwer erfassbaren – Teil der Tätigkeit der steuerberatenden Berufe, der Steuerabteilungen von Unternehmen, der Beratungstätigkeit von Kreditinstituten usw. Bereits 1980 betrug in Deutschland allein die Zahl der Erwerbstätigen in der Berufsgruppe Wirtschaftsprüfer und Steuerberater (ohne Büropersonal) 72.000.

[4] So sind etwa die westeuropäischen und nordamerikanischen Steuersysteme durch ein Überwiegen der direkten Einkommensbesteuerung charakterisiert, während die „romanischen" Steuersysteme stärker auf indirekte Steuern abstellen. Diese Unterschiede werden zu einem erheblichen Teil darauf zurückgeführt, dass in den „romanischen" Steuersystemen Probleme der Steuerhinterziehung von besonderer Bedeutung sind und indirekte Steuern als leichter administrierbar und überprüfbar gelten (vgl. Abschn. 12.1)

einkommensteuerpflichtiger Einkommen, von steuerpflichtigen Vermögensbeständen oder gebührenpflichtigen Transaktionen.

- Verfälschen von **Aufwendungen** und steuerlichen **Abzugsposten:** Dazu zählen etwa die Angabe nicht getätigter oder überhöht bewerteter Aufwendungen zur Reduzierung ausgewiesener Gewinne oder die Angabe von privatem Aufwand als Betriebsaufwand.

Ausgabenerschleichung kann etwa bei einkommensabhängigen Transfers durch Nichtangabe oder unvollständige Angabe von Einkommen erfolgen oder bei Subventionen durch Manipulieren der Bezugsgröße (z. B. Produktionsmenge bei mengenabhängigen Subventionen).

Das Ausmaß, in dem es in einer Volkswirtschaft zu Steuerhinterziehung und Ausgabenerschleichung kommt, wird vor allem von den dafür relevanten Anreizen und Möglichkeiten abhängen.[5] Die **Anreize** werden um so größer sein, je größer die Bedeutung der Steuer oder Ausgabe in Bezug auf das Einkommen der Betroffenen, je höher der Marginaleffekt (insbesondere Grenzsteuersatz), je administrativ schwieriger die rechtmäßige Vorgangsweise, je geringer Ausmaß und Wahrscheinlichkeit von Sanktionen, je loser der Zusammenhang zwischen Leistung und Gegenleistung und je geringer die individuelle und gesellschaftliche Einschätzung bezüglich Gerechtigkeit und Zweckmäßigkeit der Steuer- oder Leistungsbestimmung.

Die **Möglichkeiten** für Hinterziehung und Erschleichung werden um so größer sein, je ineffizienter die administrative und gerichtliche Ahndung, je größer die Schwierigkeiten der Ermittlung und Bewertung steuerrelevanter Transaktionen, je geringer interne Überprüfungsmöglichkeiten im Rahmen des Steuersystems selbst (z. B. durch Vergleich von Ausgabenpositionen eines Steuerpflichtigen mit korrespondierenden Einnahmen eines anderen Steuerpflichtigen) und je entfernter der Vorgang der Steuerzahlung von der ursprünglichen ökonomischen Transaktion (z. B. Abgabe einer Steuererklärung an Stelle von Quellenbesteuerung).

Entsprechend diesen Bestimmungsgründen wird sich dann für die einzelnen Steuer- und Ausgabenkategorien eine unterschiedliche Bedeutung von Hinterziehung und Erschleichung ergeben. So wird etwa davon auszugehen sein, dass Steuerhinterziehung von geringerer Bedeutung ist bei Steuern, die in Form der **Quellenbesteuerung** (d. h. an der Quelle der Einkommensentstehung) eingehoben werden, als bei Steuern, die eine nachträgliche Einkommensdeklaration des Steuerpflichtigen erfordern.[6] Gleiches gilt für

---

[5] Zu Ansätzen einer „Theorie der Steuerhinterziehung" siehe z. B. Pommerehne, Weck-Hannemann (1992), Wrede (1994).

[6] Die überaus heftigen Diskussionen zur Frage der Einführung einer Quellenbesteuerung der Zinsen in Deutschland und das dabei oftmals vorgetragene Argument der Kapitalabflüsse in das Ausland scheinen dies zu bestätigen. Immerhin geht es bei dieser Quellensteuer auf die steuerrechtlich seit eh und je steuerpflichtigen Zinsen ja „nur" um eine Änderung im Steuererhebungsmodus, nicht aber um eine Erweiterung der fiskalischen Steueransprüche. Siehe Abschn. 12.5 und 12.8.

Steuern, die nicht auf breiter Streuung (z. B. Detailhandelsebene), sondern in vergleichsweise zentraler Form eingehoben werden (z. B. auf Erzeuger- oder Großhandelsebene oder bei wenigen zentralen Zollämtern).

In Bezug auf öffentliche Ausgaben, insbesondere Transfers, wird Erschleichung umso schwieriger sein, je eher die entsprechenden Transfers an objektiv feststellbare Merkmale (z. B. Alter) anknüpfen.

Eine, auch nur annähernde **quantitative** Erfassung von Umfang und Struktur der Phänomene von Steuervermeidung und -hinterziehung bzw. von Ausgabenanpassung und -erschleichung ist freilich kaum möglich. Ein theoretischer Ansatz wäre etwa, den Grad der **„Steuereffektivität“** so zu ermitteln, dass dem potenziellen Steuerertrag, wie er sich aus der gesetzlichen Bestimmung von Steuerbasis und -tarif ergibt, der tatsächliche Steuerertrag gegenübergestellt wird. Praktisch stellen sich hier jedoch vielfach unüberwindliche Schwierigkeiten in der statistischen Erfassung der „tatsächlichen“, im Gegensatz zur steuerlich erfassten Bemessungsgrundlage. Man wird daher in der Regel von indirekten Ansätzen ausgehen müssen. Ein nicht selten verwendetes Verfahren ist hierbei der Vergleich der Einkommensgrößen der Volkswirtschaftlichen Gesamtrechnung mit den entsprechenden Daten der Steuerstatistik. Dieses Verfahren ist allerdings schon deshalb nicht ganz unproblematisch, weil die Differenz zwischen den genannten Größen auch durch den Tatbestand der Steuererosion bedingt sein kann, und weil die Sozialproduktsgrößen nicht immer unabhängig von den steuerlichen Werten berechnet werden.

Es gibt eine Vielzahl von Studien, die versuchen, mit Hilfe von verfeinerten, indirekten Methoden Umfang, Struktur und Entwicklungstendenzen der steuerlich nicht erfassten (aber nicht unbedingt allein steuerlich bedingten) „Schattenwirtschaft“ zu ermitteln.[7] Dabei haben sich zum Teil sehr erhebliche Größenordnungen ergeben, wobei auch vielfach eine wachsende Tendenz dieses Bereiches angenommen wird, die meist als Folge des kombinierten Effektes von steigender (insbesondere Grenz-)Abgabenbelastung und verlangsamtem realen Einkommenszuwachs, wie auch als Wirkung der stärkeren Internationalisierung der Wirtschaft interpretiert wird.

11.1.5 Überwälzung

Bei der Überwälzung der Last einer Abgabe oder des Nutzens einer öffentlichen Ausgabe besteht die Reaktion der Wirtschaftssubjekte darin, durch entsprechende Preisanpassungen die ursprünglichen Einkommenswirkungen (Zahllast oder Nutzen) auf

[7] Für einen internationalen Überblick siehe Schneider (2021). Für den Durchschnitt 1991 – 2017 ergeben die Schätzungen für Deutschland einen Anteil der Schattenwirtschaft von 11,4 %, für Österreich von 7,9 % des BIP.

andere Wirtschaftssubjekte zu übertragen. Auf die entsprechende Inzidenzanalyse wird im folgenden Abschnitt eingegangen.

Je nach der Marktstellung der Betroffenen kann man verschiedene Formen der Überwälzung unterscheiden, die in der Realität freilich auch in kombinierter Form auftreten können:

- **Vor- oder Fortwälzung:** Hier handelt es sich um den Fall, dass ein Anbieter die ursprüngliche (Zahl-)Last bzw. die Nutzen auf die Nachfragerseite überwälzt. Bezüglich der Steuerüberwälzung wird dies etwa geschehen durch entsprechende Preiserhöhungen bei dem von der Steuer betroffenen Gut oder, im Fall einer Mischkalkulation, auch bei anderen Gütern („schräge Überwälzung"). In Bezug auf öffentliche Ausgaben würde Fortwälzung etwa die Weitergabe einer Produzentensubvention in Form niedrigerer Preise bedeuten.
- **Rückwälzung:** Hier handelt es sich um den Fall, dass ein Nachfrager die ursprüngliche (Zahl-)Last bzw. die Nutzen auf die Anbieter von Gütern und Leistungen, also die vorgelagerte Stufe, überwälzt. Ein Beispiel für Steuerrückwälzung wäre etwa die Gewährung geringerer Lohnsteigerungen mit dem Argument gestiegener steuerlicher Belastung der Gewinne. Ein Beispiel für Ausgabenrückwälzung wäre etwa die Bereitschaft der Konsumenten, höhere Preise für ein Gut zu akzeptieren, wenn die Anschaffung vom öffentlichen Sektor subventioniert wird (was z. B. im Bereich der Wohnbau- und Mietensubventionen von Bedeutung sein kann).

Wird durch die Einführung oder Änderung einer Steuer einseitig der Ertrag einer bestimmten Kategorie oder einer bestimmten Verwendungsform von Kapitalgütern belastet (z. B. Einführung einer Grundsteuer), so geht der Verkaufswert dieses Gutes entsprechend zurück, soweit er sich nach den kapitalisierten künftigen Nettoerträgen bestimmt. Der Verkäufer muss potenziellen Käufern gewissermaßen einen Preisabschlag gewähren, damit sein Objekt mit anderen unbesteuerten Objekten mit gleichen Bruttoerträgen konkurrieren kann. In diesem Fall findet mithin eine „Tilgung" der zukünftigen (formalen) Steuerlasten des Erwerbers des Objektes durch den Verkäufer statt (**„Steuerkapitalisierung"**, auch „Steueramortisation" oder „Steuertilgung"). Analoge Kapitalisierungsvorgänge sind auch umgekehrt möglich im Sinne einer Werterhöhung bei Einführung differentieller Steuervergünstigungen (z. B. Steuerfreiheit der Zinsen aus bestimmten Wertpapieren). Gleiches gilt für den Bereich der öffentlichen Ausgaben, etwa wenn (v. a. Produkt-) Subventionen zu einer Erhöhung der Nettoerträge führen (z. B. in der Landwirtschaft), diese Subventionen als dauerhaft angesehen werden und daher in die Ertragskapitalisierung eingehen.

11.2 Inzidenzanalyse – Inzidenzbegriffe und -konzepte

Seit Musgrave (1969) wird in der Finanzwissenschaft unter „Inzidenz" die Verteilungswirkung finanzwirtschaftlicher Aktivitäten verstanden. Inzidenzanalysen bilden nicht nur die Basis aller Überlegungen zur distributiven Funktion der öffentlichen Finanzen, sondern sind auch von grundlegender Bedeutung für die Erörterung der Allokationsfunktion und der Stabilisierungsfunktion des öffentlichen Sektors. Jeder Versuch einer Analyse der Frage, welche Verteilungseffekte von den öffentlichen Finanzen ausgehen bzw. mithilfe der staatlichen Finanzpolitik erzielt werden können, sieht sich vor die folgenden Einzelaufgaben bzw. Einzelfragen gestellt:

- Festlegung des **Verteilungsobjektes** (Verteilungsgegenstandes): Umverteilung wovon?
- Festlegung des **Verteilungssubjektes** (Verteilungsträgers): Umverteilung zwischen wem?
- Theoretische bzw. empirische Ermittlung der durch die finanzwirtschaftlichen Aktivitäten (per saldo) „belasteten" oder „begünstigten" Verteilungsträger auf der Basis eines **Inzidenzkonzeptes:** Wer trägt die Steuer(n) und wer ist „Nutznießer" der öffentlichen Ausgaben?
- Definition eines **Vergleichszustandes:** Wie wäre die Verteilung ohne den umverteilenden Einfluss der öffentlichen Finanzen gewesen?
- Entscheidung für ein Konzept der **Quantifizierung** der Verteilungsänderung: Wie groß ist der Umverteilungseffekt?

Verteilungsobjekte können die Einkommen oder das Vermögen sein, **Verteilungsträger** je nach der Art der Fragestellung Personen bzw. Haushalte (personelle Verteilung), Produktionsfaktoren bzw. funktionale Einkommensgruppen (funktionale Verteilung), Regionen (regionale Verteilung) oder Generationen (intertemporale Verteilung). Im Folgenden soll die personelle Einkommensverteilung im Vordergrund stehen.

11.2.1 Inzidenzbegriffe und -konzepte

Eine Analyse der Frage, wer die Steuern „trage" und wer durch die öffentlichen Ausgaben „begünstigt" werde, setzt zunächst einmal eine Entscheidung darüber voraus, in welcher Dimension die Steuer „last" und die „Ausgabenbegünstigung" auszudrücken sind:

Zumindest theoretisch lassen sich drei Ebenen der Verteilungseffekte finanzwirtschaftlicher Aktivitäten und damit der Inzidenzanalyse unterscheiden:

- Die Analyse kann sich auf die rein monetären Umverteilungseffekte beschränken i.S. der Frage: Wer verfügt dank der (monetären) Staatsausgaben über mehr Kaufkraft, und wem wird durch die Steuern Kaufkraft entzogen? **(monetäre oder Kaufkraftinzidenz).**

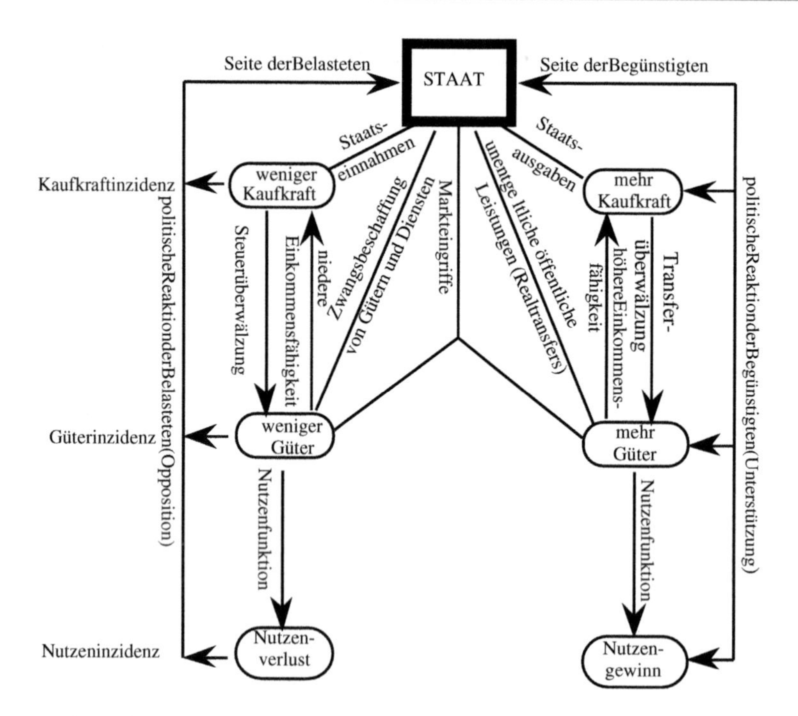

Abb. 11.1 Dimensionen der Einnahmen- und Ausgabeninzidenz. (Quelle: R. L. Frey: Verteilungswirkungen der Staatstätigkeit, in: M. Timmermann (Hrsg.): Nationalökonomie morgen, Stuttgart 1981, S. 143)

- Die Analyse kann, über die monetäre Wirkung hinaus, auch die realen Verteilungswirkungen (insbesondere der öffentlichen Realtransfers) berücksichtigen und auf die Verteilung in der Gütersphäre abstellen: Wie beeinflusst die staatliche Aktivität die Güterversorgung der Haushalte? **(Güterinzidenz).**
- Schließlich könnte noch, über die Veränderungen in der Güterverteilung hinaus, nach den Veränderungen in der Verteilung der aus den Gütern gezogenen Nutzen gefragt werden: Wie verändern sich durch die öffentlichen Leistungen und durch die Besteuerung die individuellen Nutzen? **(Nutzeninzidenz).**

Die Zusammenhänge zwischen den drei Ebenen verdeutlicht Abb. 11.1.[8]

[8] Man beachte, dass in der Übersicht nicht nur von der unmittelbaren Beeinflussung der Kaufkraftebene, über die Überwälzung von Steuern und Transfers, indirekte Wirkungen auf die Güterebene ausgehen, sondern dass auch umgekehrt Rückwirkungen der direkten staatlichen Beeinflussung der Güterversorgung auf die Kaufkraftebene dargestellt sind (Beispiel: öffentliche Leistungen im Bildungsbereich haben eventuell höhere Fähigkeiten zum Einkommenserwerb zur Folge).

Bei theoretischen und empirischen Umverteilungsanalysen dominiert die unmittelbare Betrachtung der Veränderungen der ökonomischen Dispositionsmöglichkeiten (Güterinzidenz), d. h., Steuern und monetäre Transfers werden als (Real) Einkommenskürzung bzw. -erhöhung, nichtmonetäre öffentliche Leistungen (Realtransfers) als „Einkommensvorteil" interpretiert und ausgedrückt.[9]

Wird also unter Inzidenz die Verteilungswirkung finanzwirtschaftlicher Aktivität verstanden, so lässt sich zumindest begrifflich trennen in Verteilungseffekte der öffentlichen Einnahmen (**Einnahmeninzidenz, Steuerinzidenz**), Verteilungseffekte der öffentlichen Ausgaben (**Ausgabeninzidenz**) und Verteilungseffekte des Budgets insgesamt (**Budgetinzidenz**). Bei allen drei Problembereichen können je nach dem Umfang, in dem, neben den unmittelbaren Wirkungen einer finanzpolitischen Maßnahme, auch die sekundären und weiteren Effekte berücksichtigt werden, d. h., je nach dem gedanklichen „Schnitt", den man bei der Inzidenzanalyse in dem Geflecht aus Impulsen und Reaktionen der Wirtschaftssubjekte vornimmt, um an dieser Stelle die (bisher) eingetretenen Verteilungswirkungen zu messen, spezifische Inzidenzkonzepte unterschieden werden:

11.2.2 Steuerinzidenz

Das Konzept der **gesetzlichen Inzidenz**, zuweilen auch Inzidenz des Steueranstoßes (Musgrave) oder primäre Inzidenz genannt, stellt ab auf die unmittelbare, direkte Verteilungsänderung, die sich, gewissermaßen vor Beginn aller Anpassungsreaktionen, durch die Verteilung der (nominellen) **Steuerzahllast** auf die steuergesetzlich bestimmten **Steuerschuldner** (z. B. Einkommensbezieher bei der Einkommensteuer, Unternehmer bei der Umsatzsteuer, Produzent bei der Biersteuer) ergibt. Es bedarf wohl keiner weiteren Erläuterung, dass dieses Konzept für eine Analyse der personellen Verteilungswirkungen wenig brauchbar ist.

Die erste Stufe eines Inzidenzkonzeptes, das auch sekundäre (Preis-Mengen)Effekte der Besteuerung berücksichtigt, stellt das Konzept der vom Gesetzgeber **beabsichtigten** bzw. **erwünschten Inzidenz** dar. Entscheidend für den Verteilungseffekt wäre hierbei, wer nach Auffassung des Gesetzgebers die (Einkommens-)Last der Steuern tragen soll (**Steuerdestinatar**); Überwälzungsvorgänge wären also mit zu berücksichtigen, soweit sie vom Gesetzgeber intendiert sind (Beispiel: Umsatzsteuer).

Innerhalb der Inzidenzkonzepte, die die unmittelbaren mikroökonomischen Anpassungsprozesse berücksichtigen (**sekundäre Inzidenz**), bildet eine besondere

[9] Wie auch in Abb. 11.1 gekennzeichnet, wären im übrigen grundsätzlich auch die nicht ausgabenwirksamen Interventionen des Öffentlichen Sektors zu berücksichtigen, die ein Substitut ausgabeseitiger Maßnahmen darstellen; ihre Quantifizierung wirft allerdings unüberwindliche Probleme auf. Idealer wäre also auch die staatliche Regulierung auf ihre personelle Inzidenz hin zu untersuchen.

Kategorie das Konzept der **formalen Inzidenz,** wie es namentlich in den meisten empirischen Inzidenzanalysen Anwendung findet. Bei diesem Inzidenzkonzept werden der Analyse der Steuerlastverteilung bestimmte, mehr oder minder aus theoretischen Plausibilitätsüberlegungen herrührende Überwälzungsannahmen zugrunde gelegt. In seiner einfachsten Form läuft das Konzept der formalen Inzidenz auf die Hypothese hinaus, alle „direkten" Steuern werden vom Steuerzahler getragen (keine Überwälzung), während alle „indirekten" Steuern in voller Höhe an die Konsumenten weitergegeben werden und sich in den Güterpreisen niederschlagen (vollständige Überwälzung). Das Aufkommen beispielsweise einer allgemeinen Umsatzsteuer wäre demzufolge den einzelnen Einkommensklassen entsprechend den jeweiligen Anteilen der (ex post-)Konsumausgaben (nach Steuern) am Gesamtkonsum zuzurechnen. In neueren, empirischen Inzidenzanalysen ist das Grundkonzept der formalen Inzidenz insofern „verfeinert" worden, als, anstelle der beschriebenen globalen Zweiteilung, für die einzelnen Steuern jeweils spezifische Überwälzungshypothesen zugrunde gelegt werden und das jeweilige Einzelsteueraufkommen sodann, anhand entsprechender Indikatoren, den Verteilungsträgern zugerechnet wird.

Das Konzept der **effektiven Inzidenz** (zuweilen auch materielle oder ökonomische Inzidenz) stellt ab auf das „endgültige" Ergebnis aller Preis-Mengen-Effekte, der dadurch ausgelösten, kreislaufmäßigen Anpassungen und aller Rückkoppelungseffekte. Die effektive Inzidenz umfasst also (der Idee nach) auch jene Änderungen, die sich schließlich dadurch ergeben, dass die neuen Entscheidungsresultate der betroffenen Wirtschaftssubjekte und das neue fiskalische Instrumentarium „zurückwirken" auf das Gesamtsystem der Ökonomie und dass die Betroffenen daraufhin weitere Änderungen ihrer unmittelbaren Entscheidungsgrundlagen erfahren. Das Konzept der effektiven Inzidenz ist damit das theoretisch und empirisch anspruchsvollste Konzept der Inzidenzanalyse.

11.2.3 Ausgabeninzidenz

Unter dem Aspekt der Verteilungswirkung ist bei den Ausgaben, die mit der (ausgabenwirksamen) Aktivität des öffentlichen Sektors verbunden sind, zu trennen zwischen Transferausgaben (monetären Transfers) und Ausgaben für den Kauf von Gütern und Faktorleistungen.

Die **monetären Transfers,** als einseitige Zahlungsströme vom öffentlichen Sektor an Unternehmen (Subventionen) oder private Haushalte (Sozialausgaben), können in kreislaufanalytischer Sicht als „negative Steuern" interpretiert werden.[10] Der Analyse

[10] Streng genommen müsste hier auch die Inzidenz der „impliziten Transferzahlungen (tax expenditures)" in Form von Steuervergünstigungen analysiert werden. Vgl. hierzu etwa D.H. Weinberg: (1987, S. 237 ff.).

ihrer Wirkung auf die personelle Einkommensverteilung können Inzidenzkonzepte und Methoden zugrundegelegt werden, die denen der Steuerinzidenzanalyse analog sind. So wäre zu berücksichtigen, ob Zahlungsempfänger bzw. Transferdestinatar und Zahlungsbegünstigter identisch sind (gesetzliche Inzidenz) oder auseinanderfallen (formale bzw. effektive Inzidenz).

Bei einer **Produzentensubvention** beispielsweise kann Transferdestinatar der Produzent bzw. das geförderte Unternehmen sein (Beispiel: strukturpolitisch motivierte Subvention) oder aber der Konsument der vom Unternehmen erstellten Produkte und Leistungen (Beispiel: sog. Objektförderung im sozialen Wohnungsbau). In beiden Fällen wäre für die formale und erst recht für die effektive Inzidenz zu prüfen, ob die Subvention auf der Absatzseite in Form niedrigerer Preise (Mieten) an den Abnehmer (Mieter als Destinatar) weitergegeben wird, ob sie ganz oder teilweise beim Zahlungsempfänger bleibt oder, ob es zur „Rückwälzung" (Vorteilswegnahme) auf der Beschaffungsseite zugunsten von Nichtdestinaren kommt (der Subventionsempfänger muss Zulieferern, Arbeitnehmern oder Fremdkapitalgebern Preiszugeständnisse machen oder den Anteilseignern höhere Gewinnausschüttungen zugestehen).

Die Analyse der Inzidenz eines **Sozialtransfers** erscheint zwar im ersten Moment als einfacher, weil hier im allgemeinen Zahlungsempfänger und Transferdestinatar identisch sind und eine „Überwälzung" i.S. einer Weitergabe kaum vorstellbar ist (gesetzliche Inzidenz). Für die Ermittlung des effektiven Transferbegünstigten wäre aber auch hier die Möglichkeit (zumindest) einer vollständigen oder teilweisen Vorteilswegnahme durch erhöhte Preise für bezogene Leistungen zu berücksichtigen.

Im üblicherweise verwendeten Konzept der formalen Ausgabeninzidenz wird für die monetären Transfers, analog zum Konzept der formalen Steuerinzidenz, angenommen, dass Produzentensubventionen (=negative „indirekte" Steuern) sich voll in Preissenkungen niederschlagen und entsprechend den Konsumenten der Produkte zuzurechnen sind und dass bei den Sozialtransfers (=negative „direkte" Steuern) Empfänger und Nutznießer identisch sind (keine Vorteilswegnahme).

Bei der distributiven Bewertung der **öffentlichen Ausgaben für den Kauf von Gütern und Faktorleistungen** müssen zwei Seiten unterschieden werden, die Erstellung der jeweiligen öffentlichen Leistung und die Abgabe der öffentlichen Leistung. Ohne Zweifel beeinflusst bereits die **Erstellung** der öffentlichen Leistungen die (**Primär**-)Verteilung der Faktoreinkommen in derselben Periode[11] dadurch, dass der öffentliche Sektor als Nachfrager nach Gütern und Faktorleistungen auftritt.

[11] In periodenübergreifender (längerfristiger) Betrachtung können natürlich sowohl öffentliche Realleistungen (Realtransfers) als auch monetäre Transfers die funktionale Primärverteilung der folgenden Perioden dadurch beeinflussen, dass sie die Faktorausstattung der Einkommensbezieher (Haushalte) verbessern. Beispiele für einen gezielten distributiven Einsatz öffentlicher Ausgaben in diesem Sinne sind die Sparförderung (Vermögensbildung) und die Bildungs- bzw. Ausbildungspolitik.

Diese Wirkung ist unabhängig davon, ob der Staat mit der Leistungserstellung primär Allokations-, Stabilisierungs- oder Verteilungszwecke verfolgt.

Die Inzidenz der **Leistungsabgabe** bezieht sich auf die Verteilungswirkungen der unentgeltlich oder verbilligt bzw. zu verteilungspolitisch differenzierten Preisen (Sozialtarifen) abgegebenen, nichtmonetären Leistungen. Die Analyse der Inzidenz dieser sog. **Realtransfers** gestaltet sich besonders schwierig. Hier müsste berücksichtigt werden, ob es sich um Leistungen handelt, die unteilbar allen Staatsbürgern zur Verfügung stehen, ohne dass die individuelle Inanspruchnahme der Leistung die gleichzeitige Inanspruchnahme durch ein anderes Wirtschaftssubjekt beeinträchtigt (Kollektivgüter i.S. „reiner" öffentlicher Güter) oder ob es sich um öffentliche Einrichtungen (Schulen, Straßen, Museen usw.) handelt, die eine gruppenbezogene oder empfängerspezifische Leistung abgeben, die als Vorleistung und/oder Endprodukt bestimmten (Gruppen von) Unternehmen und/oder Haushalten zugute kommt. Lässt sich, anhand von Benutzerprofilen (Hanusch 1976; Mackscheidt 1976), ein solcher Kreis von unmittelbaren Nutznießern einer Realleistung eingrenzen (gesetzliche Inzidenz), so wäre fernerhin insbesondere in dem Fall, dass die öffentliche Leistung (teilweise) den Charakter einer Vorleistung für den Unternehmenssektor hat, analog zu den monetären Transfers zu klären, ob sich die Vorteile auf die unmittelbaren Nutznießer beschränken (z. B. Senkung der Transportkosten eines Unternehmens durch eine neue Straße) oder ob eine Weitergabe bzw. Vorteilswegnahme (z. B. Weitergabe der Kostensenkung durch Senkung der Absatzpreise an die Konsumenten) erfolgt (formale bzw. effektive Inzidenz).

11.2.4 Budgetinzidenz (Nettoinzidenz)

Bei der Budgetinzidenz im materiellen Sinne (zuweilen auch **„Totalinzidenz"** oder **„Nettoinzidenz"**) schließlich wird zusammenfassend auf die Verteilungswirkung der öffentlichen Einnahmen (Steuern) und der damit finanzierten Ausgaben (ein und derselben Periode) abgestellt. Im Rahmen empirischer Inzidenzanalysen eines konkreten öffentlichen Haushalts geschieht dies beispielsweise so, dass auf der Basis spezifischer Überwälzungs- und Zurechnungsannahmen die (formale) Inzidenz der einzelnen Steuer- und Ausgabekategorien gesondert ermittelt wird und die Ergebnisse gegenübergestellt und „aufsummiert" werden. Als Resultat erhält man auf diese Weise für die einzelnen Einkommensklassen eine „Nettoinzidenz" i.S. eines positiven („Nutznießer der Umverteilung") oder negativen („Träger der Umverteilung") Saldos aus „Ausgabenvorteil" und „Steuerlast" (bei ausschließlicher Budgetfinanzierung über Steuern).

Eine Analyse des „Gesamtverteilungseffektes" der Einnahmenseite und Ausgabenseite eines Budgets bzw. der kombinierten Wirkungen von Einnahmenveränderungen und Ausgabenveränderungen ist allerdings methodisch recht problematisch. Da die Wirkungen der Steuern und ihrer Verausgabung (annähernd) simultan auftreten und sich unter Umständen überdies gegenseitig beeinflussen, sind sie eigentlich analytisch nicht separierbar. Diese Problematik berührt die Frage, anhand welcher „Ausgangs-" oder Vergleichssituation die Verteilungswirkung der Einnahmen und Ausgaben zu messen sei. Wir werden auf diese Frage im nächsten Abschnitt eingehen und dabei, als zusätzliche (methodische) Inzidenzkonzepte, die **spezifische** (absolute) **Inzidenz,** die **Differentialinzidenz** und die **Budgetinzidenz** im methodischen Sinn **(balanced budget incidence)** kennenlernen.

11.3 Methoden der theoretischen und empirischen Analyse der Inzidenz von Steuern und Abgaben

11.3.1 Steuerinzidenzanalyse

Im Kreislaufzusammenhang werden die „effektiven" Verteilungswirkungen einer Variation steuerlicher Parameter („Steueranstoß") bestimmt durch die Gesamtheit aller Impulse und Reaktionen, die von dem Verhalten der unmittelbar oder mittelbar betroffenen Wirtschaftssubjekte und den damit verbundenen Änderungen der Entscheidungsgrundlagen in Form veränderter relativer Preise usw. ausgehen: Die (kurzfristigen) Veränderungen der wirtschaftlichen Lage bzw. der Entscheidungsgrundlagen der Wirtschaftssubjekte unmittelbar als Folge einer staatlichen Maßnahme **(„Primärinzidenz")** lösen (mittelfristige) Anpassungsprozesse **(„Sekundärinzidenz")** aus, die ihrerseits (langfristige) Kreislaufwirkungen **(„Tertiärinzidenz")** zur Folge haben. Dabei ist anzunehmen, dass einmal ausgelöste Verteilungsänderungen ihrerseits neue Effekte hervorrufen und sich so über weitere Perioden fortsetzen. Das Ergebnis der Analyse der Inzidenz einer Steuer mit bestimmter Bemessungsgrundlage und bestimmtem Tarifverlauf hängt damit nicht nur von den Marktgegebenheiten (Angebots- und Nachfrageverhalten), von der Marktform und von der Berücksichtigung der Interdependenzen zwischen den Märkten, sondern auch von der Länge des Zeitraums (Referenzperiode) ab, der der theoretischen bzw. empirischen Untersuchung zugrunde gelegt wird.

Prinzipiell können zwei Ansätze der theoretischen Steuerinzidenzanalyse unterschieden werden: Die partialanalytische Steuerüberwälzungstheorie und allgemeine Gleichgewichtsansätze. Die „klassische" Steuerüberwälzungslehre ist eine mikroökonomische komparativ-statische **Partialanalyse** der Veränderungen von Angebot und Nachfrage auf dem spezifischen Markt des Gutes bzw. des Produktionsfaktors, das bzw. der mit einer Steuer belegt wird.

Dies zieht in der Regel zwei verschiedene Effekte nach sich:

- **Einkommenseffekte,** d. h. Allokationsveränderungen, hervorgerufen durch eine (positive oder negative) Veränderung der Ressourcen, über die der private Sektor verfügen kann.
- **Substitutionseffekte,** d. h. eine Einflussnahme auf die Allokationsentscheidungen des privaten Sektors durch Veränderungen der relativen Preise, z. B. in Form des völligen

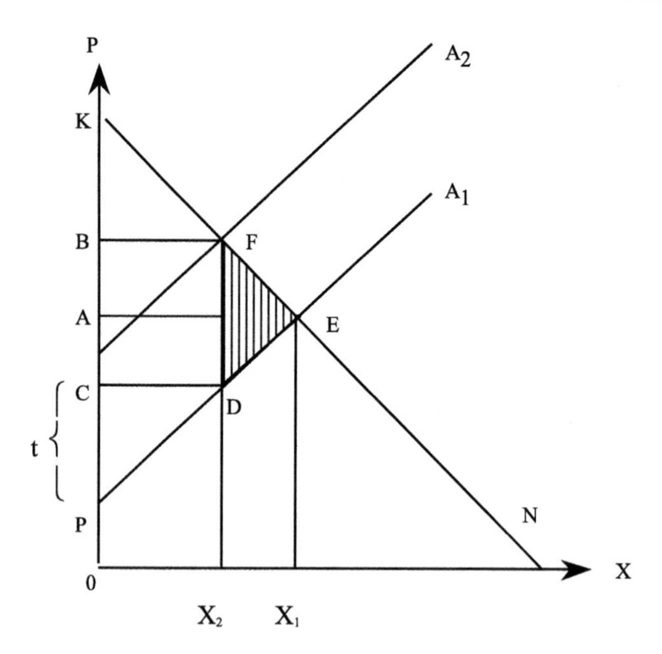

Abb. 11.2 Überwälzung einer Mengensteuer in partialanalytischer Sicht

oder teilweisen Ersatzes eines besteuerten Gutes oder einer besteuerten Aktivität durch unbesteuerte Alternativen.

Die von fiskalpolitischen Maßnahmen ausgelösten Substitutionswirkungen werden demnach zu einer anderen Allokation führen, als sich allein durch das Wirken der Marktkräfte ergeben hätte. Insofern es zu solchen, über **Einkommenseffekte** hinausgehende Teilwirkungen kommt, sind fiskalpolitische Maßnahmen demnach nicht (allokativ) **neutral.** Sofern man davon ausgeht, dass die durch Marktmechanismen erreichte Allokation als wohlfahrtsökonomisch effizient zu betrachten ist, ist jede nicht-neutrale Wirkung des öffentlichen Sektors demnach mit einem Wohlfahrtsverlust in Form einer über den unmittelbaren Ressourcentransfer hinausgehenden **Zusatzlast**[12] **(excess-burden)** verbunden.

Der in der Literatur meist behandelte Fall ist der einer **partiellen, indirekten Steuer** (z. B. einer speziellen Steuer bzw. relativ höheren Belastung auf Superbenzin). Abb. 11.2 enthält ein einfaches Angebot/Nachfrage-Diagramm des entsprechenden Marktes (Partial-Analyse). Ausgegangen sei dabei von der Annahme eines konstanten Grenz-

[12] Ein markantes historisches Beispiel für Steuern mit hoher Zusatzlast waren etwa die Fenster- und Dachsteuern im 18. Jahrhundert, die z. T. zum Zumauern von Fenstern bzw. zum Abtragen von Dächern (z. B. bei nicht mehr benutzten Burgen) führten. Ein modernes Beispiel ist etwa eine unterschiedliche Besteuerung verschiedener Mineralöle (z. B. geringere Besteuerung von Dieselöl), die zu einer fiskalisch motivierten „Verzerrung" der Konsumentenpräferenzen führt.

nutzens des Einkommens, die Nachfragekurve kann demnach als (individuelle oder soziale) Grenznutzenkurve in Bezug auf das entsprechende Gut erfasst werden. Das ursprüngliche Marktgleichgewicht liegt bei Punkt E.

Es wird jetzt eine indirekte Mengen- oder Stücksteuer auf ein Gut x mit einem konstanten Steuerbetrag *t* pro Einheit des Gutes eingeführt ($T = tx$). In partialanalytischer Gleichgewichtsbetrachtung ergibt sich der (unmittelbare) Preis-Mengeneffekt auf diesem Markt grafisch durch eine entsprechende Parallelverschiebung der Angebotskurve A in Abb. 11.2 um den Betrag *t* auf A_2; die Anbieter erhöhen ihre Preisforderung um die Steuer.[13]

Das neue Marktgleichgewicht liegt bei Punkt F. Die Absatzmenge geht von X_1 auf X_2 zurück, der Gleichgewichtspreis steigt von C auf A, welcher dem Bruttopreis entspricht. Der Nettopreis, den die Anbieter erhalten, beträgt hingegen nur C. Die Preiserhöhung AB ist dabei geringer als die Steuererhöhung *t*, es liegt demnach eine nur teilweise Überwälzung vor. Der Steuerertrag beträgt BCDF. Der Verlust an Konsumentenrente beträgt BAEF, der Verlust an Produzentenrente ACDE. Im Ausmaß DEF ist es damit zu einem **„Netto-Wohlfahrtsverlust"**, zu einer den Steuerertrag übersteigenden „Zusatzlast" gekommen.

Für die personelle Inzidenz ist die Tatsache bedeutsam, dass die Wirkung der Steuer im dargestellten Beispiel Effekte sowohl auf der **Entstehungsseite** als auch auf der **Verwendungsseite** der Einkommen umfasst: Der auf die Nachfrage überwälzte Teil des Steueraufkommens belastet die Einkommen von der Verwendung her; der den Anbietern verbleibende Teil des Steueraufkommens kürzt die Erträge der bei der Produktion des Gutes x eingesetzten Produktionsfaktoren und belastet mithin die Einkommen von der Entstehungsseite her. Erst das Zusammenwirken beider Effekte bestimmt die personelle Verteilungswirkung.

Wird allerdings vollkommene Überwälzung unterstellt (normale Inzidenz) bzw. kann davon ausgegangen werden, dass keine systematische Beziehung besteht zwischen der Verteilung des Gesamtkonsums des besteuerten Gutes auf die Einkommensklassen und der personellen Verteilung der bei der Produktion dieses Gutes entstehenden Faktorerträge, so kann sich die partialanalytische Inzidenzbetrachtung auf die Wirkung auf der Einkommensverwendungsseite beschränken (Beispiel: These von der **Regressivwirkung** einer Steuer auf Existentialgüter, vgl. Abschn. 23.6).

Aus Abb. 11.3 lässt sich ferner erkennen, dass das Ausmaß der Überwälzung der Mengensteuer um so größer (und die Zusatzlast um so kleiner) sein wird, je steiler (unelastischer) die Nachfragekurve und je flacher (elastischer) die Angebotskurve verläuft. Im Extremfall einer völlig unelastischen Nachfrage (Abb. 11.3a) bzw. eines völlig elastischen Angebots (Abb. 11.3b) ergibt sich eine vollständige Steuerüberwälzung

[13] Entsprechend wäre im Falle einer dem Käufer auferlegten Mengensteuer die für die Anbieter maßgebliche neue Nachfragekurve durch Parallelverschiebung nach unten zu ermitteln; das Resultat wäre das gleiche.

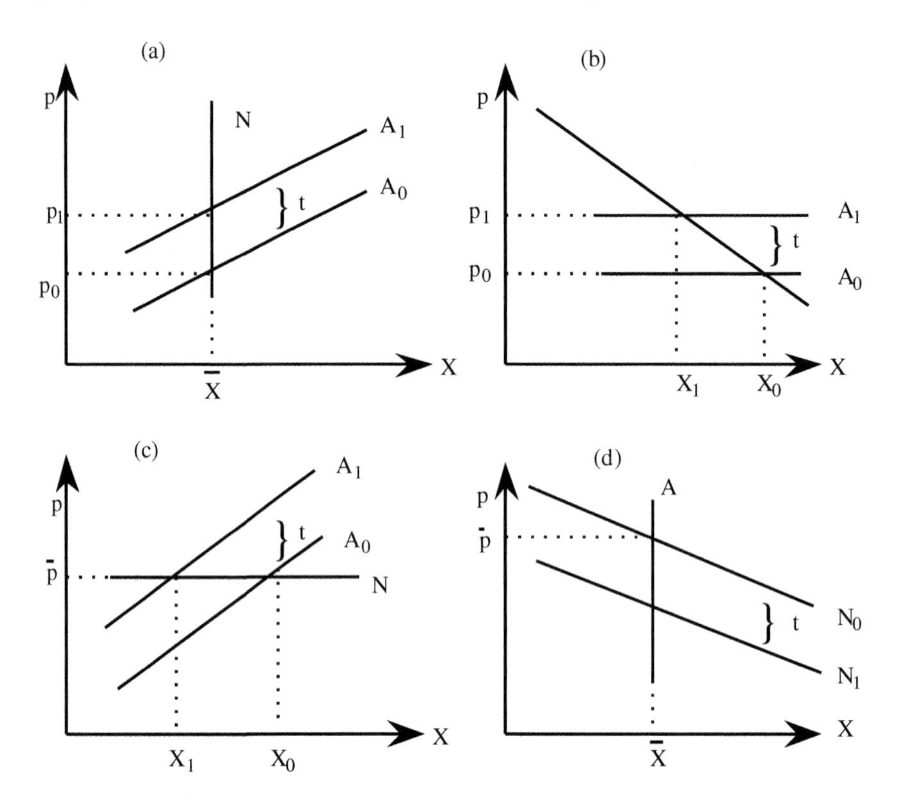

Abb. 11.3 Inzidenz einer Mengensteuer bei unterschiedlichen Elastizitäten von Angebot und Nachfrage

$p_1 - p_0 = t$; im Extremfall einer völlig elastischen Nachfrage (Abb. 11.3c) oder eines völlig unelastischen Angebots (Abb. 11.3d) gelingt die Überwälzung überhaupt nicht: der Marktpreis bleibt unverändert, der Nettopreis für den Anbieter ist um den Betrag *t* niedriger als der Marktpreis bei gesunkener (c) bzw. unveränderter (d) Absatzmenge.

Die Zusatzlast der Besteuerung hängt auch von der Höhe der Steuer ab, wie Abb. 11.4 veranschaulicht. Wird der Steuersatz t verdoppelt, und sowohl die Menge als auch der Nettopreis proportional sinken, so erhöht sich die Zusatzlast um das vierfache von der Fläche *a* auf *abcd*. Generell kann gesagt werden, dass die Zusatzlast mit dem Quadrat des Steuersatzes steigt.

11.3.2 Formale Inzidenzanalyse

Dieser Zusammenhang kann auch formal dargestellt werden. Wir definieren die Nachfrage nach einem bestimmten Gut als

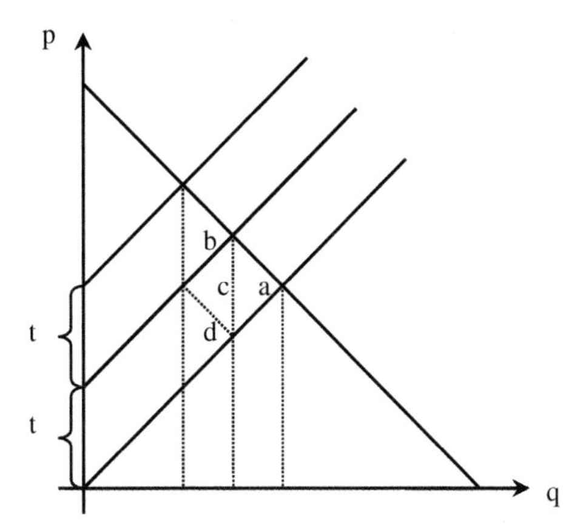

Abb. 11.4 Zusatzlast und Höhe der Besteuerung

$$x^N = f(p^N), \tag{11.1}$$

wobei X^N die nachgefragte Menge, und p^N der Bruttopreis, den der Nachfrager zahlt, darstellen. Wir gehen davon aus, dass die partielle Ableitung der Nachfragefunktion nach dem Preis negativ ist, $\mathrm{d}x^N/\mathrm{d}p^N < 0$. Analog definieren wir das Angebot von Vorprodukten oder Vorleistungen als

$$x^A = g(p^A), \tag{11.2}$$

wobei x^A die angebotene Menge, und p^A der Nettopreis, den der Anbieter erhält, darstellen. Der Bruttopreis entspricht dem Nettopreis zuzüglich Steuern *t:*

$$p^N = p^A + t. \tag{11.3}$$

Im Marktgleichgewicht entspricht Angebot gleich Nachfrage. Setzen wir den Bruttopreis (3) in die Nachfragefunktion (1) ein, dann ergibt sich für das totale Differential einer Steuererhöhung.

$$\frac{\partial x^N}{\partial p^A} dp^A + \frac{\partial x^N}{\partial p^A} dt = \frac{\partial x^A}{\partial p^A} dp^A.$$

Unter Annahme der Preisidentität (3) sind die ersten beiden Ableitungen ident. Durch Multiplikation mit dem Quotienten aus Preis durch Menge ergibt sich folgender Effekt einer Steuererhöhung auf den Preis (näherungsweise bei niedrigem Ausgangssteuersatz)

$$dp^A = \frac{\varepsilon}{\sigma - \varepsilon} dt, \tag{11.4}$$

mit der Preiselastizität der Nachfrage definiert als.

$$\varepsilon = \frac{\partial q^N}{\partial p^N} \frac{p^N}{q^N}.$$

und der Preiselastizität des Angebots definiert als.

$$\sigma = \frac{\partial q^A}{\partial p^A}\frac{p^A}{q^A}.$$

Gegeben die Annahme über die Preiselastizität der Nachfrage und des Angebots ist der Effekt einer Steuererhöhung auf den Nettopreis negativ. Bildet man nun das totale Differential der Steueridentität (3) und setzt Gl. (11.4) ein, so ergibt sich für den Bruttopreis ein positiver Effekt einer Steuererhöhung,

$$dp^N = \frac{\sigma}{\sigma - \varepsilon}dt. \tag{11.5}$$

Mithilfe des Effekts der Steuer auf die Preise kann jetzt mittels Angebots- oder Nachfragefunktion der Lenkungseffekt einer Steuer auf die Menge berechnet werden als.

$$\frac{dx^N}{dt} = \frac{\partial f\left(p^N\right)}{\partial p^N}\frac{\partial p^N}{\partial t}.$$

Die Steuerelastizität hängt von der relativen Höhe der Steuer ab,

$$\eta = \frac{dx^N}{dt}\frac{t}{x^N} = \frac{\sigma\varepsilon}{\sigma - \varepsilon}\frac{t}{p^N}. \tag{11.6}$$

Schließlich kann der Effekt auf die Steuereinnahmen ebenfalls als Elastizität untersucht werden,

$$\frac{dtx^N}{dt}\frac{t}{tx^N} = 1 + \frac{\sigma\varepsilon}{\sigma - \varepsilon}\frac{t}{p^N}. \tag{11.7}$$

Da die Steuerelastizität (6) negativ ist, kann eine Steuererhöhung durchaus zu Einnahmeausfällen führen, umso mehr je höher die Steuer ausfällt. Damit können wir jetzt den Wohlfahrtsverlust durch die Steuer berechnen. Sowohl der Teil der Zusatzlast, den der Konsument trägt, als auch der Teil der Zusatzlast den der Produzent trägt, sind rechtwinkelige Dreiecke. Damit ist die Zusatzlast für den Produzenten gleich der halben Preisänderung dp^A mal der Mengenänderung dx.

$$\frac{dp^A dx}{2} = \frac{\sigma\varepsilon^2}{2(\sigma - \varepsilon)}\frac{x}{p}(dt)^2,$$

und der Wohlfahrtsverlust für den Konsumenten.

$$\frac{dp^N dx}{2} = \frac{\sigma^2\varepsilon}{2(\sigma - \varepsilon)^2}\frac{x}{p}(dt)^2.$$

Der gesamte Wohlfahrtsverlust entspricht der Summe der beiden Ausdrücke.

$$Z = \frac{\sigma\varepsilon}{2(\varepsilon - \sigma)}\frac{x}{p}(dt)^2.$$

Der prozentuelle Wohlfahrtsverlust (gemessen am Marktumsatz) hängt vom Quadrat der Steueränderung in Bezug zum Preis ab.

$$z = \frac{Z}{px} = \frac{\sigma\varepsilon}{2(\varepsilon - \sigma)}\left(\frac{dt}{p}\right)^2.$$

Um die Kosten der Zusatzlast insgesamt möglichst gering zu halten, ist es daher ratsam, die Steuerbelastung auf möglichst viele Güter aufzuteilen. Auf dieser Beobachtung baut die Theorie der optimalen Besteuerung auf (vgl. Abschn. 11.2).

11.3.3 Inzidenz bei Gewinnsteuern

Der üblichen formalen Inzidenzhypothese für „indirekte" Steuern (vollständige Überwälzung, unveränderte Nachfrage, keine Zusatzlast) entspricht also die Annahme einer vollkommen unelastischen Nachfrage. Analoge, partialanalytische Überlegungen lassen sich für **Steuern auf Faktorerträge** anstellen. Besonders viel diskutiert wurde die „klassische" These der mikroökonomischen Steuerüberwälzungslehre, eine **Steuer auf den Gewinn** sei zumindest kurzfristig – unabhängig von der Marktform – **nicht überwälzbar,** sofern der Grenzsteuersatz 100 % nicht überschreite. Die gewinnmaximale Ausbringungsmenge (bei Mengenfixierung des Anbieters) sei mit und ohne Gewinnsteuer dieselbe, da die Steuer die Bedingungen des kurzfristigen Gewinnmaximums nicht verändere.[14] Dies lässt sich einfach formal zeigen. Definieren wir den Bruttogewinn *G* als Differenz aus Erlösen *E* minus Kosten *K,* welche beide von der optimalen Ausbringungsmenge *x* abhängen:

$$G = E(x)-K(x).$$

Solange die (durchaus auch progressive) Steuer auf Gewinne nicht 100 % erreicht, ist der Gewinn nach Steuern eine steigende Funktion des Bruttogewinns:

$$N(G) = G-T(G) \text{ mit } dN/dG > 0.$$

Ein Unternehmen, das den Nettogewinn maximiert setzt die optimale Ausbringungsmenge gemäß folgender Optimalitätsbedingung:

$$dN/dx = (dN/dG)\,(dG/dx) = (dN/dG)\,[dE/dx-dK/dx] = 0.$$

Da der erste Teil gemäß Annahme positiv ist, setzt das Unternehmen den Ausdruck in eckigen Klammern null um ein Gewinnoptimum zu erreichen. Dies entspricht aber der konventionellen Optimierungsbedingung dass Grenzerlös gleich Grenzkosten zu setzen

[14] Vgl. z. B. K. Häuser: (1959/60, S. 422 ff.).

sind, sodass Gewinnsteuern (selbst progressive) keinen Einfluss auf die Allokationsentscheidung haben.

Der derart geführte Beweis ist bei gegebener Nachfragekurve unter den Bedingungen des Modells unanfechtbar. Das Ergebnis ist aber an eine ganze Reihe stark idealisierender Voraussetzungen gebunden. So wird die These von der Nichtüberwälzbarkeit einer (zusätzlichen) Gewinnsteuer fragwürdig, wenn

- der Produzent Gewinnmaximierung bei unvollkommener Information (Risiko und Unsicherheit) betreibt,
- an die Stelle der Gewinnmaximierung bei gegebener Nachfrage andere Zielfunktionen und Verhaltensweisen (z. B. Umsatzmaximierung oder mark-up-pricing) treten,
- Kreislaufwirkungen der Besteuerung auf die Nachfrage bzw. die durch die Steuervariation hervorgerufenen Veränderungen der staatlichen Nachfrage mit in die Rechnung gestellt werden (z. B. Auslösung von Preiserhöhungen, die über erhöhte Beschaffungskosten des Produzenten zu einer Veränderung der Grenzkostenkurve führen),
- der steuerrechtliche Gewinnbegriff nicht der Gewinndefinition (=Erlös – Kosten) des theoretischen Modells entspricht (z. B. unterwirft das Einkommensteuergesetz auch den Unternehmerlohn, der betrieblich ein Kostenbestandteil ist, der Steuerpflicht, und bestimmte Spesen für die Bewirtung von Geschäftspartnern sind nicht abzugsfähig, müssen also aus versteuertem Gewinn bestritten werden).

11.3.4 Steuerinzidenz im allgemeinen Gleichgewicht

Im Unterschied zur partialanalytischen Steuerüberwälzungstheorie berücksichtigt der **allgemeine Gleichgewichtsansatz** (general equilibrium theory) der Steuerinzidenztheorie die Interdependenz der Güter- und Faktormärkte: Ändern sich infolge einer Steuer Preis und Menge eines Gutes oder eines Produktionsfaktors auf einem spezifischen Markt, so hat dies auch Auswirkungen auf Preise und Mengen aller übrigen Produkte und Faktoren in anderen Sektoren bzw. auf anderen Märkten.

Eine markante Stufe in der Entwicklung der allgemeinen Gleichgewichtsanalyse der Steuerinzidenz bildet der von Harberger (1962) entwickelte Ansatz **(Harberger Modell).** Das ursprüngliche Modell wurde für die Analyse der Inzidenz einer „klassischen“ (nicht integrierten) Körperschaftsteuer entwickelt. Eine derartige Körperschaftsteuer kann interpretiert werden als einseitige Besteuerung der Erträge eines spezifischen Produktionsfaktors (Kapital) bzw. der Einkommen einer Gruppe von Faktorbesitzern (Kapitalseignern), und zwar nur der Faktorerträge bzw. Gewinneinkommen, die in körperschaftlich organisierten Unternehmen erwirtschaftet werden.

In der einfachsten Modellversion werden 2 Sektoren (Branchen), 2 Güter und 2 Produktionsfaktoren (Arbeit und Kapital) unterschieden. Jede Branche produziert mit jeweils beiden Faktoren (aber mit eventuell unterschiedlichen Faktoreinsatzverhältnissen) jeweils nur eins der beiden Güter. Die Unternehmen des einen Sektors sind ausschließlich in der Rechtsform der Körperschaft organisiert (Sektor I bzw. Gut I), während sämtliche Unternehmen des anderen Sektors nicht körperschaftsteuerpflichtig sind (Sektor II bzw. Gut II).

Alle Märkte sind vollkommene Konkurrenzmärkte, die Faktoren werden nach dem Grenzprodukt entlohnt (Grenzproduktivitätstheorie). Die Produktionsfunktionen sind im einfachsten Fall vom Cobb-Douglas-Typ (substitutive Faktoren, sinkende Grenzerträge, konstante Substitutionselastzität zwischen Arbeit und Kapital in Höhe von Eins, konstante Skalenerträge).[15]

In einem solchen Modellansatz ergeben sich bei Einführung einer Körperschaftssteuer im Einzelnen folgende Anpassungsreaktionen beim Faktorangebot, bei der Güternachfrage und bei der Faktornachfrage:

- Die Steuer trifft zunächst nur die Kapitaleigner, die ihr Kapital in der Branche I investiert haben: Die (Netto-)Kapitalrendite in dieser Branche sinkt absolut und relativ zur Kapitalrendite im Sektor II sowie zum Preis des Faktors Arbeit. **Kurzfristig** sind die Produktionsfaktoren (z. B. aus vertraglichen Gründen) immobil, eine Verlagerung von Kapital aus dem Sektor I in den unbesteuerten Sektor II ist nicht möglich. Würden die betroffenen Kapitaleigner versuchen, ihre Kapitalanteile zu veräußern, so erhielten sie einen niedrigeren Verkaufspreis als vor Einführung der Steuer, weil etwaige Kaufinteressenten die nunmehrige zukünftige Steuerbelastung in ihrem Preisgebot berücksichtigen (Steuerkapitalisierung).
- **Längerfristig** hingegen wird Mobilität der Faktoren angenommen. Eine diskriminierende Besteuerung der Erträge eines Faktors in dem einen Sektor hat Faktorwanderungen zur Folge, sodass es zu einem Renditenausgleich kommt. Kapital wird solange aus dem Sektor I in den Sektor II transferiert, bis die (Netto-) Kapitalrendite im besteuerten Sektor I und die (Brutto = Netto-) Kapitalrendite im unbesteuerten Sektor II gleich sind: Im besteuerten Sektor steigt durch den Kapitalabzug die (Brutto-)Kapitalrendite, im unbesteuerten Sektor führt der Mehreinsatz von Kapital zu einer Senkung der Kapitalrendite; bei einem (einheitlichen) Körperschaftsteuersatz von 50 % beispielsweise müsste die Bruttorendite in I schließlich doppelt so hoch sein wie in II. Die Steuerbelastung wird auf diese Weise zum Teil auf das im unbesteuerten Sektor investierte Kapital bzw. dessen Eigner abgewälzt.

[15] Gewinne als Bemessungsgrundlage der Körperschaftsteuer können damit lediglich als Entgelte für die Nutzung des Produktionsfaktors Kapital auftreten, nicht als Marktlagengewinne u. dgl.

- Die skizzierten Änderungen der Faktorpreisrelationen bewirken ihrerseits Veränderungen der Produktionskosten und der Güterpreise und damit Verschiebungen der Güternachfrage (**Ausbringungseffekt**). Gut I verteuert sich relativ zu Gut II, während das im Sektor II produzierte Gut durch die gesunkenen Kapitalkosten billiger wird. Das Ausmaß der Änderung der Angebotspreise hängt u. a. von dem ursprünglichen Faktoreinsatzverhältnis (Kapital/Arbeit) ab. Das Ausmaß der aufgrund der Preisänderungen einsetzenden Verschiebungen der Güternachfrage von I zu II hängt insbesondere von den Nachfrageelastizitäten ab.
- Die Veränderungen der Faktorpreisrelationen bewirken gleichzeitig Veränderungen der Faktoreinsatzverhältnisse und Faktorwanderungen; in I wird bei gestiegenen Kapitalkosten Kapital durch Arbeit substituiert, in II umgekehrt Arbeit durch Kapital ersetzt. Indirekt kommt es ferner infolge der Nachfrageverschiebungen und des Ausbringungseffektes zu Veränderungen der Faktoreinsatzverhältnisse und zu Faktorwanderungen (der Absatzrückgang in I setzt Arbeit und Kapital frei). Ausmaß und Richtung des **Faktorsubstitutionseffektes** hängen ab von den Substitutionselastizitäten zwischen Arbeit und Kapital in beiden Sektoren und von dem Faktoreinsatzverhältnis vor Einführung der Steuer. Produzierte beispielsweise der besteuerte Sektor I im Vergleich zum Sektor II relativ arbeitsintensiv, wird der Faktor Arbeit nunmehr weniger nachgefragt, sodass es zu einer Verbilligung der Arbeit kommt. Die Steuer würde damit bei dieser Ausgangslage über Reallohneinbußen teilweise auf die Bezieher von Arbeitslohn überwälzt.

Je nach der Konstellation der Elastizitäten und des ursprünglichen Faktoreinsatzverhältnisses kann die Einführung einer Körperschaftsteuer in diesem Modell eine Umverteilung zulasten oder zu Gunsten der Bezieher von Lohneinkommen oder aber eine Umverteilung innerhalb der Gruppe der Kapitaleigner zur Folge haben. Harberger selbst kam unter seinen Modellannahmen für die USA zu der Schlussfolgerung, dass die Hauptlast der Steuer von den Kapitaleignern (aber im besteuerten und im unbesteuerten Sektor) getragen werde. Im Übrigen liefert dieser Analyseansatz zunächst nur Aussagen über die Wirkung der Besteuerung auf die funktionale Einkommensverteilung. Für personelle Inzidenzanalysen wären zusätzliche Hypothesen über die Zuordnung der ermittelten Änderungen auf die einzelnen Einkommensgrößenklassen erforderlich (Frage der Faktorausstattung der Individuen).

Der allgemeine Gleichgewichtsansatz ist in den letzten Jahren beträchtlich ausgebaut und verfeinert worden. Auch in seiner gegenwärtigen Form geht dieser Ansatz der Inzidenzanalysen jedoch von derart strikten Annahmen aus, dass seine Schlussfolgerungen sehr sorgfältig interpretiert und abgewogen werden müssen. Für einige Steuerarten, insbesondere für die Körperschaftsteuer und für die „indirekten" Steuern, weichen die Resultate allgemeiner Gleichgewichtsanalysen recht beträchtlich von den Aussagen „herkömmlicher" (theoretischer und empirischer) Inzidenzanalysen ab.

Auf der anderen Seite ergibt ein von Devarajan, Fullerton und Musgrave (1980) unternommener Vergleich des general equilibrium-Ansatzes mit dem herkömmlichen Ansatz der empirischen Bestimmung der Steuerinzidenz[16] zumindest für die Einkommensteuer, dass Sekundäreffekte von Veränderungen der Einkommen und der relativen Preise eine verhältnismäßig geringe Bedeutung hatten, sodass die Ergebnisse relativ ähnlich ausfielen. Die eigentliche Bedeutung des allgemeinen Gleichgewichtsansatzes liegt alles in allem wohl (noch) in der Verdeutlichung der Vielfalt denkbarer Effekte und der Interdependenzen, die zu berücksichtigen sind, wenn die traditionelle Partialbetrachtung aufgegeben wird.

11.3.5 Ausgabeninzidenzanalyse

Bei der theoretischen Analyse der Inzidenz **monetärer** Transfers kann methodisch ähnlich vorgegangen werden wie bei der Steuerinzidenzanalyse. So kann beispielsweise eine (mengenabhängige) **Produzentensubvention,** in der zuvor für eine Mengensteuer skizzierten mikroökonomischen **Partialanalyse,** grafisch analog durch eine Parallelverschiebung der Angebotskurve nach unten dargestellt werden. Es ergibt sich dann, dass, in partialanalytischer Betrachtung, das Ausmaß der Weitergabe der Subvention an den Nachfrager umso größer ist, je unelastischer die Nachfrage bzw. je elastischer das Angebot reagiert. Die formale Inzidenzhypothese (volle Weitergabe von Subventionen bei unveränderter Nachfragemenge und keinem Zusatznutzen der öffentlichen Ausgaben) entspricht mithin der Annahme einer vollkommen unelastischen Nachfrage (senkrechte Nachfragekurve). Analoges ergibt sich für die Partialanalyse eines (mengengebundenen) **Sozialtransfers** an Haushalte: Das Ausmaß der Vorteilswegnahme durch höhere Preise nimmt mit der Elastizität der Nachfrage zu; bei vollkommen unelastischer Nachfrage kommt es bei unveränderter Nachfragemenge zu gar keiner Vorteilswegnahme, und bei vollkommen unelastischem Angebot findet eine vollständige Vorteilswegnahme („Rückwälzung") der Transferzahlung statt.

Wie bei den Steuern, so ist auch hier die Partialanalyse nicht in der Lage, die effektive Inzidenz zu ermitteln; hierfür müssen vielmehr auch die Auswirkungen auf anderen Märkten in die Betrachtung einbezogen werden. Verbleibt also beispielsweise eine an sich zur Weitergabe bestimmte Subvention teilweise im Unternehmen, werden durch eine Erhaltungssubvention in einem Unternehmenszweig gefährdete Arbeitsplätze erhalten oder kommt es durch eine Subvention zu zusätzlichen Investitionen und zu einer Produktivitätssteigerung, so wäre – etwa in der Art des Harberger-Modells – weiter zu verfolgen, wieweit z. B. durch gestiegene Kapitalrenditen und/oder Löhne Faktorwanderungen ausgelöst werden usw. **Allgemeine Gleichgewichtsanalysen** der Inzidenz

[16] Als Beispiel Pechman und Okner (1974).

von Transfers bzw. monetären Staatsausgaben sind allerdings in der Literatur noch wesentlich seltener als allgemeine Gleichgewichtsanalysen der Steuerinzidenz.[17]

Eines der heikelsten Probleme der Inzidenzanalyse stellt die Bestimmung der „endgültig" Begünstigten und der individuellen „Einkommensvorteile" bei den unentgeltlich abgegebenen öffentlichen Realleistungen dar. Diese Feststellung gilt insbesondere für Leistungen mit dem Charakter (reiner) **öffentlicher Güter,** bei denen im nationalen (oder lokalen) Rahmen gleiche physische Inanspruchsnahmemöglichkeit für alle Individuen gegeben ist. Hier finden sich in der Literatur im Wesentlichen vier methodische Vorgehensweisen:

- unmittelbare Zurechnung auf der Basis „naiver" Plausibilitätsüberlegungen, z. B. nach dem Einkommen oder in gleichen pro-Kopf-Beträgen,
- Ableitung individueller Einkommenswerte anhand nutzentheoretischer Überlegungen,
- Bestimmung von Einkommenswerten öffentlicher Güter mit Hilfe von Modellen zum Wählerverhalten,
- Schätzung der Einkommensvorteile öffentlicher Güter anhand von Befragungsergebnissen.

Die meisten **„traditionellen" Inzidenzuntersuchungen** analysieren die Inzidenz der öffentlichen Realtransfers auf der Grundlage des Konzepts der formalen Inzidenz, indem sie für die einzelnen Ausgabenkategorien plausibel erscheinende Hypothesen über den Kreis der „Begünstigten" bzw. Nutznießer formulieren und dann eine Zurechnung der Ansätze der Haushaltsrechnung anhand entsprechender Indikatoren vornehmen.[18] Ein derartiges Vorgehen ist ohne Frage mit einer beträchtlichen Willkür behaftet. Im Fall der (reinen) öffentlichen Güter wird nicht selten die der Nichtrivalität im Konsum adäquate Verteilungshypothese darin gesehen, absolut gleiche „Einkommensvorteile" (E) für alle Verteilungssubjekte anzunehmen, also die Ausgabensumme nach der Kopfzahl bzw. der Zahl der Haushalte auf die Einkommensklassen zu verteilen. Eine solche „naive" Vorgehensweise muss zwangsläufig zu einem regressiven Verlauf der relativen „Einkommensvorteile" (E/Yi), also zu einer die „Armen" begünstigenden Verteilungswirkung der öffentlichen Güter, führen und scheint die Resultate mancher „klassischen" und vieldiskutierten Inzidenzstudie entscheidend geprägt zu haben (vgl. Abschn. 23.7).

---

[17] Als Beispiel für eine Analyse der Ausgabeninzidenz analog zum Harberger-Modell vgl. C. E. McLure: (1971/72, S. 432).

[18] Beispiele für Annahmen zur Ermittlung der formalen Inzidenz von öffentlichen Realausgaben sind in Bezug auf Verteidigung und allgemeine Verwaltung die Zurechnung nach Personenzahl und Einkommen, in Bezug auf Gesundheitswesen nach der Struktur der privaten Ausgaben für Gesundheitspflege, in Bezug auf Straßenverkehr nach der Verteilung der privaten Ausgaben für Verkehr etc. Für entsprechende Studien siehe H. Hanusch (1976), Grüske (1978), A. Guger (1996).

Demgegenüber versucht ein von Aaron und McGuire konzipierter und von Maital weiterentwickelter **nutzentheoretischer Ansatz**[19], den individuellen Einkommenswert der Leistungsabgabe öffentlicher Güter über den hypothetischen Geldbetrag zu bestimmen, den aufzuwenden der „betroffene" Haushalt bereit wäre, wenn die tatsächlich bereitgestellte Menge des öffentlichen Gutes marktmäßig angeboten würde. Ausschlaggebend für die Ausgabeninzidenz sind dabei letztlich die Annahmen hinsichtlich des Verlaufes der Grenznutzen des Einkommens bzw. der (Grenz-)Nutzenbewertung öffentlicher Güter bei unterschiedlichen Einkommenshöhen. Dieses Konzept ist empirisch freilich nur so anwendbar, dass eine für alle Bürger geltende „typische" Nutzenfunktion angesetzt wird. Diese Funktion ist letztlich willkürlich festgelegt und täuscht eine Exaktheit vor, die dem tatsächlichen Erkenntnisstand nicht entspricht.

Eine weitere Gruppe von Arbeiten versucht, die Einkommenswerte öffentlicher Güter aus dem **Wählerverhalten** abzuleiten (siehe Becker et al. 1992). Dabei wird zum Beispiel das **Medianwählermodell** zugrundegelegt, demzufolge bei einer einfachen Mehrheitsregel politische Programme nur dann erfolgreich sind, wenn sie bei den vorgeschlagenen Leistungen den Wünschen des Medianwählers entsprechen und seinen „Steuerpreis" mit seinen marginalen benefits in Übereinstimmung bringen. Konkrete empirische Aussagen zur „einkommensspezifischen" Bewertung öffentlicher Ausgaben können diese Modelle der ökonomischen Theorie der Politik freilich auch nicht liefern. Nicht zuletzt deshalb, weil meist keine eindeutigen Beziehungen zwischen einem bestimmten öffentlichen Ausgabenprogramm und einer bestimmten Einkommensklasse bestehen (siehe Abschn. 4.5).

11.3.6 Das Problem der Vergleichsbasis für die Ermittlung des Umverteilungseffektes

Ist die Verteilung der „Steuerlast" und der „Einkommensvorteile" der öffentlichen Ausgaben auf die einzelnen Personen bekannt, so bedarf es, zur Berechnung des Umverteilungseffektes eines Vergleichszustandes, der die Einkommensverteilung wiedergibt, wie sie sich ohne die umverteilend wirkenden Aktivitäten des öffentlichen Sektors ergeben hätte. Bei der Darstellung der eingeschlagenen Wege zur Lösung dieses Problems ist zu unterscheiden zwischen der Vorgehensweise theoretischer Inzidenzanalysen, die der Frage der Wirkung von Einnahmen- und/oder Ausgaben**variationen** nachgehen, und der Methodik empirischer Inzidenzanalysen, die den Umverteilungseffekt eines **vorhandenen** Steuersystems, eines **gegebenen** Ausgabenprogramms oder eines konkreten Budgets ermitteln wollen.

[19] Aaron and McGuire: (1970, S. 907 ff.); Maital: (1975, S. 397 ff.).

Gilt die **theoretische Inzidenzanalyse** der isolierten Wirkung von Veränderungen auf der Einnahmen- oder der Ausgabenseite des Budgets, so kann methodisch zwischen der spezifischen Inzidenz und der Differentialinzidenz unterschieden werden:

- Bei dem Konzept der **spezifischen Inzidenz** (zuweilen auch **absolute Inzidenz**) wird die Verteilungsänderung ermittelt, die sich im theoretischen (statischen) Modell als Reaktion auf Veränderungen eines finanzpolitischen Aktionsparameters (z. B. Senkung eines Steuersatzes) ergibt, wenn Konstanz der übrigen Aktionsparameter unterstellt wird, also insbesondere unverminderte Ausgaben bei einer Variation auf der Einnahmenseite und unveränderte Einnahmen bei einer Variation auf der Ausgabenseite. Diese ceteris-paribus-Annahme ist sicherlich insofern „unrealistisch", als bei einer derartigen isolierten Variation ein Budgetsaldo entstünde und mit konjunkturellen Effekten zu rechnen wäre. Kommt es beispielsweise bei einer Senkung der Einkommensteuer und gleichwohl unveränderten Staatsausgaben zu einer Zunahme der privaten Nachfrage, so können Preissteigerungseffekte und entsprechende inflationsbedingte (zusätzliche) Umverteilungseffekte auftreten. Die Kritik am Konzept der spezifischen Inzidenz hat an diesem Punkt angesetzt und bemängelt, dass damit nicht unterschieden werde zwischen (rein) finanzwirtschaftlichen Umverteilungseffekten und konjunkturellen Wirkungen auf die Realeinkommensverteilung. Dem könnte allerdings entgegengehalten werden (Krause-Junk 1981), dass es zum einen gerade wichtig sei, sich zu vergegenwärtigen, dass finanzwirtschaftlichen Maßnahmen nicht stets gleichartige, konjunkturunabhängige Verteilungseffekte zugeordnet werden können. Zum anderen aber wäre, im Sinne der effektiven Inzidenz, letztlich auch eine modellendogene Verteilungsänderung, die sich „indirekt" als Folge von Veränderungen anderer endogener Variablen (z. B. des gesamtwirtschaftlichen Auslastungsgrades usw.) ergibt, als Konsequenz der infrage stehenden Veränderung des exogenen finanzwirtschaftlichen Parameters anzusehen.
- Die gegen die spezifische Inzidenz vorgebrachten Einwände haben zur Entwicklung des Konzepts der **Differentialinzidenz** geführt (Musgrave 1969). Hierunter wird (im Vergleich mit einer Ausgangskonstellation) die gemeinsame Verteilungswirkung zweier einnahmenpolitischer (ausgabenpolitischer) Maßnahmen verstanden, die einander fiskalisch so kompensieren, dass sie das (reale) Gesamtsteueraufkommen (Ausgabenvolumen) unverändert lassen. Untersucht wird also beispielsweise, wie sich die vorhandene Verteilung bei konstanten öffentlichen Ausgaben ändert, wenn eine Steuer durch eine andere Steuer gleichen Aufkommens ersetzt wird oder wenn eine Steuer gesenkt und eine andere Steuer um einen entsprechenden, absoluten Betrag erhöht wird; da sich das Steueraufkommen nicht ändert, ist – so wird zur Rechtfertigung dieses gedanklichen Konzeptes angeführt – zum einen die Annahme einer unveränderten Ausgabenseite des Budgets berechtigt, zum anderen tritt das Problem möglicher konjunktureller Effekte eines durch die Variation des Steueraufkommens sonst entstehenden Budgetsaldos nicht auf.

Die steuerliche Differentialinzidenz misst also die distributiven Effekte, die sich bei Finanzierung eines gegebenen Ausgabenvolumens durch unterschiedliche „Steuerpakete“ ergeben. Gerade diese Betrachtungsweise wird von den geistigen Vätern des Konzeptes als sinnvoll angesehen, da es in der praktischen Steuerpolitik in der Regel um die Entscheidung z. B. über die Erhöhung (Verringerung) der öffentlichen Einnahmen durch alternative Steuererhöhungen (Steuersenkungen) gehe. Im Allgemeinen wird eine Steuer als Referenzsteuer gewählt, mit der alle anderen Steuern verglichen werden. Soll im Konzept der steuerlichen Differentialinzidenz der ermittelte Verteilungseffekt als Wirkung einer isolierten Veränderung einer spezifischen Steuer gelten können, so müsste die kompensierend variierte (erhöhte oder neu eingeführte) Steuer verteilungsneutral sein. Bei Untersuchungen der Verteilungswirkung einzelner Steuern oder Steuerstrukturen wird als derartige Referenzsteuer meist eine proportionale Einkommensteuer verwendet, die als „verteilungsneutral“ insofern gelten kann, als (jedenfalls von der gesetzlichen und der formalen Inzidenz her) die Einkommensrelationen unverändert bleiben.

- Bei dem Konzept der (theoretischen) **Budgetinzidenz** (im methodischen Sinne) schließlich werden die Verteilungsänderungen analysiert, die sich gegenüber einer Ausgangssituation aus gleichzeitigen Veränderungen der Einnahmen und Ausgaben, also beider Seiten des Budgets, ergeben. Häufig wird der Begriff der Budgetinzidenz im methodischen Sinne auf den speziellen Fall beschränkt, dass bei einem zuvor ausgeglichenen Budget diese Veränderungen der Einnahmen und Ausgaben gleichgerichtet und dem Umfang nach gleich sind („balanced budget incidence“). Die tatsächliche Verteilungswirkung einer derartigen simultanen Einnahmen- und Ausgabenveränderung dürfte allerdings weniger davon abhängen, ob die Veränderungen auf beiden Seiten des Budgets betragsmäßig gleich sind, als davon, welche Einnahmen und welche Ausgaben verändert werden. Die theoretische Budgetinzidenzanalyse hätte damit letztlich unendlich viele Kombinationsmöglichkeiten zu untersuchen.

Empirische Inzidenzanalysen haben, im Unterschied zu der theoretischen Analyse von (marginalen) Veränderungen der finanzpolitischen Instrumente, im Allgemeinen die Ermittlung der Verteilungswirkung eines konkreten, nach Umfang und Struktur gegebenen Steuersystems, Ausgabenprogramms oder Budgets zum Gegenstand. Die zur Berechnung des Umverteilungseffektes benötigte Vergleichssituation wäre damit jene Einkommensverteilung, die sich ohne die entsprechenden Steuern, Ausgaben oder – bei einer Analyse der (materiellen) Budgetinzidenz überhaupt ohne jede finanzwirtschaftliche Aktivität des öffentlichen Sektors ergeben hätte. Eine derartige Vergleichssituation ist empirisch natürlich nicht beobachtbar, müßte also „konstruiert“ werden.

Bei isolierter Analyse der Einnahmenseite (eines gegebenen Steuersystems oder auch nur einer speziellen Steuer) oder der Ausgabenseite eines konkreten öffentlichen Haushalts, wird gewöhnlich (implizit) entsprechend dem theoretischen Konzept der **Differentialinzidenz** vorgegangen. Als hypothetische Vergleichssituation wird eine proportionale („verteilungsneutrale") Einkommensteuer mit gleichem Gesamtaufkommen herangezogen. Alternativ kann eine, in Bezug auf die Einkommen proportionale Verteilung des gleichen Gesamtumfangs an Ausgabenbenefits (das bedeutet bei dem Kostenansatz der Ausgabenzurechnung: des gleichen Ausgabenvolumens) mit konstanten relativen benefits verwendet werden. Gemäß den Annahmen des Konzepts der formalen Inzidenz – keine Preis-Mengen-Effekte beim Konsum, keine incentive/disincentive-Wirkungen beim Arbeitsangebot usw. – wären in der fiktiven Vergleichssituation der proportionalen Einkommensteuer (bzw. der proportionalen Ausgabenbegünstigung) die Primäreinkommen dieselben gewesen; etwaige Einflüsse der jeweils anderen Budgetseite wären zudem ja „ausgeschaltet" dadurch, dass sowohl für den Ist-Zustand als auch für die Vergleichssituation „vor bzw. ohne Umverteilung" öffentliche Ausgaben (bzw. Einnahmen) gleichen Umfangs und gleicher Struktur angenommen werden. Unter diesen Annahmen ergibt sich die häufig anzutreffende Darstellung der Verteilungswirkungen, z. B. der Steuer(n), in Bezug auf die einzelnen Verteilungssubjekte bzw. die einzelnen Einkommensklassen als Differenz zwischen der „tatsächlichen" relativen Steuerbelastung (formale Inzidenz!) und der hypothetischen Steuerbelastung bei proportionaler Steuerverteilung.

Besonders problematisch ist die Konstruktion eines hypothetischen Vergleichszustandes „ohne Staat" bei empirischen Analysen der Budgetinzidenz. Nach allem, was zum Unterschied zwischen formaler und effektiver Inzidenz ausgeführt wurde, ist klar, dass eine, aus einer konkreten Verteilung der verfügbaren Einkommen unter den Annahmen unveränderter Nettogüter- und Bruttofaktorpreise ermittelte – bzw. bei dem Vergleich mit „verteilungsneutralen" proportionalen Steuern bzw. Ausgabenbenefits implizit unterstellte – Primärverteilung „vor Umverteilung" nicht wirklich die Verteilung darstellen kann, die sich ohne diese staatliche Aktivität ergeben hätte, solange nicht alle Kreislaufeffekte der Steuern und staatlichen Leistungen auf Höhe und Zusammensetzung des Sozialproduktes mit berücksichtigt werden.

Jede empirische Analyse der Budgetinzidenz ist damit für die Vergleichsverteilung „ohne Steuern und Staatsausgaben" auf eine Vielzahl von Annahmen und Hilfskonstruktionen angewiesen. Diese Problematik ist stets bei der Beurteilung empirischer Budgetinzidenzanalysen zu berücksichtigen und hat vielfach zu einer sehr kritischen Einschätzung von Berechtigung und Nutzen solcher Analysen geführt. (Vgl. z. B. Krause-Junk (1981, S. 291), Smolensy-Hoyt-Danziger (1987)).

Literatur

Aaron, H., McGuire, M. Public Goods and Income Distribution, in: Econometrica, Vol. 38 (1970), S. 907 ff.

Becker, W., Gretschmann, K., Mackscheidt, K. Präferenzen für Staatsausgaben. Baden-Baden-1992.

Devarajan, S., Fullerton, D., Musgrave, R. A. Estimating the Distribution of Tax Burdens. A Comparison of Different Approaches. In: Journal of Public Economics 1980, 13:155 ff.

Grüske, K.D. Die personale Budgetinzidenz. Eine Analyse für die Bundesrepublik. Göttingen 1978.
Guger, A. (Koord.) Umverteilung durch öffentliche Haushalte in Österreich. Institut für Wirtschaftsforschung, Wien 1996.
Hanusch, H. Verteilung öffentlicher Leistungen. Göttingen 1976.
Harberger, A.C. The Incidence of the Corporation Income Tax. In: Journal of Political Economy 1962, 70:215 ff.
Häuser, K. Die Unüberwälzbarkeit der Einkommen- und Körperschaftsteuer bei Gewinnmaximierung, in: Finanzarchiv, N. F. Bd. 20 (1959/60, S. 422 ff.).
Krause-Junk, G. Finanzwirtschaftliche Verteilungspolitik. In: HdF 3:269 ff, Tübingen 1981.
Mackscheidt, K. Öffentliche Güter und Ausgabeninzidenz. In: W. Dreißig (Hrsg.) Öffentliche Finanzwirtschaft und Verteilung IV (Schr. d. Vereins f. Socialpolitik NF 75/IV), S. 59 ff. Berlin 1976.
Maital, S. Apportionment of Public Goods Benefits to Individuals, in: Public Finance, Vol. 30 (1975), S. 397 ff.
McLure, C. E. The Theory of Expenditure Incidence, in: Finanzarchiv, N. F. Bd. 30(1971/72), S. 432.
Musgrave, R.A. The Theory of Public Finance. New York-Toronto-London 1959: dt. Ausgabe: Finanztheorie, 2. Aufl. Tübingen 1969.
Pechman, J.A., Okner, B.A. Who Bears the Tax Burden? Washington DC 1974, (Neufassung 1985).
Pommerehne, W.W., Weck-Hannemann, H. Steuerhinterziehung: Einige romantische, realistische und nicht zuletzt empirische Befunde. In: ZWS 1992, 112/3:433 ff.
Smolensky, E., Hoyt, W., Danziger, S. A Critical Survey of Efforts to Measure Budget Incidence. In. H.M. van de Kar, B.L. Wolfe (Hrsg.) The Relevance of Public Finance for Policy-Making. S 165 ff, Detroit 1987.
Weinberg, D. H. The Distributional Implications of Tax Expenditures and Comprehensive Income Taxation, in: National Tax Journal 40 (1987), S. 237 ff.
Wrede, M. Ökonomische Theorie des Steuerentzuges. Berlin-Heidelberg 1994.

Weiterführende Literatur

Andreoni, J., Erand, B., Feinstein, J. Tax Compliance. In: J. of Econ. Lit. 1998, 36:818 ff.
Benkert, W. Das Harberger Modell. Versuch einer verbalen Darstellung. In: WISU-Das Wirtschaftsstudium 1981, 10:249 ff und 299 ff.
Besley, T.J., Rosen, H.S. Sales taxes and prices: An empirical analysis. In: National Tax Journal 1999, 157:178
Bohnet, A. Finanzwissenschaft: Staatliche Verteilungspolitik. München -Wien 1989.
Bovenberg, A.L, The General Equilibrium Approach. Relevant of Public Policy? In: H.M. van der Kar, B.L. Wolfe (Hrsg.): The Relevance of Public Finance for Policy-Making, S. 33 ff. Detroit 1987.
Bradford, D.E. (Hrsg.) Distributional Analysis of Tax Policy. Washington D.C. 1995.
Browning, E.K. Transfers and Tax Incidence Theory. In: Public Finance, 1993, 48:138 ff.
Chernick, H., Reschovsky, A. Who pays the gasoline tax? In: National Tax Journal 1997, 233:259
Cowell, F.A. Cheating the Government. The Economics of Evasion. Cambridge, Mass. 1990.
Dickert, S., Houser, S., Scholz J.K. Taxes and the Poor: A Microsimulation Study of Implicit and Explicit Taxes. In: National Tax Journal 1994, 47:621 ff.

Fullerton, D., Metcalf, G.E., Tax Incidence, Handbook of Public Economics, 2002, Vol. 4, 1787–1872.

Fullerton, D., Rogers, D.L., Who Bears the Lifetime Tax Burden? Washington 1993.

Kerschbaumer, R., Kirchsteiger, G. Beeinflußt die Wahl des gesetzlichen Steueranknüpfungspunktes die ökonomische Steuerinzidenz? In: Wirtschaft und Gesellschaft 1997, 23:269 ff.

Keuschnigg, C. Dynamic Tax Incidence and Intergenerationally Neutral Reform. In: European Economic Review 1994, 38:343 ff.

Kitterer, W. Effizienz- und Verteilungswirkungen des Steuersystems. Frankfurt 1986.

Lewis, A. The Psychology of Taxation. Oxford 1982.

Musgrave, R.A., Musgrave, P.B., Kullmer, L. Die öffentlichen Finanzen in Theorie und Praxis. Bd. 2, 5. Aufl., Tübingen 1993.

Mieszkowski, P., Tax Incidence Theory: The Effects of Taxes on the Distribution of Income. Journal of Economic Literature, Vol. 7(4), 1969, 1103–1124.

Oberheide, R. Die Bekämpfung der Steuerumgehung. Frankfurt/Main, u.a. 1998.

Parthasarathi, S., Incidence of a Tax, Springer Texts in Business and Economics, in: Taxation History, Theory, Law and Administration, chapter 9, pages 81–96, Springer 2021.

Petersen, H.-G. Wer trägt die Einkommensteuerlast? Stuttgart 1988.

Pohmer, D. Wirkungen finanzpolitischer Instrumente. In: HdF 1:193 ff Tübingen 1977.

Pommerehne, W.W. (Hrsg.) Public Finance and Irregular Activities. Int. Institute of Public Finance, Supplement to Vol. 49, Public Finance, 1994.

Recktenwald, H.C. Tax Incidence and Income Redistribution. An Introduction. Detroit 1971, (=erweiterte Fassung von: Steuerüberwälzungslehre. Theoretische und empirische Verteilung von Abgaben und Kosten, 2. Aufl. Berlin 1966).

Rose, M. Finanzwirtschaftliche Verteilungslehre. Zur Verteilungswirkung finanzwirtschaftlicher Staatsaktivitäten. München 1977.

Sachs, D., Tsyvinski, A., Werquin, N., Nonlinear Tax Incidence and Optimal Taxation in General Equilibrium, Econometrica, 2020, Vol. 88(2), 469–493.

Saez, E., Zucman, G., Clarifying Distributional Tax Incidence, Who pays current Taxes vs. Tax Reform Analysis, mimeo, UC Berkeley, 2019.

Schneider, F, Pöll, G. Schattenwirtschaft. In: W. Korff (Hrsg.) Handbuch der Wirtschaftsethik. Güterloh 1999.

Schneider, F., Neck, R. The Development of the Shadow Economy under Changing Tax Systems and Structures. In: FA 1993, Bd. 50/3: 344 ff.

Schneider, H., Nachtkamp, H.H. Steuern V: Wirkungslehre. HdWW 7:356 ff, Stuttgart 1977.

Slemrod, J. A General Model of the Behavioral Response to Taxation. Michigan 1994.

Snelting, M. Übergangsgerechtigkeit beim Abbau von Steuervergünstigungen und Subventionen. Heidelberg 1997.

Stolz, I. Einkommensumverteilung in der BRD: eine theoretische und empirische Untersuchung. Frankfurt/M. – New York 1983.

Thurow, L.C. The Indirect Incidence of Government Expenditures. In: American Economic Review 1980, Papers and Proceedings, 70:82 ff.

Weck-Hannemann, H., Pommerehne, W.W. Steuerbelastung, Finanzkontrolle und Steuerhinterziehung. In: Schweizerische Zeitschrift für Volkswirtschaft und Statistik 1989, 125:1 ff.

12 Steuersysteme: Probleme, Grenzen, Alternativen

Lernziele

- Wir unterscheiden zwischen einkommensorientierten Steuern, die auf dem Leistungsfähigkeitsprinzip beruhen, und konsumorientierten.
- Die Theorie der optimalen Besteuerung versucht die Zusatzlast der Besteuerung zu minimieren, indem Märkte mit geringen Verzerrungen stärker besteuert werden. Die inverse Elastizitätenregel besagt, dass Steuersätze auf elastische Güter niedrig, auf unelastische Güter hingegen hoch sein sollten.
- Theoretisch kann ein Anstieg des Steuersatzes zu einem derart starken Rückgang des Tausches am Markt führen, dass die Steuereinnahmen absolut gemessen sinken. Dies definiert die absolute Grenze der Besteuerung, worauf die Laffer-Kurve begründet ist.

12.1 Einkommens- versus konsumorientierte Steuersysteme

12.1.1 Einkommensorientierte Steuersysteme

Nach der herkömmlichen Sicht des Leistungsfähigkeitsprinzips stellt das (möglichst umfassend definierte) Einkommen (Schanz-Haig-Simons-Konzept) die Grundlage der Besteuerung dar. Unter dem Aspekt der Erfassung der wirtschaftlichen Leistungsfähigkeit ist dabei von einem weiten Einkommensbegriff auszugehen. In diesem Sinn ist das Einkommen einer Periode gleich dem Vermögenszuwachs und dem Konsum in dieser

E. Nowotny und M. Zagler, *Der öffentliche Sektor*,
https://doi.org/10.1007/978-3-658-36042-9_12

Periode. Dabei sind alle Quellen und Formen des Vermögenszuwachses einzubeziehen. Der weite Einkommensbegriff (**„comprehensive income tax base“**) gemäß dieser **„Reinvermögenszugangstheorie“** umfasst dabei sowohl monetäre wie nicht-monetäre Einkommen (Naturalleistungen), realisierte und nicht realisierte Vermögenszuwächse, sowie außerordentliche Einkünfte, wie Lotteriegewinne und Erbschaften. Demgegenüber wird nach dem engeren Einkommensbegriff der **„Quellentheorie“** nur das regelmäßig fließende Einkommen erfasst, nicht also z. B. Schenkungen oder **Spekulationsgewinne.**

12.1.2 Konsumorientierte Steuersysteme

Diesem Ansatz werden konsumorientierte Steuersysteme gegenübergestellt, die zum einen auf anderen normativen Grundlagen (Konsum als Ausdruck der Leistungsfähigkeit), zum anderen auf allokativen Überlegungen (Neutralität in Bezug auf Kapitalbildung) beruhen. Zentral ist die Frage, ob bei der Entstehung oder bei der Verwendung des Einkommens steuerlich anzusetzen ist. Aus der Sicht konsumorientierter Ansätze ergibt sich insofern eine „Doppelbesteuerung“, als Ersparnisse bzw. Investitionen aus bereits einmal besteuertem Einkommen getätigt werden, die entsprechenden Kapitalerträge aber dann wieder der Einkommens-, bzw. Gewinnbesteuerung unterliegen.

Gegenüber diesem Argument der „Doppelbesteuerung“ wird freilich eingewandt, dass hier nicht zwischen den Bestandsgrößen Vermögen und Arbeit und der Stromgröße (des aus diesen Bestandsgrößen fließenden) Einkommen unterschieden wird (Oberhauser 1997, S. 15). So wie Vermögenserträge aus Vermögen stammen, die irgendwann aus versteuerten Einkommen gebildet wurden (was bei Wertzuwächsen eine entsprechende Besteuerung voraussetzt), so stammen Arbeitseinkünfte aus dem Einsatz von Humankapital, für dessen Schaffung ebenfalls versteuerte Einkünfte (z. B. Finanzierung von Ausbildung) eingesetzt wurden.

Bezogen auf Steuersysteme kann eine konsumorientierte Struktur unmittelbar durch eine **Mehrwertsteuer** (vom Konsumtyp, siehe Kap. 15) erreicht werden. Als Form der Unternehmensbesteuerung entspricht einem konsumorientierten Steuersystem eine **Cash-Flow-Steuer** (siehe Abschn. 14.7). Wichtigstes Merkmal dieses Ansatzes ist der Sofortabzug von Investitionen bei der Ermittlung der Steuerbasis. Zinsen sind dagegen für die Steuerbasis irrelevant, sodass es auf diese Weise zu keiner Differenzierung zwischen Eigen- und Fremdkapitalfinanzierung kommt.

In Kombination mit einem proportionalen Lohnsteuertarif (mit Freibetrag) entspricht eine betriebliche Cash-Flow-Steuer dem Steuerkonzept der **„Flat-Tax“** (siehe Abschn. 13.4). Eine auf das gesamte persönliche Einkommen bezogene direkte Steuerprogression ist in einem Cash-Flow-Steuersystem nicht realisierbar, da es von der Konzeption her nicht möglich ist angesichts des Objektsteuercharakters der einzelnen Teilsteuern, die einzelnen Einkünfte einer Person aus den unterschiedlichen Quellen zu summieren (S. Bach 1998, S. 97).

12.1.3 Zinsbereinigte Einkommens- und Gewinnsteuer

Im Bereich der Einkommensbesteuerung hat vor allem das speziell von M. Rose (1998), F.W. Wagner und E. Wenger (1996)[1] entwickelte Konzept einer **„zinsbereinigten Einkommensteuer"** erhebliches Interesse gefunden. Im Sinne der Konsumorientierung werden bei diesem Ansatz von der traditionellen (umfassenden) Bemessungsgrundlage der Einkommensteuer die Zinseinkommen aus Ersparnissen abgezogen.[2] Im Bereich der Unternehmensbesteuerung wird dieses Konzept ergänzt um den Ansatz der **„zinsbereinigten Gewinnsteuer"**. Demnach soll ermöglicht werden, bei der Ermittlung des Steuerbilanzgewinnes nicht nur die Fremdkapitalzinsen abzuziehen, sondern auch kalkulatorische Zinsen („Schutzzinsen") auf den Buchwert des Eigenkapitals. Diese kalkulatorischen Zinsen haben dem Marktzinssatz zu entsprechen. Durch die „Zinsbereinigung" soll für die Unternehmen in Bezug auf Investitionsentscheidungen steuerliche Neutralität zwischen Eigen- und Fremdkapitalfinanzierung erreicht werden.

12.1.4 Bemessungsgrundlagen

Die entsprechenden Unterschiede in den Bemessungsgrundlagen nach dem traditionellen System der umfassenden Einkommensbesteuerung (Schanz-Haig-Simmons-Konzept) und dem System der zinsbereinigten Einkommen- und Gewinnsteuer lassen sich wie folgt darstellen (vgl. Keuschnik 1998):

Die Bemessungsgrundlage der umfassenden Einkommensbesteuerung ergibt sich als Summe aus Lohneinkünften, Einkünften aus selbstständiger Erwerbstätigkeit und Einkünften aus Kapitalvermögen.

Die Bemessungsgrundlage der zinsbereinigten Einkommensteuer unterscheidet sich von der Bemessungsgrundlage der umfassenden Einkommensteuer durch den Abzug der Zinszahlungen (bei Annahme eines marktüblichen Zinssatzes) auf eingesetztes Kapital (Ersparnisse).

Bezogen auf die einzelnen Komponenten der Bemessungsgrundlage ist von den Einkünften aus selbstständiger Erwerbstätigkeit (Unternehmereinkünfte) der Betrag abzuziehen, der sich aus der Zahlung von Fremdkapitalzinsen und aus der Berücksichtigung der (mit dem Marktzinssatz angesetzten) kalkulatorischen Zinsen auf das Eigenkapital

[1] Diese Autoren sind Gründer der **„KNS-Steuerreformgruppe"** (KNS: Konsumorientierte Neuordnung des Steuersystems).

[2] Alternativ gibt es auch das Konzept der **„sparbereinigten Einkommensteuer"**. Hier werden die (Netto-)Ersparnisse direkt von der Bemessungsgrundlage der Einkommensteuer abgezogen. In Hinblick auf Probleme der steuertechnischen Erfassung und Durchführung sowie der Notwendigkeit der Offenlegung aller Zahlungsströme dürfte diesem Ansatz aber geringe praktische Relevanz zukommen.

ergibt. Nur der über diesen Zinszahlungen hinausgehende Gewinn unterliegt der Einkommensbesteuerung. Die Einkünfte aus Kapitalvermögen (Ersparnisse) sind steuerfrei.

12.1.5 Allokative Effekte

Bei der Beurteilung der Konzeption einer konsumorientierten Neuordnung des Steuersystems werden in Bezug auf die Unternehmensbesteuerung vor allem die Vorteile der Investitionsneutralität und der Finanzierungsneutralität zwischen Eigen- und Fremdkapital hervorgehoben. Dies bedeutet, dass entsprechende allokative Verzerrungen vermieden und damit Effizienzvorteile erreicht werden können. Da eine entsprechende Neuordnung aber (außer im Fall erheblicher Wachstumseffekte) mit Steuerausfällen verbunden sein wird, stellt sich das „second-best"-Problem[3], wie diesen Steuerausfällen auf der Einnahmen- oder Ausgabenseite der öffentlichen Haushalte zu begegnen ist.

Die erste zentrale Frage, die sich im Zusammenhang mit einer konsumorientierten Neuordnung der Besteuerung stellt, ist die Frage, ob nicht der Wegfall einer mit der traditionellen Gewinn- und Einkommensbesteuerung verbundenen allokativen Verzerrung (bei den Investitions- und Sparentscheidungen) erkauft wird durch eine zunehmende andere Verzerrung bei den Arbeitszeit-Freizeit-Entscheidungen. Die Besteuerung des Konsums beeinflusst prinzipiell wie die Besteuerung des Einkommens die Arbeitszeit-Freizeit-Entscheidungen. Eine persönliche Konsumbesteuerung würde ceteris paribus zur Gewährleistung derselben Steuereinnahmen höhere Steuersätze als die traditionelle Einkommensbesteuerung erfordern, da ja die Steuerbemessungsgrundlage enger ist als bei der traditionellen Einkommensteuer. Höhere Steuersätze aber können verschärfte negative Arbeitsanreizwirkungen ausüben.

Für die allokative Beurteilung einer konsumorientierten Neuordnung kommt es nun nicht auf die bloße Anzahl der Verzerrungen an (Einkommensteuer zwei: Konsumsparentscheidung und Arbeitszeit-Freizeit-Entscheidung; Konsumbesteuerung nur eine: Arbeitszeit-Freizeit-Entscheidung), sondern auf das Ausmaß der Verzerrung (excess burden). Das Ausmaß des excess burden aber hängt u. a. von der Höhe der Steuersätze (und zwar im Quadrat) ab, und deshalb kann, solange keine empirischen Informationen über die Elastizität vorliegen, nicht ausgeschlossen werden, dass eine konsumorientierte Besteuerung zwar weniger Entscheidungen verzerrt, aber mit einem stärkeren excess burden verbunden ist als traditionelle Steuersysteme.

---

[3] D. h.: Eine partielle allokative Verbesserung muss nicht zu einer gesamtwirtschaftlichen Effizienzsteigerung führen.

12.1.6 Verteilungseffekte

Eine zentrale Frage in Bezug auf die persönliche Einkommensbesteuerung ist die Frage nach den Verteilungswirkungen einer entsprechenden Besteuerung. Da die durchschnittliche und marginale Sparquote typischer Weise mit zunehmendem Einkommen ansteigen, ist mit einer Steuerfreistellung der Zinserträge unmittelbar ein regressiver Verteilungseffekt verbunden. Dem wird entgegengehalten, dass Verteilungswirkungen nicht in Bezug auf das verfügbare jährliche Einkommen, sondern auf das Lebenseinkommen zu analysieren seien (vgl. Abschn. 21.2). In Bezug auf Lebenseinkommen seien dabei Phasen des Ansparens und des Entsparens (im Alter) zu unterscheiden. Eine konsumorientierte Besteuerung ist demnach „als Lebenseinkommensteuer" zu sehen. Eine Äquivalenz von Konsum und Einkommen in Bezug auf den Gegenwartswert ergibt sich freilich nur, wenn Erbschaften (und Schenkungen) als „Konsum" des Erblassers erfasst und entsprechend versteuert werden, wobei sich freilich gegenüber einer Jahreseinkommenbesteuerung deutlich unterschiedliche Liquiditätseffekte (mit entsprechenden Verteilungswirkungen) für Fiskus und Steuerzahler ergeben. Ein weiterer Kritikpunkt ergibt sich, wenn angenommen wird, dass die Wohlfahrt (Nutzen) der Wirtschaftssubjekte nicht nur von ihrem (individuellen) Konsum, sondern auch vom Schutz gegen Unsicherheit (der durch Vermögen – teilweise – gegeben ist) bestimmt wird.[4]

Ein erster Versuch einer praktischen Umsetzung einer zinsbereinigten Einkommens- und Gewinnbesteuerung erfolgte unter Beratung der KNS-Steuerreformgruppe seit 1994 in Kroatien.[5] In „etablierten" Steuersystemen zeigen sich Elemente einer Konsumorientierung in verschiedenen Formen einer Begünstigung von Zinseinkommen gegenüber anderen Einkommensarten.[6] Besonders ausgeprägt ist dies in Österreich und einigen skandinavischen Staaten, wo das System der synthetischen (umfassenden) Einkommensbesteuerung in Bezug auf Kapitaleinkommen (teilweise) durch eine analytische (nach Einkommensarten differenzierende) Einkommensbesteuerung (proportionale Endbesteuerung der Kapitaleinkommen) ersetzt wurde. Eine (de facto) Sparbereinigung der Einkommensbesteuerung erfolgt in Österreich in Bezug auf die gesetzliche und betrieb-

[4]Vgl. entsprechend Schneider (1998, S. 12): „Das Werturteil einer intertemporalen Allokationseffizienz entlarvt sich somit als ideologisches Stützkorsett für Vermögensmillionäre gegen Gleichmäßigkeit der Besteuerung". Zum Versuch einer umfassenden Ermittlung der Wohlfahrtseffekte einer konsumorientierten Neuordnung des Steuersystems siehe Fehr und Wiegard (1998).

[5]Die entsprechenden Grenzsteuersätze der Einkommensteuer wurden mit 25 % und 30 %, die Gewinnbesteuerung mit 25 % festgelegt. Nicht zuletzt als Reaktion auf Kritik bezüglich Verteilungswirkungen erfolgte 1997 eine Reduzierung des ESt-Eingangssteuersatzes auf 20 % und eine Erhöhung des Gewinnsteuersatzes auf 35 %. Der Mehrwertsteuersatz (ohne Differenzierungen) beträgt 22 %, wobei rund 40 % der Budgeteinnahmen auf die MWSt entfallen.

[6]Ursache dieser Differenzierungen sind freilich nicht allokative Überlegungen, sondern das Reagieren auf Wirkungen der internationalen Steuerkonkurrenz.

liche Altersversicherung (B. Genser 1998). („Zwangs“-)Sparen in Form der Arbeitgeber- und Arbeitnehmerbeiträge zur gesetzlichen Pensionsversicherung ist steuerfrei (Minderung der Bemessungsgrundlage). Die Einkommensbesteuerung erfolgt dann in voller Höhe im Zeitpunkt der Auszahlung der Pensionsansprüche.

12.2 Theorie der optimalen Besteuerung

Das Konzept der Zusatzlast (Abschn. 11.3) stellt den Ausgangspunkt für die **Theorie der optimalen Besteuerung (theory of optimal taxation)** dar. Grundlegende Annahme dieses mikroökonomisch fundierten neoklassischen Konzepts ist ein Marktsystem vollkommener Konkurrenz, das zu einer (Pareto-)optimalen Allokation der Ressourcen führt (vgl. Abschn. 4.1). In diesem System sind nun öffentliche Güter über Steuern zu finanzieren. Die Fragestellung der Theorie der optimalen Besteuerung lautet dabei: Welche Art und Gestaltung von Steuern ermöglicht es, einen vorgegebenen Finanzbedarf bei geringsten gesamtwirtschaftlichen Effizienzverlusten, das heißt bei geringst möglicher Zusatzlast der Besteuerung, zu decken.[7]

Stellt man nur auf allokative Kriterien ab, so ist die einzige Steuer, auf deren Einhebung die Wirtschaftsubjekte (in einer geschlossenen Volkswirtschaft) nicht reagieren können, und die daher keinerlei negativen Einfluss auf die allokative Effizienz des Marktes nimmt, eine **Pauschsteuer** (z. B. **Kopfsteuer**). Diese Steuer beeinflusst als einzige weder die Kaufentscheidung zwischen unterschiedlichen Gütern, zwischen Konsum und Sparen, noch die Aufteilung von Arbeitsangebot und Freizeit. Wenn Individuen tatsächlich homogen wären, also alle gleich viel konsumieren, gleich viel arbeiten und gleich viel verdienen würden, wäre die Art der Steuererhebung wohl irrelevant und eine Kopfsteuer überlegenswert. Weil dem aber sicherlich nicht so ist, und Kopfsteuern insbesondere eine extrem regressive Verteilungswirkung hätten, sind Kopfsteuern aus der Sicht der Theorie der Optimalbesteuerung („first-best solution“) nicht von finanzpolitischer Relevanz.[8]

Damit stellt sich die Frage, welche Art der Besteuerung aus allokativer Sicht die zweitbeste ist. Die Theorie des „Second-best“ führt **Verbrauchsteuern** als mögliche Alternative an. Wie gezeigt ist jede Verbrauchsteuer mit einer Zusatzlast für die

[7] Im Rahmen der Theorie optimaler **Steuersysteme** wird zusätzlich noch auf die je nach Steuer unterschiedliche Einhebungskosten abgestellt (Slemrod 1990).

[8] Allerdings haben bestimmte Formen indirekter Steuern (z. B. Abgaben auf Salz, Trinkwasser, etc.) den ökonomischen Effekt einer Kopfsteuer. Vgl. auch die – politisch gescheiterten – Vorschläge zur Einführung einer lokalen Kopfsteuer („poll tax“) in Großbritannien.

Volkswirtschaft verbunden. Soll nun die Zahl der Steuern gering gehalten werden? Je stärker sich die Steuerbelastung auf ein Gut konzentriert, desto stärker werden sich die relativen Preise zwischen den Gütern ändern, was zusätzliche Substitutionseffekte auslöst. Die Theorie der optimalen Besteuerung empfiehlt daher eine möglichst breite Basis der Besteuerung.

Soll diese umfassende Besteuerung nun in der Weise erfolgen, dass alle Güter zum gleichen Satz, z. B. durch eine einheitliche Umsatzsteuer besteuert werden, um die relativen Preise möglichst wenig zu ändern? Dieser Frage wird im Rahmen der Theorie der **optimalen Struktur der indirekten Besteuerung** nachgegangen. Es wird zunächst davon ausgegangen, dass Freizeit nicht besteuert werden kann, die Kreuzpreiselastitzitäten zwischen den besteuerten Gütern vernachlässigbar klein sind und ein vorgegebenes Steueraufkommen erreicht werden soll.

Für den 2-Güter-Fall lässt sich nun als optimale Steuerstruktur folgende Regel (**inverse Elastizitätsregel,** Ramsey-Regel) aufstellen[9]:

$$\frac{t_m}{p_m} / \frac{t_n}{p_n} = \eta_n / \eta_m$$

Das bedeutet: Die optimalen Steuersätze (Stücksteuer t durch Preis p) sind umgekehrt proportional zu den Preiselastizitäten (η) der beiden Güter anzusetzen (vgl. auch Abschn. 12.3). Auf Mengenänderungen (Δx) bezogen, lässt sich diese Regel formulieren als Erfordernis, dass als Folge der Besteuerung die Mengen aller besteuerten Güter um den gleichen Prozentsatz zurückgehen:

$$\Delta x_m / x_m = \Delta x_n / x_n$$

Die Logik hinter dieser Regel ist einfach: Wenn keine Kopfsteuer (Pauschalsteuer) eingesetzt werden kann, soll ein möglichst geringer Nutzenverlust in Form einer steuerlichen Zusatzlast dadurch erreicht werden, dass jene Güter stärker besteuert werden, deren Preiselastizität gering ist und wo durch die Besteuerung daher nur geringe Substitutionseffekte ausgelöst werden. Eine (allokations-)optimale indirekte Besteuerung hätte daher nicht einheitliche, sondern **unterschiedliche** Steuersätze in der oben beschriebenen Struktur anzusetzen. Allerdings stellen Güter mit geringer Preiselastizität „notwendige" Güter dar. Ausgaben für diese Güter kommt, bezogen auf das Einkommen, bei einkommensschwachen Wirtschaftssubjekten überproportionale Bedeutung zu, sodass sich hier ein Konflikt zwischen distributiven und allokativen Zielsetzungen ergeben wird.

Auch wenn Freizeit nicht direkt besteuert werden kann, wird freilich durch eine Besteuerung des Konsums das Austauschverhältnis (der Trade-off) zwischen Arbeit und

---

[9] Für die entsprechende formale Ableitung siehe z. B. Atkinson und Stiglitz, Lectures in Public Economics, New York, (1980), Kap. 12.

Freizeit berührt. Eine Steuer lediglich auf den Konsum würde über den Einkommenseffekt das Arbeitsangebot erhöhen. Weil diese aber auch die Opportunitätskosten von Freizeit verringert, würde sie über den Substitutionseffekt das Arbeitsangebot reduzieren. Eine Konsumsteuer hat damit einen verzerrenden Einfluss auf das Arbeitsangebot. Eine Erweiterung der Ramsey-Regel geht daher dahin, Güter, die **komplementär zu** Freizeitkonsum sind (z. B. Sportgeräte), stärker zu besteuern. Damit soll die allokative Verzerrung, die durch die Nicht-Besteuerung von Freizeit hervorgerufen wird, wieder (teilweise) „korrigiert" werden.

In Bezug auf das allokationstheoretisch **optimale Steuersystem** stellt sich im Weiteren die Frage, welche Steuern in Ergänzung zur oben dargestellten Ramsey-Steuer einzuheben wären. Die Empfehlung der Theorie der optimalen Besteuerung lautet dabei in einer ersten, einfachen Version, **keine** zusätzlichen Produktions- oder Faktorsteuern einzuheben. Angenommen wird dabei zunächst, dass keine externen Effekte in der Produktion auftreten – andernfalls wären korrigierende „Pigou-Steuern" ergänzend einzusetzen (siehe Abschn. 22.3). Weiters wird davon ausgegangen, dass entsprechend den Annahmen der vollkommenen Konkurrenz keine Unternehmensgewinne auftreten (das heißt Gewinne, die über die „notwendige" Rendite auf Eigenkapital und den Unternehmerlohn hinausgehen). Andernfalls wäre eine „Übergewinnsteuer" von 100 % allokativ gerechtfertigt. Da jeder beliebige Nachsteuerpreis auch mit Verbrauchsteuern allein erreicht werden kann, führen Faktorsteuern bei gewinnmaximierenden Unternehmen unter den genannten Annahmen zu einer suboptimalen Ressourcenverwendung und Ausbringungsmenge. Durch **zusätzliche** Produktions- oder Faktorsteuern würde demnach ein zusätzlicher excess burden entstehen. Eine Ausnahme von dieser Regel besteht, wenn die administrativen Kosten unterschiedlicher Verbrauchsteuern zu hoch sind, wenn Gewinne aus technischen Gründen (Trennung Rendite, Unternehmerlohn, Gewinn unklar) nicht zu 100 % besteuert werden können – third-best solution – und wenn Individuen aus unterschiedlichen Gründen, auf die im Folgenden eingegangen wird, heterogen sind.

Ein erster Unterschied zwischen den Menschen besteht aufgrund unterschiedlicher Eigentumsverhältnisse. Die Theorie der optimalen Besteuerung hinterfragt, inwieweit **Kapitaleinkünfte** aufgrund ihrer intertemporalen Verteilungswirkung besteuert werden sollen. Es lässt sich formal zeigen, dass die Kapitaleinkommensbesteuerung und die Verbrauchsbesteuerung mit unterschiedlichen Steuersätzen in unterschiedlichen Perioden analytisch ident sind. Jemand, der heuer ein Einkommen y erzielt, kann es entweder heute konsumieren, C_1, und dafür eine Verbrauchsteuer mit dem Steuersatz t_1 bezahlen, oder einen Teil zum Zinssatz r sparen und in der nächsten Periode konsumieren, C_2 und dafür Steuer t_2 bezahlen. Formal ausgedrückt lautet die intertemporale Budgetbeschränkung

$$y = C_1(1 + t_1) + C_2(1 + t_2)/(1 + r)$$

Durch Umformen kann man den zukünftigen Konsum als Funktion des Einkommens und des Gegenwartskonsums ausdrücken:

$$C_2 = \left[y/(1+t_1) - C_1\right](1+r)[1-(t_2-t_1)(1+t_2)]$$

Der Ausdruck in der ersten eckigen Klammer ist das disponible Einkommen minus dem Gegenwartskonsum, also die Ersparnisse. Somit entspricht der letzte Ausdruck der Steuer auf Kapitaleinkünfte. Das Ausmaß, in dem Kapitaleinkünfte besteuert werden, hängt nun ab vom Verhältnis der Verbrauchsteuersätze auf Gegenwartskonsum, t_1, und auf zukünftigen Konsum t_2. Liegt t_2 über t_1, werden Kapitaleinkünfte besteuert, im umgekehrten Fall „subventioniert", im Sinn einer Verringerung der Opportunitätskosten des Sparens bzw. der Einkommenserzielung. Somit gilt auch für die Kapitaleinkommensteuer die Ramsey-Steuerregel. Wenn die gegenwärtige Freizeit ein besseres Substitut für den Gegenwartskonsum als für den zukünftigen Konsum ist, soll Kapitaleinkommen besteuert werden, ansonst ist eine Konsumsteuer vorzuziehen, die Kapitaleinkommen im Sinn einer Senkung der Opportunitätskosten „subventioniert". Diese allokative Diskussion des Verhältnisses von Einkommens- zu Konsumbesteuerung ist ein zentraler Bestandteil der **dynamischen Besteuerungstheorie.** Methodische Bezugspunkte dieser Ansätze sind Modelle mit „überlappenden Generationen"[10] und intertemporale Gleichgewichtsmodelle.

Ein zweiter Grund, warum Personen unterschiedlich besteuert werden sollen, liegt in ihren **unterschiedlichen Fähigkeiten** begründet[11]. In diesem Fall ist die optimale Pauschsteuer als erstbeste Alternative eine individuell bemessene Kopfsteuer, die im Sinn einer „Sollertrag-Steuer" auf die Fähigkeiten und damit Erwerbsmöglichkeiten des Individuums eingeht. Weil jedoch kaum messbar ist, welche Entfaltungsmöglichkeiten jemand besitzt, wird eine derartige Steuer aufgrund ihrer Willkürlichkeit von vornherein ausgeschlossen. Als zweitbeste Alternative gilt die Besteuerung der mit diesen Fähigkeiten tatsächlich realisierten Einkommen. Nach dem Konzept der optimalen Besteuerung sollte dabei zur Minimierung negativer Effekte auf den Arbeitseinsatz eine höhere Steuer für Besserverdienende primär über höhere Verbrauchsteuern auf Luxus-

[10] Die Darstellung solcher Modelle geht typischerweise davon aus, dass jede Generation in einer ersten Periode Arbeitseinkommen bezieht, in der zweiten Periode nicht arbeitet und ihren Konsum durch Ersparnisse bzw. die entsprechenden Zinseinkommen finanziert. Die Besteuerung kann sich demnach auf den Konsum, die Arbeits- und Zinseinkommen beziehen. Weitergehende Modelle berücksichtigen auch Erbschaften, Schenkungen, etc. Für einen Überblick siehe Richter und Wiegard (1993, S. 349 ff.).

[11] Die Fragen, wie entsprechende „Fähigkeiten" zu definieren sind (Beschränkung auf „marktmäßig verwertbare" Fähigkeiten oder nicht), wie sie verteilt sind und wovon ihre Entwicklung abhängt (genetisch bedingt und/oder sozial erwerbbar), sind Gegenstand einer umfassenden Diskussion von hoher sozialer Brisanz.

güter und erst als drittbeste Variante über höhere Einkommensteuern erzielt werden. Unterschiedliche individuelle Fähigkeiten werden letztendlich als Spezialfall von unterschiedlichen individuellen Präferenzen angesehen, da Personen mit besseren Fähigkeiten eine bestimmte Arbeit schneller verrichten, für jedes beliebige Einkommen weniger arbeiten müssen oder äquivalent einen niedrigen Freizeitnutzen besitzen. Das Konzept von „Luxusgütern" ist freilich nicht eindeutig definierbar, da es von regionalen, historischen und sonstigen Gegebenheiten abhängt. Darüber hinaus wird eine entsprechende Besteuerung kein ausreichendes Steueraufkommen erbringen können. Ein System der optimalen Besteuerung wird sich damit nicht allein auf Verbrauchsteuern beschränken können.

Wenn auch die Besteuerung der **Einkommensentstehung** in ein System der optimalen Besteuerung mit einbezogen wird, ist davon auszugehen, dass in einer Gesellschaft aufgrund unterschiedlicher Präferenzen oder Fähigkeiten Einkommensunterschiede bestehen.[12] Zur steuerlichen Bewertung dieser Einkommensunterschiede sind nun neben dem Allokationsziel auch distributive Zielformulierungen erforderlich. So besteht breiter gesellschaftlicher Konsens, dass jene Menschen, die weniger verdienen, auch weniger Steuern bezahlen sollten, sodass es nunmehr zu einem Abtausch von Allokationskriterien und Verteilungskriterien kommen kann. In der Wohlfahrtsökonomie wird zur Beantwortung der Frage, wie eine entsprechende Einkommensbesteuerung auszusehen hat, von einer **sozialen Wohlfahrtsfunktion** ausgegangen. Diese ist abhängig vom gewichteten Nutzen aller Individuen. Unterschiedliche Denkschulen kommen zu unterschiedlichen Gewichtungsfaktoren. Während **Utilitaristen** alle Individuen gleich gewichten, setzen **Rawlsianer** das gesamte Gewicht auf die unteren Einkommensschichten (vgl. Abschn. 4.2). Ein verbreiterter neoklassischer Ansatz besteht darin, den jeweiligen individuellen Nutzen mit dem reziproken Schattenwert einer zusätzlichen Einkommenseinheit zu gewichten, wodurch untere Einkommensschichten eine höhere Gewichtung erhalten. Durch eine Maximierung dieser sozialen Wohlfahrtsfunktion in Bezug auf die Parameter der Einkommensteuer (Steuersätze, Gestaltung der Bemessungsgrundlage) lässt sich dann eine wohlfahrtsoptimale Steuerstruktur ableiten.

Angesichts der Problematik der Ermittlung der individuellen Präferenzen und der sozialen Gewichtung ist eine konkrete steuerpolitische Umsetzung dieses wohlfahrtstheoretischen Ansatzes nicht möglich. Der Tendenz nach hatte die Theorie der optimalen Besteuerung aber Auswirkungen auf die Steuerreform-Diskussionen der 80er und 90er Jahre. So führte die verstärkte Betonung der Wahlmöglichkeit zwischen Arbeitseinsatz und Freizeit unter dem Aspekt möglicher Abschreckungseffekte (disincentive-Effekte) zu einer stärkeren Gewichtung indirekter Steuern gegenüber der Einkommensbesteuerung.

[12] Bei empirischer Betrachtung wäre hinzuzufügen, dass ein erheblicher Teil der tatsächlich beobachtbaren Einkommensunterschiede auf der Vererbbarkeit von Vermögen und auf Macht- und historische Strukturen zurückgeführt werden kann („ökonomische Renteneinkommen").

Im Rahmen der Einkommensbesteuerung kam es auf Basis derselben Argumentationslinie insbesondere zu einer Kritik am Grad der Progressivität und damit zu Tendenzen in Richtung einer stärkeren proportional ausgerichteten Einkommensteuer sowie zu Entlastungen bei der Unternehmensbesteuerung (vgl. die Diskussion im Zusammenhang mit dem Konzept der „Laffer-Kurve", Abschn. 12.3).

Bei kritischer Bewertung des für die Theorie der optimalen Besteuerung grundlegenden Konzeptes der „Zusatzlast" und der darauf aufbauenden Überlegungen ist als zweifellos wichtiger Kernpunkt festzuhalten, dass finanzpolitische Maßnahmen zu **Reaktionen** von Wirtschaftssubjekten führen können, die gesamtwirtschaftlich ineffiziente allokative Veränderungen bewirken. Die über diesen „harten Kern" hinausgehenden wohlfahrtsökonomischen Überlegungen und empirischen Versuche sind dagegen mit großer Skepsis zu beurteilen. Einige wesentliche Gründe dafür sind:

- Das Konzept der Zusatzlast einer Steuer ist insofern zu einseitig und damit verzerrend, als es nicht die Verausgabungsseite der entsprechenden Steuer betrachtet (analoges gilt für die isolierte Betrachtung der Ausgabenseite). Je nach der Art der Verausgabung können jedoch verschiedene Formen ausgabenseitiger „Zusatznutzen" entstehen. Erst aus der Differenz von Zusatzlast und Zusatznutzen lässt sich ein Gesamteffekt des finanzpolitischen Einsatzes ermitteln. Die normative Forderung nach „Steuerneutralität" bzw. – bei erweiterter Fassung – „fiskalischer Neutralität" impliziert die Annahme einer wohlfahrtsökonomisch effizienten ursprünglich (d. h. ohne öffentlichen Sektor) gegebenen Allokation. Tatsächlich ist das Zutreffen dieser Annahme angesichts einer Vielzahl von Marktunvollkommenheiten sehr unwahrscheinlich. Das Ziel der Fiskalpolitik geht daher in vielen Fällen dahin, eben nicht-neutral zu wirken, um damit zu einer höheren gesamtwirtschaftlichen Effizienz beizutragen. Im Kap. 21 werden eine Reihe solcher finanzpolitischer Instrumente der Allokationspolitik dargestellt.
- Die Konzepte der Konsumenten- bzw. Produzentenrente sind, ebenso wie die Vorstellung einer sozialen Wohlfahrtsfunktion, hinsichtlich ihrer empirischen Erfassbarkeit überaus problematisch. Der von manchen Autoren (insbesondere in Weiterführung der Arbeit von A. Harberger) unternommene Versuch, über solche Konzepte zu empirischen Aussagen bezüglich der „Wohlfahrtsverluste" einzelner finanzpolitischer Instrumente zu gelangen, ist damit ebenso anfechtbar wie der Versuch, aus der wohlfahrtsökonomischen „Theorie der optimalen Besteuerung" konkrete wirtschaftspolitische Empfehlungen abzuleiten.
- Aus gesellschaftspolitischer Sicht wird von Vertretern des „Leviathan-Modells" des „public-choice"-Ansatzes (vgl. Abschn. 4.1) der Theorie der optimalen Besteuerung vorgeworfen, sie könne als „Anleitung" zur bestmöglichen Ausnutzung des Steuermonopols durch Eigennutz-maximierende Regierungen dienen. Im Sinne einer Verstärkung der „Steuerwiderstands-Möglichkeiten" des einzelnen seien eine breite Besteuerungsbasis, die Anwendung der Ramsey-Regel und die Besteuerung von Freizeit-Komplementären, wie es den Empfehlungen der Optimalsteuer-Theorie ent-

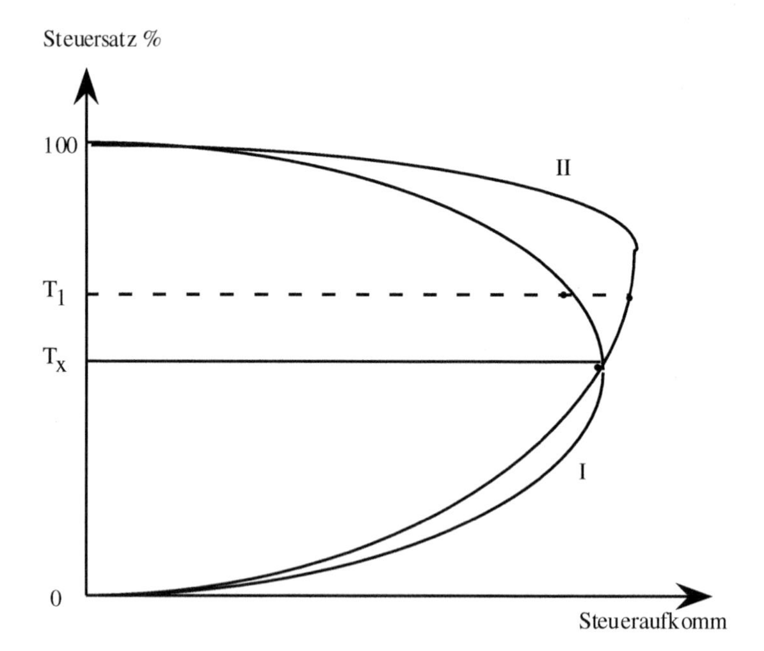

Abb. 12.1 „Laffer-Kurvesn“

spricht, abzulehnen (vgl. Blankart 2017). Ohne Bezug auf einen konkreten historisch-gesellschaftlichen Kontext ist diese Diskussion freilich kaum sinnvoll zu führen.

12.3 Grenzen der Besteuerung

Die Probleme des wachsenden Steuerwiderstandes, der Minderung der fiskalischen Dynamik und der mikro- und makroökonomischen Effekte bestehender Steuersysteme haben zu einer neuerlichen Diskussion über eine „Krise des Steuerstaates“ geführt.[13] Kern dieser Diskussion ist dabei die Frage, ob es **„Grenzen der Besteuerung“** gibt, die in einzelnen Staaten bereits überschritten seien. Die Frage nach „Grenzen“ der Besteuerung ist zweifellos nicht unabhängig von den gesamten ökonomisch-politischen Gegebenheiten eines Staates und auch der Steuerstruktur zu erfassen. Generelle Festlegungen sind daher stets problematisch und haben in der Vergangenheit der empirischen

[13] Von entsprechenden früheren Diskussionen ist vor allem die zwischen Rudolf Goldscheid und Josef Schumpeter (1976) von weiterführender Bedeutung, wobei Schumpeter letztlich die Frage nach einer „Krise des Systems des Steuerstaates“ verneinte.

Überprüfung nicht standgehalten. Tatsächlich zeigte sich im Laufe der wirtschaftlichen Entwicklung, bei insgesamt zunehmender wirtschaftlicher Leistungsfähigkeit über längere Perioden, ein kontinuierlicher Anstieg der Steuerquoten. Dies kann interpretiert werden als Hinweis darauf, dass Leistungen des öffentlichen Sektors direkt oder indirekt (via Komplementaritätseffekte) als „superiore Güter" empfunden werden (oder wurden), für die auch eine entsprechende Finanzierungsbereitschaft besteht (vgl. Abschn. 2.4). Eine andere Interpretation würde diese Entwicklung als Ausfluss spezieller Entscheidungsverhältnisse im Rahmen des öffentlichen Sektors sehen (vgl. Kap. 4).

Eine Neubelebung der Frage der „Grenzen der Besteuerung" stellte die Diskussion im Zusammenhang mit dem Konzept der **„Laffer-Kurve"** dar. Grundlage der „Laffer-Kurve" ist eine Hypothese über die Verknüpfung von Steueraufkommen und Steuersatz[14]. Es ist offensichtlich, dass bei einem Steuersatz von Null das Steueraufkommen Null beträgt. Auch bei einem Steuersatz von 100 % wird von einem Aufkommen von Null auszugehen sein, da angenommen werden kann, dass hier jede Bereitschaft, an – besteuerbaren – Markttransaktionen teilzunehmen, erlischt. Innerhalb dieser Extrempunkte besteht nun ein nicht-linearer Zusammenhang zwischen Steuersatz und Steueraufkommen: Bei Abstellen auf die „Laffer-Kurve" L_1 bewirkt bis zu einem bestimmten Steuersatz T_x eine Erhöhung des Steuersatzes auch eine Erhöhung des Steueraufkommens, ab Überschreiten dieses Maximalpunktes führt eine Tariferhöhung zu einem Rückgang des Steueraufkommens, nachdem schon vorher das Steueraufkommen bei Tariferhöhungen nur mehr unterproportional zugenommen hatte.[15] Grundlegend für diesen Zusammenhang sind die jeweiligen Annahmen über die Wirkung der Besteuerung auf die steuerlich erfassbaren Aktivitäten der Wirtschaftssubjekte (insbesondere Arbeits- und Kapitaleinsatz, vgl. Kap. 20).[16]

Für finanzpolitische Schlussfolgerungen entscheidend sind nun die Annahmen über die tatsächliche Form und Lage der „Laffer-Kurve". Geht man aus von einer „Laffer-Kurve" L_I in Abb. 12.1 und einem Steuersatz T_I, so wären die „Grenzen des Steuerstaates" in dem Sinn überschritten, als eine Senkung der Steuersätze zu insgesamt

[14] Je nach Version wird als relevanter Steuersatz der durchschnittliche oder marginale Steuersatz der Einkommensbesteuerung oder aber auch die gesamtwirtschaftliche Steuerquote herangezogen. Im Folgenden wird, entsprechend der ursprünglichen Konzeption Laffers, auf die Beziehung zwischen Durchschnittssteuersatz und Steueraufkommen für den Bereich der Einkommensbesteuerung abgestellt.

[15] Das heißt: Es wird angenommen, die Aufkommenselastizität der entsprechenden Steuer liege zuerst über, dann unter Eins und werde ab dem Steuersatz T_X negativ.

[16] Das „Laffer-Kurven-Konzept" ist demnach als „Angebots-orientiert" zu betrachten. Demgegenüber stellt das in seiner Aussage analoge, 1728 von J. Swift aufgestellte „Steuerparadoxon" darauf ab, dass Erhöhungen von spezifischen Verbrauchsteuern über negative Nachfrageeffekte zu einem Rückgang des Steueraufkommens führen können.

höherem Steueraufkommen führen würde. Nach Arthur Laffer und anderen „angebotsorientierten" Ökonomen ist eine solche Situation für viele Industriestaaten gegeben.

Empirische Studien für eine Reihe von Staaten haben freilich in der Mehrzahl ergeben, dass die tatsächliche Form von „Laffer Kurven" eher dem Verlauf L_{II} entsprechen dürfte bzw. dass die tatsächlichen Steuertarife jedenfalls im „unteren", durch positive Aufkommenselastizität bestimmten, Bereich liegen (bei L_{II} also unterhalb von T_I.[17] Steuersatzreduktionen würden demnach auch zu Steuerausfällen führen. Dies entspricht auch den bisherigen Erfahrungen mit den in Großbritannien und 1981 in den USA vorgenommenen Einkommensteuersenkungen.[18] Vertreter einer „angebotsorientierten" Ökonomie würden freilich vor allem mit langfristigen, empirisch allerdings vielfach schwer erfassbaren, Zusammenhängen argumentieren.[19]

Unabhängig von den analytischen Aspekten dürfte aber jedenfalls aufgrund politisch-gesellschaftlicher Konstellationen auf der Basis der angeführten Entwicklungsperspektiven davon auszugehen sein, dass in den westlichen Industriestaaten, zumindest über mittlere Sicht, eine Tendenz in Richtung eines verlangsamten Wachstums bis hin zu einer annähernden Konstanz der Abgabenquoten zu erwarten ist bzw. sich fortsetzt (siehe auch Abschn. 2.4).

Innerhalb der öffentlichen Einnahmen dürfte die Bedeutung der Einkommensbesteuerung ihren Höhepunkt überschritten haben. Neben Aspekten der Steuerquoten gewinnen generell Fragen der **Steuerstruktur** zunehmend Bedeutung. Aus technisch-praktischen Überlegungen (Kompliziertheit, Missbrauchsanfälligkeit) und auch auf Basis (nur) allokativ orientierter theoretischer Ansätze (vgl. die Diskussion bzgl. „optimal taxation", Abschn. 12.2) geht die Tendenz der Steuerpolitik vielfach dahin, die **Lenkungsfunktion** des Steuersystems einzuschränken und das Postulat der Neutralität stärker zu betonen. Dies gilt insbesondere für die Problematik der „Überladung" der Einkommensteuer mit Aufgaben der Verteilungs-, Familien-, Investitions-, Regionalpolitik etc. Aus dieser Diskussion kann der Schluss gezogen werden, das Konzept einer umfassenden Einkommensteuer zu reformieren (z. B. Ausweitung der Bemessungs-

---

[17] Siehe u. a.: Fullerton (1982), sowie Schneider (1985).

[18] „The central prediction of the supply-side economists – that working and saving would increase dramatically as marginal tax rates were cut – has up to now proved inaccurate". (Samuelson und Nordhaus, Economics, 1995, S. 316) Es ist zu beachten, dass die amerikanische Einkommensteuerreform 1981 eine Senkung der Grenz- und Durchschnittssteuersätze, speziell für hohe Einkommen beinhaltet, während die Steuerreform 1986 durch Ausweitung der Bemessungsgrundlage eine Senkung der Grenzsteuersätze bei konstanter Steuerquote erreichen will. Die in Deutschland und in Österreich durchgeführten Steuersenkungen beziehen sich sowohl auf Grenz- wie Durchschnittssteuersätze der Einkommensteuer.

[19] Für einen Überblick über unterschiedliche Positionen siehe z. B. die Diskussionen „Supply-Side Economics: What remains?" In: American Economic Review, Papers and Proceedings, Vol. 76, May 1986, pp. 26 und „Lessons from the Tax Reforms of the 1980´s". In: American Economic Review, Papers and Proceedings May 1995, Vol. 85:165 ff., sowie Auerbach und Slemrod (1997).

grundlage durch Streichen von „Ausnahmen" bei gleichzeitiger Senkung der Grenzsteuersätze) oder durch andere Konzepte (z. B. konsumorientierte Besteuerung) zu ersetzen (siehe dazu Abschn. 12.1.2). Spezielle gesamtwirtschaftliche Lenkungswirkungen sollen, sofern als erforderlich betrachtet, durch direkte (und damit fiskalisch deutlich „sichtbare") staatliche Ausgaben oder durch spezielle Lenkungssteuern (z. B. „Ökosteuern", siehe Kap. 22) erfolgen.

12.4 Preisentwicklung und Besteuerung

Bestimmend für den Zusammenhang zwischen Inflation und Besteuerung ist das das Steuersystem beherrschende Nominalwertprinzip, nach dem sämtliche steuerlich relevanten Größen nach den zum jeweiligen Zeitpunkt geltenden Nominalwerten zu bewerten sind, eine explizite Berücksichtigung von Veränderungen des Preisniveaus demnach nicht stattfindet. Es ist offensichtlich, dass Steuersysteme, die gemäß dem Nominalwertprinzip auf der Erwartung (oder der Fiktion) weitestgehender Preisstabilität aufbauen, durch Änderungen des Preisniveaus in verschiedener Weise betroffen sein werden. Da die Wirkung von Preisänderungen nicht neutral, sondern je nach Sektoren, Märkten etc. unterschiedlich ist, werden die inflationsbedingten Veränderungen nicht nur das Niveau, sondern auch die Struktur der Besteuerung betreffen. Die Bedeutung dieser Problematik ist selbstverständlich verschieden, je nach der Stärke der Inflationsentwicklung in einem Land. Selbst in Staaten mit hoher Preisstabilität, wie in Deutschland, der Schweiz und Österreich, ergeben sich jedoch über die mittlere und längere Sicht eine Vielzahl von finanzpolitisch relevanten Zusammenhängen zwischen Inflation und Besteuerung.[20]

12.4.1 Wirkungen auf die Steuerstruktur

Aus Gründen, auf die unten eingegangen wird, weist die Aufkommenselastizität der verschiedenen Steuerarten gegenüber inflationären Entwicklungen erhebliche Unterschiede auf. Sie wird im Allgemeinen bei progressiven Einkommensteuern höher liegen als bei wertbezogenen Konsumsteuern und jedenfalls höher als bei Mengensteuern. Falls keine kompensierenden finanzpolitischen Maßnahmen getroffen werden, wird das bei längeren inflationären Perioden zu einer tendenziellen Verschiebung der Steuerstruktur in Richtung direkter (progressiver) Besteuerung führen.

[20] In diesem Abschnitt wird nur auf Wirkungen von Preissteigerungen auf die Besteuerung eingegangen. Zur Diskussion der „gegenläufigen" Einflüsse der Besteuerung auf die Inflationsentwicklung siehe Abschn. 19.1 und 19.2.

12.4.2 Wirkungen auf die Bemessungsgrundlage

„Verzerrende“ Wirkungen der Inflation auf die Bemessungsgrundlage einer Steuer werden insbesondere dann eintreten, wenn die Bestimmung der Bemessungsgrundlage die Betrachtung längerer Zeiträume erfordert. Wichtige Beispiele dafür sind: Bei der steuerlichen Erfassung von Vermögensveränderungen wird nicht differenziert zwischen nominellen und „inflationsbereinigten“ Veränderungen. Dies gilt etwa – soweit überhaupt eine steuerliche Erfassung erfolgt[21] – hinsichtlich der Bewertung von Wertzuwächsen oder auch hinsichtlich der Berücksichtigung der realen Vermögensverluste von Gläubigern von Nominalforderungen in Inflationsperioden.

Bei inflationärer Entwicklung wird der für die steuerliche Bemessung der Abschreibung relevante Anschaffungswert unter dem aus der betriebswirtschaftlichen Beurteilung relevanten Wiederbeschaffungswert liegen. Die steuerlich zulässigen Abschreibungen werden unter diesem Aspekt als betriebswirtschaftlich zu gering zu betrachten sein, dementsprechend der steuerlich relevante Gewinn und die darauf zu entrichtenden Steuern als überhöht („Scheingewinn-Besteuerung“).

12.4.3 Wirkungen auf den Progressionsgrad der Besteuerung

Inflationäre Entwicklungen werden sämtliche Bestimmungsgrößen eines progressiven Einkommensteuersystems erfassen und damit – bei nominell unveränderter Tarifstruktur – zu erheblichen realen Veränderungen führen. So werden nominell unveränderte Steuerfreibeträge, Abzüge von der Steuerschuld und Steuerfreigrenzen durch inflationäre Entwicklungen real „entwertet“, was tendenziell zu einer stärkeren Progressionswirkung (auch bei Proportionaltarif) führt. Im Fall eines progressiven Steuertarifs können darüber hinaus (bloß) nominelle Einkommenszuwächse dazu führen, dass ein Steuerpflichtiger nunmehr einer höheren Progressionsstufe und damit einer real höheren Besteuerung unterliegt.

12.4.4 Administrative Effekte

Bei langen Zeiträumen zwischen Entstehung und Zahlung der Steuerschuld (vor allem bei veranlagten Steuern) und bei Verzögerungen in der Inflationsanpassung nicht-wertbestimmter öffentlicher Abgaben und Tarife können sich inflationäre Entwicklungen in einer erheblichen realen Einnahmenminderung des öffentlichen Sektors nieder-

[21] Im deutschen Sprachraum spielt die Besteuerung von Kapitalgewinnen eine sehr viel geringere (im Wesentlichen auf den Unternehmensbereich beschränkte) Rolle als etwa in den USA.

schlagen. Speziell in Zeiten sehr starker inflationärer Entwicklung kann dies (wie in Nachkriegsinflationen oder in Entwicklungsländern) zum praktischen Funktionsverlust des Steuersystems führen. Aber auch bei geringeren Inflationsraten ergibt sich aus den angeführten Verzögerungseffekten, dass nominell zinslose Steuerkredite (z. B. in Form von Abschreibungsvergünstigungen) eine negative Realverzinsung aufweisen. Auch aus diesem Grund werden heute vielfältig Vorauszahlungen für künftige Steuerschulden eingehoben.

12.4.5 Wirkungen auf die Steuerquote

Eine progressive Einkommensteuer wird bewirken, dass Einkommenserhöhungen für die Steuerpflichtigen zu höheren durchschnittlichen Steuerquoten und damit bei entsprechendem Gewicht der Einkommensteuer zu höheren gesamtwirtschaftlichen Steuerquoten führen. Dieses Phänomen, das im Detail von der jeweiligen konkreten Steuerstruktur abhängig ist, wird unabhängig davon eintreten, ob die zugrunde liegenden Einkommenserhöhungen real oder nur nominell sind. Von besonderer Bedeutung ist dabei aber der Fall eines bloß nominell verursachten Anstieges der realen Steuerquote, da es sich hier um eine „induzierte", vom politischen Prozess nicht explizit beschlossene Steuererhöhung handelt **(„kalte Progression")**. Der Gesamteffekt inflationärer Entwicklungen auf die volkswirtschaftliche Abgabenquote hängt freilich von der Struktur des Abgabensystems insgesamt ab, da „inflationsinduzierten" realen Steuererhöhungen auch „reale Senkungen" bei anderen Abgaben und Tarifen gegenüberstehen können.

12.4.6 Wirkungen auf die personelle Einkommensverteilung

Die bereits angeführten verschiedenen Inflationswirkungen auf Bemessungsgrundlage und Tarif einer progressiven Einkommensteuer treffen einzelne Einkommensgruppen in unterschiedlichem Maß.

Eine – bloß inflationäre – Erhöhung der Einkommen würde untere Einkommensgruppen vor allem durch die Erosion im Realwert der Steuerfreibeträge treffen. Bezieher mittlerer Einkommen werden nun bei konstantem Realeinkommen entsprechend ihrem höheren nominellen Einkommen mit höheren Grenzsteuersätzen besteuert. Am oberen Ende der Einkommensskala wachsen nun mehr und mehr Steuerpflichtige in den obersten – linearen – Tarifbereich. Längerfristig bedeutet dies eine Tendenz zur Reduzierung des Progressionseffektes des Steuersystems zugunsten eines (beim Höchststeuersatz) proportionalen Effektes, was sich z. B. in längerfristig sinkenden Aufkommenselastizitäten des Einkommensteuersystems niederschlagen wird.

Hinsichtlich der „Inflationssteuer" -Wirkungen auf die personelle Einkommensverteilung ist freilich zu beachten, dass neben den Wirkungen über die Einkommensbesteuerung auch Wirkungen von anderen Steuern ausgehen können (z. B. Erosion der realen Last von – überwiegend regressiv wirkenden – spezifischen Verbrauchsteuern). Darüber hinaus ist gerade hier auch die Inflationswirkung auf der Ausgabenseite zu berücksichtigen (z. B. Formen der Inflationsanpassung von Transferzahlungen), sodass verteilungspolitische Einschätzungen nur von einer Gesamtanalyse her sinnvoll sind.

12.4.7 Wirkungen auf die funktionale Einkommensverteilung

Ausgangspunkt der in den letzten Jahren sehr intensiven Debatte über die Zusammenhänge zwischen Inflation und Besteuerung von Kapitaleinkünften ist die Entwicklung der Zinssätze bei Inflation. Der Nominalzinssatz wird dabei jeweils dem „Realzinssatz" plus einer „Inflationsabgeltung" entsprechen. Entspricht die Inflationsabgeltung der erwarteten Inflationsrate, so sind die Realzinssätze neutral gegenüber der Inflationsrate, wie es der „herkömmlichen", Irving Fisher folgenden Annahme entspricht. Für die Besteuerung der Zinseinkommen wird aber wieder die nominelle Größe des Gesamtzinssatzes relevant sein. Um einen konstanten Realzinssatz zu erhalten, müsste der Investor demnach, neben der „Inflationskomponente", auch eine Abgeltung für die auf die Inflationsabgeltung entfallende, zusätzliche Besteuerung erhalten. Der Nominalzinssatz müsste also höher liegen als der Summe aus Realzinssatz und Inflationsabgeltung entspricht. Gelingt es dem Investor nicht, den Zinssatz in solcher Höhe durchzusetzen, so heißt das, dass sich die Position des Realeinkommens aus Kapitalbesitz relativ zu anderen Einkommensarten verschlechtert. Zu diesem Ergebnis kommen auch entsprechende empirische amerikanische Studien (grundlegend: Feldstein-Summers 1978).

Für ein Gesamtbild der Einflüsse der Steuer-Inflations-Wirkungen auf die funktionale Verteilung ist noch eine Vielzahl anderer Einflüsse zu berücksichtigen. So wird bei der Besteuerung von Unternehmen auch die Finanzierungsstruktur zu beachten sein. Da der Unternehmenssektor typischerweise den Schuldnersektor einer Volkswirtschaft darstellt, werden sich aus dieser Schuldnerkonstellation (steuerlich nicht erfasste) Vorteile ergeben, denen freilich wieder die Probleme der „Scheingewinnbesteuerung" gegenüberstehen, wobei auf der Seite der Kapitalgeber wieder die unterschiedliche steuerliche Erfassung von Kapitaleinkommen zu berücksichtigen ist. Es ist daher sehr schwierig, Gesamtwirkungen zu erfassen und die möglichen weiteren allokativen Effekte solcher Wirkungen (z. B. einer Reduzierung der realen Zinssätze für Kapitalanleger) zu verfolgen.

Literatur

Atkinson, A.B. Stiglitz, J. E. Lectures on Public Economics. New York 1980.
Auerbach, A.J., Slemrod, J. The Economic Effects of the Tax Reform Act of 1986. In: J. of Econ. Lit. 1997, 35:589 ff.
Bach, St. Der Cash-flow als Bemessungsgrundlage der Unternehmensbesteuerung. In: Ch. Smekal, R. Sendhofer, H. Winner a.a.O., 1998, S. 85 ff.

Blankart, C.B. Öffentliche Finanzen in der Demokratie. München 2017.
Fehr, H. Wiegard, W. Lohnt sich eine konsumorientierte Neugestaltung des Steuersystems? In: Ch. Smekal, R. Sendhofer, H. Winner, a.a.O., 1998, S. 65 ff.
Feldstein, M., Summers, L. Inflation, Tax Rules, and the Long-Term Interest Rate. In: Brookings Papers 1978, 1:61 ff.
Fullerton, D. On the Possibility of a Relationship Between Tax Rates and Government Income. In; J. of Public Economics 1982, 19: 3 ff.
Genser, B. Konsumorientierung – Realisierungschancen in Österreich. In: Ch. Smekal, R. Sendhofer, H. Winner a.a.O., 1998, S. 197 ff.
Keuschnik, M. Einkommen versus Konsum. In: Das öffentliche Haushaltswesen in Österreich 1998, Jg. 39:206 ff.
Oberhauser, A. Deutsches Steuersystem und Steuergerechtigkeit. In: A. Rauscher (Hrsg.) Steuergerechtigkeit. Köln 1997.
Richter, W.F., Wiegard, W., Zwanzig Jahre "Neue Finanzwissenschaft". Teil II: Steuern und Staatsverschuldung. In: ZWS 1993, 113:337 ff.
Samuelson, P. A., Nordhaus, W.A. Economics, 15th Ed., New York 1995.
Schneider, D. Ist die Einkommensteuer überholt? Kritik und Reformvorschläge. In: Ch. Smekal, R. Sendhofer, H. Winner a.a.O., 1998, S. 1 ff.
Schneider, F. Können durch Steuersatzsenkungen die Steuereinnahmen erhöht werden? In: H. Milde, H.G. Monissen (Hrsg.) Rationale Wirtschaftspolitik in komplexen Gesellschaften, S. 206 ff, Stuttgart 1985.
Schumpeter, J. Die Krise des Steuerstaates. In: Zeitfragen aus dem Gebiet der Soziologie, Graz 1918. Wieder abgedruckt in: R. Hickel (Hrsg.), R. Goldscheid, J. Schumpeter, Beiträge zur politischen Ökonomie der Staatsfinanzen, Frankfurt 1976.
Slemrod, J. Optimal Taxation and Optimal Tax Systems. In: J. of Economic Perspectives 1990, Vol. 4:157 ff.
Wagner, F.W., Wenger, E. Theoretische Konzeption und legislative Transformation eines marktwirtschaftlichen Steuersystem in der Republik Kroatien. In: D. Sadowski, H. Czap, H. Wächter (Hrsg.) Regulierung und Unternehmenspolitik, S. 399 ff, Wiesbaden 1996.

Weiterführende Literatur

Diamond, P.A., Mirrlees, J.A. Optimal Taxation and Public Production I, II. In: AER 1971, 61:8 ff, 295 ff.
Ebdon, C., Tax Systems and Structures, In: Robbins D. (Hrsg.), Handbook of Public Sector Economics, CRC Press, 2005.
Feldstein, M. Inflation, Tax Rules and Capital Formation, Chicago 1983.
Goldberger, A. S., Manski, C. F. The Bell Curve by Herrnstein and Murray. In: J. of Economic Literature 1995, Vol 33: 762 ff.
Haller, H. Bemerkungen zu einigen Ergebnissen der Optimal Taxation- and Excess Burden-Analysen. In: Finanzarchiv 1988, 46:236 ff.
Harberger, A.C. Taxation and Welfare. Boston 1974.
Heady, C. Optimal Taxation as a Guide to Tax Policy. A Survey. In: Fiscal Studies, 1993, 14:15 ff.
Homburg, St. Allgemeine Steuerlehre. München 1997.
Laffer, A.B. (Hrsg.) The Economics of the Tax Revolt: A Reader, New York 1979.
Moore, D.T., Slemrod, J., Optimal Tax Systems with endogenous behavioural bias, Journal of Public Economics, 2021, Vol. 197.

Nowotny, E. Inflation and Taxation. Reviewing the Macroeconomic Issues. In: J. of Economic Literature 1980, 18:1025 ff.

OECD. Personal Income Tax Systems under Changing Economic Conditions. Paris 1986.

Peacock, A. The Rise and Fall of the Laffer Curve. In: D. Bös, B. Felderer (Hrsg.) The Political Economy of Progressive Taxation, S. 25 ff, Berlin u. a. 1989.

Popova, N., Changes in Tax Systems, In: Greve, B. (Hrsg.), Handbook on Austerity, Populism and the Welfare State, Edward Elgar, 2021.

Ramsey, F.P.A Contribution to the Theory of Taxation. In: Economic Journal, 1927:47 ff.

Rose, M. Zur praktischen Ausgestaltung einer konsumorientierten Einkommensbesteuerung. In: A. Oberhauser (Hrsg.) Probleme der Besteuerung I. Berlin 1998.

Sandmo, A. Optimal Taxation: An Introduction to the Literature: In: J. of Public Economics 1976, 6:37 ff.

Sinn, H.-W. Inflation, Scheingewinnbesteuerung und Kapitalallokation. In: D. Schneider (Hrsg.) Kapitalmarkt und Finanzierung, S 1987 ff, Berlin 1987.

Slemrod, J., Complexity, Compliance Costs, and Tax Evasion. Taxpayer Compliance, In: Roth, J., Scholz, J. (Hrsg.), University of Pennsylvania Press, 2016, pp. 156–181.

Smekal, Ch., Sendhofer, R., Winner, H. (Hrsg.) Einkommen versus Konsum – Ansatzpunkte zur Steuerreformdiskussion. Heidelberg 1998.

Tanzi, V. Taxation Inflation and Interest Rates. International Monetary Fund, Washington, D. C. 1984.

Einkommensteuer 13

Lernziele

- Die Einkommenssteuer besteuert Personen (seltener Familien) die im Inland ansässig sind nach dem Personalitätsprinzip (im Ausland ansässigen Personen wird nur ihr im Inland erzieltes Einkommen besteuert – Territorialprinzip) welches innerhalb eines Kalenderjahres angefallen ist.
- Als Einkommen gelten Einkünfte aus Land- und Forstwirtschaft, Gewerbebetrieb, selbstständiger und unselbstständiger Arbeit, aus Kapitalvermögen, Vermietung und Verpachtung sowie Sonstigem (umfassender Einkommensbegriff).
- Es gibt eine Vielzahl von Steuerfreibeträgen und Steuerabsetzbeträgen, insbesondere für Familien und Kinder, welche die Steuerlast reduzieren.

13.1 Grundzüge

Die Einkommensteuer (ESt) ist eine Steuer, deren Quelle, Objekt und Bemessungsgrundlage das (Gesamt-)Einkommen natürlicher Personen ist. Die moderne ESt weist namentlich die folgenden grundsätzlichen Merkmale auf (die im Detail freilich in der Steuerpraxis oft mehr oder weniger stark modifiziert werden):

- Die ESt knüpft an der **Einkommensentstehung** an und besteuert das einer natürlichen Person zufließende Einkommen **unabhängig von der Art der Einkommensverwendung** (Prinzip der steuerlichen Irrelevanz der Einkommensverwendung und der Nichtabzugsfähigkeit von Ausgaben der Lebenshaltung).

E. Nowotny und M. Zagler, *Der öffentliche Sektor*,
https://doi.org/10.1007/978-3-658-36042-9_13

- Die ESt bemisst sich nach dem Gesamteinkommen (sog. **synthetische Einkommensteuer**), auf das ein einheitlicher Steuertarif angewendet wird. Es wird mithin **keine Differenzierung nach der *Art* der Einkünfte** vorgenommen. Bei der (steuerhistorisch älteren) **analytischen** Einkommensbesteuerung dagegen werden die einzelnen Einkommensteile (Einkommensarten) jeweils spezifischen Steuern bzw. Steuertarifen unterworfen (sog. **Schedulensteuern**). Allerdings können in der Praxis der synthetischen ESt unterschiedliche Berechnungsvorschriften bei der Ermittlung der einzelnen Einkommensteile sowie der Einbau zahlreicher „Bewertungsfreiheiten", spezifischer Freibeträge und anderer Sonderregelungen in der Praxis zu einer recht weitgehenden Durchbrechung des Grundsatzes der Neutralität hinsichtlich der Art der Einkommenserzielung führen. Spezielle tarifliche Regelungen in Gestalt ermäßigter Steuersätze für bestimmte Einkommensteile hängen meist mit dem Problem der zeitlichen Dimension der Bemessungsgrundlage (s. hierzu weiter unten) oder mit Steuerwettbewerbsüberlegungen zusammen.
  Das prominenteste aktuelle Beispiel einer Abkehr vom Prinzip der synthetischen Einkommensbesteuerung hin zu einem analytischen Modus stellt die sog. **duale Einkommensteuer** dar, deren Pioniere die drei skandinavischen Staaten Schweden (1987), Norwegen (1992), Finnland (1993) waren[1]. Die duale ESt besteuert Kapitaleinkommen weniger stark als Arbeitseinkommen und mit einem einheitlichen Steuersatz (flat rate), während Arbeitseinkommen einem direkt progressiven Tarif unterworfen werden, dessen (Grenz-) Steuersätze mit dem Steuersatz für Kapitaleinkommen oder einem höheren Satz beginnen. Die duale ESt soll zum einen mit relativ geringem fiskalischem Aufwand (d. h. ohne allgemeine Tarifsenkung) der Abwanderung des deutlich mobileren Produktionsfaktors Kapital im internationalen Steuerwettbewerb entgegenwirken.[2] Sie erlaubt zum anderen (ähnlich wie die flat rate tax)[3] eine Abstimmung der Einkommensbesteuerung mit dem (einheitlichen) Körperschaftsteuersatz, wodurch Finanzierungs- und Rechtsformneutralität in der Besteuerung von Personenunternehmen und Kapitalgesellschaften erreicht werden können. Ein großes Problem der dualen ESt liegt darin, dass im Falle eines selbstständigen Unternehmers der Unternehmensgewinn in Arbeitseinkommen (Unternehmerlohn) und Kapitaleinkommen aufgespaltet werden muss und dass es die unterschiedlichen Steuersätze für Bezieher hoher Arbeitseinkommen attraktiv machen, ihr vertraglich vereinbartes Einkommen in Form von Kapitaleinkommen anfallen zu lassen.

---

[1] Vgl. hierzu Sørensen (1994). Auch die Besteuerung von Kapitalerträgen mittels einer Abgeltungsteuer (vgl. hierzu Abschn. 13.5) stellt eine Abkehr von der synthetischen hin zur analytischen Einkommensbesteuerung dar.

[2] Vom Ergebnis her kann die duale Einkommensbesteuerung zugleich als ein Schritt in Richtung einer konsumorientierten Einkommensbesteuerung (siehe Abschn. 11.1) gesehen werden.

[3] Siehe hierzu Abschn. 13.4.

- Aus dem Prinzip der synthetischen ESt folgt ferner, dass **keine Differenzierung nach den *Bedingungen* der Einkommenserzielung** vorgenommen wird. Dies bedeutet unter anderem, dass bei gleich großen Einkommen individuelle Unterschiede in der Arbeitszeit oder im „Arbeitsleid" keinen Einfluss auf die Steuerhöhe haben.[4]
- Der ESt wird das **tatsächliche (Ist-)Einkommen,** nicht ein potenzielles Einkommen zugrundegelegt. In ökonomischer Sicht bedeutet dies eine Allokationsverzerrung insofern, als Freizeit unbesteuert bleibt und damit Personen mit unterschiedlichen Wertschätzungen hinsichtlich Einkommen (Arbeit) und Freizeit trotz vielleicht gleicher Zufriedenheit (gleichen Nutzens) unterschiedlich besteuert werden. Einer Besteuerung des möglichen Einkommens (i.S. der Theorie der optimalen Besteuerung) stünden wohl unüberwindliche Probleme bei der Ermittlung der individuellen „Einkommensfähigkeit" (earning ability) bzw. bei der Abgrenzung und Bewertung von „Freizeit" entgegen.
- Die Steuerbemessungsgrundlage ist eine **Nettogröße,** die sich aus den Bezügen ergibt durch Subtraktion der Aufwendungen bzw. Ausgaben zur Einkunftserzielung („objektives Nettoprinzip") sowie gegebenenfalls durch Berücksichtigung persönlicher Umstände, in denen eine Minderung der individuellen „Leistungsfähigkeit" im Vergleich zu Personen mit gleich großem (Netto)einkommen gesehen wird („subjektives Nettoprinzip", Merkmal der **„Subjektbezogenheit" der ESt**).

Allerdings stößt das Bestreben, die ESt so zu gestalten, dass die Besteuerung in jedem Einzelfall der *individuellen* „Leistungsfähigkeit" gerecht wird, zunehmend an Grenzen, die durch einen hohen Kompliziertheitsgrad der steuerlichen Regelungen und durch hohe Kosten der Steuererhebung bei Verwaltung und Steuerpflichtigen gekennzeichnet sind. Die zukünftige Entwicklung der ESt dürfte daher geprägt werden durch Bemühungen um stärkere Pauschalierung.

Neben der Frage der Tarifgestaltung ist die steuerliche Definition der Bemessungsgrundlage die zentrale Frage einer jeden Einkommensbesteuerung; von ihr hängt es ab, in welchem Umfang das Einkommen eines Wirtschaftssubjektes zur ESt herangezogen wird und wie weit die tariflichen und die effektiven Steuersätze voneinander abweichen. Das Problem hat mehrere Dimensionen:

Personelle Dimension der Steuerpflicht: Hierzu gehört beispielsweise die Frage der subjektiven Zurechnung des Einkommens bei Nießbrauch (Fruchtnießung) oder bei einer Mehrpersonengesellschaft (OHG, KG). Ein viel diskutiertes Problem ist ferner die Frage der personellen Bezugseinheit der Besteuerung bei Mehrpersonenhaushalten (Problem der Besteuerung von Ehepaaren und Familien).

[4] Eine Ausnahme bildet die steuerliche Begünstigung von Sonntags-, Feiertags- und Nachtzuschlägen sowie (in Österreich) Schmutz-, Erschwernis- und Gefahrenzulagen; vgl. Abschn. 21.1.

Räumliche Dimension der Steuerpflicht: Hier geht es um die Frage, ob und wie Einkommen, die im Ausland entstehen und an „Inländer" fließen, und umgekehrt Einkommen, die aus Aktivitäten im „Inland" entstehen und an „Gebietsfremde" fließen, besteuert werden sollen. Wie nahezu alle westlichen Industriestaaten machen Deutschland und Österreich in ihren Einkommensteuergesetzen Besteuerungsansprüche sowohl nach dem Personalitätsprinzip als auch nach dem Territorialprinzip geltend: Natürliche Personen, die (unabhängig von ihrer Staatsangehörigkeit) ihren Wohnsitz oder ihren gewöhnlichen Aufenthaltsort im Inland haben, sind „unbeschränkt", d. h. mit ihrem „Welteinkommen", steuerpflichtig; natürliche Personen, die im Inland weder einen Wohnsitz noch ihren gewöhnlichen Aufenthaltsort haben, sind „beschränkt", d. h. lediglich mit ihren sog. inländischen Einkünften (i.S. der Definition des § 49 EStG), steuerpflichtig (vgl. Kap. 16).

Zeitliche Dimension der Steuerpflicht: Zur Abgrenzung der Bemessungsgrundlage gehört auch die Festlegung der Einkommensperiode. Das umfassendste Konzept des Einkommens und der steuerlichen „Leistungsfähigkeit" einer natürlichen Person ist das Lebenseinkommen (vgl. Abschn. 21.2). Aus praktischen Gründen wird der Einkommensteuer in der Regel freilich das Einkommen zugrundegelegt, das der Steuerpflichtige innerhalb eines Kalenderjahres bezogen hat (§ 2 EStG). Eine derartige nach dem jeweiligen Jahreseinkommen bemessene ESt kann bei direkt progressivem Steuertarif **periodisierungsbedingte Progressionseffekte** zur Folge haben: Kurzfristige Schwankungen der Jahreseinkommen (z. B. durch Krankheit, Arbeitslosigkeit, konjunkturbedingte Gewinn- und Verlustphasen) führen bei Betrachtung mehrerer Jahre zu einer Steuerbelastung, die größer ist als bei gleichmäßigen Jahreseinkommen in der Höhe des durchschnittlichen Einkommens, und temporal unterschiedlich verteilte gleich große Lebenseinkommen (gleiche Lebensdauer der Einkommensbezieher einmal unterstellt) werden unterschiedlich hoch besteuert.

In der steuerlichen Praxis wird gelegentlich vom Prinzip der Jahresbesteuerung abgewichen. Im Wesentlichen handelt es sich dabei um Regelungen zur Abschwächung des Progressionseffektes bei einmaligen „Einkommensspitzen" (insbesondere bei realisierten Wertzuwächsen)[5] und um Regelungen zum mehrjährigen Ausgleich von Verlusten[6] mit

---

[5] Wichtige Beispiele sind Freibeträge bzw. ermäßigte Steuersätze bei Veräußerungsgewinnen und anderen „außerordentlichen Einkünften".

[6] Soweit die Verluste bei einer Einkunftsart nicht bei der Addition der Einkünfte durch positive Einkünfte aus anderen Einkunftskategorien in derselben Periode aufgewogen werden (sog. **innerperiodischer** oder **„interner" Verlustausgleich**). Bestimmte Verluste (aus „passiven" (Auslands-) Tätigkeiten (§§ 2a EStG) und aus „privaten Veräußerungsgeschäften" i.S. des § 23 EStG) sind nur beschränkt ausgleichsfähig. Tätigkeiten, die auf lange Sicht nur Verluste abwerfen, gelten als einkommenssteuerlich irrelevante **„Liebhaberei"** (z. B. Reitstall, Hobby-Bauernhof).

Gewinnen vorangegangener oder folgender Perioden (**Verlustrücktrag** und **Verlustvortrag**).[7]

Sachliche Dimension der Steuerpflicht: Die theoretische Basis der sachlichen Abgrenzung der Steuerbemessungsgrundlage ist der **Einkommensbegriff.** Die Finanzwissenschaft geht heute allgemein vom umfassenden Einkommensbegriff der Reinvermögenszugangstheorie aus. Die Praxis der modernen Einkommensbesteuerung folgt in allen Staaten diesem umfassenden abstrakten Einkommensbegriff freilich nur teilweise, sei es, weil die technischen Probleme eines regelmäßigen Vermögensvergleichs bei allen Steuerpflichtigen unlösbar sind, sei es, weil die Konsequenzen einer derartigen „comprehensive income tax" in einer Reihe von Fällen aus verteilungspolitischen, wirtschaftspolitischen und sonstigen Gründen nicht voll akzeptiert werden.

Die sachliche Festlegung der Einkommensteuerbemessungsgrundlage umfasst **drei „Etappen":**

- Abgrenzung der steuerlich relevanten Bruttobezüge (**„Roheinkommen").**
- Abgrenzung der Einkunftserzielungsaufwendungen zur Ermittlung des **„objektiven Nettoeinkommens".**
- Abgrenzung der Abzüge, durch die aus dem „objektiven Nettoeinkommen" das jeweilige **„subjektive Leistungsfähigkeitseinkommen"** ermittelt wird.

13.2 Die Steuerbemessungsgrundlage

13.2.1 Steuerlich relevante Bezüge

Die erste „Etappe" der sachlichen Festlegung der Einkommensteuerbemessungsgrundlage umfasst die Frage der Abgrenzung der Bezüge bzw. Vorgänge, die überhaupt steuerlich relevant („steuerbar") sein sollen.

- Am wenigsten problematisch sind die **Bruttofaktorentgelte** für **Marktleistungen.** Hierzu wären prinzipiell auch alle Naturalentgelte in Form von Deputaten und anderen Sachbezügen (freie Wohnung, kostenlose oder verbilligte Mahlzeiten usw.) zu zählen. Bleibt solches „income in kind" steuerfrei, so würde bei hohen Grenzsteuersätzen für Empfänger und Geber ein starker Anreiz entstehen, bisherige monetäre Entgelte in derartige Sachbezüge („fringe benefits") umzuwandeln. Die Erfassung, Bewertung und Kontrolle von Naturalentgelten kann andererseits beträcht-

[7] Im deutschen EStG (§ 10d) heißt der interperiodische Verlustausgleich **„Verlustabzug":** *Verlustrücktrag* 1 Jahr, max. rd. 1 Mio. EUR, im Übrigen zeitlich unbeschränkter *Verlustvortrag* mit betragsmäßiger Beschränkung (**„Mindestbesteuerung"):** maximal 1 Mio. EUR und 60 % des darüber hinausgehenden Betrages. In Österreich gibt es einen Verlustrücktrag nicht.

liche Schwierigkeiten bereiten. Im deutschen Einkommensteuerrecht zählen zu den steuerpflichtigen „Einnahmen" z. B. aus nichtselbstständiger Arbeit ausdrücklich „alle Güter, die in Geld oder Geldeswert bestehen" und dem Steuerpflichtigen im Rahmen der Einkunftsart zufließen.[8] Gleichwohl wird eine Reihe von Natural- und Geldleistungen des Arbeitgebers explizit von der Steuer freigestellt.[9]

- Von **zurechenbaren Einkommen (imputed income)** spricht man bei Leistungen, die der Steuerpflichtige „am Markt vorbei" an sich selbst (oder an Mitglieder seines Haushalts) erbringt; das Individuum ist also zugleich und gleichzeitig Produzent und Konsument. Derartiges imputed income kann namentlich im Selbstverbrauch eigenproduzierter Güter (insbesondere in der Landwirtschaft) sowie im Besitz und in der Nutzung dauerhafter Konsumgüter (Haus, Kraftfahrzeug u. a.) gesehen werden. Im Grunde handelt es sich hierbei um Ausgabenersparnisse, die bei demjenigen entstehen, der die entsprechenden Produkte oder Nutzungen nicht gegen Hingabe von steuerpflichtigem Markteinkommen am Markt erwerben oder mieten muss.
- **Interpersonelle Transfers** stellen im Konzept der Reinvermögenszugangstheorie beim Empfänger individuelles Einkommen dar und zwar unabhängig davon, wie die Transfers beim Transfergeber steuerlich behandelt worden sind; es gilt (mikroökonomisch) **kein „interpersonelles Korrespondenzprinzip"**.[10] **Freiwillige** Übertragungen wären also beim Geber (Einkommensverwendung) und beim Empfänger zu besteuern. Auf gesetzlichen Verpflichtungen beruhende interpersonelle **Zwangstransfers** hingegen könnten als Verringerungen der steuerlichen Leistungsfähigkeiten beim Geber (Kürzung des disponiblen Einkommens) interpretiert werden und hätten dann dort frei zu bleiben.[11] Bei **Erbschaften** würde die Einbeziehung in die Steuerbemessungsgrundlage des Empfängers (entsprechend der Reinvermögenszugangstheorie) in besonderem Maße das Problem periodisierungsbedingter Progressionseffekte heraufbeschwören. Diese spezifischen einmaligen Transfers

---

[8] § 8 Abs. 1 EStG. Ähnlich für Österreich § 15 EStG.

[9] Sonderregelungen bestehen auf der Grundlage höchstrichterlicher Rechtsprechung und gem. § 8 Abs. 1 EStG für **Belegschaftsrabatte** (z. B. „Jahreswagen" in der Automobilindustrie).

[10] Abweichend davon wird in der Steuerpraxis für interpersonelle Transfers meist ein interpersonelles Korrespondenzprinzip zugrundegelegt: So sind freiwillige Transfers („Zuwendungen") an gesetzlich unterhaltsberechtigte Personen nach § 12 Nr. 2 zusammen mit § 22 Nr. 1 Satz 2 dt. EStG (entsprechend für Österreich § 20 Abs. 1 Nr. 4 zusammen mit § 29 Nr. 1) beim Geber nicht abzugsfähig, müssen also aus versteuertem Einkommen erfolgen, und sie sind beim Empfänger nicht steuerpflichtig als wiederkehrende Bezüge (falls es sich um laufende Transfers handelt). Ferner gibt es im deutschen EStG für Unterhaltsleistungen an den geschiedenen Ehegatten seit 1979 wahlweise die Möglichkeit des sog. **Realsplittings** nach einem („umgekehrten") interpersonellen Korrespondenzprinzip: Abzug der Zahlung beim Verpflichteten, dafür Besteuerung beim Empfänger (§ 10 Abs. 1 Nr. 1 u. § 22 Nr. 1a EStG).

[11] So beim Realsplitting (siehe vorhergehende Fußnote) und beim Kinderlastenausgleich (Abschn. 13.5).

werden daher regelmäßig separat einer besonderen Erbschaftsteuer in Form der Erbanfallsteuer mit einer Differenzierung nach persönlichen Momenten unterworfen oder in Form der Nachlasssteuer erfasst. Diese wurde in Österreich 2008 ersatzlos abgeschafft. (vgl. Abschn. 16.4).

Auch **öffentliche Transfers** stellen in ökonomischer Sicht individuelles Einkommen des Empfängers dar und sind somit in die Bemessungsgrundlage einer synthetischen ESt einzubeziehen. Erst so ergibt sich ein zutreffendes Gesamtbild der individuellen Leistungsfähigkeit (bzw. Bedürftigkeit). Ob die Transferbezüge dann tatsächlich auch mit Steuer belastet werden, hängt von der Höhe des Gesamteinkommens bzw. des im Steuertarif frei gelassenen Teils des Gesamteinkommens ab. Werden öffentliche Transfers ex ante für steuerfrei erklärt (vgl. die Aufzählung des § 3 EStG), also nicht in die Bemessungsgrundlage der ESt einbezogen, so kann dies zu Verzerrungen führen in einem System vielfältiger Transfers, deren Bezug jeweils davon abhängig gemacht wird, dass das *steuerlich* definierte Einkommen des Empfängers bestimmte Grenzen nicht überschreitet (allerdings gegebenenfalls **Progressionsvorbehalt,** siehe Abschn. 23.5).

Problematisch und viel diskutiert ist namentlich die steuerliche Behandlung von (Sozial-)Versicherungsleistungen, die (wie z. B. bei den **gesetzlichen Altersrenten**) rechtlich auf Ansprüchen beruhen, die durch frühere Beitragsleistungen begründet wurden. Nach dem **intrapersonellen Korrespondenzprinzip** sollten eigene Beiträge, die lediglich eine intrapersonelle, intertemporale Umverteilung von Lebenseinkommensteilen darstellen, nicht mehrfach besteuert werden. Das bedeutet: Werden die Beiträge aus versteuertem Einkommen geleistet, müssen (bei einer Organisation der Rentenversicherung nach dem Kapitaldeckungsverfahren) die Beitragsrückflüsse steuerfrei bleiben **(vorgelagertes Besteuerungsverfahren);** werden die Beiträge steuerfrei gelassen, müssen (auch) die Rückflüsse besteuert werden **(nachgelagertes Besteuerungsverfahren).**[12] Bei einer Rentenversicherung nach dem sog. Umlageverfahren mit Anpassung der Rentenhöhe an die Produktivitäts- bzw. Gehaltsentwicklung der aktiven Generation („dynamische Rente“), wie sie in Deutschland existiert, kann eigentlich nicht von „Beitragsrückflüssen“ gesprochen werden, und darüber hinaus werden die ausgezahlten Renten typischerweise nicht allein durch das Beitragsaufkommen der nächsten (aktiven) Generation, sondern auch durch einen nicht unerheblichen Staatszuschuss aus allgemeinen Steuermitteln (also auch durch die (Konsum-)Steuern der Rentnergeneration) finanziert. Eine exakte Trennung zwischen (nicht zu besteuernden) (hypothetischen) „Beitragsrückflüssen“ und (zu besteuernder) „Rendite“, wie sie das vorgelagerte Besteuerungsverfahren idealerweise erfordert, ist

[12] Im System einer Altersversorgung nach dem Kapitaldeckungsverfahren stellt das nachgelagerte Besteuerungsverfahren eine Form der „sparbereinigten“ Einkommensbesteuerung (vgl. Abschn. 12.1) dar.

deshalb bei einem Rentensystem nach dem Umlageverfahren recht problematisch. In einem nachgelagerten Besteuerungsverfahren erübrigt sich dagegen eine solche Aufspaltung.
In der deutschen Steuerpraxis ist das intrapersonelle Korrespondenzprinzip bei den gesetzlichen Altersrenten (das sind Leibrenten) lange Zeit nicht konsequent verwirklicht worden. Die Arbeitgeberbeiträge blieben in voller Höhe (als Betriebsausgaben) unbesteuert, die Arbeitnehmerbeiträge blieben weitgehend (als Sonderausgaben) steuerfrei. Demgegenüber wurde bei den Rentenbezügen (die steuerlich nicht Arbeitseinkünfte, sondern „sonstige Einkünfte" darstellen) nur der sogenannte **Ertragsanteil** (§ 22 EStG) besteuert, das ist ein Prozentsatz, dessen Höhe sich entsprechend der im Gesetz enthaltenen Tabelle nach dem Alter des Rentners zu Beginn der Rentenzahlungen bestimmt und dann auch bei wachsender Rente konstant bleibt. Je höher das Lebensalter bei Rentenbeginn, desto niedriger der Ertragsanteil. Setzte beispielsweise die Rente mit Vollendung des 65. Lebensjahres ein, so waren lediglich 27 % der jährlichen Rentenbezüge steuerpflichtig. Dies konnte zusammen mit den sonstigen Freibeträgen bewirken, dass ein Rentner im Vergleich mit einem Arbeitnehmer in nicht unerheblichem Umfang noch weitere Einkommen (z. B. aus Zinsen und Dividenden) beziehen konnte, bevor bei ihm die Einkommensbesteuerung einsetzte, und dass er, trotz relativ hoher Rentenbezüge, in den Genuss von an Einkommensgrenzen gebundenen Transfers kam, weil sein steuerliches Einkommen unterhalb der kritischen Grenze lag.
Nach einer entsprechenden Rüge des Bundesverfassungsgerichts wird nun seit 2005 die Besteuerung von Leibrenten und anderen Alterseinkünften generell schrittweise auf das nachgelagerte Verfahren umgestellt; ab dem Jahr 2040 werden Altersbezüge in voller Höhe steuerbar sein und damit Leibrenten, Bezüge aus betrieblichen Altersvorsorgesystemen und Beamtenpensionen steuerlich gleich behandelt werden.
In Österreich gilt bereits seit längerem das nachgelagerte Verfahren: Beiträge zur gesetzlichen Sozialversicherung bleiben als sog. Werbungskosten steuerfrei und die Rentenbezüge (**„Pensionen"**[13]) werden dementsprechend in voller Höhe als Einkünfte aus nichtselbstständiger Arbeit besteuert.[14]

- Besonders umstritten ist die einkommenssteuerliche Behandlung von **Wertzuwächsen** oder **Kapitalgewinnen (capital gains)**.[15] Interpretiert man steuerliche Leistungsfähigkeit im Sinne der Reinvermögenszugangstheorie, so sind Wertzuwächse als steuerpflichtiges Einkommen zu behandeln, und zwar unabhängig

[13] In Deutschland bezeichnet der Ausdruck „Pensionen" allein die Ruhestandsbezüge der Beamten. Diese Ruhestandsbezüge wurden schon bisher, anders als die Altersrenten, als Auszahlung früher vorenthaltener Gehaltsteile interpretiert und deshalb als nichtselbstständige Einkünfte in „voller" Höhe (allerdings spezieller Versorgungsfreibetrag, vgl. Tab. 13.1) nachgelagert besteuert.

[14] Dabei Abzug eines sog. Pensionistenabsetzbetrages von der Steuerschuld (max. 40 %).

[15] Vgl. hierzu Abschn. 15.3.

davon, ob es sich um noch nicht realisierte Wertsteigerungen handelt oder ob die Wertzuwächse in der relevanten Periode durch Veräußerung realisiert wurden (**realisierte** Wertzuwächse oder **Veräußerungsgewinne**).

Eine laufende Besteuerung auch nicht realisierter Wertzuwächse setzt allerdings eine Vermögensvergleichsrechnung mit einer Bewertung des Anfangsvermögens zu Anschaffungspreisen und des Endvermögens zu Wiederbeschaffungspreisen bei allen Steuerpflichtigen voraus. Eine derartige allgemeine Besteuerung auch nicht realisierter Wertsteigerungen wird heute in keinem westlichen Industriestaat praktiziert. Die Besteuerung der capital gains beschränkt sich vielmehr überall auf eine mehr oder minder allgemeine Erfassung von Veräußerungsgewinnen.

Der durch die steuerliche Berücksichtigung im Jahr der Realisierung entstehende Progressionseffekt wird abgemildert durch Freibeträge bzw. die nur partielle Erfassung der Veräußerungsgewinne und/oder durch die Anwendung ermäßigter Steuersätze. Derartige Regelungen sind insofern problematisch, als sie allokative und distributive Verzerrungen bewirken und beträchtliche Anreize schaffen, in der „normalen" Einkommensteuer hoch belastete Einkommensteile legal in unbesteuerte oder geringer besteuerte capital gains umzuwandeln (z. B. sog. „dividend stripping").

Im deutschen Einkommensteuerrecht[16] ist die steuerliche Behandlung von betrieblichen und privaten realisierten (nominellen) Wertzuwächsen traditionell unterschiedlich; die Unterschiede haben sich allerdings durch die ab 2009 geltende Neuregelung des § 23 EStG beträchtlich verringert: **Betriebliche Veräußerungsgewinne** werden im Grundsatz[17] bei der Gewinnermittlung erfasst und dem „normalen" ESt-Tarif unterworfen. **Private realisierte Wertzuwächse** („private Veräußerungsgeschäfte", früher „Spekulationsgewinne") dagegen werden nur besteuert, wenn es sich entweder um die Veräußerung einer Beteiligung (zu mindestens 1 % innerhalb der letzten 5 Jahre) an einer Kapitalgesellschaft handelt[18] oder wenn ein Grundstück veräußert wird und zwischen Anschaffung und Veräußerung nicht mehr als 10 Jahre[19] liegen oder wenn es sich um ein Veräußerungsgeschäft über andere Wirtschaftsgüter handelt

[16] Analog im österreichischen Einkommensteuerrecht.

[17] Ausnahmeregelungen z. B. bei Veräußerungen von Beteiligungen an Kapitalgesellschaften (§ 3 Nr. 40 EStG) und bei der Übertragung stiller Reserven (§ 6b EStG).

[18] §§ 17 u. § 3 Nr. 40 EStG: Vor 2001 wurde der Besonderheit, die derartige Einnahmen im Vergleich mit „regelmäßigen" Einnahmen besitzen, durch einen ermäßigten Steuersatz oder durch die rechnerische Verteilung „außerordentlicher" Einkünfte auf mehrere Jahre Rechnung getragen. Seit der Einführung des Halbeinkünfteverfahrens 2001 besteht eine Steuerpflicht nur für einen Teil (ab 2009 60 %) der Veräußerungseinnahmen. In Österreich: Freibetrag gem. § 31 ö.EStG.

[19] Österreich ebenso (§ 30 ö.EStG).

und zwischen seinerzeitiger Anschaffung und Veräußerung nicht mehr als 1 Jahr[20] liegt.[21]

13.2.2 Abzug der Aufwendungen der Einkunftserzielung

Die zweite „Etappe" der Bestimmung der Einkommensteuerbemessungsgrundlage umfasst den Abzug der Einkunftserzielungsaufwendungen entsprechend dem („objektiven") Nettoprinzip. Im deutschen und im österreichischen Steuerrecht werden diese Aufwendungen entweder **„Betriebsausgaben"** (z. B. bei gewerblicher Tätigkeit)[22] oder **„Werbungskosten"** (z. B. bei nichtselbstständiger Arbeit)[23] genannt. Das Ergebnis des Abzugs der Einkunftserzielungsaufwendungen heißt im deutschen und im österreichischen Steuerrecht **„Einkünfte"**.

Steuerlich abzugsfähig sind nach deutschem und österreichischem Steuerrecht grundsätzlich die Aufwendungen, die vom subjektiven Standpunkt des Handelnden aus der Einkunftserzielung dienen. Auf die betriebliche bzw. berufliche Notwendigkeit, Üblichkeit, Zweckmäßigkeit oder Angemessenheit kommt es – anders als im angelsächsischen Steuerrecht[24] – grundsätzlich nicht an (sofern nur ein Zusammenhang zwischen Ausgaben und beabsichtigter Einnahmenerzielung erkennbar ist).[25] **Einschränkungen der Abzugsfähigkeit** können sich aber infolge von zwei grundsätzlichen Abgrenzungsproblemen ergeben:

- Einkunftserzielungsaufwendungen sind abzugrenzen von den steuerlich nicht abzugsfähigen **Aufwendungen für die private Lebensführung** (Einkommensverwendung). Die Abgrenzung ist im konkreten Fall nicht immer leicht. Kontrovers sind vor allem die – in der Praxis prinzipiell nicht anerkannten – sogenannten gemischten Aufwendungen, die sowohl beruflich veranlasst sind als auch der privaten Lebensführung dienen (Beispiel: Laptop).

---

[20] Österreich ebenso (§ 30 ö.EStG).

[21] Für private Veräußerungen von Wertpapieren gilt seit 2009 (anders als in Österreich) die Jahresfrist nicht mehr, diese Veräußerungsgewinne sind stets und in voller Höhe der (Abgeltung-) Steuer unterworfen; vgl. auch Abschn. 16.3.

[22] „Betriebsausgaben sind Aufwendungen, die durch den Betrieb veranlasst sind"; § 4 Abs. 4 deutsches und österreichisches EStG.

[23] „Werbungskosten sind Aufwendungen zur Erwerbung, Sicherung oder Erhaltung der Einnahmen"; § 9 EStG u. § 16 ö.EStG.

[24] Im amerikanischen und englischen Einkommensteuerrecht müssen die Einkunfts-erzielungsaufwendungen „notwendig" (necessary) sein.

[25] Beispielsweise kann das Finanzamt also den Abzug des Kaufpreises für die (teurere) gebundene Version eines Fachbuches nicht mit dem Hinweis ablehnen, dasselbe Fachbuch sei auch in einer preiswerteren Taschenbuchausgabe erhältlich.

Ebenfalls umstritten ist der steuerliche Abzug der Kosten von Fahrten zwischen Wohnung und Arbeitsplatz. Kritiker argumentieren, ein solcher Abzug sei zum einen bedenklich, weil die Wahl des Wohnortes eine freie Willensentscheidung des Individuums sei (Ausnahmen werden für verheiratete Doppelverdiener eingeräumt) und damit die Kosten des Pendelns nicht zwangsläufig anfielen.[26] Der Abzug sei darüber hinaus bedenklich, da für den Steuerpflichtigen oftmals die beiden Alternativen „teure Wohnung im Ballungsgebiet nahe dem Arbeitsplatz" und „billigere Wohnung im weiter entfernten Umland" bestünden, die erhöhten Wohnungskosten aber anders als die erhöhten Fahrtkosten nicht steuerlich geltend gemacht werden könnten und insofern die Entscheidung zugunsten des ökologisch bedenklichen Pendelns verzerrt werde. Der 2001 eingeführte verkehrsmittelunabhängige Abzug einer Entfernungspauschale (**„Pendlerpauschale"**)[27] kann sowohl mit Verwaltungsvereinfachung als auch mit verkehrspolitischen Zielen begründet werden.
Beim Betriebsausgabenabzug sind im deutschen EStG bestimmte Aufwendungen für Geschenke, Bewirtung, Beherbergung und Unterhaltung sogar ausdrücklich vom Abzug ausgenommen, selbst dann, wenn die betriebliche Veranlassung außer Zweifel steht. Der Gesetzgeber ordnet diese Aufwendungen wesentlich der privaten Lebensführung und dem gesellschaftlichen Repräsentationsbedürfnis zu und will missbräuchliche Verlagerungen von Ausgaben der privaten Sphäre in den betrieblichen Aufwand ausschließen.

- Betriebliche Einkunftserzielungsaufwendungen müssen **periodengerecht** angesetzt werden und müssen abgegrenzt werden von aktivierungspflichtigen Aufwendungen, die mit einer Erhöhung des Betriebsvermögens verbunden sind. Zum Zwecke der „richtigen" Erfassung des Verschleißes der dauerhaften Anlagegüter des Betriebsvermögens durch **Abschreibungen** müssen Normierungen vorgenommen werden hinsichtlich des steuerlich zulässigen Abschreibungsbetrages, der Abschreibungsperiode und der Verteilung des Abschreibungsbetrages auf die Abschreibungsperiode.

13.2.3 Abzüge zur Ermittlung des individuellen „Leistungsfähigkeitseinkommens"

Auf der dritten und letzten Stufe der Ermittlung der Bemessungsgrundlage der ESt werden im an sich steuerlich irrelevanten Bereich der Einkommensverwendung Abzüge vorgenommen. Entweder soll dadurch eine in den Augen des Gesetzgebers besonders förderungswürdige Art der Einkommensverwendung begünstigt werden, oder es soll auf diese Weise bestimmten persönlichen Verhältnissen im jeweiligen Einzelfall Rechnung

[26] Im Einkommensteuerrecht der USA beispielsweise gibt es mit dieser Argumentation keinen Abzug der Kosten von Fahrten zwischen Wohnung und Arbeitsplatz.

[27] In Österreich Verkehrsabsetzbetrag.

getragen werden, weil sich nach Auffassung des Steuergesetzgebers erst so aus dem „ökonomischen“ (Netto-)Einkommen ein interpersonell vergleichbares „subjektives Leistungsfähigkeitseinkommen“ ergibt. Die Grundidee dieser **„Leistungsfähigkeitsabzüge“** ist die Annahme, dass Einkommensteile, über die der Steuerpflichtige nicht frei für Konsum- oder Sparzwecke disponieren kann, keine „Leistungsfähigkeit“ verkörpern.

Die Abzüge auf dieser Stufe der Ermittlung der Steuerbemessungsgrundlage werden im deutschen und im österreichischen Steuerrecht als **„Sonderausgaben“** und als **„außergewöhnliche Belastungen“** bezeichnet; hinzu kommen im deutschen EStG die „Sonderfreibeträge“. Das Resultat dieser letzten Gruppe von Abzügen, die Steuerbemessungsgrundlage, heißt **„zu versteuerndes Einkommen“.**[28]

Die Kategorie der **Sonderausgaben** umfasst ein Konglomerat recht unterschiedlicher Abzüge. Bezeichnenderweise kennt das EStG (§ 10 dt. EStG, § 18 ö. EStG) keine allgemeine Definition von „Sonderausgaben“. Es handelt sich um einen abschließend definierten Katalog von spezifischen Ausgaben, denen gemeinsam ist, dass sie nicht mit der Erzielung von Einkünften zusammenhängen, sondern Einkommensverwendung darstellen. Im deutschen EStG umfassen die Sonderausgaben im Wesentlichen:

- **Unterhaltsleistungen** an den geschiedenen Ehepartner;
- auf besonderen Verpflichtungsgründen beruhende, lebenslange und wiederkehrende **Versorgungsleistungen:** unbeschränkt abzugsfähig;
- **„Vorsorgeaufwendungen“,** das sind Beiträge zu Versicherungen zur Altersvorsorge und zu Risikoversicherungen (Arbeitslosen-, Berufsunfähigkeits-, Kranken-, Pflege-, Unfall- und Haftpflichtversicherungen): beschränkter Abzug;
- gezahlte **Kirchensteuer:**[29] unbeschränkt abzugsfähig;
- **Kinderbetreuungskosten:** beschränkt abzugsfähig;
- Aufwendungen für die eigene **Berufsausbildung oder Weiterbildung** in einem nicht ausgeübten Beruf: Höchstgrenze;
- Ausgaben zur **Förderung gemeinnütziger usw. Zwecke, Beiträge und Spenden** an politische Parteien: Höchstgrenze.

Daneben werden der **Verlustrücktrag** und der **Verlustvortrag** systematisch wie Sonderausgaben behandelt. Wie bei den Werbungskosten werden zur Verwaltungsvereinfachung insbesondere bei der Quellenbesteuerung von Arbeitsentgelten ohne Einzelnachweis

---

[28] Vgl. das Schema der Ermittlung des zu versteuernden Einkommens nach dem deutschen EStG weiter unten.

[29] Die **Kirchensteuer** wird in Deutschland von den als Körperschaften des öffentlichen Rechts anerkannten Religionsgemeinschaften deren Mitgliedern kraft staatlich verliehenem Besteuerungsrecht auferlegt. Die Abgabe wird in erster Linie als Zuschlag zur Einkommen- bzw. Lohnsteuer erhoben. Veranlagung, Erhebung und Betreibung der Kirchensteuer erfolgen (nicht so in Bayern und Österreich) durch die staatlichen Finanzämter.

Pauschbeträge anerkannt (§ 10 c EStG): Sonderausgaben-Pauschbetrag sowie Vorsorgepauschale.

„Außergewöhnliche Belastungen“ liegen nach der Legaldefinition (§ 33 EStG, § 34 ö.EStG) vor, wenn einem Steuerpflichtigen „zwangsläufig größere Aufwendungen als der überwiegenden Mehrzahl der Steuerpflichtigen gleicher Einkommensverhältnisse, gleicher Vermögensverhältnisse und gleichen Familienstands“ erwachsen. Als „zwangsläufig“ gelten Aufwendungen, denen sich der Steuerpflichtige „aus rechtlichen, tatsächlichen oder sittlichen Gründen“ nicht entziehen kann (Beispiel: nicht erstattete Krankheitskosten, Wiederbeschaffungsaufwendungen nach Brand oder Unwetterkatastrophe). Abziehbar sind allerdings nur die „notwendigen“ und „angemessenen“ Aufwendungen nach Kürzung um einen gewissen Prozentsatz der Einkünfte als **„zumutbare (Mehr-) Belastung“.** Dieser Prozentsatz ist nach der Höhe der Einkünfte (wachsend) und nach der Kinderzahl (fallend) gestaffelt.

Zu den mit dem Gedanken eines subjektiven „Leistungsfähigkeitseinkommens“ begründeten (pauschalen) Abzügen bei der Ermittlung der Bemessungsgrundlage zählen schließlich noch die sog. **Freibeträge** für Eltern(-teile): **Kinderfreibetrag, Bedarfsfreibetrag** für den Betreuungs- und Erziehungs- oder Ausbildungsbedarf des Kindes sowie **Entlastungsbetrag für Alleinerziehende.** Diese Abzüge gehören zu dem umstrittenen Problemkreis des Kinderlastenausgleichs, auf den weiter unten eingegangen wird (Abschn. 13.5).

13.2.4 Abzüge bei der Ermittlung der Steuerbemessungsgrundlage oder Abzüge von der Steuerschuld?

Abzüge bei der Ermittlung der Steuerbemessungsgrundlage (oft nicht ganz korrekt auch „Abzüge von der Bemessungsgrundlage“ genannt) können nach allem zuvor Gesagten a) Abzüge zur Sicherstellung des objektiven Nettoprinzips (Einkunftserzielungsaufwendungen), b) Abzüge zur Ableitung eines individuellen „Leistungsfähigkeitseinkommens“ aus dem ökonomischen Einkommen und c) Steuerbegünstigungen zur Förderung bestimmter Verhaltensweisen bzw. Einkommensverwendungen sein. Nimmt man als Bezugsbasis die individuelle Steuerbelastung, die sich ohne die jeweiligen Abzüge ergeben hätte, so führen Abzüge bei der Ermittlung der Steuerbemessungsgrundlage zu „Steuerentlastungen“. Der bei steigenden Grenzsteuersätzen interpersonell variierende Umfang derartiger Steuerentlastungen hat immer wieder verteilungspolitische Kritik hervorgerufen:

Jede Verkürzung der (potenziellen) Bemessungsgrundlage „von oben her“ durch die Einführung von Abzügen bei der Ermittlung der Steuerbemessungsgrundlage führt zu Verringerungen der individuellen Steuerbeträge T_i. Der absolute Umfang der individuellen Steuerentlastung (ΔT_i) durch die Einführung ein und desselben Abzuges **(Freibetrag)** nimmt mit der Höhe des individuellen Steuersatzes (d. h. des Einkommens) zu. Dies ist das Spiegelbild der Tatsache, dass bei direkt progressivem Steuertarif die

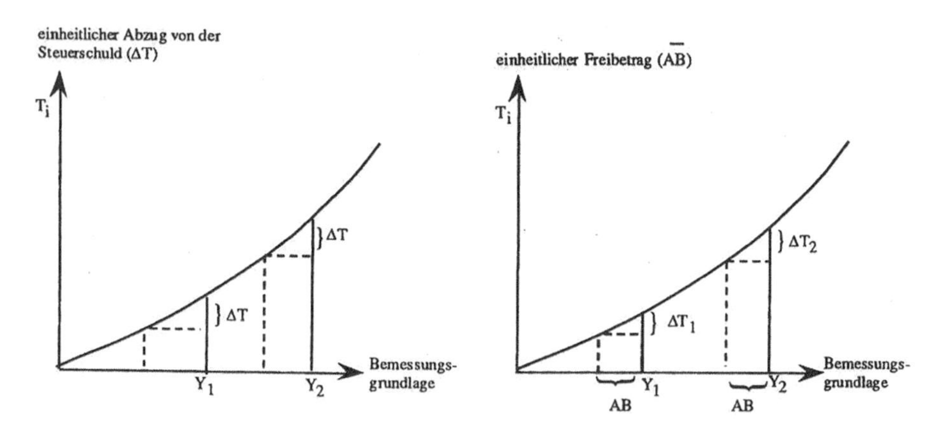

Abb. 13.1 Entlastungswirkung von Freibeträgen und Abzügen von der Steuerschuld

mit einem Zuwachs der Bemessungsgrundlage verbundene zusätzliche Steuerschuld bei großem B_i größer ist als bei kleinem B_i. Anders ist dies bei Einführung eines dem Betrag nach einheitlichen **Abzuges von der Steuerschuld** (im österreichischen Steuerrecht: **„Steuerabsetzbetrag"**). Hier ist die Steuerentlastung für jede Größe der Bemessungsgrundlage naturgemäß gleich groß (ΔT in Abb. 13.1).[30]

Die Antwort auf die Frage „Freibetrag oder Abzug von der Steuerschuld?" scheint damit auf den ersten Blick einfach zu sein:

- Handelt es sich um „systembedingte" Abzüge, die der Realisierung des „objektiven" oder „subjektiven" Nettoprinzips dienen, d. h. durch die überhaupt erst aus den Bruttobezügen die „richtige" Steuerbemessungsgrundlage errechnet wird, so kann weder von einer „Steuerentlastung" die Rede sein, noch kann das Ausmaß dieser „Entlastung" Gegenstand verteilungspolitischer Überlegungen sein. Es ist eine Konsequenz der Entscheidung für einen progressiven Steuertarif.
- Die Entlastungswirkung einer Verkürzung der Bemessungsgrundlage kann nur dann Anlass zu redistributiven Modifikationen geben, wenn es sich um einen Abzug handelt, der **nicht** Einkunftserzielungsaufwendungen oder Tatbeständen Rechnung trägt, in denen eine Verringerung der individuellen Leistungsfähigkeit zu sehen ist. Dem Motiv beispielsweise, bestimmte gesellschaftlich erwünschte Verhaltensweisen zu fördern, sollten in verteilungspolitischer Hinsicht Instrumente wie direkte Transfers (Prämien) oder Abzüge von der Steuerschuld entsprechen, bei denen die Steuerersparnis nicht von der Höhe des Steuersatzes abhängt.

[30] Es sei angenommen, dass es dann, wenn der Steuerabsetzbetrag größer ist als die individuelle Steuerschuld, zu einer Erstattung kommt (sog. Negativsteuerlösung).

Wo aber liegt im Einzelfall die Grenze zwischen „systembedingten" Abzügen und solchen Abzügen, die lediglich eine in den Augen des Gesetzgebers besonders förderungswürdige Verhaltensweise bzw. Verwendung des Markteinkommens begünstigen? Was ist die dem Postulat „Besteuerung nach der Leistungsfähigkeit" entsprechende Bemessungsgrundlage im Einzelfall? Gibt es überhaupt über das „objektive" Nettoeinkommen hinaus einen interpersonell vergleichbaren Maßstab in Form eines individuellen „Leistungsfähigkeitseinkommens" oder handelt es sich bei diesem Konzept schon um ein „vertikales Umverteilungswerturteil" jenseits des Postulats der Gleichmäßigkeit der Besteuerung (horizontale Gerechtigkeit)? Wie viel Raum das so oft zitiert Prinzip der Besteuerung nach der Leistungsfähigkeit nicht nur in der Tariffrage, sondern auch in der Frage der Bemessungsgrundlage für unterschiedliche Interpretationen lässt, dafür bieten die Diskussion des steuerlichen Kinderlastenausgleichs sowie der internationale Vergleich der vielfältigen nationalen Regelungen der Einkommensteuer-Bemessungsgrundlage die beste Illustration.

13.3 Die Ermittlung der Steuerbemessungsgrundlage nach dem Einkommenssteuergesetz

Ausgangspunkt der Berechnung des zu versteuernden Einkommens im deutschen (und auch im österreichischen) Einkommensteuerrecht sind die „Einkünfte" aus den in § 2 EStG abschließend aufgezählten **„Einkunftsarten"**:

1. Einkünfte aus Land- und Forstwirtschaft
2. Einkünfte aus Gewerbebetrieb
3. Einkünfte aus selbstständiger Arbeit
4. Einkünfte aus nichtselbstständiger Arbeit
5. Einkünfte aus Kapitalvermögen
6. Einkünfte aus Vermietung und Verpachtung
7. Sonstige Einkünfte i.S. des § 22 EStG.

Die einzelnen Einkunftsarten sind in den §§ 13–24 EStG näher umschrieben. Im Einzelfall ist es durchaus nicht gleichgültig, welcher Einkunftsart bestimmte Bezüge zuzurechnen sind. Dies u. a. deshalb, weil das Gesetz unterschiedliche Verfahren der Ermittlung der Einkünfte kennt (s. u.), weil es einkunftsartenspezifische Freibeträge und sonstige Sondervergünstigungen gibt und weil der Verlustausgleich bei bestimmten Einkünften beschränkt ist.

Zu den Einkünften aus **Gewerbebetrieb** gehören neben dem Gewinn aus gewerblichen Einzelunternehmen auch die Einkünfte aus „Mitunternehmerschaften", das sind namentlich die Gewinnanteile und Sondervergütungen der Gesellschafter einer offenen Handelsgesellschaft (OHG) und einer Kommanditgesellschaft (KG).[31] Eine eigenständige Steuerpflicht von Personengesellschaften gibt es nicht. Die Einkünfte aus **selbstständiger Arbeit** umfassen in erster Linie die Einkünfte aus freiberuflicher Tätigkeit (Künstler, Schriftsteller, Ärzte, Rechtsanwälte usw.). Zu den Einkünften aus **Kapitalvermögen** gehören vor allem Zinsen, Dividenden und andere Kapitalerträge. Die **sonstigen Einkünfte** schließlich stellen keineswegs eine Restgröße dar, unter der (i. S. eines umfassenden Einkommensbegriffes) alle nicht unter die ersten sechs Einkunftsarten fallenden Zuflüsse zusammengefasst werden. Unter „sonstige Einkünfte" fallen vielmehr lediglich ganz bestimmte Kategorien von Einnahmen, insbesondere (§ 23 EStG):

- Einkünfte aus wiederkehrenden Bezügen, wie z. B. auf Lebenszeit gewährte Renten (Leibrenten) einschließlich der gesetzlichen Altersrenten;
- Leistungen aus Altersvorsorgeverträgen, Pensionsfonds, Pensionskassen und Direktversicherungen
- Einkünfte aus Unterhaltsleistungen zwischen geschiedenen Ehegatten (Realsplitting);
- Einkünfte aus privaten Veräußerungsgeschäften (Veräußerungsgewinne), Freigrenze: 600 EUR;
- Einkünfte aus (nicht nachhaltigen) „Leistungen". Beispiele: gelegentliche Vermittlung eines Geschäfts, Vermietung beweglicher Gegenstände, Freigrenze: 256 EUR;
- Abgeordnetenbezüge.

Der **„enumerative Einkommensbegriff"** des EStG entspricht damit weder der Reinvermögenszugangstheorie (es fehlen z. B. nicht realisierte Wertzuwächse, Erbschaften, Glücksspielgewinne) noch – trotz der formellen Anklänge – der älteren Quellentheorie (es werden auch unregelmäßig fließende „sonstige Einkünfte" erfasst). Was nicht unter die 7 Einkunftsarten fällt, ist einkommenssteuerlich nicht relevant („nicht steuerbar").

Die **„Einkünfte"** sind Nettogrößen, die sich nach Abzug der Einkunftserzielungsaufwendungen ergeben. Einkünfte werden bei den ersten drei Einkunftsarten als **„Gewinn"** ermittelt, bei den restlichen Einkunftsarten als **„Überschuss der Einnahmen über die Werbungskosten"** (sog. dualistische Einkunftsermittlung: „Gewinneinkünfte" und „Überschusseinkünfte").

Arten der Gewinnermittlung sind:[32]

[31] Man spricht deshalb auch von einem an der Rechtsform anknüpfenden „Dualismus der Unternehmensbesteuerung" im deutschen und österreichischen Steuerrecht: Einzelunternehmen und Personengesellschaften: Keine eigenständige Steuerpflicht der Gesellschaft, sondern Besteuerung des Gewinns bei den Gesellschaften via Einkommensteuer; Kapitalgesellschaften: Eigene Steuerpflicht der Gesellschaft in Form der Körperschaftsteuer.

[32] In den Grundzügen entsprechend das österreichische EStG (§§ 4, 5 u. 17).

- **Betriebsvermögensvergleich:** Der Gewinn wird ermittelt als Saldo zwischen dem Betriebsvermögen am Ende und dem Betriebsvermögen am Anfang des Wirtschaftsjahres, vermehrt um den Wert der Entnahmen für private oder andere betriebsfremde Zwecke, vermindert um den Wert der Einlagen (§ 4 ABs. 1 EStG). Die einzelnen Wirtschaftsgüter sind grundsätzlich mit den Anschaffungs- oder Herstellungskosten, gegebenenfalls vermindert um die Absetzungen für Abnutzung nach § 7, anzusetzen (§ 6 EStG).
- **Einnahmenüberschussrechnung** nach § 4 Abs. 3 EStG: Gewinn ist der Überschuss der Betriebseinnahmen über die Betriebsausgaben. Diese Gewinnermittlungsart findet Anwendung bei nicht buchführenden Freiberuflern, Kleingewerbetreibenden und kleineren Landwirten (soweit diese nicht unter § 13 a EStG fallen).
- **Gewinnermittlung nach Durchschnittsätzen** gem. § 13 a EStG für nicht buchführungspflichtige Landwirte.

Die näheren Einzelheiten der Gewinnermittlung, der Bewertung von Wirtschaftsgütern usw. gehören zum Themenbereich der betriebswirtschaftlichen Steuerlehre und der Steuerrechtswissenschaft.

Die weiteren Schritte der Ermittlung des zu versteuernden Einkommens aus den Einkünften sind in der (vereinfachten) Tab. 13.1 dargestellt. Die einzelnen Gruppen von Abzügen und die dahinterstehende Motivation des Gesetzgebers wurden bereits im vorherigen Abschnitt behandelt.

Tab. 13.1 deutet zugleich an,[33] in welchem Umfang das „objektive" Nettoeinkommen auf dem Wege bis zum „subjektiven Leistungsfähigkeitseinkommen" durch Abzüge reduziert wird. Fassen wir noch einmal zusammen, wie weit die Steuerbemessungsgrundlage des deutschen EStG entfernt ist von dem umfassenden Einkommensbegriff der Reinvermögenszugangstheorie. **Dem Steuerzugriff unterliegen nicht:**

1. **vom steuerlichen Einkommensbegriff nicht erfasste Einkommensteile:** z. B. Spiel- und Wettgewinne, realisierte private capital gains außerhalb bestimmter Fristen, nicht realisierte capital gains.
2. **im Gesetz ausdrücklich freigestellte Bezüge** (vgl. insbesondere die lange Liste des § 3 EStG):
   - **überwiegend sozialpolitisch motivierte Befreiungen** (z. T. mit Progressionsvorbehalt): öffentliche Transfers, wie z. B. Arbeitslosengeld, Leistungen zur Sicherung des Lebensunterhalts nach dem Sozialgesetzbuch, Kindergeld, Mutterschaftsgeld, Erziehungsgeld, Wohngeld, Stipendien.

[33] Nicht aufgeführt sind in Tab. 13.1 die zahlreichen „Sondervergünstigungen" bei der Ermittlung der Einkünfte in Form von pauschalierten Berechnungen, erhöhten Absetzungen, Sonderabschreibungen und Bewertungsfreiheiten.

Tab. 13.1 Vereinfachtes Schema der Ermittlung des zu versteuernden Einkommens

Gewinn	Einkünfte aus Land und Forstwirtschaft (§§ 13 14a) Einkünfte aus Gewerbebetrieb (§§ 15 17) Einkünfte aus selbstständiger Arbeit (§ 18)
Überschuss der Einnahmen über die Werbungskosten	Einkünfte aus nichtselbstständiger Arbeit (§§ 19-19a) (=Bruttolöhne und -gehälter sowie Ruhegehälter (Pensionen) der Beamten (./. Versorgungs-Freibetrag)[34] ./. tatsächliche Werbungskosten oder Arbeitnehmer-Pauschbetrag (§ 9a): 920 EUR Einkünfte aus Kapitalvermögen (§ 20) (= Kapitalerträge./.Werbungskosten-Pauschale) (=„Sparer-Pauschbetrag" gem. § 20 Abs. 9): 801/1602 EUR)[35] Einkünfte aus Vermietung und Verpachtung (§ 21) sonstige Einkünfte (§§ 22–23)
= **Summe der positiven Einkünfte** ./. negative Einkünfte (intratemporaler Verlustausgleich)	
= **„Summe der Einkünfte"** (§ 2 Abs. 3) ./. Altersentlastungsbetrag (§ 24a) bei Einkünften ab dem vollendeten 64. Lebensjahr (ausgenommen Versorgungsbezüge u. Leibrenten): (2009) 33,6 %, maximal 1596 EUR[36] ./. Entlastungsbetrag für Alleinerziehende (§ 24b): 1308 EUR	
= **„Gesamtbetrag der Einkünfte"** (§ 2 Abs. 3) ./. „Verlustabzug" (Verlustrücktrag, Verlustvortrag) (§ 10d) ./. Sonderausgaben (tatsächlich oder pauschaliert) (§§ 10 10c) ./. außergewöhnliche Belastungen (tatsächlich oder pauschaliert) (§§ 33 33b)	
= **„Einkommen"** (§ 2 Abs. 4) ./. Kinderfreibetrag u. „Bedarfsfreibetrag" (§ 32 Abs. 6): 2904/5808 EUR je Kind	
= **„zu versteuerndes Einkommen"** (§ 2 Abs. 5)	

- **überwiegend wirtschaftspolitisch motivierte („Lenkungs-") Befreiungen:** Investitionszulagen, Wohnungsbau-Prämien, Arbeitnehmersparzulage, Zuschläge für Sonntags-, Feiertags- u. Nachtarbeit u. a. m.
- **sog. Vereinfachungsbefreiungen:** Trinkgelder; Belegschaftsrabatte wie z. B. Jahreswagen (Preisabschlag 4 %, Freibetrag 1080 EUR) und andere geldwerte Vorteile aus dem Arbeitsverhältnis; nicht der Lohnsteuer unterworfene Einkünfte von Lohnsteuerpflichtigen bis zu einer Freigrenze (410 EUR) u. a. m.

3. **besondere Abzüge bei der Ermittlung der Steuerbemessungsgrundlage:**

[34] Der Versorgungsfreibetrag wird im Zuge der allmählichen Einführung des Verfahrens der nachgelagerten Besteuerung aller Altersbezüge bis zum Jahre 2040 abgeschmolzen.

[35] Der Abzug der tatsächlichen Werbungskosten ist bei Kapitalerträgen ab 2009 ausgeschlossen.

[36] Der Altersentlastungsfreibetrag wird im Zuge der allmählichen Einführung des Verfahrens der nachgelagerten Besteuerung aller Altersbezüge bis zum Jahre 2040 abgeschmolzen.

- Erhöhte Absetzungen, Sonderabschreibungen und Bewertungsfreiheiten (insbesondere für Wohngebäude, kleine und mittlere Unternehmen, für Umweltschutz- und für Energiesparmaßnahmen).
- an spezifische Einkunftsarten gebundene Freibeträge: Arbeitnehmer- Pauschbetrag, Versorgungs-Freibetrag, Sparer-Pauschbetrag, Altersentlastungsbetrag.
- Sonderausgaben.

Gemessen am ökonomischen Einkommensbegriff i.S. von Schanz, Haig und Simons kommt es in der Steuerpraxis also zu einer beträchtlichen „Aushöhlung" der Steuerbasis. In der angelsächsischen Literatur hat sich für diesen Tatbestand der Ausdruck **„Steuererosion" (tax erosion)** eingebürgert. Dabei werden die mit Steuerbefreiungen, Freibeträgen und anderen „Steuervergünstigungen" verbundenen Abweichungen vom ökonomischen Einkommensbegriff (comprehensive tax base) als bewusster Verzicht des öffentlichen Sektors auf Steuereinnahmen und somit als Gegenstück zu direkten Transferzahlungen aufgefasst **(„Steuerausgaben", tax expenditures).**

In den letzten Jahrzehnten hat die Kritik an der Steuererosion erheblich zugenommen. Beanstandet werden nicht nur die geringe verteilungspolitische Transparenz und Steuerbarkeit derartiger tax expenditures und daraus erwachsende Ungleichbehandlungen, sondern zunehmend auch die negativen Allokationswirkungen von Sondervergünstigungen und daraus resultierenden hohen Steuersätzen. Dies hat wiederholt zu Vorschlägen geführt, der Einkommensbesteuerung eine **comprehensive tax base** zugrunde zu legen und die Ausweitung der Bemessungsgrundlage „aufkommensneutral" mit einer Tarifsenkung zu verbinden (bzw. gewünschte Tarifsenkungen entsprechend zu „finanzieren"). Die zunächst allgemeine Zustimmung der Öffentlichkeit zu derartigen Vorschlägen wandelt sich freilich erfahrungsgemäß schnell, sobald Näheres über die damit verbundenen konkreten Streichungen von tax expenditures bekannt werden.

13.4 Der Einkommensteuertarif

Alle modernen Einkommensteuern lassen direkt oder indirekt einen „unteren" Teil des Einkommens unbelastet, um die Steuerfreiheit des „Existenzminimums" zu gewährleisten und auch um zu vermeiden, dass im Verhältnis zu den Einnahmen unangemessene Erhebungskosten entstehen. Technisch wird dies auf dreierlei Weise bewerkstelligt:

- Abzug eines einheitlichen **Freibetrages (Grundfreibetrag i. e. S.)** bei der Ermittlung der Steuerbemessungsgrundlage, also vor Anwendung des Steuertarifs (Beispiele: Japan, Großbritannien). Bei steigenden Grenzsteuersätzen wächst der Betrag der hiermit verbundenen Steuer „entlastung" (im Vergleich zur hypothetischen Belastung bei ungekürzter Bemessungsgrundlage).

- Einbau einer **Nullzone** in den Steuertarif, sodass bei ungekürzter Steuerbemessungsgrundlage die erste Teilmenge des Einkommens mit einem Grenzsteuersatz von 0 % besteuert wird. Eine einkommenssteuerliche Nullzone gibt es z. B. in Deutschland (in § 32a EStG formal nicht ganz korrekt „Grundfreibetrag" genannt), in Österreich (direkte Bundessteuer).
- Abzug einer konstanten Summe vom Steuerbetrag **(Steuerabsetzbetrag, tax credit);** Beispiele: Österreich, Dänemark, Kanada.

Die Einkommensteuertarife der westlichen Industriestaaten sind mit Ausnahme des deutschen Steuertarifs einfach zu verstehende **Stufengrenzsatztarife** mit pro Teilmenge des Einkommens zunehmendem Grenzsteuersatz. In den letzten dreißig Jahren haben die meisten OECD-Länder dabei die Zahl dieser Tarifstufen erheblich reduziert, zum Teil auf nur 2 Stufen (Irland, Schweden).

Lediglich in Deutschland wird der Einkommensbesteuerung seit langem ein **Formeltarif** zugrunde gelegt, bei dem die Steuerschuld **(Steuerbetragstarif)** aus dem zu versteuernden Einkommen mithilfe von quadratischen Funktionen bestimmt wird.[37] Die Tarifformeln sind im Steuergesetz selbst (§ 32 a EStG) enthalten.

In Deutschland gibt es 5 Tarifzonen, wobei die Tarifgrenzen jährlich geändert werden[38]. Die Nullzone endet mit einem Einkommen von 9744 EUR. Die erste Progressionszone verläuft von 9745 EUR bis 14.753 EUR und sieht einen linear ansteigenden Steuertarif beginnend beim Eingangssteuersatz von 14 % bis zu einem Steuersatz von ca. 24 %. Die zweite Progressionszone geht bis zu einem Einkommen von 57.916 EUR mit ebenfalls linear steigenden Steuersätzen von 24 % bis 42 %. Anschließend folgen zwei Proportionalzonen, bis 274.612 von 42 %, darüber hinaus wird der Spitzensteuersatz von 45 % fällig.

Zwischen 1995 und 2020 wurde zur Einkommensteuer (und Körperschaftsteuer) ein (mit den finanziellen Lasten der deutschen Wiedervereinigung von 1990 begründeter, aber nicht zweckgebundener) **Solidaritätszuschlag** in Höhe von derzeit 5,5 % der festgesetzten Einkommensteuerschuld erhoben. Seit 2021 sind Einkommen bis 73.000 EUR vom Solidaritätszuschlag befreit. Zwischen 73.001 EUR und 109.000 EUR verläuft eine Milderungszone, wo der Solidaritätszuschlag auf die maximale Höhe von 5,5 % der gesamten Einkommenssteuer (nicht der Bemessungsgrundlage) angehoben wird. Der maximale Grenzsteuersatz der Einkommensbesteuerung beträgt mithin 45 % (100 % + 5,5 %) = 47,5 %.

[37] Die erste Ableitung (die Gleichung für den Grenzsteuersatz) ist also jeweils eine lineare Funktion. Die Schreibweise der quadratischen Gleichungen für die Steuerschuld T vermeidet durch Ausklammern die explizite Verwendung von (Zweier-) Potenzen (sog. Horner-Schema). Diese Schreibweise wurde seinerzeit damit begründet, dass sie die Verwendung der (damaligen) EDV erleichtere.

[38] Im nachfolgenden werden die Tarifgrenzen für 2021 angegeben.

Ein wesentliches Merkmal des deutschen Steuerrechts ist das Ehegattensplitting. Dabei werden die beiden Einkommen von Ehegatten summiert, und jeder Ehepartner zahlt dann Einkommenssteuer auf den halben Betrag. Während dies bei Ehepartnern mit gleichem Einkommen keinen Unterschied macht, können Ehepartner mit sehr unterschiedlichen Einkommen dadurch große Steuervorteile erzielen.

Das Splittingverfahren weist in ökonomischer Hinsicht vor allem zwei allokative Nichtneutralitäten auf: Es ist a) nicht entscheidungsneutral (heiratsneutral), sondern führt zu einer Begünstigung der Ehe, d. h. durch die Eheschließung sinkt die Steuerbelastung eines Paares. Das Splittingverfahren verzerrt ferner b) die Erwerbsentscheidung der Ehepartner stärker als die Individualbesteuerung: Entscheidet sich z. B. die Ehefrau dafür, eine Erwerbstätigkeit (wieder) aufzunehmen, so muss sie in Rechnung stellen, dass ihr Einkommen von Anfang an einer relativ hohen (Grenz-) Steuerbelastung unterliegt, weil der Steuersatz, der auf ihre Einkünfte zur Anwendung kommt, auch von dem bereits vorhandenen Einkommen des Ehemannes abhängt. Das Splitting dürfte damit wohl die Erwerbsbeteiligung verheirateter Frauen negativ beeinflussen.[39]

Auf der anderen Seite ist unter den dargestellten drei Steuertechniken das Splittingverfahren das einzige unter den drei geschilderten steuertechnischen Verfahren, das *gleichzeitig* jenen beiden Postulaten genügt, die das Bundesverfassungsgericht für die Ehegattenbesteuerung aufgestellt hat. Danach muss i) sichergestellt sein, dass zwei Ehepaare mit insgesamt gleich hohem Einkommen stets gleich viel Steuern zahlen, und es muss ii) gewährleistet sein, dass durch die Eheschließung die Gesamtsteuerbelastung eines Paares nicht steigt.

Die Ausgestaltung des deutschen Einkommensteuertarifs ist namentlich in den letzten Jahren viel diskutiert worden. Progression i. S. steigender Durchschnittsteuersätze kann prinzipiell – wie das Beispiel der meisten anderen Industriestaaten zeigt – auch durch einen Stufengrenzsatztarif mit nur wenigen, über einen längeren Bereich **konstanten Grenzsteuersätzen** erreicht werden. Verwaltungstechnisch bringt ein (bereichsweise) konstanter Grenzsteuersatz erhebliche **Vereinfachungen:** Einkommensteile, die im Wege des Quellenabzugs (vgl. hierzu den nächsten Abschnitt) zunächst getrennt besteuert wurden (z. B. Löhne eines Steuerpflichtigen mit verschiedenen Dienstverhältnissen, Arbeitseinkommen von sog. Doppelverdienerehepaaren mit unterschiedlichen Arbeitgebern) sowie im Verlauf des Jahres schwankende oder unterbrochene Lohnbezüge, die dem Quellenabzug unterlagen, müssen bei einem konstanten Grenzsteuersatz nicht nachträglich vom Finanzamt in einem zusätzlichen Verwaltungsverfahren (Einkommensteuer-Veranlagung) zur Ermittlung der korrekten (Jahres-) Steuerschuld

[39] Eine Simulationsrechnung für das Länderpaar Deutschland (Splittingverfahren) und Schweden (Individualbesteuerung) kam zu dem Ergebnis, dass die Erwerbsquote schwedischer Frauen von 80,2 % auf 60,4 % sinken würde, wenn in Schweden das deutsche Steuersystem gälte; demgegenüber würde die Erwerbsquote deutscher Frauen unter dem schwedischen Steuersystem von 50,3 % auf 60,0 % steigen. Gustafsson (1993); vgl. auch Steiner und Wrohlich (2008).

zusammengeführt werden. Dem steht allerdings entgegen, dass die moderne Einkommensteuer zahlreiche individuelle Abzugsmöglichkeiten bei der Ermittlung der Bemessungsgrundlage kennt. Eine Vielzahl von im Quellenabzug besteuerten Lohnsteuerpflichtigen wird daher ohnehin die Finanzämter ex post mit einer Einkommensteuerveranlagung „beschäftigen".

Im Extrem würden für eine (indirekt) progressive Besteuerung der Einkommen sogar eine (großzügig bemessene) Nullzone (bzw. ein entsprechender Freibetrag) und ein einziger positiver Grenzsteuersatz genügen. Dieses Konzept der **flat rate income tax** wird seit den 90er Jahren des vorigen Jahrhunderts von einer Reihe von osteuropäischen Staaten (Estland, Georgien, Lettland, Litauen, Rumänien, Rußland, Slowakei und Ukraine) angewendet und wurde in der jüngsten Vergangenheit auch in Deutschland diskutiert.[40] Das Konzept hat eine Reihe von Vorteilen: Es erleichtert die Einführung oder Ausdehnung einer Quellenbesteuerung, es führt zum Wegfall der „kalten Progression" und der Schwankungs- und Unterbrechungsprogression, es macht einen Progressionsvorbehalt überflüssig, es verringert Anreize zur Steuerumgehung durch interpersonelle Einkommensverlagerung, es erledigt die Diskussionen um den Splittingvorteil von Ehepaaren und um die Alternative „Freibetrag vs. Steuerabsetzbetrag" z. B. beim Kinderlastenausgleich und es würde es ermöglichen, die Einkommensbesteuerung der Individuen und die Unternehmensbesteuerung im Sinne von Finanzierungsneutralität und Rechtsformneutralität aufeinander abzustimmen. Dem steht als gravierende Schwäche gegenüber, dass zum einen das Konzept politisch schwer vermittelbar ist, weil Medien und Öffentlichkeit „Progression" mit steigenden *Grenz*steuersätzen verbinden und insofern fälschlich bei einer flat rate die Aufgabe des Prinzips der ESt-Progression befürchten. Zum anderen würde die Ersetzung des bisherigen Tarifes durch einen einheitlichen (zwischen Eingangssteuersatz und Spitzensteuersatz anzusiedelnden) Grenzsteuersatz ceteris paribus die Steuerlast für höhere Einkommen mindern und für niedrigere Einkommen erhöhen und per saldo vermutlich erhebliche Steuermindereinnahmen ergeben, sofern nicht gleichzeitig die Steuerbemessungsgrundlage durch radikale Streichungen von Steuervergünstigungen und „Steuerschlupflöchern" (von denen vor allem höhere Einkommen profitieren) erweitert wird.

13.5 Steuerlicher Kinderlastenausgleich

Steuertechnisch können Kinder bei der Einkommensbesteuerung der Eltern prinzipiell in folgender Form berücksichtigt werden:

[40] Vgl. vor allem das Plädoyer des Wissenschaftlichen Beirates beim Bundesministerium der Finanzen (2004) für eine flat rate tax.

- durch konstante oder nach der Kinderzahl gestaffelte Abzüge bei der Ermittlung der Steuerbemessungsgrundlage. Derartige **Kinderfreibeträge** gibt es z. B. im deutschen Einkommensteuerrecht und zwar jeweils in konstanter Höhe pro Kind (bei einkommensabhängig unterschiedlichem absoluten „Entlastungseffekt", siehe Abschn. 13.2);
- durch absolut gleiche oder prozentuale **Abzüge von der Steuerschuld (Steuerabsetzbeträge)** (z. B. in Kanada und Italien sowie in eingeschränktem Maße in Österreich);
- durch Splitting des Familieneinkommens mit einem kinderabhängigen Splittingfaktor **(Familiensplitting).** Beispiel: Frankreich (pro Kind Erhöhung des Splittingfaktors von 2 bei Ehepaaren und 1 bei Alleinstehenden um 0,5);[41]
- durch **Familien-Realsplitting** der innerfamiliären Einkommensübertragungen;[42]
- durch Erhöhung bestimmter steuerlicher Abzugsmöglichkeiten der Eltern um sog. **Kinderadditive.** Beispiel: im deutschen ESt-Recht beim Abzug außergewöhnlicher Belastungen (Kürzung der zumutbaren Belastung gem. § 33 Abs. 3 EStG).

Die instrumentelle Alternative zu steuerlichen Regelungen stellen direkte kinderbezogene **Transfers außerhalb des Steuerrechts** dar, allgemein in Form eines Kindergeldes (Familienbeihilfe), gegebenenfalls gestaffelt nach der Kinderzahl, und/oder in Form von Kinderadditiven bei spezifischen Transferzahlungen. Ausschließlich diese Transferalternative wird z. B. in Dänemark, Finnland und Schweden praktiziert. Seit 1996 wird in Deutschland entweder **Kindergeld** oder **Kinderfreibetrag** gewährt. Die Freibetragsregelung (FB) ist für die Eltern günstiger als der direkte Transfer, wenn der individuelle Steuersatz einen „kritischen Steuersatz" übersteigt. Der steuerliche Familienlastenausgleich umfasst ferner die Möglichkeit des **Abzugs von Kinderbetreuungskosten,**[43] von **Ausbildungsfreibeträgen** (für Kinder über 18 Jahren) sowie den **Entlastungsbetrag für Alleinerziehende.**[44]

Angesichts der Vielfalt und Unterschiedlichkeit der instrumentellen Formen dürften internationale Vergleiche der staatlichen Leistungen für Kinder und Familien[45] sich nicht lediglich auf steuerliche Instrumente oder auf Transfers außerhalb des Steuerrechts beschränken. Darüber hinaus wären über die monetären Instrumente hinaus idealer-

[41] Zur ökonomischen Bewertung dieses Modells vgl. etwa Dell und Wrohlich (2006).

[42] Vgl. für dieses Modell nach dem Muster des Realsplittings bei geschiedenen Ehegatten z. B. Wosnitza (1996).

[43] In Deutschland seit 2002 grundsätzlich pauschal über den zusätzlich zum Kinderfreibetrag gewährten Freibetrag gem. § 32 Abs. 6 EStG („Bedarfsfreibetrag"); ferner Sonderausgabenabzug gem. § 10 Abs. 1 Nr. 5 u. 8 EStG.

[44] § 24b EStG.

[45] Vgl. etwa Parsche und Osterkamp (2004).

weise natürlich auch reale staatliche Leistungen (wie z. B. unentgeltliche oder verbilligte Kindergartenplätze) in derartigen Vergleichen zu berücksichtigen.

13.6 Einkommensbesteuerung in Österreich

Das System der Einkommensbesteuerung in Österreich entspricht in seinen Grundstrukturen im Wesentlichen dem deutschen. Der österreichische Einkommensteuertarif weist neben der Nullzone 6 Tarifstufen auf. Aktuell sind Einkommen bis 11.000 EUR steuerbefreit, bis 18.000 EUR beträgt der Steuertarif 20 %, bis 31.00035 %, bis 60.000 EUR 42 %, bis 90.000 EUR 48 %, und über einer Million € 55 %. Anders als in Deutschland wird den individuellen Gegebenheiten der Steuerpflichtigen nicht durch Freibeträge, sondern durch **Steuerabsetzbeträge** Rechnung getragen: Alleinverdienerabsetzbetrag, wenn der Ehegatte mindestens ein Kind hat (analog: Alleinerzieherabsetzbetrag), Kinderabsetzbetrag (wird gemeinsam mit Familienbeihilfe ausbezahlt, siehe unten), Arbeitnehmerabsetzbetrag, Verkehrabsetzbetrag, Pensionistenabsetzbetrag. Ergibt sich aus der Berücksichtigung der Absetzbeträge ein negativer Steuerbetrag, so ist dieser Betrag als **Negativsteuer** (Transferzahlung) auszubezahlen. **Tarifliche Steuervergünstigungen** bestehen u. a. für außerordentliche Einkünfte, wie z. B. Veräußerungsgewinne (halber Durchschnittsteuersatz), und vor allem für Sonderzahlungen an Arbeitnehmer. Dies betrifft insbesondere das 13. und 14. Monatsgehalt.

Die **Familienförderung** erfolgt überwiegend durch kinderbezogene Transferzahlungen wie Geburten- und Familienbeihilfe, Sondernotstandshilfe und höheres Karenzgeld für Alleinerzieher sowie durch Realtransfers (Schülerfreifahrt, Schulfahrtsbeihilfe, Gratis-Schulbücher). Diese Leistungen werden durchweg einkommensunabhängig gewährt, da durch das System der Individualbesteuerung eine direkte Bezugnahme auf das Familieneinkommen nicht möglich ist.[46] Nach einem Urteil des Verfassungsgerichtshofes, das eine stärkere Berücksichtigung von Kindern auch im Einkommensteuerrecht verlangte, wurden 1993 die 1978 abgeschafften Kinderabsetzbeträge wieder eingeführt und 1999 erhöht. Um die Gleichbehandlung von Kindern unabhängig vom Einkommen der Eltern zu gewährleisten, wird in den Fällen, in denen die Steuerschuld geringer ist als der Kinderabsetzbetrag, dieser als Negativsteuer gewährt. Da die Kinderabsetzbeträge gemeinsam mit der Familienbeihilfe ausbezahlt werden, entspricht dies ökonomisch einer zusätzlichen kinderbezogenen Transferzahlung.

[46] Die entsprechenden Beihilfen werden, wenn vom Berechtigten nicht ausdrücklich anders verlangt, prinzipiell jeweils an die Kindesmutter ausbezahlt.

Literatur

Doralt, W., Ruppe, H.G.: Grundriss des österreichischen Steuerrechts. Bd. 1, 9. Aufl. Wien 2007.

Dell, F., Wrohlich, K.: Income Taxation and Its Family Components in France. In: CESifo DICE Report 4/2006, S. 50 ff.

Gustafsson, S.: Getrennte Besteuerung und subventionierte Kinderbetreuung. Warum schwedische Frauen häufiger erwerbstätig sind als Frauen in Deutschland, den Niederlanden und den USA. In: G. Grötzinger/R. Schubert/J. Backhaus (Hrsg.): Jenseits von Diskriminierung, Marburg 1993, S. 237 ff. .

Parsche, R., Osterkamp, R.: Child Support and Children's Tax Allowances in Selected European Countries. In: CESifo DICE Report 3/2004, S. 50 ff.

Sørensen, P., From the Global Income Tax to the Dual Income Tax: Recent Tax Reforms in the Nordic Countries, in: International Tax and Public Finance, 1 (1994), S. 57 ff.

Steiner, V., Wrohlich, K. Introducing Family Tax Splitting in Germany: How Would It Affect the Income Distribution, Work Incentives, and Household Welfare? In: Finanzarchiv 2008, 115:142

Wissenschaftlicher Beirat beim Bundesministerium der Finanzen: Flat Tax oder Duale Einkommensteuer? Zwei Entwürfe zur Reform der deutschen Einkommensbesteuerung. Bonn 2004.

Weiterführende Literatur

Beznoska, M., Do couples pool their income? Evidence from demand system estimation for Germany, FU Berlin, Working Paper, 2019(3).

Boskin, M.J. (ed.): Frontiers of Tax Reform. Stanford 1996.

Brixi, H., Valenduc, C., Swift, Z.L. (eds.): Tax Expenditures – Shedding Light on Government Spending through the Tax System. Lessons from Developed and Transition Economies. Washington D.C. 2004.

Buchholz, W.: Der Steuervorteil beim Ehegattensplitting. In: Steuer und Wirtschaft 63 (1986), S. 64 ff.

Cnossen, S./ Bird, R.M. (eds.) The Personal Income Tax – Phoenix from the Ashes? Amsterdam et al. 1990.

Dorn, F., Fuest, C., Häring, F., Kauder, B., Lorenz, L., Mosler, M., Die Beseitigung des Mittelstandsbauchs – Reformoptionen zur Einkommensteuer und ihre fiskalischen Kosten, ifo Schnelldienst, 2017, Vol. 70(09), 31–38.

Dorn, F., Gäbler, S., Kauder, B., Krause, M., Lorenz, L., Potrafke, N., Einkommensteuer in Deutschland – besteht eine Reformnotwendigkeit?, ifo Schnelldienst, 2017, Vol. 70(15), 31–39.

Fehr, H., Wiegard, W.: Abgeltungsteuer, duale Einkommensteuer und zinsbereinigte Einkommensteuer. Steuerreform aus einem Guß. In: H. Dirrigl/D. Wellisch/E. Wenger (Hrsg.): Steuern, Rechnungslegung und Kapitalmarkt. Festschrift für Franz W. Wagner zum 60. Geburtstag. Wiesbaden 2004, S. 27 ff.

Felderer, B. (Hrsg.): Familienlastenausgleich und demographische Entwicklung. Berlin 1988.

Feldstein, M./ Poterba, J.M.: Empirical Foundations for Household Taxation. Chicago 1996.

Familienförderung – Hintergründe, Instrumente und Bewertungen aus ökonomischer Sicht (Deutsches Institut für Wirtschaftsforschung. Vierteljahreshefte zur Wirtschaftsforschung, 71. Jg. Heft 1) Berlin 2002.

Folkers, C.: Ehegattenbesteuerung und Leistungsfähigkeitsprinzip. In: Perspektiven der Wirtschaftspolitik 4 (2003), S. 413 ff.

Fuest, W., Brügelmann, R.: Rentenbesteuerung: Einstieg in ein konsumbasiertes System. In: Steuer u. Wirtschaft 80 (2003), S. 338 ff.

Genser, B.: Fiscal Policy in Action: Moving towards Dual Income Taxation in Europe. In: Finanzarchiv 63 (2007), S. 436 ff.

Genser, B., Holzmann, R.: Öffentlicher Sektor: Finanz- und Steuerpolitik. In: E. Nowotny/G. Winckler (Hrsg.): Grundzüge der Wirtschaftspolitik Österreichs. Wien 1994, S. 203 ff.

Goode, R. The Economic Definition of Income. In: J.A. Pechman (ed.): (1977) S. 1 ff.,

Goode, R.: The Individual Income Tax, 2. Aufl., Washington D.C. 1976.

Guger, A.: Die Effizienz der österreichischen Familienpolitik, in: WIFO-Monatsberichte 10 (1993), S. 519 ff.

Gutmann, D., Peters, F., Raffelhüschen, B. Einkommensteuer im Spiegel der nachgelagerten Besteuerung von Alterseinkünften. Wirtschaftsdienst, 2019, Vol. 99, 777–783.

Hackmann, J.: Konsequenzen einer einkommensteuerlichen Freistellung von Vermögenswertänderungen. In: Finanzarchiv 43 (1985), S. 421 ff.

Haller, H.: Die Steuern.: Grundlinien eines rationalen Systems öffentlicher Abgaben, 3. Aufl. Tübingen 1981, S. 43 ff.

Head, J.G.: The Comprehensive Tax Revisited. In: Finanzarchiv 1982, 40:193 ff.

Hessler, H.D.: Theorie und Politik der Personalsteuern. Eine Kritik ihrer Einkommens- und Vermögensbegriffe mit Blick auf die Leistungsfähigkeitstheorie. Frankfurt a.M. u.a. 1994.

Ivaškaitė-Tamošiūnė, V., Leodolter, A., Schmitz, M., Personal Income Taxation in Austria: What do the Reform Measures Mean for the budget, Labour Market Incentives and Income Distribution?," European Economy – Economic Briefs 030, Directorate General Economic and Financial Affairs (DG ECFIN), European Commission, 2017.

Kaplow, L.: On the Divergence between "Ideal" and Conventional Income-Tax Treatment of Human Capital. In: American Economic Review 86 (1996), S. 347 ff.

Krause-Junk, G.: Der Übergang zur nachgelagerten Rentenbesteuerung. Überlegungen zum Urteil des Bundesfinanzhofes. In: Wirtschaftsdienst 86 (2006), S. 343 ff.

Krause-Junk, G., von Oehsen, J.H.: Die Option zwischen Kindergeld und Kinderfreibeträgen. In: Wirtschaftsdienst 75 (1995), S. 188 ff.

McLure, C.E., Zodrow, G.R.: The Study and Practice of Income Tax Policy. In: J.M. Quigley, E. Smolensky (eds.): Modern Public Finance, Cambridge, Mass. – London 1994, S. 165 ff.

Mennel, A.: Ehe und Familie im Einkommensteuerrecht – Ein internationaler Vergleich. In: Steuer und Wirtschaft 61 (1984), S. 287 ff.

Messere, K.C./de Kam, F./ Heady, C.: Tax Policy. Theory and Practice in OECD Countries. Oxford 2003.

Oberhauser, A.: Familienlastenausgleich und Familienbesteuerung. In: G. Kleinhenz (Hrsg.): Soziale Ausgestaltung der Marktwirtschaft. Festschrift Heinz Lampert. Berlin 1995, S. 185 ff.

Paetzold, J. How do taxpayers respond to a large kink? Evidence on earnings and deduction behavior from Austria. Int Tax Public Finance 26, 167–197 (2019).

Pechman, J.A. (ed.): Comprehensive Income Taxation, Washington, D.C. 1977.

Pollak, H.: Horizontale Gerechtigkeit und Einfachheit in der Einkommensbesteuerung illustriert am Beispiel des Ehegatten-Splitting. In: G. Bombach, B. Gahlen, A.E. Ott (Hrsg.): Möglichkeiten und Grenzen der Staatstätigkeit. Tübingen 1982, S 242 ff.

Ridao-Cano, C.: The Effect of Tax-Benefit Policies on Fertility and Female Labor Force Participation in the United States. In: Journal of Policies Modelling 23 (2005), S. 1083 ff.

Schneider, D.: Leistungsfähigkeitsprinzip und Abzug von der Bemessungsgrundlage. In: Steuer und Wirtschaft 61 (1984), S. 356 ff.

Schrinner, A.: Die Besteuerung von Alterseinkünften und des Vorsorgesparens. In: Wirtschaftsdienst 78 (1998), S. 468 ff.

Seidl, C.: Die steuerliche Berücksichtigung des Existenzminimums: tarifliche Nullzone, Freibetrag oder Steuerabsetzbetrag. In: Steuer und Wirtschaft 74 (1997), S. 142 ff.

Shoup, C.S.: The Schanzian Concept of Income and the United States Federal Income Tax. In: Finanzarchiv 42 (1984), S. 433 ff.

Sørensen, P.B.: Dual Income Taxation. Why and how? In: Finanzarchiv 61 (2005), S. 559 ff.

Spengel, C., Wiegard, W.: Dual Income Tax: A Pragmatic Tax Reform Alternative for Germany. In: CESifo DICE Report 3/2004, S. 15 ff.

Steiner, W.: Household Taxation, Income Splitting and Labor Supply Incentives. A Microsimulation Study for Germany. In: CESifo Economic Studies 50 (2004), S. 541 ff.

Steuerreformkommission beim Bundesministerium für Finanzen. Steuerreform 2000. Wien 1998.

Suttmann, C.: Die Flat Tax. Bemessungsgrundlage und Tarif im Rahmen einer "flachen" Einkommensteuer: Effizienz, Gerechtigkeit und rechtliche Bewertung. Berlin 2007.

Thesen der Einkommensteuer-Kommission zur Steuerfreistellung des Existenzminimums ab 1996 und zur Reform der Einkommensteuer (Schriftenreihe des Bundesministeriums der Finanzen, 55), Bonn 1995.

Thorndike, J.J.: The Flat Tax. Fiscal Revolution or Policy Diffusion? In: H. Nehring/F. Schui (eds.): Global Debates about Taxation. Basingstoke, Hampshire 2007, S. 201 ff.

Wagner, F.W., Suntum, U. von, Eeckhoff, J.: Zum Ob und Wie der Besteuerung von Veräußerungsgewinnen. In: Zeitschrift für Wirtschaftspolitik 56 (2007), S. 54 ff.

Wenger, E.: Warum die Finanzwissenschaft bei der Suche nach einer theoretischen Basis für die Einkommensteuer hilflos bleiben mußte. In: C. Smekal/R. Sendthofer/H. Winner (Hrsg.): Einkommen vs. Konsum. Ansatzpunkte zur Steuerreformdiskussion. Heidelberg 1999, S. 37 ff.

Wiegard, W.: Die Duale Einkommensteuer. Ziele und Konzepte. In: A. Oestreicher (Hrsg.): Reform der Unternehmensbesteuerung. Herne u. Berlin 2007, S. 1 ff.

Wosnitza, M.: Die Besteuerung von Ehegatten und Familien – Zur ökonomischen Rechtfertigung des Realsplittings. In: Steuer und Wirtschaft 73 (1996), S.125 ff.

Unternehmensbesteuerung (Körperschaftssteuer und Gewerbesteuer)

14

Lernziele

- Neben natürlichen Personen werden juristische Personen (Körperschaften) eigens besteuert, obwohl Körperschaften letztendlich im Besitz von natürlichen Personen stehen, welche der Einkommenssteuer unterliegen.
- Die Begründung liegt einerseits darin eine Ungleichbehandlung bei der Finanzierung von Investitionen zu vermeiden, und andererseits um ausländische Besitzer im Inland zu besteuern.
- Körperschaftssteuern sollten in Abstimmung mit der Einkommenssteuer garantieren, das die Rechtsform keinen Einfluss auf die Steuerschuld hat (Rechtsformneutralität), dass die Besteuerung die Investitionstätigkeit nicht beeinflusst (Investitionsneutralität), und dass zwischen Eigenkapital und Fremdkapital kein Unterschied bei der Besteuerung besteht (Finanzierungsneutralität).
- Neben der Körperschaftssteuer besteht in Deutschland nach wie vor die Gewerbesteuer, welche insbesondere der Finanzierung von Kommunen dient.

14.1 Abgrenzung

Die folgenden drei Steuern setzen am Gewinn oder Ertrag eines Unternehmens an und sind insoweit **Unternehmenssteuern:**[1]

[1] An Bestandsgrößen (Gewerbekapital, Vermögen) des Unternehmens ansetzende Steuern (Gewerbekapitalsteuer, Vermögensteuer) werden in Deutschland und Österreich nicht mehr erhoben.

E. Nowotny und M. Zagler, *Der öffentliche Sektor*,
https://doi.org/10.1007/978-3-658-36042-9_14

- Die **Einkommensteuer** ermittelt den von Einzelunternehmen und Personengesellschaften ohne eigene Rechtspersönlichkeit (z. B. OHG, KG) erzielten Gewinn auf der Ebene des Unternehmens, rechnet ihn dann aber den Eigentümern des Unternehmens zu und besteuert ihn bei diesen.
- Die **Körperschaftsteuer** ermittelt und besteuert den Gewinn von Unternehmen mit eigener Rechtspersönlichkeit, insbesondere Kapitalgesellschaften (Aktiengesellschaft, Kommanditgesellschaft auf Aktien, Gesellschaft mit beschränkter Haftung), auf der Ebene des Unternehmens.
- Die **Gewerbesteuer** ermittelt und besteuert den in gewerblichen Unternehmen, gleich welcher Rechtsform, anfallenden „Ertrag“, eine aus dem Gewinn abgeleitete Größe.[2]

Unternehmen sind rechtlich gesehen Institutionen unterschiedlicher Gestaltungsform, die direkt oder (z. B. im Falle von Schachtelbeteiligungen) indirekt im Eigentum von Menschen („natürlichen Personen“) stehen. Die Besteuerung des Wirtschaftsergebnisses von Unternehmen wirft daher zwei grundsätzliche Fragen auf:

- Steuern belasten am Ende stets Menschen, indem sie deren Möglichkeiten der Bedürfnisbefriedigung verkürzen. **Warum** gibt es dann neben der „unmittelbaren“ Besteuerung der Einkommensentstehung bei den Individuen auch noch Unternehmenssteuern, die an der Institution Unternehmen ansetzen?[3]
- **Welche Eigenschaften** sollten derartige Unternehmenssteuern „im Idealfall“ aufweisen?

14.1.1 Zur Frage der Rechtfertigung einer selbstständigen Körperschaftsteuer

Die traditionelle Begründung der Erhebung einer selbstständigen Körperschaftssteuer (KSt) neben der Einkommensteuer knüpfte entweder juristisch an der bloßen Tatsache einer eigenen Rechtspersönlichkeit einer Kapitalgesellschaft an oder ging von der Vorstellung besonderer Vorteile oder einer besonderen „Leistungsfähigkeit“ von Unternehmen mit eigener Rechtspersönlichkeit aus. Dieses Argument ist weder theoretisch noch empirisch haltbar. Unzweifelhaft ist aber die Tatsache, dass ohne eine Umgestaltung der bestehenden ESt ein Wegfall der KSt dazu führen würde, dass einbehaltene Gewinne steuerunbelastet blieben und dass Kapitalgesellschaften damit steuerfrei Selbstfinanzierung betreiben könnten, während bei Personengesell-

---

[2] Die Gewerbesteuer wurde in Österreich 1993 abgeschafft.

[3] Die folgende Diskussion dieser Frage konzentriert sich auf die Körperschaftsteuer. Die Erhebung einer separaten Gewerbesteuer (auf Kommunalebene) wird ganz überwiegend mit spezifischen Argumenten (Finanzautonomie der Gemeinden u. a.) begründet.

schaften Selbstfinanzierung nur aus versteuertem Gewinn möglich ist. Der Anreiz für Investoren, ihre Einkommen durch Anlage in Kapitalgesellschaften von der persönlichen Besteuerung (vorläufig) abzuschirmen, wäre in extremer Weise gegeben. Insofern könnte die Erhebung einer KSt zumindest auf einbehaltene Gewinne von Kapitalgesellschaften als notwendige Ergänzung der bestehenden personellen Einkommensbesteuerung gerechtfertigt werden.

Eine allgemeinere Betrachtung der Frage der Notwendigkeit einer separaten KSt baut auf dem erwähnten Argument auf, dass Steuern stets von Personen getragen werden, dass das Konzept gerechter Besteuerung nur auf Personen anwendbar ist und dass der Gewinn der Kapitalgesellschaft, ob ausgeschüttet oder nicht, wirtschaftlich,[4] i.S. eines weitgefassten ökonomischen Einkommensbegriffes, als Einkommen der Kapitaleigner zu betrachten und steuerlich zu behandeln ist (sog. **Integrationstheorie**).[5] Die Kapitalgesellschaft gilt gewissermaßen nur als ein Kanal, durch den persönliches Einkommen fließt. Steuerlich maßgeblich kann dann nicht die Höhe des Gewinns der Kapitalgesellschaft, sondern allein die Höhe des auf die einzelnen Personen entfallenden Gewinns sein. Eine Doppelbelastung ausgeschütteter Gewinne durch eine separate KSt wäre danach ebenso unangemessen wie eine Besteuerung einbehaltener Gewinne mit einem anderen (pauschalen) Steuersatz, als er in der Einkommensteuer des Anteilseigners für gleich große Einkommen zur Anwendung käme.

Wäre es also technisch problemlos möglich, den in der Kapitalgesellschaft erzielten Gewinn in die persönliche Bemessungsgrundlage der ESt des jeweiligen Anteilseigners zu integrieren, d. h. wie im geltenden Recht bei den Personengesellschaften den Bruttogewinn des Unternehmens den Unternehmenseignern entsprechend ihren Beteiligungsverhältnissen zuzurechnen, so wäre prinzipiell eine KSt überflüssig bzw. ungerechtfertigt.[6]

Gegen eine derartige, theoretisch optimale Integrationslösung unter Verzicht auf eine KSt können jedoch gewichtige Bedenken geltend gemacht werden. So werden zum einen die technischen Schwierigkeiten der Realisierung einer solchen Lösung angeführt, z. B. bei großen Publikumsaktiengesellschaften, bei denen die Inhaber der Aktien anonym bleiben und häufig wechseln. Ein anderer Einwand verweist auf das politische und steuerpsychologische Problem, eine Steuer durchzusetzen, bei der das Individuum für etwas zahlen muss, „das es noch nicht bekommen hat".[7] Auch könnten

---

[4] Die juristische Betrachtungsweise kritisiert dies als „Durchgriff durch die Kapitalgesellschaft".

[5] Zusammenfassende Darstellung z. B. bei McLure (1979). Zur Kritik vgl. etwa Fecht (1980).

[6] Eine andere (theoretische) Möglichkeit der vollständigen steuerlichen Erfassung der Unternehmensgewinne auf der Ebene der Anteilseigner wäre die (indirekte) Erfassung der einbehaltenen Gewinne der Kapitalgesellschaft über die Einbeziehung aller (auch nichtrealisierter) Wertzuwächse (capital gains) in die Einkommensteuer.

[7] Surrey (1975), S. 336.

beim steuerpflichtigen Aktionär Liquiditätsprobleme auftreten, denn bezogen auf den ausgeschütteten Gewinn können sich je nach Ausschüttungs-/Thesaurierungsverhältnis für den Anteilseigner marginale Steuerzahllasten von 100 % und mehr ergeben. Vor allem aber bestünde bei einer solchen Integrationslösung eine erhebliche Gefahr der Steuerhinterziehung durch Nichtdeklarierung von Gewinnanteilen und es könnte eine Begünstigung ausländischer Anteilseigner (sog. Ausländereffekt) entstehen.

Selbst in einem Konzept der vollständigen Integration der Gesellschaftsgewinne in die individuelle ESt wäre es also *aus eher steuertechnischen Gründen* wünschenswert bzw. sogar unumgänglich, die Gewinne der Kapitalgesellschaften *vorab* auf der Gesellschaftsebene durch eine KSt zu besteuern. Diese KSt wäre dann aber lediglich eine besondere Erhebungsform der ESt, eine ESt-Vorauszahlung bzw. eine Quellensteuer wie die Kapitalertragsteuer (vgl. das Modell der **„Teilhabersteuer"**[8]): Bei der Gesellschaft würde eine Proportionalsteuer mit einem dem Spitzensatz der ESt entsprechenden Satz erhoben; dem Anteilseigner würden anschließend sein Anteil am gesamten (ausgeschütteten und einbehaltenen) Gewinn der Gesellschaft und die darauf entfallende KSt als steuerpflichtiges Einkommen zugerechnet. Der Anteilseigner könnte die von der Gesellschaft entrichtete KSt von seiner eigenen ESt-Schuld absetzen, sodass im Ergebnis ausgeschüttete und einbehaltene Gewinne nur einmal und zwar mit dem persönlichen ESt-Satz des einzelnen Anteilseigners, belastet sind. Die Besteuerung von Kursgewinnen (Veräußerungsgewinnen) in der ESt könnte entfallen (Teilhabersteuer) bzw. die Steuerbasis der Gesellschaftsanteile müsste entsprechend der Gewinneinbehaltung pro Anteil jeweils fortgeschrieben werden.

14.1.2 Wünschenswerte Eigenschaften „guter" Unternehmensbesteuerung

Grundsätzlich gilt natürlich der in Abschn. 9.4 behandelte Katalog von Besteuerungsgrundsätzen auch für die Besteuerung des Wirtschaftsergebnisses von Unternehmen. Im Vordergrund der Diskussionen „richtiger" bzw. „guter" Unternehmensbesteuerung stehen freilich vor allem drei Postulate, nämlich Einfachheit, Gleichmäßigkeit[9] und

[8] Engels und Stützel: 1968.

[9] Auf Unternehmen angewendet, bedeutet das Postulat der Gleichmäßigkeit („horizontale Gerechtigkeit") die Forderung nach gleicher Besteuerung von Unternehmen mit gleicher Rechtsform, gleicher Größe, gleich großem Gewinn, gleicher Finanzierungsstruktur usw. Insofern weist dieses „Gerechtigkeitspostulat" enge Bezüge zum allokativen Postulat der „Entscheidungsneutralität" auf. Der Grundsatz der „vertikalen Gerechtigkeit" (Verhältnismäßigkeit i.S. des Kataloges von Fritz Neumark) spielt für die Unternehmensbesteuerung keine Rolle: die für die Einkommensteuer natürlicher Personen maßgeblichen nutzentheoretischen Überlegungen der Leistungsfähigkeitstheorie und der Opfertheorie können auf Unternehmen als bloße Institutionen nicht angewendet werden. Ein progressiver Tarif (d. h. Durchschnittsteuersätze, die mit der Höhe des Unternehmensgewinnes zunehmen) ließe sich allenfalls als Instrument der Wettbewerbspolitik oder der betriebsgrößenbezogenen Strukturpolitik begründen.

Allokationseffizienz, wobei die ökonomische Diskussion wiederum in erster Linie auf das dritte Postulat abstellt, auf Produktionseffizienz oder Entscheidungsneutralität.[10] Bei dieser Entscheidungsneutralität werden meist drei Teilaspekte unterschieden, nämlich Rechtsformneutralität, Investitionsneutralität und Finanzierungsneutralität:[11]

- Eine Steuer ist rechtsformneutral, wenn bei sonst gleichen Gegebenheiten (Gewinnhöhe usw.) Unterschiede in der Rechtsform zweier Unternehmen keine Unterschiede in der Steuerhöhe zu Folge haben. Mit anderen Worten: **Rechtsformneutralität** ist dann gegeben, wenn die Wahl der Rechtsform eines Unternehmens nur von ökonomischen Aspekten (z. B. Haftungsbeschränkung, Möglichkeiten der Kapitalbeschaffung) abhängt, nicht aber von steuerlichen Faktoren. Die Forderung nach Rechtsformneutralität insbesondere i.S. einer Gleichbehandlung von Personen- und Kapitalgesellschaften hat in den öffentlichen Steuerdebatten und bei den konkreten Unternehmensteuerreformen der letzten Jahrzehnte in Deutschland stets eine bedeutende Rolle gespielt.[12] Auf der anderen Seite bleibt die Realisierung dieses Steuerpostulates unmöglich, solange die Gestaltung der Unternehmensbesteuerung (wie in Deutschland und Österreich) an der Rechtsform der Unternehmen anknüpft.
- Die Forderung nach **Investitionsneutralität** bedeutet insbesondere, dass die Besteuerung intratemporale Investitionsentscheidungen, also Entscheidungen zwischen verschiedenen Sach- und Finanzanlagen, nicht beeinflussen soll. Investitionsneutralität in einzelwirtschaftlicher Hinsicht wäre gegeben, wenn die Grenzinvestition, deren Nettorendite (Grenzertrag des Kapitals minus Verschleißrate des Kapitalstockes) gerade gleich dem Kapitalmarktzins ist, unbesteuert bleibt und wenn die Reihenfolge der übrigen rentablen Investitionsvorhaben durch die Besteuerung nicht verändert wird. In der Sprache der Kapitalwertbetrachtung ist eine Steuer also investitionsneutral, wenn sie weder die Rangfolge noch die Vorzeichen der Kapitalwerte der Alternativen verändert.

  In einem System der periodischen Gewinnbesteuerung auf der Basis der Gewinnermittlung durch Betriebsvermögensvergleich würde dies voraussetzen, dass sich die periodische Abschreibung einer Anlage jeweils an der objektindividuellen

[10] „Entscheidungsneutralität" wird hier definiert über den Vergleich einer Situation mit Besteuerung mit derselben Situation ohne Besteuerung. Entscheidungsneutral in diesem Sinne wäre allenfalls eine Pauschalbesteuerung. Insofern kann es in der Diskussion der bestehenden Unternehmensbesteuerung immer nur um zweitbeste Lösungen mit möglichst geringer Aneutralität gehen.

[11] Einige Autoren sehen die Wahl der Rechtsform und der Finanzierungsform als Teil der Investitionsentscheidung an.

[12] Der Stellenwert eines Postulats „Rechtsformneutralität der Unternehmensbesteuerung" wird in der steuerwissenschaftlichen Literatur durchaus unterschiedlich beurteilt. Vgl. hierzu etwa Wagner (2006), Siegel (2007) und Homburg (2015).

Verminderung des Ertragswertes der einzelnen Anlage orientiert (Ertragswertabschreibung, ökonomische Abschreibung), was im System normierter steuerlicher Regeln zur Abschreibung vom Betrag der Anschaffungs- oder Herstellungskosten kaum möglich wäre. Die herkömmliche Gewinnbesteuerung kann insofern nicht investitionsneutral sein, sie beeinflusst den Umfang der Investitionen negativ oder (im Fall „zu günstiger" steuerlicher Abschreibungen) positiv.

- **Finanzierungsneutralität** schließlich betrifft zum einen die Gewinnverwendung (Einbehaltung oder Ausschüttung) und zum anderen die Wahl zwischen Eigen- und Fremdfinanzierung. Anders ausgedrückt sollten Selbstfinanzierung (Gewinneinbehaltung), Beteiligungsfinanzierung (Ausgabe neuer Aktien) und Fremdfinanzierung (Aufnahme von Krediten) einer Investition steuerlich bei sonst gleichen Bedingungen keine unterschiedlichen Konsequenzen haben. Finanzierungsneutralität ist z. B. nicht gegeben, wenn Fremdkapitalzinsen bei der Gewinnermittlung als Betriebsausgaben abzugfähig sind.[13] Freilich ist umstritten, inwieweit eine nicht finanzierungsneutrale Unternehmensbesteuerung wirklich allokativ verzerrend wirkt und das volkswirtschaftliche Investitionsvolumen nachteilig beeinflusst (siehe hierzu den folgenden Abschnitt).

14.2 Abstimmung von Körperschafts- und Einkommensteuer

14.2.1 Das „klassische" System Körperschaftsteuer

Das ursprüngliche Konzept einer neben der Einkommensteuer erhobenen Körperschaftsteuer, das sog. **„klassische" System der Körperschaftsbesteuerung,** zeichnet sich durch das folgende Hauptmerkmal aus: Im Unterschied zu den Personengesellschaften ohne eigene Rechtspersönlichkeit wird der im Unternehmen erzielte Gewinn nicht unmittelbar bei den einzelnen Gesellschaftern erfasst, sondern zunächst beim Unternehmen einer gesonderten Steuer, der KSt, unterworfen. Den Anteilseignern wird der Gewinn des Unternehmens nur insofern zugerechnet, als er an diese weitergeleitet (ausgeschüttet) wird. Diese Ausschüttungen werden dann bei den Empfängern der Einkommensteuer unterworfen, ohne dass dabei der bereits auf Unternehmensebene erfolgten Besteuerung Rechnung getragen wird. Die ausschüttende Gesellschaft bzw. die depotführende Bank muss von den Ausschüttungen im Allgemeinen „vorweg" eine Quellensteuer (Kapitalertragsteuer) einbehalten.

[13] In der Unternehmensteuerdiskussion wird im Hinblick auf den Abzug der Zinsen für aufgenommenes Fremdkapital oft von einer „Privilegierung" der Fremdfinanzierung gesprochen. Das ist irreführend. Tatsächlich wird gerade durch diesen Schuldzinsenabzug die Irrelevanz der Besteuerung hergestellt; vgl. hierzu etwa OECD (1991), S. 267.

Eine solche selbstständige, unabgestimmt neben der Einkommensteuer natürlicher Personen stehende „klassische“ KSt, wie es sie in Deutschland bis 1976 und in Österreich bis 1985 gab und wie sie heute noch z. B. in der Schweiz und in den USA praktiziert wird, hat zwei prinzipielle Konsequenzen.

- Gewinne, die eine Kapitalgesellschaft erzielt und **ausschüttet,** werden **doppelt besteuert,** zunächst im Rahmen der KSt, sodann im Rahmen der ESt. Es kommt damit in Abhängigkeit von der Rechtsform zu unterschiedlichen Steuerbelastungen des Unternehmensgewinns und zu horizontalen und vertikalen Ungleichbehandlungen der Einkommen natürlicher Personen: In horizontaler Hinsicht werden Dividendeneinkommen höher besteuert als andere Einkommen. In vertikaler Hinsicht wird eine separate (proportionale) KSt, soweit der Aktienbesitz usw. in den oberen Einkommensklassen konzentriert ist, zunächst (vgl. aber das Harberger-Modell zur Inzidenz einer klassischen KSt in Abschn. 10.3) eine zusätzliche Belastung höherer Einkommen bewirken, also insofern die Einkommensteuer-Progression für Kapitaleinkommen verstärken; andererseits ist die zusätzliche *relative* Belastung von Dividendeneinkommen durch die KSt bei Individuen mit niedrigem Einkommensteuersatz am größten und sie weist einen regressiven Verlauf auf.
- **Einbehaltene Gewinne** einer Kapitalgesellschaft werden zwar (zunächst) nicht doppelt besteuert, unterliegen dafür aber im Vergleich mit gleich großen einbehaltenen Gewinnen einer Personengesellschaft (und mit gleich großen Ersparnissen einkommensteuerpflichtiger Personen) einem anderen, allenfalls zufällig demselben Grenzsteuersatz.

14.2.2 Separate, nicht mit der Einkommensbesteuerung abgestimmte, Körperschaftsteuer

Die „klassische“ KSt weist als Folge der beschriebenen Verstöße gegen die Prinzipien horizontaler und vertikaler Gleichbehandlung individueller Einkommen eine Reihe von verzerrenden Wirkungen auf. Diese Mängel spielten eine wesentliche Rolle etwa bei den Überlegungen zur deutschen KSt-Reform 1977, die dann für die nächsten fünfundzwanzig Jahre sog. Vollanrechnungsverfahren brachte:

- Einfluss auf die **Wahl der Rechtsform** der Unternehmen. Da der Gewinn einer Kapitalgesellschaft anders besteuert wird als der Gewinn einer Personengesellschaft, wird die Entscheidung, ob ein Unternehmen als Kapitalgesellschaft oder als Personengesellschaft geführt werden soll, nicht allein durch betriebswirtschaftliche, sondern auch durch steuerliche Überlegungen mitbestimmt. Die Beliebtheit der GmbH & Co KG, einer Rechtsform, die der Gesetzgeber im Gesellschaftsrecht gar nicht vorgesehen hatte, ist ein illustratives Beispiel hierfür.

- Beeinflussung der **Art der Wahl der Finanzierungsform:** Während bei Aufnahme von Fremdkapital die zu zahlenden Zinsen als Betriebsausgaben abgesetzt werden können, unterliegt die Verzinsung des Eigenkapitals einer zweimaligen Besteuerung, bei der Körperschaft als Gewinn, bei den Anteilseignern als Einkünfte aus Kapitalvermögen. Dies bedeutet: Wählt die Gesellschaft die Beteiligungsfinanzierung (Neuemission von Aktien) und will (muss) sie ihren Anteilseignern die gleiche Kapitalverzinsung gewähren wie Fremdkapitalgebern, so muss sie eine Vorsteuerrendite erzielen, die über dem Kapitalmarktzins liegt. Diese Differenz wird auch **Steuerkeil** (tax wedge) genannt und spielt bei der Berechnung effektiver Steuersätze eine Rolle (siehe hierzu Abschn. 14.6). Die steuerliche Mehrbelastung der Beteiligungsfinanzierung kann sich negativ auf die Kapitalstruktur der Gesellschaften auswirken (Verringerung der Eigenkapitalbasis) und über die Verringerung der Rendite der Beteiligungspapiere möglicherweise das Angebot auf dem Aktienmarkt einengen und das Investitionsvolumen schmälern.
- **Interessengegensatz zwischen den Anteilseignern (old view of dividend taxation)**: Bei einheitlichem KSt-Satz für einbehaltene und ausgeschüttete Gewinne besteht eine Begünstigung der Innenfinanzierung (Selbstfinanzierung) durch Gewinnthesaurierung gegenüber einer Politik der Ausschüttung und Erhöhung des Beteiligungskapitals („Schütt-aus-hol-zurück"). Einbehaltene Gewinne unterliegen nur der KSt, ausgeschüttete Gewinne dagegen zusätzlich dem jeweiligen Einkommensteuer-Satz. Die Doppelbelastung der Ausschüttungen hat damit einen steuerlich bedingten Interessengegensatz (bzw. die Verstärkung eines vorhandenen Interessengegensatzes) zwischen Gesellschaftern mit hoch besteuertem und solchen mit niedrig besteuertem Einkommen zur Folge. Die dargestellte Argumentation entspricht im Grundsatz der sog. traditionellen Sichtweise **(old view of dividend taxation,** Harberger u. a.**).** Diese Sichtweise geht davon aus, dass das Unternehmen nicht nur auf die steuergünstige Fremdfinanzierung zurückgreifen kann, sondern auf Eigenfinanzierung angewiesen ist und dass die Aktionäre trotz der hohen (Doppel-)Steuerbelastung grundsätzlich Dividendenausschüttungen gegenüber capital gains infolge von Gewinneinbehaltungen vorziehen.
- **Interessengegensatz zwischen den Anteilseignern (optimistic view of dividend taxation):** Demgegenüber geht die Neutralitätshypothese (Stiglitz u. a.) davon aus, dass Unternehmensleitung und Hauptversammlung der Aktionäre analog zum Modigliani-Miller-Theorem aus der Finanzierungstheorie grundsätzlich indifferent gegenüber Fremdfinanzierung, Beteiligungsfinanzierung und Selbstfinanzierung (Finanzierung aus einbehaltenen (thesaurierten) Gewinnen) sind und typischerweise zur steuergünstigen Fremdfinanzierung der (Grenz-)Investition greifen werden, bei der die vom Unternehmen gezahlten Schuldzinsen bei der Gewinnermittlung als Betriebsausgaben abziehbar sind und somit nicht einer Doppelbelastung auf Unternehmensebene und auf Haushaltsebene (bei den Fremdkapitalgebern) unterliegen.

Es entsteht kein Steuerkeil und damit ist die klassische KSt für den optimistic view annähernd investitionsneutral.

- **Interessengegensatz zwischen den Anteilseignern (new view of dividend taxation):** Die „neue Sichtweise" (King, Auerbach, Bradford u. a.) schließlich sieht in der steuerlichen Doppelbelastung der ausgeschütteten Gewinne bei der klassischen KSt kein gravierendes steuerpolitisches Problem für die Investitionsentscheidung bei Eigenfinanzierung (vgl. z. B. Zodrow 1991). Der einzelne Anteilseigner habe keine spezifische Präferenz für Ausschüttungen „an sich" und ziehe gering besteuerte Wertzuwächse hoch besteuerten Ausschüttungen vor. Maßgeblich für die Entscheidung zwischen den Alternativen Selbstfinanzierung und Neuemission von Aktien (bzw. Ausschüttung mit anschließender Kapitalerhöhung) sei also allein die Gesamtsteuerbelastung. Die Einkommensbesteuerung der Dividenden aber sei ohne Bedeutung für die Steuerbelastung von Investitionen, die aus einbehaltenem Gewinn finanziert werden; deren effektive Belastung werde vielmehr allein bestimmt durch die KSt und die Besteuerung von capital gains. Sobald der Aktionär erst einmal sein Geld in der Aktiengesellschaft angelegt habe, sei es gewissermaßen in der Gesellschaft „gefangen" und könne der Dividendenbesteuerung in keinem Fall entkommen, ob nun die Ausschüttung jetzt oder erst später erfolge. Solange die Besteuerung von capital gains niedriger ist als die Einkommensteuer auf Dividenden, unterliegen Investitionen, die durch einbehaltene Gewinne finanziert werden, einer niedrigeren Steuer als Investitionen, die durch Neuausgabe von Aktien finanziert werden und das Unternehmen wird Eigenfinanzierung vorwiegend durch Gewinnthesaurierung betreiben. Wenn also die Besteuerung das volkswirtschaftliche Investitionsvolumen möglichst wenig beeinflussen solle, dann komme es darauf an, die Steuerbelastung thesaurierter Gewinne, d. h. die KSt auf einbehaltene Gewinne und die Besteuerung der capital gains, möglichst niedrig zu halten bzw. zu senken. Eine Beseitigung der Doppelbelastung von Ausschüttungen sei dagegen unter dem Gesichtspunkt der Effizienz weniger wichtig und sie würde in distributiver Hinsicht auch nur den gegenwärtigen Inhabern von Aktien leistungslose Gewinne (windfall gains) bescheren, weil der Aktienmarkt ja längst die steuerliche Doppelbelastung der Ausschüttungen „verarbeitet" (kapitalisiert) habe durch Aktienkurse, die im Vergleich zu anderen Anlageobjekten verhältnismäßig niedrig sind. Bei einem Wegfall der Doppelbelastung würden daher die Aktienkurse „über Nacht" emporschnellen.

Die Verbreitung der „new view" im amerikanischen Schrifttum vermag vielleicht mit zu erklären, warum die USA anders als die meisten anderen Industriestaaten bis heute an der klassischen KSt festgehalten haben. Das empirische Material lässt kein klares Urteil über die Relevanz der verschiedenen Sichtweisen und ihrer Annahmen zu. Eindeutig ist aber, dass in jedem Fall, ob old view, optimistic view oder new view, die klassische KSt auf eine Benachteiligung junger und neuer Unternehmen hinausläuft, denen die Fremdfinanzierung kaum zur Verfügung steht und die deshalb zur Finanzierung ihrer Investitionen stärker als andere auf die Neuemission von Aktien angewiesen sind.

14.2.3 Technische Möglichkeiten der Abstimmung von Körperschaftssteuer und Einkommensteuer

Nach der Tragweite und der Technik können die folgenden Verfahren der Integration von KSt und Einkommensteuer unterschieden werden:

- Verfahren der **vollständigen Integration** unter Einbeziehung der einbehaltenen Gewinne des Unternehmens (z. B. Modell der Teilhabersteuer);
- Verfahren der **Teilintegration nur in Bezug auf ausgeschüttete Gewinne** entweder auf der Ebene des Unternehmens oder auf der Ebene der Anteilseigner.
  - **Dividendenabzugsverfahren:** ausgeschüttete Gewinne werden bei der Körperschaft wie Betriebsausgaben behandelt und bleiben damit körperschaftsteuerfrei;
  - Abschwächung oder Ausschaltung der Doppelbelastung
  - auf der *Unternehmensebene* durch ermäßigte KSt-Sätze oder Nullsätze für Ausschüttungen oder
  - auf der *Ebene der Dividendenempfänger* entweder durch **ermäßigte Einkommensteuersätze** (z. B. **Halbsatzverfahren** mit halbiertem Einkommensteuersatz) oder durch teilweise oder vollständige **Befreiung der Dividenden von der Einkommensteuer** beim Dividendenempfänger (z. B. **Halbeinkünfteverfahren** mit 50 %iger Freistellung);[14]
- **Anrechnungsverfahren:** teilweise oder vollständige Verrechnung des auf den ausgeschütteten Gewinn des Unternehmens entfallende Teil der KSt mit der Einkommensteuer des Ausschüttungsempfängers.

Verfahren der Entlastung ausgeschütteter Gewinne auf der Unternehmensebene haben den Vorteil größerer Einfachheit und Transparenz. Dafür aber erlauben sie im Unterschied zu Verfahren der Entlastung auf der Anteilseignerebene keine Differenzierung der Entlastung nach Empfängergruppen (insbesondere Steuerausländern) und lassen dem jeweiligen Staat insofern keinen Verhandlungsspielraum beim Abschluss von Doppelbesteuerungsabkommen. Entlastungen auf der Ebene der Ausschüttungsempfänger dürften überdies besser geeignet sein, wenn die Abschwächung oder Beseitigung der steuerlichen Doppelbelastung von Ausschüttungen (auch) das Ziel verfolgt, die Vermögensbildung der Haushalte in Form von Aktienerwerb attraktiver zu machen und anzuregen. Die internationale Entwicklung der letzten Jahrzehnte zeigt einen deutlichen Trend von Techniken der Entlastung auf der Unternehmensebene hin zu Systemen der Entlastung auf der Ebene der Ausschüttungsempfänger.

---

[14] Bei progressivem Einkommensteuertarif sind Halbsatzverfahren (Österreich) und Halbeinkünfteverfahren (Deutschland 2002 bis 2008) nicht äquivalent, sondern das Halbeinkünfteverfahren ist (bei gegebenem Dividendenbetrag Y) für den Dividendenempfänger vorteilhafter, weil es mit einer Art Splittingeffekt wie beim Ehegattensplitting (vgl. Abschn. 13.2) verbunden ist. Es gilt: $T(\frac{1}{2}Y)/\frac{1}{2}Y < T(Y)/Y$. Multiplikation der Ungleichung mit $\frac{1}{2}Y$ liefert: $T(\frac{1}{2}Y) < \frac{1}{2}\,[T(Y)/Y]\cdot Y$.

Im internationalen Vergleich der Industriestaaten ergibt sich hinsichtlich des Grades und des Verfahrens der Abstimmung von KSt und ESt ein recht buntes Bild.[15] Die Skala reicht von a) dem „klassischen" Nebeneinander einer KSt mit einheitlichem Steuersatz für einbehaltene und ausgeschüttete Gewinne (z. B. Schweiz, Irland) und einer Einkommensteuer über b) Abschwächungen der Doppelbelastung innerhalb der Einkommensteuer (z. B. Deutschland, Österreich Frankreich) oder gar c) den Verzicht auf eine Einkommensbesteuerung von Dividenden (z. B. Griechenland, Estland,[16] Lettland) bis zu Systemen der teilweisen Anrechnung der auf Ausschüttungen entfallenen KSt auf die Einkommensteuer (z. B. Großbritannien, Japan). Das um 2000 noch häufiger vorzufindende (Deutschland, Italien, Finnland, Norwegen) Verfahren der Vollanrechnung gibt es heute in der EU nur noch in Malta. Die auf einbehaltene Gewinne erhobene KSt wird in keinem existierenden System auf die Einkommensteuer angerechnet oder sonstwie in die Einkommensteuer integriert. Der KSt-Satz (für thesaurierte Gewinne) liegt meist mehr oder minder deutlich unter dem maximalen Grenzsteuersatz der Einkommensteuer.

In Deutschland wurde das bis dahin geltende klassische System der KSt mit seiner Doppelbesteuerung ausgeschütteter Gewinne im Jahre 1977 durch das Vollanrechnungsverfahren ersetzt. An dessen Stelle traten dann 2002 das Halbeinkünfteverfahren (und damit wieder eine (abgemilderte) Doppelbelastung ausgeschütteter Gewinne) und ein deutlich abgesenkter KSt-Satz für thesaurierte Gewinne. Die deutsche Steuerpolitik der letzten vier Jahrzehnte hat damit *vom Ergebnis her* zunächst der optimistic view of dividend taxation (bis 1976) entsprochen, dann der old view of dividend taxation (1977–2001) und schließlich ab 2002 der new view of dividend taxation. Das elegante Vollanrechnungsverfahren wurde 2002 abgeschafft,[17] weil es als zu kompliziert und als nicht EU-konform galt, da die Entlastung auf der Einkommensteuerebene nur bei Steuerinländern vorgenommen wurde. Die allgemeine Einführung einer Abgeltungsbesteuerung für Kapitaleinkünfte (siehe Abschn. 14.5) ab 2009 schließlich brachte wieder die volle Einkommensteuerpflicht für Dividendeneinnahmen im Privatvermögen natürlicher Personen und insofern das Ende des Halbeinkünfteverfahrens und die Wiederkehr einer „echten Doppelbesteuerung" von Ausschüttungen.[18] Alles in allem ist bei dieser Ent-

---

[15] Vgl. hierzu Messere et al. (2002), Kap. 8, sowie die in jährlichem Rhythmus erscheinenden Übersichten „Die wichtigsten Steuern im internationalen Vergleich" in den „Monatsberichten" des (deutschen) Bundesministeriums der Finanzen.

[16] Estland verzichtet sowohl auf die Erhebung einer KSt als auch auf die Einkommensbesteuerung von Dividenden.

[17] Übrigens gegen den damals öffentlich vorgetragenen Einspruch einer großen Zahl von Steuerwissenschaftlern.

[18] Für Anteile an einer Kapitalgesellschaft, die im Betriebsvermögen einer Personengesellschaft gehalten werden, wurde dagegen das Halbeinkünfteverfahren nicht abgeschafft, sondern in ein „Teileinkünfteverfahren" umgewandelt: Einkommensteuerpflichtig bei den Gesellschaftern sind nunmehr nicht nur 50 %, sondern 60 % der Beteiligungserträge (§ 3 Nr. 40 EStG). Der Prozentsatz ist nicht steuersystematisch, sondern nur steuerpolitisch zu erklären.

wicklung in Deutschland der einst (1977) maßgebliche Gedanke, das Aktiensparen gegenüber dem „einfachen“ Kontensparen aufzuwerten und die Vermögensbildung breiter Schichten in Form einer Beteiligung am Produktivkapital („Volkskapitalismus“) auch in steuerlicher Hinsicht attraktiver als bisher zu machen, zurückgetreten hinter das Bemühen der Steuerpolitik um eine im Interesse der Investitionstätigkeit und des internationalen Steuerwettbewerbes möglichst niedrige KSt-Belastung der nicht ausgeschütteten Unternehmensgewinne.

14.3 Grundzüge der Körperschaftsbesteuerung

Steuersubjekt der Körperschaftssteuer sind insbesondere die Kapitalgesellschaften (Aktiengesellschaft, Kommanditgesellschaft auf Aktien, Gesellschaft mit beschränkter Haftung).

Steuerobjekt (Steuergegenstand) ist jener Teil des Ertrages, der vom Gesetzgeber als „Einkommen“ bezeichnet wird. Im Großen und Ganzen ist dies jeweils der Gewinn der Kapitalgesellschaft. Die KSt wird daher – namentlich in der deutschsprachigen Literatur – sehr häufig als „Einkommensteuer juristischer bzw. nichtphysischer Personen“ (corporation income tax) bezeichnet. In ökonomischer Hinsicht ist „Einkommen“ jedoch eine auf den Haushalt (die natürliche Person) bezogene Begriffskategorie; Einkommen entsteht, wenn Ertragsteile einem Haushalt zufließen oder ihm zugerechnet werden. Insofern wäre vom Steuerobjekt her für die KSt eher die Bezeichnung „Ertragsteuer“ angemessen, wie sie etwa in der Schweiz üblich ist; allerdings ist im Unterschied zur finanzwissenschaftlichen Kategorie der „Ertragsteuern“ („Objektsteuern“) die Steuerbemessungsgrundlage nicht ein „objektivierter Ertrag“ wie bei der Gewerbesteuer, sondern (im Kern) der subjektive, durch die spezifische Unternehmenspolitik der einzelnen Kapitalgesellschaft geprägte „Reinertrag“ (Gewinn) i.S. des Saldos der Gewinn- und Verlustrechnung.

In Deutschland und in Österreich ist die KSt im Körperschaftsteuergesetz (KStG) bundesgesetzlich geregelt. Die deutsche KSt ist eine Gemeinschaftsteuer im Sinne des Art. 106 Abs. 3 GG, ihre Erträge stehen zu je 50 % dem Bund und den Ländern zu. Die KSt liegt hinsichtlich ihres Aufkommen hinter der Einkommensteuer, der Umsatzsteuer, der Mineralölsteuer und der Gewerbesteuer an fünfter Stelle mit (2020) ca. 6,4 % des gesamten Steueraufkommens. Dies liegt auch daran, dass der Zahl nach in Deutschland die Personengesellschaften dominieren mit ca. vier Fünfteln aller Unternehmen.[19] In Österreich ist die KSt seit 1999 eine zwischen Bund, Ländern und Gemeinden aufgeteilte gemeinschaftliche Bundesabgabe im Rahmen des Finanzausgleichs.

---

[19] Anders vor allem in Japan, wo Unternehmen ganz überwiegend die Rechtsform der Aktiengesellschaft haben und wo demzufolge die Körperschaftsteuer mehr als 25 % des gesamten Steueraufkommens bestreitet.

Steuerbemessungsgrundlage: Die deutsche und die österreichische KSt bemessen sich nach dem (zu versteuernden) Einkommen innerhalb eines Kalenderjahres. Was als Einkommen gilt und wie das Einkommen zu ermitteln ist, bestimmt sich grundsätzlich nach den Vorschriften des EStG über die Gewinnermittlung, Bewertung, Absetzungen für Abnutzung usw.; Kapitalgesellschaften haben per definitionem (§ 8 dt. bzw. österr. KStG) nur Einkünfte aus Gewerbebetrieb. Sonderausgaben (Ausnahme: Spenden) und außergewöhnliche Belastungen kommen als Abzüge nicht in Betracht, sie setzen eine natürliche Person bzw. eine Privatsphäre voraus.

„**Einkommen**" ist damit bei Kapitalgesellschaften der Gewinn im Sinne des Steuerbilanzergebnisses, korrigiert um bestimmte erfolgswirksame Vorgänge zwischen Gesellschaftern und Gesellschaft (z. B. sog. **verdeckte Gewinnausschüttungen** außerhalb der offenen Ausschüttung) sowie um besondere steuerbefreite Erträge einerseits und nichtabzugsfähige Aufwendungen andererseits. Nicht abzugsfähig sind z. B. die Steuern vom Einkommen und sonstige Personensteuern und 50 % der Aufsichtsratsvergütungen. Seit 2007 ist ferner der Abzug von Fremdkapitalzinsen beschränkt auf die Höhe der bezogenen Zinserträge und darüber hinaus auf 30 % der Summe aus dem Gewinn, dem „Zinssaldo" (Zinsaufwendungen minus Zinserträge) und den Abschreibungen (§ 4h EStG, § 8a KStG). Diese umstrittene ertragsabhängige **„Zinsschranke"**[20] erweitert die bisherige Regelung zur sog. Gesellschafter-Fremdfinanzierung **(thin capitalization)**[21] und soll einer „übermäßigen" Fremdkapitalfinanzierung und einer Verlagerung von in Deutschland erwirtschafteten Erträgen ins Ausland über „konzernintere Fremdkapitalisierung" via „transfer pricing"[22] (Verlagerung der Eigenkapitalerträge in Niedrigsteuerländer und Betriebsausgabenabzug der Fremdkapitalkosten im Hochsteuerland) entgegenwirken.

Der in einer Kapitalgesellschaft erzielte Gewinn soll nur einmal der KSt unterworfen werden und eine (zusätzliche) steuerliche Belastung mit Einkommensteuer soll erst dann eintreten, wenn Unternehmensgewinne (durch Ausschüttung oder durch die Realisierung von Wertzuwächsen auf dem Wege der Veräußerung von Anteilen am Unternehmen) den Unternehmenssektor verlassen. Aus diesem Grunde zählen Dividenden, die eine Kapitalgesellschaft von anderen (in- und ausländischen) Kapitalgesellschaften bezieht, sowie

---

[20] Die 2007 eingeführte Zinsschranke (Freigrenze: 1 Mio. EUR) gilt sowohl für Personengesellschaften als auch für Kapitalgesellschaften.

[21] Bei einer Eigenkapitalquote von weniger als 40 % wurden Fremdfinanzierungen durch wesentliche Gesellschafter als verdeckte Gewinnausschüttungen behandelt. Die den Kapitalgeber-Gesellschaftern gezahlten Zinsen waren damit beim Unternehmen nicht als Betriebsausgaben abzugsfähig, sondern mussten wie offene Gewinnausschüttungen aus dem Gewinn nach KSt bestritten werden.

[22] Zum „transfer pricing" siehe Kap. 17.

Gewinne aus der Veräußerung von Beteiligungen[23] einer deutschen Kapitalgesellschaft an einer anderen (in- und ausländischen) Kapitalgesellschaft beim Empfänger-Unternehmen nicht zum körperschaftsteuerpflichtigen Einkommen.[24]

Der **Steuertarif** beträgt seit 2008 15 % (vorher 25 %) des „Einkommens", unabhängig davon, ob der Gewinn einbehalten oder ausgeschüttet wird; einschließlich des Solidaritätszuschlages von 5,5 % ergibt dies einen Gesamt-Steuersatz von 15,825 %. Da der Grenzsteuersatz der Einkommensteuer bis zu 45 % betragen kann, werden einbehaltene Gewinne bei einer Kapitalgesellschaft in vielen Fällen niedriger belastet als bei einer Personengesellschaft.[25]

In **Österreich** beträgt der KESt-Satz 27,5 %. Unabhängig von der Gewinn- oder Verlusthöhe besteht eine nach Unternehmensform differenzierte Mindestkörperschaftssteuer (z. B. 3500 EUR für die AG). Lediglich Erträge aus Geldeinlagen bei Kreditinstituten (Zinsen auf Sparbücher) werden mit dem Kapitalertragssteuersatz von 25 % besteuert (Endbesteuerung, siehe Abschn. 16.3).

14.4 Ertragsteuern: Allgemeine Charakterisierung und theoretische Grundlagen

Finanzhistorisch bildet die **„objektivierte" Ertragsbesteuerung** gegenüber der „personalisierten" Einkommensbesteuerung die ältere Form der Besteuerung des Wirtschaftsergebnisses. Die deutsche Gewerbesteuerpraxis ist in erster Linie durch die Entwicklung in Preußen geprägt worden. Dort wurde im Zuge der Miquelschen Reformen nach der Einführung einer allgemeinen Einkommensteuer (1891) die bisherige *staatliche* Ertragsbesteuerung nicht etwa abgeschafft, sondern beibehalten und nunmehr den *Gemeinden* als eigene kommunale Einnahmequelle zugewiesen (1893). Das Neben-

---

[23] Tatsächlich sind bei Anteilsveräußerungen lediglich 95 % der Veräußerungsgewinne steuerfrei, denn 5 % des Gewinnes „gelten als Ausgaben, die nicht als Betriebsausgaben abgezogen werden dürfen" (§ 8b Abs. 3 KStG).

[24] Im System der „klassischen" Körperschaftsteuer gab es zwischen Kapitalgesellschaften die Steuerfreiheit von Beteiligungserträgen, mit der eine Mehrfachbelastung durch KSt vermieden wird, nur ab einer Mindestbeteiligung (ca. 25 %) unter der Bezeichnung „Schachtelprivileg".

[25] Die vor allem mit dem internationalen Steuerwettbewerb begründete Absenkung des KSt-Satzes ab 2008 kommt lediglich Kapitalgesellschaften zugute; die für Personengesellschaften relevanten Sätze der Einkommensteuer wurden aus fiskalischen Gründen nicht gleichzeitig gesenkt. Um nun den Personengesellschaften einen gewissen „Ausgleich" zu gewähren und um die steuerliche Rechtsform-Aneutralität nicht zu vertiefen, wurde eine Thesaurierungsbegünstigung für Personengesellschaften in Gestalt eines ermäßigten Einkommensteuersatzes (28,25 %) für die Bildung einer Thesaurierungsrücklage (§ 34a EStG) geschaffen. Es handelt sich dabei um eine Steuerstundung: Werden die im Unternehmen gelassenen Gewinne zu einem späteren Zeitpunkt entnommen, so erfolgt eine Nachbesteuerung in Höhe von 25 %. Die Regelung dürfte allenfalls für große Personenunternehmen attraktiv sein.

einander einer Besteuerung des Produktionsergebnisses einerseits durch eine staatliche Einkommen- (und Körperschaft-) Steuer und andererseits durch kommunale Ertragsteuern ist seither ein Merkmal des deutschen Steuersystems. Dementsprechend war die Gewerbesteuer im Unternehmensbereich lange Zeit (bis 2007) eine bei der Ermittlung der Einkommen- und Körperschaftsteuerschuld abzugsfähige Betriebsausgabe. Dadurch war die Gewerbesteuer gewissermaßen „bei sich selbst abzugsfähig", da ihre Bemessungsgrundlage hergeleitet wird aus dem nach den Vorschriften des EStG und KStG ermittelten Gewinn aus Gewerbebetrieb (hierzu Abschn. 14.5). Für die Ertragsteuern wird auch der Begriff **Real-** oder **Objektsteuern** verwendet, weil sie ein Objekt (Gewerbebetrieb oder Liegenschaft) belasten, ohne auf die subjektiven (persönlichen) Verhältnisse des Eigentümers einzugehen.

14.5 Grundzüge der geltenden Gewerbesteuer

Die **Gesetzgebungskompetenz** für die Gewerbesteuer hat der Bund (bundeseinheitliche Regelung der Steuerbemessungsgrundlage im Gewerbesteuergesetz), die Gemeinden dürfen lediglich den sog. Hebesatz und damit die Höhe der Steuerbelastung bestimmen. Die **Verwaltungskompetenz** liegt bei den Ländern und Gemeinden. Die **Ertragskompetenz** steht den Gemeinden zu, die Gewerbesteuer ist immer noch die wichtigste originäre steuerliche Einnahmequelle der Gemeinden. Allerdings werden seit der Gemeindefinanzreform 1969 Bund und Länder über eine sog. Gewerbesteuerumlage am Aufkommen der Gewerbesteuer beteiligt.

Steuerobjekt (Steuergegenstand) ist der im Inland betriebene Gewerbebetrieb. Das Gewerbesteuerrecht stellt dabei ab auf die Art der Tätigkeit („selbstständige, nachhaltige Tätigkeit mit Gewinnerzielungsabsicht") bzw. auf die Rechtsform. Kapitalgesellschaften erzielen per definitionem stets gewerbliche Einkünfte. Die Bereiche Landwirtschaft, selbstständige Arbeit (freie Berufe) und Vermögensverwaltung sind explizit von der Gewerbesteuer ausgenommen (Ausnahme: Kapitalgesellschaften).

Steuersubjekt (Steuerschuldner) ist der Unternehmer, für dessen Rechnung das Gewerbe tatsächlich betrieben wird; Mitunternehmerschaften, wie z. B. OHG und KG, sind als solche Steuerschuldner.

Anders als z. B. bei der Einkommensteuer und der Körperschaftsteuer ergibt sich die Höhe der Steuerschuld bei der Gewerbesteuer nicht unmittelbar aus der Anwendung eines Steuersatzes auf eine Steuerbemessungsgrundlage, sondern der Steuerbetrag wird in einem zweistufigen Verfahren errechnet. Zunächst wird aus dem Unternehmensgewinn durch **Hinzurechnungen** und **Kürzungen** der **„Gewerbeertrag"** errechnet. Die wichtigsten Hinzurechnungsposten (§ 8 GewStG) sind (seit 2008) 25 % aller Zinsaufwendungen für Fremdkapital, ferner 5 % der Miet- und Pachtzahlungen für bewegliche Wirtschaftsgüter, 16,25 % dieser Zahlungen für unbewegliche Wirtschaftsgüter und 6,25 % der für die befristete Überlassung von Lizenzen und Konzessionen gezahlten Entgelte. Hinzugerechnet werden auch z. B. Anteile am Verlust einer (gewerblichen)

Personengesellschaft. Zu den Kürzungsposten (§ 9 GewStG) gehören u. a. 1,2 % des Einheitswertes des zum Betriebsvermögen gehörenden Grundbesitzes sowie Anteile am Gewinn einer (gewerblichen) Personengesellschaft.

Ziel dieser Umrechnung des Gewinnes durch Hinzurechnungen und Kürzungen ist es, (a) die „subjektive", durch die spezifische Unternehmenspolitik des Betriebsinhabers geprägte Ausgangsgröße „Gewinn" in eine „objektive", von den Eigentumsverhältnissen unabhängige Größen zu transformieren; der Gesetzgeber hat gewissermaßen einen fiktiven Betrieb vor Augen, der ohne Fremdkapital und nur mit eigenen Wirtschaftsgütern arbeitet. Außerdem soll (b) eine doppelte Ertragsbesteuerung einzelner Gewinnteile vermieden bzw. abgeschwächt werden.[26] Freilich kann bei hohem Fremdkapitalanteil und/oder hohen Zinsen die Hinzurechnung der Schuldzinsen dazu führen, dass ein Unternehmen Gewerbesteuer zahlen muss, auch wenn es in betriebswirtschaftlicher Rechnung keinen Gewinn aufweist.

Aus dem Gewerbeertrag errechnet sich unter Berücksichtigung von Freibeträgen durch die Multiplikation mit einer bundeseinheitlichen **Steuermesszahl** (seit 2008: 3,5 %) der **Steuermessbetrag.** Die Gewerbesteuerschuld ergibt sich dann in einem zweiten Schritt aus der Multiplikation dieses Steuermessbetrages mit dem **Gewerbesteuer-Hebesatz,** der von der jeweiligen Gemeinde autonom festgelegt wird (durchschnittlicher Hebesatz aller Gemeinden 2019: 403 %). Bei einem kommunalen Hebesatz von z. B. 400 % beträgt die Gewerbesteuerbelastung des Gewerbeertrags damit einheitlich für Personen- und Kapitalgesellschaften 14 %. Die Möglichkeit des Verzichts einer Gemeinde auf die Erhebung der Gewerbesteuer durch Festsetzung eines Hebesatzes von 0 % besteht nicht mehr, der Hebesatz muss mindestens 200 % betragen (§ 16 Abs. 4 GewStG).

In **Österreich** wurde nach der Gewerbekapitalsteuer 1994 auch die Gewerbe-ertragsteuer zur Gänze abgeschafft. Der Steuereinnahmenausfall der Gemeinden wurde durch eine in ihrer Bemessungsgrundlage erweiterten und auf 3 % erhöhten **Kommunalsteuer** kompensiert, die seither die bisherige Lohnsummensteuer ersetzt. Der Kommunalsteuer unterliegen alle Unternehmen im umsatzsteuerlichen Sinn (also z. B. auch die vom System der Gewerbesteuer nicht erfassten freien Berufe).

[26] Auf Drängen der Gemeinden, die anlässlich der Unternehmensteuerreform 2001/02 von der Ersetzung des körperschaftsteuerlichen Anrechnungsverfahrens durch das Halbeinkünfteverfahren (Steuerfreiheit für 50 % der Beteiligungserträge) eine Verringerung des Gewerbesteueraufkommens befürchteten, werden seither die von der Einkommensteuer bzw. der Körperschaftsteuer (seit 2008 zu 40 %) freigestellten Gewinnanteile aus Beteiligungen an Kapitalunternehmen für die Gewerbesteuer dem Gewinn aus Gewerbebetrieb hinzugezählt, sofern die Beteiligung kleiner als 15 % ist (§ 8 Nr. 5 GewStG). Diese Hinzurechnung hat nicht die Vermeidung einer zweifachen Gewerbebesteuerung zur Folge, sondern bewirkt eine solche Zweifachbelastung.

14.6 Zur Diskussion der Gewerbesteuer

Nur wenige Abgaben sind einer solch nahezu einmütigen Kritik der steuerlichen Fachwissenschaften ausgesetzt wie die Gewerbesteuer. In den letzten Jahrzehnten wurde in Deutschland eine Vielzahl von Vorschlägen zur Modifizierung, Reduzierung oder Abschaffung der Gewerbesteuer vorgelegt. Trotz der intensiven Kritik und trotz einer seit langem geführten Reformdiskussion ist es bis heute – mit Ausnahme der Abschaffung der Gewerbekapitalsteuer 1997 – nicht zu einer tief greifenden Reform der Gewerbesteuer gekommen. Der Grund hierfür ist nicht zuletzt in dem Umstand zu suchen, dass diese historisch überkommene Form der Besteuerung des Wirtschaftsergebnisses mit allen ihren Unzulänglichkeiten in ihrer Eigenschaft als **Gemeindesteuer** immer noch einen wesentlichen Faktor im kommunalen Einnahmensystem darstellt und dass damit jede denkbare Veränderung der derzeitigen Regelung auch und vor allem unter den finanzverfassungsrechtlichen Gesichtspunkten der Finanzautonomie der Gemeinden und des Finanzausgleichs zwischen Bund, Ländern und Gemeinden diskutiert wird.

Die Gewerbesteuer ist dementsprechend unter zweierlei prinzipiellen Gesichtspunkten zu beurteilen. Einmal unter allgemeinen finanzwissenschaftlichen Aspekten im Hinblick auf ihre Stellung im Steuersystem und ihre ökonomischen Wirkungen, zum anderen unter dem Gesichtspunkt der spezifischen Anforderungen, die an eine kommunale Steuer und an das kommunale Steuersystem zu stellen sind. Es wird sich zeigen, dass beide Aspekte schwer auf einen gemeinsamen Nenner zu bringen sind.

14.6.1 Finanzwissenschaftliche Kritik

Die finanzwissenschaftliche Kritik der Gewerbesteuer setzt im Grundsatz an drei Tatbeständen an:

- An der oben dargestellten Tatsache, dass die Gewerbesteuer nach dem Gewerbeertrag steuersystematisch in Konkurrenz zur Einkommen- bzw. Körperschaftsteuer steht und zu einer Mehrfachbelastung von Einkommen führt. Diese Mehrfachbelastung ist mangels der Möglichkeit eines Grenzausgleichs von besonderer Bedeutung im Hinblick auf die internationale Wettbewerbsfähigkeit, da es in den meisten vergleichbaren Staaten keine entsprechende Besteuerung gibt.
- An der mit der Gewerbebesteuerung verbundenen generellen steuerlichen Mehrbelastung von Einkommen aus gewerblicher Tätigkeit gegenüber anderen Einkunftsarten.
- An den Unzulänglichkeiten und Unstimmigkeiten im „System“ der Gewerbesteuer selbst und den damit verbundenen allokativen Verzerrungen.

In der steuerwissenschaftlichen Literatur wurde und wird die Erhebung einer Gewerbesteuer als solche von ihren Verteidigern im allgemeinen **äquivalenz-theoretisch** gerechtfertigt mit dem Argument, der einzelnen Gemeinde entstünden durch die Existenz von Gewerbebetrieben besondere Aufwendungen für die Infrastruktur (Ausbau und Unterhalt der Zufahrtsstraßen, Entsorgung, Umweltschutz u. a.). Diese Aufwendungen müssten der Gruppe der „Verursacher" bzw. der „Nutznießer" kommunaler Infrastruktur angelastet werden.

Eine derartige gruppenbezogene Äquivalenzargumentation gibt Anlass zu einer Reihe von Einwänden. Allein schon die Beschränkung der Besteuerung auf die gewerbliche Tätigkeit lässt die äquivalenztheoretische Begründung als wenig überzeugend erscheinen. Wenn überhaupt das Äquivalenzprinzip zur prinzipiellen Steuerrechtfertigung herangezogen werden könnte, so wäre aus ihm jedenfalls nicht speziell eine Gewerbesteuer als „sektorale" Ertragsteuer zu rechtfertigen, sondern allenfalls eine generelle Besteuerung *aller* Produktionsaktivitäten innerhalb der einzelnen Gemeinde (z. B. unter Einschluss der freien Berufe), ergänzt um eine einwohnerbezogene kommunale Steuer. Auch ist zu berücksichtigen, dass die Gewerbesteuersteuer im Laufe der Zeit zu einer Sondersteuer auf große Kapitalgesellschaften geworden ist und ein Großteil der Gewerbebetriebe in Deutschland faktisch gar keine Gewerbesteuer mehr entrichtet.

14.6.2 Kritik der Gewerbesteuer als Kommunalsteuer

Hinsichtlich ihrer Eignung als Kommunalsteuer wird die Gewerbesteuer vor allem unter folgenden Aspekten kritisiert:

- Die Gewerbesteuer als ertragsabhängige Steuer weist eine hohe **Konjunkturempfindlichkeit** auf. Das kommunale Einnahmensystem sollte dagegen – so die Kritik – möglichst wenig konjunkturabhängig sein und ein stetiges Aufkommen liefern. Andernfalls bestehe die Gefahr, dass Änderungen im Steueraufkommen tendenziell auf die kommunale Ausgabenaktivität durchschlagen und die Gemeinden, auf die rund zwei Drittel aller öffentlichen Investitionen entfallen, zu prozyklischem und einem die gesamtwirtschaftlichen Konjunkturausschläge verstärkenden Ausgabegebaren veranlassen (sog. ausgabenseitige Parallelpolitik. Kürzung der Ausgaben bei rückläufiger Konjunktur mit sinkenden Einnahmen und umgekehrt bei konjunktureller Überhitzung).
- Die noch immer beträchtliche Bedeutung der Gewerbesteuer als kommunale Einnahmequelle bedeutet die Möglichkeit einer wenig wünschenswerten **wirtschaftlichen und politischen Abhängigkeit** mancher Gemeinden von einigen großen Gewerbesteuerzahlern. Einerseits kann eine Kommune mit wenigen Gewerbesteuerpflichtigen oder einseitiger Wirtschaftsstruktur über die ohnehin große generelle Konjunkturempfindlichkeit der Gewerbesteuer hinaus schon bei spezifischen Schwierigkeiten einer Branche in Bedrängnis geraten oder gar finanziell weitgehend vom Gedeihen eines einzelnen Unternehmens abhängig werden. Andererseits können

(große) Gewerbesteuerzahler je nach örtlicher Konstellation einen beträchtlichen Einfluss auf die kommunale Willensbildung erlangen, wenn sie einen wesentlichen Teil der Gemeindeeinnahmen bestreiten und daher mit der Drohung der Abwanderung die Gemeinde unter Druck setzen können oder wenn ansiedlungswillige Betriebe, die von mehreren Kommunen umworben werden, als potenzielle Gewerbesteuerzahler ihre „Bewerber" gegeneinander ausspielen und zur Gewährung von Sondervorteilen veranlassen können.

- Die Gewerbesteuer weist eine erhebliche **räumliche Streuung** des Pro-Kopf-Steueraufkommens auf. Bei gleichen Hebesätzen wären die Unterschiede im lokalen Steueraufkommen umso größer, je ungleichmäßiger Steuerobjekt (Gewerbebetrieb) und Steuerbemessungsgrundlage (Gewerbeertrag) über den Raum verteilt sind. Hinzu kommt bei der Gewerbesteuer die Möglichkeit einer sich selbst verstärkenden Tendenz. Theoretisch ergeben sich aus der Beziehung zwischen Hebesatz und Steueraufkommen bei gegebener Steuerbemessungsgrundlage zwei gegenläufige Effekte. Ein vergleichsweise niedriger Hebesatz stellt, für sich genommen, einen Standortvorteil dar und wirkt insofern Gewerbebetriebe anziehend. Auf der anderen Seite hat ein niedriger Hebesatz, ceteris paribus, natürlich ein niedrigeres Steueraufkommen zur Folge und damit ein vergleichsweise schlechtes kommunales Infrastrukturangebot, also einen Standortnachteil. Bestehen nun bereits eine ungleichmäßige räumliche Verteilung der Steuerbemessungsgrundlagen und beträchtliche Unterschiede im Pro-Kopf-Steueraufkommen, so können steuerstarke Gemeinden (Industriegebiete, aber auch kleinere Orte mit einem ertragstarken Großbetrieb) sowohl durch relativ niedrige Hebesätze als auch durch ein überdurchschnittliches Leistungsangebot ihre ohnehin vorhandene Attraktivität weiter steigern und weitere Produktionsbetriebe an sich ziehen. Finanzschwache Gemeinden befinden sich dagegen in einem Dilemma. Hebesatzsenkungen würden zu Einnahmeneinbußen führen, Hebesatzerhöhungen mit dem Ziel der Beschaffung zusätzlicher Mittel zur Finanzierung erhöhter kommunaler Leistungen würden die Gefahr einer Abwanderung vorhandener Betriebe und damit eines weiteren Rückganges der Steuereinnahmen heraufbeschwören. Die Eigenarten des kommunalen Steuersystems hätten auf diese Weise Unterschiede in der kommunalen Steuerkraft und Allokationsverzerrungen mit entsprechender räumlicher Erosion zur Folge. Die Statistik der Gewerbesteuereinnahmen deutscher Gemeinden nach Gemeindegrößenklassen zeigt, dass das Steueraufkommen pro Kopf sowohl vertikal (zwischen den Größenklassen) als auch horizontal (innerhalb der einzelnen Größenklassen) ganz beträchtlich streut und dass die „Umverteilung" im Zuge des Finanzausgleichs durch Gewerbesteuerumlage und Gemeindeanteil an der Einkommensteuer diese Unterschiede nur teilweise abbaut.

Diesen Nachteilen stehen freilich auch **positive Aspekte der Gewerbesteuer** gegenüber:

- Unter dem Aspekt der **kommunalen Selbstverwaltung** ist zu berücksichtigen, dass das Hebesatzrecht der Kommunen den Gemeinden die Möglichkeit eröffnet, über den

Kreis der Pflichtaufgaben hinaus freiwillige Aufgaben entsprechend den Präferenzen der Gemeindebürger wahrzunehmen.

- Die Gewerbesteuer kann die Grundlage für einen gewissen **„Interessenausgleich“** bilden zwischen Gemeinden und Unternehmen bzw. zwischen dem gesellschaftlichen Interesse an Produktion und Arbeitsplätzen und dem individuellen Interesse der ansässigen Bürger daran, nicht durch Begleiterscheinungen von Produktionsaktivitäten, wie Abgase, Staub und Lärm, belästigt zu werden. Sie führt dazu, dass der Gemeinde aus der wirtschaftlichen Tätigkeit von Unternehmen finanzielle Vorteile erwachsen, sodass die kommunalen Planungsträger ein Interesse an der Ansiedlung neuer und der Erhaltung bestehender Produktionsbetriebe haben und die Gemeinde aus diesen „Kompensationszahlungen“ den Bürgern zum Ausgleich für die Belästigungen durch Produktionsaktivitäten zusätzliche Kollektivleistungen zur Verfügung stellen kann, die sonst nicht finanzierbar waren. Die geltende Gewerbesteuer kann diese Ausgleichsfunktion freilich nur unvollkommen erfüllen, weil kleinere Gewerbebetriebe und generell alle nicht gewerblichen Betriebe de facto oder de jure unbesteuert bleiben.

Vor der Entscheidung für eine Beibehaltung der Gewerbesteuer oder für einen der Steuer- und Finanzausgleichs-Reformvorschläge wird man also abwägen müssen zwischen den vielfachen Nachteilen der bestehenden Gewerbesteuer und den Vorteilen einer kommunalen Selbstverwaltung auf der Grundlage eigenständig ausschöpfbarer Steuerquellen (im Unterschied zu einer Gemeindefinanzierung durch Beteiligung an Bundes- und Landessteuern bzw. durch Zuweisungen der Oberverbände).

In diesem Spannungsfeld bewegen sich auch die zahlreichen **Reformvorschläge.**[27] Diese reichen von der Ersetzung der Gewerbesteuer durch eine zusätzliche Beteiligung der Gemeinden am Aufkommen der Umsatzsteuer oder durch ein kommunales Zuschlagrecht zur Einkommen- und Körperschaftsteuer über den Vorschlag einer kommmunalen Cash-Flow-Steuer bis zu Konzeptionen einer wertschöpfungsorientierten Kommunalsteuer[28] und dem Vorschlag einer kommunalen Einkommensteuer.

---

[27] Einen tabellarischen Überblick über Reformvorschläge geben Döring und Feld (2005), S. 216 ff.

[28] Entweder als Nettowertschöpfungssteuer (additive Ermittlung der Wertschöpfung als Summe der Löhne, Mieten, Pachten Zinsen und Gewinne) oder als Bruttowertschöpfungsteuer, deren Bemessungsgrundlage auch die Abschreibungen enthält. Eine weitere Alternative wäre eine „kommunale Unternehmenssteuer“, bei der die Bemessungsgrundlage der Nettoumsatz (eigener Umsatz minus Vorumsätze) wäre (Homburg 2015).

14.7 Reformperspektiven der Unternehmensbesteuerung

Neben den im vorigen Abschnitt angeführten speziellen Problemen der Gewerbesteuer gibt es eine umfassende allgemeinere Diskussion über die künftige Rolle und Form der Unternehmensbesteuerung.

Die bestehende Besteuerung der Unternehmensgewinne ist in mehrfacher Hinsicht nicht neutral:

- Die Besteuerung ist nach wie vor **nicht rechtsformneutral.** Die Unternehmensteuerreformen 2001/02 und 2008 mit der Aufgabe des Vollanrechnungsverfahrens und der sehr bewussten Begünstigung der Gewinnthesaurierung bei Kapitalgesellschaften hätten die Unterschiede in der steuerlichen Behandlung von Kapitalgesellschaften und Personenunternehmen noch weiter verstärkt, wenn nicht gleichzeitig „kompensierende" Regelungen für Personenunternehmen eingeführt worden wären[29] (die wiederum sehr deutlich zur Verkomplizierung des Steuerrechts beigetragen haben). Eine Beseitigung der Rechtsform-Aneutralität würde eine einheitliche Unternehmenssteuer für Kapitalgesellschaften und für Unternehmen ohne eigene Rechtspersönlichkeit erfordern und damit den Verzicht auf die bisherige Anknüpfung der Besteuerung an der zivilrechtlichen Unternehmensform.
- Die Unternehmensbesteuerung ist nach wie vor **nicht finanzierungsneutral.** Das 1977 eingeführte Vollanrechnungsverfahren mit einem KSt-Satz für einbehaltene Gewinne in Höhe des Spitzengrenzsteuersatzes der Einkommensteuer hatte wenigstens Neutralität zwischen Fremd- und Beteiligungsfinanzierung hergestellt. Bezüglich der Selbstfinanzierung war durch Orientierung des KSt-Satzes für einbehaltene Gewinne an der Höhe des Spitzengrenzsteuersatzes der Einkommensteuer die Kapitalgesellschaft nicht mehr gegenüber der großen Personengesellschaft begünstigt und umgekehrt konnten Kapitalgesellschaften die Steuerbelastung eines für Selbstfinanzierung vorgesehenen Gewinns prinzipiell durch eine „Schütt-aus-hol-zurück"-Politik (Ausschüttung und anschließende Kapitalerhöhung) der Steuerbelastung thesaurierter Gewinne vergleichbarer Personengesellschaften anpassen.
  Die derzeitige Regelung der Körperschaftsteuer dagegen begünstigt gezielt und massiv die Selbstfinanzierung von Kapitalgesellschaften durch Gewinneinbehaltung gegenüber der Beteiligungsfinanzierung und erhöht die relativen Vorteile der Fremdfinanzierung gegenüber der Beteiligungsfinanzierung. Dem hat die Steuerpolitik entgegengehalten, eine bewusste steuerliche Begünstigung der Einbehaltung gegenüber der Ausschüttung von Gewinnen sei wünschenswert, denn sie fördere volkswirtschaftlich das Investitions- und Sparvolumen, nicht zuletzt deshalb, weil die

[29] Thesaurierungsrücklage gem. § 34a EStG (siehe Anm. 24); pauschaler Abzug von der Einkommensteuerschuld in Höhe des 3,8 fachen (ab 2008, vorher des 1,5fachen) des Gewerbesteuer-Messbetrages (§ 35 EStG).

Konsumneigung der Anteilseigner für Dividendeneinkünfte größer sei als für Einkommenszuwächse in Form von capital gains.

- Die Unternehmensbesteuerung ist nach wie vor **nicht investitionsneutral,** da der Gewinnermittlung nicht Ertragswertabschreibungen zugrunde gelegt werden können. Anders wäre es bei einer allein auf die Zahlungsüberschüsse einer Periode abstellenden Cash-Flow-Steuer, deren praktische Umsetzung allerdings mit einer Reihe anderer Problem behaftet wäre (siehe weiter unten).
  Für die Investitionsneutralität in volkswirtschaftlicher Hinsicht **(intertemporale Neutralität)** kommt hinzu, dass eine Besteuerung der Zinsen im Rahmen der Einkommensteuer einen **Steuerkeil** zwischen den Marktzins und die marginale Zeitpräferenzrate der Haushalte treibt, sodass für eine geschlossene Volkswirtschaft die Übereinstimmung der marginalen Zeitpräferenzrate der Haushalte mit der Produktivität der Grenzinvestition – bei vollkommenem Kapitalmarkt durch den Zins herbeigeführt – nicht gewährleistet ist und dass Investitions- und Sparvolumen in der Volkswirtschaft geringer ausfallen. Aus diesem Grunde plädieren die Verfechter einer am Cash Flow orientierten Unternehmensbesteuerung gleichzeitig für eine konsumorientierte Einkommensbesteuerung der Haushalte.

Unter dem Aspekt einer offenen Volkswirtschaft spielt insbesondere der Gesichtspunkt der internationalen **Steuerkonkurrenz** und damit **internationaler Steuerbelastungsvergleiche** eine Rolle. Im Mittelpunkt entsprechender Diskussionen steht der Körperschaftsteuersatz für einbehaltene Gewinne. Maßgeblich für die effektive Steuerbelastung und damit für die Verhaltenswirkung der Besteuerung ist aber nicht der (nominelle) Steuersatz, sondern das Zusammenwirken von Steuersatz und den steuerlichen Regeln zur Berechnung der Bemessungsgrundlage. In der neueren Steuertheorie wird bei internationalen Steuerbelastungsvergleichen daher überwiegend auf die Berechnung **effektiver Steuersätze** abgestellt, die Abschreibungsvergünstigungen und sonstige Steuerregeln sowie die unterschiedlichen steuerlichen Folgen unterschiedlicher Finanzierungsformen berücksichtigen.

Der **effektive Grenzsteuersatz** t^* wird meist berechnet als die Differenz („Steuerkeil") zwischen der Rendite (p) vor Steuern, die eine für den Investor/Kapitalgeber noch lohnende Investition mindestens erwirtschaften muss (sog. Kapitalkosten, cost of capital) und dem durch eine alternative Finanzanlage am Kapitalmarkt realisierbaren Zins (r), dividiert durch die erforderliche Vorsteuerrendite (p): $t^* = (p - r)/p$. Der effektive Grenzsteuersatz gibt damit an, um wieviel Prozent die Rendite der letzten noch rentabel erscheinenden Investition infolge der Besteuerung höher sein muss, damit sich die Investition für den Investor bei gegebenem Marktzins noch lohnt. Die Berechnung effektiver Steuerbelastungen setzt wegen der Unterschiede im gegebenen nationalen Steuerrecht der betrachteten Länder natürlich spezifische Annahmen über die Art einer Investition (Ausrüstung, Bauten, Vorräte), über die Finanzierungsform (Fremdfinanzierung, Selbstfinanzierung, Beteiligungsfinanzierung) u. a.m. voraus. Die steuerlichen Bedingungen eines Landes können daher nicht mit einem einzigen effektiven Steuersatz beschrieben werden.

Unter Aspekten des internationalen Steuerwettbewerbs wird vielfach auch argumentiert, dass die „direkte Optik" der Steuersätze wichtiger sei als die sich aus Steuersatz und Bemessungsgrundlage ergebende tatsächliche Belastungswirkung (Wissenschaftlicher Beirat beim BMF 1999, S. 12 f., Cnossen 1996, S. 92). Dies spräche dann für eine Strategie der Senkung der Steuersätze bei – falls fiskalisch erforderlich – Erweiterung der Bemessungsgrundlage (z. B. durch das Reduzieren von Abschreibungsvergünstigungen), was auch stärker dem allokativen Anspruch der Steuerneutralität entspricht.

Um den internationalen Steuerwettbewerb einzudämmen, haben die G20 im Juni 2021 eine globale Mindestkörperschaftssteuer von 15 % für multinationale Unternehmen beschlossen. Bisher sind über 130 Länder, darunter wichtige Proponenten wie Deutschland, Frankreich und die USA dieser Initiative beigetreten. Die teilnehmenden Länder können rein national agierende Unternehmen geringer besteuern (was zu Verzerrungen führen kann, wenn diese in direkter Konkurrenz mit einem multinationalen Unternehmen stehen). Des Weiteren besteht die Gefahr, dass der Druck auf diese Länder steigen wird, den tatsächlichen (höheren) Körperschaftssteuersatz auf das Minimum zu senken.

Unter Aspekten der **allokativen Effizienz** hat das Konzept der **Cash-Flow-Steuer** für Unternehmen (im Allgemeinen verbunden mit der Idee einer konsumorientierten Einkommensbesteuerung bei den Haushalten) besondere Beachtung gefunden. Eine Cash-Flow-Steuer besteuert die Differenz zwischen Einzahlungen und Auszahlungen. Dabei lassen sich verschiedene Varianten unterscheiden. Die **R-Base-Steuer**[30] **(Brown-Steuer)** besteuert die Differenz von Einnahmen und Ausgaben im Zusammenhang mit den *realen* Transaktionen eines Unternehmens, also die aus dem Verkauf und Kauf von Gütern und Dienstleistungen resultierenden laufenden Zahlungsüberschüsse abzüglich der Investitionsausgaben. Ceteris paribus ergäben sich dadurch im Investitionsjahr eine negative Steuerbemessungsgrundlage und eine negative Steuerschuld und damit ein staatlicher Zuschuss entsprechend dem Steuersatz (sofortiger, vollständiger Verlustausgleich). Zinszahlungen sind für die Bemessungsgrundlage der R-Steuer und damit für die Höhe der Steuerschuld irrelevant. Schuldzinsen sind nicht als Ausgaben abzugsfähig und Zinsbezüge zählen nicht zu den Einnahmen. Die Steuer wäre (in Kombination mit einer konsumorientierten Einkommensteuer für die Haushalte) finanzierungsneutral, würde also nicht wie die Gewinnbesteuerung zwischen Eigen- und Fremdfinanzierung

---

[30] Die Bezeichnung der drei Varianten von Cash-Flow-Steuern erklärt sich aus den englischen Bezeichnungen der für die Bemessungsgrundlage maßgeblichen Größen. R: Real items; F: Financial items; S: Share items.

diskriminieren,[31] und sie wäre investitionsneutral. Sie ließe sich als eine Steuer auf den Kapitalwert der Investitionen oder als eine Art Übergewinn- oder Rentensteuer verstehen. Die Grenzinvestition mit einem Kapitalwert von Null bliebe unbesteuert, im Übrigen würden alle Renditen, die über den Kalkulationszins (den Marktzins) hinausgehen, besteuert.

Allerdings wären Banken und Kapitalsammelstellen, die ihre Zahlungsüberschüsse hauptsächlich aus der Differenz zwischen Spar- und Kreditzinsen erwirtschaften und zu einem geringen Teil aus Gebühren und Spesen, von einer R-Steuer praktisch ausgenommen und das widerspräche dem Gleichheitsgrundsatz der einheitlichen Besteuerung aller Produktionsaktivitäten (siehe Abschn. 9.5). Als Lösung dieses Problems ist die **RF-Base-Steuer (King-Steuer)** vorgeschlagen worden, die reale und finanzielle Transaktionen erfasst und die folgende Steuerbasis verwendet:

Nettoeinzahlungen E (Einnahmen minus Ausgaben) aus realwirtschaftlichen Transaktionen
\+ Nettokrediteinnahmen KF (Kredit- und Tilgungseinnahmen minus Kredit- und Tilgungsausgaben)
\- Investitionsausgaben I
\- Nettozinszahlungen Z (Ausgaben minus Einnahmen)
\-------------------------
= Steuerbasis

Bezeichnet man überdies den Zufluss an Eigenkapital mit BF und die Dividendenzahlungen mit D, so gilt die folgende buchhalterische Identität von Einnahmen und Ausgaben (Bilanzgleichung):

$$E + KF + BF = D + I + Z$$

oder nach Umstellung:

$$E + KF - I - Z = D - BF$$

Die Gleichung zeigt, dass eine Besteuerung nach dem RF-Typus gleichbedeutend wäre mit einer Steuer auf den Saldo der Zahlungsströme im Zusammenhang mit der Beteiligungsfinanzierung, also auf die Differenz aus Dividenden und Eigen-

[31] Eine direkte Gleichstellung von Eigen- und Fremdfinanzierung kann auch erreicht werden, wenn neben dem Abzug der Fremdkapitalzinsen auch der Abzug einer „Normalverzinsung" des Eigenkapitals als fiktive Ausgabe zulässig wäre („allowance for corporate equity", ACE Tax). Freilich würde dies ceteris paribus mit erheblichen „Steuerausfällen" verbunden sein und (ebenso wie eine Cash-Flow-Steuer auf Unternehmensebene) zugleich eine zins- oder sparbereinigte Einkommensteuer erfordern. Zusammen mit einer traditionellen ESt dagegen würde die ACE-Steuer die Gewinneinbehaltung gegenüber der Ausschüttung noch stärker begünstigen als im vorhandenen Steuersystem.

kapitalzufluss; eine derartige Cash-Flow-Steuer wird auch als **S-Base-Tax** oder **Ausschüttungssteuer** (Meade-Commission) bezeichnet.

Cash-Flow-Steuern haben den Vorteil der Klarheit und Einfachheit, sie könnten als rechtsformneutrale Steuer auf alle Unternehmensformen angewendet werden und sie könnten ähnlich wie eine Umsatzsteuer mehrmals jährlich mit nur kurzer Verzögerung erhoben werden. Die für die Gewinnbesteuerung typischen Probleme der Bewertung und Periodisierung entfallen, Abschreibungen sind überflüssig, weil Investitionsausgaben sofort abzugsfähig sind[32] und Verluste durch eine Steuererstattung bzw. -gutschrift ausgeglichen werden. Der Staat beteiligt sich gewissermaßen als „stiller Partner" an den Investitionen, indem er zunächst einen Teil der Investitionsausgaben trägt und dafür später einen Teil der Nettoeinnahmen erhält. Auch die Problematik einer Nominalrechnung bei steigenden Preisen entfiele. Cash-Flow-Steuern wären (in Kombination mit einer zinsbereinigten Einkommensteuer) finanzierungs- und investitionsneutral. Demgegenüber sind, wie oben gezeigt, Körperschaftsteuern nicht finanzierungsneutral, sie beeinflussen die Investitionsentscheidungen, weil in der Praxis der Gewinnbesteuerung das Problem der „ökonomisch richtigen" Abschreibung entsprechend der jeweiligen individuellen Minderung des Ertragswertes unlösbar ist und bei steigenden Wiederbeschaffungspreisen kommt es zu einer **Scheingewinnbesteuerung,** weil Investitionen zu historischen Anschaffungskosten und nicht zu Wiederbeschaffungswerten abgeschrieben werden.

Einwände gegen die Einführung von Cash-Flow-Steuern bestehen vor allem im Hinblick auf die Anreize zur Steuervermeidung und die verteilungspolitische Wirkung.

Cash-Flow-Steuern erfordern einen einheitlichen Steuersatz über die Zeit und über die Sektoren (sowie zwischen Staaten mit gegenseitigen Anrechnungsabkommen), sie sind somit als Lenkungsinstrument nicht einsetzbar. Politisch motivierte Steuerbefreiungen (z. B. für Landwirtschaft, Vereine, Kirchen usw.) und Auslandstransaktionen könnten zu einer Erosion der Steuerbasis durch Manipulation der Verrechnungspreise (transfer pricing) bei Mischkonzernen und multinationalen Unternehmen führen. Die Kontrolle solcher Umgehungsgeschäfte erzeugt Bewertungsprobleme, die ja gerade durch Cash-Flow-Steuern vermieden werden sollen. Eine für die Zukunft erwartete Steuererhöhung führt zu einer Verzögerung der Investitionstätigkeit, weil Unternehmen versuchen werden, bei noch niedrigen Steuersätzen möglichst viel Gewinn auszuschütten. Der sofortige vollständige Abzug von Investitionen wirkt überdies prozyklisch, weil der Großteil der Investitionen in Phasen der Hochkonjunktur getätigt wird und damit die Steuerleistungen niedriger als im Konjunkturtief anfallen.

Auch die Umstellung auf eine Cash-Flow-Steuer beinhaltet mehrere Probleme. Unternehmen, die vor der Reform investiert haben, würden nicht mehr von der Abschreibung profitieren, weil Investitionsausgaben jetzt nur noch sofort abgesetzt werden können. Laufende Kredite könnten sich durch die nunmehrige Nichtabsetzbarkeit der Zinsen ver-

[32] Terminologisch nicht ganz korrekt wird dies oft als „Sofortabschreibung" bezeichnet.

teuern. Keuschnigg (1991) zeigt, dass Cash-Flow-Steuern zugunsten nachkommender Generationen umverteilen, sofern nicht ein gradueller Übergang, der die Abschreibung von Investitionen und Fremdkapital ermöglicht, gewählt wird. Entsprechende Sonderregelungen würden den Unternehmensbereich bevorzugen, was verteilungspolitisch als ebenso problematisch angesehen werden kann wie der mit Cash-Flow-Steuer-Vorschlägen im allgemeinen verbundene Vorschlag des Überganges zu einer konsumorientierten Einkommensbesteuerung mit Befreiung der Zinseinnahmen bei den Haushalten (vgl. hierzu Abschn. 11.1). Alles in allem kann daher das Konzept der Cash-Flow-Steuer gekennzeichnet werden als „theoretically attractive but difficult to implement" (Shome und Schutte 1994, S. 638).[33]

Literatur

Cnossen, S.: Company Taxes in the European Union. Criteria and Options for Reform. In: Fiscal Studies, 17 (1996), S. 67 ff.

Döring, T., Feld, L.P.: Reform der Gewerbesteuer: Wie es Euch gefällt? – Eine Nachlese. In: Perspektiven der Wirtschaftspolitik, 6 (2005), S. 207 ff.

Engels, W., Stützel, R. Teilhabersteuer. Ein Beitrag zur Vermögenspolitik, zur Verbesserung der Kapitalstruktur und zur Vereinfachung des Steuerrechts, 2. Aufl., Frankfurt a. M. 1968.

Fecht, R.: Einkommenbesteuerung II: Körperschaftsteuer. In: HdWW 2:218 ff. Stuttgart u.a. 1980.

Homburg, S.: Allgemeine Steuerlehre. 7. Aufl., München 2015.

Keuschnigg, C.: The Transition to a Cash-Flow Income Tax. In: Schweizerische Zeitschrift für Nationalökonomie und Statistik 1991, 127:113 ff.

McLure jr., C.E.: Must Corporate Income Be Taxed Twice? Washington DC 1979.

Messere, K., de Kam, F., Heady, C. (eds.): Tax Policy: Theory and Practice in OECD Countries, chap. 8. Oxford 2002

OECD: Taxing Profits in a Global Economy. Domestic and International Issues. Paris 1991.

Shome, P., Schutte, C.: Cash Flow Tax. In: IMF Staff Papers, 40 (1994), S. 638 ff.

Siegel, T.: Rechtsformneutralität – ein klares und begründetes Ziel: In: Wikeljohann, N. (Hrsg.): Rechnungslegung, Eigenkapital und Besteuerung: Entwicklungstendenzen. München 2007, S. 271 ff.

Sinn, H.W.: Capital Income Taxation and Resource Allocation. Amsterdam-New York 1987 [erweiterte Fassung von: Kapitaleinkommensbesteuerung. Tübingen 1985].

Surrey, S. Reflections on „Integration" of Corporation and Individual Income Taxes, in: National Tax Journal, 28 (1975), S. 336.

Wagner, F.W.: Was bedeutet und wozu dient Rechtsformneutralität der Unternehmensbesteuerung? In: Steuer und Wirtschaft, 36 (2006), S. 101 ff.

Wissenschaftlicher Beirat beim Bundesministerium der Finanzen: Gutachten zur Reform der internationalen Kapitaleinkommensbesteuerung (Schriftenreihe des BMF, 65). Bonn 1999.

Zodrow, G.R.: On the "Traditional" and "New" Views of Dividend Taxation. In: National Tax Journal, 44 (1991), S. 497 ff.

[33] Sinn (1987) hat im Hinblick auf die „Radikalität" der „reinen" Cash-Flow-Steuer-Konzepte verschiedene „Mischformen" als Reformalternativen vorgeschlagen.

Weiterführende Literatur

Bach, S. (Hrsg.): Reform der Unternehmensbesteuerung 2008 (Vierteljahreshefte zur Wirtschaftsforschung 76/2). Berlin 2007.
Bach, S.: Der Cash-Flow als Bemessungsgrundlage der Unternehmensbesteuerung. In: C. Smekal/R. Sendlhofer/H Winner (Hrsg.): Einkommen vs. Konsum. Ansatzpunkte zur Steuerreformdiskussion. Heidelberg 1999, S. 85 ff.
Bird, R.M.: Corporate-Personal Tax Integration. In: S. Cnossen (ed.) Tax Coordination in the European Community. Deventer et al. 1987, S. 227 ff.
Boadway, R., Bruce, N.: Problems with Integrating Corporate and Personal Income Taxes in an Open Economy. In: Journal of Public Economics 48 (1992), S. 39 ff.
Bond, S.R., Devereux, M.: On the Design of a Neutral Business Tax under Uncertainty. In: Journal of Public Economics, 58 (1995), S. 57 ff.
Clausing, K.A. Corporate Tax Revenues in OECD Countries. In: International Tax and Public Finance 2007, 115:133
Devereux, M.P., Griffith, R., Klemm, A. Corporate income tax reforms and international tax competition. In: Economic Policy 2002, 451:495
Doralt, W. Grundriß des österreichischen Steuerrechts 1. 9. Aufl. Wien 2021.
Dwenger, N., Steiner, V., Rattenhuber, P., Sharing the Burden? Empirical Evidence on Corporate Tax Incidence, German Economic Review, 2019, Vol. 20(4), 107–140.
Dziadkowski, D.: Umgestaltung, Revitalisierung oder Ersatz der Gewerbesteuer? In: Steuer und Wirtschaft, 64 (1987), S. 330 ff.
Engels, W. u.a. (Kronberger Kreis): Reform der Unternehmensbesteuerung. Bad Homburg v.d.H. 1989.
Farny, O., Roßmann, B., Svoboda, K. Die Körperschaftsteuer in Österreich – eine ökonomische Analyse. In: Wirtschaft und Gesellschaft, 12 (1986), S. 157 ff.
Forstner, S., Davoine, T., Makroökonomische Auswirkungen von Reformoptionen für eine Senkung der Körperschaftsbesteuerung, Forschungsbericht, IHS, 2018.
Fuest, C., Huber, B.: Lösungsmöglichkeiten und Probleme bei der Gewerbesteuerreform. In: Wirtschaftsdienst, 83 (2003), S. 560 ff.
Fuest, C., Who bears the burden of corporate income taxation? ETPF Policy Paper, 2018.
Gammie, M.: Corporate Tax Harmonisation: An "ACE" Proposal. In: European Taxation, 31 (1992), 238 ff.
Hansmeyer, K.-H.: Gewerbesteuer. In: HdWW 3. Stuttgart u.a. 1981, S. 617 ff..
Head, J.G.: Company Tax Structure and Company Tax Incidence. In: International Tax and Public Finance 4 (1997), S. 61 ff.
Homburg, S. Eine kommunale Unternehmensteuer für Deutschland. In: Wirtschaftsdienst, 76 (1996), S. 491 ff.
Hubbard, R.G.: Corporate Tax Integration: A View from the Treasury Department. In: Journal of Public Perspectives, 7 (1993), S. 115 ff.
Huber, B.: Die Gewerbesteuer. Aktuelle Reformvorschläge im Vergleich. In: G. Milbradt/I. Deubel (Hrsg.): Ordnungspolitische Beiträge zur Finanz- und Wirtschaftspolitik, Festschrift für Heinz Grossekettler zum 65. Geburtstag. Berlin 2004, S. 129 ff.
Kaiser, M.: Konsumorientierte Reform der Unternehmensbesteuerung. Heidelberg 1992.
King, M.A., Fullerton, D. (eds.): The Taxation of Income from Capital. A Comparative Study of the U.S., U.K., Sweden, and West Germany. Chicago 1984.
Kirchgässner, G. (2004) : Die Bedeutung der Körperschaftssteuer: Theoretische Überlegungen, die internationale Entwicklung und die Situation in der Schweiz, Aussenwirtschaft, Universität

St.Gallen, Schweizerisches Institut für Aussenwirtschaft und Angewandte Wirtschaftsforschung (SIAW-HSG), St.Gallen, Vol. 59(3), 239–272.
Krause-Junk, G.: Ein Brei aus drei Rezepten? – Die Eckdaten zur Unternehmensteuerreform 2008 im Lichte der wissenschaftlichen Empfehlungen. In: Perspektiven der Wirtschaftspolitik, 9 (2008), S. 1 ff.
Littmann, K.: Gewerbesteuern. In: HdF 2. Tübingen 1980, S. 607 ff. .
Littmann, K.: Überblick über die Ertragsteuern. In: HdF 2. Tübingen 1980, S. 565 ff.
Mintz, J., The Corporation Tax: A Survey, Fiscal Studies, Vol. 16(4), 1995, 23–68.
Razin, A., Sadka, E.: The Status of Capital Income Taxation in the Open Economy. In: Finanzarchiv, 51 (1995), S. 21 ff.
Richter, W.F., Wiegard, W.: Cash-Flow Steuern: Ersatz für die Gewerbesteuer? In: Steuer und Wirtschaft, 67 (1990), S. 40 ff.
Richter, W.F.: Kommunale Unternehmensbesteuerung. Grundsätzliche Anmerkungen zur Verwirklichung eines effizienten Systems. In: Zeitschrift für Wirtschafts- u. Sozialwissenschaften, 112 (1992), S. 567 ff.
Sachverständigenrat zur Begutachtung der gesamtwirtschaftlichen Entwicklung: Jahresgutachten 2003/2004 (Ziffer 584–601 u. 614–632) und Jahresgutachten 2005/06 (Ziffer 408–419). Stuttgart.
Schreiber, U.: Besteuerung der Unternehmen. Eine Einführung in Steuerrecht und Steuerwirkung. 2. Aufl. Berlin u.a. 2008
Siebert, H., Reforming Capital Income Taxation, Routledge, 2019.
Sinn, H.-W.: Neue Wege der Unternehmensbesteuerung: Eine Replik. In: Wirtschaftsdienst 1989, 69:159 ff.
Sørensen, P.B.: Neutral Taxation of Shareholder Income. In: International Tax and Public Finance. 12 (2005), S. 777 ff.
Sørensen, P.B.: Some Old and New Issues in the Theory of Corporate Income Taxation. In: Finanzarchiv, 51 (1994), S. 425 ff.
Stiglitz, J.A.: The Corporation Tax. In: Journal of Public Economics, 5 (1976), S. 303 ff.
The Structure and Reform of Direct Taxation. Report of a Committee chaired by J.E. Meade (Institute for Fiscal Studies). London 1978.
U.S. Treasury Department: Integration of the Individual and Corporate Tax System: Taxing Business Income Once. Washington, D.C., 1992.
Wiegard, W.: Die Duale Einkommensteuer. Ziele und Konzepte. In: A. Oestreicher (Hrsg.): Reform der Unternehmensbesteuerung. Herne u. Berlin 2007, S. 1 ff.
Wissenschaftlicher Beirat beim Bundesministerium der Finanzen: Flat Tax oder Duale Einkommensteuer? Zwei Entwürfe zur Reform der deutschen Einkommensbesteuerung. Bonn: 2004.
Wissenschaftlicher Beirat beim Bundesministerium der Finanzen: Gutachten zur Reform der Gemeindesteuern in der Bundesrepublik Deutschland (Schriftenreihe des BMF, 31), Bonn 1982.

Umsatzsteuer 15

Lernziele

- Steuern auf Konsum werden entweder als Einphasensteuern (etwa die Sales Tax in den USA) eingehoben, oder als Allphasensteuern auf die Wertschöpfung jedes einzelnen Unternehmens in der Wirtschaft.
- Steuersubjekt sind Unternehmen, als Steuerdestinatar gilt der Konsument. Die Umsatzsteuer kann aber in der Regel nicht zur Gänze auf diesen umgewälzt werden.
- Die Umsatzsteuer ist innerhalb der EU weitgehend harmonisiert. Allerdings können einzelne Mitgliedsstaaten individuell bis zu vier Steuersätze bestimmen. Der Normalsteuersatz beträgt in Deutschland 19 %, in Österreich 20 %.

15.1 Formen

Umsatzsteuern (oder Steuern auf den Verkaufserlös) können in verschiedenen Formen erhoben werden. Wesentliche Unterscheidungskriterien sind einerseits die Zahl der Besteuerungsstufen, andererseits die Abgrenzung des Steuerobjektes und die Art der Berechnung der Steuer.

Auf dem Weg von der (Ur-)Produktion bis zur Konsumtion „durchlaufen die einzelnen (Konsum-)Güter verschiedene Produktions- und Handelsstufen“ oder „-phasen“ (die sog. Wertschöpfungskette). Nach der Art des steuerlichen Zugriffs der Umsatzbesteuerung lassen sich dementsprechend Einphasensteuern und Mehrphasen- bzw. Allphasensteuern unterscheiden. Bei **Einphasensteuern** erfolgt die Besteuerung lediglich auf einer Stufe (während einer Phase). Je nachdem, welche Stufe dies ist, handelt es sich

E. Nowotny und M. Zagler, *Der öffentliche Sektor,*
https://doi.org/10.1007/978-3-658-36042-9_15

um eine Herstellersteuer, eine Großhandelssteuer oder eine Einzelhandelssteuer (ein bekanntes Beispiel ist etwa die Sales Tax in den USA). **Mehrphasensteuern** dagegen setzen in mehreren Umsatzphasen an (z. B. auf der Großhandels- und der Einzelhandelsstufe), und bei **Allphasensteuern** erfolgt auf jeder Produktions- und Handelsstufe eine Besteuerung des Umsatzes.

Bei den Mehrphasen- bzw. Allphasen-Umsatzsteuern kann nach der Abgrenzung des Steuerobjekts bzw. der Steuerbemessungsgrundlage unterschieden werden zwischen **Brutto-Umsatzsteuern** (auch kumulativen Umsatzsteuern) und **Netto-Umsatzsteuern** (auch nicht-kumulativen Umsatzsteuern):

Bei einer **Brutto-Umsatzsteuer** wird auf mehreren oder allen Umsatzstufen jeweils der gesamte (Brutto-)Umsatz belastet. Dass der Verkaufspreis Vorleistungen, die bereits in der vorhergehenden Stufe mit Umsatzsteuer belastet worden sind, und eventuell überwälzte Umsatzsteuer des Lieferanten der bezogenen Vorleistungen einschließt, bleibt unberücksichtigt. Ein Beispiel für eine Allphasen-Brutto-USt war die bis 1967 geltende deutsche USt. Ihr Steuersatz betrug 4 % vom Bruttoentgelt (incl. USt). Offene Überwälzung, d. h. gesonderter Ausweis der USt neben dem (Netto-)Preis, war nicht gestattet.

Eine Allphasen-Brutto-Umsatzsteuer weist eine Reihe unliebsamer Eigenschaften auf:

- Die Abgabe erfasst auch die Rohstoffe, Zwischenprodukte und Investitionsgüter, die von anderen Unternehmen bezogen und zur Erstellung des gelieferten (End-) Produktes eingesetzt werden.
- Nomineller Steuersatz und effektiver Steuersatz fallen auseinander. Die Steuerbelastung des Endproduktes nimmt dadurch, dass jeweils der gesamte Umsatz, und nicht nur die zusätzliche Wertschöpfung einer Stufe der USt unterworfen wird mit jeder weiteren Stufe (Phase), die das Endprodukt durchläuft, zu. Sie ist um so größer, je mehr Phasen ein Produkt „in seinem Leben" durchläuft und je höher der Anteil des Endwertes ist, der auf frühen Stufen geschaffen worden ist. Diese Kumulativwirkung i.S. einer wiederholten Belastung derselben Wertschöpfungsbeiträge wird dadurch verstärkt, dass bei Besteuerung des gesamten vereinnahmten Entgeltes in jedem Entgelt die überwälzte Steuer vorgelagerter Stufen miterfasst wird, sodass auf jede Stufe „Steuer von der Steuer" berechnet wird (sog. **Kumulativ- oder Kaskadenwirkung**).
- Für gleichartige Endprodukte können sich aufgrund der skizzierten Wirkung je nach der Länge des Weges von der Produktion bis zur Konsumreife unterschiedliche USt-Belastungen ergeben. In allokativer Hinsicht verzerrt die Allphasen-Brutto-USt die relativen Güterpreise, in distributiver Hinsicht hat sie wenig berechenbare und steuerbare Belastungsunterschiede zur Folge.
- Die Möglichkeit, durch Zusammenfassung aufeinanderfolgender Umsatzstufen einen Steuerzugriff zu vermeiden, übt einen starken Anreiz zur vertikalen Konzentration aus.
- Da die effektive Steuerbelastung des Endproduktes je nach der Zahl der durchlaufenen Stufen unterschiedlich ist, ohne dass dies im Nachhinein ermittelt werden kann, ist es nicht möglich, bei exportierten Gütern einen exakten Grenzausgleich nach

dem sog. Bestimmungslandprinzip im Sinne einer Befreiung von der Belastung mit inländischer USt vorzunehmen.

Den skizzierten verschiedenen Nachteilen steht als Vorteil die Einfachheit der Steuertechnik (für Steuerschuldner und Finanzverwaltung) gegenüber, jedenfalls solange die Allphasen-Brutto-USt mit einheitlichem Steuersatz erhoben wird und nicht mit zahlreichen Ausnahmeregelungen und Steuerbefreiungen verbunden ist.

Im Unterschied zu (Allphasen-)Brutto-Umsatzsteuern erfassen (Allphasen-) **Netto-Umsatzsteuern** im Ergebnis auf jeder Stufe lediglich die Differenz zwischen dem ausgeführten Umsatz und dem „Vorumsatz" (den Vorleistungsbezügen und Käufen dauerhafter Produktionsmittel). Da diese Differenz mehr oder minder periodengerecht[1] der Wertschöpfung auf der entsprechenden Produktions- oder Handelsstufe entspricht, wird auch von **Wertschöpfungsteuer** oder, bezogen auf das Produkt, von Besteuerung des „Mehrwertes" oder von **„Mehrwertsteuer"** (value-added tax (VAT)) gesprochen. Die Steuerbelastung eines Endproduktes ist hier bei gegebenem Nettopreis und bei gegebenem (einheitlichen) Steuersatz unabhängig von der Zahl der Umsatz- oder Wertschöpfungsstufen, die das Produkt durchläuft. Die vertikale Zusammenfassung zweier Stufen würde lediglich bedeuten, dass auf Stufe 1 keine USt mehr anfiele und dass auf Stufe 2 die Wertschöpfung beider Stufen zu versteuern wäre; die Gesamtsteuerbelastung des Endproduktes bliebe unverändert.

Grundsätzlich ließe sich steuertechnisch der zu besteuernde „Mehrwert" bzw. die Wertschöpfung eines Unternehmens auf zweierlei Weise ermitteln, einmal **additiv** als Summe der im Unternehmen erzeugten Einkommen (gezahlte Faktorentgelte und Gewinn plus/minus Beteiligungs- und Zinserträge), zum anderen **subtraktiv** („indirekt") als Differenz zwischen Bruttoerlösen (bzw. Bruttoproduktionswert) einerseits und Vorlieferungen (Vorleistungsbezügen und Verschleiß dauerhafter Produktionsmittel) andererseits. Im Allgemeinen spricht man im deutschen Sprachgebiet allerdings lediglich bei der subtraktiven oder „indirekten" Mehrwertermittlung von (Netto-)Umsatzsteuer, im (in der internationalen steuerlichen Praxis verhältnismäßig seltenen) Fall der additiven Ermittlung dagegen von Gewerbesteuer oder von Wertschöpfungsteuer und fasst diese meist nicht mehr als Variante der Umsatzsteuer auf.

Bei einer auf der subtraktiven Berechnungsmethode aufbauenden Allphasen-Netto-Umsatzsteuer (Mehrwertsteuer) könnte steuertechnisch die jeweilige Steuerschuld auf zweierlei Weise ermittelt werden:

- Bei der **Vorumsatzmethode** werden vom Umsatz (ohne USt) der jeweiligen Produktions- oder Handelsstufe die bezogenen Lieferungen oder Vorumsätze (ohne

[1] Je nachdem, ob die Methode des pro-rata-temporis-Abzugs oder die Methode des Sofortabzugs angewendet wird.

dafür entrichtete USt) subtrahiert; die Differenz, der „Nettoumsatz", stellt die Steuerbemessungsgrundlage dar, auf die der USt-Satz angewendet wird.
- Bei der **Vorsteuermethode** wird hingegen die zu zahlende USt ermittelt, indem der USt-Satz auf den *geleisteten* Umsatz der jeweiligen Produktions- oder Handelsstufe angewendet wird – Steuerbemessungsgrundlage ist also nicht der „Mehrwert"! – und vom Ergebnis (zuweilen „Ausgangs- oder Basis-USt" genannt) die auf *bezogene* Leistungen entfallende USt (sog. Vorsteuer) abgezogen wird.

Bei einheitlichem Steuersatz ergibt sich bei beiden Verfahren dieselbe Steuerbelastung. Anders dagegen, wenn verschiedene Steuersätze existieren und auf einer Vorstufe ein ermäßigter Steuersatz zur Anwendung kommt. Beim Vorsteuerverfahren entspräche der Anwendung eines ermäßigten Steuersatzes auf der 1. Stufe ein entsprechend geringerer Vorsteuerabzug auf der 2. Stufe. Die auf der Vorstufe „unterlassene" Besteuerung wird somit auf der Folgestufe „nachgeholt" (sog. **Nachholwirkung**). Diese Nachholwirkung sorgt dafür, dass beim Vorsteuerverfahren die steuerliche Endbelastung immer auf die Höhe gebracht wird, die dem auf der letzten Stufe, beim Umsatz an den Endverbraucher, anzuwendenden Steuersatz entspricht. Ermäßigte Steuersätze schlagen also beim Vorsteuerverfahren nur dann auf die Gesamtsteuerbelastung des Endproduktes durch, wenn diese Steuersätze auf der letzten Umsatzstufe angewendet werden. Die europäischen Mehrwertsteuern basieren ausnahmslos auf dem Vorsteuerverfahren.

Es gehört zum Wesen der Netto-Umsatzsteuer, dass bei der Ermittlung der Steuerschuld jeweils Vorleistungsbezüge und Investitionen berücksichtigt werden. Dabei können im Hinblick auf den Zeitpunkt der Abzugsfähigkeit bezogener Lieferungen bzw. von Lieferanten in Rechnung gestellter Vorsteuern zwei steuertechnische Möglichkeiten unterschieden werden:

- Bei der Methode des **Sofortabzuges** werden vom Bruttoumsatz einer Periode sämtliche in derselben Periode bezogenen Lieferungen an Vorleistungen (Rohstoffen und Halbfabrikaten) und an dauerhaften Anlagegütern bzw. die dafür von Lieferanten in Rechnung gestellten Umsatzsteuerbeträge in voller Höhe abgezogen.
- Eine Besteuerung des jeweiligen „Mehrwerts" i.S. der periodengerechten Wertschöpfung einer Stufe ergibt sich hingegen bei der Methode des **pro-rata-temporis-Abzuges.** Bei diesem Verfahren werden vom Bruttoumsatz einer Stufe lediglich der Periodenverzehr an Rohstoffen usw. und die Abschreibungen auf die in der Periode eingesetzten dauerhaften Anlagegüter (bzw. ein entsprechender Teil der Vorsteuer) abgezogen.

Vergleicht man die Mehrwertsteuer mit Sofortabzug mit einer einstufigen Einzelhandelssteuer, so wird das Urteil vor allem vom Gesichtspunkt der Erhebungskosten und der Hinterziehungsmöglichkeiten bestimmt:

- Unter dem Gesichtspunkt der Erhebungskosten wurde seinerzeit namentlich im angelsächsischen Schrifttum den einstufigen Umsatzsteuern, speziell der Einzelhandelssteuer, der Vorzug gegeben und die Einführung der Mehrwertsteuer in den Ländern der (damaligen) EG als Fehler bezeichnet.[2] Dass die erheblich höhere Zahl der Steuerpflichtigen bei einer Allphasen-Umsatzsteuer für Fiskus und Wirtschaft erheblich höhere Erhebungskosten bedeutet als bei einer Einzelhandelssteuer, dürfte keinem Zweifel unterliegen.[3]
- Zugunsten der Mehrwertsteuer wurde schon zu Zeiten ihrer Einführung in erster Linie vorgebracht, dass 1) bei ihr Investitionsgüter wirksamer von der Besteuerung ausgenommen werden können als bei einer Einzelhandelssteuer und dass 2) das Vorsteuerabzugsverfahren eine Art eingebauten Kontrollmechanismus darstelle, der durch die Notwendigkeit des Ausweises der Vorsteuer die Überprüfung der Steuerehrlichkeit erleichtere und der Steuerhinterziehung von vornherein entgegenwirke. Dass allerdings dieses zweite Argument nicht überbetont werden darf, zeigen etwa **Karussellgeschäfte** zwischen mindestens drei Beteiligten, von denen sich einer in einem anderen EU-Mitgliedstaat befindet. Dabei werden zwei Elemente der Mehrwertsteuer ausgenutzt, die Steuerbefreiung von Lieferungen in andere EU-Länder und die Möglichkeit des Geltendmachens des Vorsteuerabzuges für bezogene Leistungen, ohne dass die dazugehörige Umsatzsteuer auf den nachfolgenden Umsatz bereits gezahlt worden ist. Ein in ein solches Karussellgeschäft eingeschaltetes Scheinunternehmen, der sog. „Missing Trader", stellt dabei Rechnungen über angeblich entrichtete Vorsteuer aus.
- Unter Aspekten eines integrierten Binnenmarktes mit Abbau von Grenzkontrollen ist freilich die Mehrwertsteuer das einzige praktikable System, das inzwischen auch von praktisch allen europäischen Staaten, einschließlich der Schweiz und der mittel- und osteuropäischen Reformstaaten übernommen wurde und auch im außereuropäischen Bereich in den vergangenen Jahrzehnten seinen Siegeszug angetreten hat. Lediglich die USA haben (auf der Ebene der einzelnen Staaten)[4] weiterhin ein einstufiges System der Umsatzbesteuerung in Form der Einzelhandelsbesteuerung (sales taxes).

---

[2] Vgl. etwa D. Dosser: The Value Added Tax in the U.K. and the EEC, in: A. Peacock – F. Forte (eds.): The Political Economy of Taxation, Oxford 1981.

[3] In Großbritannien, das vor der Mehrwertsteuer mit der purchase tax eine Großhandelssteuer besaß, betrug die Zahl der Steuerpflichtigen unter der purchase tax 74.000, während sie unter der Mehrwertsteuer auf 1,3 Mio. stieg. Die direkten Erhebungskosten (der Finanzverwaltung) machten im Durchschnitt der Jahre 1975–1979 2 % der Steuereinnahmen aus gegenüber 0,75 % der Einnahmen unter der purchase tax, und die privaten Kosten der Steuererfüllung (compliance costs) werden für die britische Mehrwertsteuer auf 0,4–0,9 % des Umsatzes geschätzt. R. Hemming and J. A. Kay: The United Kingdom, in H. Aaron: The Value-added Tax. Lessons from Europe, Washington, D. C. 1981, S. 86.

[4] Eine Konsumsteuer des Bundes ist nach der Verfassung der USA nicht zulässig.

15.2 Die Mehrwertsteuer in Deutschland und Österreich

Die Gesetzgebungskompetenz für die Umsatzsteuer liegt in Deutschland beim Bund, die Verwaltung der USt i. e. S. erfolgt durch die Landesfinanzbehörden im Auftrag des Bundes; die Einfuhr-USt wird von der Bundeszollverwaltung erhoben. Die Ertragskompetenz besitzen Bund und Länder gemeinsam, die USt (einschl. Einfuhr-USt) ist wie die Einkommensteuer und die Körperschaftssteuer eine Gemeinschaftsteuer (Art. 106 Abs. 3 GG.). Die Anteile von Bund und Ländern werden jeweils durch gesondertes Bundesgesetz (mit Zustimmung des Bundesrates) festgelegt (siehe Abschn. 6.3).

Für den Bereich der Mehrwertsteuer besteht im Rahmen der EU – und damit auch für Deutschland und Österreich – eine weitgehende Harmonisierung hinsichtlich der Steuerbemessungsgrundlagen. Unterschiede gibt es dagegen innerhalb der zulässigen Bandbreiten hinsichtlich der Höhe und der Struktur der Mehrwertsteuersätze.

15.2.1 Steuerobjekt

Das Umsatzsteuergesetz gibt keine allgemeine Definition des steuerlichen Umsatzbegriffes, sondern zählt sog. **steuerbare Umsätze** auf (§ 1 UStG):

1. Lieferungen oder sonstige Leistungen, die ein Unternehmer im Erhebungsgebiet gegen Entgelt im Rahmen seines Unternehmens ausführt.
2. Einfuhr von Gegenständen aus Nicht-EU-Ländern („Drittländern“) in das Inland (sog. Einfuhrumsatzsteuer).
3. Innergemeinschaftlicher Erwerb (aus anderen EU-Ländern) im Inland gegen Entgelt.

Umsätze, die nicht die genannten Merkmale erfüllen, sind nicht steuerbar und unterliegen nicht der USt.[5] Die steuerbaren Umsätze wiederum können **steuerpflichtig** oder aufgrund besonderer gesetzlicher Vorschriften (§§ 4, 5 UStG) **steuerfrei** sein. Die ökonomische Wirkung der Steuerbefreiung hängt dabei wesentlich von den Möglichkeiten des Vorsteuerabzuges ab. USt-Befreiungen bestehen insbesondere für:

- Exportumsätze (Ausfuhrlieferungen und innergemeinschaftliche Lieferungen, grenzüberschreitende Beförderung von Gegenständen u. a.)
- Vermietung und Verpachtung von Grundstücken
- Umsätze aus der Tätigkeit als Arzt, Zahnarzt, Heilpraktiker usw.
- bestimmte Umsätze in Geld- und Kreditverkehr (z. B. Gewährung, Vermittlung und Verwaltung von Krediten)

[5] Beispiele: Arbeitnehmer verkauft seinen PKW; Metzgermeister verkauft privates Klavier.

- Umsätze, die bereits unter spezielle Verkehrsteuergesetze fallen, wie z. B. Grunderwerb (Grunderwerbsteuer),
- Umsätze, die unter das Rennwett- und Lotteriegesetz fallen, Leistungen von Versicherungsunternehmen (Versicherungsteuer)
- Umsätze der Träger der Sozialversicherung, der Sozialhilfe usw. untereinander und mit den Versicherten, Anspruchsberechtigten usw.

15.2.2 Steuersubjekt

Steuerschuldner der USt ist der Unternehmer, der den steuerbaren Umsatz ausführt; Schuldner der Einfuhrumsatzsteuer können auch Nichtunternehmer sein. Als Unternehmer i. S. des UStG (§ 2 Abs. 1 UStG) werden nicht nur die Gewerbetreibenden erfasst, sondern auch Freiberufler, Landwirte und Vermieter/Verpächter. Die Rechtsform, in der das Unternehmen betrieben wird, ist unerheblich. Keine Selbstständigkeit (und damit keine Unternehmereigenschaft) ist bei sog. **Organgesellschaften** gegeben, also bei juristischen Personen, die „nach dem Gesamtbild der tatsächlichen Verhältnisse finanziell, wirtschaftlich und organisatorisch“ in ein anderes Unternehmen eingegliedert sind (§ 2 Abs. 2 Nr. 2 UStG), d. h. von diesem Unternehmen (dem „Organträger“) beherrscht werden. Umsatzsteuerrechtliches Steuersubjekt ist folglich der Organträger und nur die vom Organträger an Dritte erbrachten Leistungen sind als steuerbare Umsätze anzusehen. Umsätze der Organgesellschaften untereinander oder mit dem Organträger stellen umsatzsteuerlich irrelevante „Innenumsätze“ dar. Im System der Netto-USt hat das Institut der umsatzsteuerlichen Organschaft im Unterschied zur früheren Brutto-USt allerdings keinen Einfluss auf die USt-Belastung des Endproduktes.

15.2.3 Steuerbemessungsgrundlage

Steuerbemessungsgrundlage ist bei Lieferungen und sonstigen Leistungen das **vereinbarte** Entgelt (Prinzip der **Soll-Besteuerung**). Damit entsteht die Steuerschuld, sobald die Lieferung oder sonstige Leistung ausgeführt und in Rechnung gestellt worden ist. Bemessungsgrundlage der Einfuhr-USt ist der Zollwert oder das Entgelt. In keinem Fall gehört die ausgewiesene USt (Einfuhr-USt) selbst zur Steuerbemessungsgrundlage.

15.2.4 Steuersätze

Die deutsche USt kennt grundsätzlich nur zwei Steuersätze, den Regelsteuersatz von (seit 2007) 19 % (entsprechend 15,97 % des Bruttopreises inkl. USt) und den ermäßigten Steuersatz von 7 %. Der ermäßigte Steuersatz gilt u. a. für Nahrungsmittel (außer für den Verzehr an Ort und Stelle in Gaststätten usw.) und für Waren des Buchhandels und für

Druckereierzeugnisse. Für die Umsätze land- und forstwirtschaftlicher Betriebe gelten besondere Steuersätze („Durchschnittsätze" gem. § 24 dt. UStG).

In Österreich beträgt der Normalsteuersatz der USt 20 %. Daneben besteht ein ermäßigter Steuersatz von 13 % unter anderem für lebende Tiere und Pflanzen, 10 % z. B. für Beherbergung, Nahrungsmittel, Waren des Buchhandels und Erzeugnisse des grafischen Gewerbes, Arzneimittel, Wohnungsvermietung, Personenbeförderung u. a. m.

15.2.5 Vorsteuerabzug

Die Multiplikation der im Besteuerungszeitraum ausgeführten steuerpflichtigen Umsätze mit dem zugehörigen Steuersatz liefert die Umsatzsteuerschuld. Die **Steuerzahllast** ergibt sich nach Abzug der in den Besteuerungszeitraum fallenden sog. **Vorsteuern.** Es sind dies:

- die USt-Beträge, die dem Unternehmer von anderen Unternehmern für Lieferungen oder sonstige Leistungen gesondert in Rechnung gestellt worden sind, vorausgesetzt, diese Leistungen sind für das Unternehmen, nicht für private Zwecke des Unternehmers, ausgeführt worden;
- die entrichtete Einfuhr-USt für Gegenstände, die für das Unternehmen eingeführt worden sind.

Übersteigt der Vorsteuerabzug die Umsatzsteuerschuld (negative Steuerzahllast), so hat das Finanzamt dem Unternehmer die Differenz zu vergüten. Entscheidend für den Vorsteuerabzug ist allein der Zeitpunkt der Leistung bzw. der Ausstellung der Rechnung.

Für **land- und forstwirtschaftliche Betriebe** sind die Vorsteuern im dt. und im österreichischen USt-Recht ebenfalls pauschaliert und dabei entsprechend dem anzuwendenden USt-Satz bemessen, sodass für im Rahmen eines landwirtschaftlichen Betriebes durchgeführte Umsätze keine Steuerzahllast entsteht (§ 24 dt. UStG, § 22 ö. UStG).

Soweit **steuerfreie** Umsätze getätigt werden, muss hinsichtlich des Vorsteuerabzugs zwischen verschiedenen Kategorien der Steuerbefreiungen unterschieden werden. Steuerbefreiungen mit Vorsteuerabzug (auch **„echte" Steuerbefreiungen**) gibt es lediglich für die innergemeinschaftlichen Lieferungen in andere EU-Länder und für Exportumsätze in Drittländer (entsprechend dem Bestimmungslandprinzip). Nur derartige „echte" USt-Befreiungen bewirken, dass die Lieferung ohne USt-Belastung erfolgt. Eine echte Steuerbefreiung auf der letzten Stufe einer Umsatzkette entspricht damit einem Steuersatz von 0 % (sog. **Nullsatz**), wie ihn verschiedene europäische Länder bei Zeitungen, Nahrungsmitteln, Medikamenten u. ä. anwenden.

Alle übrigen USt-Befreiungen sind Steuerbefreiungen ohne Vorsteuerabzug (**„unechte" Steuerbefreiungen):** Die USt für erhaltene Lieferungen, innergemeinschaftliche Bezüge und Einfuhren, die zur Ausführung der steuerfreien Umsätze verwendet werden, ist vom Vorsteuerabzug ausgeschlossen (§ 15 Abs. 2 dt. UStG). Dies bedeutet, dass der Unternehmer, dessen Umsatz steuerfrei ist, nicht die ihm von Lieferanten in Rechnung gestellte USt als Vorsteuer abziehen kann; die Belastung der Umsatzstufen, die die Ware zuvor „durchlaufen" hat, bleibt erhalten. (Zuweilen wird daher von **„Riegelwirkung"** gesprochen.) Der Unternehmer kann allenfalls versuchen, diese bisherige USt-Belastung „versteckt" im Preis weiterzugeben (zu überwälzen). Die Wirkung einer solchen USt-Befreiung ohne Vorsteuerabzug hängt davon ab, auf welcher Stufe der „Wertschöpfungskette" der steuerfreie Umsatz getätigt wird und wie groß der Anteil dieser Stufe an der gesamten Wertschöpfung ist: Betrifft die USt-Befreiung einen Umsatz an einen (privaten) Endverbraucher (Endstufenbefreiung), so bedeutet sie grundsätzlich (bei einheitlichem USt-Satz) eine Begünstigung für den Endverbraucher, da die „Wertschöpfung" der letzten Stufe unbesteuert bleibt und es somit zu einer geringeren Steuerbelastung der Ware kommt.

Die Steuerbefreiung ohne Vorsteuerabzug kann also zu Wettbewerbsnachteilen führen, wenn ein „steuerbefreiter" Unternehmer an einen „steuerpflichtigen" Unternehmer liefert. Für eine Reihe „steuerbefreiter Umsätze", die sowohl an Endverbraucher (auf der Endstufe) als auch an andere Unternehmer (auf einer Zwischenstufe) erbracht werden können, wird daher im deutschen USt-Recht (§ 9 UStG) dem Unternehmer bei Lieferung an einen anderen Unternehmer die Möglichkeit eingeräumt, durch Verzicht auf die Steuerbefreiung des Umsatzes (sog. **Mehrwertsteuer-Option**) wirtschaftliche Nachteile zu vermeiden und für sich selbst und den Abnehmer die Möglichkeit des Vorsteuerabzuges (zurück) zu erlangen: Eine derartige Option ist beispielsweise möglich bei den Steuerbefreiungen für Umsätze im Geld- und Kreditverkehr und für die Vermietung und Verpachtung von Grundstücken (an Unternehmen).[6]

15.3 Spezielle Verbrauchsteuern

Im Rahmen der Steuern auf die Einkommensverwendung (Verbrauchsteuern) bestehen, neben der allgemeinen Umsatzbesteuerung noch eine Vielzahl spezieller Verbrauchsteuern. Die wichtigsten sind:

[6] Die Möglichkeit, durch Verzicht auf die USt-Befreiung bei Vermietung an einen anderen Unternehmer den Vorsteuerabzug (zurück) zu erlangen, der im Vergleich zur Versteuerung der Miete in der Regel wirtschaftlich vorteilhafter ist, erlangte im deutschen Steuerrecht eine besondere Bedeutung bei dem sog. Bauherrenmodell, einer außerordentlich beliebten Form steuerbegünstigter Kapitalanlagen: Der Bauherr vermietet nicht unmittelbar an einen (privaten) Mieter, sondern schaltet einen gewerblichen Zwischen(ver)mieter ein. Im Hinblick auf die namentlich verteilungspolitische Kritik an diesem „Steuersparmodell" hat der Gesetzgeber die Mehrwertsteueroption bei Liegenschaften, die Wohnzwecken dienen bzw. dienen sollen, abgeschafft.

- Die **Mineralölsteuer** als Verbrauchsteuer auf im Inland produzierte und auf eingeführte Mineralöle. Sie ist als spezifische Steuer konstruiert, wobei der Steuersatz (€ je 100 kg bzw. hl) je nach Art des Mineralölproduktes variiert. Gesetzgebungs- und Ertragshoheit liegen beim Bund, wobei das Aufkommen der Mineralölsteuer zum Teil zweckgebunden für verkehrs- und energiepolitische Zwecke zu verwenden ist. Dies entspricht dem grundlegenden Ansatz einer zumindest teilweisen Äquivalenz zwischen Besteuerung und Nutzung von Verkehrseinrichtungen.
- Die **Kraftfahrzeugsteuer** ist für öffentlich zugelassene Kraftfahrzeuge zu entrichten. Sie ist als spezifische Steuer für PKW nach dem Hubraum sowie (seit 1997) dem Schadstoffausstoß, für sonstige Kraftfahrzeuge nach dem Gewicht bestimmt. Die Gesetzgebungshoheit liegt beim Bund, die Ertragshoheit bei den Ländern. Da diese Steuer ein besonders ungünstiges Verhältnis zwischen Einhebungskosten und Gesamtaufkommen aufweist, werden kostengünstigere Besteuerungsformen (z. B. Zuschlag zur Mineralölsteuer) diskutiert. In Österreich wurde wegen entsprechender Kostenüberlegungen die Kraftfahrzeugsteuer durch die „motorbezogene Versicherungssteuer" ersetzt, die gemeinsam mit der bei der Kfz-Haftpflichtversicherung anfallenden Versicherungssteuer, die von den Versicherungsunternehmen abzuführen ist, eingehoben wird.

Historisch betrachtet wurden Mineralölsteuern zur Finanzierung eines komplementären öffentlichen Gutes (Straßen) eingeführt, werden Kraftfahrzeugsteuern als eine spezifische Form von Luxussteuern eingeführt wurden. Heute haben diese Steuern als ökologische Lenkungssteuern (siehe dazu Kap. 22) eine neue Aufgabe bekommen.

Neben den oben genannten besteht eine Vielzahl partieller Verbrauchsteuern. Speziell bei Verbrauchsteuern mit vergleichsweise geringem Aufkommen („Bagatellsteuern") besteht vielfach ein ungünstiges Verhältnis zwischen Einhebungskosten und Gesamtaufkommen. Allokativ werden diese Steuern wegen der hier besonders ausgeprägten „excess-burden"-Effekte (Abschn. 10.2) überwiegend als problematisch gesehen. Die distributive Wirkung hängt davon ab, ob es sich um eine Verbrauchsbesteuerung von Massengütern oder von abgrenzbaren „Luxusgütern" handelt. Insgesamt werden im deutschen Steuersystem jedoch die regressiven Verteilungswirkungen der speziellen Ausgabenbesteuerung überwiegen.

Weiterführende Literatur

Adhikari, B., Does Value-Added Tax Increase Economic Efficiency?, Economic Inquiry, 2019, Vol. 58(1), 469–517.

Cnossen, S.: Global Trends and Issues in Value Added Taxation. In: International Tax and Public Finance, 5 (1998), S. 399 ff.

Doralt, W.: Grundriß des österreichischen Steuerrechts Wien, 2021.

Dziadkowski, D., Walden, P.: Umsatzsteuer. 4. Aufl., München-Wien 1996.

Ecclestone, R.: Taxing Reforms. The Politics of the Consumption Tax in Japan, the United States, Canada and Australia. Cheltenham 2007.
Jatzke, H.: Das System des deutschen Verbrauchsteuerrechts unter Berücksichtigung der Ergebnisse der Verbrauchsteuerharmonisierung in der Europäischen Union. Berlin 1997.
Keen, M., Smith, Stephen: VAT Fraud and Evasion: What Do We Know and What Can Be Done? In: National Tax Journal, 59 (2006), S. 861 ff.
Krause-Junk, G.: Die Europäische Mehrwertsteuer und das Ursprungslandprinzip. In: Finanzarchiv, 49 (1991), S. 181 ff.
McLure, C.E.: Economic, Administrative and Political Factors in Choosing a General Consumption Tax. In: National Tax Journal, 46 (1993), S. 345 ff.
Metcalf, G.E.: Value-Added Taxation. A Tax Whose Time Has Come? In: J. of Economic Perspectives, 19 (1995), S. 121 ff.
Müller, D.: Struktur, Entwicklung und Begriff der Verbrauchsteuer. Berlin 1997.
Rose, G.: Umsatzsteuer mit Grunderwerbsteuer u. kleineren Verkehrsteuern. 16. Aufl., Berlin 2006.
Schenk, A., Thuronyi, V., Cui, W., Value-Added tax: A Comparative Approach, 2015, Cambridge University Press.
Tipke, K., J. Lang: Steuerrecht. Ein systematischer Grundriß. Köln, 2020.
Wagner, F.W., Weber, S. Wird die Umsatzsteuer überwälzt?. Schmalenbachs Z betriebswirtsch Forsch 68, 401–421 (2016).

Vermögens-, Vermögenszuwachs- und Vermögensverkehrsteuern 16

Lernziele

- Vermögenssteuern besteuern akkumulierte vergangene Differenzen aus Einkommen und Konsum. Vermögenszuwachssteuern besteuern lediglich zusätzliche Vermögen, während Vermögensverkehrssteuern Vermögenstransaktionen, wie etwa den Verkauf von Wertpapieren oder Erbschaften besteuern.
- Vermögenssteuern lassen sich teilweise mit allokativen Argumenten rechtfertigen, allerdings ist das Argument der Umverteilung deutlich relevanter.
- Erbschaftssteuern (oftmals in Kombination mi Schenkungssteuern um eine Umgehung zu verhindern) besteuert je nach Höhe der Erbschaft und Verwandtschaftsgrad den Vermögenszuwachs der Erben, da dieser ja keinen Verdienst im eigentlichen Sinn darstellen.

16.1 Vermögenssteuern

Vermögen entsteht, weil Individuen von ihrem (versteuerten) Einkommen nicht alles zum Konsum verwenden, sondern Teile davon Sparen und damit Vermögen bilden. Genau wie der Konsum aus bereits versteuerten Einkommen nochmals mit einer Steuer belegt werden kann, so kann prinzipiell auch das ersparte Vermögen besteuert werden. Vermögen erwirtschaftet aber auch Erträge, und diese sollten gemäß dem Gleichheitsgrundsatz wie andere Einkommensarten auch der Einkommensteuer unterliegen. Dennoch kommt es zu einer differenzierten Besteuerung des Vermögenszuwachses, und darauf gehen wir in Abschn. 16.3 genauer ein. Schließlich ist anzumerken, dass Vermögen nicht nur durch eigenes Sparen, sondern auch durch Ersparnisse der Eltern,

E. Nowotny und M. Zagler, *Der öffentliche Sektor*,
https://doi.org/10.1007/978-3-658-36042-9_16

Verwandte, Wohltäter und deren Vorgängern akkumuliert wird. Es stellt sich die Frage, ob die Weitergabe von Vermögen an künftige Generationen ebenfalls separat besteuert werden sollte, wie im Abschn. 16.4 ausgeführt.

16.1.1 Allgemeine Charakterisierung und theoretische Grundlagen

Vermögenssteuern sind Steuern, deren Bemessungsgrundlage die Bestandsgröße „Vermögen“ ist. Vermögenssteuern sind damit **„ertragsunabhängige Steuern“,** d. h. auch bei einem Einkommen oder Gewinn von Null oder gar in Verlustperioden kann eine Steuerschuld entstehen. Je nachdem, ob dabei das gesamte Vermögen oder nur ein Teil bzw. eine bestimmte Art von Vermögen (Grundvermögen, Kapitalvermögen) der Besteuerung zugrunde gelegt wird, ist zu unterscheiden zwischen allgemeinen Vermögenssteuern und partiellen (Teil-)Vermögenssteuern. Bei **allgemeinen** Vermögenssteuern wird bei der Ermittlung des steuerpflichtigen Vermögens meist der Abzug der Schulden zugelassen, d. h. es handelt sich um **Reinvermögensteuern** (net wealth taxes). Werden darüber hinaus – ähnlich wie bei der Einkommensteuer – bei der Bemessung der Steuerhöhe persönliche Umstände (Familienstand, Alter u. ä.) des Vermögensbesitzers berücksichtigt, so spricht man von einer **persönlichen (Rein-) Vermögensteuer** oder von einer Vermögensteuer als Subjektsteuer. Der Gegensatz zur persönlichen (subjektiven) Vermögensteuer wäre eine **objektive Vermögensteuer,** bei der persönliche Merkmale des Eigentümers (und dessen Verbindlichkeiten) unberücksichtigt bleiben. Objektive Vermögenssteuern kommen heute in aller Regel nur noch in der Form partieller Vermögenssteuern vor und werden dann meist nicht als „Vermögenssteuern“ bezeichnet; Beispiele für eine derartige objektive und partielle Besteuerung des Vermögens sind die **Grundsteuer** in Deutschland und die **„property taxes“** der Staaten und Kommunen in den USA. Im deutschsprachigen Schrifttum wird der Begriff „Vermögensteuer“ im Allgemeinen gleichgesetzt mit allgemeiner persönlicher Vermögensteuer.

Bei der (nominellen) Vermögensteuer ist das Vermögen zwar die Bemessungsgrundlage, Steuerobjekt und Steuerquelle aber ist die Stromgröße „Einkommen“. Die nominelle Vermögensteuer zielt also nicht auf eine Schmälerung des individuellen Vermögensbestandes, sondern ihre Sätze sind so bemessen, dass die Steuer im allgemeinen (mit Ausnahme des sog. „ertraglosen“ Vermögens) aus den laufenden Vermögens*erträgen* entrichtet werden kann (bzw. soll), ohne dass der Steuerpflichtige sein Vermögen oder Teile davon „versilbern“ muss: Ein Vermögensteuersatz von 1 % verkörpert bei einer „normalen“ Rendite von 5 % eine 20 %ige Besteuerung des Vermögens*ertrages;* erzielt der individuelle Vermögensbesitzer eine geringere als die „normale“ (vom Gesetzgeber unterstellte) Rendite, so fällt die Ertragsbesteuerung entsprechend höher als 20 % aus. Eine nominelle Vermögensteuer ist also im Grunde eine (Soll-) Kapitaleinkommensteuer mit einer (theoretisch) gegenüber einer Einkommensteuer breiteren Bemessungsgrundlage „Kapitaleinkommen“.

Falls der Vermögensteuer jeweils aktuelle Vermögenswerte zugrunde gelegt werden, läuft die Vermögensteuer auf eine Besteuerung auch der nicht realisierten Wertzuwächse **(capital gains)** hinaus, die in der Einkommensbesteuerung regelmäßig nicht erfasst werden. Bei hohem Vermögenswert, bzw. einer Vermögensrendite, die nicht in regelmäßigen Liquiditätszuflüssen (z. B. Zinsen), sondern in Wertzuwächsen besteht und bei nur geringen sonstigen Einnahmen des Vermögenseigentümers, kann eine Besteuerung nach dem aktuellen Vermögenswert zu Steuerzahllasten führen, die die Höhe des expliziten Einkommens (im umgangssprachlichen Sinne, nicht i.S. der Reinvermögenszugangstheorie, die ja Wertzuwächse als Einkommensbestandteil definiert) überschreiten.

16.1.2 Begründungen einer Vermögensteuer neben der Einkommensteuer

Eine systematische Höherbelastung der Kapitaleinkommen bedeutet unter allokativen Gesichtspunkten eine Diskriminierung von Sparen und Finanzinvestitionen. Dies kann wachstumspolitisch ungünstig sein. Zuweilen wird freilich gerade umgekehrt argumentiert, die damit verbundene relative Begünstigung der Investitionen in *Human*kapital sei durchaus erwünscht, weil bzw. wenn Humankapital den entscheidenden Wachstumsfaktor darstelle. Unabhängig davon, ob nun Finanz- oder Humankapitalinvestitionen volkswirtschaftlich „wertvoller" sind, bleibt eine gezielte allokative Nichtneutralität der Besteuerung volkswirtschaftlich stets problematisch. Darüber hinaus „passt" der Gedanke einer gezielten Höherbelastung von Kapitaleinkommen natürlich nicht zu den Überlegungen, im internationalen Steuerwettbewerb zur Minimierung der Verzerrungswirkungen der Besteuerung (der excess burden) jene Einkommen, die mobiler und „preiselastischer" auf Steuersatzunterschiede reagieren als andere Einkommen, gerade geringer zu besteuern.

Bei den Argumenten **zugunsten** einer Vermögenssteuer *neben* der Einkommensteuer können im Wesentlichen zwei Gruppen unterschieden werden, nämlich 1) eine mehr **instrumentale** Gruppe von Rechtfertigungen und 2) eine Gruppe von primär auf Argumenten der **„Belastungsgerechtigkeit"** fußenden Rechtfertigungen:

1. Eine Rechtfertigung könnte darin gesehen werden, dass durch die Erhebung einer Vermögensteuer Größen steuerlich berücksichtigt werden, die in ökonomischer Sicht „Einkommen" darstellen, die aber im Rahmen der bestehenden Einkommensbesteuerung mit ihrem steuerrechtlich engeren Einkommensbegriff üblicherweise frei bleiben; zu denken wäre vor allem an capital gains und an imputed income aus dem Besitz dauerhafter Konsumgüter (vgl. hierzu die Ausführungen in Abschn. 12.2 zur Einkommensteuer). Die Vermögensteuer stellt in dieser Sicht gewissermaßen eine **steuertechnische Ergänzung** der existierenden Einkommensteuer mit ihren Unvollkommenheiten dar und wäre mithin allein bei einer broad based income tax

im Sinne der Reinvermögenszuwachstheorie überflüssig. Freilich kann mit dieser Argumentation nicht ohne weiteres eine nach dem *gesamten* Vermögensbestand bemessene Vermögensteuer gerechtfertigt werden, die eine entsprechende *Mehr*-Belastung jener Einkommensteile (Kapitaleinkünfte) bringt, die bereits über die bestehende Einkommensteuer erfasst werden (z. B. Zinsen). Geht es beispielsweise um die Besteuerung von in der Einkommensteuer nicht erfassten capital gains, so wäre eine Vermögens*zuwachs*steuer sinnvoller.

Eine weitere Vermögensteuer-Rechtfertigung, die auf eine steuersystematische Ergänzungsfunktion abstellt, ist das Argument, die Vermögensteuer nehme eine **Kontroll- und Nachholfunktion** gegenüber der Einkommensteuer wahr. Allerdings erhebt sich die Frage, ob es nicht sinnvoller wäre, im Rahmen der Einkommensteuer gegen legale „Schlupflöcher" und illegale Hinterziehung von Vermögenseinkommen vorzugehen.

2. Wesentlich gewichtiger sind die Rechtfertigungen der Erhebung einer Vermögensteuer *neben* der Einkommensteuer mit **Argumenten der Belastungsgerechtigkeit.** Heute sind dies fast ausschließlich Rechtfertigungen auf der Basis der Leistungsfähigkeitstheorie der Besteuerung; die Rechtfertigung einer Besteuerung des Vermögens mit äquivalenztheoretischen Gesichtspunkten spielte vor allem in früheren Zeiten, in denen die Staatsfunktion sich im Wesentlichen auf die Sicherstellung von Recht und Ordnung (sog. Nachtwächterfunktion) beschränkte, eine Rolle. Diese wird heute noch bei der Besteuerung von Grund und Boden im kommunalen Bereich angeführt. Die Begründung der Erhebung einer Vermögensteuer mit Argumenten der (horizontalen) Steuergerechtigkeit im Sinne des Leistungsfähigkeitsprinzips umfasst zwei Ansätze:
   - Das sog. **Fundierungsargument,** das sich bereits im Gesetzentwurf zur Einführung der preußischen Vermögensteuer von 1893 findet, führt aus, dass Vermögenseinkommen gegenüber Arbeitseinkommen besondere Qualitätsmerkmale aufwiesen, weshalb im Vergleich eines Vermögenseinkommens und eines gleich großen Arbeitseinkommens das Vermögenseinkommen eine größere „Leistungsfähigkeit" verkörpere.[1] Genannt werden vor allem größere Dauerhaftigkeit, Stetigkeit und Sicherheit gegenüber dem durch Krankheit, Alter und Tod bedrohtem Arbeitseinkommen sowie überdies eine gewisse „Mühelosigkeit" der Einkommenserzielung: „Es wäre ein Rückfall in eine nach wissenschaftlicher Auffassung längst überwundene Barbarei, wenn man allein nach der Größe des Einkommens angelegte Abgaben … erheben und auf diesem Wege z. B. mit gleichem Prozentsatz belasten wollte, was mit Mühen, Gefahren und Not verdient

[1] Der Vermögensbegriff wird dabei (wie in der Vermögensteuerpraxis) beschränkt auf übertragbare Sachgüter und Geldwerte, Rechte, d. h. zukünftige Renten- und Pensionsansprüche sowie das Humankapital werden nicht zum steuerpflichtigen Vermögen gezählt.

ist, und was z. B. Schlafenden und Nichtstuern aus ererbten Vermögen allein durch das Verdienst der Couponschere zufällt."[2]
Kritiker halten diesem Argument der größeren Sicherheit freilich die (deutschen) Erfahrungen mit zwei großen (staatlich verursachten) Inflationen im 20. Jahrhundert entgegen, durch die zahlreiche Geldvermögen buchstäblich „über Nacht" verschwanden, und sie verweisen auf den Ausbau der sozialen Sicherung im Wohlfahrtsstaat unserer Tage. Die einstmals berechtigte Auffassung, dass Vermögenseinkommen generell „fundierter" seien als Arbeitseinkommen, lasse sich in uneingeschränkter Form nicht mehr aufrechterhalten.
- Das sog. **Besitzargument** stellt auf den Vermögens*bestand* ab und rechtfertigt die Erhebung einer Vermögensteuer neben der Einkommensteuer damit, dass Vermögen durch seine bloße Existenz (über eventuelle Vermögenserträge hinaus und selbst bei „Ertraglosigkeit") seinem Eigentümer eine besondere unmittelbare (Neumark: „generische") Leistungsfähigkeit vermittle, die nicht konsumtiver Natur sei und auch nichts mit den (geldlichen oder realen) Vermögenserträgen (Einkommen) zu tun habe. Genannt werden z. B. Sicherheit, Ansehen, Kreditwürdigkeit u. ä. Im Grunde handelt es sich hierbei um die Annahme einer Art von „imputed income".

3. Theoretisch zu trennen von diesen Vermögensteuerrechtfertigungen i.S. des Leistungsfähigkeitsprinzips ist die **distributive Rechtfertigung** der Erhebung einer Vermögensteuer zum Zwecke der **Vermögens-Umverteilung.** Faktisch ist allerdings anzumerken, dass nach allen bisherigen Erfahrungen eine solche Umverteilungswirkung als nur gering eingeschätzt werden muss. Eine auf stärkere Gleichheit der Vermögensverteilung ausgerichtete Steuerpolitik müsste daher wohl eher bei der *Entstehung* der Vermögen ansetzen (Einkommen- und Erbschaftsbesteuerung).[3]

16.1.3 Allgemeine persönliche Vermögenssteuern im internationalen Vergleich

In **Deutschland** gab es eine allgemeine (nominelle, subjektive) Vermögensteuer bis 1996. Der Steuersatz betrug 0,5 % bei natürlichen Personen und 0,6 % bei Körperschaften. Durch die Freibeträge kam es bei konstantem Grenzsteuersatz der Vermögensteuer zur indirekten Progression mit steigendem Durchschnittsatz.

[2] F.J. Neumann: Vermögenssteuern und Wertzuwachssteuern als Ergänzung der Einkommensteuer, insbesondere in Württemberg. Tübingen 1910, S. 38.

[3] Im Übrigen reicht es für eine wirkliche „Verbesserung" der Vermögensverteilung natürlich nicht aus, die hohen Vermögen zu verkürzen, sondern es müsste zugleich eine effektive Politik der Förderung der Vermögensbildung „am unteren Ende" betrieben werden.

Im internationalen Vergleich der OECD-Staaten tritt ganz eindeutig eine **Tendenz zur Abschaffung oder zumindest Senkung** der Vermögensteuer (personal wealth tax) hervor:

- Von insgesamt 24 Mitgliedsstaaten erheben gegenwärtig (2019) nur noch 5 Staaten eine Vermögensteuer.
- Eine Reihe von Staaten, in denen ursprünglich eine Vermögensteuer erhoben wurde, hat diese Steuer schon vor etlichen Jahren abgeschafft (z. B. Österreich 1995; Dänemark 1997; Italien 1998; Luxemburg 2005).
- Zum Kreis der Länder mit echten Vermögenssteuern gehören neben Norwegen „klassischerweise" die Schweiz (auf der Kantonsebene) und seit einiger Zeit auch Frankreich und Spanien. Frankreich, Norwegen (nur 2 Steuersätze), Spanien und die Schweizer Kantone wenden progressive Tarife mit differenzierten Steuersätzen an.
- Eine Besonderheit stellt die niederländische Regelung dar: Die bis dahin eigenständige Vermögensteuer wurde 2000 ersetzt durch eine Art „Sollertragsteuer" innerhalb der Einkommensteuer, die im Ergebnis wie eine Vermögensteuer mit einheitlichem Steuersatz von 1,2 % wirkt: Unabhängig von den Ist-Erträgen wird ein Einkommensteuersatz von 30 % auf einen fiktiven Ertrag in Höhe von 4 % des Reinvermögens erhoben.

16.2 Grundsteuer

Grundsteuern sind partielle Vermögenssteuern, deren Bemessungsgrundlage das Immobiliarvermögen ist. Im Unterschied zur persönlichen (allgemeinen) Vermögensteuer sind sie **Objektsteuern,** d. h. es erfolgt keine Differenzierung der Steuerbelastung entsprechend den persönlichen Verhältnissen (z. B. durch persönliche Freibeträge). Verbindlichkeiten des Grundstückeigentümers bleiben unberücksichtigt. Die Steuer knüpft zwar an der Bestandsgröße Grundstückswert an, Steuerobjekt ist jedoch die Stromgröße Grundertrag, auf die aus dem Grundstückswert unter Zugrundelegen einer „nominalen" Rendite geschlossen wird (Prinzip der Sollertragbesteuerung). Die Grundsteuer wird daher (zusammen mit der Gewerbesteuer) auch zu den sog. **Ertragsteuern** gezählt; das deutsche Steuerrecht verwendet für beide Steuern auch den Begriff **Realsteuern** (§ 22 AO).

Stärker als andere Formen der Vermögensbesteuerung kann die Grundsteuer **äquivalenztheoretisch** gerechtfertigt werden, indem sie als eine Art „Abgeltung" für die Versorgung mit kommunaler Infrastruktur gesehen wird. Dies entspricht auch der historischen Entwicklung und der internationalen Stellung dieser Steuer. Ein anderer Ansatz von historischer Bedeutung ist die distributive Sicht der Grundsteuer (bzw. der Bodenwertzuwachssteuer als spezieller Form einer Wertzuwachssteuer) als Instrument der **Besteuerung der Grundrente.** Eine entsprechende Aufwertung der Bedeutung der Grundsteuer wurde sowohl aus distributiven Gründen (angesichts des „unverdienten" Zuwachses der Grundrente bei wachsender Bevölkerung und Wirtschaft)[4] als auch aus allokativen Gründen (kein Problem einer „Zusatzlast der Besteuerung" durch unelastisches Angebot des Produktionsfaktors Boden) gefordert.[5] Tatsächlich ist freilich die volkswirtschaftliche Bedeutung dieser Steuer im deutschen Sprachraum langfristig zurückgegangen, was vor allem auf die bereits erwähnten ungelösten politischen Probleme einer adäquaten Bewertung zurückzuführen ist. Auch ist hinsichtlich der Verteilungswirkung zu differenzieren zwischen eigen- und fremdgenutzten Liegenschaften, da bei letzteren (z. B. Mietwohnungen) eine Überwälzung als Kostenfaktor möglich und wahrscheinlich ist.[6]

Die Grundsteuer ist in Deutschland bundeseinheitlich im **Grundsteuergesetz** geregelt. Die Grundsteuer der Betriebe der Land- und Forstwirtschaft wird auch „Grundsteuer A" genannt, der nicht landwirtschaftlich genutzte Grundbesitz (das sog. „Grundvermögen") unterliegt der „Grundsteuer B". Wie bei der Gewerbesteuer wird die Steuer nach einem mehrstufigen Verfahren berechnet: Besteuerungsgrundlage ist der Einheitswert des einzelnen landwirtschaftlichen Betriebes bzw. Grundstückes. Durch Multiplikation des Einheitswertes mit einer bundeseinheitlichen Grundsteuer-Messzahl ergibt sich der Grundsteuer-Messbetrag. Er wird vom Finanzamt festgestellt und den Steuerpflichtigen sowie der hebeberechtigten Gemeinde mitgeteilt. Aus dem Messbetrag errechnet sich die Steuerschuld durch Anwendung des jeweiligen von der Gemeindevertretung beschlossenen Grundsteuerhebesatzes. Die Steuermesszahl beträgt für land- und forstwirtschaftliche Betriebe 0,6 %, für Einfamilienhäuser für die ersten 38.347 € 0,26 % und für den darüber hinausgehenden Betrag 0,35 %, für Zweifamilienhäuser 0,31 % und für alle übrigen Grundstücke 0,35 %. Der Hebesatz belief sich 2019 im gewogenen Bundesdurchschnitt auf 469 % (Grundsteuer B).

2019 wurde auf Verlangen des Bundesverfassungsgerichts die Grundsteuer reformiert, die neue Steuer gilt ab 2025. Als erstes wird eine Grundsteuer C für baureife Grundstücke eingeführt. Weiters können die einzelnen Länder nunmehr vom Bundesmodell abweichen. Schließlich kommt es zu einer Neuberechnung der Grundbesitzwerte und zu einem Ausgleich für Wertsteigerungen, bevor die Grundsteuer analog zu bisherigen Praxis besteuert wird.

---

[4] Vor allem in der Bodenreformbewegung um die Wende des 19. Jahrhunderts.

[5] Ein weiteres Beispiel einer bodenpolitisch begründeten Besteuerung des Grundbesitzes ist die spezielle Besteuerung unbebauter Grundstücke, wie sie in Deutschland 1961/1962 versucht wurde („Baulandsteuer" oder Grundsteuer C) und in Österreich seit 1960 mit der (vom Aufkommen her freilich unbedeutenden) Bodenwertabgabe (1 % des Einheitswertes, soweit er 14.600 € übersteigt) praktiziert wird.

[6] Siehe dazu E. Nowotny: (1973), S. 133 ff.

16.3 Vermögenszuwachssteuern

Ein Zuwachs an Vermögen ist entweder ein mengenmäßiger Zuwachs oder ein wertmäßiger Zuwachs. **Mengenmäßige Vermögenszuwächse** entstehen durch Sparen und Vermögensbildung, d. h. durch Verzicht auf den Konsum von (versteuertem) Einkommen, sowie ferner unmittelbar durch Vermögenstransfers (z. B. Erbschaften). Ein **wertmäßiger Zuwachs (capital gain)** bei gegebenem mengenmäßigen Bestand des Vermögens eines Individuums kann z. B. dadurch entstehen, dass eine Kapitalgesellschaft, bei der das Individuum Anteilseigner (Aktionär) ist, erzielte Gewinne einbehält und reinvestiert,[7] er kann ferner auf Verschiebungen von Angebot und Nachfrage beruhen (z. B. Kursgewinne bei Wertpapieren bei sinkenden Zinsen), auf Veränderung der Steuerpolitik (Steuerkapitalisierung), auf natürlichem Wachstum (z. B. bei Forstvermögen) oder aber (als lediglich nomineller Vermögenszuwachs) auf Inflation.

Eine *regelmäßig* erhobene und an *aktuellen* Werten orientierte Vermögensteuer würde Vermögenszuwächse indirekt besteuern, während Vermögenszuwächse speziell infolge von erhaltenen Transfers unmittelbar durch die Erbschaft- und Schenkungsteuer (hier in der Form der Erbanfallsteuer) erfasst werden. Legt man einen umfassenden Einkommensbegriff i.S. der **Reinvermögenszugangstheorie** zugrunde, so wären Vermögenszuwächse generell als „Einkommen" zu interpretieren, gleichgültig ob es sich um mengenmäßige Zuwächse handelt, ob es noch nicht realisierte Wertsteigerungen (non-realized capital gains) sind oder ob die Wertzuwächse durch Veräußerung realisiert wurden (Veräußerungsgewinne, realized capital gains).

Eine allgemeine Besteuerung der capital gains wirft erhebliche technische Probleme auf. Wäre es möglich, entstandene, aber noch nicht (durch Verkauf) realisierte Wertzuwächse zu besteuern, so könnte eine solche Besteuerung auf der Ebene der Anteilseigner die Besteuerung des thesaurierten Gewinns auf der Ebene der Kapitalgesellschaften (Körperschaftsteuer) ersetzen. Tatsächlich ist aber eine steuerliche Erfassung (noch) nicht realisierter Wertzuwächse technisch kaum machbar und wäre politisch dem Wähler auch kaum vermittelbar. In der Steuerpraxis gibt es heute weder eine auf der Reinvermögenszuwachstheorie aufbauende und jedwede Vermögenszuwächse einbeziehende Einkommensteuer noch eine sonstige allgemeine Steuer auf *nicht* realisierte Vermögenszuwächse.[8]

---

[7] Dieses Beispiel zeigt, dass die steuerliche Behandlung von capital gains im Unternehmensbereich Auswirkungen auf Gewinnverwendungs- bzw. Finanzierungsverhalten haben kann; vgl. hierzu Kap. 13.

[8] In der Literatur wurde verschiedentlich vorgeschlagen, die Besteuerung der Vermögenswertzuwächse sowie der Erbschaften und Schenkungen und sonstiger Vermögenszuwächse zusammenzufassen in einer Vermögenszugangsteuer.

Sieht man einmal von der Erbschaftsbesteuerung ab, so beschränkt sich die Besteuerung regelmäßig auf die ***realisierten* Wertzuwächse (Veräußerungsgewinne)**.[9] Steuertechnisch geschieht diese Besteuerung meist im Rahmen der Einkommensteuer (bzw. Körperschaftsteuer), seltener im Rahmen einer *separaten* proportionalen Steuer (Irland, Schweiz, früher auch Großbritannien). Die Steuersätze sind bei dieser capital gains Besteuerung im Hinblick auf die „fallweise" erfolgende Realisierung der an sich über einen längeren Zeitraum entstandenen Wertzuwächse oft niedriger als die („normalen") Einkommensteuersätze. Bewusst niedriger gehaltene (effektive) Steuersätze bei der Kapitalgewinnbesteuerung bringen freilich die Gefahr mit sich, dass Steuerpflichtige und Steuerberater alles daransetzen, „normale" Einkommensbestandteile in capital gains „umzudefinieren". Die daraufhin einsetzenden Gegenmaßnahmen von Fiskus und Gesetzgeber haben dann üblicherweise eine erhebliche Verkomplizierung der Steuermaterie zur Folge.

Vielfach und in unterschiedlicher Weise wird eine **Trennung zwischen realen und bloß nominellen (inflationären) capital gains** versucht. Technisch geschieht dies a) durch eine (im Grunde willkürliche) allgemeine Unterscheidung zwischen „kurzfristigen" und „langfristigen" capital gains mit entsprechender Begünstigung der „langfristigen" capital gains, b) durch systematische Berücksichtigung der Zeitdauer des Besitzes i.S. einer entsprechenden Kürzung des steuerpflichtigen Veräußerungsgewinnes („tapering relief") oder c) durch Inflationierung des Anschaffungspreises.

Ein vieldiskutiertes allokatives Grundproblem einer Besteuerung der realisierten Wertzuwächse ist der sog. **lock-in Effekt.** Da die Steuerpflicht erst bei der Veräußerung entsteht, kann die Steuer einen Anreiz ausüben, das Vermögen bzw. den Vermögensgegenstand länger zu halten und gewünschte Vermögensumschichtungen zu unterlassen; die Besteuerung verursacht ökonomische Ineffizienzen.

Ein spezielles Problem ist mit dem **Eigentumswechsel durch Todesfall und Vererbung** verbunden: Da der Vermögenswert bei Tod des Erblassers gleichzeitig der neue „Erwerbswert" beim Erben ist, würden ohne eine steuerliche Sonderregelung vom Erblasser noch nicht realisierte capital gains frei von Kapitalgewinn-Besteuerung über die Generationen weitergegeben (soweit sie nicht indirekt von der Erbschaftsteuer erfasst werden). In der Praxis gibt es drei Methoden der Behandlung von capital gains im Todesfall: i) In der Mehrzahl der Fälle werden durch Erbschaft „realisierte" Wertzuwächse von der üblichen Wertzuwachsbesteuerung ausgenommen, der Erbe wird also behandelt, als habe er den Vermögensgegenstand im Zeitpunkt des Erbfalls zum aktuellen Wert erworben, und unterliegt lediglich der Erbschaftsteuer. ii) In einer kleinen Zahl von Ländern wird die Wertzuwachsbesteuerung aufgeschoben, bis der Erbe verkauft; der Wertzuwachs wird dann aber mithilfe des „ursprünglichen" Anschaffungs-

[9] In den deutschsprachigen Medien wird das englische „capital gains taxation" immer wieder fälschlich und irreführend mit „Kapitalertragsteuer" übersetzt.

preises des Erblassers errechnet (so z. B. in Japan, Dänemark und Schweden). iii) In Kanada schließlich, das die Erbschaftsbesteuerung abgeschafft hat, wird beim Tod eine Veräußerung unterstellt, und die „realisierten" capital gains werden (zu 75 %) dem Einkommen im Todesjahr zugerechnet.

Partielle Wertzuwachssteuern spielten und spielen vor allem bei Immobilien eine Rolle. Erwähnt seien neben den auf die Bodenreformbewegung zurückgehenden Bodenwertzuwachssteuern in Deutschland zu Beginn des 20. Jahrhunderts die kantonalen Liegenschaftsgewinnsteuern auf realisierte Bodenwertzuwächse in der Schweiz sowie Abgaben im Zusammenhang mit Wertzuwächsen, die auf Tätigkeiten der öffentlichen Hand zurückgehen. In Deutschland können die Gemeinden nach §§ 136 ff. Baugesetzbuch Ausgleichsbeträge zur Abschöpfung von Bodenwertsteigerungen in Sanierungsgebieten erheben. Außerdem ermöglicht das Vorkaufsrecht gem. §§ 24 ff. Baugesetzbuch den Gemeinden, Grundstücke vor einer durch Erschließungsmaßnahmen bedingten Wertsteigerung anzukaufen und danach zum gestiegenen Wert zu verkaufen. Diskutiert wurde ferner zeitweilig das Instrument eines **„Planungswertausgleichs"**, bei dem über eine einmalig erhobene Abgabe bzw. eine einmalige Kompensationszahlung die durch Planungen öffentlicher Entscheidungsträger (z. B. Flächenwidmungen) verursachte Wertsteigerung ganz oder teilweise abgeschöpft und eine negative Wertänderung kompensiert werden soll.

16.4 Erbschaft- und Schenkungsteuern

16.4.1 Formen

Erbschaftssteuern sind Steuern, die anlässlich des Vermögensüberganges vom Erblasser auf Erben erhoben werden. Steuertechnisch, d. h. nach der Definition der Steuerbemessungsgrundlage, werden zwei Formen der Erbschaftsbesteuerung unterschieden: Bei der **Nachlasssteuer** (estate tax) wird der gesamte Nachlass des Erblassers vor der Verteilung auf die einzelnen Erben der Besteuerung unterworfen, während bei der **Erbanfallsteuer** (inheritance tax)[10] die Steuer bei den einzelnen Erben auf den jeweiligen Nachlass*teil* erhoben wird. Die Nachlasssteuer ist sicherlich einfacher zu erheben und insofern fiskalisch billiger als die Erbanfallsteuer, macht aber eine Differenzierung nach dem Verwandtschaftsgrad der Bedachten recht schwierig. Umgekehrt ist es bei der Erbanfallsteuer, die es (theoretisch!) darüber hinaus sogar erlauben würde, nicht nur das Verwandtschaftsverhältnis, sondern auch die Einkommens- und Vermögensverhältnisse des Erben bei der Steuerbemessung zu berücksichtigen und

[10] Die englische Erbschaftsteuer heißt zwar „inheritance tax", ist aber steuertechnisch eine Nachlasssteuer.

so jenen Leistungsfähigkeits- und Umverteilungsüberlegungen Rechnung zu tragen, die in der Argumentation zugunsten der Besteuerung von Erbschaften ein so großes Gewicht besitzen. Unter dem Aspekt eines mit der Erbschaftsteuer angestrebten Vermögens-Umverteilungseffektes wird zugunsten der Erbanfallsteuer sogar ins Felde geführt, sie übe auf den Erblasser bei progressivem Tarif einen Anreiz aus, seinen Nachlass breiter zu streuen. Die Erbschaftsteuer wird in aller Regel ergänzt durch eine Besteuerung der Vermögenstransfers in Form von Schenkungen und Zweckzuwendungen **(Schenkungsteuer),** um Steuerausweichreaktionen zuvorzukommen.

In Deutschland gibt es je nach Verwandtschaftsgrad drei unterschiedliche Steuerklassen, welche sich durch unterschiedliche Freibeträge (von 500.000 € für Ehe- und Lebenspartner bis zu 20.000 € ab den eigenen Eltern und weiter entfernten Verwandten) und 7 Steuerstufen (von der niedrigsten mit 75.000 € bis zur höchsten von 26 Mio. €) mit Steuersätzen von 7 % (Steuerklasse 1, unter 75.000 €) bis zu 50 % (Steuerklasse 3, über 13 Mio. €).

16.4.2 Begründungen

Bei den Rechtfertigungen der Erhebung einer Erbschaftsteuer weist ein Argument der Erbschaftsteuer die Aufgabe der nachträglichen Korrektur steuerlicher „Ersparnisse“ zu, die dem Erblasser im Rahmen der Einkommensbesteuerung durch illegale Steuerhinterziehung, Steuervergünstigungen, Nichtbesteuerung von Vermögenswertzuwächsen und Überwälzungschancen zugutegekommen sind (Argument der **Kontroll- und Nachholfunktion der Erbschaftsteuer**). Steuertechnisch wäre einer solchen Steuerbegründung die Nachlasssteuer am ehesten angemessen, sie wäre in Ländern ohne regelmäßige Vermögensteuer sozusagen ein Instrument, mit dem das Vermögen in jeder Generation wenigsten einmal besteuert wird.

Eine andere Argumentation begründet die Erhebung einer Erbschaftsteuer mit dem **Postulat der Besteuerung entsprechend der individuellen Leistungsfähigkeit:** Zwar wären nach der Reinvermögenszugangstheorie Erbschaften an sich beim Erben als Einkommen aufzufassen und als solches der synthetischen Einkommenssteuer zu unterwerfen. Im Hinblick auf die periodisierungsbedingten Progressionseffekte bei derartigen außerordentlichen Einkommensspitzen empfiehlt sich jedoch die Herausnahme der Erbschaften aus der laufenden Einkommensbesteuerung.[11] Freilich ist es dann nur schwer möglich, die steuerliche Belastung des Erbes entsprechend dem Gedanken der synthetischen Einkommensteuer an der Höhe des „übrigen“ Einkommens bzw. an der Höhe des Gesamteinkommens des Erben auszurichten.

[11] Tatsächlich gibt es derzeit keinen Industriestaat, der Erbschaften nicht über eine eigene Steuer, sondern im Rahmen der Einkommensteuer steuerlich belastet.

Relativ alt und weit verbreitet ist schließlich die Rechtfertigung einer Besteuerung von Erbschaften bzw. des mit ihnen verbundenen leistungslosen Einkommens mit dem Ziel einer Herstellung einer größeren **Gleichheit der Startchancen.** So ist eine nachhaltige Besteuerung vererbten Vermögens von besonderer Bedeutung für gesellschaftspolitische Konzeptionen, die zwar einer nachträglichen Korrektur der Einkommens- und Vermögensverteilung ablehnend gegenüberstehen, aber andererseits die auf der individuellen Leistung beruhende Verteilung nur dann für „gerecht“ halten, wenn sie aus gleichen Startbedingungen hervorgegangen ist. So plädierte etwa John Stuart Mill, der große liberale Ökonom und Sozialphilosoph des 19. Jahrhunderts, in seinen „Principles of Political Economy“ (1848) im Interesse der „Startgerechtigkeit“ nicht nur für öffentlich finanzierte Bildungseinrichtungen, sondern auch für eine Einschränkung des Erbrechtes oder für eine progressive Erbschaftsteuer (während er für die Einkommensteuer die Progression nachdrücklich ablehnte). Im 20. Jahrhundert ist schließlich immer mehr die **redistributionspolitische Rechtfertigung** der Erbschaftsteuer in den Vordergrund getreten: Durch die Erhebung einer Erbschaftsteuer könne eine Vermögensumverteilung erreicht werden, zumindest aber einer Perpetuierung einer unerwünschten Vermögenskonzentration durch Vererbungen vorgebeugt werden.

16.4.3 Internationaler Vergleich

Eine internationale Bestandsaufnahme für die Staaten der OECD ergibt das folgende Bild:

- 1970 gab es in allen (damals) 24 OECD-Staaten Erbschaftssteuern: 16 Länder hatten Erbanfallsteuern, 6 Länder erhoben Nachlasssteuern, und 2 (Italien und Schweiz) hatten beide Steuerformen. Derzeit gibt es **Nachlasssteuern** nur noch in Großbritannien, den USA und Dänemark sowie (neben Erbanfallsteuern) in der Schweiz.
- In den meisten OECD-Staaten hat die Erbschaftsteuer heute die Form der **Erbanfallsteuer.** Dabei überwiegen direkt progressive Tarife mit steigenden Steuersätzen, lediglich Irland und Italien verwenden eine flat rate. Nahezu alle Staaten kennen neben diversen verwandtschaftsbezogenen Freibetrags-Regelungen auch beim Tarif Differenzierungen nach dem Verwandtschaftsgrad.
- Eine Tendenz zur **Abschaffung** der Erbschaftsteuer ist unübersehbar. Derzeit wird die Erbschaftssteuer in 24 von 38 OECD Ländern eingehoben.

Die beobachtbare Tendenz der Abschaffung oder Umwandlung der Erbschaftsteuer ist auf eine Reihe von Schwächen und Problemen zurückzuführen:

- Eine Erbschaftsbesteuerung kann ähnlich wie eine Besteuerung (noch) nicht realisierter Kapitalgewinne für die Steuerpflichtigen erhebliche Liquiditätsprobleme und damit den Zwang zur Veräußerung von Teilen des geerbten Vermögens oder zu entsprechender Schuldaufnahme mit sich bringen. Besonders gravierend ist dies bei landwirtschaftlichen Vermögen sowie bei kleinen und mittelständischen Familienunternehmen.[12]

- Die Praxis der Erbschaftsteuer steht nach alledem vor einem fundamentalen Zielkonflikt: auf der einen Seite das Bemühen um wirtschafts- und familienpolitisch begründete Abschwächungen der Steuerbelastung, auf der anderen Seite der alte Wunsch nach mehr Startgerechtigkeit und nach Verbesserung der Vermögensverteilung (bei gleichzeitig zunehmender internationaler Mobilität des Kapitals!) durch eine möglichst aufkommensstarke Erbschaftsteuer.
- Erbschaftsteuer habe eine negative Wirkung auf Investition und Sparen, insbesondere, wenn Erblasser „dynastisch" denken, und Vermögen zugunsten ihrer Erben akkumulieren wollen. In diesem Sinne ist zwar der Vermögenszugewinn für den Erben ohne eigenes Zutun, nicht aber für den Erblasser.
- Bei zunehmender Globalisierung und hoher Mobilität des Faktors Kapital zu „Steuerflucht" und Hinterziehung, dürfte es vor allem die durch die praktische Erfahrung genährte Skepsis hinsichtlich der distributiven Wirkung der bestehenden Erbschaftsteuer gewesen sein, die in nicht wenigen Ländern jenseits aller theoretischen Rechtfertigungen einer Erbschaftsbesteuerung die Diskussion über eine Abschaffung der Steuer hat entstehen lassen – einer Steuer, die in nicht wenigen Ländern vom Aufkommen her als „Bagatellsteuer" gelten muss, die aber zugleich durch ihre Komplexität für Steuerpflichtige und Fiskus mit beträchtlichen Steuererfüllungs- und –vollzugskosten („compliance costs") verbunden ist.

16.5 Vermögensverkehrsteuern

Die Steuern auf den Vermögensverkehr umfassen Steuern auf bestimmte Formen der Kapitalbildung oder der Übertragung von Geld, Nominalkapital und Realkapital vorwiegend immobiler Art (Grundbesitz). Zu ihnen gehören heute nur noch die Grunderwerbsteuer.

Die **Grunderwerbsteuer** mit einem Aufkommen von (2017) 13,1 Mrd. € oder 1,8 % des gesamten Steueraufkommens fällt bei Kaufverträgen und anderen Rechtsgeschäften an, die einen Anspruch auf Übereignung eines Grundstückes begründen. Steuerschuldner sind die am Erwerbsvorgang beteiligten Vertragsteile gemeinsam, unabhängig davon, ob es sich um Unternehmer oder Nichtunternehmer handelt. Die Grunderwerbsteuer ist eine

[12] Freilich wird zuweilen „strikt ökonomisch" argumentiert, der Erbe eines Hofes oder eines Unternehmens müsse ja nicht unbedingt kompetent sein, und insofern übe eine scharfe Erbschaftsbesteuerung eine sinnvolle ökonomische Funktion aus, weil sie dazu zwinge, dass das Unternehmen dem Auswahlverfahren des Marktes unterworfen wird.

Sonderumsatzsteuer, Grundstücksumsätze sind daher von der allgemeinen Umsatzsteuer (Mehrwertsteuer) ausgenommen. Im Rahmen der Steuerharmonisierungspläne der EG ist allerdings seit längerem der Einbau der Grunderwerbsteuer in die allgemeine Umsatzsteuer geplant. Das Steueraufkommen steht den Ländern zu, wobei landesgesetzlich meist Beteiligungen der Gemeinden vorgesehen sind. Die allokative Problematik dieser Steuer liegt vor allem darin, dass sie die Transaktionskosten bei Liegenschaftsverkäufen erhöht und damit unter Umständen zu geringerer Mobilität auf den Liegenschaftsmärkten (und so vielfach auch zu geringerer personeller räumlicher Mobilität) beiträgt.

In Österreich wurde 2012 die Immobilienertragssteuer eingeführt. Beim Verkauf einer Immobilie wird eine 30 %ige Steuer auf den Veräußerungsgewinn eingehoben, sofern die Immobilie nach 2002 angeschafft wurde. Immobilien die vor 2002 angeschafft wurden, unterliegen hingegen einer Steuer von 4,2 % auf den Verkaufserlös.

Weiterführende Literatur

Aaron, H.J., Munnell, A.H.: Reassessing the Role for Wealth Transfer Taxes. In: National Tax Journal, 45 (1992), S. 119 ff.

Auerbach, A.J.: On the Design and Reform of Capital-Gains Taxation. In: American Economic Review, 82 (1992), S. 263 ff.

Auerbach, A.J.: Taxation of Wealth. In: The New Palgrave, Vol. 4, S. 606 ff., London-New York-Tokyo 1987

Bach, S., The Debate on Wealth Taxation in Germany, In: Astarita, C. (Hrsg.), Taxing Wealth: Past, Present, and Future, 2015, European Commission Discussion Paper 003.

Brunner, J., Die Erbschaftsteuer – Bestandteil eines optimalen Steuersystems? Perspektiven der Wirtschaftspolitik, Vol. 15(3), 2014, pp. 199–218.

Ebnet, O.: Die Besteuerung des Wertzuwachses. Ein theoretischer Ansatz im Rahmen der Einkommensbesteuerung. Baden-Baden 1978.

Erreygers, G., Vandevelde, T.: Is Inheritance Legitimate? Ethical and Economic Aspects of Wealth Transfers. Berlin et al. 1997.

Fecht, R.: Steuern auf den Kapital- und Zahlungsverkehr. In: HdF I1, S. 827 ff. Tübingen 1980.

Feld, L., Fuest, C., Haucap, J., Schweitzer, H., Wieland, V., Wigger, B., Erbschaftsteuer: Neu ordnen statt nachbessern, 2015, Kronberger Kreis-Studien No. 60.

Folkers, C.: Die Inzidenz allgemeiner Vermögen- und Kapitaleinkommensteuern. In: Finanzarchiv, 40 (1982), S. 306 ff.

Gale, W., Slemrod, J.: Rhetoric and Economics in the Estate Tax Debate. In: National Tax Journal, 54 (2001), S. 613 ff.

Gravelle, J.: The Economic Effects of Taxing Capital Income, Cambridge, Mass.-London 1994.

Haller, H.: Gedanken zur Vermögensbesteuerung. In: Finanzarchiv, 36 (1977), S. 222 ff.

Hedtkamp, G:. Eine allgemeine persönliche Vermögensteuer in einem rationalen Steuersystem. In: Finanzarchiv, 46 (1988), S. 323 ff.

Huber, P.: Der planungsbedingte Wertzuwachs als Gegenstand städtebaulicher Verträge. Berlin 1995.

Joulfaian, D.: Choosing Between an Income Tax and a Wealth Transfer Tax. In: National Tax Journal, 54 (2001), S. 629 ff.

Kirchhoff, P., Leisner, W.: Bodengewinnbesteuerung. 2. Aufl. Münster-Hillrup 1985.

Messere, K., de Kam, Flip, Heady, Christopher: Tax Policy. Theory and Practice in OECD Countries. Oxford 2003, chap. 10 ("Taxes on wealth, capital gains, and property").
Minarik, J.J.: Capital Gains. In: H.J. Aaron, J.A. Pechman (ed.): How Taxes Affect Economic Behavior. Washington, D.C. 1981, S. 241 ff.
Mutén, L.: Capital Gains Tax – Gaining Ground. In: C. Sandford (ed.): More Key Issues in Tax Reform. Fersfield, Perrymead 1995, S. 34 ff.
Nowotny, E., Marterbauer, M., Korber, W., Rainer, A., Auer, E.: Liegenschaftsmärkte, Wohnungswirtschaft und öffentlicher Sektor, Institut f. Kommunalwissenschaften. Linz 1990.
Oberhauser, A.: Erbschaft- und Schenkungsteuern. In: HdF II, S. 487 ff. Tübingen 1980.
OECD (2021), Inheritance Taxation in OECD Countries, OECD Tax Policy Studies, No. 28, OECD Publishing, Paris
OECD (ed.): Taxation of Net Wealth, Capital Transfers and Capital Gains of Individuals. Paris 1986.
Pechman, J.A.: Inheritance Taxes. In: The New Palgrave II, S. 855 ff. London-New York-Tokyo 1987.
Prammer, D., Immovable Property: where, why and how should it be taxed?, SUERF Policy Note 230, 2021.
Rose, M.: Vermögensteuern. In: HdWW 8, S. 299 ff., Stuttgart u. a. 1980.
Sandford,C.: Why Tax Systems Differ. A Comparative Study of the Economics of Taxation. Trowbridge, Wiltshire 2000, chap. 6 ("capital or wealth taxes").
Schneider, D.: Bezugsgrößen steuerlicher Leistungsfähigkeit und Vermögensbesteuerung. In: Finanzarchiv 37 (1979), S. 26 ff.
Schneider, D.: Verbesserung der Allokation durch Besteuerung unrealisierter Vermögenswertänderungen? In: Finanzarchiv, 44 (1986), S. 224 ff.
Schneider, D.: Zur Rechtfertigung von Erbschaft- und Vermögensteuern. In: Steuer und Wirtschaft, 56 (1979), S. 38 ff.
Theine, H., The media coverage of wealth and inheritance taxation in Germany. Department of Economics Working Paper Series, 290. WU Vienna University of Economics and Business, Vienna.
Wassmer, R.W.: Property Taxation, Property Tax Base, and Property Value: An Empirical Test of the "New View". In: National Tax Journal, 46 (1993), S. 135 ff.
Wissenschaftlicher Beirat beim Bundesministerium der Finanzen. Gutachten über Probleme und Lösungsmöglichkeiten einer Bodenwertzuwachsbesteuerung (Schriftenreihe des Bundesministeriums der Finanzen, 22). Bonn 1976.
Wissenschaftlicher Beirat beim Bundesministerium der Finanzen: Die Einheitsbewertung in der Bundesrepublik Deutschland – Mängel und Alternativen (Schriftenreihe des Bundesministeriums der Finanzen, 41). Bonn 1989.
Wissenschaftlicher Beirat beim Bundesministerium der Finanzen: Besteuerung des Vermögens - eine finanzwissenschaftliche Analyse, Berlin, 2013.

17 Internationale und supranationale Aspekte der Besteuerung

Lernziele

- Das Recht natürliche oder juristische Personen zu besteuern, kann entweder an den Wohnsitz geknüpft werden (Personalitätsprinzip), wobei hier das gesamte Welteinkommen besteuert werden kann, als auch daran, wo das Einkommen entstanden ist (Territorialprinzip).
- Dadurch kann es prinzipiell zu Doppelbesteuerung (aber auch Doppel-nicht-Besteuerung) kommen, was in der Regel mit Doppelbesteuerungsabkommen verhindert werden kann.
- Das Äquivalent bei indirekten Steuern sind das Bestimmungslandprinzip und das Ursprungslandprinzip.
- In beiden Fällen kommt es in der Regel zu einer Ungleichbehandlung, etwa wenn ein ausländischer Investor im Inland investiert und beide Länder nach Personalitätsprinzip besteuern (keine Kapitalimportneutralität). Wenn beide Länder hingegen nach Territorialprinzip besteuern, verletzt dies in der Regel die Kapitalexportneutralität.

17.1 Internationale Besteuerungsprinzipien

Die wahrscheinlich wichtigste ökonomische Veränderung der letzten Jahrzehnte ist die zunehmende Öffnung („Globalisierung") der einzelnen Volkswirtschaften. Selbstverständlich hat dieser Wandel von relativ geschlossenen zu relativ **offenen Volkswirtschaften** auch weitreichende Auswirkungen auf die Steuerpolitik und letztlich auf Struktur und Funktion des öffentlichen Sektors insgesamt. Unkontrollierte („freie")

E. Nowotny und M. Zagler, *Der öffentliche Sektor*,
https://doi.org/10.1007/978-3-658-36042-9_17

Mobilität von Gütern, Dienstleistungen und Produktionsfaktoren bedeutet erhöhte internationale Mobilität der Besteuerungsgrundlagen. Im Falle umfassender Integrationsgebilde, wie der EU, nähern sich Fragen der internationalen Besteuerung den Fragen der Besteuerung innerhalb eines föderalen Systems an (vgl. Kap. 6). Aber auch im **internationalen** Zusammenhang ergeben sich aus der Verflechtung eine größere Bedeutung von Koordinierungsregeln sowie die erhöhte Notwendigkeit, Wettbewerbsaspekte der Steuerpolitik zu berücksichtigen.

17.1.1 Direkte Steuern

Das steuerpolitische Verhältnis zwischen einzelnen Staaten entspricht dem **Trennsystem,** d. h. voller steuerpolitischer Unabhängigkeit. Bei grenzüberschreitenden Aktivitäten ergibt sich nun die Notwendigkeit internationaler **Koordinierungsmaßnahmen,** um Doppelbesteuerungen – oder auch Umgehungsmöglichkeiten – zu vermeiden. Bei der Erfassung **direkter Steuern** sind dabei folgende grundlegende **Anknüpfungskriterien** möglich:

- **Personalitätsprinzip** (Wohnsitzlandprinzip, Universalprinzip): Danach richtet sich die Steuerpflicht (unabhängig von der Nationalität) nach der regionalen Zugehörigkeit (Wohnsitz, ständiger Aufenthaltsort) des Wirtschaftssubjektes und bezieht sich auf sein gesamtes, d. h. inländisches und ausländisches Einkommen bzw. Vermögen (unbeschränkte Steuerpflicht für Gebietsansässige).
- **Territorialitätsprinzip** (Ursprungsprinzip, Quellenlandprinzip): Danach besteuert jede Gebietskörperschaft die in ihrem Territorium erzielten Einkünfte bzw. das dort gelegene Vermögen, unabhängig von Nationalität bzw. Wohnsitz des entsprechenden Wirtschaftssubjektes (beschränkte Steuerpflicht für Gebietsfremde).

In der Regel wird jeder Staat beanspruchen, beide Prinzipien gleichzeitig anzuwenden. Dies führt zu Doppelbesteuerungen. Zur Vermeidung oder Abschwächung derartiger Doppelbesteuerungen werden zwischen den einzelnen Staaten vielfach **Doppelbesteuerungsabkommen** geschlossen.[1] Dabei könnten speziell für Kapitaleinkommen die folgenden Regeln vereinbart werden:

- **Freistellungsverfahren im Wohnsitzland:** Im Ausland erzielte und dort vom Quellenstaat besteuerte (Kapital)Einkommen eines Steuerpflichtigen werden im Wohnsitzland (Inland) des Steuerpflichtigen von der Besteuerung ausgenommen.

[1] Das älteste Doppelbesteuerungsabkommen wurde zwischen Österreich-Ungarn und Preußen 1899 abgeschlossen. Seitdem wurden weltweit mehr als 2500 Abkommen geschlossen. Sowohl die OECD als auch die UNO haben ein internationales Musterabkommen entwickelt, woran sich einzelne Länder orientieren können. Der Text wird regelmäßig adaptiert und befindet sich öffentlich verfügbar auf den jeweiligen Homepages.

Der Steuerpflichtige wird damit sein Kapital in dem Land investieren, in dem die niedrigsten Steuersätze herrschen oder gar keine Steuern erhoben werden („Steueroasen"). Der Wohnsitz der Investoren wäre unmaßgeblich für die Höhe der Steuerbelastung, und alles im Quellenland investierte Auslandskapital würde ein- und derselben Besteuerung unterworfen werden **(Kapitalimportneutralität).** Bei vollkommener Beweglichkeit des Kapitals und Abwesenheit von Transaktionskosten würde dies theoretisch zu einer weltweiten Angleichung der Zinsen *nach* Steuern (Nettozinsen) führen.

- **Anrechnungsverfahren im Wohnsitzland:** Das gesamte Welteinkommen des Steuerpflichtigen ist an dessen Wohnsitz steuerpflichtig. Etwaige im Ausland (Quellenland) erhobene Steuern des Steuerpflichtigen werden dabei wie Vorauszahlungen auf die Höhe der Steuer des Wohnsitzlandes angerechnet. Insbesondere für Länder die hauptsächlich Kapitalimporteure sind (Entwicklungsländer) bedeutet dies, dass sie keine Möglichkeit zur Steuerpolitik haben, da eine Reduktion des Steuersatzes keine Auswirkung auf ausländische Investoren hat.

Denkbar sind dabei drei Anrechnungsformen:

- Bei **unbeschränkter Anrechnung** der Steuer des Quellenstaates würde im Wohnsitzland auch eine negative Steuerschuld entstehen können, d. h. der Wohnsitzstaat würde Rückzahlungen leisten müssen, wenn der effektive Steuersatz im Quellenstaat höher ist als im Wohnsitzstaat. Die endgültige Steuerbelastung des Steuerpflichtigen würde auf diese Weise stets durch das Steuerniveau seines Wohnsitzlandes bestimmt werden, unabhängig davon, in welchem Land der Steuerpflichtige sein Kapital investiert **(Kapitalexportneutralität).** Theoretisch würde diese Steuertechnik dazu führen, dass das Kapital dorthin wandert, wo die Zinsen *vor* Steuern am höchsten sind, es käme zu einer weltweiten Angleichung der Bruttozinsen.
- In der Praxis überwiegt die **beschränkte Anrechnung** ausländischer Steuern im Wohnsitzland (§ 34c Abs. 1 dt. EStG). Danach werden im Quellenstaat erhobene Steuern des Steuerpflichtigen nur bis zu der Höhe angerechnet, in der Steuer entstanden wäre, wenn das ausländische Einkommen nach inländischem Steuerrecht des Wohnsitzstaates versteuert worden wäre. Ist also der effektive Steuersatz im Quellenstaat höher als im Wohnsitzland, ist der Rest ausländischer Besteuerung vom Steuerpflichtigen zu tragen (Doppelbesteuerung) (Tab. 17.1).

Tab. 17.1 Häufigkeit der Verfahren in Doppelbesteuerungsabkommen

	2005	2012
Doppelbesteuerung	9,3 %	9,7 %
Freistellungsverfahren	45,4 %	47,5 %
Anrechnungsverfahren	40,0 %	37,9 %
Abzugsverfahren	5,2 %	4,9 %

Quelle: Petkova et al. (2019)

Seltener angewendet wird das Verfahren des **Abzugs der Steuerschuld,** bei der Steuerzahlung im Ausland als Kosten von der Steuerbasis abzugsfähig sind. De facto nicht zur Anwendung kommt die **Freistellung im Quellenstaat.** Bei ihm gälte dasselbe wie beim Verfahren der Vollanrechnung im Wohnsitzland. Diese Variante würde es einem Land ermöglichen auch ohne Doppelsteuerabkommen eine Doppelbesteuerung zu vermeiden. Freilich ergäben sich für die beteiligten Fisken andere Steuereinnahmen.

Doppelbesteuerungsabkommen regeln nicht nur die direkten Einnahmenströme zwischen zwei Ländern, sondern können auch indirekt genutzt werden, indem ein Multinationale Unternehmen seine Investitionen über ein Drittland tätigt und die Gewinne über dieses Drittland zurückfließen. Aufgrund unterschiedlicher Doppelbesteuerungsabkommen kann es dadurch zu einer insgesamt niedrigeren Steuerbelastung kommen. Wir bezeichnen dies als **Treaty Shopping.** Abb. 17.1 versucht dies zu veranschaulichen. Auf der horizontalen Achse wird die gesamte Steuerbelastung (abzüglich der Quellenlandbesteuerung) aufgetragen (Direct Tax Distance), wenn Gewinne auf direktem Weg ins Wohnsitzland gezahlt werden. Auf der vertikalen Achse hingegen wird die Steuer-

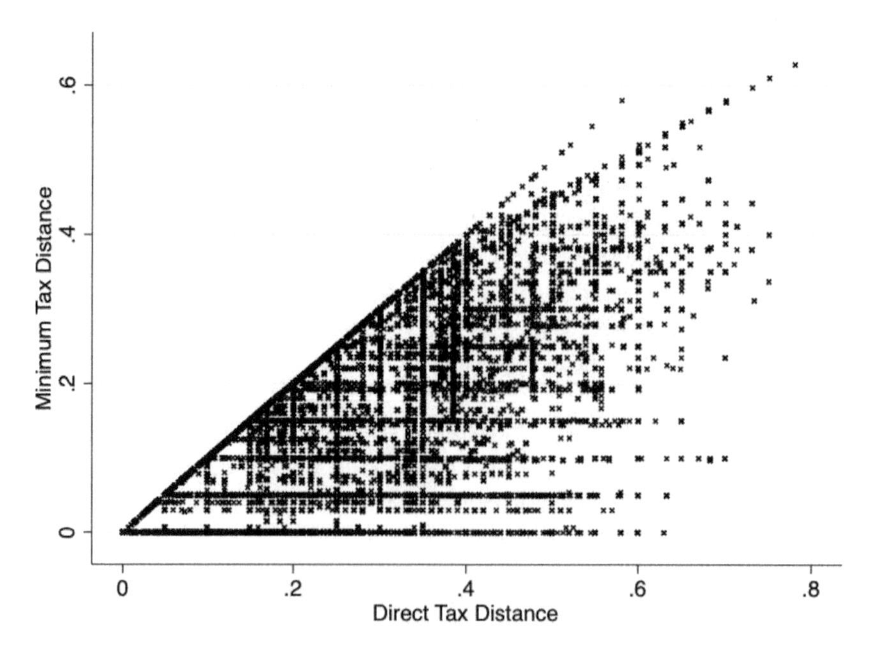

Abb. 17.1 Potenzielle steuerliche Vorteile durch Treaty Shopping. (Quelle: Petkova et al. 2019)

belastung auf dem (für das Unternehmen) günstigsten Weg (direkt oder indirekt) aufgetragen (Minumum Tax Distance). Jeder Punkt stellt ein Länderpaar in einem spezifischen Jahr (von 2005 bis 2012) dar. Punkte entlang der 45° Achse entsprechen Länderpaare, wo der direkte Weg gleichzeitig auch der günstigste ist. Dies ist in etwa in 52 % der Fall. Punkte unterhalb der 45° Achse sind Fälle, wo Treaty Shopping zur Steuerreduktion Sinn macht. In einigen Fällen kommt es zu einer vollkommenen Steuerbefreiung (Punkte entlang der horizontalen Achse).

Hinsichtlich der steuerlichen Behandlung internationaler Unternehmen sind im Weiteren nicht nur die angewandten Doppelbesteuerungsverfahren von Bedeutung, sondern auch die Erfassung der Zahlungs- und Leistungsströme. Von besonderer Bedeutung ist hier das Problem der internen Verrechnungspreise für den Waren- und Dienstleistungsverkehr innerhalb eines internationalen Unternehmens. Durch entsprechendes Festlegen von Verrechnungspreisen **(transfer pricing)** kann erreicht werden, dass Konzerngewinne in Richtung Niedrigsteuerländer gelenkt werden. Es bestehen daher auf internationaler Ebene Bemühungen, Methoden zur steuerlichen Objektivierung interner Transaktionen zu entwickeln.[2] Ausgangspunkt ist dabei das **„arm's length principle"**. Danach sind die Preise für Transaktionen innerhalb eines Konzerns zu beurteilen im Vergleich zu den „objektiven Marktpreisen", die sich zwischen unabhängigen Unternehmen ergeben bzw. ergeben würden.

Ausgehend von einer Initiative der OECD und der 20 größten Industrieländern (G20) haben sich bisher 139 Länder weltweit (Stand 2021) dazu verpflichtet, die Erosion der Steuerbasis und das Verschieben von Gewinnen in Niedrigsteuerländer zu bekämpfen, etwa durch Maßnahmen gegen Treaty Shopping und inkorrekte Verrechnungspreise.

2021 wurde am G20 Treffen in Venedig unter Vorsitz von Daniele Franco aber auf Initiative der amerikanischen Delegation unter Leitung von Janet Yellen eine globale Mindeststeuer auf Gewinne von 15 % eingeführt. Bereits 130 Länder weltweit haben ihre Unterstützung zugesagt. (Noch) nicht unterschrieben haben eine Vielzahl von Steueroasen, sowie die Niedrigsteuerländer Irland, Ungarn und Estland. Die Initiative hat jedenfalls den Zweck, das Rennen zum Boden **(„Race to the Bottom")** zu beenden. Kritisiert wird das niedrige Niveau (welches Durchaus als Attraktionspunkt dienen kann, sodass früher oder später alle Länder ihre Körperschaftssteuern auf 15 % senken werden) und die Zuordnung aller Gewinne auf das Wohnsitzland des Unternehmens, wovon verstärkt und amerikanische (und beschränkt) europäische multinationale Unternehmen in ihrem Heimatland Steuern abliefern, während Entwicklungsländer nur geringe Steuereinnahmen lukrieren werden.

[2] Siehe hierzu OECD: Transfer Pricing Guidelines for Multinational Enterprises and Tax Administrations, Paris 1995.

17.1.2 Indirekte Steuern

Bei der **Konsumbesteuerung** (Umsatzsteuer, spezielle Verbrauchsteuern) bestehen hinsichtlich der steuerlichen Erfassung grenzüberschreitender Transaktionen folgende Verfahren:

- Von **Bestimmungslandprinzip (BLP)** spricht man, wenn die international gehandelten Güter „am Ende", beim Konsum, ausschließlich mit der Steuerhöhe belastet sind, die im Bestimmungsland bei inländischen Gütern anfällt. Dies erfordert prinzipiell, dass grenzüberschreitende Lieferungen („Exporte") im Lieferland unbesteuert bleiben (bzw. von etwaigen Steuern des Lieferlandes „vor Überschreiten der Grenze" entlastet werden) und dass dann im Empfängerland die Bezüge bzw. Importe steuerlich belastet werden. Im Rahmen einer Mehrwertsteuer nach dem Vorsteuerabzugsverfahren könnte dies Ergebnis aber auch dadurch erreicht werden, dass der Vorsteuerabzug „grenzüberschreitend" praktiziert wird (s. weiter unten).
- Beim **Ursprungslandprinzip (ULP)** dagegen sind die international gehandelten Güter „am Ende", beim Konsum, ausschließlich in der Höhe belastet, wie sie im Ursprungsland bei auf inländische Güter anzuwendenden Regeln anfallen würden. In jedem Land wird damit die gesamte Produktion besteuert, ohne Rücksicht darauf, ob die Güter im Inland oder im Ausland verwendet werden: Lieferungen werden im Lieferland belastet, Bezüge bleiben im Empfängerland steuerfrei.

Überwiegend – und insbesondere bei der Umsatzbesteuerung – wird auf das Bestimmungslandprinzip abgestellt, da nur so eine gleichmäßige und umfassende steuerliche Belastung des inländischen Verbrauchs möglich ist. Das bedeutet, dass Exporte von den Steuern (insbes. Umsatzsteuer) im Exportland befreit werden, und zwar klassischerweise an der Grenze mithilfe eines „Grenzausgleichs", d. h. einer Rückvergütung bereits entrichteter (Umsatz-) Steuern. Analog sind importierte Güter mit den entsprechenden Konsumsteuern des Importlandes zu belasten. Unabhängig von den speziellen Aspekten von Wirtschaftsgemeinschaften, Zollunionen und Freihandelszonen wächst mit zunehmendem Zollabbau (insbesondere im Rahmen des GATT bzw. der WTO), wachsenden internationalen Handelsströmen, zunehmender Liberalisierung und stark ansteigender internationaler Verflechtung von Unternehmen die Bedeutung von **Steuern als Standortfaktor** für Güter- und Kapitaltransaktionen. So können etwa bei Wegfall von Zöllen spezifische steuerliche Regelungen ein **„nichttarifäres Handelshemmnis"** darstellen und damit Liberalisierungsschritte im Welthandel unterlaufen.

Umgekehrt führen neue technologische Entwicklungen (insbesondere die Ausbreitung des Internets) dazu, dass speziell bei grenzüberschreitenden Dienstleistungen (E-Commerce) in zunehmendem Maß die Möglichkeit besteht, den Ort der steuerbaren Umsätze unter Aspekten der Verringerung bzw. gänzlichen Vermeidung der Belastung mit Umsatzsteuer oder anderen indirekten Steuern geradezu beliebig in ein Niedrigsteuerland oder eine „Steueroase" zu verlagern. Von besonderer Bedeutung ist dies bei digitalisierten Leistungen, die über einen Server erbracht bzw. abgerufen werden können (Nutzung von Datenbanken, Rechtsberatung u. a.). Die Europäischen Union verpflichtet Unternehmen des E-Commerce[3] Umsatzsteuern im Bestimmungsland abzuliefern.

Ein generelles Problem ergibt sich bei deutlichen Unterschieden in den Steuerstrukturen zwischen Außenhandelspartnern. Ein Beispiel hierfür sind etwa die unterschiedlichen Steuerstrukturen zwischen den USA und der EU. In den USA spielt die direkte Einkommens- und Gewinnbesteuerung eine zentrale Rolle im Rahmen der öffentlichen Einnahmen, während in vielen europäischen Staaten der Verbrauchsbesteuerung, vor allem in Form der Mehrwertsteuer, große Bedeutung zukommt. Während aber in der EU Exporte im Rahmen der Mehrwertsteuer entlastet werden, müssen Exporteure aus den USA eine vergleichsweise höhere (nicht entlastbare) direkte Besteuerung wie auch nicht entlastbare indirekte Steuern tragen und unterliegen mit ihren Produkten der Mehrwertsteuer im EU-Importland. Aus dieser Konstellation heraus besteht in den USA eine umfassende Diskussion, die in diesen **„Steuerstruktur-Effekten"** einen Wettbewerbsnachteil für amerikanische Exporte sieht und dementsprechend entweder für „kompensierende" Maßnahmen der Importstaaten, für handelspolitische Restriktionen oder für eine Änderung der Steuerstruktur in den USA durch Einführung einer bundesweiten Mehrwertsteuer eintritt.

17.2 Steuerwettbewerb – Steuerharmonisierung

Aus der Berücksichtigung der internationalen Wirkungen und Rückwirkungen von Steuerstrukturen und Steueränderungen können verschiedene Schlussfolgerungen gezogen werden. Bezugspunkt ist dabei jeweils das Konzept der **internationalen Wettbewerbsneutralität** von Steuern. Darunter ist zu verstehen, dass das Steuersystem keine internationalen Bewegungen von Gütern, Dienstleistungen und Produktionsfaktoren und auch keine Leistungsbilanzveränderungen aufgrund solcher Bewegungen verursacht. Soweit der Faktor Arbeit als international nicht mobil gesehen wird, bedeutet internationale Steuerneutralität dann insbesondere, dass es zu keiner durch Steuerunterschiede induzierten Reallokation des Kapitalstocks kommt. Das Konzept der internationalen Wettbewerbsneutralität hat sich dabei stets auf das gesamte Steuersystem, das heißt sowohl direkte wie indirekte Steuern zu beziehen. Dabei sind folgende Formen möglich:

[3] Richtlinie 2002/38/EG des Rates vom 7. Mai 2002 und Verordnung (EG) Nr. 792/2002 des Rates vom 7. Mai 2002.

- **Robuste Neutralität** bedeutet, dass ein Land seine Steuersätze frei wählen kann, ohne seine Wettbewerbsfähigkeit zu verändern. Das gilt z. B. bei einer Kombination von Mehrwertsteuer nach dem Bestimmungslandprinzip und Kapitaleinkommensteuer nach dem Wohnsitzlandprinzip (und „wahrer" ökonomischer Abschreibung).
- **Subtraktive Neutralität** bedeutet, dass direkte und indirekte Steuern in ihrer internationalen Wettbewerbswirkung einander entgegenwirken. Die Gesamtwirkung auf die Wettbewerbsfähigkeit ergibt sich, wenn die entsprechenden Steuerlasten voneinander abgezogen werden.
- **Additive Neutralität** bedeutet, dass direkte und indirekte Steuern hinsichtlich der internationalen Wettbewerbswirkung in die gleiche Richtung wirken. Wird eine Steuer erhöht, muss demnach, um die internationale Wettbewerbsfähigkeit nicht zu gefährden, eine andere Steuer gesenkt werden.

Hinsichtlich der **Wirkung auf die internationale Kapitalallokation** ist zwischen den Aspekten der Kapitalexportneutralität und der Kapitalimportneutralität zu unterscheiden.

- **Kapitalexportneutralität** bezieht sich auf den steuerlichen Einfluss aus der Sicht des Landes, in dem der Kapitalanleger seinen Wohnsitz hat. Sie ist gegeben, wenn der Investor unabhängig davon, in welchem Land er investiert, stets demselben effektiven Steuersatz unterliegt. Steuertechnisch kann dies durch das oben beschrieben Verfahren der (unbeschränkten!) Anrechnung der Quellenlandsteuer im Wohnsitzstaat des Investors erreicht werden. Die Folge wäre eine weltweite Angleichung der Bruttozinsen und damit theoretisch eine optimale internationale Allokation des Weltinvestitionsvolumens.
- **Kapitalimportneutralität** bezieht sich auf den Einfluss der internationalen Besteuerung aus der Sicht eines Landes, in dem Kapital aus anderen Ländern investiert wird. Sie ist gegeben, wenn ausländisches Kapital stets demselben effektiven Steuersatz unterliegt, unabhängig davon, aus welchem Land es kommt (wo der Investor seinen Wohnsitz hat). Steuertechnisch könnte dies durch das oben beschriebene Verfahren der Freistellung im Wohnsitzland erreicht werden. Die Folgen wären eine weltweite Angleichung der Nettozinsen und damit theoretisch eine optimale internationale Allokation des Weltsparvolumens.

Sowohl hinsichtlich der Bewertung des Stellenwertes von Wettbewerbsneutralität wie auch hinsichtlich des Weges, dieses Kriterium zu realisieren, bestehen in Wissenschaft und Politik sehr unterschiedliche Positionen. In Analogie zur Diskussion zum Konzept der optimalen Besteuerung werden dabei die Akzentsetzungen verschieden sein, je nachdem, ob stärker auf Fragen der allokativen Effizienz, auf Public-choice Ansätze oder auf Verteilungswirkungen abgestellt wird.

Kapitalexportneutralität und Kapitalimportneutralität zugleich könnten nur erreicht werden, wenn die beteiligten Länder allesamt nur nach dem Wohnsitzlandprinzip oder nur nach dem Territoritalprinzip Steuern erhöben *und* wenn zugleich die effektiven Steuersätze in allen beteiligten Ländern gleich hoch wären. Diese Bedingungen sind in der Realität nicht gegeben, so dass eine Entscheidung zugunsten entweder der Kapitalexportneutralität oder zugunsten der Kapitalimportneutralität getroffen werden muss. In der steuertheoretischen Literatur wird im allgemeinen der Kapitalexportneutralität der Vorzug gegeben, zum einen, weil angenommen wird, dass die Zinselastizität der Investitionen größer ist als die Zinselastizität des Sparens, zum anderen wegen des Problems des Steuerwettbewerbs und der Entstehung von Steueroasen bei Kapitalimportneutralität (d. h. alleiniger Quellenlandbesteuerung und Freistellung im Wohnsitzland).

Der Ansatz der **internationalen Steuerkonkurrenz** stellt darauf ab, in einer Welt freier Faktor- und Güterströme Steueränderungen als strategisches Instrument der nationalen **Wettbewerbspolitik** einzusetzen. Der Wettbewerb der Wirtschafts- und Steuersysteme[4] werde dann zu einem global wohlfahrtsoptimalen Ergebnis führen. Dies entspricht einer Übertragung des in der Regionalökonomie entwickelten **Tiebout-Modells,** wonach die einzelnen Regionen im Wettbewerb unterschiedliche „Pakete" von öffentlichen Leistungen und Steuern offerieren und die Wirtschaftssubjekte bei voller (und kostenloser) Mobilität jeweils die Kombination wählen, die ihren Präferenzen am ehesten entspricht.

Eine positive Bewertung findet das Konzept des Steuerwettbewerbs auch aus einer **public-choice**-Perspektive (Abschn. 4.1). Die Möglichkeit, zwischen verschiedenen Steuersystemen wählen zu können, wird hier als Chance für den einzelnen Bürger gesehen, sich der Macht des nationalen „Leviathan-Staates" zu entziehen. Steuerwettbewerb ist daher ein Instrument, die Rolle des öffentlichen Sektors in einer Volkswirtschaft zu kontrollieren. Angesichts des Misstrauens von Vertretern des „Leviathan-Ansatzes" gegenüber demokratischen Prozessen ist aus dieser Sicht Steuerwettbewerb vor allem auch wichtig als Schutz der reicheren – und in der Regel ökonomisch mobileren – Minderheit eines Staates gegenüber einer vom Interesse der ärmeren Mehrheit bestimmten Steuerpolitik. Steuerharmonisierung wird dagegen als Kartellbildung der Wirtschaftspolitik gesehen.

In der Praxis der Wirtschaftspolitik spielt Steuerwettbewerb als Instrument der internationalen Standortkonkurrenz eine zunehmende Rolle. Dies gilt insbesondere in Bezug auf den Versuch, Standortentscheidungen des mobilen Faktors Kapital steuerlich zu beeinflussen. Hier sind im Bereich des Geldkapitals staatliche Kontrollen der Kapitalströme weitgehend weggefallen, im Bereich des Realkapitals sind etwa im EU-Bereich die Möglichkeiten von direkten Ansiedlungssubventionen eingeschränkt bzw. zumindest

[4] Analog zum Ansatz des Steuerwettbewerbs sind auch Formen des **„Regulierungswettbewerbes"** zu sehen (OECD, Regulatory Co-operation for an Interdependent World, Paris 1994).

reglementiert worden. Die Steuerpolitik hat damit als verbleibender Parameter einer internationalen Standortwettbewerbspolitik an Bedeutung gewonnen[5].

Die Bewertung dieser Strategien ist freilich nicht eindeutig. Einen offensichtlich wirksamen Extremfall des Steuerwettbewerbes stellen **„Steueroasen"** dar. Es handelt sich dabei um kleine Staaten (wie Liechtenstein, Monaco, Bahamas, Jersey oder die Cayman Inseln), die eine „free-rider-Strategie" gegenüber der internationalen Staatengemeinschaft verfolgen. Angesichts eines entsprechend geringeren Bedarfes an öffentlichen Ausgaben (für Infrastruktur, Sozialpolitik, Verteidigung etc.) können diese Staaten mit niedriger Steuerbelastungen aufwarten und diese bzw. auch spezifische Steuerstrukturen (z. B. in Bezug auf Kapitaleinkünfte) als Instrument der „Steuerkonkurrenz" einsetzen. Daraus können sich wieder Rückwirkungen für den steuerpolitischen Spielraum anderer Staaten ergeben.

Für größere Flächenstaaten und in Bezug auf Realkapital-Investitionen kann sich eine Strategie der Steuerkonkurrenz dagegen auch aus einzelstaatlicher Perspektive als problematisch erweisen. Wenn reale Investitionsentscheidungen hinsichtlich ihres Volumens (nicht hinsichtlich der Finanzierungsstruktur!) nur in relativ geringem Ausmaß steuerlich beeinflussbar sind, wird eine Strategie der Steuerkonkurrenz zu hohen „Mitnahmeeffekten" und damit zu relativ hohen fiskalischen Kosten führen. Hinzu kommen unerwünschte makroökonomische und allokative Verzerrungen, die durch eine solche Strategie ausgelöst werden können.

Fragen der Steuerkonkurrenz sind jedoch nicht nur von Bedeutung im Rahmen „offensiver" Maßnahmen der internationalen Standortkonkurrenz. Von größerer empirischer Relevanz ist der Aspekt, dass dort, wo die Steuerbasis eine hohe internationale Mobilität aufweist, der steuerpolitische Spielraum eines Staates durch Steuerstrukturen anderer Staaten beschränkt werden kann, auch wenn diese Steuerstrukturen nicht auf eine bewusste Politik des „offensiven Steuerwettbewerbs" zurückgehen. Von besonderer Bedeutung ist dies im Rahmen der Besteuerung von **Kapitaleinkommen** (insbesondere Zinserträge), wo nationale steuerpolitische Änderungen massive Kapitalbewegungen auslösen können. Im Bereich indirekter Steuern werden sich analoge Probleme vor allem bei kleineren Staaten stellen, bei denen der Anteil grenznaher Regionen, die für steuerlich induzierten „Einkaufstourismus" oder „Tanktourismus" infrage kommen, naturgemäß hoch ist. Änderungen von Steuersätzen können in solchen Fällen zu erheblichen Änderungen in der Inlandsnachfrage und damit zu gegenläufigen Aufkommensentwicklungen führen.

Der Ansatz der **internationalen Steuerharmonisierung** geht davon aus, dass ein marktwirtschaftliches Wettbewerbsmodell nicht ohne weiteres auf das Verhältnis

---

[5] Beispiele für steuerpolitische Maßnahmen, die speziell mit Hinweis auf den Steuerwettbewerb getroffen wurden, sind in Deutschland die Abschaffung der Kapitalverkehrsteuern 1991/92 und die Unternehmensteuerreformen von 2001 und 2008.

zwischen der Finanzpolitik verschiedener Staaten übertragen werden kann. Vielmehr treten gerade hier in besonderem Maße Formen des allokativen und distributiven **Marktversagens** (vgl. Kap. 3) auf:

- Die einzelnen Staaten befinden sich im Rahmen der Steuerkonkurrenz zueinander in der Konstellation eines **„Gefangenen-Dilemmas".** Nichtkooperatives Vorgehen wird hier zu einer für alle Beteiligten suboptimalen Lösung führen.[6]
- Da es keine klar definierten internationalen Besteuerungsrechte (analog zu Eigentumsrechten) gibt, ist eine **Kompensation** der von einem Staat im Rahmen des Steuerwettbewerbs in Bezug auf andere Staaten ausgelösten externen Effekte (spillover-effects) nicht möglich. Soweit steuerlichen Faktoren überhaupt ein Einfluss zukommt, wird die internationale Allokation der Ressourcen dann nicht auf Basis der jeweiligen realwirtschaftlichen Effizienz, sondern aufgrund von steuerlichen Belastungsdifferenzen erfolgen. Dies führt zu gesamtwirtschaftlichen Effizienzverlusten auf den Faktor- und über eine Verzerrung der Handelsströme auch auf den Gütermärkten. Da – entgegen der Annahme des Tiebout-Modells – die **Mobilitätsmöglichkeiten** und -kosten für einzelne Wirtschaftsubjekte je nach Einkommensart sehr ungleich sind, ergibt sich z. B. für Kapitaleigner die Möglichkeit eines free-rider-Verhaltens, indem sie die Leistungen des Wohnsitzstaates in Anspruch nehmen, ohne dafür Steuern auf ihre Kapitalerträge zu zahlen.
- Stellt man nicht auf das Leviathan-Modell ab, sondern auf die Sicht, dass demokratische politische Prozesse letztlich ein effizientes System sind, um das Ausmaß öffentlicher Güter zu bestimmen, so kann Steuerkonkurrenz über die dadurch erreichte externe Begrenzung der Staatsquote zu einer suboptimalen Versorgung mit öffentlichen Leistungen führen. Je mobiler ein Produktionsfaktor ist, um so eher wird er von Formen der internationalen (wie auch der interregionalen) Steuerkonkurrenz profitieren können. Eine Erhöhung der internationalen Faktormobilität läßt demnach erwarten, dass die Spielräume der nationalen Steuerpolitik speziell in Bezug auf den Faktor Kapital und z. T. auch in Bezug auf Anbieter hochqualifizierter Arbeitsleistungen deutlich eingeschränkt werden. Die in einer Marktwirtschaft notwendige distributionspolitische Funktion des öffentlichen Sektors wird damit geschwächt. Im Extremfall kann eine „Steueroase", die als free-rider öffentliche Leistungen (z. B. im Ausbildungsbereich) eines anderen Staates in Anspruch nimmt, gleichzeitig über die

[6] Eine analoge Problematik stellt eine Strategie kompetitiver Währungsabwertungen dar, wie sie speziell im Gefolge der Weltwirtschaftskrise um 1930 eingesetzt wurde (beggar-my-neighbour-policy). Wenn eine solche Politik begonnen wird, können letztlich alle Staaten gezwungen sein „mitzuspielen". An den relativen Wettbewerbsverhältnissen wird sich dann letztlich nichts ändern, die von einer solchen Strategie zwischenzeitlich ausgelösten Güter- und Kapitalströme werden aber zu massiven gesamtwirtschaftlichen Verzerrungen – und damit Ineffizienzen – führen.

externen Effekte auf die Steuerstruktur auch auf die Struktur der Finanzierung des öffentlichen Sektors dieses Staates Einfluss nehmen.

In der wirtschaftspolitischen Praxis beschränken sich die Ansätze einer **Steuerharmonisierung** bis jetzt überwiegend auf die oben angeführten formalen Regelungen von Problemen der Doppelbesteuerung von Einkommens- und Güterströmen. Sowohl objektive Schwierigkeiten der Meinungsbildung wie auch unterschiedliche nationale Präferenzen und das Wirken entsprechender Interessensgruppen machen in besonders relevanten Bereichen, wie dem der Besteuerung von Kapitaleinkommen, wirksame Formen der Steuerkoordinierung nicht einfach.

17.3 Harmonisierung der indirekten Steuern in der EU

Die umfassendste Problematik in Bezug auf internationale Aspekte der Besteuerung ergibt sich im Rahmen der Bildung einer Wirtschaftsgemeinschaft mit der Aufgabenstellung der Steuerharmonisierung zwischen den Teilnehmerstaaten der Wirtschaftsgemeinschaft. Im Wesentlichen geht es dabei darum, Verzerrungen und Effizienzminderungen zu vermeiden, die aus dem Export von Steuerbelastungen oder aus spezifischen Einflüssen auf die Steuerbasis entstehen können. Die **Theorie der Steuerkoordinierung** (vgl. z. B. S. Cnossen 1987, S. 46 ff.) hat dabei folgende wesentliche Erfordernisse der Steuerkoordinierung und -harmonisierung entwickelt:

- (Intragemeinschaftliche) **Steuerneutralität:** Die Steuersysteme der einzelnen Mitgliedsstaaten einer Wirtschaftsgemeinschaft sind so zu gestalten, dass keine Verzerrungen der Güter-, Dienstleistungs- und Faktorströme innerhalb der Gemeinschaft bestehen.
- Intragemeinschaftliche Allokation von Besteuerungsrechten **(„tax-assign-ment“)**, wobei je nach Steuerart das Personalitäts- oder das Territorialitätsprinzip herangezogen werden kann.
- Im Rahmen der EU sind sämtliche Koordinierungsvorschläge auch unter Aspekten des **Subsidiaritätsprinzips** zu diskutieren, das heißt einer möglichst geringen Einschränkung der nationalen Steuerhoheit.

Es ist offensichtlich, dass es zur Schaffung eines einheitlichen Wirtschaftsraumes nicht genügt, im Sinn einer Zollunion die nationalen Zollschranken abzubauen, sondern dass auch andere Formen möglicher internationaler Wettbewerbsverzerrungen und -einschränkungen zu beseitigen sind. Dementsprechend sind bereits in den EWG-Verträgen (Art. 92–94) wettbewerbsverzerrende Ausfuhrsubventionen und Vergabeformen öffentlicher Aufträge untersagt. Im Bereich der Besteuerung entspricht dem Prinzip der intragemeinschaftlichen Steuerneutralität das Abstellen auf eine auf einheitlicher Bemessungsgrundlage beruhende Umsatzsteuer in Form der Mehrwertsteuer. Damit sind – im Gegensatz zum Fall einer Allphasen-Brutto-Umsatzsteuer – exakte, nicht wettbewerbsverzerrende Be- und Entlastungen im Handelsverkehr zwischen den Staaten möglich.

Im Rahmen der **indirekten Besteuerung** ist bei der **Mehrwertsteuer** der EU-Länder seit der sechsten USt-Richtlinie von 1977 eine weitgehende Harmonisierung hinsichtlich der Steuerbemessungsgrundlage erreicht worden. Dies hängt damit zusammen, dass die Finanzierung der Gemeinschaftstätigkeiten aus sog. Eigenmitteln erfolgt, die neben den Zöllen und den Agrarabschöpfungen einen Anteil an den nationalen Mehrwertsteuereinnahmen der Mitgliedsländer in Höhe von maximal 1,4 % der vereinheitlichten Mehrwertsteuer-Bemessungsgrundlage umfassen.

Beträchtliche Unterschiede bestehen dagegen nach wie vor, wie Tab. 17.2 zeigt, zwischen den nationalen Steuersätzen der EU-Mitglieder und anderer europäischer Staaten. Hinsichtlich der Struktur der Mehrwertsteuern ist gegenüber der früheren Vielfalt von Mehrwertsteuer-Sätzen mittlerweile nach den EU-Regeln neben dem Normalsteuersatz grundsätzlich nur ein ermäßigter Steuersatz zulässig, ebenso bestehen einheitliche Regelungen bezüglich echter und unechter Mehrwertsteuer-Befreiungen (vgl. Kap. 15).

Mit der Realisierung des gemeinsamen Binnenmarktes 1993 ergaben sich zusätzliche Herausforderungen für den Bereich der indirekten Besteuerung. Ein wesentliches Element des Binnenmarktprogramms war die Beseitigung von **Grenzkontrollen** für den Güterverkehr zwischen den Mitgliedstaaten der EU. Damit mußte auch der bis dahin zur Gewährleistung des Bestimmungslandprinzips praktizierte umsatzsteuerliche Grenzausgleich durch eine Neuregelung ersetzt werden. Für das System einer Umsatzbesteuerung im Rahmen einer Wirtschaftsgemeinschaft ohne Grenzkontrollen bestehen nun folgende Möglichkeiten:

17.3.1 System des Vorumsatzsteuerabzuges

In diesem Fall unterläge ein international gehandeltes Gut im Exportland[7] der dort geltenden Mehrwertsteuer, während im Importland bei der Einfuhr keine Besteuerung vorgenommen wird. Wird das Gut im Inland vom Importeur weiterveräußert, so unterliegt dort nur die zusätzliche Wertschöpfung der inländischen Mehrwertsteuer. Das Ergebnis wäre eine Belastung international gehandelter Güter nach dem **Ursprungslandprinzip (ULP)**.

Bei Fehlen einer EU-einheitlichen Mehrwertsteuer-Regelung entspricht das ULP in dieser Form dem Konzept eines innergemeinschaftlichen Steuerwettbewerbs, auf dessen

[7] Es sei darauf hingewiesen, dass das EU-Umsatzsteuerrecht (und damit auch das UStG) für den Güterverkehr zwischen EU-Mitgliedstaaten die Begriffe „Export“ und „Import“ ausdrücklich vermeidet und stattdessen von „innergemeinschaftlichen Lieferungen und Bezügen“ spricht.

Tab. 17.2 Mehrwertsteuern in EU-Staaten, 2020

	Steuersätze normal	Ermäßigte Steuersätze	Nullsatz
Belgien	21	6/12	Ja
Bulgarien	20	9	–
Dänemark	25	–	Ja
Deutschland	19	7	–
Estland	20	9	–
Finnland	24	10/14	Ja
Frankreich	20	5,5/10	–
Griechenland	24	6/13	–
Großbritannien	20	5	Ja
Irland	21	9/13,5	Ja
Italien	22	5/10	Ja
Kroatien	25	5/13	–
Lettland	21	5/12	–
Litauen	21	5/9	–
Luxemburg	17	8	–
Malta	18	5/7	Ja
Niederlande	21	9	–
Österreich	20	10/13	–
Polen	23	5/8	Ja
Portugal	23	6/13	–
Rumänien	19	5/9	–
Schweden	25	6/12	Ja
Slowakei	20	10	–
Slowenien	22	5/9,5	–
Spanien	21	10	–
Tschechien	21	10/15	–
Ungarn	27	5/18	–
Zypern	19	5/9	Ja

ökonomische Probleme im obigen Abschnitt eingegangen wurde. Als längerfristige Folge ließe sich ein Druck in Richtung einer „marktbestimmten" Harmonisierung nach unten erwarten. Angesicht der sehr unterschiedlichen Steuerstrukturen in der EU könnte dies erhebliche fiskalische Ausfälle für Staaten mit höheren Mehrwertsteuer-Anteilen bedeuten.

Solange es unterschiedliche Steuersätze gibt, ist das ULP innergemeinschaftlich nicht wettbewerbsneutral. Die „tatsächlichen" Kostenstrukturen können überdeckt werden durch die Wirkung unterschiedlicher Mehrwertsteuer-Sätze, sodass es zu allokativen Verzerrungen und damit Effizienzverlusten im Gemeinschaftshandel kommt.[8] Das ULP begünstigt zudem in fiskalischer Hinsicht Staaten mit Exportüberschüssen. Sollen entsprechende Finanzkraftverschiebungen innerhalb der Gemeinschaft vermieden werden, sind daher nachträglich kompensierende Umverteilungsmechanismen nötig.

17.3.2 System mit Zahlungsaufschub

Will man angesichts der aufgezeigten Probleme im Rahmen des **Bestimmungslandprinzips** (BLP) bleiben, so kann man auf das **System mit Zahlungsaufschub** (system of deferred payment) umsteigen. Dieses wurde schon früh in den Benelux-Staaten erfolgreich praktiziert. Dabei wird auf die Formalitäten des Grenzausgleichs und auf die gesonderte Erhebung einer Einfuhr-Umsatzsteuer verzichtet. Es wird darauf vertraut, dass infolge der Nachholwirkung der MwSt der erste umsatzsteuerpflichtige Unternehmer im Empfangsland die nach dem BLP erforderliche Einfuhr-USt *implizit* entrichtet, weil das bezogene Gut ja im Exportland steuerlich entlastet wurde, der Importeur deshalb keine Vorsteuer von der USt auf seine eigenen Inlandsumsätze abziehen kann und somit bei der Weiterveräußerung auch der volle Importwert mit dem nationalen Steuersatz des Importlandes belastet wird. Der Exporteur andererseits weist seinem heimischen Finanzamt gegenüber die Berechtigung zur Erstattung der heimischen Umsatzsteuer durch Vorlage entsprechender Dokumente (z. B. des Importeurs) nach, aus denen hervorgeht, dass ins andere Land geliefert wurde. Der steuerliche Ausgleich erfolgt hier demnach nicht an der politischen Grenze, sondern gewissermaßen „in den Büchern" der beteiligten Unternehmen. Ohne internationalen Informationsaustausch eröffnet dieses System freilich möglicherweise größere Möglichkeiten der Steuerhinterziehung.

Es ist offensichtlich, dass durch einen solchen Wegfall von Grenzkontrollen bei einem System mit Zahlungsaufschub Direktimporte durch Letztverbraucher nicht erfasst werden können. Für diese Direktimporte der Haushalte („Einkaufsfahrten", Versandhausbezüge) käme damit das ULP zur Geltung.

---

[8] Freilich kann man natürlich auch unterschiedliche nationale Steuerbelastungen als Teil nationaler Produktionskostenunterschiede betrachten.

17.3.3 Binnenmarktprinzip

Beim Binnenmarktprinzip (common market principle) wird auf die steuerliche Freistellung der Exporte verzichtet und die Anrechnung von Vorsteuern „über die Grenze" zugelassen: Exportlieferungen sind wie jeder andere Umsatz im Exportland umsatzsteuerpflichtig und die im Exportland gezahlte Steuer stellt für den ersten umsatzsteuerpflichtigen Unternehmer im Importland eine abzugsfähige Vorsteuer dar **(„grenzüberschreitender Vorsteuerabzug")**. Sind die Steuersätze in den beteiligten Ländern unterschiedlich hoch, so bestimmt aufgrund der Nachholwirkung der Steuersatz des Importlandes die endgültige Steuerbelastung eines Gutes, sofern der Importeur im Inland umsatzsteuerpflichtig ist. Importieren dagegen nichtsteuerpflichtige Verbraucher direkt, so wird die Steuerbelastung durch den Steuersatz des Exportlandes bestimmt. Hinsichtlich der Steuerbelastung wird hier also im ersten Fall das BLP, im zweiten Fall das ULP verwirklicht.

Das Binnenmarktprinzip wirkt – im Gegensatz zum ULP – für vorsteuerabzugsberechtigte Importeure wettbewerbsneutral. Es erfordert allerdings ebenfalls zur Verhinderung von Steuerhinterziehung eine intensive Kooperation der nationalen Steuerbehörden.

Im Vergleich zum herkömmlichen USt-Grenzausgleich kommt es beim Binnenmarkt-Prinzip zu einer anderen Verteilung des Steueraufkommens auf Export- und Importland. Die Aufkommensverlagerungen zwischen zwei Ländern sind umso größer, je unterschiedlicher im Niveau und in der Struktur die nationalen Steuersätze und der Handel mit steuerpflichtigen Gütern sind. In fiskalischer Hinsicht würde bei einem Wechsel zum System des Vorsteuerabzuges über die Grenze ceteris paribus ein Netto-Exportland bzw. ein Land mit relativ höherem Umsatzsteuersatz profitieren. Will man derartige fiskalische „Umverteilungseffekte" vermeiden bzw. sieht man die „richtige" oder am ehesten konsensfähige Verteilung der Steuereinnahmen in der Aufteilung gemäß dem vorher bestehenden Grenzausgleichsverfahren, so müßte gleichzeitig mit der Einrichtung des Vorsteuerabzugs über die Grenze ein sog. **Clearingverfahren** installiert werden. Einen Überblick über die Wirkungen der einzelnen diskutierten Besteuerungsprinzipien gibt Tab. 17.3.

In Hinblick auf den EU-Binnenmarkt plädierte die EG-Kommission seinerzeit (1996) für eine Mehrwertsteuerregelung nach dem Binnenmarktprinzip[9] (grenzüberschreitender

[9] Man beachte, dass die EU-Kommission, aber auch andere amtliche Veröffentlichungen (und dementsprechend die Medien) das Ziel der Einführung dieses Besteuerungsverfahrens unglücklicherweise meist als „Übergang zur Besteuerung nach dem Ursprungslandprinzip" bezeichnen. Das ist dann ein ganz *anderes* Verständnis von „Ursprungslandprinzip", das allein auf das *steuertechnische* Faktum der Besteuerung der Lieferungen im Lieferland abstellt, nicht, wie bei der oben dargestellten *ökonomischen* Interpretation von ULP und BLP, auf die *Steuerbelastung* des Gutes im Moment des Konsums. Im ökonomischen Sinne würde die Einführung einer Mehrwertsteuerregelung nach dem „Binnenmarktprinzip" bei Lieferungen zwischen Unternehmern wegen der Nachholwirkung der Mehrwertsteuer selbstverständlich ebenso auf die Realisierung des BLP hinauslaufen wie die seit 1996 bis heute geltende „Übergangsregelung" nach dem Prinzip des Zahlungsaufschubes (vgl. Tab. 17.2).

Tab. 17.3 Wirkungen von Besteuerungsprinzipien

Art der Besteuerung	Vorsteuerabzug mit Grenzausgleich	Vorsteuerabzug mit Zahlungsaufschub	Grenzüberschreitender Vorsteuerabzug (Binnenmarktprinzip)	Vorumsatzabzug
Vorsteuerabzugsfähige Importe (von Unternehmen)	BLP	BLP	BLP	ULP
Nicht vorsteuerabzugsfähige Importe (Direktimporte von Konsumenten)	BLP[1)]	ULP	ULP	ULP
Steueraufkommen aus gehandelten Gütern geht an	Bestimmungsland	Bestimmungsland	Ursprungsland[2)]	Ursprungsland

[1)]für Importe oberhalb der geltenden Steuerfreigrenze
[2)]mit Rückwirkungen auf das Steueraufkommen aus nachfolgenden Verarbeitungsstufen im Bestimmungsland
Quelle: nach F. Schneider (1994, S. 23)

Vorsteuerabzug und Clearing-Verfahren auf makroökonomischer Basis) und eine Angleichung von Zahl und Höhe der nationalen Steuersätze. Speziell hinsichtlich des Clearing-Verfahrens konnte eine Übereinstimmung aber nicht erreicht werden, sodass seither das folgende, auch heute noch als „Übergangsregelung" bezeichnete Verfahren gilt:

Es werden **keine einheitlichen Mehrwertsteuersätze,** sondern **Untergrenzen** (Normalsteuersatz mindestens 15 %, ermäßigter Steuersatz mindestens 5 %) festgelegt. Der Umsatzbesteuerung innergemeinschaftlicher Warenströme zwischen zwei Mitgliedstaaten erfolgt nach dem **Zahlungsaufschubverfahren:** Der „Importeur" muß seine Leistungsbezüge im Rahmen seiner Umsatzsteuerpflicht in seinem Land als „innergemeinschaftlichen Erwerb" bei seinem Heimatfinanzamt versteuern. Die „Export"-Lieferung („innergemeinschaftliche Lieferung") ist nach wie vor von der Umsatzsteuer befreit; der „Exporteur" muss auf der Rechnung seine Steuernummer und die des Empfängers (Umsatzsteueridentifikationsnummer – UID) angeben, er erhält seine Vorsteuern nicht mehr beim Grenzübertritt der Ware, sondern von seinem Heimatfinanzamt nach Bestätigung der Exportlieferung durch den Importeur erstattet. Damit wird nach wie vor das Bestimmungslandprinzip, aber eben nunmehr ohne Grenzausgleich, realisiert.

Direktimporte von Endverbrauchern etwa im Zuge von Einkaufsfahrten (**cross border shopping**) werden durch den Wegfall der früher mit dem Grenzausgleich auch für Private verbundenen Einfuhrumsatzsteuer nunmehr nach dem Ursprungslandprinzip belastet. Im Hinblick auf die vermutete quantitative Bedeutung wurden für zwei Arten der Direktimporte von Endverbrauchern spezifische Regelungen eingeführt, durch die das Bestimmungslandprinzip sichergestellt wird:

Der Direktimport eines neuen Kraftfahrzeugs durch Verbraucher wird vom Gesetz als innergemeinschaftlicher Erwerb definiert und ist damit vom erwerbenden Nichtunternehmer in seinem Land zu versteuern (§§ 1b u. 3d UStG); bei Versandhauslieferungen an Private gilt per Definition die Lieferung dort als ausgeführt, wo der Versand endet (§ 3c UStG), diese Lieferungen unterliegen damit dem Steuersatz des Bestimmungslandes. Für alle anderen Direktimporte der Konsumenten dagegen gilt wegen des Wegfalls der Einfuhrbesteuerung seither das Ursprungslandprinzip.

Auch bei der Harmonisierung der **spezifischen Verbrauchsabgaben** kam es zu einem Abgehen von den ursprünglichen Vorstellungen der EG-Kommission. Die ersten Vorschläge (1987) auf der Basis des „Weißbuches" von 1985 lagen auf der Linie einer ex ante-Harmonisierung der Steuerstrukturen und -sätze und legten einheitliche Sätze für die Steuern auf Alkohol, Tabak und Benzin fest. 1989 schwenkte die Kommission dann über zu einem Ansatz einer „ex post Harmonisierung" über die Marktkräfte und ersetzte die einheitlichen Steuersätze durch zunächst unverbindliche Zielwerte; um ein zu tiefes Absinken der Steuersätze zu verhindern, wurden allerdings Mindestsätze (auf der Basis eines EG-Durchschnittes) vorgegeben. Derzeit wird auch für spezifische Verbrauchsabgaben – soweit sie nicht Direktkonsumenten betreffen – das Bestimmungslandprinzip realisiert. Im Sinn der einfacheren Administration und Kontrolle sollen Verbrauchsteuern im EU-Bereich nur mehr für Tabakwaren, alkoholische Getränke und Mineralölprodukte eingehoben werden.

17.4 Harmonisierung der direkten Steuern in der EU

Es ist offensichtlich, dass eine, sei es geplante, sei es durch den Markt erzwungene, weitgehende inhaltliche Harmonisierung im Bereich der Mehrwertsteuer und der spezifischen Verbrauchsteuern tief greifende ökonomische und auch politische Wirkungen in den einzelnen betroffenen Staaten hätte. Darüber hinaus würden sich je nach Höhe und relativer volkswirtschaftlicher Bedeutung der indirekten Steuern in einzelnen Staaten auch massive fiskalische Effekte mit Rückwirkungen auf die Gesamtstruktur des Steuersystems ergeben.

Das EG-Binnenmarktprogramm zielt unmittelbar nur auf eine Harmonisierung der Mehrwertsteuern und spezifischer Verbrauchsabgaben ab. Die Schaffung eines EG-Binnenmarktes lässt jedoch auch Wirkungen in Bezug auf andere Bereiche der Besteuerung erwarten. Dies ergibt sich zunächst bereits aus den fiskalischen Effekten der

Harmonisierung der indirekten Steuern, die Folgewirkungen in anderen Einnahme- oder auch Ausgabebereichen des öffentlichen Sektors erwarten lassen.

Darüber hinaus können sich aus der mit dem Binnenmarkt-Programm angestrebten erhöhten **Mobilität** der Produktionsfaktoren weitere wesentliche Einflüsse auf die Entwicklung der Steuerstrukturen ergeben. Keine bzw. nur geringe Koordinierungserfordernisse ergeben sich dabei bei Abgaben gemäß dem **Äquivalenzprinzip** und in Bezug auf Steuerbereiche mit **geringer** interregionaler **Mobilität.** Dies dürfte in großem Maß für den Bereich der lohnbezogenen Steuern und Abgaben gelten.[10]

Unter Berücksichtigung der höheren Mobilität stellen sich die wichtigsten Koordinierungsprobleme im Bereich der **Unternehmensbesteuerung und der Besteuerung der Kapitaleinkommen.** Unmittelbare Notwendigkeiten der Harmonisierung im Bereich der Unternehmenssteuerung ergeben sich speziell unter Gesichtspunkten des Binnenmarktes für **EU-weit tätige multinationale Unternehmen.** Dem wurde mit dem Richtlinienpaket vom 23.7.1990 Rechnung getragen, durch das das System der bilateralen Doppelbesteuerungsabkommen zu einem (formal) einheitlichen EU-Steuerrecht weiterentwickelt wurde. Im Einzelnen handelt es sich dabei um folgende Richtlinien, die in die jeweils nationalen Steuerrechte zu überführen waren:

- **Fusionsrichtlinie:** Damit soll die steuerneutrale Durchführung von grenzüberschreitenden Umgründungsvorgängen (Verschmelzung, Spaltung, etc.) innerhalb der EU gewährleistet werden. Von Bedeutung ist dabei insbesondere die Möglichkeit, innerhalb der EU stille Reserven steuerfrei von einer inländischen zu einer ausländischen Gesellschaft zu transferieren.[11]
- **Mutter/Tochter-Richtlinie:** Ziel ist es zu verhindern, dass bei in der EU tätigen multinationalen Unternehmen der bereits versteuerte Gewinn einer Tochtergesellschaft bei der ausländischen Muttergesellschaft nochmals der Körperschaftsbesteuerung unterworfen wird. Die Richtlinie sieht demnach vor, dass die Besteuerung des Gewinns allein im Staat der Tochtergesellschaft erfolgt. Der Staat der Muttergesellschaft soll den von der Tochter ausgeschütteten Gewinn von Besteuerung freistellen oder zumindest die von der Tochter bereits gezahlte Steuer anrechnen. Der Staat der Tochtergesellschaft soll auf eine zusätzliche Quellensteuerbelastung des ausgeschütteten Gewinns verzichten.

[10] Analog zum Problem des grenzüberschreitenden Konsums (Direktimport) stellen sich allerdings auch steuerliche Probleme bei Grenzgängern und Pendlern.

[11] Die Verabschiedung der Fusionsrichtlinie wurde längere Zeit von Deutschland blockiert, da die Befürchtung bestand, dass eine Förderung grenzüberschreitender Unternehmenszusammenschlüsse zu einer Flucht von Unternehmen aus den deutschen Regelungen der Arbeitnehmermitbestimmung führen könnte. Diesen deutschen Bedenken wurde schließlich durch eine Klausel zur Vermeidung von Missbrauch Rechnung getragen. Es ist dies ein Beispiel dafür, dass auch mit „technischen" steuerlichen Regelungen erhebliche gesellschaftspolitische Aspekte verbunden sein können.

- **Schlichtungsübereinkommen:** Gemeinsam mit einer Amtshilferichtlinie sollte ursprünglich ein verbindliches Schiedsverfahren bei Fragen der grenzüberschreitenden Gewinnermittlung (z. B. bei Verrechnungspreisen innerhalb eines Konzerns) eingeführt werden. Das Ergebnis eines solchen Verfahrens hätte für alle betroffenen Staaten (z. B. das „Hochsteuer-Land" und das „Niedrigsteuer-Land") verbindlich sein sollen. Ein solcher Eingriff in die Steuerhoheit wurde von den Mitgliedsstaaten aber nicht akzeptiert, sodass die Richtlinie nun nur ein Schlichtungs- bzw. Konsultationsverfahren vorsieht.

Um eine umfassende Reform des Systems der Unternehmensbesteuerung in der EU vorzubereiten, setzte die EU-Kommission ein Expertenkomitee ein, dessen (nach dem Vorsitzenden benannter) Bericht („Ruding Report") 1992 vorgelegt wurde. In Bezug auf die Körperschaftsbesteuerung betonte der Ruding-Report, dass die Bildung eines einheitlichen europäischen Kapitalmarktes letztlich auch ein einheitliches europäisches Körperschaftsteuersystem erfordere, legte sich aber nicht fest, welchem Typus dieses europäische Körperschaftsteuersystem entsprechen solle.

Im Jahre 2001 legte die EU-Kommission neue Vorschläge zur Unternehmensbesteuerung vor, die sich nicht auf eine Angleichung der (effektiven) Körperschaftsteuersätze richten, sondern auf die Beseitigung der Benachteiligungen grenzüberschreitender Aktivitäten.[12] Im Kern laufen diese Vorschläge darauf hinaus, die bisherige Besteuerung im Wege nationalen Gewinndefinitionen und -ermittlungsvorschriften und bilateral oft unterschiedlicher Anerkennung von Konzernverrechnungspreisen zu ersetzen durch eine EU-weite Vereinheitlichung der Steuerbemessungsgrundlage von Körperschaften und eine „Aufteilung" dieser Bemessungsgrundlage auf die EU-Staaten nach einem bestimmten Schlüssel (Prinzip des sog. **formulary apportionment,** wie es einige US-Bundesstaaten seit längerem im Wege der sog. **unitary taxation** bei der Ermittlung des „auf den eigenen Staat entfallenden" Teiles des Weltgewinns multinationaler Unternehmen praktizieren). Die Kritik dieser Vorschläge verweist vor allem darauf, dass es bei einer Verwirklichung des Systems unter den Mitgliedstaaten in fiskalischer Hinsicht natürlich Gewinner und Verlierer geben wird, und dass dies Akzeptanzprobleme erzeugen dürfte; auch seien Wohlfahrtsgewinne und sozial Kosten des vorgeschlagenen Systems nicht eindeutig.

Während die dargestellten Überlegungen zu einer EU-einheitlichen Steuerbemessungsgrundlage der Körperschaftsbesteuerung bis heute nicht über das Entwurfsstadium hinausgekommen sind, führten die mit dem „Monti-Report" von 1997 eingeleiteten Initiativen zur Bekämpfung „unfairen" Steuerwettbewerbs zu konkreteren

---

[12] Commission of the European Communities: „Towards an Internal Market Without Tax Obstacles". COM (2001), 582 final, 23 October 2001. Vgl. hierzu Mintz (2002) und (2004), Weiner (2002), Devereux (2004) und Sørensen (2004).

Ergebnissen, wenn auch erst nach jahrelangen Diskussionen und einer langwierigen Suche nach einer konsensfähigen Lösung:

- 2003 wurde ein **Verhaltenskodex gegen unfairen Steuerwettbewerb** bei der Unternehmensbesteuerung angenommen.[13] Der Kodex verpflichtet die EU-Mitgliedstaaten, keine neuen „schädlichen" steuerlichen Maßnahmen einzuführen, bestehende Vorschriften und Praktiken zu überprüfen und erforderlichenfalls aufzuheben und die Zusammenarbeit und den Informationsaustausch bei der Bekämpfung von Steuervermeidung und Steuerhinterziehung zu intensivieren. Freilich handelt es sich hierbei um eine politische und keineswegs um eine rechtliche Verpflichtung. Bei der Prüfung, ob eine steuerliche Maßnahme als Element „unfairen" Steuerwettbewerbs zu identifizieren ist,[14] sind die folgenden Kriterien maßgebend:
- Die steuerlichen Vorteile werden ausschließlich Gebietsfremden oder für Transaktionen mit Gebietsfremden gewährt, oder
  - die Vorteile sind völlig von der inländischen Wirtschaft isoliert, sodass sie keine Auswirkungen auf die innerstaatliche Steuerbemessungsgrundlage haben, oder
  - die Vorteile werden auch dann gewährt, wenn eine tatsächliche Wirtschaftstätigkeit und substantielle wirtschaftliche Präsenz in dem vorteilgewährenden Mitgliedstaat nicht vorhanden sind, oder
  - die Regeln für die steuerliche Gewinnermittlung bei Aktivitäten innerhalb einer multinationalen Unternehmensgruppe weichen von international allgemein anerkannten Grundsätzen (insbesondere denen der OECD) ab, oder es mangelt den steuerlichen Maßnahmen an Transparenz und die Rechtsvorschriften werden auf der Ebene der Steuerverwaltung lax und undurchsichtig gehandhabt.
- Analog zum Vorgehen der EU verabschiedete auch der Rat der OECD im Jahre 1998 Empfehlungen zur Bekämpfung „schädlichen" Steuerwettbewerbs.[15]
- Bei den Kapitaleinkommen brachte nach langem Hin und Her das Inkrafttreten der Zinsrichtlinie im Juli 2005 eine Koordination der **Besteuerung von Zinserträgen** in der EU: Ursprünglich sollte entweder jedes Mitgliedsland eine Quellensteuer von mindestens 20 % auf grenzüberschreitende Zinszahlungen einführen,[16] oder aber es sollten die Finanzinstitute zur automatischen Auskunftserteilung (Kontrollmitteilungen) über derartige Zinszahlungen verpflichtet werden. Großbritannien lehnte die Quellensteueroption ab, weil es schädliche Auswirkungen für das inter-

[13] Vgl. Neeb (2008).

[14] Ein Beispiel solcher spezifischen Steuerbegünstigungen waren z. B. die – von der EU befristet genehmigten – besonderen steuerlichen Begünstigungen für Ansiedlungen von Finanzgesellschaften in den „Dublin Docks".

[15] Hierzu Weiner und Auld (1998).

[16] Derzeit besteht in den EU-Staaten de jure oder de facto eine unterschiedliche steuerliche Behandlung von Zinseinkünften von Inländern und Ausländern.

nationale Anleihengeschäft in London befürchtete, und Belgien, Luxemburg und Österreich hatten die Sorge, dass die Einführung von grenzüberschreitenden Kontrollmitteilungen das nationale Bankgeheimnis aufweichen werde und somit die Wettbewerbsfähigkeit des jeweiligen nationalen Finanzplatzes insbesondere im Privatkundengeschäft bedrohen würde. Der Entwurf fand im Rat dann auch keine Mehrheit, und stattdessen kam es schließlich zu der Regelung, dass die EU-Mitgliedstaaten ab 2005 bei Zinszahlungen an nicht gebietsansässige Personen bestimmte Informationen über den Empfänger sowie über die Zahlung an den Mitgliedstaat weiterleiten, in dem der Zinsempfänger ansässig ist. Belgien, Luxemburg und Österreich (sowie die Schweiz) sind während eines Übergangszeitraumes von sieben Jahren von dieser **Verpflichtung zur grenzüberschreitenden Informationsübermittlung** befreit. Im Gegenzug gingen diese Länder die Verpflichtung ein, auf die von Steuerausländern erzielten Zinseinkünfte eine Quellensteuer zu erheben, deren Erträge dann zu drei Vierteln an das Wohnsitzland des Kapitalanlegers abzuführen sind.

Werdegang und Inhalt dieses EU-Richtlinie demonstrieren sehr eindringlich, dass Fortschritte im Bereich der Steuerharmonisierung und auch (schwächere) Maßnahmen der Steuerkoordinierung nur sehr mühsam zu erreichen, da Entscheidungen im Rahmen des EU-Rates dem Prinzip der Einstimmigkeit unterliegen.

Literatur

Cnossen, S. (Hrsg.): Tax Coordination in the European Community. Deventer 1987.

Devereux, M.P.: Debating Proposed Reforms of the Taxation of Corporate Income in the European Union. In: International Tax and Public Finance, 11 (2004), S. 71 ff.

EG-Kommission: Ein gemeinsames Mehrwertsteuersystem – Ein Programm für den Binnenmarkt. Brüssel 1996.

Mintz, J.: European Company Tax Reform: Prospects for the Future. In: CESifo Forum, 3 (2002), S. 3 ff.

Mintz, J.: Corporate Tax Harmonization in Europe: It's All About Compliance. In: International Tax and Public Finance, 11 (2004), S. 221 ff.

Neeb, M. F.: Der Kodex gegen eine unfaire Unternehmensbesteuerung als Ordnungsrahmen des europäischen Steuerwettbewerbs. Hamburg 2008.

Petkova, K., Stasio, A., Zagler, M., On the relevance of double tax treaties. International Tax and Public Finance, 2019, Vol. 27, 575–605.

Schneider, F.: Einige Gedanken zur Harmonisierung indirekter Steuern in der EU. Institut für Finanzwissenschaft und Steuerrecht Nr. 178, Wien 1994.

Sørensen, P.B.: Company Tax Reform in the European Union. In: International Tax and Public Finance, 11 (2004), S. 91 ff.

Weiner, J.M., Ault, H.J.: The OECD's Report on Harmful Tax Competition. In: National Tax Journal, 51 (1998), S. 601 ff.

Weiner, J.M.: Formulary Apportionment and the Future of Company Taxation in the European Union. In: CESifo Forum, 3 (2002), S. 10 ff.

Weiterführende Literatur

Austrian Federal Ministry of Finance: Tax Competition and Coordination of Tax Policy in the EU. Vienna 1998.
Bode, E., Krieger-Boden Chr., Lammers, K.: Cross-Border Activities, Taxation and the European Single Market. Kiel 1994.
Braun, J., Zagler, M., The true art of the tax deal: Evidence on aid flows and bilateral double tax agreements. The World Economy, 2018, Vol. 41(6), 1478–1507.
Breton, A.: Competitive Governments: An Economic Theory of Politics and Public Finance. Cambridge 1996.
Brosius, F.: Internationaler Steuerwettbewerb und Koordination der Steuersysteme. Frankfurt a. M. 2003.
Bundesministerium der Finanzen (Hrsg.): Gutachten der Ursprungslandkommission, Ausarbeitung der endgültigen Regelungen für die Umsatzbesteuerung des innergemeinschaftlichen Waren- und Dienstleistungsverkehrs, BMF-Schriftenreihe 54, Bonn 1994.
Cnossen, S. How Much Tax Coordination in the European Union? In: International Tax and Public Finance 2003, 625:649
EC-Commission, Report of the Committee of Independent Experts on Company Taxation – "Ruding-Report". Brüssel 1992.
Eggert, W., Genser, B. Is Tax Harmonization Useful? In: International Tax and Public Finance 2001, 511:527
Fehr, H., Rosenberg, C., Wiegard, W.: Welfare Effects of Value-added Tax Harmonization in Europe. Berlin-Heidelberg 1995.
Frenkel, J., Razin, A., Sadka, E.: International Taxation in an Integrated World. Cambridge, Mass. 1991.
Fuest, C., Huber, B., Mintz, J.: Capital Mobility and Tax Competition. CESifo Working Paper No. 956. München 2003.
Genser, B. Coordinating VATs between EU Member States. In: International Tax and Public Finance 2003, 735:752.
Genser, B.: Ist der Verlust der Besteuerungsautonomie der Preis für die europäische Integration. In: A. Oberhauser (Hrsg.): Probleme der Besteuerung. In: Schriften des Vereins für Socialpolitik, Berlin 1999.
Haufler, A.: Taxation in a Global Economy. Cambridge 2001.
Homburg. S. Competition and Co-ordination in International Capital Income Taxation. In: Finanzarchiv 1999, 1:17
Krause-Junk, G.: Preisdumping und Steuerdumping – wie weit reicht die Parallele? In: Finanzarchiv, 56 (1999), S. 86 ff.
Oates, W. E., Schwab, R.M.: Economic Competition Among Jurisdictions: Efficiency, Enhancing or Distortion Inducing? In: J. of Public Economics, 35 (1998), S. 333 ff.
OECD: Harmful Tax Competition. An Emerging Global Issue. Paris 1998.
Paolini, D., Pistone, P., Pulina, G., Zagler, M., Tax treaties with Developing Countries and the Allocation of Taxing Rights. European Journal of Law and Economics, 2016, Vol. 42(3), 383–404.
Razin, A., Sadka, E.: Special Issue: Globalization of Economic and Financial Activities and Public Finance. 4 (1997).
Sinn, H.-W. Das Selektionsprinzip und der Systemwettbewerb. In: A. Oberhauser (Hrsg.) Fiskalföderalismus in Europa. Berlin 1997.
Sørensen, P.B. The case for international tax co-ordination reconsidered. In: Economic Policy 2000, 431:472

Stewart, K., Webb, M., Bovenberg, L., Favero, C.A. International competition in corporate taxation: evidence from the OECD time series. In: Economic Policy 2006, 155:201

Tanzi, V.: Globalization, Tax Competition and the Future of Tax Systems. In: G. Krause-Junk (Hrsg.): Steuersysteme der Zukunft, S. 11 ff., Berlin 1998.

Thalmann, P., Goulder, l.H., Delorme, F.: Assessing the International Spillover Effects on Capital Income Taxation. In: International Tax and Public Finance, 10 (2003), S. 651 ff.

Tumpel, M.: Harmonisierung der direkten Unternehmensbesteuerung in der EU. Wien 1994.

Wilson, J.D. Theories of tax competition. In: National Tax Journal 1999, 269:304

Wissenschaftlicher Beirat beim Bundesministerium der Finanzen: Reform der internationalen Kapitaleinkommensbesteuerung. Bonn 1999.

Zagler, M. (Hrsg.), International Tax Coordination: An interdisciplinary Perspective on Virtues and Pitfalls, 2013, Abingdon: Routledge.

Zagler, M., Pistone, P., Double Tax Treaties, In: Manciano, A., Ramello, G. (Hrsg.), Encyclopedia of Law and Economics, 2019, Springer.

Zodrow, G.R. Tax Competition and Tax Coordination in the European Union. In: International Tax and Public Finance 2003, 651:671.

18 Öffentliche Verschuldung

Lernziele

- Umfang und Wirkung von Budgetdefiziten und öffentlicher Verschuldung werden durch eine Vielzahl von Kriterien und Quoten erfasst, die in diesem Kapitel erläutert werden. Von spezieller ökonomischer Bedeutung sind die Zusammenhänge zwischen Zinssatz, Wachstum und öffentlicher Verschuldung, aus denen sich wesentliche Aussagen in Bezug auf die langfristige Stabilität der öffentlichen Finanzen ableiten lassen. Dies wird im vorliegenden Kapitel in theoretischer und empirischer Betrachtung dargestellt.
- Fragen der Grenzen der öffentlichen Verschuldung werden unter volkswirtschaftlichen, haushaltspolitischen und institutionellen Aspekten analysiert. In Hinblick auf „Zeitkonsistenz" der Finanzpolitik spielen in Zeiten „normaler Wirtschaftsentwicklung" Konzepte der „Schuldenbremse", bzw. des „Stabilitätspaktes" eine besondere Rolle – in Zeiten der COVID -19 Krise wurden diese Ansätze sistiert, Zeitpunkt und Form ihrer Weiterführung stehen in Diskussion.
- Die Effekte von Budgetdefiziten sind sowohl hinsichtlich ihrer Stabilisierung-, wie ihrer Verteilungswirkungen sehr unterschiedlich, je nachdem, ob Vollauslastung des Produktionspotentials vorliegt oder nicht, wobei weiters zwischen externer und interner Verschuldung zu unterscheiden ist.

E. Nowotny und M. Zagler, *Der öffentliche Sektor*,
https://doi.org/10.1007/978-3-658-36042-9_18

18.1 Formen und Entwicklung der öffentlichen Verschuldung

Die Erfassung der Verschuldung des öffentlichen Sektors einer Wirtschaft bietet insofern Probleme, als die Erfassung des öffentlichen Sektors selbst vielfach nicht eindeutig ist (siehe Abschn. 2.1). Auf jeden Fall der öffentlichen Verschuldung zuzurechnen ist jeweils die Verschuldung der Gebietskörperschaften (Bund, Länder, Gemeinden). In Deutschland zählen hinzu hinsichtlich der Sondervermögen des Bundes das ERP-Sondervermögen, der Erblastentilgungsfonds und der Fonds „Deutsche Einheit“, nicht jedoch die Verschuldung von Bahn (mit Ausnahme der im Bundeseisenbahnvermögen zusammengefassten Altschulden) und Post. In Österreich ist die Verschuldung der Bundesbetriebe[1] dagegen Teil der Bundesverschuldung, bei Bahn und Post gilt dies auch nach Ausgliederung aus dem Budget jedenfalls für die Altverschuldung.

Auch bei Erfassung der Verschuldung der Länder und Gemeinden ist jeweils darauf zu achten, ob und wieweit die Verschuldung entsprechender öffentlicher Unternehmen (z. B. Verkehrsbetriebe) als Teil der öffentlichen Verschuldung ausgewiesen wird. Entsprechend der üblichen Systematik des öffentlichen Sektors wäre auch eine Verschuldung des Sozialversicherungssystems als Teil der öffentlichen Verschuldung auszuweisen, was jedoch in der Regel nicht geschieht.

Probleme können sich auch ergeben hinsichtlich der Erfassung verschiedener **Arten** der öffentlichen Verschuldung. Eine grundlegende Unterscheidung ist dabei die nach

- Finanzschulden,
- Verwaltungsschulden,
- Eventualverbindlichkeiten aus Haftungen.

Unter **Finanzschulden** sind Geldverpflichtungen des öffentlichen Sektors zu verstehen, die der Mittelbeschaffung zur Finanzierung der Haushaltsabgänge dienen, die aufgrund der Kreditermächtigung über entsprechende parlamentarische Prozesse eingegangen werden und in bestimmten Formen auftreten. **Verwaltungsschulden** sind dagegen sonstige, in engem sachlichen Bezug zur laufenden Haushaltsführung stehende Geldverpflichtungen des öffentlichen Sektors. Dazu zählen etwa hinsichtlich fälliger Verwaltungsschulden, Zahlungsrückstände des öffentlichen Sektors, hinsichtlich nichtfälliger Verwaltungsschulden, Verbindlichkeiten aus langfristigen Kauf- und Leasingverträgen. Eine Sonderform stellen schließlich **Eventualverbindlichkeiten** des öffentlichen Sektors dar, die vor allem aus Gewährleistungen (z. B. Haftungsübernahmen im Rahmen der Export- und Investitionsförderung, für öffentliche und private Unternehmen etc.) ent-

[1] Davon zu unterscheiden sind die verstaatlichten Unternehmen, die nicht (direkt) im Budget und daher auch nicht bei Ermittlung der öffentlichen Verschuldung erscheinen.

stehen. Aus Verwaltungsschulden und Haftungsübernahmen können sich erhebliche **Vorbelastungen** für künftige Budgets ergeben.

Verwaltungsschulden stellen zweifellos ein unumgängliches Instrument jeder öffentlichen Haushaltsführung dar. Probleme können jedoch entstehen, wenn durch unzureichende Transparenz und Abgrenzung dieser Verschuldungsformen die Gesamtentwicklung der öffentlichen Verschuldung nicht mehr erfassbar ist und es damit de facto zu einer Einschränkung der parlamentarischen Budgethoheit kommen kann.

Entsprechend der jeweiligen föderalistischen Struktur (und auch unterschiedlichen Abgrenzungsregeln, z. B. hinsichtlich öffentlicher Unternehmen) ergeben sich in den einzelnen Staaten unterschiedliche Gewichtungen hinsichtlich der Schuldnerstruktur. In jedem Fall kommt der Verschuldung der nachgeordneten Gebietskörperschaften ein erhebliches – und vielfach in Finanzwissenschaft und -politik vernachlässigtes – Gewicht zu. Als einheitliche Tendenz zeigt sich weiter, dass der stärkste Anstieg der öffentlichen Verschuldung in den letzten beiden Jahrzehnten jeweils im Bereich des Zentralstaates erfolgt ist, was auf die besondere Anspannung der Bundesebene in wirtschaftlichen Depressionsphasen bzw. durch damit verbundene Krisenerscheinungen hinweist, sowie in Deutschland auf die finanziellen Effekte der Wiedervereinigung.

Entsprechend den verschiedenen Bedürfnissen von Schuldnern und Gläubigern der öffentlichen Verschuldung hat sich ein breites Spektrum von Erscheinungsformen der öffentlichen Verschuldung entwickelt. Die wichtigsten Unterscheidungsmerkmale sind dabei die jeweilige **Fristigkeit** und die Unterscheidung in **Buchschulden** und **Briefschulden** (Wertpapiere). Die wichtigsten Formen der öffentlichen Verschuldung sind:

- **Schuldscheindarlehen,** die als meist mittel- oder langfristige Direktkredite von Kreditunternehmen oder Versicherungen vergeben werden. Es ist dies die wichtigste Form der öffentlichen Verschuldung und die fast ausschließliche für den kommunalen Bereich.
- **Kassenobligationen** sind eine Form des festverzinslichen mittelfristigen Kredites (3–5 Jahre) durch Großanleger (Kreditinstitute) wobei in der Regel die Lombardfähigkeit (Belehnbarkeit durch die Notenbank) gegeben ist.
- **Anleihen** sind Kapitalmarktpapiere zur mittel- und langfristigen Haushaltsfinanzierung, die in der Regel über den Kreditapparat (Emissionssyndikate) der Öffentlichkeit zum Kauf angeboten bzw. von den im Emissionssyndikat vertretenen Kreditinstituten selbst übernommen werden. Sie sind börsen- und damit lombardfähig.
- **Aktivkredit:** Der Staat tritt in einer modernen Volkswirtschaft nicht nur als Kreditnehmer, sondern in vielfacher Form auch als Kreditgeber auf. Die Kreditvergabe kann dabei direkt im Rahmen der öffentlichen Haushalte oder auch indirekt über öffentlich-rechtliche Kreditinstitute (z. B. Kreditanstalt für Wiederaufbau) erfolgen.
- Eine qualitativ sehr erhebliche Form der öffentlichen Darlehensvergabe stellen schließlich **Steuerzahlkredite** dar, die aus der Stundung oder verzögerten Zahlung fälliger Abgaben entstehen und denen aus ökonomischer Sicht ebenfalls der Charakter

einer (in Deutschland) zinslosen Darlehensgewährung zukommt. In Zusammenhang mit der Finanzierung des öffentlichen Aktivkredites durch öffentliche Schuldaufnahme spricht man von einer **„Bankiersfunktion"** des öffentlichen Sektors: der öffentliche Sektor nimmt Gelder auf und gibt sie an den Haushalts- und Unternehmensbereich weiter. Kreditvergaben durch den Staat spielen eine zunehmend wichtigere Rolle als Instrument der Wirtschaftsförderung, der Technologiepolitik, wie auch der Sozialpolitik (z. B. Wohnbauförderung, Ausbildungsförderung) und der Entwicklungshilfe.[2]

18.2 Die Dynamik von Budgetdefiziten und öffentlicher Verschuldung

18.2.1 Definitionen und empirische Evidenz

Die Differenz aus Staatsausgaben (G) und Steuereinnahmen (T) wird als **Primärdefizit** bezeichnet. Werden zu dieser Größe die Zinszahlungen für die bestehende öffentliche Verschuldung (B_{-1}) addiert[3], so ergibt sich das **Nettodefizit**[4] (D) – fiscal balance –

$$D = \underbrace{B - B_{-1}}_{\textit{Neuverschuldung}} = \underbrace{iB_{-1}}_{\textit{Zinsendienst}} + \underbrace{G - T}_{\textit{Primärdefizit}} \tag{18.1}$$

[2] Eine ähnliche Funktion erfüllen Zinszuschüsse des öffentlichen Sektors, bei denen die Zinszahlungen für privat vergebene Kredite ganz oder teilweise vom öffentlichen Sektor getragen werden. Im weiteren Sinne hinzuzurechnen sind auch Gewährleistungen durch den öffentlichen Sektor (insbesondere Bürgschaftsgarantien, sonstige Haftungen, Risikoversicherung), durch die private Kreditvergabe (z. B. Exportkredit) vielfach erst ermöglicht oder verbilligt werden.

[3] Der nominelle Zinssatz wird mit i bezeichnet.

[4] Zwischen der Finanzstatistik und Volkswirtschaftlichen Gesamtrechnung (ESVG 95) ergeben sich leichte Unterschiede bei der Bestimmung des Nettodefizits. Im Gegensatz zur finanzstatistischen Erfassung sind nach VGR Darlehensvergaben öffentlicher Haushalte und entsprechende Darlehensrückzahlungen weder ausgaben- noch einnahmenwirksam, sondern werden als defizitunwirksame Vermögenstransaktionen verbucht (z. B. Darlehen zur Finanzierung der deutschen Einheit, zur Wohnbauförderung). Gleiches gilt für Privatisierungserlöse. Die VGR Definition inkludiert die Budgets außerbudgetärer Einrichtungen (z. B. den Insolvenzausgleichsfonds), nicht jedoch die Budgets staatlicher Einrichtungen und öffentlicher Unternehmen, die mehr als die Hälfte ihrer Einahmen aus kommerziellen Aktivitäten erzielen. Weitere Unterschiede ergeben sich hinsichtlich der Erfassung der Bundesbankgewinne und in Bezug auf Periodenabgrenzungen. Insgesamt liegt damit in der Regel das Defizit nach Finanzstatistik über dem nach Volkswirtschaftlicher Gesamtrechnung. Das Nettodefizit nach ESVG 95, bezogen auf sämtliche Gebietskörperschaften und den Bereich der Sozialversicherung gilt im Rahmen des Stabilitäts- und Wachstumspakts (vgl. Abschn. 7.4).

welches der Neuverschuldung oder der Veränderung der öffentlichen Verschuldung gegenüber dem Vorjahr ($B - B_{-1}$) entspricht.[5] Da in der Regel auch ein Teil der bestehenden öffentlichen Verschuldung (oder Staatsschuld) zur Tilgungen fällig ist, ergibt sich die **Bruttokreditaufnahme** des Staates auf den Kapitalmärkten aus Nettodefizit und Tilgungen. Die Summe aus Nettodefizit und Tilgungen wird als **Bruttodefizit** bezeichnet.

Häufig werden Defizit- und Schuldenquoten bezogen auf das nominelle Bruttoinlandsprodukt (Y) verwendet[6]. Die gebräuchlichste Kennzahl in dieser Hinsicht ist die **Gesamtverschuldungsquote** (b … Gesamtverschuldung als Prozentsatz des BIP).[7] In Quoten ausgedrückt kann Gl. (18.1) wie folgt umgeformt werden,

$$d = \frac{i}{1+n} b_{-1} + g - t, \tag{18.2}$$

wobei sich die Nettodefizitquote (d) aus der Differenz von Zinsquote ($ib_{-1}/(1+n)$) und Staatsausgabenquote (g), sowie Steuerquote (t) ergibt[8].

Tab. 18.1 zeigt die Entwicklung der Quoten von konjunkturbereinigtem Primärdefizit, Nettodefizit und Verschuldungsquote im internationalen Vergleich. Für den in Tab. 18.1 erfassten Zeitraum zeigen sich hohe Schwankungen speziell der aufgezeigten Defizitquoten. 2011/13 wiesen die meisten Staaten wegen der vorausgegangenen Finanzkrise der Jahre 2008/9 gegenüber den vorhergehenden Perioden deutlich höhere Schuldenquoten aus. Der gesamtwirtschaftliche Aufschwung nach 2013 erlaubte dann eine deutliche Reduzierung der Schuldenquoten, in Verbindung mit der von den Notenbanken verfolgten Politik niedriger Zinssätze wiesen alle dargestellten europäischen Staaten

[5] Gl. (18.1) beschreibt die Entwicklung der öffentlichen Verschuldung über die Zeit, und kann somit als dynamische Bewegungsgleichung der öffentlichen Verschuldung interpretiert werden.

[6] Zur korrekten Erfassung der öffentlichen Verschuldung werden in der Regel noch zwei weitere Vorschläge vorgebracht. Einerseits sollten beim Staat – analog zu Privaten – neben den Schulden auch Vermögenswerte (z. B: Gebäude, Straßen, öffentliche Unternehmen) berücksichtigt werden (Eisner 1989). Andererseits sollten auch künftige Verpflichtungen, die der Staat bereits eingegangen ist (z. B: Exportfinanzierungsgarantien, Pensionszahlungen) miteinbezogen werden. Siehe dazu Felderer et al. (2000).

[7] Neben der Gesamtverschuldung (gross public debt) kann auch auf die **Nettoverschuldung** (net public debt) bzw. auf die entsprechenden Quoten abgestellt werden. Bei der Erfassung der Nettoverschuldung werden die finanziellen Forderungen des Staates gegen die finanziellen Verbindlichkeiten aufgerechnet, um so die öffentliche Finanzsituation insgesamt darzustellen.

[8] Zu beachten ist, dass Zinsen nur auf die öffentliche Verschuldung der Vorperiode bezahlt werden müssen, sodass der Quotient aus bestehender öffentlicher Verschuldung aus der Vorperiode (B_{-1}) und aktuellem BIP (Y) um die BIP Wachstumsrate erweitert werden muss, $B_{-1}/Y = (B_{-1}/Y_{-1})(Y_{-1}/Y) = b_{-1}/(1+n)$. Daraus folgt, dass bei gestiegenem Wirtschaftswachstum (n) ein höheres Primärdefizit erwirtschaftet werden kann (und zwar exakt um das Ausmaß $i \cdot n/(1+n)$), ohne dass sich die Verschuldungsquote verschlechtert.

Tab. 18.1 Primärdefizitquote, Nettodefizitquote, konjunkturbereinigtes Primärdefizit und Verschuldungsquote (in % des BIP bzw. potenziellen BIP)

	2011–2013	2014–2019	2020	2021
Deutschland:				
Nettodefizit	−0,3	1,2	−6,0	−4,0
Primärdefizit	1,9	2,4	−5,3	−3,4
konjunkturbereinigtes Primärdefizit	1,9	−2,1	−2,7	2,1
Verschuldung	79,9	67,3	71,2	70,1
Österreich:				
Nettodefizit	−0,5	1,1	−5,2	−5,2
Primärdefizit	−2,2	−0,9	−9,6	−6,4
konjunkturbereinigtes Primärdefizit	1,0	1,2	−8,2	−3,9
Verschuldung	81,9	79,1	84,2	85,2
Italien:				
Nettodefizit	−3,1	−2,4	−10,8	−7,8
Primärdefizit	1,7	1,5	−7,2	−4,4
konjunkturbereinigtes Primärdefizit	3,0	2,4	−2,2	−1,7
Verschuldung	126,2	134,8	159,6	159,5
Euroraum:				
Nettodefizit	−3,7	−1,3	−8,8	−6,4
Primärdefizit	−0,7	0,8	−7,2	−5,0
konjunkturbereinigtes Primärdefizit	0,7	1,0	−3,2	−2,9
Verschuldung	92,0	90,6	101,7	102,3
Schweiz				
Nettodefizit	0,2	0,7	−4,2	−1,4
Primärdefizit	0,5	0,9	−4,0	−1,2
konjunkturbereinigtes Primärdefizit	−0,6	0,9	−2,2	−0,3
Verschuldung	43,2	42,3	48,7	48,5
USA:				
Nettodefizit	−7,4	−4,8	−18,7	−8,7
Primärdefizit	−5,3	−3,8	−16,7	−6,9
konjunkturbereinigtes Primärdefizit	−2,7	−2,3	−12,9	−5,8
Verschuldung	102,7	106,2	131,2	133,6

Quelle: EEA9 Report on the European Economy, basierend auf EU-COM, Herbst (2020), IMF-World Economic Outlook, Oct. (2020)

Primärüberschüsse aus, was in der Regel zu einer – wachstumsbedingten – Verringerung der Schuldenquoten führte.

Zu beachten ist hier die Entwicklung in Italien. Hier ergab sich durch eine historisch bedingte hohe Schuldenquote weiterhin die Notwendigkeit hoher Zinszahlungen, was sich in der massiven Diskrepanz zwischen Nettodefizit und Primärdefizit (in dem die Zinszahlungen nicht enthalten sind), ausdrückt. Dies ist ein deutlicher Hinweis auf die Bedeutung der fiskalischen Ausgangslage und die Höhe der Zinsen für die Staatsschuld. Das „Gegenmodell" ist aus den Zahlen für die Schweiz zu sehen.

Die „Corona-Krise" führte dann für alle dargestellten Staaten zum größten Wirtschaftseinbruch der Nachkriegszeit, was sich in massiver Erhöhung der Nettodefizite und der Primärdefizite ausdrückte. Die konjunkturbereinigten Budgetsalden zeigten deutlich geringere, aber noch immer negative Budgetzahlen auf, was auch als Hinweis auf ein methodisch unzureichendes Maß der „Konjunkturbereinigung" gesehen werden kann. Insgesamt zeigt sich jedenfalls durch Wirken „automatischer Stabilisatoren", wie auch durch diskretionäre Politik die Konjunkturabhängigkeit sowohl der Einnahmenseite als auch der Ausgabenseite des öffentlichen Budgets. Auf der Einnahmenseite knüpfen eine Vielzahl von Steuern mehr oder weniger direkt an der Höhe des BIP an (z. B.: Einkommenssteuern, Umsatzsteuern, Körperschaftssteuern), und sind somit von der Konjunktur abhängig. Formal bedeutet dies, dass die Steuereinnahmen eine Funktion des BIP sind, $T = T(Y)$. Die Ausgabenseite ist ebenfalls, wenn auch nicht in einem derart hohen Ausmaß, von der Konjunktur betroffen, etwa über die Ausgaben für Arbeitsmarktpolitik und für Arbeitslosenversicherung, daher also $G = G(Y)$.

Um unterscheiden zu können, ob sich der Primärsaldo aufgrund der Konjunktur oder aufgrund diskretionärer Maßnahmen verändert hat, werden **konjunkturneutrale Defizite** berechnet. Diese ergeben sich, indem die BIP-Abhängigkeit der einzelnen Einnahmen- und Ausgabenkategorien geschätzt wird, und dann anstelle des aktuellen BIP das ebenfalls geschätzte Vollbeschäftigungseinkommen oder potenzielle BIP (Y^*) eingesetzt wird[9], sodass sich das konjunkturneutrale Nettodefizit ergibt als

$$D^* = iB_{-1} + G(Y^*) - T(Y^*). \quad (18.3)$$

Die Differenz zwischen tatsächlichem und konjunkturbereinigtem Nettodefizit wird als **fiskaler Impuls** bezeichnet,

$$F = D - D^* = [G - G(Y^*)] - [T - T(Y^*)], \quad (18.3')$$

womit gemessen wird, um wieviel die Staatsausgaben über den konjunkturneutralen Ausgaben und die Steuereinnahmen unter den konjunkturneutralen Einnahmen liegen, also wieviel Impuls auf die Wirtschaft vom Budget ausgeht.

[9] Zur methodischen Problematik dieser Berechnungen siehe im Konnex der EU-Budgetregeln Kap. 7.

Von besonderer Bedeutung zur Beurteilung der Haushaltsstruktur und der entsprechenden Effekte sind weiters Kennzahlen, die sich auf den **Schuldendienst** (Zins- und Tilgungszahlungen) beziehen. Dazu zählen insbesondere die Schuldendienst- bzw. die **Zins-Steuerquote** (Verhältnis Schuldendienst bzw. Zinszahlungen zu Steueraufkommen) und die Schuldendienst- bzw. **Zins-Ausgabenquote** (jeweils Verhältnis Zinsausgaben zu Gesamtausgaben). Da es sich bei den Schuldendienstaufwendungen um feste Verpflichtungen handelt, lassen diese Quoten erkennen, wieweit der finanzpolitische Handlungsspielraum des jeweiligen öffentlichen Haushaltes durch die Belastungen aus früheren Schuldaufnahmen eingeschränkt ist.

Der monetären Erfassung der Budgetwirkungen dient schließlich der **Finanzierungssaldo.** Hier geht es um die Ermittlung des Saldos aus Netto-Neuverschuldung und Nettotilgung in Bezug auf den Finanzmärkten und den Saldo aus Entnahme und Zuführung von Rücklagen.

18.2.2 Der Zusammenhang zwischen Zins, Wachstum und öffentlicher Verschuldung

Die Bewegungsgleichung der öffentlichen Verschuldung ergibt sich in Umformulierung von Gl. (18.2) als:

$$b = \frac{1+i}{1-n} b_{-1} + g - t. \tag{18.4}$$

Die dynamische Gl. (18.4) lässt sich grafisch ganz einfach interpretieren. Für ein gegebenes Primärdefizit ($g - t$), gegebene nominelle Zinsen (i) und ein gegebenes nominelles BIP Wachstum (n) folgt aus der bestehenden öffentlichen Verschuldung (b_{-1}) die öffentliche Verschuldung im kommenden Jahr (b). Angenommen, wir belassen das Primärdefizit ($g - t$) auf seinem derzeitigen Niveau, so kann die öffentliche Verschuldung für alle Folgejahre berechnet werden (Farmer 1999).

Abb. 18.1 stellt die Entwicklung der öffentlichen Verschuldung bei negativem Zins-Wachstumsdifferential dar. Ausgehend von einer bestehenden Verschuldung b_0 ergibt sich aus Gl. (18.4), dargestellt durch die fette Linie, die Schuldenquote in der Folgeperiode (b_1). Durch Spiegelung um die 45 °-Gerade kann diese auf die Grundlinie (b_{-1}-Achse) übertragen werden, um analog die Schuldenquote in der nächsten und allen weiteren Perioden, bis zum langfristigen Gleichgewicht b^* zu ermitteln.

Abb. 18.2 stellt die Entwicklung der öffentlichen Verschuldung bei positivem Zins-Wachstumsdifferential dar. Ausgehend von einer bestehenden Verschuldung b_0 explodiert in Abb. 18.2 die Staatsschuld trotz Primärüberschusses ($g<t$), sofern die bestehende Staatsschuld nicht zufällig ident ist mit dem instabilen langfristigen Gleichgewicht

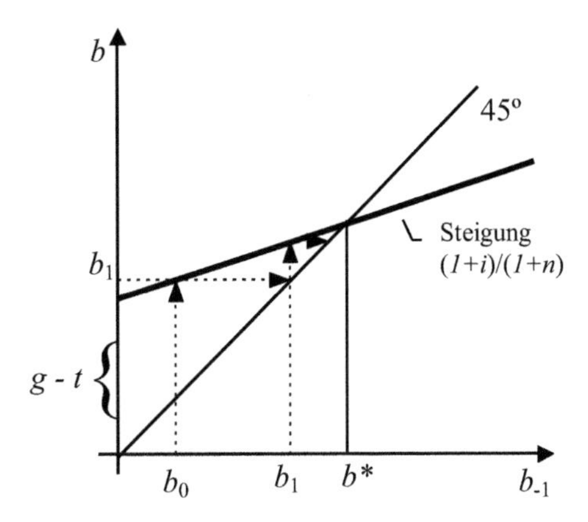

Abb. 18.1 Stationarität der Verschuldungsdynamik ($i<n$)

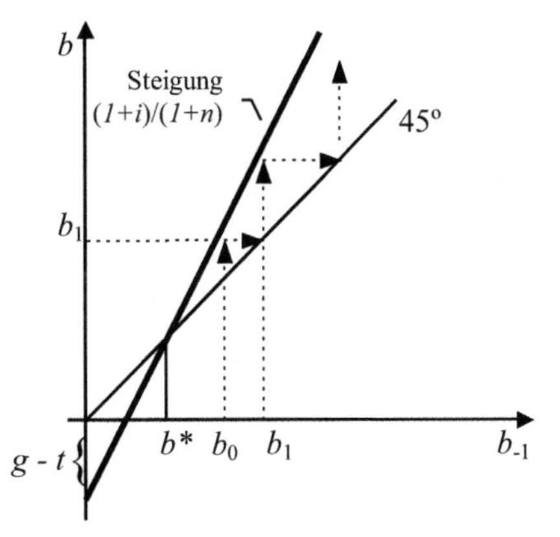

Abb. 18.2 Nicht-Stationarität der Verschuldungsdynamik ($i>n$)

($b_0 = b^*$). Durch permanente Budgetkonsolidierung (Anpassung des Primärsaldos $g-t$ und damit Verschiebung der fetten Linie) kann versucht werden, die Staatsschuld zu stabilisieren.

Während also bei einem nominellen Zinssatz unterhalb der nominellen Wachstumsrate, wie es in weiten Teilen der 70er Jahre der Fall gewesen ist, die öffentliche Verschuldung trotz Primärdefizite einen langfristig stabilen Wert im Verhältnis zum BIP erreicht, explodiert die öffentliche Verschuldung im Falle eines Zinssatzes über der Wachstumsrate selbst bei Primärüberschüssen, sofern die bestehende öffentliche Verschuldung über dem instabilen Gleichgewichtswert liegt. Daher konnten Regierungen in den 70er Jahren – als dies aufgrund der beiden Ölpreisschocks durchaus nötig gewesen ist – Primärdefizite erwirtschaften, ohne sich große Sorgen um die öffentliche Verschuldung zu machen. In den 80er und 90er Jahren hingegen drohte die öffentliche Verschuldung immer wieder zu explodieren, da kleine Fehler in der Finanzgebahrung eines Jahres ohne sofortige Korrektur zu einer Verschuldungsdynamik gemäß Abb. 18.2 geführt haben. Für die explosive Dynamik der öffentlichen Verschuldung ist es dabei nicht wirklich relevant, ob der Primärsaldo $(g - t)$ einen Überschuss oder ein Defizit aufweist.

Der international beobachtbare zeitgleiche Anstieg der öffentlichen Verschuldung seit Beginn der 80er Jahre resultiert daher weder aus einem Zufall, noch auf einem weltweit konzertierten Paradigmawechsel, als vielmehr auf die Umkehrung des Verhältnisses zwischen Zinssatz und Wachstumsrate.

Aufgrund der veränderten Dynamik der öffentlichen Verschuldung sahen sich die einzelnen Regierungen immer wieder veranlasst, Sparpakete zur Budgetkonsolidierung durchzuführen, um die öffentliche Verschuldung nicht explodieren zu sehen. Sollten Regierungen beim Konsolidieren jedoch so erfolgreich sein, dass die Verschuldungsquote unter dem Gleichgewichtswert (b^*) liegt, so werden aufgrund eines niedrigen Zinsendienstes aus Nettodefiziten Nettoüberschüsse, wodurch die Verschuldungsquote weiter sinken würde.

Die obige Abbildung erklärt auch, warum es im Vertrag von Maastricht über den Beitritt zur Europäischen Währungsunion neben dem Kriterium eines Nettodefizits unter 3 % des BIP auch ein Schuldenkriterium gegeben hat. Da zum Zeitpunkt des Vertragabschlusses davon ausgegangen werden konnte, dass die Zinssätze langfristig über der Wachstumsrate liegen (Abb. 18.2), müsste mit einer explodierenden öffentlichen Verschuldung gerechnet werden. Dann müssten aber immer höhere Primärüberschüsse erwirtschaftet werden, um das Nettodefizitkriterium zu erreichen, was die Stabilität einer Wirtschaft und wohl auch des politischen Systems gefährden könnte. Somit war auch ein Schuldenkriterium nötig. Welche Verschuldungsquote ist aber nun langfristig mit einer Nettodefizitquote von 3 % kompatibel? Darüber gibt die **Domar-Formel** Auskunft (Domar 1979). Wenn wir das Nettodefizit und die Neuverschuldung aus Gl. (18.1) durch das BIP (Y) dividieren, so erhalten wir einen Ausdruck für die Entwicklung der öffentlichen Verschuldung, welcher bei positiver nomineller Wachstumsrate (n) immer stabil ist,

$$b = \frac{1}{1+n} b_{-1} + d. \tag{18.4'}$$

Für eine bestimmte Nettodefizitquote ist die Verschuldungsquote also langfristig konstant, d. h. $b = b_{-1}$. Gl. (18.4') lässt sich für die langfristige Verschuldungsquote lösen, $b = d(1+n)/n$. Bei einer langfristigen nominellen BIP-Wachstumsrate von 5 % und einer Nettodefizitquote von 3 % ergibt sich daraus eine Verschuldungsquote von 60 %. Dies ist exakt der im Vertrag von Maastricht festgelegte Wert. Das Primärdefizit ist dann langfristig ebenfalls konstant, und nimmt den Wert $b(n - i)/(1+n)$ an (vgl. Gl. (18.4)). Liegt der Zinssatz über der Wachstumsrate, ist dieser Ausdruck negativ. Es handelt sich dann also um einen Primärüberschuss.

Da das Gleichgewicht bei obigem Primärüberschuss und obiger Verschuldungsquote instabil ist (vgl. Abb. 18.2), wurden die Regierungen also angehalten, durch sofortige Konsoldierungsmaßnahmen ihre Verschuldung auf einem instabilen Gleichgewicht zu halten. Somit haben das Defizit- und Schuldenkriterium im Vertrag von Maastricht nicht nur dazu gedient, eine gemeinsame Währung einzuführen, sondern auch um den einzelnen Regierungen ein zusätzliches politisches Argument für rasche Korrekturen explodierender öffentlicher Schulden zu liefern.

Anhand von Abb. 18.1 und 18.2 können eine Vielzahl von empirischen Fakten erklärt werden. Insbesondere eignet sich dieses Modell, die Dynamik der öffentlichen Verschuldung zu analysieren. Nicht hinterfragt wird in diesem Ansatz jedoch, wozu Budgetdefizite gemacht werden, und öffentliche Verschuldung prinzipiell eingegangen wird. Dies soll in den folgenden Abschnitten diskutiert werden.

18.3 Die Budgetbeschränkung des öffentlichen Sektors

18.3.1 Volkswirtschaftliche Grenzen der öffentlichen Verschuldung

Es besteht ein klarer Zusammenhang zwischen Budgetdefiziten und dem Niveau der öffentlichen Verschuldung. Gl. (18.1) besagt, dass sich die aktuelle öffentliche Verschuldung als Summe aus Primärdefizit $(G-T)$ und verzinster Verschuldung aus dem Vorjahr ergibt,

$$B = (1+i)B_{-1} + G - T. \tag{18.1'}$$

Derselbe Zusammenhang galt klarerweise im Jahr davor,

$$B_{-1} = (1+i)B_{-2} + G_{-1} - T_{-1}, \tag{18.1''}$$

und davor und davor. Durch kontinuierliches Einsetzen der vergangenen Verschuldung in die Bewegungsgleichung (18.1') erhält man folgenden Ausdruck[10],

$$B_{-1} = (1+i)^J B_{-J} + \sum_{J=-J}^{0} (1+i)^j \left(G_{-j} - T_{-j}\right). \tag{18.5}$$

Zu einem bestimmten Zeitpunkt (z. B. vor J Jahren), gab es keine öffentliche Verschuldung ($B_{-J}=0$). Somit ergibt sich die öffentliche Verschuldung als die verzinste Summe aller vergangenen Primärdefizite, wobei $(1+i)^j$ den Zinseszins angibt. Analog dazu können wir Gl. (18.1') in die Zukunft lösen, indem wir die aktuelle Verschuldung durch das Primärdefizit und die Verschuldung im kommenden Jahr ersetzen, sodass wir schließlich folgende Budgetbeschränkung des öffentlichen Sektors erhalten,

$$B = \lim_{J\to\infty} (1+i)^{-J} B_{+J} - \sum_{j=1}^{\infty} (1+i)^{-j} \left(G_{+j} - T_{+j}\right). \tag{18.6'}$$

[10] Wir nehmen lediglich der Einfachheit halber an, dass der nominelle Zinssatz i immer derselbe war. Unterschiedliche Zinssätze in den einzelnen Jahren – die es durchaus gegeben hat – würden lediglich die Notation verkomplizieren, aber nichts an den Kernaussagen ändern.

Sofern die öffentliche Verschuldung (B_{+J}) langsamer wächst als der Zinseszins, konvergiert der erste Ausdruck gegen Null. Zum Beispiel wächst die öffentliche Verschuldung ohne Tilgungen mit der Rate i (Gl. (18.1)), was genau der Wachstumsrate des Zinseszinses entspricht. In anderen Worten ausgedrückt bedeutet dies, dass der Staat seine Schulden nie zurückzahlen muss. Jedoch stellt der Grenzwert (*lim*) sicher, dass der aktuelle Barwert der öffentlichen Verschuldung Null ist, oder dass heute niemand reich werden kann, indem er Optionen auf die öffentliche Verschuldung in ferner Zukunft verkauft. Der letzte Ausdruck ist die abgezinste Summe aller künftigen Primärdefizite, oder der Barwert aller künftigen Primärdefizite.

18.3.2 Haushaltspolitische Grenzen der öffentlichen Verschuldung

Ein wichtiger Begrenzungsaspekt der öffentlichen Verschuldung ergibt sich aus der Frage, inwieweit durch die mit einer Schuldaufnahme verbundenen Zinsen- und Tilgungszahlungen der finanzpolitische Spielraum eines öffentlichen Haushalts in späteren Perioden eingeschränkt wird. Es geht hier um das Problem der **„Dauer“** bzw. **„Nettoergiebigkeit“** der öffentlichen Verschuldung: Inwieweit steht der unmittelbaren Vergrößerung des Ausgabenspielraumes durch öffentliche Verschuldung zu einem späteren Zeitpunkt eine Verringerung des Ausgabenspielraumes gegenüber, die im Extremfall so weit führen kann, dass der öffentliche Sektor wesentliche Funktionen nicht mehr erfüllen kann?

Stellt man ab auf die künftige Belastung durch Zinsausgaben, so hängt diese Entwicklung neben der Dynamik der öffentlichen Verschuldung offensichtlich auch ab von der Höhe des Zinssatzes und der Entwicklung des Steueraufkommens, das wieder wesentlich von der Wachstumsrate des nominellen Sozialproduktes bestimmt wird. Bei zusätzlicher Berücksichtigung der Tilgungszahlungen ist auch die Fälligkeitsstruktur der öffentlichen Verschuldung von Bedeutung. Die vorausschauende Ermittlung und die Berücksichtigung der entsprechenden Verschuldungsquoten, die in Phasen eines geringen (nominellen) Wachstums eine sehr erhebliche Dynamik aufweisen können, sind eine wesentliche Funktion der mittelfristigen Finanz- und Investitionsplanung, wie sie in Deutschland für die Gebietskörperschaften vorgesehen ist.

Von der Problematik einer Einengung des Haushaltsspielraumes deutlich abzusetzen ist die vielfach gestellte Frage nach der Möglichkeit eines **„Staatsbankrotts“**, d. h. einer Zahlungsunfähigkeit des Staates, insbesondere in Bezug auf seine aushaftende öffentliche Verschuldung. Prinzipiell kann Illiquidität nur eintreten, wenn Zahlungen in einer Geldform zu leisten sind, die der Staat nicht selbst zu schaffen vermag. Bei Zugriffsmöglichkeiten zur Notenbank ist inländische Zahlungsunfähigkeit daher formal ausgeschlossen (im Gegensatz etwa zur Situation zur Zeit einer Goldwährung oder anderer „gedeckter" Währungssysteme). Im System der Europäischen Wirtschafts- und Währungsunion besteht demgegenüber ein strenges Verbot der Notenbankfinanzierung öffentlicher Defizite und ein Verbot gegenseitiger Haftungen der Mitgliedstaaten untereinander (siehe detailliert im Kap. 7). Die Möglichkeit der Zahlungsunfähigkeit („Staatsbankrott") der einzelnen Mitgliedstaaten ist damit technisch gegeben, wie dies auch in der „Währungsunion" USA gegenüber Teilstaaten der Fall ist. Allerdings ist zu berücksichtigen, dass in dem Ausmaß, in dem Staaten über Steuerhoheit verfügen, eine Zahlungsunfähigkeit im Inland unter diesem Aspekt weitgehend auszuschließen ist[11] – was freilich nichts über die volkswirtschaftlichen Grenzen der öffentlichen Verschuldung besagt.

Anders ist die Situation, falls Zahlungen in einer fremden Währung zu leisten sind, wie im Fall der Auslandsverschuldung oder falls die Möglichkeiten der Steuerhoheit rechtlich oder faktisch eingeengt sind, wie etwa bei kommunalen Haushalten. In diesen Fällen ist die Möglichkeit der Zahlungsunfähigkeit gegeben, die sich dann im Verlangen nach Schuldnachlässen oder Rückzahlungsverzögerungen (Moratorien) ausdrücken kann. Die Abschätzung entsprechender Risken erfolgt für die potenziellen Kreditgeber durch **Rating-Agenturen**[12], deren Einschätzung dann maßgeblich die von den Kapitalmärkten verlangte Risikoprämie bestimmt. Das wichtigste finanztechnische Maß der Risikoprämie ist der Unterschied **(spread)** zwischen der Verzinsung einer jeweiligen Anleihe und der Verzinsung einer als risikolos betrachteten Anleihe (meist US-Treasuries oder deutsche Anleihen – „Bunds") Von besonderer Aussagekraft sind hier in der Regel der Vergleich 10-jähriger Staatsleihen.

18.3.3 Institutionelle Grenzen der öffentlichen Verschuldung

Die Frage der institutionellen Begrenzung der öffentlichen Verschuldung geht aus von einem grundlegenden polit-ökonomischen Aspekt. Die entscheidende politische Komponente von Budgetdefiziten wurde traditionellerweise darin gesehen, wieweit eine öffentliche Schuldaufnahme als Alternative zur Steuerfinanzierung dazu führen könne, die politische Kontrolle über die Regierung bzw. die politischen „Kosten" bestimmter Regierungsprogramme zu beeinflussen. Im Kampf zwischen Exekutive und Legislative im 19. Jahrhundert galt öffentliche Verschuldung geradezu als undemokratische

[11] Einen Sonderfall stellen politische Diskontinuitäten dar, bei denen der Nachfolgestaat nicht die öffentliche Verschuldung seines Vorgängerstaates anerkennt, wie dies – gegenüber dem Inland – etwa nach dem 2. Weltkrieg der Fall war.

[12] Die größten internationalen Rating-Agenturen sind Moody's, Standard&Poor's, Fitch; als europäische Rating-Agentur: Scope.

Umgehung der entscheidenden **Finanzhoheit** des Parlaments, mit der schwache Regierungen Ausgaben finanzieren, für die kein Konsens des Parlaments bzw. der Steuerpflichtigen zu erwarten ist.[13]

Für die meisten Staaten der parlamentarischen Demokratie, wo die Regierung von der Mehrheit des Parlaments getragen sein muss, ist dieser „klassische" Aspekt der politischen Kontrolle jedoch heute von geringerer Bedeutung. Hier steht im Vordergrund die Frage der **Parteienkonkurrenz** zwischen Regierungs- und Oppositionsparteien, wie auch die Frage der Durchsetzung spezieller – von den parlamentarischen Verhältnissen abgehobener – Sonderinteressen (vgl. Kap. 4). Für den letztgenannten Gesichtspunkt gewinnt die öffentliche Verschuldung insofern Bedeutung, als sich hier der „Staat", d. h. die jeweilige Regierung, soweit er auf Kapitalmarktfinanzierung angewiesen ist, der „außerparlamentarischen Kontrolle" der Geld- und Kapitalmärkte unterwerfen muss und damit – bis zur Konkursdrohung – wesentliche Restriktionen für das politische System entstehen können.[14]

Im Rahmen der Parteienkonkurrenz zwischen Regierungs- und Oppositionsparteien lässt eine Anleihefinanzierung öffentlicher Ausgaben, im Vergleich zu einer Steuererhöhung bzw. zu einer Finanzierung durch Kürzung anderer Ausgaben, in der kürzeren Perspektive dagegen für die Regierung geringere „politische Kosten" im Sinn geringerer Verärgerung der Wähler in mehrfacher Hinsicht erwarten: es handelt sich hier unmittelbar um keine Zwangs-, sondern um eine kontraktbestimmte Einnahme, es wird – im Gegensatz zur Ausgabenkürzung – kein Konflikt mit einer speziellen Interessengruppe riskiert, und schließlich ist durch die Schuldaufnahme (zumindest) die Zahllast verschoben. Andererseits wird die Regierung zu beachten haben, dass die Verpflichtungen aus dem Schuldendienst die künftige, ausgabenseitige Flexibilität des Budgets und damit den entsprechenden politischen Spielraum unter Umständen erheblich einschränken können. Für eine Regierung, deren Zeithorizont sich nur auf die jeweilige Legislaturperiode beschränkt, könnte sich daraus ein „politisch optimaler Zeitpfad der Verschuldung" mit entsprechenden Effekten eines **„politischen Konjunkturzyklus"** ergeben, indem gegen Ende der Legislaturperiode durch höhere, verschuldungsfinanzierte Ausgaben sofort politische Nutzeffekte erzielt werden, während die entsprechenden Bindungen und „politischen Kosten" erst in der nächsten Legislaturperiode fühlbar würden. Eine Regierung dagegen, die einen längeren Zeithorizont verfolgt, d. h.

---

[13] Vgl. etwa das oft zitierte Beispiel des Krimkrieges, den die Regierung Napoleons III nur zu 6 %, die gefestigte Regierung Großbritanniens dagegen zu 43 % über Steuern finanzierte (Hansmeyer 1984, S. 50).

[14] Es ist „… eine allgemeine Feststellung, dass im Management der Finanzmärkte die Fiskal- und Geldpolitik des Staates nicht nur in Bezug auf fundamentale ((ökonomische) Bestimmungsgründe richtig sein muss, sondern auch das Vertrauen der in- und ausländischen Gläubiger besitzen muss, die über Forderungen in der Währung des Landes verfügen" (OECD, Towards Full Employment and Price Stability, Paris 1977, S. 124, eig. Übersetzung).

sich **„zeitkonsistent“** verhält, würde, zur Erhaltung ihrer Ausgabenflexibilität, der nicht konjunkturell bedingten Schuldaufnahme nur ein vergleichsweise geringeres Gewicht zumessen.

Im Sinne einer „Selbst-Fesselung“ der Politik wurden daher in den Jahren ab 2000 in zahlreichen Staaten innerstaatliche Regelungen für die Begrenzung der Schuldaufnahme entwickelt. Für die EU-Staaten haben zusätzlich zum Stabilitätspakt im Rahmen des Europäischen Semesters die Mitgliedstaaten Stabilitäts- und Konvergenzprogramme vorzulegen, die das Vorjahr, das laufende Jahr und drei Jahre im Voraus umfassen (siehe Kap. 7). In **Deutschland** wurde 2009 mit Art. 115 des Grundgesetzes[15] die Regelungen zur **Schuldenbremse** eingeführt: Demnach ergibt sich für den Bund eine maximal zulässige „strukturelle“ Nettokreditaufnahme von 0,35 % des Bruttoinlandsproduktes, die Bundesländer dürfen nach dieser Regel ab dem Jahr 2020 keine neuen Schulden mehr aufnehmen. Konjunkturellen Effekten soll symmetrisch Rechnung getragen werden. Ausnahmen sind bei Naturkatastrophen und außerordentliche wirtschaftliche Notsituationen möglich. In **Österreich** enthält der **österreichische Stabilitätspakt** eine einfach gesetzliche Begrenzung für das strukturelle Defizit für den Bund von maximal 0,45 % und für Länder und Gemeinden von maximal 0,1 % des Bruttoinlandsproduktes. Abweichungen müssen auf einem **Kontrollkonto** erfasst werden. Bei Überschreiten eines Schwellenwertes (1,25 % des BIP) ist das Konto konjunkturgerecht zurückzuführen. Die **Schweiz** war als Ergebnis einer Volksabstimmung 2001 das erste Land der eine verfassungsrechtlich fundierte Schuldenbremse einführte. Demnach ist der Bund verpflichtet, das Budget über den Konjunkturzyklus im Gleichgewicht zu halten. Überschreitungen bedürfen der Zustimmung der Bundesversammlung und sind in den Folgejahren zu kompensieren. Derzeit sind in allen Staaten Schuldenbremsen krisenbedingt ausgesetzt.

18.4 Ökonomische Effekte der öffentlichen Verschuldung

18.4.1 Stabilisierungswirkungen

Entgegen dem Gleichgewichtsdenken der neo-klassischen Sicht ist aus keynesianischer Sicht das Wirtschaftsgeschehen als eine Abfolge von kurz- und mittelfristigen Ungleichgewichten zu sehen.[16] Dies drückt sich zum Beispiel aus in Formen der Überauslastung oder Unterauslastung der Ressourcen, verursacht durch Koordinierungsprobleme einer Marktwirtschaft und/oder der Wirkung externer Schocks. Dem öffentlichen Sektor

[15] Mit dieser neuen Fassung wurde die bisher am Ausmaß der öffentlichen Investitionen orientierte Defizitbegrenzung abgelöst.

[16] Vgl. Rothschild (1981), Bofinger (2020, S. 5).

kommt aus dieser Sicht die zentrale Aufgabe der gesamtwirtschaftlichen Stabilisierung zu. Dem entsprechend kann öffentliche Verschuldung eine **Stabilisierungswirkung** auslösen, indem die gesamtwirtschaftliche Nachfrage und Liquidität beeinflusst wird. Entsprechende Wirkungen können dabei von der Schuldaufnahme, der Schuldentilgung, wie auch vom Bestand an öffentlicher Verschuldung ausgehen. Ein erster Ansatzpunkt hinsichtlich der Analyse von gesamtwirtschaftlichen Wirkungen der **Schuldaufnahme** sind Konzepte zur Ermittlung der konjunkturellen Effekte eines öffentlichen Haushaltes. Ein Beispiel hierfür sind das vom deutschen Sachverständigenrat entwickelte Konzept des „konjunkturellen Impulses" und die entsprechende Konzeption der „potentialorientierten Verschuldung" (siehe Kap. 19).

Eine differenzierte Sicht der Nachfragewirkungen der öffentlichen Verschuldung wird freilich, über die Betrachtung der makroökonomischen Finanzierungssalden hinausgehend, auch auf die Finanzierungs- und Verwendungsstruktur der Aufnahme und der Tilgung der öffentlichen Schuld abzustellen haben. So wird der Expansionseffekt auf die monetäre Nachfrage im Falle eines Geldschöpfungskredites bei der Notenbank am Stärksten sein, wird bei der Kreditaufnahme im Bankensektor vom Kreditspielraum der Geschäftsbanken abhängen und bei Verschuldung beim Publikum zunächst nur einen Aktiventausch bedeuten. Der Gesamtnachfrageeffekt wird dann selbstverständlich wesentlich von der ausgabenseitigen Verwendungsform der aufgenommenen Mittel abhängen.

Hinsichtlich der Wirkungen der **Schuldentilgung** ist ebenfalls zu unterscheiden zwischen der Aufbringung der Tilgungsmittel (Geldschöpfung, Neuverschuldung oder Steuern) und dem Empfänger der Tilgungsmittel (Zentralbank, Geschäftsbanken, private Haushalte). Der restriktive Effekt auf die monetäre Nachfrage wird dabei am stärksten sein, wenn die Finanzierung der Tilgung (via Anleihen oder Steuern) zulasten privater Konsum- oder Investitionsmöglichkeiten geht und die Rückzahlung an die Notenbank erfolgt, also zu direkter oder indirekter Geldvernichtung führt.

Schließlich können sich Nachfragewirkungen auch ergeben aus dem Vermögenseffekt des **Bestandes** an öffentlicher Verschuldung. Denn im Gegensatz zu privaten Kreditverhältnissen kommt es hier in der Regel hinsichtlich der Nachfragewirkung zu keiner Kompensation zwischen (öffentliche) Verpflichtungen und den entsprechenden (privaten) Forderungen, sodass ein expansiver „Netto-Effekt" entstehen kann.

Eine längerfristige Perspektive von Stabilisierungswirkungen kann sich ergeben, wenn man von der Gefahr einer langfristigen, säkularen, **Stagnation** ausgeht. Dies gilt speziell für den Fall, dass als Ursache dieser säkularen Stagnation ein langfristiges Nachfragedefizit gesehen wird, verursacht z. B. durch tendentiell zunehmende Ungleichheit in der Einkommens- und Vermögensverteilung und/oder durch technologische Entwicklungen. In diesem Fall würde eine Politik der gesamtwirtschaftlichen Stabilisierung die Notwendigkeit permanenter staatlicher Defizite und damit bei einer stagnierenden Volkswirtschaft, eine permanente Staatsschuld bedeuten. Dies würde, abhängig von der Zinsbelastung der öffentlichen Verschuldung, früher oder später zur fiskalischen Funktionsunfähigkeit eines Staates führen. Unter diesem Aspekt plädiert das Konzept der **„funktionalen Finanzpolitik“** (functional finance), das insbesondere von Abba Lerner (1943) entwickelt wurde, für eine unmittelbare Verknüpfung von Fiskal- und Geldpolitik. Nach dieser Konzeption ist die Finanzpolitik primär an der Funktion der Nachfragesteuerung auszurichten. Es sei dabei nur eine Frage der stabilitätspolitischen Zweckmäßigkeit, ob die Finanzierung öffentlicher Ausgaben durch Steuern oder durch Primärgeldschöpfung im Wege der Notenbanken zu erfolgen habe. Unter diesem Aspekt besteht demnach auch keine finanzielle Grenze für den Einsatz einer fiskalischen Stabilisierungspolitik. Dieses Konzept liegt im Wesentlichen auch den Vorstellungen der **„Modern Monetary Theory“** zugrunde.[17] Im Sinne einer „Funktionalen Finanzpolitik“ seien im Fall einer Überauslastung der volkswirtschaftlichen Ressourcen („Überhitzung“) Steuererhöhungen (neben Zinserhöhungen vorzusehen, im Fall von Unterauslastung (neben Zinssenkungen) eine durch Notenbank-Finanzierung) unbegrenzt mögliche expansive Finanzpolitik anzusetzen. Dabei wird davon ausgegangen, dass die Geldpolitik vor allem wirksamer ist, wenn es darum geht, Überauslastung – und damit Inflation – zu bekämpfen. Im Fall der Unterauslastung – und im Extremfall Deflation – ist die Wirksamkeit der Geldpolitik dagegen beschränkt, nicht zuletzt, weil sie die Zinssätze nicht, oder nur beschränkt, im negativen Bereich ansetzen kann („zero lower bound“). Hier kommt demnach einer – Notenbank-finanzierten – expansiven Fiskalpolitik die entscheidende Rolle zu (siehe Abschn. 20.3).

18.4.2 Ökonomische Effekte von Budgetdefiziten bei Vollauslastung des Produktionspotentials

Bei Vollauslastung der Ressourcen einer Volkswirtschaft werden Budgetdefizite das Potenzial einer Wirtschaft reduzieren, Investitionen im In- und Ausland zu tätigen, wie im Folgenden dargestellt wird. Private Haushalte können ihr disponibles Einkommen $(Y - T)$ entweder konsumieren (C) oder sparen (S),

$$S = Y - T - C \tag{18.7}$$

Gemäß volkswirtschaftlicher Gesamtrechnung wird das Bruttoinlandsprodukt (Y) verwendungsseitig definiert als die Summe aus privatem Konsum, öffentlichem Konsum (G), Investitionen (I) und den Nettoexporten (X).

$$S - (G - T) = I + X. \tag{18.8}$$

Gl. (18.8) kann als Kreditmarktgleichgewicht interpretiert werden, da Mittel durch das private Sparen entweder für Budgetdefizite, Investitionskredite oder Exportkredite ver-

[17] Siehe dazu u. a. Kelton (2020), Bofinger (2020).

wenden werden können. Bei gegebenem privaten Sparen (S)[18] führen Primärdefizite $(G-T)$ entweder zu einem Rückgang der Nettoexporte oder zu einem Rückgang der Investitionen. Letzteres führt zu einem Sinken des Kapitalstocks, wodurch sich die Produktionsmöglichkeiten der Volkswirtschaft schmälern und folglich das Bruttoinlandsprodukt sinkt.[19] Ein Rückgang der Nettoexporte führt hingegen zu einer Verschlechterung der Leistungsbilanz, was in der Kapitalbilanz durch einen Abfluss von Vermögen ins Ausland ausgeglichen werden muss. Dadurch sinken die Zinseinkünfte aus dem Ausland und somit langfristig das Bruttosozialprodukt (nicht jedoch das Bruttoinlandsprodukt).

Für eine offene Volkswirtschaft sind im Rahmen neoklassischer Modelle (**Mundell-Flemming-Modell**) Budgetdefizite je nach Wechselkurs-Regime mit unterschiedlichen Wirkungen verbunden. Bei flexiblen Wechselkursen und voller Kapitalmobilität führen Budgetdefizite über eine Erhöhung des heimischen Zinssatzes zu Kapitalimporten, damit im Weiteren zu einer Aufwertung der heimischen Währung, was wieder einen Rückgang der heimischen Nettoexporte bewirkt. Bei fixen Wechselkursen bewirken Budgetdefizite via höhere Zinssätze und entsprechende Kapitalimporte in diesem Fall einen Zufluss an Währungsreserven und damit einen Anstieg der Geldmenge. Die höhere Auslandsverschuldung bedeutet künftige Zinszahlungen an das Ausland mit entsprechend negativen Effekten für Leistungsbilanz und disponible Einkommen. Permanente (!) Budgetdefizite führen in einer offenen Volkswirtschaft demnach zu Leistungsbilanzdefiziten und damit wachsender Auslandsverschuldung. Sowohl in einer geschlossenen wie in einer offenen Volkswirtschaft bewirken Budgetdefizite aus neoklassischer Sicht eine Erhöhung des Gegenwartskonsums zulasten des zukünftigen Konsums. Bei vollausgelasteten (!) Ressourcen ist ein höherer laufender Konsum verbunden mit einer gegenläufigen Verringerung der Investitionen oder der Nettoexporte.

Eine entgegengesetzte Position wird vertreten im Rahmen des **„Ricardianischen Äquivalenztheorems“** (Barro 1974). Nach dieser Sicht haben Budgetdefizite keinen Einfluss auf den laufenden Konsum, da „rationale Wirtschaftssubjekte“ mit perfekter Voraussicht ihre Konsumentscheidungen nicht auf ihr laufendes, sondern auf ihr „Lebenseinkommen“ (diskontierter Strom künftiger Einkommen) beziehen. Der wirtschaftliche Effekt gegebener öffentlicher Ausgaben ist damit völlig unabhängig von der Frage ihrer Finanzierung durch Steuern oder öffentliche Verschuldung. Die

---

[18] Wir nehmen im Folgenden an, dass Budgetdefizite keine Auswirkung auf das private Sparen haben. Dies muss nicht notwendigerweise der Fall sein, etwa wenn Steuersenkungen das disponible Einkommen erhöhen und in Folge den privaten Konsum beleben.

[19] Dies unter der Annahme, dass öffentliche Ausgaben nur aus öffentlichem Konsum bestehen. Falls auch öffentliche Investitionen berücksichtigt werden, ist im Fall der Vollauslastung des Produktionspotentials der „Verdrängungseffekt“ („Crowding-Out“) von Budgetdefiziten in seiner Wachstumswirkung abhängig vom allfälligen Unterschied in der Produktivität privater versus öffentlicher Investitionen.

„rationalen Wirtschaftssubjekte" werden mit einer gegenwärtigen öffentlichen Verschuldung eine künftige höhere Steuerbelastung verbinden und daher z. B. – nach dieser Sicht – auf höhere öffentliche Verschuldung mit höherem Sparen reagieren.

Aus den dargestellten Verhaltensannahmen ergibt sich, dass staatliche Schuldentitel für die Wirtschaftssubjekte keine (Netto-)Vermögenstitel darstellen (Schuldenneutralität) und daher keinen Einfluss auf das Konsumverhalten ausüben. Dies gilt freilich nicht mehr, wenn die sehr restriktiven Annahmen, die der Neutralitäts-Hypothese zugrunde liegen, modifiziert werden. So lässt sich aus Modellen, die von überlappenden Generationen ausgehen, ableiten, dass sich im (realistischen) Fall, wo sich die künftige Steuerbasis des Staates von der künftigen Steuerbasis der heute lebenden Individuen unterscheidet, Nicht-Neutralität der Verschuldung ergibt (Buiter 1988). Aus einer Neo-Keynesisanischen Sicht wird weiters darauf hingewiesen, dass Haushalte in Bezug auf ihre Möglichkeit, Kredite aufzunehmen, stärker beschränkt sind als der Staat. Staatliche Verschuldung kann daher in bestimmten Konstellationen als imperfektes Substitut für private Verschuldung wirken und damit zu nicht-neutralen Effekten führen.

Aus empirischen Studien (z. B.: Holzmann et al. 1993) lässt sich ableiten, dass dem Ricardianischen Äquivalenztheorem keine praktische finanzpolitische Relevanz zukommen dürfte, dass Fiskalpolitik in Bezug auf Beschäftigung und Output effektiv ist, diese Effektivität aber mit zunehmender Offenheit der Volkswirtschaften gesunken ist und Budgetdefizite vielfach mit Leistungsbilanzdefiziten verbunden sind (Problem der „Doppeldefizite"). Je nach gesamtwirtschaftlicher Ausgangslage (speziell in Bezug auf Kapazitätsauslastung) kann demnach sowohl neokeynesisanischen, wie neo-klassischen Ansätzen empirischer Erklärungswert zugebilligt werden., wobei hinsichtlich von Zinseffekten auch die Größe des jeweiligen Landes von Bedeutung ist (für kleine offene Volkswirtschaften wird der heimische Zinssatz wesentlich vom internationalen Zinsniveau bestimmt). Eine nähere Diskussion dieser Fragen erfolgt im Abschn. 19.3.

18.4.3 Verteilungswirkungen öffentlicher Verschuldung

Die den obigen Abschnitten zugrunde liegende Unterscheidung zwischen einer Volkswirtschaft mit der Konstellation von Unterauslastung und einer Volkswirtschaft mit Vollauslastung des Produktionspotentials ist auch zentral für die Frage der Verteilungswirkungen öffentlicher Verschuldung. Dabei ist zu unterscheiden zwischen unmittelbaren Wirkungen auf die Einkommensverteilung und intertemporalen Verteilungswirkungen. Die entsprechenden öffentlichen Ausgabenentscheidungen werden als exogen gegeben angenommen, die relevante Frage ist, ob diese Ausgaben über Steuern oder über öffentliche Verschuldung finanziert werden sollen. Bei Unterauslastung der Ressourcen wird eine Schulden-finanzierte expansive Fiskalpolitik tendenziell zu höherem Wachstum und höherer Beschäftigung führen (siehe Kap. 19). Dies (speziell niedrigere Arbeitslosigkeit) wird sich ceteris paribus in eine Verringerung der Ungleichheit der **personellen** Einkommensverteilung auswirken. Die Wirkung auf die **funktionale** Einkommensverteilung hängt davon ab, wie weit die Aufnahme der öffentlichen Verschuldung die Zinsniveaus auf den Geld- und Kapitalmärkten des entsprechenden Staates beeinflusst. Dies wird wieder stark davon abhängen, ob die Notenbank bereit ist, im Wege einer **„akkomodierenden Zinspolitik"** allfällige Zinserhöhende Effekte zu verhindern oder einschränken (siehe Kap. 20). Bei dem Aspekt der **intertemporalen** Verteilungswirkungen geht es um die Frage, wie weit durch die Kreditfinanzierung öffentlicher Ausgaben eine volkswirtschaftliche Lastenverschiebung von der gegenwärtigen zu künftigen Generationen erreicht werden kann (siehe Abschn. 19.3).

Der Aspekt der intertemporalen Lastverschiebung liegt wesentlich der traditionellen Konzeption der **„objektbezogenen"**, außerkonjunkturellen öffentlichen Verschuldung zu Grunde. Demnach ist – neben der Überbrückungsfunktion – eine Kreditfinanzierung öffentlicher Ausgaben dann zulässig bzw. empfehlenswert, wenn es sich um Ausgaben für finanziell selbsttragende Investitionen handelt, bei denen künftige Generationen etwa über Gebührenzahlungen herangezogen werden oder, allgemeiner, um investive Ausgaben, deren Nutzen sich über längere Zeit erstreckt. In diesem Fall wird der zeitlichen Nutzenverteilung die zeitliche Lastenverteilung in Form von Steuerzahlungen für den Schuldendienst gegenübergestellt. Wirtschaftspolitisch entspricht diesem Ansatz das Konzept des **„Golden Rule-Defizit"**, wonach von der öffentlichen Neuverschuldung die öffentlichen Investitionsausgaben abzuziehen sind.[20]

Dabei ist freilich zu unterscheiden zwischen externer und interner öffentlicher Verschuldung. **Externe** öffentliche Verschuldung liegt vor, wenn die öffentliche Verschuldung außerhalb des Hoheitsgebietes des öffentlichen Schuldners aufgenommen wird.[21] Wird nun zur Finanzierung einer öffentlichen Ausgabe externe öffentliche Verschuldung eingegangen und zu entsprechendem Realtransfer genutzt,[22] so bedeutet dies eine Erhöhung des in einer Volkswirtschaft verfügbaren Güter und Leistungsvolumens.[23] Um die entsprechende öffentliche Ausgabe (Investition) durchführen zu können, muss demnach weder der reale Konsum, noch die reale Investitionstätigkeit eingeschränkt werden. Eine „reale Last" fällt nicht an. Rückzahlungen und Zinsendienst externer öffentlicher Verschuldung haben dagegen aus der künftigen Produktion der Volkswirt-

[20] Vgl. Sachverständigenrat zur Begutachtung der wirtschaftlichen Entwicklung 2007, S. 74 ff., wobei der Investitionsbegriff auch nicht-materielle Investitionen umfassen kann.

[21] Im Falle des Zentralstaates bedeutet dies Auslandsverschuldung. Bei Gemeinden liegt bei isolierter Betrachtung einer einzelnen Gemeinde in der Regel externe öffentliche Verschuldung vor, bei Betrachtung der Gesamtheit der Gemeinden ist diese Sicht jedoch nicht mehr haltbar.

[22] D. h. zu zusätzlichen Importen. Wird externe öffentliche Verschuldung nicht zur Finanzierung zusätzlicher Importe und auch nicht zur Bedeckung bestehender Auslandsverpflichtungen verwendet, sondern monetär transferiert, so bewirkt sie eine Erhöhung der Devisenreserven und (als Gegenposition) eine Erhöhung der Geldmenge, deren Effekt dem einer autonomen Geldschöpfung durch die Notenbank entspricht.

[23] Verfügbares Güter- und Leistungsvolumen = Bruttosozialprodukt + Import – Export.

schaft zu erfolgen, indem Konsum- oder Investitionsressourcen dem Ausland zur Verfügung gestellt werden. Das im Inland verfügbare Güter- und Leistungsvolumen späterer Perioden wird demnach vergleichsweise geringer sein. In diesem Fall ist es zu einer Überwälzung der realen Last auf spätere Generationen gekommen. Das Eingehen der externen öffentlichen Verschuldung kann dabei dann als volkswirtschaftlich „rentabel" betrachtet werden, wenn die durch öffentliche Verschuldung finanzierten Ausgaben zu einer Steigerung des Sozialproduktes geführt haben, die per Saldo die Aufwendungen für Zinsen und Amortisation übersteigt. Erfolgt die externe Verschuldung allerdings in fremder Währung, kann sich dadurch ein Liquiditätsrisiko (und damit potenziell Konkursrisiko) ergeben.

Bei **interner** öffentlicher Verschuldung bleibt das verfügbare Güter- und Leistungsvolumen einer Volkswirtschaft unverändert. Bei Vollauslastung des Produktionspotentials besteht der realwirtschaftliche Effekt der öffentlichen Verschuldung demnach darin, Ressourcen vom privaten Sektor einer Wirtschaft in den öffentlichen Sektor zu überführen. In gleicher Weise wie bei Steuerfinanzierung ist damit kein Ansatz für eine intertemporale Lastenverschiebung gegeben. Auch der spätere Schuldendienst bedeutet nur eine Lastenverschiebung **innerhalb** einer „Steuerzahler-Generation"[24] und hat damit keine intertemporalen Verteilungseffekte (wohl aber u. U. interpersonelle).

In dynamischer Betrachtung ist beim Vergleich Steuer- versus Verschuldungsfinanzierung grundlegend die Annahme, dass zwar eine Ausgabenfinanzierung durch Steuern zu einer – im Einzelfall je nach Steuerreform unterschiedlichen – Verdrängung privater Konsumausgaben führt, dass die Finanzierung durch öffentliche Verschuldung aber ohne Einfluss ist auf das private Konsumverhalten. Die Begründung für die Insensitivität des gegenwärtigen Konsums in Bezug auf die Schulaufnahme kann in der unvollkommenen Information bzw. im Ignorieren der mit der Schuldaufnahme verknüpften späteren Steuerbelastung gesehen werden (Ricardo's „Staatsschuldenillusion"). Die Nichtberücksichtigung künftiger „Lasten" bei gegenwärtigen Konsumentscheidungen kann jedoch auch durchaus Ausdruck von Rationalverhalten sein, etwa bei Erwartung der „Selbstfinanzierung" einer konjunkturellen Verschuldung, bei höherer Zeitpräferenz für Gegenwartskonsum und/oder Unsicherheit über die tatsächliche Betroffenheit durch künftige „Schuldendienst-Steuern" (infolge Unsicherheit in Bezug auf Lebenserwartung, künftigen Wohnort bei kommunaler öffentlicher Verschuldung etc.).

Wenn demnach davon auszugehen ist, dass die Aufnahme von öffentlicher Verschuldung – im Gegensatz zur Besteuerung – nicht den Gegenwartskonsum reduziert, ergibt sich, dass der mit öffentlicher Verschuldung verbundene Ressourcentransfer zulasten der privaten Investitionen erfolgen wird.

Das bedeutet aber weiter, dass damit in einer späteren Periode nur ein kleinerer (privater) Kapitalstock und damit geringere Produktionsmöglichkeiten zur Verfügung

[24] „We pay it to ourselves". (Ricardo 1817).

stehen, als es bei Steuerfinanzierung der Fall gewesen wäre. Die damit verbundene vergleichsweise Verringerung des künftigen Realeinkommens stellt nun die volkswirtschaftliche „Last" der öffentlichen Verschuldung dar, die von späteren „Generationen" zu tragen ist. Nach diesem Ansatz ist es demnach tatsächlich möglich, durch Finanzierung öffentlicher Ausgaben durch öffentliche Verschuldung an Stelle von Steuern die „Last" dieser Ausgaben auf die Zukunft zu überwälzen. Dies steht im Gegensatz zu dem Modell der „Ricardianischen Äquivalenz" (siehe Abschn. 18.4.2). Es ist aber wichtig zu berücksichtigen, dass der dargestellten Diskussion zu intertemporalen Verteilungswirkungen der öffentlichen Verschuldung stets die Annahme einer Vollauslastung der gesamtwirtschaftlichen Ressourcen zu Grunde liegt. In empirischer Betrachtung ist diese Gleichgewichts-Annahme aber als Sonderfall gegenüber dem Regelfall gesamtwirtschaftlicher Ungleichgewichte zu sehen.

Literatur

Barro, R. Are Government Bonds Net Wealth. In: J. of Political Economy 1974, Vol. 82:1095 ff.

Bofinger, P., Reviving Keynesianism: The modelling of the financial system makes the difference. In: Review of Keynesian Economics, 8 (1), Spring 2020.

Buiter, W. H. (1988), Death, Birth, Productivity Growth and Debt Neutrality, *The Economic Journal*, Vol. 98, 279–293.

Domar, E., Staatsschuldenbelastung und Volkseinkommen, in deutscher Übersetzung in: Nowotny, E. (Hrsg.), 1979.

Eisner, R. Budget Deficits: Rhetoric and Reality. In: J. of Economic Perspectives 1989, 3:73.

Felderer, B., Grossmann, B., Koman, R., Die Größe des öffentlichen Sektors, Institut für Höhere Studien, Wien, 2000.

Hansmeyer, K.-H., Der öffentliche Kredit. 3. Aufl., Frankfurt 1984

Holzmann, R., Neck, R. (Hrsg.) Konjunktureffekte der österreichischen Budgetpolitik (mit Beiträgen von F. Breuss, P. Mooslechner, G. Munduch u. a.). Wien 1993.

Kelton, St., The Deficit Myth: Modern Monetary Theory. New York 2020.

Lerner, A. P. Funktionale Finanzpolitik und Staatsschuld (engl. Originalausgabe 1943). In: E. Nowotny (Hrsg.) a. a. O., S 87 ff., (1979/1943).

OECD, Towards Full Employment and Price Stability, Paris 1977.

Ricardo, D. (1817/1951), Funding System, in: Sraffa, P. (Hrsg.), *The Works and Correspondence of David Ricardo*, Vol. IV, Pamphlets and Papers, 1815 – 1823, Cambridge University Press, Cambridge.

Rothschild, K. W., Einführung in die Ungleichgewichtstheorie, Berlin, Heidelberg, 1981.

Sachverständigenrat zur Begutachtung der gesamtwirtschaftlichen Entwicklung, Staatsverschuldung wirksam begrenzen, März 2007.

Weiterführende Literatur

Andel, N., Kostitsis, N. Debt Management In: HdWW, 9:753 ff., Stuttgart 1982.

Ardagna, S., Gestaltung der Fiskalpolitik, Staatsschulden und wirtschaftliche Auswirkungen, in: Neck, R., Holzmann, R. und Schneider, F. (Hrsg.), Staatsschulden am Ende?, Wien, 2000, 113 – 137.

Auerbach A.J., Gokhale, J., Kotlikoff, L.J. Generational Accounting: A Meaningful Way to Evaluate Fiscal Policy. In: J. of Economic Perspectives 1994, 8:73 ff.

Ball, L. und Mankiw, N. G., What Do Deficits Do?, in: Federal Reserve Bank of Kansas City (Hrsg.), *Budget Deficits and Debt: Issues and Opinions*, Jackson Hole, 1996, 95–119.

Barro, R. (1989), The Ricardian Approach to Budget Deficits, *Journal of Economic Perspectives*, Vol. 3(2), 37–54.

Blanchard, O., Chouraqui J.C., Hagmann, R.P., Sator, N. The Sustainability of Fiscal Policy: New Answers to an Old Question. In: OECD Economic Studies 1990, 15:7 ff.

Blanchard, O. J. (1985), Debts, Deficits, and Finite Horizons, *Journal of Political Economy*, Vol. 93, 223–237.

Blankart, Ch. B., Öffentliche Finanzen in der Demokratie, 9. Aufl., München 2017, S. 265–283.

Bofinger, P., Franz, W., Rürup, B., Staatsverschuldung wirksam begrenzen. Sachverständigenrat, Wiesbaden, 2017.

Bofinger, P. Grundzüge der Volkswirtschaftslehre, 5. Aufl., München 2020.

Bröker, G. Government Securities and Debt Management in the 1990s. OECD. Paris 1993.

Buchanan, J. M. Public Principles of Public Debt. Homewood 1958.

Bundesministerium der Finanzen, Fünfter Bericht zur Tragfähigkeit der öffentlichen Finanzen, Berlin 2020.

Deutsche Bundesbank, Die fiskalische Belastung zukünftiger Generationen – eine Analyse mit Hilfe des General Accounting. In: Monatsberichte, November 1997, S. 17 ff

Deutsche Bundesbank, Die Schuldenbremse in Deutschland. Monatsbericht Oktober 2021.

Domar, E. D. The "Burden of Debt" and the National Income. In: The American Economic Review, 34, 1944, S. 798 ff. Wiederabgedruckt In: E. Nowotny (Hrsg.) a. a. O. S, 95 ff., 1979/1944.

Dornbusch, R., Draghi, M. (Hrsg.) Public Debt Management: Theory and History. Cambridge 1992.

Gandenberger, O. Der öffentliche Kredit in außerkonjunktureller Betrachtung. In: E. Nowotny (Hrsg.) a. a. O., S. 117 ff., 1979.

Gandenberger, O. Die Wirkungen des öffentlichen Kredits auf die Einkommensverteilung. In: E. Nowotny (Hrsg.) Öffentliche Verschuldung a.a. O., S 138 ff., 1979.

Gandenberger, O. Thesen zur Staatsverschuldung. In: K.H. Hansmeyer (Hrsg.) Staatsfinanzierung im Wandel. Schriften des Vereins für Socialpolitik, N F 134:843 ff, Berlin 1983.

Gordon, R. J., Summers, L. H., Eichengreen, B., The economics of secular stagnation. In: American Economic Review, Vol. 105, 2015.

Hagen, J. und Strauch, R. (2000), Budgetkonsolidierungen: Qualität, ökonomische Bedingungen und Erfolg, in: Neck, R., Holzmann, R. und Schneider, F. (Hrsg.), Staatsschulden am Ende?, Manz, Wien, 195–214.

Helmenstein, Ch. und Zagler, M., U.S. and EU Economic Performance – Between A New Economy Boom and Bust, *Wirtschaftspolitische Blätter*, 2001, 210 – 220.

Holtferich, C.-L., Staatsschulden: Ursachen, Wirkungen und Grenzen, Berlin 2015.

Keynes, J. M. (1936), *The General Theory of Employment, Interest and Money,* Macmillan, London.

Modigliani, F. Long-run-Implications of Alternative Fiscal Policies and the Burden of the National Debt. In: Economic Journal 1961, 71:730.

Neck, R. und Getzner, M. (2000), Politisch-ökonomische Einflüsse auf das Staatsschuldenwachstum: Eine Fallstudie für Österreich, in: Neck, R., Holzmann, R. und Schneider, F. (Hrsg.), Staatsschulden am Ende?, Manz, Wien, 43–73.

Neck, R. und Holzmann, R., Hrsg., (2017), Nachhaltigkeit der Staatsverschuldung, Frankfurt.

Neck, R., Klinglmair, A., Haber, G., Ist die Entwicklung der österreichischen Staatsschulden nachhaltig? In: Neck, Holzmann, Hrsg., 2017, S. 243–260.

Neumark, F. Wirtschafts- und Finanzprobleme des Interventionsstaates. Tübingen 1961.

Nowotny, E. (Hrsg.) Öffentliche Verschuldung. Wirtschaftswissenschaftliches Seminar, Bd. 8, Stuttgart 1979.

Richter, W. F., Wiegard, W. Zwanzig Jahre "Neue Finanzwissenschaft". Teil II: Steuern und Staatsverschuldung. In: ZWS 1993, 113:337 ff.

Romer, P. M. (1994) *The Origins of Endogenous Growth,* Journal of Economic Perspectives, Vol. 8, 3–22.

Rose, M. Lerners funktionale Finanzpolitik – einige Konsequenzen für die Makropolitik. In: FA 1988, 46:351 ff.

Rürup, B. Begrenzungskriterien der staatlichen Kreditaufnahme. In: G Bombach, B Gahlen, A E Ott (Hrsg.) Möglichkeiten und Grenzen der Staatstätigkeit, S. 603 ff., Tübingen 1982.

Seater, J.J. Ricardian Equivalence. In: J. of Economic Literature 1993, 31:142 ff.

Staatsschuldenausschuss (2021), *Bericht über die Finanzschuld des Bundes*, Oesterreichische Nationalbank, Wien.

Taylor, J. B. (2000), Reassessing Discretionary Fiscal Policy, *Journal of Economic Perspectives*, Vol. 14(4), 21–36.

Tobin, J. Grundsätze der Geld- und Staatsschuldenpolitik, Baden-Baden 1978, (engl.Ausgabe 1963).

Weizsäcker, R. v. Staatsverschuldung und Demokratie. In: Kyklos 1992, 45:51 ff.

Die Stabilisierungsfunktion des öffentlichen Sektors

19

Lernziele

- Der öffentliche Sektor kann die Wirtschaft stabilisieren (Schwankungen des BIP oder der Arbeitslosigkeit reduzieren), indem er aktiv Staatsausgaben (oder Steuereinnahmen) den konjunkturellen Notwendigkeiten anpasst.
- Weil öffentliche Ausgaben und noch stärker Veränderungen der Steuersätze einen budgetären Prozess durchlaufen müssen, kommt es zu langen und variablen Verzögerungen, wodurch Konjunkturmaßnahmen zu spät einsetzen und manchmal sogar kontraproduktiv sein können.
- Gesamtwirtschaftliche Finanzierungssalden entsprechen der Differenz zwischen Einnahmen und Ausgaben der Unternehmen, der privaten Haushalte, des Staates und des Auslands. In der Regel erwirtschaften private Haushalte Überschüsse (Sparen), während Unternehmen Defizite aufweisen (Investitionen). Wenn Haushalte mehr sparen oder Unternehmen mehr investieren, kommt es bei einer ausgeglichenen Leistungsbilanz automatisch zu höheren Budgetdefiziten.

19.1 Ansatzpunkte der fiskalischen Stabilisierungspolitik (Fiscal Policy)

Unter **fiskalischer Stabilisierungspolitik (Fiscal Policy)** versteht man den Versuch, die Volkswirtschaft durch nachfragesteigernd (expansiv) bzw. nachfragedämpfend (kontraktiv) wirkende Steuer- und Ausgabenvariationen des Staates (**„demand**

E. Nowotny und M. Zagler, *Der öffentliche Sektor*,
https://doi.org/10.1007/978-3-658-36042-9_19

management“) in die erwünschte Richtung – zur optimalen Auslastung – zurückzuführen, auftretende Konjunkturschwankungen nach Möglichkeit zu dämpfen.

Fiskalische Stabilisierungspolitik soll ausgleichend (bzw. „kompensatorisch“) wirken. Überschäumende Nachfrage in der Hochkonjunktur soll gedämpft, ein Nachfragedefizit durch entgegengesetzte Aktionen teilweise oder gänzlich kompensiert werden. Zum Verständnis der folgenden Darstellungen ist es äußerst wichtig, den zentralen Kern des von Keynes entwickelten **Prinzips der effektiven Nachfrage** zu verstehen, dass nämlich alle Wirtschaftssubjekte ihre **Ausgabenentscheidungen** auf der Basis **unsicherer Zukunftserwartungen** treffen.

Die effektive Nachfrage (E) in einer geschlossenen Volkswirtschaft setzt sich aus der privaten Konsumnachfrage der Konsumenten (C), den privaten Investitionsausgaben (I) als auch Staatsausgaben für den Kauf von Gütern und Diensten (G) zusammen,

$$E = C + I + G \qquad (19.1)$$

Abb. 19.1 skizziert das Grundproblem der effektiven Nachfrage in vereinfachter Weise: Die Kurve E^* gibt die von privaten Wirtschaftssubjekten und Staat bei alternativen Höhen des **erwarteten** Einkommensniveaus getätigten **realen** Ausgaben für Endprodukte, die sogenannte effektive Nachfrage wieder. In der positiven Neigung dieser Kurve der effektiven Nachfrage kommt die spezifische Form der Abhängigkeit der realen Ausgaben von den realen Einkommenserwartungen zum Ausdruck. Je höher das erwartete reale Nettosozialprodukt zu Faktorkosten (Realeinkommen) ist, desto höher werden auch die geplanten realen Ausgaben der Wirtschaftssubjekte sein.

Wir treffen die plausible Annahme, dass die Ausgabenpläne unterproportional auf Änderungen des Sozialprodukts reagieren, weil manche Ausgabenpläne (zum Beispiel langfristige Investitionen, Teile des Konsums) mehr oder weniger unabhängig von kurzfristigen Einkommenserwartungen („autonom“) festgelegt werden.

Von der autonomen Nachfrage zu unterscheiden ist die „induzierte“ Nachfrage. In Abb. 19.1 gibt die Gerade E^* die realen Ausgaben in Abhängigkeit vom Realeinkommen

Abb. 19.1 Bestimmung des Gleichgewichtsoutputs in der Theorie der effektiven Nachfrage

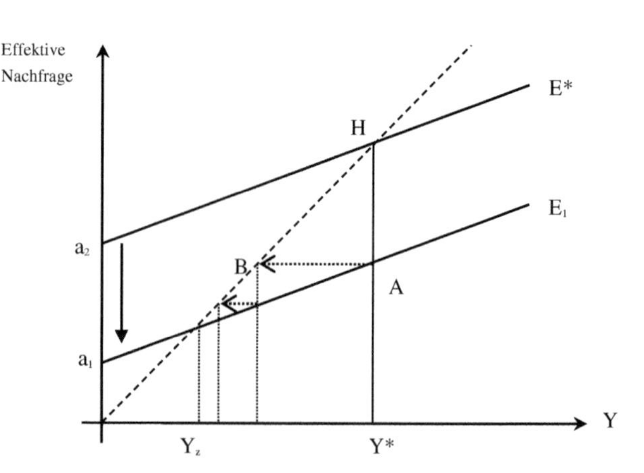

wieder, wie sie in der Ausgangssituation gegeben sei. Die autonomen realen Ausgaben sind durch die Strecke a_0 gegeben.

Jetzt nehmen wir an, dass die Unternehmen auf der Basis einer bestimmten Absatzerwartung ein reales Gütervolumen im Umfang Y* planen. Dann zeigt in Abb. 19.1 die Strecke Y*H den realen Kostenwert des Sozialprodukts (=erwartetes reales Einkommen) an. Weil die Gerade E* die 45° Linie exakt im Punkt H schneidet, kann das reale Sozialprodukt Y* auch tatsächlich abgesetzt werden. Die Wirtschaft befindet sich in einem Vollbeschäftigungsgleichgewicht.

Nehmen wir nun an, es kommt zu einer Reduktion der autonomen Ausgaben von a_2 auf a_1. Dies hat zur Folge, dass bei einem – von den Unternehmen hypothetisch angebotenen Sozialprodukt Y* – die reale Gesamtnachfrage kleiner wäre als das angebotene Sozialprodukt zu seinem realen Kostenwert. Die Unternehmen würden auf einem Teil ihrer Produktion (=AH) sitzenbleiben, unerwünschte Lagerbestände würden sich bilden. Es existiert eine „Nachfragelücke" im Sinne eines Mangels an gesamtwirtschaftlicher Nachfrage.

Wie werden die Unternehmen auf diese Nachfragelücke reagieren? Aufgrund unserer Annahme, dass die Verteilungseffekte allgemeiner Preisniveauänderungen die reale effektive Nachfrage nicht verändern, ist eine solche Situation letztlich nur dadurch zu bereinigen, dass die Produktion eingeschränkt wird. Um einen permanenten Lageraufbau (mit entsprechender unfreiwilliger Verschuldung der Unternehmen) zu verhindern, **muss** die Produktion zurückgenommen werden. Angenommen, die Unternehmen passen die Produktion an die reale Absatzmöglichkeit an und senken die Produktion von A nach B. Weil dadurch auch das erwartete reale Einkommen sinkt, reduzieren die Wirtschaftssubjekte ihre realen Ausgaben. Daher bleiben die Unternehmen wiederum auf einem Teil der Produktion sitzen. Die Produktion muss erneut gekürzt werden. Letztlich wird sich ein Unterauslastungsgleichgewicht im Zustand Y_z einstellen. Die Produktion ist sehr viel stärker zurückgegangen (von Y* auf Y_z) als der primäre Nachfrageausfall im Ausmaß HA. Diesen Vorgang nennt man **Multiplikatorprozess.**

Keynesianer empfehlen in einer Situation konjunktureller Unterauslastung (Y_z in Abb. 19.1) Ausgabenerhöhungen und/oder Steuersenkungen durch den Staat, um die Kurve der effektiven Nachfrage nach oben zu verschieben. Solche Ausgabenerhöhungen sollen den Ausfall an autonomer Nachfrage kompensieren, um die Wirtschaft wieder ins Vollbeschäftigungsgleichgewicht zu bringen.

Im Folgenden unterstellen wir „Autonomie" der privaten Investitionen und der staatlichen Ausgaben, nur die Konsumnachfrage der privaten Haushalte sei teilweise einkommensabhängig. Dabei wird vereinfachend von einer linearen Konsumfunktion ausgegangen. Wir treffen die Annahme, dass sich das Verhalten der Haushalte durch die makroökonomische Konsumfunktion

$$C = a + c\,(Y - T) \text{ mit } 0 < c < 1 \tag{19.2}$$

beschreiben lässt. Dabei sind C die realen Konsumausgaben, a ist der einkommensunabhängige Teil des Konsums, c(Y – T) der einkommensinduzierte Teil des Konsums (wobei das Nettorealeinkommen Y – T das Bruttoeinkommen Y abzüglich der Steuern T ist). Im Gleichgewicht, wenn E=Y, kann das Einkommen als Funktion der exogenen ausgedrückt werden,

$$Y = \frac{a + G - ct + I}{1 - c}$$

.

Für die Veränderungsgrößen ergeben sich dabei folgende Multiplikatorgleichungen:

$$\Delta Y = \frac{1}{1 - c}\Delta G$$ für den Staatsausgabenmultiplikator,

$$\Delta Y = -\frac{c}{1 - c}\Delta T$$ für den Steuermultiplikator.

Wie ersichtlich, ist der Steuermultiplikator absolut **kleiner** als der Multiplikator der Staatsausgaben für Güter und Leistungen. Die durch Steuern und Transfers bewirkten Änderungen der privaten Einkommen werden über ihren Einfluss auf den Konsum nachfragewirksam. Dabei wird jedoch jeweils nur ein – durch die marginale Konsumquote – bestimmter Teil der Einkommensänderung für Konsumausgaben verwendet und somit nachfragewirksam.

Es stellt sich nun die Frage nach den Wirkungen einer bloßen Niveauerhöhung des Budgetvolumens **(„balanced-budget-multiplier“).** Die ältere Finanzwissenschaft hätte eine solche parallele Erhöhung von Staatsausgaben und -einnahmen als neutral, d. h. als ohne Einfluss auf die gesamtwirtschaftliche Nachfrage betrachtet. Demgegenüber wurde von dem norwegischen Ökonomen T. Haavelmo gezeigt, dass auch eine voll durch Steuern finanzierte Erhöhung der Staatsausgaben mit einem positiven Multiplikatoreffekt – im einfachsten Fall von 1 – verbunden ist. Geht man aus von den oben angeführten Ausgaben- und Steuermultiplikatoren, so ergibt sich nun als Folge der gleich großen Erhöhung von Staatsausgaben und Steuern folgende Veränderung des Gleichgewichtseinkommens:

$$\Delta Y = \frac{1}{1 - c}\Delta G - \frac{c}{1 - c}\Delta T \quad (19.3)$$

Da $\Delta G = \Delta T$ lässt sich die Gl. (19.3) schreiben als:

$$\Delta Y = -\frac{1 - c}{1 - c}\Delta G = \Delta G \quad (19.4)$$

Die parallele Erhöhung von Staatsausgaben und Steuern führt demnach zu einem Multiplikator von 1, d. h. das Gleichgewichtseinkommen wird in dem Ausmaß der Staatsausgabenerhöhung ansteigen.

Das **Haavelmo-Theorem** war für die fiskalische Stabilisierungspolitik aber jedenfalls von großer Bedeutung, weil damit erstmals nachgewiesen wurde, dass eine idente Variation von Ausgaben und Steuern, wie sie im Zuge einer Politik des „ausgeglichenen Budgets" erfolgen, die gesamtwirtschaftliche Nachfrage verändern können. Jede Analyse der von budgetpolitischen Maßnahmen ausgehenden Nachfrageimpulse muss die Möglichkeit unterschiedlicher Wirkungen einnahmen- und ausgabenseitiger Maßnahmen in Rechnung stellen.

Das Haavelmo-Theorem geht allerdings davon aus, dass Steuern keine verzerrende Wirkung auf Konsumverhalten oder Einkommen auslösen (vgl. dazu Kap. 11). Diese Annahme trifft nur auf Kopfsteuern zu, nicht aber auf einkommens- oder konsumabhängige Steuern. Eine einfache Änderung des Modells nimmt an, dass Steuern proportional vom Einkommen abhängen,

$$T = tY \text{ mit } 0 < t < 1, \tag{19.5}$$

wobei nach wie vor angenommen wird, dass Steuern keinen Einfluss auf das Einkommen haben $dY/dt = 0$. Setzen wir diese Steuerfunktion (3) in die Konsumfunktion (2) und anschließend in die effektive Nachfrage (1) ein, erhalten wir folgende veränderte Multiplikatorgleichung

$$Y = (a + G + I)/(1 - c + ct)$$

Durch den proportionalen Steuersatz sinkt der Multiplikatoreffekt, $1/(1 - c - ct) < 1/(1 - c)$. Eine Erhöhung der Staatsausgaben hat nunmehr einen geringeren Effekt auf das Einkommen Y. Andererseits hat ein Rückgang des autonomen Konsums oder der Investitionen eine geringere negative Auswirkung auf die Konjunktur. Wir sprechen in diesem Zusammenhang von automatischen Stabilisatoren[1]. Neben einnahmeseitigen Stabilisatoren (über die Steuersätze) spielen auch ausgabenseitige Stabilisatoren (etwa über das Arbeitslosengeld) eine wesentliche Rolle.Volkswirtschaften mit einem größeren öffentlichen Sektor weisen in der Regel eine geringere Fluktuation der Wirtschaft auf.

Fiskalpolitik kann die Wirtschaft sowohl diskretionär als auch automatisch die Konjunktur beeinflussen. Während der Finanzmarktkrise 2008 war diskretionäre Fiskalpolitik mitverantwortlich, dass aus einer „großen Rezession" keine „große Depression" wie in den 1930er Jahren geworden ist. Auch während der Covid-19-Pandemie 2019 hat die diskretionäre Fiskalpolitik wesentlich schlimmere wirtschaftliche Folgen verhindert.

Genauso wie Steuern vom Einkommen abhängen, sind auch Investitionsausgaben nicht autonom. Üblicherweise wird davon ausgegangen, dass Investitionen sowohl

[1] In einer offenen Volkswirtschaft, wo Importe ebenfalls einkommensabhängig sind, stabilisiert dies ebenfalls eine Wirtschaft. Ein asynchroner negativer Schock (der nur in einem Land auftritt, z. B. ein Konsumrückgang ausgelöst durch eine Niederlage im Finale einer Fußball EM/WM) wird durch stärkere Nachfrage aus dem Ausland abgefedert, und umgekehrt. Dies gilt freilich nicht bei synchronen Schocks, wie etwa die Finanzmarktkrise 2008 oder die Covid-19-Pandemie 2019.

von der zukünftigen effektiven Nachfrage[2], als auch vom Zinssatz abhängen. Höhere Zinsen bedeutet höhere Finanzierungskosten für Unternehmen und somit geringere Investitionen. Zinsen werden in der Regel von Notenbanken im Rahmen der Geldpolitik[3] kontrolliert. Notenbanken kontrollieren allerdings den risikofreien, kurzfristigen, nominellen Zinssatz, während Investitionsentscheidungen vom risikoabhängigen, langfristigen, realen Zinssatz abhängen. Inwieweit Notenbanken indirekt auch letzteren mittelbar kontrollieren können, steht nach wie vor zur Debatte. Falls die Transmission funktioniert, können Notenbanken durch Manipulation des Zinssatzes die Investitionsentscheidungen beeinflussen, und ebenfalls zur Stabilisierung der Konjunktur beitragen. Geldpolitik war z. B. das zentrale Element der Konjunkturstabilisierung in den 1990er Jahren. Seit der Finanzmarktkrise liegen die Zinssätze aber bei null, weshalb eine weitere expansive Geldpolitik – zumindest mit konventionellen Mitteln – nicht mehr möglich ist. Wir sprechen vom **„zero lower bound"** oder der Liquiditätsfalle. Seither hat Fiskalpolitik als zentrales Element der Konjunkturstabilisierung wieder an Bedeutung gewonnen.

Unter speziellen Konstellationen kann staatliche Aktivität allerdings private Konsum-oder Investitionstätigkeit verdrängen **(„Crowding-Out").** Von unmittelbarer realwirtschaftlicher Relevanz ist dies bei expansiver Fiskalpolitik im Fall einer voll ausgelasteten Volkswirtschaft. Unter monetären Aspekten kann erhöhte Verschuldung zu einem Anstieg der Zinssätze führen mit unter Umständen negativen Effekten speziell auf die private Investitionstätigkeit. Dies kann allerdings durch eine expansive Geldpolitik der Notenbank vermieden werden. Indirekte Effekte werden von einigen Autoren diskutiert in Hinblick darauf, dass steigende öffentliche Verschuldung über „rationale" negative Zukunftserwartungen private Haushalte zu unmittelbarer Konsumzurückhaltung führen. Wie bei der Darstellung des „Ricardianischen Äquivalenztheorems" gezeigt, gibt es hierfür freilich keine fundierte empirische Evidenz (siehe Kap. 18).

In einer offenen Volkswirtschaft kann eine gegenüber anderen Staaten stärker expansive Fiskalpolitik und damit eine raschere wirtschaftliche Erholung zu einem rascheren Anstieg der Preise für im Inland hergestellt Güter führen. Die damit verbundene Verschlechterung der internationalen Wettbewerbsfähigkeit kann zur Folge haben, dass neben dem mit der fiskalischen Expansionspolitik verbundenen Budgetdefizit auch ein Defizit der Leistungsbilanz entsteht (Problem der „Doppeldefizite").

[2] In einer einfachen Fassung wird oft das aktuelle Einkommen als Indikator herangezogen, und wir sprechen in Analogie zum Multiplikator von einem Akzeleratoreffekt (höheres Einkommen heute führt zu höheren Investitionen und damit wiederum zu höherem Einkommen. Typischerweise bilden Unternehmen allerdings Erwartungen über die Zukunft, welche die Investitionsentscheidung beeinflussen. Keynes spricht in diesem Zusammenhang von den *„Animal Spirits"* der Unternehmer.

[3] Es ist nicht Aufgabe dieses Buches, Geldpolitik zu erklären, und der Leser/die Leserin wird auf einschlägige Fachliteratur verwiesen.

Bei flexiblen Wechselkursen kann die vergleichsweise stärkere wirtschaftliche Dynamik des eigenen Staates mit einer Aufwertungstendenz der eigenen Währung verbunden sein, was wieder die Wettbewerbsfähigkeit der Exportwirtschaft negativ beeinflussen kann (allerdings auch dämpfend auf die Importpreise wirkt). Unter diesen außenwirtschaftlichen Aspekten wird jedenfalls bei international wirksamen Konjunktureinbrüchen auch eine entsprechende internationale Koordinierung einer expansiven Geld-und Fiskalpolitik angestrebt (z. B. im Rahmen der OECD oder der G 20, der Gruppe der größten Industriestaaten).

Eine makroökonomisch ausgerichtete Kombination von expansiver Geld- und Fiskalpolitik kann freilich in einzelnen Märkten zu spezifischen „Preis-Blasen" („bubbles") führen. Hier sind dann differenzierte Gegenmaßnahmen erforderlich – speziell im Bereich der Geldpolitik in Form von „makroprudentiellen Interventionen", wie direkte Einflussnahme auf die Kreditvergaben der Banken. Betroffen sind hier speziell zinssensible Wirtschaftsbereiche, wie die Immobilienwirtschaft oder die Aktienmärkte. Denkbar ist freilich auch eine Konstellation von „Crowding-In". Hier wird davon ausgegangen, dass eine expansive Finanzpolitik zu höheren Gewinnen des privaten Unternehmenssektors führt und dies wieder zu höherer privater Investitionsbereitschaft. Bei positiven Zukunftserwartungen des Unternehmenssektors wird dieser bereit sein, höhere Preise für Investitionsgüter zu zahlen und damit unter Umständen budget-fixierte staatliche Ausgabenprogramme in ihrer realen Wirkung mittelfristig „zurückdrängen".

19.2 Probleme der Implementierung stabilisierungspolitischer Interventionen

Diskretionäre fiskalpolitische Maßnahmen zur Konjunktursteuerung können nur innerhalb eines konkreten politisch-institutionellen Rahmens erwogen, beschlossen und durchgeführt werden. Gleichgültig, ob es sich um ausgabenseitig oder einnahmenseitig ansetzende Maßnahmen handelt, in jedem Fall müssen die betreffenden Aktionen in historisch gewachsene Budgetstrukturen eingebettet und in spezifische Ausgaben- und Steueränderungen umgesetzt werden. In einem föderalistisch organisierten Gemeinwesen, in dem ein wesentlicher Teil der staatlichen Aufgaben (eventuell auch der Steuerhoheit) von verschiedenen, zum Teil autonomen Körperschaften wahrgenommen wird, stellt sich dabei auch die Frage nach der Zuordnung stabilisierungspolitischer Verantwortung auf die einzelnen Regierungsebenen (vgl. Kap. 6). Einige der dabei auftretenden Probleme sollen im Folgenden detaillierter diskutiert werden:

19.2.1 Verzögerungen (Lags)

Fiskalpolitische Interventionen haben nur dann konjunkturpolitischen Sinn, wenn in der Tat eine konjunkturelle Störung vorliegt. Abgesehen davon, dass statistische

Indikatoren der gesamtwirtschaftlichen Entwicklung immer erst mit einer gewissen Verzögerung erhoben und aufgearbeitet werden können, ist die Diagnose einer konjunkturellen Störung schwierig: Konjunktur- und Strukturprobleme sind häufig eng ineinander verwoben und es ist nicht immer klar, ob fiskalische Maßnahmen der Nachfragesteuerung erforderlich sind. Wenn Arbeitslosigkeit beispielsweise durch einen zu hohen Reallohn hervorgerufen wurde (nicht durch einen konjunkturbedingten Nachfrageausfall), wäre eine expansive Fiskalpolitik nur dann zielführend, wenn gleichzeitig die unternehmerischen Lohnkosten reduziert werden. Schwierigkeiten der Diagnose (**„Diagnoseverzögerung“**) können jedenfalls ein rasches (rechtzeitiges) Eingreifen auch dann verhindern, wenn tatsächlich eine konjunkturelle Störung vorliegt. Dazu kommen die Schwierigkeiten der Prognose der konjunkturellen Entwicklung und damit des entsprechenden Handlungsbedarfs (**„Prognoseverzögerung“**). In einem demokratisch-parlamentarischen System bedürfen budgetpolitische Maßnahmen der Billigung durch eine Mehrheit der Parlamentsabgeordneten. Auch dann, wenn die Regierung „handeln will“, benötigt sie den politischen Auftrag und die Legitimation durch das Parlament. Es ist evident, dass es im Zuge dieses Willensbildungsprozesses zu langwierigen Verzögerungen kommen kann (**„Entscheidungsverzögerung“**). Da fiskalische Stabilisierungspolitik auch administrativ durchgeführt und anhand konkreter Projekte – mit mehr oder weniger langen Planungsphasen – vorbereitet werden muss, treten auch auf dieser – rein administrativen – Ebene noch Verzögerungen auf („administrative Verzögerung“). Allerdings lassen sich diese Probleme durch Vorbereitung von „Schubladenprojekten“, „Eventualhaushalten“ etc. mildern.

Schließlich treten auch **Wirkungsverzögerungen** auf, sodass zu spät einsetzende, fiskalische Stabilisierungsaktionen ihre volle Kraft möglicherweise erst dann entfalten, wenn der konjunkturelle Aufschwung bereits eingesetzt hat. Da Politiker und Ökonomen nur ungenügende Kenntnis der „wahren“ Struktur eines ökonomischen Systems haben, gerade die Stabilitätseigenschaften aber überaus sensibel auf kleine Unterschiede in den Verhaltensparametern reagieren können, besteht die Gefahr destabilisierender (u. U. sogar prozyklischer) Wirkungen fiskalischer Stabilisierungsbemühungen, insbesondere bei rasch schwankenden Konjunkturlagen und ambitionierten Versuchen der „Feinsteuerung“. Allerdings darf die Gefahr destabilisierender Wirkungen nicht überbetont werden: Sie liefert eher ein Argument für „vorsichtige Dosierung“ als für völlige Sistierung fiskalischer Stabilisierungspolitik.

19.2.2 Politische „Verzerrungen" des Einsatzes

Der Einsatz des fiskalpolitischen Instrumentariums bedarf in einer parlamentarischen Demokratie der Billigung durch das Parlament. Abgesehen von dabei auftretenden verfahrenstechnischen Verzögerungen, ergeben sich Schwierigkeiten aufgrund unterschiedlicher Interessenlagen verschiedener gesellschaftlicher Gruppen. Auch dann, wenn die Regierung „handeln will“, kann ihr Handlungswille durch unlösbare Interessenkonflikte auf parlamentarischer Ebene gelähmt werden. Expansiv wirkende Programme werden wahrscheinlich leichter durchzusetzen sein als kontraktive, nicht nur, weil spezifische Gruppen unmittelbar davon profitieren (Bauindustrie, Rüstungsindustrie), sondern auch deshalb, weil die Kosten (Zinsendienst für aufgenommene Kredite, Folgekosten von Infrastrukturinvestitionen etc.) erst in fernerer Zukunft (und möglicherweise von anderen als den unmittelbaren Nutznießern des Programms) getragen werden müssen. Dies ist gleichzeitig einer der Hauptvorwürfe an die Adresse fiskalischer („keynesianischer") Stabilisierungspolitik, dass sie aufgrund der Mechanismen des politischen Prozesses die Budgetdisziplin der staatlichen Entscheidungsträger untergräbt.[4]

Auf derselben Linie liegt jene Kritik, die auf die Gefahren eines **„politischen Konjunkturzyklus"** hinweist (vgl. Abschn. 4.5): Dahinter steht die Vorstellung, stimmenmaximierende Politiker könnten im Interesse kurzfristiger Machtbehauptung (der eigenen bzw. jener ihrer Partei) versucht sein, kurz vor Wahlen einen „künstlichen" Konjunkturaufschwung zu induzieren, um die Arbeitslosigkeit unter ihr „natürliches" Niveau zu drücken. In der ersten Zeit unmittelbar nach den Wahlen wird andererseits ein Restriktionskurs eingeschlagen, um die „unpopuläre" Aufgabe der Inflationsbekämpfung möglichst rasch zu bewältigen und fiskalische „Reserven" für den Expansionskurs vor den nächsten Wahlen anzulegen.

19.2.3 Politik-Unwirksamkeits-Hypothese

Ebenso wie die Theorie des politischen Konjunkturzyklus stellt auch die Politik-Unwirksamkeits-Hypothese eine Gegenposition zu Konzepten der stabilitätspolitischen (und generell: wirtschaftspolitischen) Intervention dar – wenn auch auf völlig entgegensetzter Grundlage. Aus der generellen Problematik eines strategischen Verhaltens „rationaler Wirtschaftssubjekte" leitet die ursprünglich von Robert E. Lucas entwickelte **„Theorie der rationalen Erwartungen"** die Unwirksamkeit jeder systematischen (das heißt erwartbaren) Wirtschaftspolitik ab. In allgemeiner Form besagt diese **„Politik-Unwirksamkeits-Hypothese"**, dass systematischen Maßnahmen der Wirtschaftspolitik – und damit auch der Finanzpolitik – kein Einfluss auf die **realen** Größen einer Volkswirtschaft zukomme.

Fragen des strategischen Verhaltens von Wirtschaftssubjekten bei der Reaktion auf wirtschaftspolitische Maßnahmen sind für die Wirtschaftspolitik zweifellos von erheblicher Bedeutung. Beispiele sind etwa die weiter unten behandelten Vorzieh- und Aufschubeffekte. Ein in diesem Zusammenhang weiterer wichtiger Aspekt ist der Aspekt der **Glaubwürdigkeit** der Wirtschaftspolitik (Erfordernis der **Zeitkonsistenz**). Die

[4] Es darf jedoch nicht übersehen werden, dass es auch Gruppen gibt, die ein machtpolitisches, vielleicht auch ökonomisches Interesse an einer „Reinigungskrise", „Stabilisierungskrise", „Schocktherapie" gegenüber Gewerkschaften etc. haben können (Kalecki 1943).

Reaktionen der Wirtschaftssubjekte werden unterschiedlich sein, je nach dem ob den Ankündigungen der Wirtschaftspolitik geglaubt wird oder nicht – was wieder von bisherigen Erfahrungen abhängen wird. Unter diesem Aspekt kann unter Umständen eine ex ante Regelbildung wirksamer sein als eine diskretionäre Wirtschaftspolitik.

In ihrer „harten Form" liegen der Theorie der rationalen Erwartungen und der Politik-Unwirksamkeits-Hypothese allerdings so weitgehende Annahmen zugrunde (vollkommene und kostenlose Information, unendlicher Zeithorizont, etc.), dass ihnen über die oben angeführten Aspekte hinaus heute kaum praktische Relevanz zugerechnet wird. Eine Vielzahl von Studien hat gezeigt, dass finanzpolitische (und auch geldpolitische) Maßnahmen empirisch nachweisbare reale Effekte haben, wenn auch nicht immer in dem ursprünglich erwarteten Ausmaß[5].

19.2.4 Probleme der Implementierung auf instrumenteller Ebene

Ein effizienter Einsatz des steuer- und ausgabenpolitischen Instrumentariums zur Konjunkturstabilisierung bedarf einer sorgfältigen Abwägung zwischen der unterschiedlichen „Stabilisierungseffizienz" einzelner Maßnahmen einerseits und ihren möglichen allokativen und distributiven Nebenwirkungen andererseits. Wie bereits bei der Diskussion des „Vollbeschäftigungssaldos" gezeigt, unterscheiden sich verschiedene fiskalpolitische Maßnahmen hinsichtlich ihrer Wirkungen auf Gesamtnachfrage und Sozialprodukt.

Staatliche Mehrausgaben für **Käufe von Gütern und Dienstleistungen** (mit ausschließlich inländischen Wertschöpfungskomponenten) werden in der ersten Runde voll nachfragewirksam. Variationen der öffentlichen **Investitionen** sind dabei aus verschiedenen Gründen solchen des öffentlichen **Konsums** vorzuziehen: Zum einen wirken staatliche Investitionen schwergewichtig in jenen Branchen nachfragesteigernd (-dämpfend), in denen sich konjunkturbedingte Nachfrageausfälle (-überschüsse) üblicherweise besonders heftig manifestieren (Bauwirtschaft!). Zum anderen sind öffentliche Investitionen eher als der personalintensive öffentliche Konsum in expansiver **und** kontraktiver Richtung einzusetzen, weil eine („temporäre") Beschäftigungsausweitung im öffentlichen Dienst in aller Regel eine „Einbahnstraße" ist. Schließlich setzen öffentliche Infrastrukturinvestitionen durch Verbesserung der Angebotsbedingungen für private Investoren – anders als öffentlicher Konsum – direkte Anreize für private Investitionen (Beispiel: verbesserte Verkehrsaufschließung einer bislang abgelegenen Region). Sowohl in branchenmäßiger als auch in regionaler Hinsicht sind Variationen der öffentlichen Investitionen gezielter einsetzbar.

---

[5] Für entsprechende Diskussionen vgl. u. a. Bofinger (2007), S. 408ff.

Werden staatliche **Transferzahlungen** (Pensionen, Stipendien, Beihilfen etc.) an private Haushalte erhöht (bzw. gesenkt), so ist der unmittelbare Nachfrageeffekt kleiner als im Falle von Änderungen der staatlichen Käufe von Gütern und Dienstleistungen. Da Transferzahlungen als negative Steuern gesehen werden können, haben Änderungen der Transferzahlungen auch steuerähnliche Nachfragewirkungen.

Selbstverständlich wird der nachfragesteigernde Effekt staatlicher Transferausgaben umso höher sein, je höher die marginale Konsumneigung der Empfängerhaushalte ist. Unter stabilisierungspolitischen Gesichtspunkten wären also in einer Rezession erhöhte Transferzahlungen an ärmere Bevölkerungsgruppen mit höherer marginaler Konsumneigung vorzuziehen. Analog sind diese in der Hochkonjunktur stärker zu kürzen. Daraus ergeben sich, je nach Konjunktursituation, gänzlich unterschiedliche verteilungspolitische Konsequenzen.

Die konjunkturell besonders sensiblen Investitionen der privaten Unternehmen können nicht nur durch allgemein nachfragesteigernd wirkende Änderungen der staatlichen Investitionen, des öffentlichen Konsums und der Transferzahlungen beeinflusst werden, der Staat kann auch versuchen, direkt – über die an private Unternehmen ausgeschütteten Subventionen – private Investitionstätigkeit anzuregen. Ein Beispiel wären Investitionsprämien, deren Gewährung an bestimmte Auflagen (nachweisliche Erhöhung des Beschäftigungsstandes) geknüpft werden kann. Die stabilisierungspolitische Effizienz solcher Investitionsprämien ist jedoch umstritten: Zum einen sind „Mitnahmeeffekte" unvermeidlich, weil alle Investoren (und nicht nur die „marginalen") davon profitieren. Zum anderen schafft die Einführung eines Systems konjunkturabhängiger Investitionsprämien Erwartungseffekte sui generis: Wenn die Unternehmen etwa mit Sicherheit damit rechnen können, dass mit Beginn des nächsten Jahres Investitionsprämien ausgeschüttet werden, empfiehlt es sich, bereits anlaufende Investitionen zeitlich hinauszuschieben, um in den Genuss dieser Prämien zu kommen. Dadurch kann ein konjunkturelles Tief noch verschärft werden. Analoges gilt während der Hochkonjunktur. Hier mag ein vorweg angekündigtes Auslaufen solcher Prämien zu einem bestimmten Zeitpunkt Vorzieheffekte auslösen. **Vorzieh-** und **Aufschubeffekte** können zusätzlich destabilisierend wirken.

Einnahmenseitig kann der Staat nicht nur eine Vielzahl unterschiedlich wirkender steuerlicher Maßnahmen zur Konjunkturbelebung ergreifen, er kann auch Gebühren und Beiträge stabilitätsbewusst anpassen und eventuell auftretende Finanzierungsdefizite konjunkturgerecht abdecken. In Bezug auf die **Einkommensteuer** können alle Maßnahmen, die üblicherweise mit Steueränderungen in Verbindung gebracht werden (Änderung der Bemessungsgrundlage, Änderungen des Tarifs, Änderungen bei den Steuerabsetzbeträgen), auch stabilisierungspolitisch eingesetzt werden. Andererseits stehen gerade bei Änderungen von Steuergesetzen im Allgemeinen distributive und allokative Rechtfertigungen vor stabilitätspolitischen Erwägungen. Dies schließt jedoch einen stabilitätspolitischen Einsatz der Einkommensteuer nicht von vornherein aus. So besteht die Möglichkeit einer befristeten, linearen Senkung der Tarife, wie sie in den §§ 26–28 des Stabilitätsgesetzes (siehe unten) vorgesehen ist. Variationen von Freibeträgen (für Alleinverdiener, für Kinder etc.), die Änderung konjunkturell relevanter steuerlicher Abzüge (Beispiel: Sonderausgaben für Wohnraumbeschaffung etc.), können nachfragestimulierende Wirkungen auslösen. Analoges gilt wiederum während der Hochkonjunktur.

Will man die Investitionsnachfrage der privaten Unternehmen anregen (dämpfen), stellt die Variation der steuerlich zulässigen Abschreibungsarten und -sätze ein oft und auch relativ erfolgreich eingesetztes Instrument dar. Die Einräumung eines (zeitlich befristeten) Rechtes auf (erhöhte) vorzeitige Abschreibung bestimmter Investitionsgüter kann die Unternehmen zum Vorziehen von Investitionen „verlocken". Unter allokativen Aspekten kann der via vorzeitige Abschreibung eingeräumte „Steuerkredit" jedoch auch nachteilige Wirkungen auslösen, wenn dadurch Fehlinvestitionen ausgelöst werden (Investitionen, die primär der „Steuerersparnis" dienen). Darüber hinaus besteht auch hier die im Zusammenhang mit Investitionsprämien diskutierte Problematik von Mitnahme- und Erwartungseffekten.

19.2.5 „Diskretionäre" versus „regelgebundene" Fiskalpolitik

Die Probleme des wirtschaftspolitischen Entscheidungsprozesses (vgl. Kap. 4), die Gefahren zeitlicher Verzögerungen und politischer Verzerrungen im **Falle „diskretionärer"** („aktiver") fiskalischer Stabilisierungsbemühungen führten bald zur Forderung nach einer **„Regelbindung"** fiskalischer Konjunkturpolitik. Im Prinzip bedeutet eine Regelbindung nichts anderes, als dass die Instrumentvariablen der fiskalischen Konjunkturpolitik (Steuersätze, Staatsausgaben) „endogenisiert", d. h. von der Entwicklung anderer wirtschaftlicher Größen abhängig gemacht (Arbeitslosenrate, Inflationsrate) werden.

Freilich ist auch die Konzeption der „Regelbindung" vielfältigen Einwänden ausgesetzt: Wichtigster Einwand gegen eine mechanische Regelbindung ist die Erfahrung, dass sich konjunkturelle Situationen selten in gleicher Form wiederholen. Probleme können sich aber auch daraus ergeben, dass Individuen „lernfähig" sind und daher eine regelgebundene Politik „antizipieren". Regelgebundene Politik (Beispiel: Wenn die Arbeitslosenrate über 7 % steigt, werden Investitionsprämien gewährt) kann aufgrund dieser Erwartungseffekte selbst zu einer Quelle der Instabilität werden. „Vorhersehbarkeit" der wirtschaftspolitischen Reaktionen – ein häufig vernommenes Argument zugunsten von Regelbindungen – hat auch ihre Schattenseiten. Ganz allgemein gilt, dass Regelbindungen, gleich welcher Art, in einer Demokratie abgeändert werden können – über Regelbindungen wird diskretionär entschieden.

Zielführender als mechanische Regelbindungen nehmen sich jene Vorschläge aus, die auf eine Stärkung der **„automatischen Stabilisatoren"** hinauslaufen. Unter „automatischen Stabilisatoren" sind all jene budgetären Einnahmen- und Ausgabenvariablen zu verstehen, die sich „automatisch" (also ohne Sonderbeschlüsse der politischen Instanzen) konjunkturgerecht ändern: Verschiedene Sozialtransfers (Arbeitslosengeld,

Notstandshilfen etc.) nehmen in der Rezession mit der Zahl der Anspruchsberechtigten zu, in der Hochkonjunktur ab;[6] eine progressive Einkommensteuer schöpft Gewinnspitzen in der Hochkonjunktur ab, dämpft aber auch den Rückgang der privaten Nettoeinkommen in der Rezession.

Voraussetzung für das Wirksamwerden dieser „automatischen Stabilisatoren" ist natürlich ein entsprechend angepasstes Verhalten des Staates: Wenn die öffentlichen Einnahmen im Konjunkturverlauf schwanken, so darf der Staat die damit verbundenen Mehreinnahmen (Mindereinnahmen) in der Hochkonjunktur (Rezession) nicht verausgaben (in Ausgabenkürzungen umsetzen). Allokative und distributive Nebenwirkungen eines Umbaus des Steuer- und Ausgabensystems in Richtung einer „eingebauten Flexibilität" (**„built-in-flexibility"**) müssen gegenüber möglichen stabilitätspolitischen Vorteilen abgewogen werden.

19.3 Gesamtwirtschaftliche Finanzierungssalden und Konjunkturentwicklung

Eine einfache Form der Erfassung der Zusammenhänge zwischen Budgetdefiziten und privater Nachfrage stellt ab auf die **„saldenmechanischen"** Beziehungen, die sich nach der Volkseinkommensrechnung bzw. der **gesamtwirtschaftlichen Finanzierungsrechnung** (flow-of-funds-Analyse) ergeben. Dabei werden die Finanzierungsüberschüsse bzw. -defizite der einzelnen Sektoren einer Volkswirtschaft (typischerweise unterteilt nach: private Haushalte, Unternehmen, öffentlicher Sektor und Ausland) einander gegenübergestellt. Grundlage ist dabei die „saldenmechanische" Identität, dass in einer Volkswirtschaft den Veränderungen der finanziellen Passiva (wie aufgenommene Kredite, Anleihen etc.) insgesamt gleich große Veränderungen der finanziellen Aktiva (Geldhaltung, Einlagen etc.) gegenüberstehen müssen. Ebenso gilt, dass die Summe der Finanzierungssalden der einzelnen Sektoren (Differenz zwischen Einnahmen und Ausgaben) Null ergeben muss. Typischerweise weisen dabei die privaten Haushalte erhebliche Überschüsse (Netto-Ersparnisse) auf, die – vor allem über „Finanzintermediäre", wie Banken und Versicherungen – den „typischen Schuldnersektoren" Unternehmen und

[6] Auch von den Haushalten der Sozialversicherung können automatische Stabilisierungswirkungen ausgehen: So werden von einer Rezession die – an die Lohnsumme geknüpften Einnahmen – negativ berührt werden, die Ausgaben dagegen, die von demographischen Faktoren etc. bestimmt sind, werden sich unabhängig von der konjunkturellen Situation weiterentwickeln, unter Umständen als Folge der verschlechterten Arbeitsmarktlage sogar noch zusätzlich steigen (Frühpensionierungen etc.). Die Sozialversicherungsträger werden daher ein konjunkturell bedingtes, einer „automatischen Stabilisatorwirkung" entsprechendes Defizit aufweisen, wobei es freilich gerade im Rahmen der Sozialversicherung besonders wichtig – und schwierig ist, – zwischen konjunkturellen und strukturellen Bestimmungsgründen der Finanzierungssalden zu unterscheiden (siehe auch Kap. 8).

Staat sowie, im Fall eines Leistungsbilanzüberschusses, dem Ausland zur Verfügung gestellt werden. Es gilt demnach[7]:

$(S_H - H) =$	$(I - S_U) +$	$(G - T) +$	$(X - M)$
Überschuss der privaten Haushalte	Kreditaufnahme der Unternehmen	Defizit des öffentlichen Sektors	Leistungsbilanzsaldo

S_H: Netto Haushaltssparen, H: Investitionen der Haushalte (Wohnbau), I: Investitionen der Unternehmen, S_U: Netto-Sparen der Unternehmen, G: öffentliche Ausgaben, T: öffentliche Einnahmen (ohne Schuldaufnahme), X: Exporte im weiteren Sinn, M: Importe im weiteren Sinn

Die dargestellte **Finanzierungsidentität** kann nun auch als Ansatzpunkt für die Analyse der Zusammenhänge zwischen der konjunkturellen Entwicklung der Budgetsalden und der übrigen volkswirtschaftlichen Finanzierungsströme herangezogen werden, wobei freilich je nach theoretischer Position unterschiedliche Interpretationen erfolgen.

Eine keynesianische Position geht davon aus, dass ein Konjunktureinbruch mit einem Rückgang der Investitions- und damit der Kreditnachfrage des Unternehmenssektors verbunden (bzw. dadurch bewirkt) ist. Demgegenüber bleibt der Finanzierungsüberschuss der privaten Haushalte unverändert oder ist aufgrund pessimistischer Erwartungen sogar steigend. „Saldenmechanisch" ergibt sich damit für den öffentlichen Sektor die Funktion, durch steigende Verschuldung die gesunkene Kreditnachfrage des Unternehmensbereichs zu „substituieren". Dies geschieht durch steigende Budgetdefizite, die teils auf das Wirken „automatischer Stabilisatoren" (z. B. in der Rezession sinkendes Steueraufkommen, steigende Arbeitslosenunterstützung), teils auf diskretionäre Maßnahmen der Stabilisierungspolitik zurückzuführen sind. Jedenfalls sind Budgetdefizite in diesem Fall im Wesentlichen als „Reflex" der konjunkturellen Entwicklung zu sehen.

Aus neoklassischer bzw. monetaristischer Sicht wird die dargestellte Identität dagegen anders interpretiert: Hohe öffentliche Neuverschuldung, allenfalls auch als Folge einer diskretionären Stabilisierungspolitik, bewirkt über verschiedene (vor allem Zins-) Mechanismen einen Rückgang der privaten Investitionen („Crowding-out"-Problem) und damit die entsprechende Anpassung des Finanzierungssaldos der Unternehmen.

Eine Beurteilung der verschiedenen Konzeptionen kann nur auf der Basis empirischer Analysen erfolgen, Die im vorherigen Abschnitt näher diskutierte Literatur zur „Crowding-out" Problematik lässt dabei, jedenfalls für den Bereich außerhalb der USA, eine „keynesianische Interpretation" als empirisch relevanter erscheinen. In jedem Fall aber ergibt sich aus der saldenmechanischen Betrachtung, dass eine Politik zur

[7] Für nähere Diskussionen von methodischen und Abgrenzungsfragen siehe Mooslechner und Nowotny (1980).

Reduzierung von aufgetretenen Budgetdefiziten (**„Budgetkonsolidierung“**), nur dann erfolgreich sein kann, wenn es gelingt, den Finanzierungsüberschuss der privaten Haushalte zu reduzieren (z. B. durch erhöhten privaten Konsum) und/oder die Verschuldungsbereitschaft der Unternehmen zu erhöhen (z. B. durch Investitionen) und/oder eine Verbesserung der Leistungsbilanz (z. B. durch zusätzliche Exporte) zu erreichen.

Die Darstellung der sektoralen Finanzierungssalden in Tab. 19.1 zeigt jedenfalls sehr deutlich die oben angeführten konjunkturellen Zusammenhänge. So ist im Vergleich des Hochkonjunkturjahres 1973 mit dem Depressionsjahr 1975 deutlich zu erkennen, dass die negativen Finanzierungssalden des Unternehmensbereiches drastisch zurückgegangen sind, während die öffentlichen Haushalte dagegen deutliche negative Finanzierungssalden entwickeln. In Deutschland und in Österreich zeigen sich darüber hinaus noch (depressionsverschärfende) Erhöhungen der Finanzierungssalden der privaten Haushalte.

In den 80er Jahren war in saldenmechanischer Betrachtung die Reduzierung des öffentlichen Finanzierungssaldos in Deutschland vor allem auf steigende Leistungsbilanzüberschüsse, verbunden mit einem vergleichsweise langsamen Wachstum der Inlandsnachfrage, zurückzuführen. Mit der Wiedervereinigung und dann im Gefolge der Rezession 1993 kam es zu einer deutlichen Erhöhung der öffentlichen Verschuldung, der saldenmechanisch vor allem ein Abbau der Leistungsbilanzüberschüsse entsprach. Die Konsolidierungspolitik seit 1994 mit entsprechenden Steuer- und Abgabenerhöhungen konnte, wie Tab. 19.1 zeigt, die negativen Finanzierungssalden des öffentlichen Sektors nicht substantiell verringern. Aus der Analyse der Finanzierungssalden ist dies (neben dem Leistungsbilanzdefizit) vor allem auf die anhaltend geringe

Tab. 19.1 Sektorale Finanzierungssalden: Überschuss bzw. Defizit in % des BIP

	1973	1975	1987	1992	1997	2013	2018
Deutschland[a]							
Private Haushalte	7,9	9,4	6,6	7,0	7,5	10,2	12,1
Unternehmen	−7,8	−2,7	−0,7	−4,0	−4,4	−6,8	−2,2
Öffentliche Haushalte	1,2	−5,7	−1,9	−2,3	−3,2	−1,7	0,4
Ausland	−1,3	−1,0	−4,0	−0,7	0,1	−6,7	−7,5
Österreich							
Private Haushalte	4,7	6,2	8,0	7,9	5,0	2,4	2,1
Unternehmen	−6,3	−3,8	−3,9	−5,9	−4,2	−2,4	0,4
Öffentliche Haushalte	1,3	−2,5	−4,3	−2,0	−2,6	−2,1	−0,3
Ausland	0,3	0,1	0,2	0,1	1,8	2,1	−2,0

[a])alte Bundesländer bis 1987
[b])Saldo des Auslandssektors = (bereinigte) Leistungsbilanz mit umgekehrten Vorzeichen
Quelle: Ameco Datenbank

Verschuldensbereitschaft des Unternehmenssektors zurückzuführen. Zwar gab es in den 90er Jahren eine deutliche Erhöhung der Unternehmergewinne. Diese Gewinnsteigerung führte aber nicht zu höheren Investitionen (und zusätzlicher Kreditnachfrage), sondern wurde von den Unternehmen für eine Reduzierung ihrer Netto-Schuldaufnahme genützt. Damit in Zusammenhang steht eine durch die Geldpolitik bestimmte Konstellation von im Verhältnis zur Wachstumsrate hohen Zinssätzen, die dazu führte, Finanzanlagen gegenüber Realkapitalinvestitionen zu begünstigen.

In Österreich zeigte sich eine ähnliche Entwicklung. Die antizyklisch wirkende Reduzierung der privaten Sparquote führte allerdings zu einer Verringerung des Finanzierungsüberschusses der privaten Haushalte, was in gesamtwirtschaftlicher Betrachtung die Rückführung der negativen Finanzierungssalden des öffentlichen Sektors erleichterte. Auch in anderen Staaten (speziell USA) war die Budgetkonsolidierung vor allem mit einer deutlichen Ausweitung der Inlandsnachfrage, getragen vor allem durch eine erhöhte Verschuldungsbereitschaft – und damit geringeren positiven Finanzierungsalden – der privaten Haushalte, verbunden. In den Niederlanden wurde dagegen etwa die Budgetkonsolidierung im Zusammenhang mit einer massiven Erhöhung des Leistungsbilanzüberschusses (1998: 6,9 %) „zu Lasten" der Außenhandelspartner erreicht (vgl. Nowotny 1999).

Die Entwicklung der Finanzierungssalden ist nicht nur für die Analyse konjunktureller, sondern auch für die Analyse langfristiger Entwicklungstendenzen der öffentlichen Verschuldung von Interesse. Wenn eine längerfristige Tendenz zu wachsenden Finanzierungsüberschüssen der privaten Haushalte bestehen sollte, würde sich dies, insbesondere bei Zusammenfallen mit längerfristigen „realwirtschaftlichen" Tendenzen einer Wachstumsverlangsamung (z. B. demographische Faktoren, Sättigungstendenzen etc.) und einer damit verbundenen geringeren Investitionsneigung, in wachsenden negativen Finanzierungssalden des öffentlichen Sektors niederschlagen. Solche Tendenzen wurden von Keynes, vor allem aber von nachkeynesianischen „Stagnationstheoretikern" erwartet (vgl. Steindl 1979) und liegen auch (aber nicht ausschließlich) dem oben dargestellten Konzept der „funktionalen Finanzpolitik" zugrunde.

Literatur

Bofinger, P., Grundzüge der Volkswirtschaftslehre, München, 2020.

Kalecki, M. Political Aspects of Full Employment. In: The Political Quarterly, 1943.

Mooslechner, P. und Nowotny, E., Gesamtwirtschaftliche Finanzierung und öffentliche Verschuldung. Österr. Forschungsinst. für Sparkassenwesen, 1980.

Nowotny, E. The Role of Macroeconomic Policy in Overcoming Slow Economic Growth. In: W. Filc (Hrsg.) The Role of Macroeconomic Policy. Berlin 1999.

Steindl, J., Stagnation theory and stagnation policy, Cambridge Journal of Economics, 1979, 3, 1–14.

Weiterführende Literatur

Afonso, A., Silva Leal, F., Fiscal Multipliers in the Eurozone: an SVAR Analysis, 2019, Applied Economics, Vol. 51, 5577–5593

Balderstone, T. The Origins of Economic Instability in Germany 1924-1930. Market Forces versus Economic Policy, in: Vierteljahresschrift zur Sozial- und Wirtschaftsgeschichte 1982, 69:488–514.

Blanchard, O., Amighini, A., Giavazzi, Macroeconomics: A European Perspective, 2021, Pearson.

Blanchard, O., Leigh, D., Growth Forecast Errors and Fiscal Multipliers, American Economic Review, 2013, Vol. 103(3), 117–120.

Čapek, J., Crespo Cuaresma, J., Holler, J., Schuster, P., Fiscal multipliers in a small open economy: the case of Austria, *Oxford Economic Papers*, 2021.

Felderer, B., Homburg, St. Makroökonomik und neue Makroökonomik. 6. Aufl., Berlin-Heidelberg 1994.

Hahn, F., Solow, R. A Critical Essay on Modern Macroeconomic Theory. Oxford 1997.

Jarchow H.-J. Fiskalpolitik in einer Währungsunion. In: FA, 1993, Bd. 50/2:187 ff.

Klausinger, H. Alternativen zur Deflationspolitik Brünings. In: Wirtschaft und Gesellschaft 1998, 24.Jg. (1998), Heft 2.

Kletzer, K. Taxes and Stabilization in Contemporary Macroeconomic Models. In: International Tax and Public Finance 2006, 351:371

Nordhaus, W.D. The Political Business Cycle. In: Review of Economic Studies 1975, 42:169–190.

Reinhart, C., Rogoff, K., Growth in a time of debt, American Economic Review, 2010, Vol. 100(2), 573–578.

Schäfer, C., Totaute, B. Beschäftigungssichernde Finanzpolitik. Frankfurt-New York 1980.

Spilimbergo, A., Schindler, M., Symansky, S., Fiscal Multipliers, International Monetary Fund Staff Position Notes, 2009, Nummer 11.

Stiglitz, J.E. On the Relevance or Irrelevance of Public Financial Policy. In: K.J. Arrow, M.J. Boskin (Hrsg.) The Economics of Public Debt, 41 ff, London 1988.

Walterskirchen, E., Budgetdefizite und private Überschüsse. WIFO Monatsberichte (monthly reports), 57(1), 1984, 10–27.

Winckler, G., Hochreiter, E., Brandner, P. Deficits, Debt and European Monetary Union. In: G. Calvo, M. King (Hrsg.) The Debt Burden and Its Consequences For Monetary Policy. New York-London 1998.

20 Fiskalpolitik und Geldpolitik

Lernziele

- In modernen Demokratien – und speziell in der EU – gibt es eine Unterscheidung zwischen der von demokratisch legitimierten Politkern bestimmten Fiskalpolitik und der von unabhängigen Notenbanken bestimmten Geldpolitik – wobei die Unabhängigkeit der Notenbanken selbst wieder selbstverständlich auf gesetzlicher Grundlage besteht. In ihren wirtschaftlichen Wirkungen sind die beiden Politikbereiche der Geld- und der Finanzpolitik freilich in vielen Bereichen verbunden. Daraus ergeben sich Koordinierungserfordernisse, es werden aber auch die beiden Extremfälle der „fiskalischen Dominanz" und der „monetären Dominanz" dargestellt.
- Das spezielle Mandat der Notenbanken zur Sicherung der Preisstabilität wird unter dem Aspekt der Zusammenhänge von Geld- und Finanzpolitik in Hinblick auf historische Erfahrungen und auf analytische Perspektiven diskutiert. Hier zeigt sich ein breites Spektrum zwischen dem Verbot der monetären Staatsfinanzierung im EU-Vertrag bis hin zu Ansätzen der „funktionalen Finanzwirtschaft".
- Von besonderer Bedeutung ist die Kooperation von Finanzpolitik und Notenbanken im Bereich der Sicherung der Finanzmarktstabilität, das heißt der Aufrechterhaltung eines gesamtwirtschaftlich effizienten und sicheren Bankensystems. Präventiv von Bedeutung ist hier der Bereich der staatlichen Bankenregulierung und der, zum Teil durch Notenbanken ausgeübten, Bankenaufsicht. Speziell eingegangen wird aber auch auf die Herausforderungen, die sich im Krisenfall ergeben. Zentral sind hier die Zusammenhänge zwischen Wirt-

E. Nowotny und M. Zagler, *Der öffentliche Sektor*,
https://doi.org/10.1007/978-3-658-36042-9_20

schaftskrise, Bankenkrise und Finanzkrise bis hin zum Extremfall des Staatskonkurses.

20.1 Verbindungen von Fiskal- und Geldpolitik

Fiskalpolitik und Geldpolitik sind in vielfacher Weise ökonomisch verbunden und andererseits durch institutionelle Akzentsetzungen differenziert. Beide sind in ökonomischer Betrachtung Teile des nicht-privatwirtschaftlichen öffentlichen Sektors mit jeweils privilegiertem Zugang zu privatwirtschaftlichen Ressourcen. Im Fall der Finanzpolitik ist dieser Zugang begründet auf der rechtlichen Ermächtigung, Steuern einzuheben, im Fall der Geldpolitik auf der Fähigkeit der Schöpfung von Zentralbankgeld. Diese Ermächtigungen beruhen auf einem implizierten oder verfassungsrechtlichen fundierten „sozialen Kontrakt" (Borio und Disyatat 2021). Besteuerung wird als notwendig gesehen um für die Gesamtwirtschaft wichtige öffentliche Güter erstellen zu können (siehe Kap. 3). Die Bereitstellung von „sicherem" Geld (in unterschiedlichen Formen) als Zahlungsmittel und als Bewertungseinheit ist essentiell für das Funktionieren einer Marktwirtschaft. In den meisten demokratischen Staaten bestehen dabei unterschiedliche Entscheidungsstrukturen für den Bereich der Finanz- und für den Bereich der Geldpolitik. Die Finanzpolitik agiert prinzipiell auf Basis demokratischer Entscheidungsstrukturen, etwa in Form parlamentarisch beschlossener Steuergesetze (siehe Kap. 10). Die Notenbanken als Träger der Geldpolitik agieren heute in den meisten Demokratien als **unabhängige Institutionen.**

Historisch gesehen wurden Notenbanken allerdings zunächst als Instrument der Staatsfinanzierung gegründet. Auch aus wirtschaftstheoretischer Sicht gibt es weder aus einer strikt monetaristischen[1], noch aus einer strikt keynesianischen[2] Perspektive eine Empfehlung für eine vom Staat unabhängige Notenbank. Speziell unter dem Eindruck der Hyperinflation in den 1920er Jahren wurde im Deutschland der Nachkriegszeit dagegen eine unabhängige Notenbank als zentrales Bollwerk gegen Inflationsgefahren gesehen[3]. In der wirtschaftswissenschaftlichen Diskussion wurde speziell das Problem der **„Zeitinkonsistenz"** (Zeitinkonsistenz bedeutet, dass das Verhalten von Regierungen sich nicht an makroökonomischen Erfordernissen, sondern an Wahlterminen orientiert

[1] M. Friedman (1962, S. 51): „Money is much too serious a matter to be left to the Central Bankers".

[2] Beveridge (1945, S. 178): „The Bank of England should become in peace as it is in war an agency of the State".

[3] W. Röpke (1953, S. 50): „Die Unabhängigkeit der Notenbank … ist gegenüber allen (insbesondere politischen) Inflationsinteressenten zu sichern".

etwa in Form von zusätzlichen Ausgaben („Wahlgeschenken") vor einer Wahl (vgl. Blankart 2017, S. 269 f.) als Argument für die Unabhängigkeit von Notenbanken angeführt. Verbunden mit einer Tendenz zur Reduzierung staatlicher Lenkungsinstrumente („De-Regulierung") ab den 1960er Jahren wurden in der Folgezeit nach dem Beispiel der Deutschen Bundesbank auch andere Notenbanken in die „Unabhängigkeit" entlassen (siehe E. Görgens et al. 2008). Die Unabhängigkeit der Europäischen Zentralbank ist im EU-Vertrag verankert.

Unabhängige Notenbank-Politik bedeutet aber nicht das willkürliche Wirken „ungewählter Bürokraten", sondern zunächst stehen Notenbanken heute im überwiegenden Maß im öffentlichen Eigentum, bzw. gibt es staatliche Dominanz bei der Bestellung der Notenbank-Leitung. Um die personelle Unabhängigkeit zu stärken ist dabei meist eine über Legislaturperioden hinwegreichende Amtszeit vorgesehen.[4] Inhaltlich hat sich die Führung der Notenbank zu orientieren an dem von den demokratischen Instanzen festgelegten Mandat der Notenbank, wobei in den entsprechenden gesetzlichen Regelungen meist auch eine Informations- und Berichtspflicht gegenüber entsprechenden parlamentarischen Instanzen vorgesehen ist. Das gesetzlich festgelegte Mandat der Notenbank wird dabei jeweils den entsprechenden politischen Präferenzen der einzelnen Staaten entsprechen. Im Fall der EZB sieht der EU-Vertrag eine Priorität vor bei der Sicherung von Preisstabilität, bei Erreichen dieses Zieles sind auch andere Ziele der Wirtschaftspolitik für die EZB von Bedeutung[5]. Der US-Notenbank liegt dagegen ein dreifaches Mandat zugrunde – hoher Beschäftigungsstand, Preisniveaustabilität, moderate langfristige Zinsen. Die weitere Umsetzung, z. B. die operative Definition des Begriffes Preisstabilität, liegt dann in der Entscheidungskompetenz der jeweiligen Notenbanken.

In ökonomischer Betrachtung gibt es selbstverständlich eine Vielzahl von Zusammenhängen zwischen Fiskal- und Geldpolitik. Ein unmittelbarer Zusammenhang ergibt sich aus den, dem staatlichen Geldmonopol entsprechenden, Geldschöpfungsgewinnen („Seigniorage")[6] der Notenbank und der darauf beruhenden Gewinnausschüttung an öffentliche Haushalte (siehe Abschn. 10.1). Ein grundlegendes Spannungsfeld zeigt sich

[4] Bei der Europäischen Zentralbank werden die Mitglieder des Direktoriums auf 8 Jahre bestellt, ohne Möglichkeit einer weiteren Amtszeit.

[5] Art. 127 AEUV: „Das vorrangige Ziel des Europäischen Systems der Zentralbanken (ESZB) ist es, die Preisstabilität zu gewährleisten. Soweit dies ohne Beeinträchtigung der Ziele der Preisstabilität möglich ist, unterstützt das ESZB die allgemeine Wirtschaftspolitik der Union, um zur Verwirklichung der im Art. 3 AEUV festgelegten Ziele der Union beizutragen." Zu den Zielen nach Art. 3 zählt u. a. „eine in hohem Maße wettbewerbsfähige soziale Marktwirtschaft, die auf Vollbeschäftigung und sozialen Fortschritt abzielt".

[6] Seigniorage wird auch als Steuer auf Geldvermögen bezeichnet. Dies gilt dann, wenn Geldschöpfung zu Inflation führt, und damit der Wert bestehenden Geldes gemindert wird (Cagan, P., The Monetary Dynamics of Hyperinflation, 1956).

hinsichtlich der Zusammenhänge zwischen Fiskal- und Geldpolitik in Bezug auf Aspekte der gesamtwirtschaftlichen Stabilisierung. In einer normativen Betrachtung werden dabei die zwei Extremfälle der fiskalischen und der monetären Dominanz einander gegenübergestellt[7]. Bei **fiskalischer Dominanz** stellt die Geldpolitik die Solvenz, die Zahlungsfähigkeit, des Staates sicher, während das Inflationsniveau (auch) von der Fiskalpolitik bestimmt wird - freilich neben allfälligen (cost-push-Faktoren). In politischer Übertragung wird dies als eine Konstellation gesehen, wo die Notenbank nicht mehr überwiegend das Ziel der Preisstabilität verfolgt, sondern auch Aspekte der Finanzpolitik berücksichtigt. Unter **monetärer Dominanz** wird dagegen eine Konstellation gesehen, wo eine Notenbank sich ausschließlich auf das Ziel der Preisstabilität konzentriert und alle fiskalischen Risken, die von Maßnahmen der Geldpolitik (z. B. Zinserhöhungen) ausgehen, durch Anpassungen im Bereich der Finanzpolitik (z. B. im Bereich der Beschäftigungspolitik) abgedeckt werden müssen.

Die wirtschaftliche Realität liegt freilich zwischen den beiden Extremformen. Sowohl Geldpolitik, wie auch Finanzpolitik beeinflussen die gesamtwirtschaftliche Nachfrage und das gesamtwirtschaftliche Angebot. Die Finanzpolitik in direkter Form über Ausgaben- und Einnahmenentscheidungen mit spezieller Wirkung auf Wirtschaftswachstum und Einkommensverteilung. Die Geldpolitik wirkt stärker in indirekter Form, zunächst über Sicherung von Preisstabilität als Voraussetzung marktwirtschaftlicher Allokation und im Speziellen über Einflussnahme auf Zinssätze und Zinsstruktur.

20.2 Finanzpolitik und gesamtwirtschaftliche Ungleichgewichte

Von besonderer Bedeutung ist der Zusammenhang von Geld- und Fiskalpolitik im Fall makroökonomischer Ungleichgewichte, wie zu hoher Inflation oder hoher Arbeitslosigkeit (vgl. auch Kap. 7 und 19). Inflation ist als Symptom immer ein monetäres Phänomen, nach ihrer Verursachung ist aber zwischen Angebotsinflation (z. B. durch Ölpreis-Schock) und Nachfrageinflation zu unterscheiden. Nachfrageinflation entsteht durch Überschießen der kaufkräftigen Nachfrage gegenüber dem gesamtwirtschaftlichen Produktionspotential. Von spezieller historisch-traumatischer Bedeutung ist für den deutschen Sprachraum dabei die Erfahrung der **Hyperinflation** nach dem Ersten Weltkrieg, die zur weitgehenden Vernichtung von Geldvermögen (und damit freilich auch zur Eliminierung der Verschuldung von Industrie, Landwirtschaft und Staat) führte.

Unmittelbarer Auslöser war, wie bei den meisten Inflationsphasen, das vorhergehende Kriegsgeschehen, das zu einem massiven Überhang der Nachfrage gegenüber dem durch den Krieg reduzierten Angebot geführt hatte. Im konkreten Fall Deutschlands kam hinzu, dass es 1923 zur Sicherung der gewaltigen Reparationszahlungen zu

[7]Vgl. z. B. M. K. Brunnermeier, H. James, J.-P. Landauf (2016, S. 93).

einem Einmarsch französischer und belgischer Truppen in das Ruhrgebiet, damals das wirtschaftliche Zentrum Deutschlands, kam. Als Protest dagegen wurde im Ruhrgebiet ein Generalstreik ausgerufen. Um dies wirtschaftlich zu ermöglichen, leistete die Reichsregierung im großen Umfang Sozialleistungen an die Streikenden. Da es politisch und ökonomisch unmöglich war, diese Leistungen durch Steuergelder zu finanzieren, erfolgte die Finanzierung ausschließlich über die Notenbank. Dies führte dann zur explosiven, „galoppierenden" Phase der Inflationsentwicklung, die erst durch eine Währungsumstellung im November 1923 beendet werden konnte[8].

Die unmittelbare Finanzierung öffentlicher Ausgaben über die „Notenpresse" war bei dieser Entwicklung Symptom, aber nicht eigentliche Ursache der Hyper-Inflation. Die Ursachen dramatischer Inflationsphasen liegen immer im politischen Bereich. Die traumatische Erfahrung der Hyper-Inflation hat, speziell in Deutschland, zum Verbot einer **„monetären Finanzierung"** des Staates, d. h. einer direkten Finanzierung staatlicher Ausgaben durch die Notenbank, geführt.[9] Diese strengen Regelungen wurden über den EU-Vertrag auch auf das Verhältnis zwischen EZB und Finanzpolitik übertragen. Maßgeblich dafür ist vor allem das Verbot der direkten Staatsfinanzierung gemäß Art. 123 AEUV (siehe Abschn. 7.1).

Zur Bekämpfung inflationärer Entwicklungen stehen den Notenbanken eine Vielzahl von Maßnahmen zur Verfügung, bei denen es letztlich immer um dämpfende Einflussnahme auf Kosten und Verfügbarkeit der Finanzierung von privaten und öffentlichen Investitions- und Konsumausgaben geht. Vonseiten der Fiskalpolitik kann eine Politik der Sicherung der Preisstabilität über das Wirken der automatischen Stabilisatoren hinaus unterstützt werden durch die Maßnahmen der „restriktiven Seite" des EU-Stabilitätspaktes und die entsprechenden nationalen Stabilitätsregeln (siehe Abschn. 7.4). Neben generellen Maßnahmen auf der Einnahmen- und Ausgabenseite kann hier auch die Gestaltung der Gehaltsentwicklung für öffentliche Bedienstete, der oft eine „Leitfunktion" für die gesamtwirtschaftliche Lohndynamik zukommt, eine wichtige Rolle spielen. Insgesamt ist das Instrumentarium der Geldpolitik in „politisch normalen" Zeiten stark genug, um in Kooperation mit der Fiskalpolitik starke nachfrageseitig bestimmte Inflationsentwicklungen zu verhindern. Dabei wird es auch darum gehen, ausgeprägte Inflationserwartungen zu brechen – was in der Regel für einen gewissen Zeitraum mit einer wirtschaftlichen Rezessionsentwicklung verbunden sein wird.

Schwieriger ist die Kooperation von Fiskal- und Geldpolitik, wenn es darum geht, einer Unterauslastung des gesamtwirtschaftlichen Produktionspotentials und damit verbundenen deflationären Tendenzen einer Volkswirtschaft entgegenzutreten. Das dramatische Beispiel einer mangelnden Kooperation von Geld- und Fiskalpolitik stellt in historischer Betrachtung die verheerende Weltwirtschaftskrise ab 1929 dar. Geprägt

---

[8] Für einen umfassenden Überblick siehe C. L. Holterich (1980).

[9] In anderen Staaten gibt es flexiblere Regelungen, etwa in Kanada, wo die Notenbank verpflichtet ist, einen bestimmten Prozentsatz der neu emittierten öffentlichen Schuld direkt zu übernehmen.

vom Trauma der ursächlich als Folge des verlorenen Krieges entstandenen großen Inflation 1923 reagierten in dieser Krise sowohl Geld-, wie Fiskalpolitik nicht oder nicht ausreichend Nachfrage-stärkend. Dies führte speziell in Deutschland und Österreich zu einem gewaltigen Anstieg der Arbeitslosigkeit – was politisch letztlich zum Ende der Demokratie in diesen Staaten führte. Demgegenübers gelang in den USA unter Präsident Roosevelt mit dem „New Deal" ein umfassendes, wenn auch insgesamt noch nicht ausreichendes, fiskalisches Expansionsprogramm, das auch zur Stabilisierung der demokratischen Strukturen führte (vgl. Rauchway 2020). Ähnliche Programme erfolgten in einzelnen skandinavischen Staaten. Es ist nicht ohne traurige Ironie, dass die deutsche Reichsbank, die der Republik die monetäre Finanzierung eines fiskalischen Stabilisierungsprogramms verweigerte (verweigern musste?), dem nachfolgenden autoritären Regime in Form der „Mefo-Wechsel" eine monetäre Finanzierung für ein umfassendes Expansionsprogramm ermöglichte. Im Gegensatz zu den USA war dieses Programm freilich massiv an einer militärischen Aufrüstung orientiert. In der ökonomischen Wirkung führte es aber zu einem raschen Abbau der gewaltigen Arbeitslosigkeit und damit zu einer Stabilisierung des diktatorischen Regimes. Erst 1939 wies die Reichsbank auf die mit der Kriegsfinanzierung verbundenen Inflationsgefahr hin – worauf Hitler mit der sofortigen Entlassung der Direktoriumsmitglieder reagierte (Bofinger, S. 281).

Eine expansive Wirtschaftspolitik zur Schließung einer Nachfragelücke und zur Verhinderung deflationärer Tendenzen wird eine Kooperation von Finanz- und Geldpolitik erfordern. Die Rolle der Notenbanken besteht dabei im Wesentlichen darin, durch niedrige Zinsen und ausreichende Liquiditätsversorgung die Voraussetzungen für einen Anstieg von Konsum und Investitionen zu schaffen. Dies stellt eine notwendige, aber nicht hinreichende Voraussetzung für einen Wirtschaftsaufschwung dar. Hier sind Impulse vonseiten des öffentlichen Sektors und des Exportsektors einer Volkswirtschaft erforderlich.

Mit dem expansiven Einsatz von Geldpolitik kann freilich auch die Gefahr eines „Überschießen" in Richtung inflationärer Entwicklungen gegeben sein. Nicht zuletzt im Hinblick auf die oft erheblichen Wirkungsverzögerungen von Geldpolitik, ist deren Einsatz daher nicht für die Behebung kurzfristiger gesamtwirtschaftlicher Störungen geeignet. Hier sind unmittelbare fiskalpolitische Interventionen erforderlich (siehe Kap. 19). Bei längerfristigen und tiefen Wirtschaftseinbrüchen ist eine Abstützung durch Geldpolitik jedenfalls erforderlich, wie auch die historische Erfahrung zeigt.

Die expansiven Maßnahmen der Geldpolitik werden über das „konventionelle" Instrument von Zinssenkungen erfolgen (wo es aber eine Untergrenze nahe bei Null gibt) und durch „unkonventionelle Maßnahmen". Von spezieller Bedeutung sind hier vor allem die Instrumente des „Quantitative Easing", das heißt der Schaffung von zusätzlicher Liquidität durch Ankauf von öffentlichen und privaten Wertpapieren. Der vonseiten der Notenbank weitaus überwiegende Teil dieser Programme bezieht sich auf Anleihen des öffentlichen Sektors. In Bezug auf kurzfristige Staatspapiere ist dies als **„Offen-Markt-Politik"** Teil des konventionellen Instrumentariums der Notenbank-

Politik. Stabilisierungsprogramme im Rahmen des „Quantitative Easing“ beziehen sich dagegen auf längerfristige Staatspapiere (und in geringerem Ausmaß auf Unternehmensanleihen). Bei erheblichen Größenordnungen der Ankäufe von Staatspapieren können sich freilich Spannungen mit dem Verbot der Staatsfinanzierung ergeben. Dies führte in der Tat auch zu strittigen Verfahren vor dem deutschen Bundesverfassungsgerichtshof und dem Europäischen Gerichtshof (EuGH).

Letztlich ergab sich für das Ankaufsprogramm (Asset purchase program, **APP**) der EZB eine rechtlich klare Struktur hinsichtlich der zugrunde liegenden Staatsanleihen: Es handelt sich ausschließlich um Ankäufe auf den Sekundarmärkten (d. h. via Banken, nicht direkt von öffentlichen Emittenten). Anleihen sind in Euro denominiert und müssen prinzipiell **„investment-grade“** aufweisen[10]. Die Verteilung der Ankäufe unter den Mitgliedstaaten erfolgt nach deren jeweiligem Anteil am EZB-Grundkapital; es gibt also kein „risk-sharing“.[11] Das Volumen der von der EZB angekauften Anleihen darf nicht 33 % der Gesamttranche einer Anleihe übersteigen und die Gesamtheit der Anleihenkäufe in Bezug auf ein Land darf nicht 33 % des Gesamtvolumens der ausstehenden Staatsanleihen übersteigen. All dies sind Regelungen, die nicht unter geldpolitischen Aspekten erstellt wurden, sondern unter der politischen Absicht, innereuropäische „Transfers“ zu vermeiden und unter finanzpolitischen Risikoaspekten. Gerade in Krisenzeiten können sich aus diesen Regelungen freilich problematische Begrenzungen für den stabilisierungspolitischen Einsatz in einzelnen Mitgliedstaaten ergeben. Entsprechend wurde dann das zur Bekämpfung der finanziellen Folgen der Pandemie entwickelte, mit 1850 Mrd. € dotierte, Pandemie-Notfallankaufprogramm (Pandemic Emergency Purchase Programm, **PEPP**) mit größerer Flexibilität ausgestaltet.[12] Dieses Programm ist als Krisenprogramm aber befristet (bis mindestens Ende März 2022 und jedenfalls bis zum Ende der Coronavirus-Krise).

Gegenüber diesen konkreten institutionellen Formen der stabilisierungspolitischen Kooperation von Finanz- und Geldpolitik gibt es auch weitergehende Vorschläge für geldpolitische Alternativen zu Maßnahmen der Fiskalpolitik. Dazu zählt etwa der auf Milton Friedman zurückgehende, vom früheren Präsidenten der US-Notenbank, Ben Bernanke (2004), wieder aufgegriffene Vorschlag des **„helicopter money“.** Dabei geht es darum, Notenbank-Geld nicht indirekt über das Bankensystem, sondern als Transferzahlungen direkt an die Staatsbürger bzw. Steuerzahler zu leiten und so eine Konsumgetriebene Konjunkturbelebung zu erreichen. Eine in den USA tatsächlich eingesetzte

[10] Das heißt, sie dürfen nach dem Urteil der vier von der EZB herangezogenen Rating-Agenturen einen gewissen Risikograd nicht unterschreiten. Nach der Rating-Struktur der Rating Agentur Moody's darf z. B. die Einstufung nicht unter der Rating-Klasse Baa3 liegen. Ausnahmen sind aber möglich bei Staaten in einem EU-Reform-Programm.

[11] Dies gilt nicht für den 8 % Anteil der direkt von der EZB gekauft wird.

[12] Entsprechend überschreitet die EZB nun (Mitte 2021) unter Einbeziehung der PEPP-Ankäufe vielfach die 33 % Grenze für den Anteil am Gesamtbestand an Staatsanleihen.

Variante besteht in direkten zusätzlichen staatlichen Transfer-Zahlungen (oder Steuer-Rabatten) auf Basis von Notenbank-Finanzierung. Um zu verhindern, dass diese Transfers für zusätzliche Ersparnis verwendet werden, gibt es auch die Möglichkeit, diese staatlichen Transfers in Form von Gutscheinen zu vergeben, die für den Kauf von Gütern verwendet werden können (Bartsch et al. 2019).

Ein umfassenderes Konzept der direkten Notenbank-Finanzierung des öffentlichen Sektors ist das Konzept der „funktionalen Finanzwirtschaft", bzw. der darauf aufbauenden **„Modern Monetary Theory (MMT)"**. Die Konzepte einer vollen Integration von Geld- und Finanzpolitik und damit einer umfassenden monetären Finanzierung des öffentlichen Sektors sind zwar in vielen Aspekten „theoretisch logisch und bestechend" (F. Neumark 1961, S. 184), weisen aber viele, zum Teil nicht lösbare, Probleme hinsichtlich der praktischen Umsetzung auf. So wird hier der öffentliche Sektor nur hinsichtlich seiner Stabilisierungsfunktion betrachtet und auch in Bezug auf diese Funktion wird es sehr schwer sein, angesichts der unterschiedlichen technischen Aspekte und Wirkungsverzögerungen der einzelnen Maßnahmen die erforderliche konjunkturelle Abstimmung zu erreichen.

Grundsätzlich stellt sich auch stets die Frage, wie politischer Missbrauch einer so umfassenden Konzeption zu verhindern ist. Dies spricht zweifellos eher für den Weg einer partiellen, speziell in Krisenzeiten aktivierbaren Kooperation zwischen Finanz- und Geldpolitik.[13] Von Bedeutung ist hier speziell auch die Einschätzung der langfristigen wirtschaftlichen Entwicklung. Geht man aus von einer Perspektive der „säkularen Stagnation", d. h. permanenter Deflations-Tendenzen, ergibt sich eine Notwendigkeit der permanenten staatlichen Stützung der gesamtwirtschaftlichen Nachfrage. Geht man dagegen aus von einer Perspektive kurzfristiger oder auch technologisch bestimmter langfristiger (Kondratjew-)Wachstumszyklen ist auch eine entsprechende Flexibilität in der Struktur der öffentlichen Einnahmen angebracht.[14]

Bezogen auf die institutionellen Grundlagen ist die Modern Monetary Theory an den US-amerikanischen Gegebenheiten orientiert. Für den Euro-Raum gilt dagegen, dass der einheitlichen Geldpolitik durch die Europäische Zentralbank keine einheitliche Fiskalpolitik mit einem europäischen Finanzminister gegenübersteht. Zwar gibt es Bemühungen um eine fiskalpolitische Koordination im Euro-Raum (siehe Abschn. 7.3), diese bietet aber nicht die Voraussetzungen für eine einheitliche Steuerbarkeit, wie sie für das Konzept der Modern Monetary Theory erforderlich ist. Entsprechend ist der Euro für jeden Teilnehmerstaat der Europäischen Währungsunion technisch gesehen

[13] Vgl. in diesem Sinn Wissenschaftlicher Beirat beim Bundesministerium der Finanzen, 1979, S. 124: „(Es ist) wenig umstritten, dass es in ausgeprägten Rezessionsperioden im Allgemeinen stabilitätspolitisch zweckmäßig ist, zur Vermeidung unerwünschter Entzugseffekte statt auf eine Kapitalmarktfinanzierung öffentlicher Ausgaben zumindest teilweise auf eine Zentralbankgeldschöpfung zurückzugreifen".

[14] Blankart (2017, S. 282).

eine Fremdwährung, mit keinem direkten Zugang zu Notenbank-Finanzierung. Für die USA erfolgte dagegen die öffentliche Verschuldung in eigener Währung mit de facto Zugang zu Notenbank-Finanzierung. Damit ist für die USA auch das Risiko eines Staatskonkurses (in eigener Währung) ausgeschlossen – was von den internationalen Kapitalmärkten hinsichtlich der Stellung des US-Dollars auch entsprechend honoriert wird.

20.3 Finanzmarktstabilität und öffentlicher Sektor

Eine Verbindung von Geld- und Finanzpolitik in Bezug auf Finanzmarktstabilität ergab – und ergibt – sich auch aus dem Interesse, spezifische Kreditunternehmen in staatlichem oder kommunalem Eigentum als Instrumente der Wirtschaftspolitik einzusetzen. Von besonderer Bedeutung sind hier **staatliche Förderbanken,**[15] die sich dank **Bundesgarantie** günstig refinanzieren können und die für eine Vielzahl von öffentlichen Interventionen, speziell Haftungsübernahmen, eingesetzt werden. Dies reicht von den Bereichen der Förderung von Exporten und Auslandsinvestitionen über Technologieförderung bis hin zu begünstigten Bildungskrediten.

Eine Verknüpfung von Finanzmarkt und öffentlichem Sektor ergibt sich auch im Bereich von genossenschaftlichem Eigentum (z. B. Raiffeisen-Gruppe) und im Sparkasensektor, wo es auch einen bedeutenden Bereich von Gemeinde-Sparkassen gab und gibt. Auf der Ebene der Bundesländer gab und gibt es als Zentralinstitute der regionalen Sparkassen und als Banken im Landeseigentum den Bereich der Landesbanken bzw. Landeshypotheken-Banken. Speziell um die Wohnbaufinanzierung zu erleichtern, wurden für Anleihen (bzw. Pfandbriefe) dieser Kreditunternehmen **Landesgarantien** gegeben, was sich in günstigen Konditionen bei der Kreditaufnahme auf den Kapitalmärkten auswirkte. Unter Aspekten der Wettbewerbsfähigkeit wurde dies schließlich von der EU-Kommission untersagt – allerdings mit einer relativ langen Anpassungsfrist. Manche der betroffenen Kreditunternehmen nutzten diese „letzte Chance" der günstigen Refinanzierung für gesteigerte Kapitalaufnahme, was dann vielfach höhere – oder zu hohe – Risikobereitschaft bei der Kreditvergabe zur Folge hatte. Dies führte im Zuge der Finanzkrise 2008 zu spezifischen Problemlagen bei einigen deutschen und österreichischen Kreditunternehmen.[16]

Generell zeigt sich jedenfalls in Krisenzeiten stets eine unmittelbare Verknüpfung von Finanz- und Geldpolitik. Dies beruht zum einen auf den makroökonomischen Aspekten der Krise, die durch die Wirkung automatischer Stabilisatoren und allfälliger zusätz-

[15] In Deutschland ist die wichtigste Förderbank der Kreditanstalt für Wiederaufbau **(KfW),** in Österreich das Austria Wirtschafts-Service (**AWS**) und die Österreichische Kontrollbank **(OeKB),** die als Bevollmächtigte der Republik Haftungen für Exporte und Direktinvestitionen übernimmt.

[16] Ein besonders dramatisches Beispiel ist die von der EU-Kommission erzwungene Abwicklung der früheren Großbank „WestLB" über die Portigon Nachfolgegesellschaft.

licher diskretionärer Maßnahmen zu einer oft abrupten Erhöhung der Defizite und damit der öffentlichen Verschuldung führen – mit entsprechenden Effekten für die Geld- und Kapitalmärkte. Ein unmittelbarer Konnex ergibt sich dabei auch jeweils in Bezug auf das Verhältnis zwischen den öffentlichen Finanzen und dem Bankensystem eines Staates.

Die Stabilität des Bankensystems ist von zentraler Bedeutung für die Resilienz einer Volkswirtschaft, sowohl des realen wie des monetären Sektors in Krisenzeiten. Bankenzusammenbrüche können zu massiven Verschärfungen einer Wirtschaftskrise beitragen, wie sich dramatisch etwa in der Weltwirtschaftskrise der 1930er Jahre zeigte. Die Sicherung der Finanzmarktstabilität ist demnach stets ein wesentliches Element der Krisenbewältigung durch die Finanz- wie auch die Geldpolitik. Dies gilt in der jüngeren Vergangenheit speziell für die vom Bankensektor ausgehende Finanzkrise der Jahre 2007–2012, ebenso aber auch für die von der Corona-Pandemie ausgehende Wirtschaftskrise der Jahre 2020/2021, wobei der gesamtwirtschaftliche Effekt der Corona-Krise der wesentlich größere war.

In finanzwirtschaftlicher Betrachtung war es in beiden Krisen von zentraler Bedeutung, die Kreditversorgung der Wirtschaft funktionsfähig zu erhalten. Angesichts der mit einer Krise dramatisch gestiegenen Unsicherheit war dabei eine externe Risikobegrenzung und die Bereitstellung staatlicher **Garantien** erforderlich. Im Fall der Corona-Krise wurden solche Garantien – meist über staatseigene Fördereinrichtungen – speziell für Neukredite von Banken an private Investoren und für die Absicherung von Kreditmoratorien zur Liquiditätsstützung gegeben. Im Fall der Finanzkrise spielten staatliche Garantien eine zentrale Rolle bei der Sanierung von Banken durch Abspaltung notleidender Kredite in eigene Abwicklungseinrichtungen **(„Bad banks“).** Durch Bereitstellung der Garantie konnte ein unmittelbarer Abwertungsbedarf vermieden werden und die Abwicklung über einen längeren Zeitraum – mit meist deutlich besserem wirtschaftlichem Erfolg – erfolgen. In einzelnen Fällen wurden auch staatliche Garantien an die entsprechenden Notenbanken für den Ankauf gefährdeter Aktiva (z. B. Hypothekenpapiere) gegeben[17]. Für besonders gravierende Fälle wurden auch eigenen Abwicklungsgesellschaften im direkten öffentlichen Eigentum geschaffen.[18] In Fällen der speziellen

[17] So etwa in den USA und in der Schweiz. Die meist von den Notenbanken verlangte staatliche Garantievergabe hatte dabei formaljuristische bzw. „optische“ Gründe. Ökonomisch können Notenbanken bei Kreditvergabe bzw. Übernahmen in eigener Währung nie in Konkurs geraten und können ihre geldpolitischen Aufgaben auch mit negativem Eigenkapital erfüllen.

[18] So in Deutschland der Finanzmarktstabilisierungsfonds als staatliche „Bad Bank“, der vor allem um den Kollaps der deutschen Großbank Hypo Real Estate zu vermeiden, die 2014 notleidende Tochter Depfa-Bank übernahm und deren Bilanzsumme von 2014 bis 2021 von 48,5 Mrd. auf 6,9 Mrd. abbaute. Insgesamt hat dieser Fonds seit seiner Gründung Verluste von rund 23 Mrd. € getragen, der endgültige finanzielle Effekt kann erst bei der Auflösung des Fonds festgestellt werden. Weiters hält der FMS die Anteile des Bundes an der Commerzbank. Ebenso wurde in Österreich im Zusammenhang mit der Krise der Hypo Alpe Adria Bank die Abwicklungsgesellschaft HETA-Asset Resolution gebildet, deren ursprüngliche Bilanzsumme von 11,7 Mrd. inzwischen ebenfalls deutlich abgebaut werden konnte.

„System-Relevanz", wo mit dem Ausfall eines Kreditunternehmens schwere Schäden für die betroffene Volkswirtschaft zu befürchten wären, kann es auch zu vollständiger oder teilweiser Verstaatlichung des entsprechenden Unternehmens kommen. Gestützt durch die Bonität des Staates wird eine Sanierung mit anschließender Re-Privatisierung angestrebt.

Ein anderer Aspekt der direkten, Eigentums-bezogenen, Intervention ergibt sich bei technischen oder gesundheitspolitischen Kriseninterventionen. Dies ist etwa der Fall, wenn aus Gründen der nationalen Sicherheit ein gewisses Ausmaß an Selbstversorgung mit sensiblen Produkten sichergestellt werden soll. Dies führte etwa dazu, dass sich der Staat im Rahmen der Corona-Pandemie zum Teil an gesundheitspolitischen „sensiblen" Unternehmen beteiligte. Ein langfristiger Aspekt betrifft Fragen der militärischen Sicherheit als Grund für direkte oder indirekte unternehmerische Interventionen des öffentlichen Sektors.

Schließlich ergibt sich ein wichtiger Konnex zwischen Finanz- und Geldpolitik aus der (auch) psychologischen **Versicherungsfunktion** des öffentlichen Sektors, wo es darum geht, die Gefahr einer selbstverstärkenden Panik auf den Finanzmärkten zu vermeiden. Hiefür sind verschiedene Systeme der **Einlagensicherung** erforderlich. Gegenüber Kreditunternehmen haben Notenbanken traditionell die Funktion des „lender of last resort", d. h. der Bereitstellung von Liquidität an Kreditunternehmen, die von ihrer Bilanzstruktur her solvent sind, die aber durch Gerüchte, Befürchtungen, etc. einem „run" auf die Bank, d. h. einem unkontrollierbaren Liquiditätsabzug, ausgesetzt sind. Die Einlagensicherung hat nun die Funktion, einem solchen „run" vonseiten privater – „retail" – Gläubiger zuvorkommen, indem sie vor allem die Verfügbarkeit für täglich fällige Einlagen, z. B. Spareinlagen, sichert. Dies ist mit den Mitteln eines Einzelinstitutes bank-technisch nicht möglich, es sind daher „Versicherungslösungen" durch den Bankensektor insgesamt bzw. einzelne Sektoren erforderlich.

In Zeiten massiver Panik werden aber angesichts der gewaltigen betroffenen Summen (z. B. der Gesamtheit der Spareinlagen) Zweifel an der Einsatzmöglichkeit der bestehenden „Versicherung" entstehen. Hier muss dann der Staat als Ausdruck seiner „übergeordneten Versicherungsfunktion" tätig werden. So sahen sich in der Finanzkrise 2008/2009 die meisten europäischen Staaten gezwungen, eine (zunächst) zeitlich und betragsmäßig unlimitierte Einlagengarantie abzugeben – ohne spezifische Vorkehrungen für eine finanzpolitische Abdeckung dieser Garantie vorzunehmen. In weiterer Folge wurde das Verhältnis zwischen Finanz- und Geldpolitik in Bezug auf Finanzmarktstabilität im Rahmen der **Europäischen Bankenunion** entwickelt. Diese beruht zunächst auf einem für den Euro-Raum einheitlichen Systems der Europäischen Bankenaufsicht **(Single Supervisory Mechanism, SSM)** durch die Europäische Zentralbank (EZB). Die größten Banken des Euroraumes werden von EZB direkt beaufsichtigt, die kleineren Banken durch die jeweiligen nationalen Aufseher nach Vorgaben des SSM. Zweite Schiene der Bankenunion ist der einheitliche Abwicklungsmechanismus **(Single Resolution Mechanism, SRM).** Gemäß der entsprechenden Richtlinie sollen die Kosten der Rettung und Abwicklung notleidender Banken künftig nicht vom Staat getragen werden **(„bail-out"),** sondern von den Eigentümern und wesentlichen

Gläubigergruppen (**„bail-in“**). Um die für eine Abwicklung nötigen Mittel zu sichern, wurde auf europäischer Ebene ein Abwicklungsfonds gebildet, der durch Zahlungen der europäischen Kreditunternehmer finanziert wird (**Single Resolution Fund, SRF**). Sollte dessen Volumen, speziell in der Aufbauphase, nicht ausreichen, ist vorgesehen, anstelle einer staatlichen Ausfallshaftung den **Europäischen Stabilitätsmechanismus** (ESM) als **„back-stop“** einzusetzen.

Spareinlagen sind nach den Regelungen der Europäischen Bankenunion nicht mehr in unbegrenzter Höhe staatlich geschützt, sondern entsprechend der EU-Richtlinie über **Einlagensicherungssysteme** mit bis zu 100.000 € pro Person und Bank. Die Umsetzung dieser Richtlinie erfolgte über die nationale Gesetzgebung[19], die jeweils nationale, von der Kreditwirtschaft finanzierte, Einlagensicherungssysteme vorsieht. Bezüglich der Schaffung einer einheitlichen Europäischen Einlagensicherung (**European Deposit Insurance System, „EDIS“**) als „dritte Säule“ der Europäischen Bankenunion konnte angesichts der unterschiedlichen nationalen Risikoprofile noch keine politische Einigung erzielt werden.

Von besonderer Bedeutung unter Aspekten der Finanzstabilität ist der Zusammenhang zwischen Banken und Staat in Zeiten von Wirtschaftskrisen. Dieser Zusammenhang wird häufig unter dem Betrifft „Teufelskreis“ – **„doom-loop“** – diskutiert. Ausgangspunkt ist, dass Staatsanleihen stets einen erheblichen Anteil am Gesamtkreditportfolio der Banken ausmachen, wobei dieser Anteil freilich je nach Staat erhebliche Unterschiede aufweist. Ein Teil dieser Staatsanleihen wird auch benötigt als Sicherstellung (**Collateral**) für Notenbankkredite und für regulatorische Erfordernisse. Weit überwiegend handelt es sich bei diesen Anleihen jeweils um Anleihen des Staates, in dem die Bank ihr Hauptgeschäft tätigt. Dieser **„home-bias“** verschärft die enge Verbindung zwischen öffentlicher Verschuldung einzelner Staaten und den Banken dieses Staates. Auf EU-Ebene gibt es eine Reihe von Vorschlägen, diesen home-bias durch Formen gesamteuropäischer Verschuldung zu lockern. Dies kann durch marktmäßige Konstruktionen[20] oder durch eine Entwicklung in Richtung „Eurobonds“ geschehen. Die Möglichkeiten der gemeinsamen Schuldaufnahme durch die EU im Rahmen des Aufbaupaketes „Next Generation EU“ gehen (begrenzt) in diese Richtung (siehe Abschn. 7.2).

Im Fall einer umfassenden Wirtschafts- und Finanzkrise, wie in den Jahren 2007 ff., wird sich eine solche Krise für die Banken unmittelbar in einer Verschlechterung ihres gesamten Kreditportfolios, steigendem Abwertungsbedarf, Liquiditätsengpässen und damit – krisenverschärfend – in geringen Möglichkeiten der Kreditvergabe an die Realwirtschaft auswirken. Es wird demnach insgesamt oder für einzelne Kreditunternehmen zu einer **„Banken-Krise“** kommen. Um dem entgegenzuwirken ist die Finanzpolitik gezwungen, massiv Mittel für Bankenrettung und Stabilisierung bereitzustellen. Ver-

---

[19] Zum Konzept der ESBies (European safe bonds) siehe u. a. Brunnermeier et al. (2011).

[20] In Deutschland und Österreich jeweils über ein „Einlagensicherung und Anlegerentschädigungsgesetz“.

bunden mit der krisenbedingten Gesamtverschlechterung der Haushaltslage kann dies zu einer **Staatsschulden-Krise** führen, die sich in einer Verschlechterung des **Kreditratings** der betroffenen Staaten auswirkt. Zwar sind Kredite an Staaten nicht mit Eigenkapital zu unterlegen (siehe unten), schlechtere Länderratings werden aber zu einem Wertverlust der von den heimischen Banken gehaltenen Staatspapiere führen, was zu einem weiteren **Abwertungsbedarf** in den Bilanzen der betroffenen Kreditunternehmen führt. Dies wird sich wieder in einer Verschlechterung der **Ratings** der entsprechenden Kreditinstitute und damit in einer Erschwerung – und jedenfalls Verteuerung – ihrer **Refinanzierungskosten** führen. Damit verbunden ist wieder eine weitere Verschlechterung der Finanzierungsmöglichkeiten für die Realwirtschaft, was zu einer weiteren **Abwärtsspirale** bei der gesamtwirtschaftlichen Krise führt. Eine besondere Dramatik ergibt sich, wenn die krisenbedingten Rating-Verschlechterungen soweit gehen, dass die Verpflichtungen eines Staates auf den Status **„non-investment-grade“**[21] absinken, was zu abrupten negativen „Kipp-Effekten“ („cliff-effects“) bei der Kapitalmarkt-Finanzierung von Staaten – und der Bonität der Banken – führen kann. Dieser „Teufelskreis“ **(doom-loop)** zwischen Staaten und Banken bedeutet eine Abwärtsspirale, die bis zum Verlust des Marktzugangs, damit zu Illiquidät und damit zu „Staatskonkurs“ („Sovereign default“) führen kann[22]. Von dieser Entwicklung können dann wieder Ansteckungseffekte auf andere Staaten (und Banken) ausgehen, bis hin zur existenziellen Gefährdung des gesamten Währungs- und Finanzsystems. Für eine vereinfachte Darstellung einer solchen Abwärtsspirale („Teufelskreis“) siehe Abb. 20.1.

Eine dramatische Illustration der Zusammenhänge von Banken- und Staatsfinanz-Krise war die „Euro-Krise“ der Jahre 2010/2012, die die Existenz der Europäischen Währungsunion insgesamt gefährdete. Eine Eskalation dieser Krise konnte nur durch ein Zusammenspiel von Finanz- und Geldpolitik verhindert werden. Konkret durch die Bereitschaft der Notenbank zu verstärkter Liquiditätsbereitstellung an Kreditunternehmen und im Rahmen der rechtlichen Möglichkeiten durch Ankäufe von Staatspapieren. Im Falle der unmittelbaren Gefahr staatlicher Illiquidität kamen auf EU-Ebene öffentliche Kredite in Form von mit Auflagen versehenen „Programmen“ von EU und IMF zum Einsatz, unterstützt durch Flexibilität bei der Liquiditätsbereitstellung durch die EZB. In weiterer Folge wurden die Möglichkeiten des – intergouvernmentalen – Europäischen Stabilitätsmechanismus (ESM) ausgebaut (siehe Abschn. 7.4).

Gleichzeitig gab – und gibt – es eine Diskussion, wie prophylaktisch die Entwicklung solcher Abwärtsspiralen verhindert werden kann[23]. Ein Ansatzpunkt besteht darin, das Halten von Staatsanleihen für Banken weniger attraktiv zu machen. Derzeit wird ent-

[21] Einen solchen partiellen Staatskonkurs erlitten z. B. die privaten Inhaber griechischer Staatsanleihen durch einen zwangsweisen Schuldenschnitt von 53,5 % auf den Nominalwert und eine massive Verlängerung der Laufzeiten („bail-in“).

[22] Siehe Abschn. 7.2.

[23] Vgl. u. a. S. Alogoskonfis und S. Langfeld (2019).

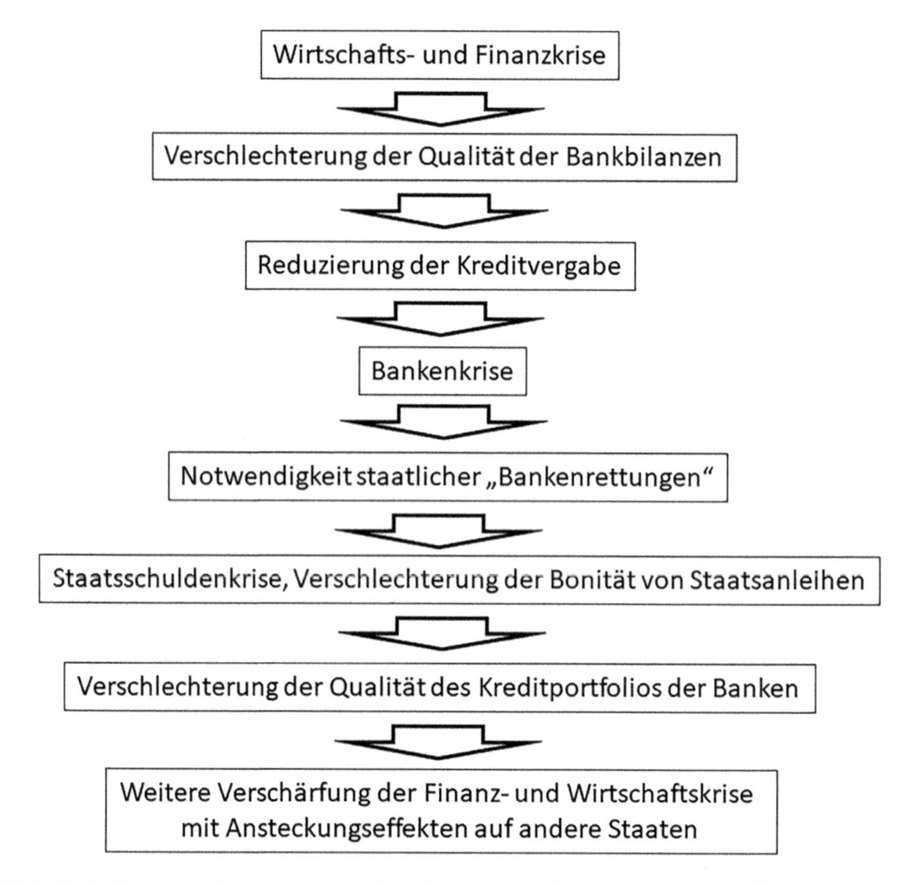

Abb. 20.1 Zusammenhänge von Wirtschaftskrise, Bankenkrise und Finanzkrise[24]

sprechend der EU-Kapitaladäquanzverordnung **(Capital Requirements Regulation – CRR)** für Forderung von Banken gegenüber Zentralregierungen und z. T. auch gegenüber Regionalregierungen und Kommunen – im Gegensatz zu Krediten an andere Wirtschaftsbereiche ein **Risikogewicht** von Null angesetzt. Das bedeutet, dass Kredite an staatliche Stellen nicht Teil der risikogewichteten Aktiva (RWA) der Banken darstellen und entsprechend nicht mit Eigenkapital zu unterlegen sind. Dem gegenüber hat der – weltweit agierende – Basler Ausschuss für Bankaufsicht vorgeschlagen, in Analogie zu den Gesamtregelungen der Kapitalunterlegungen (**„Basel III"**) auch den öffentlichen Bereich in ein Rating-basiertes System der erforderlichen Kapitalunterlegung von Banken einzubeziehen. Das würde selbstverständlich einen – je nach Land

[24] Vgl. u. a. Sachverständigenrat Sondergutachten 5.7.2012, Bofinger (2020, S. 555).

stark variierenden – zusätzlichen Kapitalbedarf der Banken – und indirekt eine Verteuerung des öffentlichen Kredites bedeuten. Ergänzend gibt es Vorschläge, dass mit Staatsfinanzierung verbundene Konzentrationsrisiko in den Bankbilanzen durch – teilweise – Einbeziehung in die regulatorischen Großkreditgrenzen zu berücksichtigen. Dies hätte freilich speziell problematische Effekte in Krisensituationen, wo heimische Banken angesichts der gegenseitigen Verbundenheit unter Umständen noch bereit sind, Staaten Kredite als letzte Möglichkeit für die Liquiditätssicherung in Krisensituationen zu gewähren. Für beide Vorschläge gab – und gibt – es auf internationaler Ebene entsprechend der Interessenslage der öffentlichen Haushalte keinen Konsens. Ein isoliertes Vorgehen im EU – oder Euro-Raum würde dagegen die internationale Wettbewerbsfähigkeit des europäischen Bankensystems massiv beeinträchtigen. Was aber durch die internationalen Kapitalanforderungen gemäß den **„Basel-Regeln“** erreicht werden konnte, ist eine insgesamt im Zeitablauf deutliche Verbesserung der Eigenkapitalausstattung der Banken. In der „Corona-Krise“ waren daher keine staatlichen Interventionen für den Bankenbereich nötig – im Gegenteil konnte der Bankenbereich im Zusammenspiel mit der Geldpolitik der Notenbank zur gesamtwirtschaftlichen Stabilisierung beitragen.

Literatur

Algoskonfis, S., Langfeld, S., Regulating the doom loop. ECB-Working Paper 2313, September 2019.

Bartsch, E., Boivin, J., Fisher, St., Hildebrand, Ph., Dealing with the next downturn: From unconventional monetary policy to unprecedented policy coordination. Black Rock Investment Institute, August 2019.

Beveridge, W. H., Full Employment in a Free Society. New York 1945.

Blankart, Ch. B., Öffentliche Finanzen in der Demokratie. München 2017.

Bofinger, P., Grundzüge der Volkswirtschaftslehre, 5. Aufl., München 2020.

Borio, C., Disyatat, P., A Monetary and Fiscal Policy: Priviledged powers, entwined responsibilities. SUERF Policy Note Nr. 238, May 2021

Brunnermeier, M. K. et al., ESBies: A Realistic Reform of Europe's Financial Architecture. Vox EU, Oct. 2011.

Brunnermeier, M. K., James, H., Landau, J.-P, The Euro and the Battle of Ideas. Princeton, 2016.

Friedman, M., Capitalism and Freedom. Chicago 1962.

Görgens, E., Ruckriegel, K., Seits, F., Europäische Geldpolitik, 5. Aufl., Stuttgart 2008.

Holterich, C.-L., Die deutsche Inflation 1914–1923. Berlin-New York 1980.

Neumark, F., Wirtschafts- und Finanzprobleme des Interventionsstaates. Tübingen 1961.

Rauchway, E., The Money Makers: How Roosevelt and Keynes Ended the Depression, Defeated Fascism and Secured a Prosperous Peace. New York, 2020.

Röpke, W., Kernfragen der Wirtschaftsordnung, ORDO, 1953, S. 27–64.

Weiterführende Literatur

Basler Ausschuss für Bankaufsicht, The regulatory treatment of sovereign exposures, December 2017, Basel.

Bernanke, B., What tools does the Fed have left? Part 3: Helicopter Money. Brookings Institution blog, 2004.

Blanchard, O., Public Debt and Low Interest Rates. In: American Economic Review, January 2019

Blyth, M., Longeran, E., Print less but transfer more. Why Central Banks should give money directly to the people. In: Foreign Affaires, Sept./Oct., 2014.

Deutsche Bank, Staatsfinanzierung durch heimische Banken – was tun?, EU-Monitor, April 2021.

Dornbusch, R., Inflation, Kapital und Defizit-Finanzierung. In: E. Nowotny, Hrsg., Öffentliche Verschuldung, Stuttgart, New York 1976, S. 108–116.

ECB, Financial Stability Review, Frankfurt, November 2020.

Schnabel, I., The sovereign -bank corporate nexus-virtuous or vicious?, ECB-press, 28.1.2021

Sundararjan, V. et al., Coordinating Public Debt and Monetary Management, IMF, Washington 1997.

Tobin, J., Grundsätze der Geld- und Staatsschuldenpolitik, Baden-Baden 1978 (Engl. Ausgabe 1963).

Turner, A., Between Debt and the Devil: Money, Credit and Fixing Global Finance. Princeton, 2015.

Werber, B., Mögliche Grenzen monetärer Staatsfinanzierung. In: Kurswechsel 1/2015, S. 88 ff.

21 Die Allokationsfunktion des öffentlichen Sektors

Lernziele

- Der öffentliche Sektor beeinflusst die Allokation in einer Wirtschaft in vielfältiger Weise. Durch die Förderung von Sparen kommt es zu einer Verschiebung des Konsums in die Zukunft, was sowohl aktuelle als auch zukünftige Generationen betrifft.
- Durch die Förderung von Investitionen kommt es zu einer Verschiebung von Konsumgütern zu Investitionsgütern, wodurch die Produktionskapazitäten steigen und in Zukunft mehr produziert werden kann.
- Ein wesentlicher Beitrag besteht durch die Technologiepolitik. Weil Innovationen in der Regel auf bestehenden Ideen aufbauen, deren Entdecker aber nicht abgegolten wurden (negative Externalität) kommt es in der Regel zu zu geringer Innovationstätigkeit, welche durch öffentliche Förderungen (oder direkte staatliche Bereitstellung etwa im Rahmen der Grundlagenforschung an Universitäten) kompensiert werden können.

21.1 Formen öffentlicher Allokationspolitik

Das Allokationsproblem besteht in der Frage, welche Güter und Leistungen in welchen Mengen (und Qualitäten) in einer Volkswirtschaft erstellt werden bzw. erstellt werden sollen. Bezogen auf den öffentlichen Sektor ergeben sich unter allokationspolitischen Aspekten vor allem folgende Fragestellungen:

E. Nowotny und M. Zagler, *Der öffentliche Sektor*,
https://doi.org/10.1007/978-3-658-36042-9_21

- Wie ist unter **positiv-ökonomischer** Betrachtung das Allokationsproblem hinsichtlich der Aufteilung der volkswirtschaftlichen Ressourcen zwischen öffentlichem und privatem Sektor in einer konkreten Volkswirtschaft gelöst und welche Bestimmungsfaktoren haben zu dieser Lösung geführt?
- Welche **normativen** Aussagen sind möglich hinsichtlich der Frage nach dem optimalen Verhältnis zwischen staatlicher und privater Allokation (Frage der optimalen intersektoralen Allokation)?
- Welche Notwendigkeiten und Möglichkeiten bestehen für den öffentlichen Sektor, in den Bereich der privaten, insbesondere marktmäßigen Allokation einzugreifen? Von besonderem Interesse ist hier der dynamische Aspekt der Allokationspolitik im Sinne einer **Wachstums- und Strukturpolitik.**

Das allokationspolitische Instrumentarium des öffentlichen Sektors kann in einem Kontinuum dargestellt werden, das von vollständigem und direktem öffentlichen Einfluss bis zu einer nur schwachen und indirekten allokativen Einflussnahme reicht. Als Beispiele für Einsatzmöglichkeiten, die dem öffentlichen Sektor im Rahmen seiner Allokationsfunktion zur Verfügung stehen, seien angeführt:

- Begründung und Durchsetzung von Eigentumsrechten: z. B. Möglichkeit gerichtlicher Klagen gegen Beeinträchtigung durch Lärm, Schmutz etc.
- Direkte administrative Vorschriften mit entsprechenden Strafsanktionen für ihre Verletzung („Regulierungen"): z. B. Bauordnungen, Regelungen des Marktzutritts, Umweltnormen, Verhaltensgebote (z. B. Wehrpflicht), administrative Verfahren im Bereich des Arbeitsmarktes (Arbeitszeitregelungen etc.) und des Außenhandels (Kontingentierungen, nichtzollmäßige Handelshemmnisse).
- Direkte Bereitstellung durch die öffentliche Hand bei Finanzierung durch allgemeine oder spezielle (zweckgebundene) Abgaben: z. B. Bau und Betrieb von Straßen und anderen Infrastruktureinrichtungen, staatliche Forschungsaufträge, Berücksichtigung wachstums- und strukturpolitischer Gesichtspunkte in der Beschaffungs- und Standortpolitik des öffentlichen Sektors.
- Bereitstellung über öffentliche oder gemeinwirtschaftliche Unternehmen mit an spezifischen öffentlichen Zielen orientiertem Unternehmensverhalten (z. B. Verzicht auf Ausnützen von Monopolstellungen, spezielle Betriebspflichten).
- Einsatz von Steuern und Gebühren als Lenkungsinstrument für Produktion und/oder Verbrauch: z. B. steuerliche Belastung von Emissionen (vgl. Abwasserabgabe), steuerliche Investitionsförderung, steuerliche Sparförderung; wachstums- und strukturpolitisch motivierte Zollpolitik (Schutzzölle).
- Ausgabenseitige öffentliche Subventionstätigkeit: Neben bzw. anstelle von steuerseitigen Begünstigungen können Förderungseffekte auch erzielt werden durch direkte Zuschüsse, z. B. für Forschungsförderung, Sparförderung, Investitionsprämien, Zinszuschüsse zur Verbilligung von Krediten, Verlustübernahmen oder auch durch nicht

kostendeckende Abgabe öffentlicher Leistungen (insbesondere Vorleistung für privatwirtschaftliche Produktion).
- Staatliche Risikoübernahme: Bürgschaften und Gewährleistungen zum Abdecken von Risiken privatwirtschaftlicher Aktivitäten, für die ein wachstums- und strukturpolitisches Interesse angenommen wird, für die jedoch nach privatwirtschaftlichen Ertrags-/Risiko-Überlegungen das Risiko als zu hoch angesehen würde, z. B. Risiken bei Exportgeschäften, Risiken bei technologischen Entwicklungen.

Es ist speziell darauf hinzuweisen, dass die oben dargestellte Systematik eine Vielzahl von **administrativen Wirkungsformen** enthält, die nicht mit öffentlichen Ausgaben oder Einnahmen verbunden sind und daher in der traditionellen Finanzwissenschaft vielfach vernachlässigt wurden. Tatsächlich können jedoch von solchen administrativen Regelungen (z. B. Umweltschutz-Normen) bedeutsame allokative Effekte und insbesondere auch sehr erhebliche Kostenwirkungen ausgehen. In manchen Fällen ergibt sich auch die Möglichkeit, bei der Erreichung bestimmter Ziele zwischen dem Einsatz direkter öffentlicher Maßnahmen (z. B. öffentliche Kläranlagen, Subventionen, Emissionssteuern) und administrativer Instrumente (z. B. gesetzliche Emissionsbeschränkungen) zu wählen (vgl. Kap. 22). Dabei ist nicht nur auf die unterschiedliche öffentliche **Ausgabenintensität** bei der Erfüllung einzelner öffentlicher Aufgaben zu achten, sondern vor allem auch auf die mit jedem Instrument verbundenen **gesamtwirtschaftlichen** Kostenwirkungen.

Die grundlegenden normativen, wohlfahrtsökonomischen Konzepte der Allokationseffizienz, insbesondere das Konzept der **Pareto-Effizienz,** sowie die entsprechende Ermittlung der „wohlfahrtsoptimalen" intersektoralen Allokation zwischen öffentlichem und privatem Sektor in einer Volkswirtschaft wurden in Abschn. 4.1 diskutiert. Insgesamt zeigt sich, dass die Vorstellung einer „optimalen", gesamtwirtschaftlich effizienten, intersektoralen Allokation zwischen öffentlichem und privatem Sektor sinnvoller Weise nicht in statischer, sondern in dynamischer Betrachtung zu sehen ist. Änderungen im Bereich der „Angebotsseite", hervorgerufen durch wirtschaftliches Wachstum, technischen Fortschritt etc., sowie Änderungen im Bereich der „Nachfrageseite", bestimmt durch Veränderungen der Einkommensverteilung, des politischen Prozesses etc., führen laufend zu Änderungen der gesamtwirtschaftlich optimalen Allokation. Gerade die Allokationsfunktion des öffentlichen Sektors wird daher im Zeitablauf sehr unterschiedlichen Anforderungen und Einschätzungen unterworfen sein.

Von besonderer Bedeutung ist für allokationstheoretische Aspekte der Finanzpolitik das Konzept der allokativen **Wirkungsneutralität** fiskalpolitischer Maßnahmen (siehe Abschn. 11.2). Nicht neutral sind finanzpolitische Maßnahmen, wenn sie zu über den **Einkommenseffekt** hinausgehenden **Substitutionseffekten** führen. Stellt man ab auf eine durch Marktmechanismen erreichte (pareto-)effiziente volkswirtschaftliche Allokation, wird diese Nicht-Neutralität zu **Zusatzlasten** (excess-burden) finanzpolitischer Maßnahmen führen. Stellt man dagegen ab auf Fälle der Markt-Ineffizienz, wird die Aufgabe der fiskalischen Allokationspolitik eben darin liegen, durch nicht-neutrale Maßnahmen zu höherer Effizienz der gesamtwirtschaftlichen Allokation beizutragen. Neben den in diesem Kapitel behandelten Problembereichen ist hier vor allem der umweltpolitische Einsatz der Finanzpolitik anzuführen (Kap. 22).

In dynamischer Betrachtung wird die Beurteilung der langfristigen Allokationseffekte des öffentlichen Sektors wesentlich von den grundlegenden Annahmen in Bezug auf wachstumspolitische Zusammenhänge abhängen. Aus der Sicht einer neoklassischen Wachstumstheorie ist vom Paradigma der **„Politikneutralität"** (Politikunwirksamkeit) auszugehen; wirtschaftliche Entwicklung ist demnach nur vorübergehend, aber nicht langfristig durch staatliche Interventionen beeinflussbar.[1] Aus der Sicht der **Theorie des endogenen Wachstums** ergeben sich dagegen vielfältige Zusammenhänge zwischen Wirtschaftspolitik und langfristiger Wirtschaftsentwicklung und damit verbunden entsprechende Interventionsmöglichkeiten bzw. -notwendigkeiten (vgl. u. a. M. Zagler 1999).

Im Kap. 19 waren private und öffentliche Konsumausgaben ebenso wie private und öffentliche Investitionsausgaben lediglich als Komponenten der effektiven Nachfrage relevant (es werden Konsum- oder Investitionsgüter angeschafft, deren Verwendung war für die Stabilisierung der Wirtschaft irrelevant). Bei gegebener Produktion (Y) bedeuten höhere Investitionen heute einen Verzicht auf Konsum und umgekehrt, die Frage ist also wie die Allokation von Gütern zwischen Konsum und Investitionen entschieden wird, und welche Rolle der öffentliche Sektor dabei spielt. Falls der Verzicht auf Konsum in der Gegenwart zu höheren Investitionen und damit zu einer Ausweitung der Produktion (und Konsum) in der Zukunft führt, hat die Allokationsentscheidung Auswirkungen auf das Wirtschaftswachstum und auf die intergenerationale Verteilung (siehe dazu Kap. 23).

Der öffentliche Sektor kann einerseits direkt auf die Allokationsentscheidung über öffentlichen Konsum und Investitionen einwirken, andererseits indem er die private Entscheidung weniger zu konsumieren (oder mehr zu sparen) und mehr zu investieren beeinflusst. Schließlich kann der öffentliche Sektor auch versuchen, die Produktivität zu beeinflussen, indem er etwa in die Wirtschaftsstruktur und Technologie- und Innovationspolitik eingreift.

21.2 Öffentlicher Sektor und Ersparnisbildung

(Brutto-)Ersparnisse werden in einer Volkswirtschaft gebildet von den privaten Haushalten, dem Unternehmenssektor (in Form der unverteilten Gewinne) und vom öffentlichen Sektor (als Differenz zwischen laufenden Einnahmen und „Staatskonsum"). Die wirtschaftspolitische Bedeutung der Ersparnisbildung liegt in ihrer Verbindung zum Investitionsprozess und damit zum wirtschaftlichen Wachstum. Zwar sind diese

[1] Vgl. als Beispiel etwa die Diskussion zum Neoricardianischen Äquivalenztheorem, Kap. 18.

Verbindungen aus der Sicht der makroökonomischen Theorie vielfach nicht eindeutig. Für die wirtschaftspolitische Praxis kann aber davon ausgegangen werden, dass – jedenfalls bei voll ausgelasteten Ressourcen – eine entsprechende Ersparnisbildung eine wesentliche Voraussetzung für inflationsfreie Investitions- und Wachstumsentwicklungen darstellt. Die Intentionen der Finanzpolitik können dabei abstellen

- auf eine Beeinflussung der **Höhe** der Ersparnis bzw. der Sparquote in einer Volkswirtschaft und
- auf eine Beeinflussung der **Struktur** der Ersparnisbildung in Bezug auf Fristigkeit, Risiko etc.

Hinsichtlich der Einflussnahme des öffentlichen Sektors auf die Ersparnisbildung der **privaten Haushalte** gilt traditionell das Hauptinteresse den entsprechenden Effekten einer **progressiven Einkommensteuer.** Die Ersparnisbildung hängt vom verfügbaren Einkommen ab. Dabei ist zu erwarten, dass Bezieher höherer Einkommen nicht nur absolut, sondern auch relativ mehr sparen als Bezieher niedrigerer Einkommen. In dem Ausmaß, in dem durch Maßnahmen der Einkommensumverteilung, sei es über die Steuer oder die Transferseite, die Verteilung der verfügbaren Einkommen beeinflusst wird, können sich demnach Effekte auf das Sparvolumen in einer Volkswirtschaft ergeben. Diese Wirkungen werden dabei abhängen von der Form der Sparfunktion.

Von der **Struktur** der Besteuerung (z. B. steuerliche Subventionierung spezieller Sparformen) können Einflüsse auf die Struktur und zum Teil auch die Gesamthöhe der Ersparnisse ausgehen, wobei diese Form der „Nicht-Neutralität" wieder mit gesamtwirtschaftlichen Effizienzproblemen verbunden sein kann.[2] In gesamtwirtschaftlicher Betrachtung ist dabei auch zu beachten, dass die Entwicklung der Haushaltsersparnisse noch nichts aussagt über das gesamte Sparaufkommen in einer Volkswirtschaft. Wenn etwa das Steueraufkommen nicht für die Finanzierung laufender öffentlicher Ausgaben verwendet wird, sondern für Investitionen, so bedeutet dies nur eine Substitution von privatem durch öffentliches Sparen („Zwangssparen").

Wirkungszusammenhänge zwischen Besteuerung und Spartätigkeit können sich auch über die (Haben-)**Zinssätze** ergeben. Insofern, als Zinseinkünfte der Quellenbesteuerung unterliegen (vgl. Kap. 16.3), bedeutet dies eine Verringerung des („Netto"-)Zinsertrages. Je nach Zinselastizität des Sparaufkommens kann dies zu einer Verringerung der Ersparnisbildung führen. Empirische Untersuchungen zeigen freilich, dass die Höhe der Ersparnis vor allem durch die Höhe des verfügbaren Einkommens bestimmt wird und die Zinselastizität in der Regel als eher schwach einzuschätzen ist[3] – jedenfalls in Bezug

[2] Für einen detaillierten Überblick empirischer Untersuchungen siehe OECD (1994).

[3] Vgl. z. B. Masson et al. (1995).

auf das Gesamtvolumen der privaten Ersparnisse. Zinseinflüsse spielen dagegen eine erhebliche Rolle bei der Bestimmung der Struktur der Ersparnisse (nach Anlageformen, Fristigkeit etc.).

Spezielle Aspekte ergeben sich aus dem Zusammenwirken von **Besteuerung und Inflation** in Bezug auf den Zinssatz. Man kann davon ausgehen, dass Zinssätze in Perioden der Inflation bzw. der Inflationserwartung neben dem „realen Zinssatz" auch eine Komponente der Inflationsabgeltung enthalten. Da nominelle Zinseinkünfte der Quellenbesteuerung unterliegen, kommt es mit steigender Inflation zu einem niedrigeren „Netto-Realzinsertrag".[4] Dies kann weitere allokative Effekte auslösen.

Die Ersparnisbildung im **Unternehmenssektor** (unverteilte Gewinne) wird steuerlich beeinflusst von den Abschreibungsregelungen, auf die im nächsten Abschnitt eingegangen wird und den Regelungen der Gewinnbesteuerung. Von besonderer Bedeutung ist hier im Bereich der Körperschaftsteuer die Frage einer steuerlichen Differenzierung zwischen ausgeschütteten und nicht ausgeschütteten Gewinnen. Eine solche Differenzierung kann von Einfluss sein für die Frage, ob Ersparnisse im privaten oder im Unternehmensbereich gebildet werden und, bei unterschiedlicher Sparneigung der beiden Bereiche, auch die Höhe der Gesamtersparnis beeinflussen. Allerdings ist hinsichtlich der tatsächlichen Wirkung eines „gespaltenen Körperschaftsteuersatzes" stets das gesamte System der Gewinnbesteuerung, insbesondere auch die Frage der „Doppelbesteuerung" zu berücksichtigen (siehe Kap. 14).

Die oben angestellten Überlegungen über die Wirkungen verschiedener Aspekte der Einkommensbesteuerung auf die Ersparnisbildung spielen auch eine Rolle bei der Diskussion der für eine Volkswirtschaft anzustrebenden **Steuerstruktur.** Wenn man annimmt, dass ein positiver Zusammenhang zwischen Sparquote, Investitionsquote und wirtschaftlichem Wachstum besteht und weiters von einem negativen Zusammenhang zwischen der Bedeutung der progressiven Einkommensbesteuerung in einer Volkswirtschaft und der Sparquote ausgeht, würde sich unter wachstumspolitischen Zielsetzungen eine stärkere Verlagerung auf indirekte Steuern empfehlen. Indirekte Steuern belasten als Verbrauchsteuern (zumindest unmittelbar) den Konsum und senken damit die „Opportunitätskosten" des Sparens. Sie führen weiters, infolge ihrer tendenziell regressiven Wirkung, zu einer geringeren Belastung der hohen Einkommen mit höherer (marginaler) Sparquote und bewirken keine Reduktion der Zinserträge.

Bei der wirtschaftspolitischen Umsetzung dieser Überlegungen ist freilich zu beachten, dass hier ein bloßes Abstellen auf partialanalytische Überlegungen nicht ausreicht, also insbesondere auch die Ausgabenseite mitberücksichtigt werden muss. Ebenso ist zu beachten, dass bei einer wachstumspolitisch motivierten Strukturverlagerung von

---

[4] Bei einem Zinseinkommenssteuersatz von 20 %, einem Zinssatz von 5 % und einer Inflationsrate von 2 % beträgt der reale Ertrag von 5 % (100 – 20 %) – 2 % = 2 %. Steigen die Inflationsrate und der nominelle Zinssatz jeweils um einen Prozentpunkt, dann reduziert sich der reale Nettozinsertrag auf 1,8 %.

direkten zu indirekten Steuern Zielkonflikte sowohl mit verteilungspolitischen als auch stabilisierungspolitischen Zielsetzungen auftreten werden (Abschwächung der automatischen Stabilisierungswirkungen).

Neben den allgemeinen Zusammenhängen zwischen öffentlichem Sektor und Ersparnisbildung gibt es auch als Form einer Allokationspolitik im engeren Sinn in den meisten Staaten eine Reihe spezifischer staatlicher Maßnahmen der **Sparförderung.** Ziel der Sparförderung ist vor allem eine Einflussnahme auf die Vermögensverteilung, indem durch Begünstigung der Vermögensbildung unterer Einkommensgruppen der Ungleichheit der **Vermögensverteilung,** die ja noch wesentlich ausgeprägter ist als die Ungleichheit der Einkommensverteilung, entgegengewirkt werden soll.

Weitere Zielsetzungen betreffen den Bereich der Kapitalmarktpolitik und den Bereich der Strukturpolitik (Förderung bestimmter Sektoren, insbesondere des Wohnungsbaues). Durch Maßnahmen der Sparförderung sollen Volumen und vor allem Struktur der Ersparnisbildung (z. B. in Bezug auf Fristigkeit) positiv beeinflusst werden. Staatliche Sparförderung kann an der Ausgabenseite (z. B. Prämien, d. h. von der Sparleistung abhängige Transfers) oder an der Einnahmenseite des öffentlichen Sektors ansetzen. Beispiele für einnahmeseitige Formen der Sparförderung sind insbesondere die Anerkennung bestimmter Sparleistungen, z. B. Beiträge zu Lebensversicherungen („Vorsorgeaufwendungen"), als abzugsfähige Sonderausgaben im Rahmen der Einkommensteuer[5] und die Steuerbefreiung für bestimmte Formen von Zinseinkünften. Beispiele ausgabenseitiger Förderungsmaßnahmen sind die Gewährung verschiedener Formen von Prämienzahlungen, z. B. im Rahmen der Förderung der Vermögensbildung, insbesondere in Form langfristig gebundener Sparanlagen (z. B. Bausparprämien). Die verschiedenen Formen der Sparförderung weisen dabei jeweils spezielle Anforderungen hinsichtlich der Form von Ersparnisbildung und der Berechtigung zur Inanspruchnahme auf.

Die Einschätzung der wirtschaftspolitischen Effizienz der Sparförderung führt zu eher zwiespältigen Ergebnissen.[6] So ist zunächst die Frage zu stellen, ob die Existenz sparfördernder Maßnahmen tatsächlich zu **Änderungen im Sparverhalten** geführt hat. Geht man davon aus, dass sich Maßnahmen der Sparförderung in einer Erhöhung der Effektivverzinsung der jeweiligen Anlagen niederschlagen und dass die Ersparnisbildung – vor allem im Bereich der unteren Einkommen – primär eine Funktion des verfügbaren Einkommens und nicht des Zinssatzes ist, so führt das zum Schluss, dass von Maßnahmen der Sparförderung kein wesentlicher Einfluss auf das Volumen des Sparens erwartet werden kann, wohl aber Einflüsse hinsichtlich der Struktur der Ersparnisbildung. Maßnahmen der Sparförderung wären unter diesem Aspekt zwar wirkungsvolle Instrumente[7] der Kapitalmarktpolitik, aber nur in beschränktem Maß der Verteilungs-,

[5] §10 EStG, in Österreich §18 EStG.

[6] Siehe in diesem Sinn z. B. Transfer-Enquete-Kommission (1981, S. 273 ff.), Indest et al. (1990).

[7] Die Tatsache der Wirksamkeit sagt dabei freilich noch nichts aus über die Frage der volkswirtschaftlichen Effizienz, die sich hier analog zu anderen Formen von Zinssubventionen stellt.

insbesondere der Vermögenspolitik. Dies gilt insbesondere bei Formen der steuerlichen Sparförderung. Da die niedrigsten Einkommensgruppen mangels entsprechender Steuerleistung von der Nutzung dieser Förderung weitgehend ausgeschlossen sind und der Entlastungseffekt von Sonderausgaben bei einer progressiven Einkommensteuer mit dem Einkommen zunimmt, führt eine steuerliche Sparförderung innerhalb der bestehenden Einkommensgrenzen sogar zu einer Begünstigung der höheren gegenüber den niedrigeren Einkommensgruppen. Um dies zu vermeiden, wurden in zunehmendem Maß Formen der steuerlichen Sparförderung durch direkte in ihrer Wirkung einkommensunabhängige Prämienzahlungen ersetzt bzw. eine wahlweise Inanspruchnahme von Steuerbegünstigungen oder Prämien ermöglicht (z. B. im Rahmen der Förderung der Vermögensbildung).

21.3 Öffentlicher Sektor und Investitionstätigkeit

21.3.1 Ansatzpunkte öffentlicher Eingriffe

Allokative Wirkungen des öffentlichen Sektors auf Volumen und Struktur der Investitionen in einer Volkswirtschaft können erfolgen über direkte öffentliche Investitionstätigkeit, insbesondere Infrastrukturinvestitionen (siehe Abschn. 5.5) und über Einflussnahme auf die private Investitionstätigkeit, worauf in diesem Abschnitt speziell eingegangen wird. Folgende Begründungen können für die Notwendigkeit bzw. Berechtigung spezieller staatlicher Maßnahmen zur Beeinflussung und Förderung von Investitionen angeführt werden:

- Investitionsförderung als Instrument der **Wachstumspolitik:** Entsprechend den Vorstellungen des Wachstumsmodells von Harrod und Domar besteht ein enger Zusammenhang zwischen gesamtwirtschaftlicher Investitionsentwicklung und Wachstumsrate. Versuchen die wirtschaftspolitischen Entscheidungsträger, eine Wachstumsrate zu erreichen, die über der durch Marktprozesse „selbstständig" generierten liegt, so sind wesentliche Ansatzpunkte die Beeinflussung von Volumen und Struktur privater Investitionen und die Bereitstellung entsprechender öffentlicher Infrastruktur als Vorleistung für private Investitionstätigkeit.[8] Die empirische Evidenz hierfür ist unbefriedigend. Im Gegensatz dazu findet das Modell Solow keinen langfristigen Zusammenhang von Investitionen und Wirtschaftswachstum, sehr wohl kann

[8] Andere Ansatzpunkte der Wachstumspolitik ergeben sich speziell in Bezug auf Zahl und Qualifikation von Arbeitskräften und in Bezug auf die Förderung von Forschungs- und Entwicklungsaktivitäten (Abschn. 21.4).

aber die Höhe der Investitionstätigkeit die Geschwindigkeit zum Erreichen des langfristigen Gleichgewichts und das Niveau des BIP positiv beeinflussen.

- Investitionsförderung als Ausfluss der internationalen und regionalen **Wirtschaftskonkurrenz:** Auch wenn ein einzelner Staat keine spezifischen wachstumspolitischen Zielsetzungen verfolgt, stellt sich für ihn das Problem, dass eine Vielzahl anderer Staaten über ausgebaute Systeme der Investitionsfinanzierung verfügt und daher auch im eigenen Land zumindest ein gewisses Maß an Förderung als erforderlich erscheint, um langfristig Wettbewerbsnachteile zu vermeiden. Angesichts einer zunehmenden Mobilität des Kapitals gewinnt unter diesem Gesichtspunkt der „Förderungswettbewerb" zwischen einzelnen Staaten und Regionen wachsende Bedeutung. Obwohl diese Entwicklung zu erheblichen allokativen Verzerrungen führen kann, kann sich ihr der einzelne öffentliche Haushalt nur beschränkt entziehen, da er sich hier in einer typischen Situation des „Gefangenen-Dilemmas" im Rahmen eines unkoordinierten marktwirtschaftlichen Systems befindet. Dies gilt sowohl auf internationaler Ebene wie auch auf nationaler Ebene hinsichtlich eines „Ansiedlungs-Wettbewerbs" zwischen Regionen und Gemeinden. Um dieser Entwicklung entgegenzutreten, hat die **EU** im Rahmen des Binnenmarktprogramms **Obergrenzen** für zulässige Förderungen von Investitionsprojekten festgelegt (Abschn. 7.3). Nicht zuletzt als Reaktion auf diese ausgabenseitigen Begrenzungen hat dagegen die Bedeutung der **Steuerkonkurrenz** als Instrument des internationalen Ansiedlungswettbewerbs an Bedeutung zugenommen. Dieser Entwicklung soll durch Einbeziehung spezieller Steuerbegünstigungen in das EU-Beihilfenverbot entgegengewirkt werden, was freilich einen Steuerwettbewerb über das generelle Niveau der Gewinnbesteuerung nicht ausschließt (siehe Kap. 17).
- Investitionsförderung als Abgeltung **externer Effekte:** Am schwersten fällt die theoretische Begründung der Investitionsförderung selbstverständlich Ökonomen, die von (wirtschafts-)liberalen Grundpositionen ausgehen, nach denen Allokations- (und damit Investitions-)Entscheidungen dem selbstständigen, staatlich weitgehend unbeeinflussten Wirken des Marktes zu überlassen sind. In dieser theoretischen Konzeption haben Maßnahmen der Investitionsförderung nur einen Platz, wenn sie als Abgeltung für positive externe Effekte der privaten Investitionstätigkeit verstanden werden. Die Subventionierung einer Investition ist nur dann gerechtfertigt, wenn ihr gesamtwirtschaftlicher Nutzen höher ist als ihr privatwirtschaftlicher. Da dies eher nicht der Fall ist, erscheint der Begründungsansatz über externe Effekte zwar als scharfsinnig, jedoch nicht als ausreichend zur Rechtfertigung einer generellen Investitionsförderung, wie sie etwa eine globale steuerliche Förderung darstellt.
- **Stabilisierungspolitische Aspekte:** Der Bereich der Investitionen stellt, als die – neben den Exporten – am stärksten schwankende Komponente der gesamtwirtschaftlichen Nachfrage einen zentralen Ansatzpunkt jeder nachfrageorientierten Stabilisierungspolitik dar. Steht im Bereich der Stabilisierungspolitik der **Einkommenseffekt** der Investitionen im Vordergrund, so ist es im Bereich der Wachstumspolitik der **Kapazitätseffekt.** Es ist jedoch darauf hinzuweisen, dass

zwischen stabilitätspolitischem und wachstumspolitischem Einsatz des öffentlichen Sektors vielfache Beziehungen bestehen. So werden Instrumente der Wachstumspolitik (z. B. Abschreibungsvergünstigungen) häufig auch konjunkturpolitisch variiert. Vor allem aber bestimmt die Entwicklung der volkswirtschaftlichen Kapazitäten auch in hohem Maß den Grad, bis zu dem eine Volkswirtschaft ohne inflationäre Anspannung expandieren kann, während umgekehrt konjunkturelle Instabilität auch Auswirkungen auf die längerfristigen Verhaltensweisen und Erwartungen der Investoren haben kann.

Um die Möglichkeiten und Wirkungen einer Einflussnahme des öffentlichen Sektors auf den Bereich der privaten Investitionen zu erfassen, ist es nötig, die Bestimmungsgründe der Investitionstätigkeit, die **Investitionsfunktion,** zu kennen. Die im Folgenden diskutierten Faktoren können in Bezug auf ihre aktuellen oder erwarteten Größen als Bestimmungsgründe des Investitionsverhaltens eine Rolle spielen. Dabei gibt es freilich in Bezug auf Gewichtung und Bewertung der einzelnen Faktoren hinsichtlich ihrer tatsächlichen Bedeutung für den Investitionsprozess unter Nationalökonomen erhebliche Meinungsunterschiede:[9]

- **Zinssatz:** In dem Ausmaß, in dem eine **Zinsabhängigkeit** der Investitionen besteht, was jedenfalls bei langfristigen Investitionen erwartet werden kann, wird eine Einflussnahme des öffentlichen Sektors auf die Investitionstätigkeit vor allem über den Bereich der Geldpolitik erfolgen. Aber auch über den Bereich der Fiskalpolitik sind Einwirkungen auf den für den Investor relevanten „effektiven“ Zinssatz möglich, sei es über direkte Zinssubventionen, sei es über Steuervergünstigungen (z. B. vorzeitige Abschreibungen) mit analogem Effekt. Umgekehrt können, insbesondere durch den kombinierten Effekt von Inflation und progressiver Einkommensbesteuerung, Einflüsse auf den „Netto-Real-Zinsertrag“ ausgehen, die sich, je nach Gläubiger- und Schuldnerverhalten, wieder auf das nominelle Zinsniveau auswirken können.
- **Gewinne:** Die Gewinnentwicklung kann in zweifacher Hinsicht von Bedeutung sein für die Entwicklung der privaten Investitionen. Einerseits hinsichtlich des damit verbundenen Liquiditätseffektes, d. h. der Gewinne als Quelle zur Finanzierung von Investitionsprojekten. Im Einzelnen wird dieser Zusammenhang freilich variieren, je nach dem – empirisch sehr unterschiedlichen – Einfluss, der von der Finanzierungsstruktur (Verhältnis zwischen Fremd- und Eigenkapital) auf die Investitionsentscheidung ausgeht. Zum anderen kann die laufende Gewinnentwicklung eine wichtige Einflussquote hinsichtlich der Zukunftserwartungen der Investoren darstellen.

[9] Vgl. dazu u. a.: Bofinger (2020).

- Von unmittelbarem Interesse hinsichtlich der Wirkungsmöglichkeiten des öffentlichen Sektors ist in diesem Zusammenhang selbstverständlich vor allem die Gewinnbesteuerung. Allerdings sind die Wirkungszusammenhänge zwischen Gewinnbesteuerung und Investitionsentscheidung keineswegs eindeutig und unumstritten. Dies gilt für die theoretischen Grundlagen[10], die komplexe Problematik der Inzidenz einer Gewinnsteuer und die sehr unklare empirische Evidenz der entsprechenden Zusammenhänge. Für Deutschland lässt sich feststellen, dass nicht entnommene Gewinne für die Investitionsfinanzierung empirisch nur mehr eine untergeordnete Rolle spielen. Die weitaus wichtigste Finanzierungsquelle von Investitionen sind die Abschreibungen, wobei sich je nach Konjunkturlage und Investitionsintensität Schwankungen der jeweiligen Finanzierungstrukturen ergeben können. Hinsichtlich der Struktur der betrieblichen Vermögensbildung ist festzuhalten, dass seit langem die Geldvermögensbildung der Unternehmen deren Sachvermögensbildung übersteigt. Dies bedeutet eine weitere Schwächung eines (direkten) Zusammenhanges zwischen Gewinnentwicklung und Realkapitalinvestitionen.
- **Kapazitätsauslastung:** Die Bereitschaft eines Unternehmens zu investieren wird wesentlich abhängen von der – tatsächlichen oder erwarteten – Auslastung seiner Produktionskapazitäten und damit den Erwartungen hinsichtlich der gesamtwirtschaftlichen und betriebsspezifischen Nachfrageentwicklung. In diesem Fall wird der Einfluss des öffentlichen Sektors auf die Investitionsentscheidung vor allem über die Beeinflussung der Nachfrageseite wirken. Ergänzend zu diesen grundlegenden makroökonomischen Zusammenhängen können spezifische Instrumente der Allokationspolitik, z. B. Investitionsprämien etc., die Schnelligkeit der Anpassung und – über Einflussnahme auf die Risikokomponente – auch die Erwartungen der Investoren beeinflussen.
- **„Investitionsklima“:** Speziell die Sicht von Vertretern der „angebotsorientierten Ökonomie“ wird stark von der Vorstellung des dynamischen „Pionierunternehmers“ bestimmt, dessen Funktion, Aufstieg und – erwarteter – Untergang ursprünglich vor allem von Joseph Schumpeter beschrieben wurde.[11] Es handelt sich hier um ein dynamisches Entwicklungsphänomen, das nicht nur von ökonomischen Faktoren im engeren Sinn, sondern vor allem auch von „Umfeldfaktoren“, wie ordnungspolitischer Rahmen, „Wirtschaftsklima“, Leistungsethik etc. bestimmt wird. Vonseiten

[10] Siehe z. B. das „Steuer-Paradoxon“ bei Sinn (1987), der zeigt, dass bei realistischer Betrachtung der Finanzierungsstrukturen eine Erhöhung des Steuersatzes auch zu höheren Investitionen führen kann.

[11] Siehe dazu insbesondere von Schumpeter: (1912 und 1942).

„angebotsorientierter“ Ökonomen wird dabei vielfach argumentiert[12], dass gerade diese „Umfeldfaktoren“ für dynamische Unternehmerleistungen durch hohe und steigende Staats- bzw. Steuerquoten negativ beeinflusst würden, eine Reduzierung der Staatsquoten demnach zu stärkeren Investitionen und letztlich höheren Wachstumsraten des Sozialprodukts führen würde. Die empirische Evidenz für diese These ist freilich sehr schwach.

- Weder im internationalen noch im intertemporalen Vergleich lassen sich systematische negative Zusammenhänge zwischen Staatsquoten und gesamtwirtschaftlichen Wachstumsraten finden.[13] Das Fehlen entsprechender globaler Zusammenhänge schließt freilich nicht aus, dass von spezifischen Strukturen der Staatstätigkeit und insbesondere des Steuersystems Einflüsse auf das „Investitionsklima“ einer Volkswirtschaft ausgehen können. Als „investitions-freundlich“ gilt aus der Sicht „angebotsorientierter“ Ökonomen ein Steuersystem, das generell stärker auf indirekte als auf direkte Steuern abstellt und im Bereich der direkten Steuern wieder eher auf proportionale, persönliche Steuern als auf progressive und insbesondere am Unternehmensgewinn ansetzende Steuern. Damit sollen generell positive psychologische Effekte und im speziellen „gewinninduzierte“ Investitionen hervorgerufen werden. Auch hier ist die Überprüfung dieser Thesen freilich sehr schwierig und führte in der Regel auch zu keinen eindeutigen Anhaltspunkten.
- Darüber hinaus kann gerade unter einem solchen Ansatz der latente Zielkonflikt zwischen Investitionsförderung und anderen, insbesondere verteilungspolitischen Zielsetzungen von besonderer Bedeutung werden. Die von diesem Zielkonflikt berührten Aspekte der politischen, ökonomischen und sozialen Stabilität dürften letztlich aber den größten Einfluss auf das „Investitionsklima“ eines Landes ausüben.
- Wichtige Einflüsse in Bezug auf „Investitionsklima“ und unternehmerische Dynamik können auch von gesetzlichen Regelungen und administrativen Maßnahmen ausgehen. Dies gilt für direkte Regelungen, wie Sicherheitsauflagen, Verbote etc., wie auch für indirekt wirkende Regelungen, etwa im Bereich der Wettbewerbspolitik (z. B. **Regulierung** bzw. **„Deregulierung“** einzelner Branchen), der Klimapolitik, der Wohnungspolitik. Die zunehmende Bedeutung administrativer Maßnahmen erfordert demnach nicht nur eine verstärkte Beachtung der damit verbundenen unmittelbaren Kosten- und Nutzen-Effekte, sondern darüber hinaus auch eine verstärkte Beachtung den aus einer solchen Entwicklung resultierenden generellen Auswirkungen auf Investitionsklima und wirtschaftliche Dynamik einer Gesellschaft.

[12] Vgl. z. B. Olaf Sievert, Angebotsorientierte Wirtschaftspolitik, In: List Forum, Bd. 12, Heft 6, (1984, S. 382 ff.), Lucas (1990).

[13] Das gilt jedenfalls in Bezug auf den Bereich der westlichen Industriestaaten.

21.3.2 Investitionsförderung durch den öffentlichen Sektor

Aus den im vorigen Abschnitt dargelegten Gründen besteht eine Vielzahl von Formen der Förderung privater Investitionen durch den öffentlichen Sektor, wobei entsprechende Maßnahmen sowohl vonseiten der Zentralstaaten wie der nachgeordneten Gebietskörperschaften gesetzt werden. Im Folgenden werden einige wichtige Formen der Investitionsförderung dargestellt.

Im Rahmen der speziellen Investitionsförderung wird üblicherweise zwischen Formen der indirekten und der direkten Förderung unterschieden, wobei eine scharfe Abgrenzung in vielen Fällen nicht möglich ist.

Maßnahmen der **indirekten** Investitionsförderung sind dadurch charakterisiert, dass sie in der Regel generell und projektungebunden sind und der Investor bei Erfüllen bestimmter Voraussetzungen einen Rechtsanspruch auf die Förderung hat, wobei die Förderung typischerweise über steuerpolitische Instrumente erfolgt. Wichtigste Beispiele der indirekten Investitionsförderung sind Regelungen, die zu einer Verminderung der Bemessungsgrundlage der Einkommen- und Körperschaftsteuer führen, wie etwa die Einräumung von Möglichkeiten der vorzeitigen Abschreibung, Investitionsfreibeträge, etc. Maßnahmen der **direkten** Investitionsförderung sind in der Regel projektgebunden und selektiv, stellen ab auf eine unmittelbare Beeinflussung der Investitionskosten und setzen auf der Ausgabenseite öffentlicher Budgets an. Beispiele sind etwa Investitionszuschüsse, Zinssubventionen, aber auch staatliche Bürgschaften und Garantien.

21.3.3 Steuerliche Förderung der Investitionstätigkeit

Der Gesamteffekt der Steuerwirkungen auf die Investitionen wird nach dem King-Fullerton-Ansatz mit dem Konzept des **„effektiven Grenzsteuersatzes“** erfasst (vgl. Abschn. 14.7). Dieser effektive Grenzsteuersatz wird definiert als Differenz zwischen der auf den Gegenwartswert abdiskontierten Rendite einer Grenzinvestition **vor** Steuern und der mit anderweitigen Anlagen am Markt jederzeit realisierbaren Rendite (Marktzins) **nach** Abzug aller Ertrags- und Substanzsteuern dividiert durch die Vorsteuerrendite.

Das Konzept des effektiven Grenzsteuersatzes berücksichtigt nicht nur die Wirkungen des Steuertarifes, sondern auch sämtliche Einflüsse in Bezug auf Wirkungen über die Bemessungsgrundlage, bzw. spezielle Steuervergünstigungen, wie Abschreibungsregelungen, Steuerkredite und Investitionszulagen.

Der Wirkungsmechanismus der speziellen steuerlichen Investitionsförderung besteht entweder in einer Steuerstundung (zinsloser oder zinsvergünstigter Steuerkredit) oder einer Steuerersparnis. Die Förderwirkung ergibt sich aus der Verbesserung der Liquiditäts- und/oder Rentabilitätssituation der Unternehmung, was die Innenfinanzierung erleichtert. Das absolute und relative Ausmaß der Förderung hängt im Wesentlichen vom Zinssatz, der andernfalls bei Fremdfinanzierung zu zahlen wäre, von der Ertragslage der Unternehmung, der Ausgestaltung des Steuertarifs und damit vom anzuwendenden Grenzsteuersatz sowie der zeitlichen Abwicklung der Förderung ab. Die wichtigsten Formen steuerlicher Investitionsvergünstigungen sind:

21.3.3.1 Abschreibungsvergünstigungen

Zu den Abschreibungsvergünstigungen zählen Bestimmungen, die eine über die „Normalabschreibung" (Absetzung für Abnutzung, AfA) hinausgehende Abschreibung ermöglichen. In Deutschland können planmäßige Abschreibungen in Form der linearen oder der degressiven Abschreibungsmethode vorgenommen werden.[14] Lineare Abschreibungen sind für alle abschreibungsfähigen Wirtschaftsgüter möglich. Die geometrisch-degressive Abschreibung wurde 2010 in Deutschland ausgesetzt.

Die Wirkung der vorzeitigen Abschreibung und der Sonderabschreibung besteht darin, den steuerpflichtigen Jahresgewinn über die Normalabschreibung hinaus zu verringern, wodurch sich auch die zu entrichtenden gewinnabhängigen Steuern (Einkommensteuer, Körperschaftsteuer) verringern. Bezogen auf ein einzelnes Wirtschaftsgut stehen der Steuerersparnis am Anfang der Nutzungsdauer höhere steuerpflichtige Gewinne durch den Ausfall an Normalabschreibung gegen Ende der Nutzungsdauer gegenüber. In diesem Sinn wirken Abschreibungsvergünstigungen wie ein zinsloser Steuerkredit, wobei sich das Subventionselement auf die Zinsersparnis (und allfällige Inflationsgewinne) beschränkt.

Betrachtet man dagegen ein laufend weiterinvestierendes Unternehmen, so kommt es zu einer permanenten Weiterwälzung der Steuerschuld. Es lässt sich zeigen (siehe Domar (1953)), dass bei Existenz vorzeitiger Abschreibungsmöglichkeiten ein Unternehmen im Fall fortgesetzt wachsender nomineller Bruttoanlageinvestitionen eine bleibende Steuerersparnis erzielen kann. Verschlechtert sich die Gewinnsituation des Unternehmens oder fällt der Abbruch der Investitionskette in ein Verlustjahr, so ist der Steuerkredit endgültig getilgt. Weiters kann sich ein dauerhafter Steuerausfall durch Ausnützen der Möglichkeit des Verlustvortrages bzw. -rücktrags ergeben. Ein weiterer wichtiger Aspekt besteht darin, dass beschleunigte Abschreibungsverfahren die Liquidität eines Unternehmens erhöhen und in diesem Sinn zu einer Verringerung des Risikos einer Investition beitragen.

---

[14] Bei linearer Abschreibung werden die Anschaffungs- oder Herstellungskosten gleichmäßig auf die betriebsgewöhnliche Nutzungsdauer verteilt. Bei degressiver Abschreibung werden dagegen die Kosten eines Anlagegutes mittels sinkender jährlicher Abschreibungsquoten auf die wirtschaftliche Nutzungsdauer verteilt. Die Abschreibungsquote ist demnach im ersten Jahr am höchsten. Die regelmäßige Degression der Abschreibungsquoten kann dabei die Form einer geometrischen oder arithmetischen Reihe annehmen. Es ist zu beachten, dass sich dabei vielfach eine Annäherung zwischen den Effekten einer regelmäßigen Degression und einer unregelmäßigen Degression (z. B. durch Sonderabschreibungen neben der Normalabschreibung) ergeben kann.

21.3.3.2 Investitionsfreibeträge

Ein Investitionsfreibetrag ermöglicht die Abschreibung eines Wirtschaftsgutes mit über 100 % (Zusatzabschreibung), reduziert damit den steuerpflichtigen Gewinn und führt zu einer Steuerersparnis. Investitionsfreibeträge werden in Österreich, gewährt, nicht jedoch in Deutschland.

21.3.3.3 Begünstigte Investitionsrücklagen

Investitionsrücklagen können zulasten des unversteuerten Gewinnes gebildet werden und verringern somit die Bemessungsgrundlage für die Steuerermittlung. Sie sind von einem bestimmten Investitionsprojekt unabhängig und müssen in der Regel nach einer bestimmten Frist wieder gewinnerhöhend aufgelöst werden. Der Fördereffekt liegt daher in einer Nachverlagerung des Gewinnes und in einer zinslosen Steuerstundung. Ceteris paribus, ist die Höhe der Förderung gleich der Zinsersparnis. Der tatsächlich erzielte steuerliche Entlastungseffekt hängt ab von der Höhe der Rücklage und den anzuwendenden Grenzsteuersätzen im Jahr der Bildung und Auflösung der Rücklage.[15] Die Zielsetzung und Ausgestaltung dieses Instrumentes unterscheiden sich zum Teil erheblich in verschiedenen Ländern.

21.3.3.4 Sonstige steuerliche Förderungsmaßnahmen

Neben den dargestellten Förderungsinstrumenten ist eine Vielzahl weiterer Bestimmungen des Steuerrechts für die Investitionstätigkeit von Bedeutung, die teilweise auch unter Förderungsgesichtspunkten gestaltet wurden. Dazu zählen Bestimmungen hinsichtlich der Übertragung stiller Reserven, Möglichkeiten des Verlustvor- bzw. -rücktrages, die steuerliche Behandlung von Unternehmensumwandlungen, Regelungen des Körperschaftsteuerrechts bezüglich der Besteuerung unterschiedlicher Gewinnausschüttungsstrategien sowie zeitlich befristete oder unbefristete Sondervorschriften zur Förderung der Bildung von Eigenkapital.

21.3.3.5 Investitionszuschüsse

Je nach Ausgestaltung können Investitionszuschüsse, Investitionsprämien und Investitionszulagen Formen der direkten wie der indirekten Investitionsförderung umfassen. Entscheidend sind dabei die Fragen:

- Ist der Investitionszuschuss als Betriebseinnahme zu versteuern bzw. ist er bei der steuerlichen Ermittlung der Abschreibung von der Investitionssumme des geförderten Objektes abzuziehen?

[15] Vgl. Jatzek und Leibfritz (1982, S. 131).

- Wird die Förderung unabhängig von einer bestehenden Steuerschuld (d. h. insbesondere gewinnunabhängig) gewährt oder kann sie nur gegen eine bestehende Steuerschuld aufgerechnet werden?

Eine unmittelbare Form der direkten Förderung stellen die **Investitionszulagen** dar, die als Subventionen für begünstigte Investitionen in Höhe eines festen Prozentsatzes der Investitionskosten gewährt werden. Sie sind weder als Betriebseinnahmen versteuerbar noch vermindern sie die Abschreibungsgrundlage. Für das Unternehmen ergibt sich damit ein endgültiger Liquiditätsvorteil in der vollen Höhe der Zulage.

21.3.4 Nichtsteuerliche Förderungen

Die Beeinflussung der privaten Investitionstätigkeit kann auch durch nichtsteuerliche Anreize erfolgen. Dazu zählen im Wesentlichen Finanzierungshilfen (zinsgünstige Darlehen, Zinsenzuschüsse, einmalige Zuschüsse) und Bürgschaften. Es handelt sich dabei immer um sichtbare Subventionen, während Steuervergünstigungen zumeist eine verdeckte Subventionierung darstellen. Für das einzelne Unternehmen besteht die Förderung in einer Erleichterung der Fremdfinanzierung und damit in der Erhöhung der Rentabilität eines Investitionsprojektes.

In Deutschland sind die wichtigsten Maßnahmen die Finanzierungshilfen der Gebietskörperschaften, die Förderungen des Bundes aus dem ERP-Sondervermögen und verschiedene Bürgschaftsaktionen.[16] Einsatzbereiche von Finanzhilfen sind vor allem das Wohnungswesen, Marktordnungsausgaben (via EU), Mittelstandsförderung, struktur- und umweltpolitisch orientierte Investitionszuschüsse sowie Maßnahmen der Innovationsförderung. Bürgschaftsaktionen werden entweder vom Bund allein oder gemeinsam mit anderen Institutionen, zumeist Banken oder Verwaltungsbehörden der Länder, abgewickelt. Daneben gibt es Bürgschaften der Deutschen Ausgleichsbank, Ausfuhrgarantien, Ausfuhrbürgschaften, Wechselkursgarantien, Wechselkursbürgschaften und weitere Garantieübernahmen. In Österreich sind nichtsteuerliche Investitionsförderungsmöglichkeiten ähnlich ausgestaltet. Neben den Aktionen des Bundes und der Länder werden sie von verschiedenen Fonds (ERP-Fonds, Bürgschafts-Fonds GesmbH, Finanzierungsgarantiegesellschaft, Forschungsförderungsfonds für die gewerbliche Wirtschaft) und anderen Institutionen (Österr. Investitionskredit-AG, Österr. Kommunalkredit-AG) durchgeführt.

[16] Ausführliche Darstellungen der einzelnen Aktionen und deren Inanspruchnahme finden sich in den zweijährigen Subventionsberichten und den jährlich erscheinenden Sonderheften der Zeitschrift für das gesamte Kreditwesen: Die Finanzierungshilfen des Bundes und der Länder an die gewerbliche Wirtschaft, an die Landwirtschaft und für den Wohnungsbau.

21.3.5 Umfang und Wirkung der Investitionsförderung

Eine wichtige Voraussetzung für einen effizienten Einsatz investitionsfördernder Maßnahmen ist die Kenntnis der Inanspruchnahme und Wirksamkeit einzelner Maßnahmen. Nach §12 StWG 1967 ist der Bund verpflichtet, alle zwei Jahre einen **Bericht** über die gewährten Subventionen (Steuervergünstigungen und Finanzhilfen) zu erstellen, der so gegliedert sein soll, dass erkenntlich wird, ob die Förderungen dem Zweck der Erhaltung, Anpassung an neue Bedingungen oder der Förderung des Produktivitätsfortschrittes und des Wachstums von Betrieben und Wirtschaftszweigen dienen.

Tab. 21.1 zeigt das Ausmaß der Steuervergünstigungen und Finanzhilfen in den Jahren 1970–2019. Das Förderausmaß ist bei den gewährten Darlehen dabei nicht dem geförderten Kreditvolumen, sondern der (kapitalisierten) Zinsersparnis gleichzusetzen, wobei allerdings zu berücksichtigen ist, dass die verringerten Zinszahlungen das Betriebsergebnis erhöhen.

Nachdem der Anteil der Finanzierungshilfen und Steuervergünstigungen des Bundes längere Jahre hindurch bei etwa 2 % des Bruttosozialproduktes lag, zeigte sich seit Beginn der 80er Jahre ein deutlicher Rückgang, der in erster Linie auf die 1981 eingeleiteten Kürzungen von Subventionen zurückzuführen war. Die Anforderungen der deutschen Wiedervereinigung haben dann wieder zu einem Anwachsen der Finanzhilfen und auch der EU-Marktordnungsausgaben geführt. Die Jahre ab 2010 sind auch durch die Wirkung der Finanz- und Wirtschaftskrise bestimmt.

Bei der Frage, welchem Instrument oder welchem System von Instrumenten der Vorzug gegeben werden soll, sind die Kriterien der instrumentellen Eignung, der ökonomischen Effizienz und der administrativen Praktikabilität zu beachten. Für die **instrumentelle Eignung** ist zu prüfen, wie weit das angewandte Förderinstrument

Tab. 21.1 Subventionen von Bund, Ländern u. Gemeinden, ERP und EU[1], in Mrd. EUR

	1970	1980	1990	2000	2010	2019
1. Bund: – Finanzhilfen	4,0	6,4	7,3	10,1	7,0	10,5
– Steuervergünstigungen	3,2	6,1	7,9	13,1	18,6	16,4
2. Länder und Gemeinden: – Finanzhilfen	3,5	6,7	8,3	12,8	11,3	14,8
– Steuervergünstigungen	3,4	7,2	9,2	12,0	10,8	16,0
3. ERP-Finanzhilfen	0,6	1,4	2,9	5,7	0,3	0,3
4. EU-Marktordnungsausgaben	1,5	3,2	4,9	5,6	5,7	–
5. Insgesamt	16,2	31,0	40,5	59,3	53,4	57,7

[1]1970 bis 1990 altes Bundesgebiet; ab 2000 Bundesgebiet einschließlich der neuen Länder
Quelle: Bundesministerium der Finanzen, 27. Subventionsbericht (2021).

theoretisch und praktisch zur Erreichung eines Zieles beiträgt, wobei natürlich die operationale Zielformulierung Voraussetzung ist. Das Kriterium der **ökonomischen Effizienz** versucht, die Kosten der Förderungsinstrumente zum Grad der Zielrealisierung in Beziehung zu setzen, während die **administrative Praktikabilität** auf die mit einer Anwendung verbundenen Verwaltungs- und Kontrollaufgaben abstellt.

Hinsichtlich der **strukturpolitischen Eignung** der gewinnabhängigen, steuerlichen Förderungsmaßnahmen ist das Kriterium Gewinnerzielung ein relativ schwaches und wenig zielführendes Strukturkriterium. Auf der einen Seite können oligopolistische oder monopolistische Marktsituationen der Grund für hohe Gewinne sein, andererseits werden durch diesen gewinnorientierten Ansatz Unternehmen in der Anlaufphase des Produktzyklus, in der die Gewinne niedrig liegen oder Unternehmen in Umstrukturierungsphasen benachteiligt. Speziell durch erhöhte Abschreibungsmöglichkeiten werden kapitalintensive Wirtschaftsbereiche begünstigt, hohe Wachstumseffekte können aber auch von vergleichsweise wenig kapitalintensiven, jedoch know-how-intensiven Bereichen ausgehen. Unter diesen Aspekten und unter Berücksichtigung der hohen **„Mitnahmeeffekte"** wird die strukturpolitische Effizienz indirekter, steuerlicher Förderungsmaßnahmen relativ gering sein, wobei die struktur- und regionalpolitische Wirksamkeit des steuerlichen Förderungsinstrumentariums allerdings durch Sonderabschreibungen für bestimmte Gebiete oder Investitionszwecke vergrößert werden kann. Als Vorteil der indirekten, steuerlichen Wirtschaftsförderung kann dagegen angeführt werden, dass bei Vorliegen der entsprechenden Voraussetzungen ein Rechtsanspruch auf Förderung besteht, was die unternehmerische Planbarkeit erleichtert. Da im Gegensatz zu Formen der direkten Förderung meist keine speziellen Antrags- und Bewilligungsverfahren nötig sind, wird in der Regel der administrative Aufwand bei indirekten Förderungsverfahren geringer sein, was wieder zu höherer unternehmerischer „Akzeptanz" führt.

Die struktur- und regionalpolitische Wirksamkeit von Finanzhilfen wird in hohem Ausmaß durch die zielgerechte Ausgestaltung des **Auflagenkataloges** geprägt. Sollen die Subventionen der Erhaltung eines Betriebes aus arbeitsmarktpolitischen Überlegungen dienen, wird ein relativ allgemeiner Auflagenkatalog ausreichen, während bei der Förderung von Anpassungsprozessen differenziertere Ausgestaltungen erforderlich scheinen. Die Kritik setzt in diesem Fall vor allem an der zu wenig effektiven Mittelvergabe an. So führt ein breit ausgebautes System zu einer Förderung nach dem **„Gießkannenprinzip",** das heißt, nahezu jedes Investitionsprojekt wird gefördert. Unter wirtschaftspolitischer Betrachtung scheint es auch wichtig auszuschließen, dass Förderungsmittel für Investitionen gegeben werden, die ohnedies durchgeführt worden wären („Mitnahmeeffekte").

Unter **konjunkturpolitischem Aspekt** weisen „Finanzhilfen" gegenüber Formen der indirekten Förderung zumindest theoretisch eine größere instrumentelle Eignung zur Stabilisierung der Wirtschaft auf, da sie eher zeitlich differenziert eingesetzt werden können. Allerdings ist mit gewissen Reaktions- und Wirkungs-Lags zu rechnen (vgl. Abschn. 19.2). Gewinnabhängige Instrumente der Investitionsförderung, wie

Abschreibungsbegünstigungen, zeigen sowohl in der Auf- als auch der Abschwungsphase tendenziell konjunkturverschärfende Wirkung, da sich die Unternehmensgewinne ebenfalls prozyklisch entwickeln. Hohe Unternehmensgewinne sind ein Anreiz, Investitionen zu tätigen, um beschleunigte Abschreibungsverfahren anwenden zu können. Analog ergeben sich prozyklische Wirkungen gewinnabhängiger Förderungsverfahren in schweren Rezessionen. Die Möglichkeit des Verlustvor- bzw. -rücktrags wirkt hier allerdings teilweise kompensierend und konjunkturstabilisierend.

Die Auswirkungen der Investitionsförderung auf die Verteilung von Einkommen und Vermögen wurden bisher empirisch relativ wenig analysiert. Tendenziell wird jedenfalls davon auszugehen sein, dass es sich bei Maßnahmen der Investitionsförderung um eine Förderung der **Vermögensbildung** handelt, die überwiegend hohen Einkommensgruppen zugutekommt, sodass sich Zielkonflikte zwischen struktur- und wachstumspolitischen Zielsetzungen einerseits und verteilungspolitischen Gesichtspunkten andererseits ergeben können.

21.4 Öffentlicher Sektor und Wirtschaftsstruktur

Jede Maßnahme des öffentlichen Sektors, auch wenn sie global konzipiert ist, ist mit spezifischen Strukturwirkungen verbunden, d. h., sie wird in ihrer allokativen Wirkung nicht neutral sein in Bezug auf die sektorale und regionale Struktur einer Volkswirtschaft. Darüber hinaus aber gibt es spezifische Maßnahmen der Strukturpolitik, mit denen der öffentliche Sektor bewusst in den „autonomen" Strukturwandel einer Volkswirtschaft eingreift. Die Gründe für diesen allokativen Einsatz des öffentlichen Sektors entsprechen weitgehend denen, die im vorigen Abschnitt im Zusammenhang mit Maßnahmen der Investitionsförderung diskutiert wurden. Neben speziellen Aspekten der Wachstumspolitik spielt hier generell das Argument der externen Effekte eine maßgebliche Rolle. Der strukturpolitische Einsatz des öffentlichen Sektors besteht demnach wesentlich darin, ökonomische Aktivitäten mit positiven externen Effekten zu unterstützen bzw. zu ermöglichen und Aktivitäten mit negativen externen Effekten einzuschränken.

Eine weitere Begründung strukturpolitischer Aktivitäten des öffentlichen Sektors kann sich aus verteilungspolitischen Zielsetzungen ergeben. Es handelt sich hier um verteilungspolitisch motivierte Eingriffe in Produktions- und Preisstrukturen (z. B. im Bereich der Landwirtschaft, Wohnungswirtschaft etc.) im Sinn einer **„Objektförderung"** im Gegensatz zu verteilungspolitischen Maßnahmen, die unmittelbar bei der Einkommenssituation der betroffenen Individuen ansetzen **(Subjektförderung).** Dabei stellen sich Fragen der relativen Effizienz sowohl in Bezug auf allokative wie distributive Zielsetzungen, die freilich nur unter Berücksichtigung der jeweiligen speziellen Umstände (z. B. Ausmaß der Intervention, administrative Aspekte etc.) beantwortet werden können.

Im Folgenden sollen drei wichtige Bereiche strukturpolitischer Aktivitäten des öffentlichen Sektors dargestellt werden, wobei aber nochmals darauf hinzuweisen ist, dass auch von nicht strukturpolitisch orientierten Maßnahmen des öffentlichen Sektors erhebliche Struktureffekte ausgehen (z. B. in Bezug auf Unternehmenskonzentration, Standortwahl), deren Wirkung vielfach die der speziellen Strukturpolitik übersteigt.

21.4.1 Technologiepolitik

Technologie, technisches Wissen im weitesten Sinn, wird aus ökonomischer Sicht heute als Produktionsfaktor gesehen, der neben den anderen Produktionsfaktoren die Entwicklung einer Volkswirtschaft maßgeblich bestimmt. Technologiepolitik ist demnach ein wesentlicher Bestandteil jeder wachstumspolitischen Strategie. Als Ansatzpunkt ist dabei zwischen den Bereichen Grundlagenforschung, angewandte Forschung, technische Entwicklung und industrielle Einführung zu unterscheiden. Je nach Bereich ergeben sich auch unterschiedliche Ansatzpunkte für Maßnahmen des öffentlichen Sektors. Je näher technologiepolitische Aktivitäten dem unmittelbaren Produktionsbereich sind, umso enger wird die Verknüpfung zwischen Maßnahmen der Technologiepolitik und Maßnahmen der Investitionsförderung sein.

Aktivitäten, deren wirtschaftlicher Ertrag sich ausschließlich oder überwiegend in Form positiver externer Effekte in anderen Bereichen niederschlägt, werden in der Regel vom öffentlichen Sektor finanziert (wenn auch nicht unmittelbar erstellt). Dazu zählen die Bereitstellung von Ausbildungskapazitäten (als Investition in „Humankapital") sowie die Finanzierung der Grundlagenforschung.

Auf Isaac Newton geht die Metapher zurück, wonach seine wissenschaftlichen Leistungen nur möglich waren, weil er „auf den Schultern von Giganten gestanden ist". Newton (wie auch alle anderen Innovatoren) hat seine Vorgänger nicht für deren Leistung entlohnt, weshalb diese einen geringeren monetären Anreiz hatten, neue Technologien und Produkte zu entwickeln. Es handelt sich hiermit um eine Externalität („Standing-on-giants-shoulders"), weshalb ein staatlicher Eingriff in die Forschungs- und Entwicklungsförderung jedenfalls gerechtfertigt ist.

Neben der Gewährung von Investitionszulagen für technologiepolitisch relevante Investitionen besteht im Bereich der **direkten ausgabenseitigen Forschungsförderung** ein breit gestreutes Instrumentarium von begünstigten Krediten (direkt oder über Zinszuschüsse), direkten Zuschüssen sowie direkten staatlichen Aufträgen in Bezug auf Forschungs- und Entwicklungsaktivitäten. Darüber hinaus können von der allgemeinen Beschaffungspolitik des öffentlichen Sektors (**„procurement-policy"**) wichtige technologische Weiterwirkungen („spinn-offs") ausgehen, was insbesondere im Militär-, aber etwa auch im Fernmeldebereich von Bedeutung ist.

Auf Mariana Mazzucato (2013) geht die These zurück, dass der Staat eine wesentliche Rolle bei Investitionen in Forschung und Entwicklung spielt. Als Beispiele dienen staatliche Institutionen wie die NASA (Teflon ist eine Erfindung für das Mondprogramm), das US Militär (mit Auswirkungen auf Flugzeugbau, GPS, aber auch das Internet), die Telefongesellschaft AT&T (die etwa die Computermaus erfunden hat), oder das europäische Forschungsprogramm CERN, die das World Wide Web geschaffen hat. 2020 hat die US Regierung unter Donald Trump mit dem Programm Operation Warp Speed 10 Mrd. US $ in die Entwicklung und Distribution von Covid-19 Impfstoffen gesteckt. Gleichzeitig hat eine Gruppe von britischen Wissenschaftlern festgestellt hat, dass etwa 97 % der Kosten für die Entwicklung des Astra Zeneca Covid-19 Impfstoffs aus öffentlichen Geldern finanziert wurde (Cross 2021).

Bei steuerpolitischen Maßnahmen ist zu unterscheiden zwischen allgemeinen Einflussnahmen auf die Bereitschaft und Fähigkeit zu unternehmerischer Risikotragung und spezifischen technologiepolitischen Förderungen. Spezielle steuerpolitische Maßnahmen der Technologiepolitik können bestehen in Sonderabschreibungen für Forschungs- und Entwicklungsinvestitionen, begünstigter steuerlicher Anerkennung von sonstigen Forschungsaufwendungen und in der Begünstigung von Erfinder- und Lizenzeinnahmen.

Aktuell haben 14 Länder in der Europäischen Union (nicht aber Deutschland oder Österreich) sogenannte Patentboxregime. Dabei können Unternehmen deklarieren, dass Gewinne aus Patenten oder anderen intellektuellen Eigentumsrechten resultieren, und diese zu einem geringeren Körperschaftssteuersatz besteuern. Irland hat als erstes Land derartige Patentboxen eingeführt, seit 2020 dürfen keine neuen Regime innerhalb der Europäischen Union genehmigt werden.

Die Vorteile dieser indirekten Forschungsförderung liegen vor allem darin, dass sie für die Begünstigten mit einem Rechtsanspruch versehen und damit einplanbar sind. Die Nachteile liegen dagegen, neben Problemen des Missbrauchs, in der relativ breiten Streuung, der verzögerten Auszahlung (erst wenn Gewinne anfallen), die entweder zu sehr hohen Kosten oder bei budgetären Beschränkungen zu relativ geringen Förderungen im Einzelfall führt, sodass die Problematik bloßer „Mitnahmeeffekte" stärker auftritt als bei Formen der direkten gezielten Förderung.

21.4.2 Sektorale Strukturpolitik

Spezielle finanzpolitische Einflussnahme auf die sektorale, branchenweise oder auch produktweise Struktur einer Volkswirtschaft können von zwei grundlegenden Ansatzpunkten ausgehen:

- Schaffung allgemeiner Rahmenbedingungen, um gewünschte Entwicklungen der Wirtschaftsstruktur zu erleichtern, bzw. Abbau von Hemmnissen, die solchen Strukturentwicklungen entgegenstehen,
- Direkte, strukturpolitisch motivierte Einflussnahme auf spezielle Bereiche.

Zum Bereich der allgemeinen, strukturpolitisch relevanten **Rahmenbedingungen** gehören alle fiskalpolitischen Einflussfaktoren hinsichtlich der Dynamik des Strukturwandels, insbesondere in Bezug auf die **Mobilität** der Produktionsfaktoren. Hinsichtlich des Faktors Arbeitskraft betrifft dies, neben Aspekten der regionalen Mobilität, vor allem fördernde Einflussnahmen in Bezug auf die Qualifikationsstruktur im Rahmen der „aktiven Arbeitsmarktpolitik“ durch Zuschüsse an Arbeitgeber bzw. Arbeitnehmer für Umschulungsmaßnahmen etc.

In Bezug auf Fragen der **Kapitalmobilität** befasst sich die finanzpolitische Diskussion vor allem mit steuerpolitischen Aspekten, aus denen heraus sich Hemmnisse für die Mobilität des Kapitals und damit eine suboptimale Allokation ergeben können. Das gilt etwa für alle Steuern, die die Kosten von Kapitaltransaktionen erhöhen, wie etwa Kapitalverkehrsteuern.[17] Analoges gilt für die Grunderwerbsteuer, die durch die Erhöhung der Transaktionskosten auch zu einer Reduzierung der regionalen Mobilität der Arbeitskräfte führen kann, da nun etwa der Erlös aus dem Verkauf eines Hauses nicht mehr voll zum Ankauf eines gleichwertigen Hauses in einer anderen Region ausreicht.

Eine besondere Problematik ergibt sich, wenn es beim Verkauf von Unternehmen zur **Offenlegung von stillen Reserven** kommt, die insbesondere durch begünstigende steuerliche Regelungen (z. B. begünstigte Abschreibungsformen oder Bewertungsverfahren von Liegenschaften etc.) entstanden sind. Hier kann sich nun aus der Offenlegung dieser stillen Reserven eine Pflicht zur Nachversteuerung ergeben, die u. U. dazu führen könnte, dass wirtschaftspolitisch erwünschte Umstrukturierungen nicht zustande kommen. Der Steuergesetzgeber hat daher eine Reihe von Möglichkeiten geschaffen, die unter bestimmten Voraussetzungen die steuerneutrale Übertragung stiller Reserven bei Unternehmensverkäufen ermöglichen.

Direkte, strukturpolitische Einflussnahme auf spezielle Bereiche können unter den Zielsetzungen der Anpassungshilfe einerseits und der Erhaltungshilfe andererseits erfolgen. Als Instrumente dieser Form von Strukturpolitik können Transferzahlungen (**„Finanzhilfen“**) und Steuervergünstigungen eingesetzt werden. Wirtschaftsbereiche, auf die sich solche strukturpolitische Maßnahmen beziehen, sind etwa der Bergbau, die Schifffahrt, die Werftindustrie, vor allem aber, als umfangmäßig dominierender Bereich, die Landwirtschaft. Hier finden sich, speziell im Rahmen des komplexen Systems der Agrarpolitik der EU, eine Vielzahl von direkten Zahlungen für Preisausgleiche, Überschussverwertung etc., wie auch eine Reihe von Steuervergünstigungen. Die für die Landwirtschaft bedeutsamsten Steuervergünstigungen bestehen vor allem in einer zu niedrigen – d. h. weit unter dem Verkehrs- bzw. Ertragswert liegenden – Festsetzung der Einheitswerte für land- und forstwirtschaftliches Vermögen und einer darauf aufbauenden Pauschalbesteuerung anstelle der Ermittlung des tatsächlichen Gewinns.[18]

[17] In Deutschland wurde die Börsenumsatzsteuer zum 1.1.1991 und die Gesellschaftsteuer und Wechselsteuer zum 1.1.1992 abgeschafft (vgl. Abschn. 15.5). In Österreich wurde die Börsenumsatzsteuer 2000 abgeschafft, die Gesellschaftssteuer besteht weiterhin.

[18] Siehe § 13a EStG: Ermittlung des Gewinns aus Land- und Forstwirtschaft bei bestimmten nichtbuchführungspflichtigen Land- und Forstwirten nach Durchschnittssätzen.

Weitere Subventionswirkungen ergeben sich für die Landwirtschaft aus der ihr zugestandenen Umsatzsteuerpauschalierung (siehe Abschn. 14.3).

Die **wirtschaftspolitische Einschätzung** spezieller strukturpolitischer Maßnahmen kann nur unter Bezugnahme auf die damit verfolgten wirtschaftspolitischen Ziele und die jeweils gegebenen alternativen Instrumente vorgenommen werden. Es gibt jedoch auch generelle Probleme, die beim Einsatz strukturpolitischer Instrumente auftreten, wie zum Beispiel:

- Mangelnde Transparenz: Die Vielfalt strukturpolitischer Maßnahmen kann durch Koordinationsmängel und Widersprüche zu wirtschaftspolitischer Ineffizienz führen.
- Hinsichtlich der Erfassung der einzelnen strukturpolitischen Maßnahmen bestehen spezielle Probleme bei Förderungen über Steuervergünstigungen. Im Gegensatz zu ausgabeseitigen Förderungen sind hier die öffentlichen Förderungsleistungen ex ante nicht exakt quantifiziert und auch ex post vielfach – wegen Zurechnungsproblemen etc. – nicht eindeutig erfassbar.
- Perpetuierungstendenz: Subventionen lassen einen Kreis von Begünstigten entstehen, die vielfach ein Interesse an der Perpetuierung der Beihilfen haben und dafür auch politischen Druck einsetzen können.
- Missbrauchsmöglichkeit: Jede strukturpolitische Maßnahme steht vor dem Dilemma, dass sehr eng und kasuistisch formulierte Bedingungen für die Anspruchsberechtigung zu erheblicher bürokratischer Ineffizienz führen können, dass andererseits großzügige Formulierungen aber Anlass zu Missbrauch geben können.

21.4.3 Regionale Strukturpolitik

Die Zielsetzung der regionalen Strukturpolitik besteht vor allem in der Reduzierung der regionalen Wohlstandsunterschiede in einer Volkswirtschaft. Gerade bei dieser Problematik kommt in speziellem Maß auch die föderale Struktur eines Staates zum Tragen, sodass hier ein besonderer Koordinierungsbedarf zwischen einzelnen Ebenen des öffentlichen Sektors besteht. Dementsprechend wurde 1969 durch eine Änderung des Grundgesetzes (Art. 91 a GG) das Institut der **Gemeinschaftsaufgabe** „Verbesserung der regionalen Wirtschaftsstruktur" geschaffen, das für diesen Bereich eine gemeinsame Rahmenplanung und Finanzierung für Bund und Länder vorsieht. Möglichkeiten der Finanzpolitik, auf die regionale Strukturentwicklung eines Staates einzuwirken, ergeben sich vor allem über folgende Ansatzpunkte:

- Die bedeutendste regionalpolitische Wirkung des öffentlichen Sektors geht wohl von den Regelungen des **Finanzausgleichs** i. w. S. aus (vgl. Abschn. 6.2). Föderale Finanzsysteme, die eine enge Bindung zwischen regionaler bzw. lokaler Steuerkraft und den Einnahmen der jeweiligen Gebietskörperschaft bewirken, führen tendenziell zu einer Vergrößerung der regionalen Strukturunterschiede, da nun „reiche"

Gemeinden durch entsprechende überdurchschnittliche Infrastrukturinvestitionen ihre wirtschaftliche Attraktivität noch weiter ausbauen können. Ein ausgebautes System des regionalen und lokalen Finanzausgleiches im engeren Sinn wirkt dagegen tendenziell Konzentrationstendenzen der regionalen Wirtschaftskraft entgegen. Allerdings ist nicht zu übersehen, dass regionale Verteilungsziele in Konflikt geraten können mit Zielsetzungen der lokalen und regionalen Autonomie und auch Zielsetzungen der gesamtwirtschaftlichen Effizienz (z. B. in Bezug auf Kapazitätsnutzung von Infrastruktur).

- Direkte **regionalpolitische Interventionen** des öffentlichen Sektors können insbesondere erfolgen im Rahmen der staatlichen **Infrastrukturpolitik** (z. B. Straßenbau), im Rahmen der **Standortpolitik** öffentlicher Einrichtungen, wie auch durch **Finanzierungszuschüsse** für regionalpolitisch relevante Projekte.
- Direkte Einflüsse auf die Standortentscheidungen privater Wirtschaftssubjekte erfolgen überwiegend über Formen einer speziellen **regionalen Investitionsförderung.** Wichtige Beispiele dafür sind Steuerpräferenzen, insbesondere in Form erhöhter Abschreibungsmöglichkeiten und spezielle Investitionszulagen. Im Rahmen der direkten regionalen Wirtschaftsförderung besteht weiters ein weitgefächertes System von Finanzhilfen in Form von zinsbegünstigten Darlehen, Zinszuschüssen, Bürgschaften etc., die überwiegend am Volumen der regionalpolitisch geförderten Investitionen, teilweise auch an der Zahl der geschaffenen Arbeitsplätze anknüpfen.[19] Besondere Herausforderungen für die regionale Strukturpolitik stellten und stellen sich im Rahmen der deutschen Wiedervereinigung.

Die Probleme einer speziell auf Investitionsförderung abgestellten regionalen Strukturpolitik können einerseits in den generellen Problemen einer speziellen finanzpolitischen Investitionsförderung bestehen, wie Auftreten von „Mitnahme-Effekten" und allokativen Verzerrungen, und andererseits in spezifisch regionalpolitischen Aspekten. So kann sich durch politische Einflussnahme eine zu breite Streuung regionalpolitischer Begünstigungen ergeben, was letztlich zur Abschwächung der regionalpolitischen Effizienz der eingesetzten Instrumente führt. Darüber hinaus wird aus der Sicht der Regionalökonomie in zunehmendem Maß die Frage gestellt, ob die angestrebten Ziele nicht manchmal effizienter durch eine verstärkte Förderung lokaler Eigeninitiativen („Entwicklung von unten") erreicht werden können als durch die Förderung der Ansiedlung unselbstständiger Betriebsteile („verlängerte Werkbänke") außerregionaler Investoren.

[19] Auch in Österreich bestehen vielfältige Formen der direkten regionalpolitischen Förderung, z. B. über ERP-Sonderprogramme und „Gemeinsame Sonderförderungsaktionen Bund-Land" für spezielle regionale Problemgebiete.

Literatur

Cross, S., Rho, Y., Reddy, H., Pepperrell, T., Rodgers, F., Osborne, R., Eni-Olotu, A., Banerjee, R., Wimmer, S., Keestra, S., Who funded the research behind the Oxford-AstraZeneca COVID-19 vaccine? Approximating the funding to the University of Oxford for the research and development of the ChAdOx vaccine technology, 2021, medRxiv.

Domar, E. D. The Case for Accelerated Depreciation. In: Quarterly Journal of Economics 1953, 493 ff.

Indest, G., Mooslechner, P., Unger, B. Das System der Sparförderung in Österreich. Heidelberg 1990.

Jatzek, H.G., Leibfritz, W. Der Einfluß der Steuern auf die Investitionstätigkeit der Unternehmen. Berlin 1982.

Lucas, R.E. Supply-Side Economics: An Analytical Review. In: Oxford Econ. Papers, 1990, 42:293 ff.

Masson, P.R., Bayoumi, T. Saving Behavior in Industrial and Developping Countries. In: IMF-Staff Studies, Washington 1995.

Mazzucato, M., The Entrepreneurial State: Debunking Public vs. Private Myths in Risk and Innovation, 2013, London: Anthem Press.

OECD. Taxation and Household Saving. Paris 1994.

Schumpeter, J. A., Theorie der wirtschaftlichen Entwicklung, Erstausgabe Leipzig 1912.

Sinn, H.W. Capital Income Taxation and Resource Allocation. Amsterdam 1987.

Zagler, M. Endogenous Growth, Market Failures and Economic Policy. London-New York 1999.

Weiterführende Literatur

Albrecht, D., Thormählen, T. Subventionen – Politik und Problematik. Frankfurt 1985.

Andel, N. "Subventionen". In: HdWW 7:491 ff, Stuttgart 1977.

Auerbach, A.J., Kotlikoff, L.J. Dynamic Fiscal Policy. Cambridge 1987.

Barro, R.J., Sala-i-Martin, X. Economic Growth. New York 1995.

Biehl, D., Roskamp, K.W., Stolper, W.F. (Hrsg.) Public Finance and Economic Growth. Proceedings of the 37th Congress of the International Institute of Public Finance, Detroit 1983.

Bierter, W., Binder, H.-M. Unternehmerische Innovationsprozesse. Die Wirksamkeit staatlicher Förderungsmaßnahmen – eine Evaluation. Chur 1993.

Brachert, M., Dettmann, E., Titze, M., Public Investment Subsidies and Firm Performance – Evidence from Germany, Jahrbücher für Nationalökonomie und Statistik, 2018, Vol. 238(2), 103–124.

Bundesministerium der Finanzen: Subventionsberichte (erscheint zweijährig).

Dickertmann, D. Öffentliche Finanzierungshilfen. Baden-Baden 1980.

Easterly, W., Robelo, S., Fiscal Policy and Economic Growth: An Empirical Investigation. In: J. of Monetary Economics, 1993, Vol. 32:417 ff.

Ford, R., Poret, P. Business Investement: Recent Performance and Some Implications for Policy. In: OECD Economic Studies, 16, 1991.

Fritsch, H., Bestimmungsgründe der Sparquote, Berlin 1991.

Gaessler, F., Hall, B., Harhoff, D., Should there be lower taxes on patent income?, Research Policy, 2021, Vol. 50(1).

Greiner, A., Hanusch, H. Growth and Welfare Effects of Fiscal Policy in an Endogenous Growth Model with Public Investment. In: International Tax and Public Finance, 1998, 5:249 ff.

Greiner, A., Hanusch, H. Steuerpolitik und endogenes Wachstum. In: A. Oberhauser (Hrsg.) Probleme der Besteuerung I. S. 57 ff, Berlin 1998.
Hansmeyer, K.-H. (Hrsg.) Finanzierungsprobleme der deutschen Einheit: Band I: Staatsverschuldung, EG-Regionalfonds, Treuhandanstalt (D. Biehl, P. Friedrich, W. Kitterer), Berlin 1993.
Harberger, A.C. Tax Neutrality in Investment Incentives. In: H.J. Aaron, M.J. Boskin (Hrsg.) The Economics of Taxation, Brookings Institution, S 299 ff, Washington DC 1980.
King, M.A., Fullerton, D. The Taxation of Income from Capital. Chicago 1984.
Kotlikoff, L. Taxation and Savings. A Neoclassical Perspective. In: Journal of Economic Literature 1984, 22:1576 ff.
Kromphardt, Ch., Gewinn und Absatz als Bestimmungsgründe für Anlageinvestitionen – Empirische Analysen. In: G. Bombach, B. Gahlen, A. E. Ott, Hrsg., Neuere Entwicklungen in der Investitionstheorie und -politik. Tübingen (1980, S. 359 ff.).
Leibfritz, W., Meurer, C. Steuerliche Investitionsförderung im internationalen Vergleich. Schriftenreihe des Ifo-Institutes, Berlin 1985.
Littmann, K. Der Einfluß der Steuern auf die Qualität des Wirtschaftsstandortes Deutschland. Friedrich Ebert Stiftung, Bonn 1994.
OECD. Taxation and Economic Performance, Working Paper 1 on Macroeconomic and Structural Policy Analysis. Paris 1997.
Rahmeyer, F. Konzepte privater und staatlicher Innovationsförderung. In: ZWS 1995, 115/1: 37 ff.
Roloff, O. et al. Direktinvestitionen und internationale Steuerkonkurrenz. Frankfurt/M. 1994.
Sandmo, A. The Effects of Taxation on Saving and Risk Taking. In: A. Auerbach, M. Feldstein (Hrsg.) Handbook of Public Economics, Amsterdam 1985.
Saunders, P., Klau, F. The Role of the Public Sector (OECD Economic Studies, 4/1985), Paris 1985.
Shah, A. (Hrsg.) Fiscal Incentives for Investment and Innovation. Oxford-New York 1995.
Sievert, O. u. a. Steuern und Investitionen. 2 Bde., Frankfurt/Main u. a. 1989.
Streissler, E. Wachstums- und Umweltpolitik. In: E. Nowotny, G. Winckler (Hrsg.) Grundzüge der Wirtschaftspolitik Österreichs, S. 155 ff, Wien 1994.
Tanzi, V., Zee, H.H. Fiscal Policy and Long-Run Growth. IMF-Working Papers, Oct. 1998, Washington.
Timm, H. Finanzwirtschaftliche Allokationspolitik. In: HdF 111:157 ff Tübingen 1981.
Weichenrieder, A.J. Besteuerung und Direktinvestition. Tübingen 1995.
Winston, C. US-Industry Adjustment to Economic Deregulation. In: Legacy of Deregulation, J. of Econ. Perspectives, 1998, 12:89 ff.
Wittmann, L. Der Einfluß der Steuern auf die Investitionsentscheidungen der Unternehmen. Frankfurt 1986.
Zameck v., W. Finanzwissenschaft: Grundlagen der Stabilisierungspolitik. München-Wien 1996.

Öffentlicher Sektor und Umweltpolitik 22

Lernziele

- Unter Aspekten der Wirtschaftswissenschaft sind die Herausforderungen im Bereich der Umweltpolitik vor allem als Formen des Marktversagens zu sehen, die einen korrigierenden Einsatz des öffentlichen Sektors erfordern. Für die wirtschaftspolitische Umsetzung sind gesamtwirtschaftliche Kosten – Nutzen Überlegungen erforderlich, die in diesem Kapitel detailliert dargestellt werden. Für die Durchführung von Maßnahmen der Umweltpolitik wird dabei zwischen Verursacherprinzip und Gemeinlastprinzip unterschieden.
- Es wird ein Überblick über die Instrumente der Umweltpolitik gegeben mit besonderer Berücksichtigung von Umweltabgaben (Emissionssteuern) und der Festlegung handelbarer Emissionsmenge (Zertifikate). Dabei wird auch auf die Herausforderungen eingegangen, die sich aus dem EU-Programm „Fit for 55", das eine Reduzierung der Treibhausgasemissionen bis 2030 um 55 % im Vergleich zum Jahr 1990 erreichen soll, eingegangen.
- Die Wirkungen umweltpolitischer Instrumente werden analysiert in Hinblick auf ihre ökologische Wirksamkeit, wie auch auf die mit dem Einsatz einzelner Instrumente verbundenen Wohlfahrts-, Wachstums- und Beschäftigungseffekte. In Bezug auf fiskalische Ansätze der Umweltpolitik werden Fragen des Aufkommens, der Mittelverwendung und der Inzidenz- und Verteilungswirkungen diskutiert. Nur durch eine umfassende Betrachtung können die großen Herausforderungen, die sich bei Fragen der Umwelt- und speziell der Klimapolitik ergeben, adäquat erfasst werden.

E. Nowotny und M. Zagler, *Der öffentliche Sektor*,
https://doi.org/10.1007/978-3-658-36042-9_22

Einflüsse des öffentlichen Sektors auf die Umweltqualität im weiteren Sinn (d. h. einschließlich psychischer, ästhetischer und sozialer Effekte) können analytisch als qualitative Allokationseffekte erfasst werden. Angesichts der Vielfalt dieser Effekte und der engen Verknüpfung mit anderen, speziell distributiven, Zielsetzungen des öffentlichen Sektors wird dieser Problembereich aber in einem eigenen Kapitel behandelt.

22.1 Theoretische Grundlagen und Zielsetzungen

Ausgangspunkt für die Erfassung von Umweltproblemen aus ökonomischer Sicht sind vor allem die Ansätze der Theorie des **Marktversagens** (siehe Kap. 3). Dabei sind insbesondere folgende, vielfach miteinander verbundene, Aspekte von Bedeutung:

- **Fehlen von Eigentumsrechten:** „Umweltgüter", wie saubere Luft, sauberes Wasser, etc. können als „Gemeinschaftsgüter" („common property resources") gesehen werden, d. h. Güter, bei denen keine individuellen Eigentumsrechte bestehen. Im Gegensatz zur älteren Nationalökonomie, die diese Güter im Gegensatz zu den ökonomisch relevanten „knappen Gütern" als „freie Güter" betrachtete, wird heute allerdings auch für Umweltgüter von ökonomischer Knappheit ausgegangen.
- Das Fehlen von Eigentumsrechten bedeutet nun, dass es für jedes einzelne Wirtschaftssubjekt ökonomisch individuell rational ist, ein „Gemeinschaftsgut" maximal zu nutzen. Für die Gesellschaft insgesamt kann dies aber dazu führen, dass es angesichts bestehender Kapazitäts- oder Regenerationsgrenzen des Gemeinschaftsgutes zu einer Verschlechterung von Qualität und Nutzbarkeit dieses Gutes kommt (z. B. Verschwinden von Fischbeständen, Schädigung der Erdatmosphäre etc.).
- **Umweltgüter als öffentliche Güter:** Für viele Umweltgüter, z. B. Erdatmosphäre, Qualität internationaler Gewässer, gilt das Kriterium der Nicht-Ausschließbarkeit. Das bedeutet, dass kein Wirtschaftssubjekt von einem entsprechenden Qualitätsstandard ausgeschlossen werden kann, egal ob es sich an der Herstellung oder Sicherung dieses Standards beteiligt hat und dass umgekehrt sich niemand diesem Qualitätsstandard entziehen kann. Bezüglich des zweiten Kriteriums reiner öffentlicher Güter, dem Kriterium der „Nicht-Rivalität im Konsum", wurde bei der Diskussion der **„Gemeinschaftsgüter"** gezeigt, dass die Nutzung durch ein Wirtschaftssubjekt die Nutzungsmöglichkeiten der anderen Wirtschaftssubjekte beeinträchtigen kann. Werden allerdings wirksame Umweltschutzmaßnahmen gesetzt, bewirken diese Nicht-Rivalität im Konsum und können demnach als reine oder unvollkommen öffentliche Güter gesehen werden. So kommt etwa ein wirksames Luftreinhalte-Programm allen Bewohnern einer Region zugute, unabhängig ob sie sich an den Kosten des Programms beteiligen, wobei die Grenzkosten, bezogen auf weitere Bewohner, gleich Null sind. Mit der Eigenschaft als Gemeinschaftsgut und als öffentliches Gut ergibt sich für das einzelne Wirtschaftssubjekt die Möglichkeit

des **free-rider**-Verhaltens. Daraus ergibt sich die Notwendigkeit der Intervention durch den öffentlichen Sektor. In vielen Bereichen erfordert dies freilich globale Zusammenarbeit. Dafür wurden im Rahmen der Vereinten Nationen die „Nachhaltigen Entwicklungsziele" (Sustainable Development Goals, SDGs) erarbeitet. Für Fragen des Klimaschutzes wurden in einer Reihe von internationalen Konferenzen (z. B. Kyoto, Paris, Glasgow) Obergrenzen für die globale Klimaerwärmung und entsprechende Verpflichtungen zur Reduktion von Treibhausgas-Emissionen vereinbart.

- Das Konzept der **meritorischen Güter** ist insofern für die ökonomische Erfassung von Umweltproblemen von Bedeutung, als es bei Maßnahmen der Umweltpolitik vielfach um einen Eingriff in individuelle Präferenzen geht. Dies gilt auf nationaler Ebene (z. B. Verbote umweltgefährdender Produktionen), wie auf internationaler Ebene (z. B. Probleme des Schutzes des Regenwaldes entgegen den Präferenzen der Regierungen vieler direkt betroffener Staaten).
- **Externe Effekte:** Der wichtigste ökonomische Ansatz zur Erfassung von Umweltproblemen ist die Theorie der externen Effekte. Umweltschädigungen werden hier als negative technologische externe Effekte, die mit Produktions- oder Konsumaktivitäten verbunden sind, erfasst. Dies bedeutet, dass die Preise für diese Aktivitäten nur die privaten, nicht aber die sozialen Kosten wiedergeben. Die Nicht-Berücksichtigung dieser negativen externen Effekte im Preissystem bewirkt demnach, dass marktmäßige Allokationsprozesse nach „falschen" Preissignalen erfolgen. Die Aufgabe des öffentlichen Sektors besteht darin, dieses Marktversagen durch Sichtbarmachung der sozialen Kosten („Internalisierung") zu korrigieren.
- **Langfristigkeit und Unsicherheit:** Speziell der Bereich der Klima-Problematik ist durch Langfristigkeit und entsprechend hohe Unsicherheit gekennzeichnet. Dies betrifft zunächst Wirkungszusammenhänge im naturwissenschaftlich/technischen-Bereich, etwa auch hinsichtlich der Gefahr nicht-linearer „Kipp-Effekte". Unsicher ist auch das Potenzial des technisch-organisatorischen Fortschrittes, der bis jetzt stets dazu geführt hat, befürchtete globale Krisen zu verhindern oder zu entschärfen.[1] Damit verbunden besteht auch Unsicherheit hinsichtlich der Wirksamkeit von Steuer-/Preis-Mechanismen in Fragen des Klimawandels. Dies bedeutet wieder Unsicherheit hinsichtlich der Frage, ob in Fragen der Umweltpolitik schrittweises (inkrementelles) Vorgehen ausreichend ist, oder ob „disruptive" strukturelle Änderungen erforderlich sind. In Bezug auf wirtschaftspolitische Entscheidungsstrukturen stellt sich durch den Aspekt der Langfristigkeit die Frage der Abwägung zwischen dem Nutzen der gegenwärtigen Generation und dem Nutzen künftiger Generationen. Generell geht die Wirtschaftswissenschaft davon aus, dass als Ausdruck von Zeitpräferenz gegenwärtiger

[1] So etwa in Bezug auf die vom Ökonomen Thomas Malthus, im 19. Jahrhundert postulierten Wachstumsgrenzen durch Mangel an Nahrungsmitteln oder die Warnungen des „Club of Rome" in den 1970er Jahren vor Energie-Knappheit.

Nutzen höher geschätzt wird als künftiger (sozialer Diskontsatz, vgl. Abschn. 4.2). In der Klima-Diskussion wird dagegen vielfach von einer „sozialen Zeitpräferenzrate“ von Null ausgegangen, das heißt, gegenwärtige und künftige Konsummöglichkeiten werden gleich bewertet, wobei sich hier freilich erhebliche soziale und regionale Unterschiede – mit entsprechender politischer Bedeutung – ergeben.

Um wirtschaftspolitische Operationalität zu erreichen, müssen auf der Basis der entsprechenden theoretischen Konzepte entsprechende **Zielsetzungen** für das Handeln des öffentlichen Sektors abgeleitet werden. D. h. es muss geklärt werden, welches Ausmaß an Gemeinschafts- bzw. öffentlichen Gütern bereitzustellen, ist bzw. welches Ausmaß externer Effekte als gesellschaftlich tolerierbar, bzw. nicht-tolerierbar zu sehen ist. In einer Welt insgesamt knapper Ressourcen stellt sich damit auch im Bereich der Umweltpolitik die Notwendigkeit – aber auch Problematik – gesamtgesellschaftlicher **Kosten-Nutzen-Überlegungen.**

Als theoretische Bedingung für ein gesellschaftliches Optimum an Maßnahmen des Umwelt- und im speziellen des Klimaschutzes lässt sich formulieren: Jedes gegebene Niveau an „Umweltqualität“ soll mit der kostengünstigsten Kombination von Produktionsmitteln erreicht werden, wobei das Niveau an Umweltqualität als optimal bezeichnet werden kann, bei dem die Kosten einer weiteren Verbesserung (weiterer Emissionsvermeidung usw.) gerade den zusätzlichen Erträgen (bei denen auch nichtmaterielle Faktoren zu berücksichtigen sind) entsprechen. Anhand der Abb. 22.1 lassen sich die einzelnen Elemente der Vorstellung eines „optimalen Niveaus an Umweltqualität“ im Detail erläutern. Obwohl die Analyse als allgemeiner theoretischer Denkansatz für sämtliche Formen der „Umweltqualität“ bzw. „Umweltverschmutzung“ anwendbar ist, sollen im Folgenden vor allem Klimaschutz[2] und Wasserverschmutzung als Beispiele herangezogen werden.

In Abb. 22.1 entspricht die Abszisse dem „Reinheitsgrad“ von Luft und Wasser, gemessen mit entsprechenden technischen Kennziffern. Dieselbe Information würde auch geliefert, wenn die Skala die Einheiten von „zurückgehaltenen Emissionen“ angäbe (der Punkt 0 ist als Ausgangspunkt der Emissionsreduzierung zu sehen, entspricht damit den bisher vorgegebenen Umweltstandards, im Extremfall keine Einschränkung der Abgabe von Emissionen in Luft oder Wasser). Die Kurve N_1 zeigt den zusätzlichen Nutzen, der durch einen höheren Reinheitsgrad (mehr Einheiten zurückgehaltener Emissionen) entsteht. Diese Funktion kann interpretiert werden als eine Kurve des gesellschaftlichen Grenznutzens von „sauberer Umwelt“ oder, operationaler, als Kurve des durch höhere Emissionsvermeidung zusätzlich vermiedenen gesellschaft-

[2] Klimaschutz umfasst eine Vielzahl von Einzelmaßnahmen. Hier wird auf den zentralen Aspekt der Reduzierung von CO_2-Emissionen abgestellt, der auch im Zentrum der internationalen Klimaschutzpolitik steht (z. B. EU-Programm – „New Green Deal“ – der Reduzierung des CO_2-Ausstosses gegenüber. Stand 1990 um 55 % bis 2030 und Klimaneutralität bis 2050).

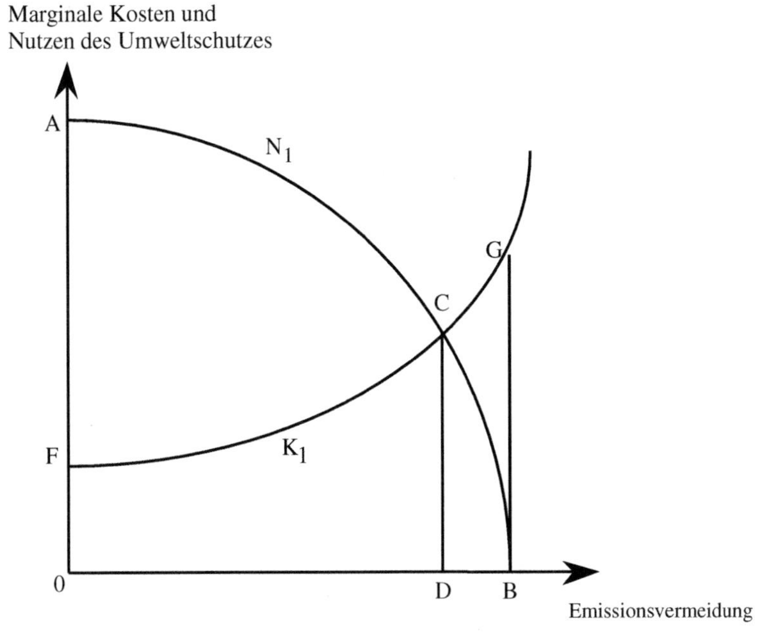

Abb. 22.1 Das „optimale Niveau an Umweltqualität"

lichen Schadens. Von „rechts nach links" betrachtet, zeigt die Kurve N_1 den durch höhere Emissionen verursachten zusätzlichen Schaden. Für die Darstellung der von der Kurve N_1 erfassten Beziehung hat sich daher in der amerikanischen Literatur die Bezeichnung **„damage function"** eingebürgert.

Der Verlauf der Kurve N_1 in Abb. 22.1 entspricht der Annahmen eines „abnehmenden Grenznutzens" der Emissionsvermeidung. Im Fall der Wasserqualität beruht das zum Beispiel auf der geringeren Bedeutung der bei höherem Reinheitsgrad möglichen zusätzlichen Verwendung[3], bzw. auf dem geringeren zusätzlich vermiedenen Schaden. Im Fall der Luftqualität, bzw. des Klimaschutzes, sind die naturwissenschaftlich- gesellschaftspolitischen Zusammenhänge komplexer. Stellt man ab auf ein generelles „Katastrophenszenario" würde N_1 horizontal verlaufen. Es müsste demnach ein „Reinheitsgrad" von 100 % angestrebt werden[4]. Geht man dagegen aus von unterschiedlichen Folgen von

[3] Im Fall der Wasserverschmutzung würde das z. B. heißen (die angegebenen Werte sind hypothetisch): ab einem Reinheitsgrad von 30 % keine Geruchsbelästigung, ab 50 % Möglichkeit der Trinkwasseraufbereitung, ab 80 % Bademöglichkeit usw.

[4] Dies ist nicht ident mit „klimaneutral", da hier ja davon ausgegangen wird, dass ein gewisses Ausmaß von unvermeidbaren CO_2-Emissionen durch geeignete Maßnahmen (z. B. Aufforstung) absorbiert werden kann.

CO2-Emissionen, bzw. des Klimawandels, nach Bereichen (z. B. Landwirtschaft oder Industrie) oder Regionen würde sich wie in Abb. 22.1 wieder eine konkave Form von N_1 ergeben. Die konkave Form der Kurve entspricht dabei der Annahme, dass der gesellschaftliche Nutzen zusätzlicher Schutzmaßnahmen im Bereich starker Belastung wesentlich langsamer abnimmt als im Bereich geringer Belastung. Im Schnittpunkt der Funktion N_1 mit der Abszisse (Punkt B) ist ein „Reinheitsgrad" erreicht, bei dem zusätzliche Schutzmaßnahmen keinen weiteren positiven Nutzen bringen. Die Kurve K_1 zeigt die zusätzlichen Kosten, einen höheren Reinheitsgrad zu erreichen (d. h. zusätzliche Emissionen zu beseitigen).

Die oben dargelegte Optimalbedingung ist im Punkt C gegeben: Jede Ausweitung des „Reinheitsgrades" über den Prozentsatz D würde mehr gesellschaftliche Kosten als Nutzen bringen. Gleichzeitig ist aber zu beachten, dass im Punkt D nach wie vor ein Ausmaß von Emissionen mit einer „Schadenssumme" von DCB besteht. Die Tatsache von negativen externen Effekten in Form von Umweltverschmutzung allein rechtfertigt nach diesem „Rationalansatz" aber noch nicht den Einsatz zusätzlicher Reinhaltungsmaßnahmen, da die zusätzlichen Kosten (die im Fall der völligen Reduzierung negativer externer Effekte DCGB betragen würden) den zusätzlichen gesellschaftlichen Ertrag übersteigen würden. Es handelt sich hier um ein Beispiel **„nicht-Pareto-relevanter" externer Effekte.** Dass heißt, der Punkt C ist ein Pareto-optimaler (effizienter) Gleichgewichtspunkt (die Grenzrate der Substitution im Konsum ist gleich der Grenzrate der Substitution in der „Produktion"), obwohl weiterhin externe Effekte bestehen.

Die Formulierung allgemeiner Marginalbedingungen und die Darstellung eines optimalen Ausmaßes von Maßnahmen des Umweltschutzes können zwar helfen, die charakteristischen Eigenschaften des „ökonomischen", nutzenmaximierenden „Rationalansatzes" und die aus seiner Übergehung resultierenden „Wohlfahrtsverluste" aufzuzeigen. Die wesentlich schwierigere und problematischere Aufgabe besteht aber in der konkreten Bestimmung der entsprechenden Kosten- und vor allem der Nutzenfunktion.

Die **Kostenverläufe** von Umweltschutzmaßnahmen sind bei einzelwirtschaftlicher Betrachtung eine technische Information, wobei gerade für nachträglich ansetzende Reinigungsaktivitäten (end-of-pipe-Technologien, wie z. B. Entschwefelungsanlagen oder Kläranlagen) stark steigende Grenzkostenverläufe typisch sind[5]. Schwieriger ist die Erfassung von Kostenverläufen im gesamtwirtschaftlichen Zusammenhang, wo es, z. B. bei Maßnahmen zum Schutz der Erdatmosphäre um eine Vielzahl verbundener Ansätze geht, letztlich ist auch hier aber wohl mit steigenden (gesamtwirtschaftlichen) Grenzkosten zu rechnen[6]. In jedem Fall sind die für die ökonomische Analyse herangezogenen

---

[5] Das letzte Prozent an Reinheitsgrad ist das „teuerste".

[6] Etwa bei der Anhebung der Ziele für eine Reduktion von Treibhausgasemission auf Ebene der EU von 40 % auf 55 % bis 2030.

Kosten dabei als Opportunitätskosten zu interpretieren, das heißt als entgangene zusätzliche materielle Konsum- oder Investitionsmöglichkeiten (beziehungsweise als der entsprechende entgangene Nutzen). Ceteris paribus bewirkt der Einsatz von Arbeit und Kapital für Umweltschutzaktivitäten bzw. der Verzicht auf Nutzung von Umweltressourcen einen Rückgang der Arbeits- bzw. Kapitalproduktivität und damit letztlich einen Verzicht auf Realeinkommen, (konventionell) gemessen an zu Marktpreisen bewerteten Gütern und Dienstleistungen.

Konzeptionell noch ungleich schwieriger, wie angeführt, ist die Erfassung der **Nutzenseite** einer Umweltschutzpolitik. Im Bereich der Umweltpolitik treten Probleme (z. B. Bewertung künftiger Nutzen, monetäre Bewertung) bei der Nutzenermittlung öffentlicher Leistungen besonders akzentuiert auf, da hier langfristige Zusammenhänge von besonderer Bedeutung sind und die Schadens- bzw. Nutzenbewertung je nach Stand der wissenschaftlichen Kenntnis variieren wird. Letztlich sind die entsprechenden Nutzenfunktionen als Ergebnis politischer Prozesse im Sinne sozialer Wahlhandlungen (public choice) zu sehen (siehe Kap. 4).

Es ist weiters zu berücksichtigen, dass sich die Darstellung in Abb. 22.1 auf ein einzelnes **Immissionsziel** (Grad der Umweltqualität eines speziellen Umweltbereiches) bezieht, das von einem bestimmten Ausmaß an **Emissionen** bestimmt wird. In der Praxis können freilich zwischen Emissionen und Immissionsziel vielfältige, zum Teil nicht lineare, Beziehungen bestehen. Andererseits wird es für die konkrete Umsetzung einer Umweltpolitik vielfach nötig sein, den einzelnen Verursachern konkrete Emissionsziele (z. B. Obergrenzen des Schadstoffausstoßes) vorzugeben. Die ökonomischen Effizienz-Ansätze, wie sie Abb. 22.1 zugrunde liegen, sind demnach nicht als Anleitung zur Formulierung konkreter umweltpolitischer Zielsetzungen zu sehen, erlauben aber doch einige wichtige Hinweise:

- Es zeigt sich ein Gegensatz zwischen ökonomischer und technisch-naturwissenschaftlicher Betrachtungsweise, der in der praktischen Umweltpolitik oft von Bedeutung ist. Aus technischer Betrachtungsweise, die auch von vielen Umweltschutzgesetzen übernommen wird, ist der „Stand der Technik" für das Ausmaß der Emissionsverhinderung relevant. Bei technischer Durchführbarkeit würde das gänzliche Emissionsverhinderung bedeuten. Aus der geschilderten ökonomischen Sicht kann demgegenüber auch bei technischer Durchführbarkeit ein geringeres Ausmaß der Emissionsbeseitigung effizient sein.
- Umweltschutzpolitische Zielsetzungen sind dynamisch zu betrachten. Führt z. B. technischer Fortschritt zu einem Sinken der Grenzkosten der Emissionsverhinderung (in Abb. 22.1 Verschiebung der Kurve K_1 nach unten), werden die „ökonomisch effizienten" Reinheitsgrade höher liegen. Analoge dynamische Effekte ergeben sich aus Änderungen der gesellschaftlichen Präferenz (Kurve N_1).

- Umweltpolitische Zielsetzungen können einkommensabhängig sein. Da die Kosten von Umweltmaßnahmen als Opportunitätskosten zu sehen sind, ist ihre Bewertung nicht unabhängig von der Bewertung der jeweils entgangenen alternativen Verwendung. Stellt man darauf ab, dass in einem bestimmten Ausmaß einkommensabhängige Bedürfnishierarchien bestehen[7], wird sich daraus eine unterschiedliche Einschätzung der Kosten von Umweltschutzmaßnahmen ergeben. Eine analoge Argumentation gilt für die individuelle und soziale Bewertung der Nutzen von Umweltschutzmaßnahmen. Wenn demnach soziale Gruppen oder Staaten mit unterschiedlichen Einkommen unterschiedliche umweltpolitische Ziele präferieren, ist dies nicht notwendigerweise Ausdruck eines unterschiedlichen Informationsstandes über ökologische Zusammenhänge, sondern kann auch als Folge der dargestellten ökonomischen Zusammenhänge interpretiert werden. Werden die entsprechenden Verteilungsaspekte mitberücksichtigt, kann sich die Notwendigkeit ergeben, das umweltpolitische Instrumentarium durch verteilungspolitische Transfers und Kompensationen zu ergänzen.

22.2 Durchführungsprinzipien der Umweltpolitik

Als Prinzipien für die Anwendung umweltpolitischer Instrumente wird vielfach unterschieden zwischen:

- **Verursacherprinzip** und
- **Gemeinlastprinzip.**

Kern des **Verursacherprinzips** ist die unmittelbare (meist administrative) Verhinderung von Umweltgefährdung bzw. die direkte Anlastung der von ihr ausgehenden Kosten beim Verursacher. Verursacher wird dabei meist im Sinn der technisch-physischen Verursachung von Emissionen gesehen. Eine darüber hinausgehende Position sieht als „Verursacher" dagegen alle, die die infrage stehende Ressource für ihren Zweck in Anspruch nehmen wollen. Wer als erster (zunächst konfliktfrei) diese Ressource in Anspruch nahm, wäre demnach irrelevant. Jedenfalls erfordert die „Internalisierung" sozialer Kosten eine Korrektur der vorher in allokativer Hinsicht nicht effizienten Preisstrukturen in einer Volkswirtschaft. Diesem „marktwirtschaftlichen" Ansatz der Umweltschutzpolitik entsprechen in der wohlfahrtsökonomischen Analyse „Schadensteuern", die vom Verursacher in Höhe der von ihm (potenziell) verursachten (zusätzlichen) sozialen Kosten zu entrichten sind („Pigou-Steuern"). In der Praxis wird es freilich nicht möglich sein, die gesamten zusätzlichen Umweltbelastungen einer Aktivität steuerlich zu

[7] z. B. zuerst Abdecken von Mindestbedürfnissen in Bezug auf Essen, Wohnen, Ausbildung etc.

erfassen. Wohl aber ist es möglich, die Abgabe bestimmter Emissionen (z. B. Abwasser, CO_2) kostenpflichtig zu machen (Emissionssteuern).

Beim **Gemeinlastprinzip** wird die Verantwortung für Erhaltung bzw. Wiederherstellung einer gewünschten Umweltschutzqualität unmittelbar dem öffentlichen Sektor zugewiesen. „Umweltqualität" wird unter diesem Ansatz als „öffentliches Konsumgut" gesehen (siehe Abschn. 3.3), das unter Berücksichtigung gegebener Eigentumsrechte (bzw. „Schädigungsrechte") von der Allgemeinheit erstellt bzw. „erkauft" werden muss[8]. Unter allokativen Gesichtspunkten ist prinzipiell das Verursacher- dem Gemeinlastprinzip vorzuziehen. In vielen Fällen wird sich jedoch eine volle oder teilweise Anwendung des Verursacherprinzips als nicht möglich bzw. als nicht zweckmäßig erweisen. So etwa, wenn eine direkte Zurechnung von Umweltschädigungen an einzelne Verursacher nicht oder nur zu unvertretbaren Kosten durchführbar ist. Darüber hinaus wird das Gemeinlastprinzip überall dort eine Rolle spielen, wo eine volle Anwendung des Verursacherprinzips zu erheblichen wirtschaftlichen und sozialen Härten (z. B. Betriebsstilllegungen) führen würde. Eine zumindest teilweise Anwendung des Gemeinlastprinzips (z. B. Subventionen für die Errichtung von Umweltschutzeinrichtungen) kann in einem solchen Fall zur Entschärfung (u. U. auch zur Verlagerung) von Konflikten führen und damit die Durchsetzbarkeit höherer Umweltstandards erleichtern.

In der praktischen Umweltschutzpolitik wird auf jeden Fall dem Gemeinlastprinzip stets eine erhebliche Rolle zukommen, woraus sich entsprechende finanzielle Anforderungen für den öffentlichen Sektor ergeben. Neben dem Betrieb öffentlicher Umweltschutzeinrichtungen (z. B. Kläranlagen) spielen hier vor allem Steuervergünstigungen und Kreditsubventionen eine Rolle. Steuervergünstigungen können sich dabei an den Unternehmensbereich richten (z. B. Gewährung erhöhter Abschreibungen für „Umweltschutzinvestitionen"), wie auch an den Bereich der privaten Haushalte (z. B. steuerliche Vergünstigungen in Zusammenhang mit der Anschaffung von PKWs mit Elektroantrieb). In der Regel wird es dabei nicht sinnvoll sein, auf ein einziges wirtschaftspolitisches Instrument abzustellen, sondern auf einer Kombination von Planungsmaßnahmen, administrativen und finanzpolitischen Regelungen aufzubauen.

Eine weitere Unterscheidung hinsichtlich umweltpolitischer Strategien ist die zwischen nachsorgenden und vorsorgenden Ansätzen der Umweltpolitik.

Nachsorgende Umweltpolitik besteht zum einen im Bemühen zu verhindern, dass Schadstoffe, die bei Produktion oder Konsum entstehen, in die Umwelt gelangen. Typische Beispiele sind der Einsatz von Filter- und Kläranlagen („end-of-pipe-Technologien"). Zum anderen geht es um die nachträgliche Sanierung von bereits eingetretenen Umweltschäden (Altlastensanierung, Erhöhung der Energieeffizienz im Baubereich etc.).

[8] Beispiele sind etwa die ökologisch orientierten Entschädigungszahlungen für „nicht-konventionelle" Produktionsformen bzw. Stilllegungen im Rahmen der EU-Agrarpolitik, ebenso Formen der Ökostromförderung über Zuschläge für Verbraucher.

Vorsorgende Umweltpolitik bemüht sich, bereits das Entstehen von Schadstoffen und Umweltgefährdungen zu verhindern. Ansätze dafür sind Änderungen von Produktionsverfahren oder Konsumstrukturen, um unmittelbar eine geringere Schadstoffintensität bei Produktion oder Konsum zu erreichen. Beispiele sind etwa der Übergang zu weniger material- und energieintensiven Produktionsformen oder Maßnahmen der Raum- und Verkehrsplanung, die auf geringeren Transportbedarf abstellen.

Schärfste Form einer vorsorgenden Umweltpolitik sind Verbote für Einsatzstoffe oder Aktivitäten, wo die damit verbundenen Umweltschäden mit unmittelbarer Gesundheitsgefährdung oder irreversiblen Umweltschäden verbunden sind (z. B. Verbot von FCKW oder DDT).

Unter ökologischen Gesichtspunkten ist eine vorsorgende Umweltpolitik zweifellos der wirkungsvollste Ansatz. Denn auch eine leistungsfähige nachsorgende Umweltpolitik steht vielfach vor dem Problem der ökologisch einwandfreien Entsorgung der durch entsprechende Technologien zurückgehaltenen Schadstoffe. In der Praxis wird freilich stets eine Kombination von vor- und nachsorgender Umweltpolitik nötig sein. Wenn zum Beispiel eine vorsorgende Umweltpolitik massive Änderungen im privaten und sozialen Kapitalstock einer Volkswirtschaft erfordert (z. B. in Bezug auf die Verkehrsinfrastruktur), werden diese Änderungen erhebliche Zeiträume in Anspruch nehmen. Für die kurze und mittlere Sicht werden daher jedenfalls ergänzende Maßnahmen einer nachsorgenden Umweltpolitik nötig sein. Gleiches gilt für die Bewältigung von ökologischen Altlasten. Darüber hinaus stellt sich auch bei der Abwägung zwischen vor- und nachsorgenden Ansätzen der Umweltpolitik das Problem gesamtwirtschaftlicher bzw. gesamtgesellschaftlicher Kosten-Nutzen-Überlegungen, wie es im vorhergehenden Abschnitt dargestellt wurde. Dabei ist es wieder wichtig zu berücksichtigen, dass die entsprechenden Kosten- und Nutzenfunktionen unter langfristiger und umfassender Perspektive zu erfassen sind.

22.3 Instrumente der Umweltpolitik

Tab. 22.1 enthält eine Auflistung der wichtigsten Formen umweltpolitischer Instrumente, die im Weiteren näher dargestellt werden (vgl. Nowotny 1974).

22.3.1 Schaffung von Eigentumsrechten und Haftungsregelungen

Der Ansatz des **Coase-Theorems** (siehe Abschn. 3.5) geht davon aus, dass bei Auftreten externer Effekte eine Internalisierung dieser externen Effekte durch direkte Verhandlungen der Beteiligten erreicht werden kann. Vonseiten des öffentlichen Sektors ist dabei nur erforderlich, umfassende Eigentumsrechte, die auch „Umweltgüter" erfassen (z. B. Recht auf sauberes Wasser), zu definieren und durchsetzbar zu machen. Die Zuweisung dieser Eigentumsrechte (wer allfällige Beeinträchtigung zu tragen hat) ist

Tab. 22.1 Instrumente der Umweltpolitik

Instrument	Beispiel der praktische Anwendung
a) Schaffung von Eigentumsrechten und Haftungsregeln	Schadensersatzrecht, obligatorische Haftpflichtversicherung
b) Ordnungsrecht	Verbote, Betriebsbewilligungsverfahren
c) Umweltabgaben	Energie/CO_2-Steuern
d) Handelbare Emissionsmengen	Umweltzertifikate
e) Ausgabenseitige Maßnahmen	Zinsbegünstigte Kredite für Umweltinvestitionen, Infrastrukturinvestitionen

dabei „nur" von distributiver, nicht von allokativer Bedeutung. In jedem Fall wird sich durch Verhandlung zwischen Betroffenen über die Höhe von Abgeltungen für Schäden oder von Zahlungen („bribes") für das Unterlassen der Schadensverursachung ein allokativ effizientes Ausmaß an Umweltschutz bzw. externen Effekten ergeben.

Diesem Ansatz liegen freilich sehr enge und unrealistische Annahmen zugrunde. Dies gilt z. B. für den Verzicht auf strategisches Verhalten der Verhandlungsteilnehmer (Angabe „tatsächlicher" und nicht subjektiver bzw. strategisch „verzerrter" Kosten und Nutzen), gleiche ökonomische Verhandlungsmacht, vernachlässigbare Transaktionskosten bei einer Vielzahl von Betroffenen, symmetrische Information, etc. Als genereller Ansatzpunkt der Umweltpolitik ist der Ansatz des Coase-Theorems daher nicht von praktischer Relevanz (siehe in diesem Sinn auch Streissler 1994).

Bedeutsamer sind dagegen die Ansätze, die nicht auf direkte Verhandlungen zwischen den Beteiligten abstellen, sondern Eigentumsrechte durch **Haftungsregelungen** konstituieren, die über Gerichtsverfahren durchgesetzt werden können. In diesem Fall besteht die rechtliche Verpflichtung, sich in Verhandlungen einzulassen, wobei die Aufgabe eines Gerichtsverfahrens darin liegt, durch Einschalten Dritter (Richter, Sachverständige) „objektive" Bewertungen von Schäden (Kosten und Nutzen) zu erreichen.

Für Haftungs- und die damit verbundenen Schadensregelungen im Umweltbereich ist dabei typisch, dass es sich bei den entsprechenden zivilrechtlichen Verfahren um Fälle der **Gefährdungshaftung** (Erfolgshaftung) handelt. D. h., dass der Haftungsfall eintritt auch ohne Vorliegen (und den entsprechend nötigen Nachweis) eines subjektiven Verschuldens, das nur für allfällige ergänzende strafrechtliche Verfahren von Belang ist. Der Durchsetzung einer solchen Gefährdungshaftung können spezielle Rechtsvermutungen bis hin zur Umkehr der Beweislast dienen.

Auch der Ansatz des Haftungsrechts ist freilich mit Problemen verbunden. Ein erster Einwand geht dahin, dass es sich hier immer um die nachherige Bewältigung bereits eingetretener Schäden handelt. Wenn allerdings eine entsprechende rechtliche Inanspruchnahme vorhersehbar ist, können Haftungsregelungen bereits ex ante das Verhalten möglicher Verursacher von Umweltschäden im Sinn der Umweltvorsorge beeinflussen. Die Inanspruchnahme im Haftungsfall ginge freilich ins Leere, wenn der Verpflichtete nicht über entsprechende Mittel zur Schadenersatzleistung verfügt bzw. sich dieser Verpflichtung durch Konkurs entzieht. Dem kann durch die Verpflichtung zum Eingehen einer **Haftpflichtversicherung** entgegengewirkt werden, wobei Höhe und Gestaltung der Prämien dann ähnlich einer privatrechtlichen Umweltsteuer wirken würden. Es bleibt das Problem der unterschiedlichen Fähigkeit und Bereitschaft, das Prozessrisiko eines entsprechenden Schadensersatzprozesses zu tragen. Dieses Problem kann durch einzelne Maßnahmen (z. B. Zulassung von Verbandsklagen, Kostenregelungen) entschärft werden, ist aber jedem zivilrechtlichen Ansatz immanent. Umweltpolitisch wird man demnach in der Praxis nicht ausschließlich auf Haftungs- und Schadenersatzrecht abstellen können, diese Ansätze können aber einen wirkungsvollen Teilbereich eines umfassenden umweltpolitischen Instrumentariums darstellen.

22.3.2 Ordnungsrecht

Wo mit Umweltschäden absolute und unmittelbare Gefährlichkeit verbunden ist, stellen **Verbote** das adäquate Instrument der Umweltpolitik dar (siehe Abschn. 22.2). In Konkurrenz zu anderen Instrumenten der Umweltpolitik treten ordnungsrechtliche Maßnahmen dagegen dort, wo graduelle Abstufungen der mit Emissionen verbundenen Umweltschäden vorliegen (z. B. in Bezug auf Luft- oder Wasserverschmutzung). Hier stellen ordnungsrechtliche Maßnahmen den bis jetzt wichtigsten Ansatz der Umweltpolitik dar. Beispiele sind etwa **Auflagen** (Gebote), die im Rahmen von Verfahren der Umweltverträglichkeitsprüfung von Einzelprojekten erlassen werden (z. B. Bau von Lärmschutzwänden) oder abgestufte **Verbote** bei Erteilung von **Betriebsbewilligungen** (z. B. Festlegung der maximal zulässigen Abwassereinleitung in Gewässer). Im Rahmen des Ordnungsrechts sind nicht zuletzt auch **Planungsansätze** (z. B. Raumplanung, Verkehrsplanung) als Instrumente einer vorsorgenden Umweltpolitik von Bedeutung.

Speziell wo es um laufende Emissionen geht, können ordnungsrechtliche Verfahren dazu führen, dass hier ein gesamtstaatlich angestrebter Umweltstandard im Vergleich etwa zu Steuerlösungen nicht auf die gesamtwirtschaftlich kostengünstigste Weise erreicht wird, da bei administrativen einheitlichen Normen unterschiedliche betriebliche Kostenfunktionen der Emissionsverhinderung keine Berücksichtigung finden. Darüber hinaus entspricht das Festlegen einer zulässigen Obergrenze der Emissionen bis zum Erreichen dieser Grenze dem Einräumen einer „kostenlosen Verschmutzungsquote". Dies bedeutet, wie bereits gezeigt, für die Unternehmen eine geringere Incentive-Wirkung weitere emissionsmindernde Maßnahmen zu setzen bzw. zu entwickeln.

Der Vorteil ordnungsrechtlicher Ansätze liegt dagegen in der größeren Zuverlässigkeit des Erreichens der ex ante aufgestellten umweltpolitischen Zielsetzungen – dies allerdings unter der Voraussetzung konsequenter Überprüfung und Sanktionierung von allfälligen Übertretungen. Generell kann erwartet werden, dass die Transaktions-, Durchführungs- und Kontrollkosten ordnungsrechtlicher Ansätze im Vergleich etwa zu

Emissionssteuern geringer sind, da hier nicht auf laufende Entwicklungen, sondern auf Grenzwerte abgestellt wird.

22.3.3 Umweltabgaben

Ausgangspunkt der theoretischen Konzeption von Umweltabgaben ist der wohlfahrtsökonomische Ansatz, Produktionen mit negativen externen Effekten zu besteuern, wobei durch eine entsprechende Steuer **(„Pigou-Steuer")** erreicht werden soll, die durch externe Effekte verursachten volkswirtschaftlichen Kosten dem Verursacher anzurechnen. Diese Anrechnung führt dann zu einer Berücksichtigung nicht nur der internen (betriebswirtschaftlichen), sondern auch der externen Kosten einer Produktion **(„Internalisierung externer Effekte")** und damit zu einer Korrektur von Allokationsentscheidungen in Richtung höherer Effizienz. Steuergegenstand von Umweltsteuern können dabei die Abgabe von Emissionen (z. B. SO_2, CO_2) oder Produktion oder Verbrauch umweltrelevanter Produkte (z. B. Strom, Mineralöl) sein.

Nimmt man an, dass Umweltschäden in eindeutiger Weise mit dem Ausmaß der Abgabe von Emissionen (z. B. Abwasser, Abgase, etc.) zusammenhängen, hat für eine entsprechende Umweltsteuer **(Emissionssteuer)** die gesamtwirtschaftlich effiziente Höhe der Steuer je Emissionseinheit der Höhe der marginalen (Netto-)[9] Schädigung zu entsprechen. Dies entspricht der in Abb. 22.1 dargestellten „Schadensfunktion" AB[10].

Die Einführung einer solchen Pigou-Steuer führt nun die Produzenten dazu, Grenznutzen und Grenzkosten von „Reinhaltungsaktivitäten" einander gegenüberzustellen und damit unmittelbar eine effiziente Allokation zu erreichen. Abb. 22.2 stellt die in Abb. 22.1 enthaltenen marginalen Kosten- und Nutzenverläufe in vereinfachter Form dar. Die „Pigou-Steuer" würde entsprechend der „Schadensfunktion" AB eingehoben werden. Aus der Gegenüberstellung mit der (Grenz-)Kostenfunktion K_I ergibt sich ein Pareto-effizienter „Reinheitsgrad" D. Bei Reinheitsgraden zwischen O und D würde die Steuerzahlung über den Vermeidungskosten liegen, es wird daher für das entsprechende Unternehmen sinnvoll sein, interne Umweltschutzmaßnahmen zu setzen und keine Emissionen, die zu Steuerzahlungen führen würden, abzugeben. Ab dem Reinheitsgrad D liegen dagegen die internen Vermeidungskosten über der Emissionssteuer AB, es wird für das Unternehmen daher günstiger sein, Emissionen abzugeben und dafür die entsprechende Emissionssteuer zu zahlen.

Tatsächlich wird freilich eine „Pigou-Steuer" in der dargestellten „reinen" Form praktisch nicht durchführbar sein, da die entsprechende gesamtwirtschaftliche

[9] Entsprechend der Differenz zwischen privaten und sozialen Grenzkosten.

[10] Die Kurve des Grenznutzens von Umweltschutzmaßnahmen kann auch als Kurve des „Grenzschadens" von Emissionen interpretiert werden, wenn man von einem Reinheitsgrad 100 % (Punkt B) „nach links" geht.

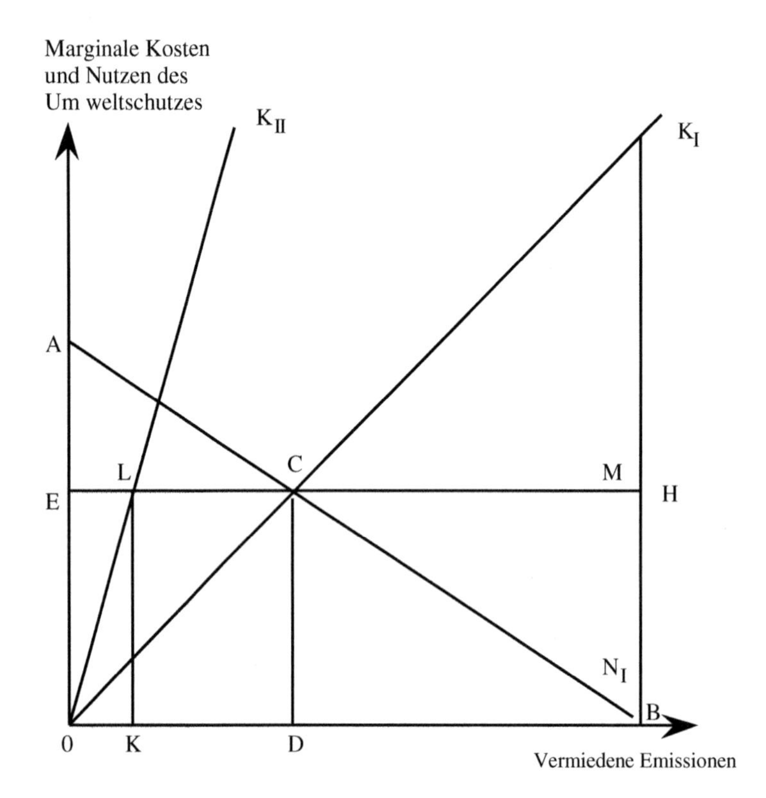

Abb. 22.2 Festlegung der Höhe der Emissionssteuer

„Schadensfunktion" nicht operabel bestimmbar ist. Praktisch durchführbar ist dagegen der Einsatz von Emissionssteuern als Lenkungsinstrument, ohne dass dies unmittelbar zum Erreichen gesamtwirtschaftlich effizienter Emissionsgrade führen muss. Nach diesem Ansatz wird eine einheitliche „Stücksteuer" als „Preis" je abgegebener Emission festgelegt.[11] Anstelle der Schadensfunktion AB entspricht dies in Abb. 22.2 einer einheitlichen Steuer OE bzw. einer Steuerfunktion EH. Aus der Gegenüberstellung zwischen möglichen Steuerzahlungen und internen Reinigungskosten wird sich dann wieder das Ausmaß der abgegebenen Emissionen ergeben. Durch Variation des Steuersatzes ist es dann möglich, sich einem politisch determinierten gesellschaftlich gewünschten Reinheitsgrad anzunähern (der in Abb. 22.2 dem optimalen Reinheitsgrad D entspricht).

Die Grenzkostenkurve K_I in Abb. 22.2 ist dabei als Kurve der durchschnittlichen Grenzkosten der Emissionsbeseitigung zu sehen. Je nach ihren individuellen Kostenverläufen werden sich aus dem Vergleich mit der Alternative einer Steuerzahlung durch

[11] Konkret etwa bei einer **CO_2-Steuer**, deren Höhe in Deutschland und Österreich von 2021 bis 2030 von 25 EUR/Tonne auf 60 EUR/Tonne angehoben werden soll.

abgegebene Emissionen für die einzelnen Unternehmen unterschiedliche Ausmaße der internen Emissionsbeseitigung ergeben. Betriebe, deren Reinhaltungskosten über dem Durchschnitt (K_I) liegen (zum Beispiel mit einer Grenzkostenkurve K_{II}), werden nur eine geringere Reduktion vornehmen, während bei den Verursachern mit geringeren Kosten der Emissionsbehandlung (das heißt deren Grenzkostenkurve „rechts unter" K_I liegt) ein höherer Anteil von Emissionen beseitigt würde. Insgesamt würden nach Einführung dieses Systems daher die Grenzkosten der Emissionsvermeidung für jedes der betroffenen Unternehmen gleich sein, was bedeutet, dass der festgesetzte Standard zu volkswirtschaftlichen Minimalkosten erreicht wird. Dasselbe gilt selbstverständlich auch, wenn der „Preis" aus bestimmten politischen Erwägungen (oder wegen Schwierigkeiten, die durchschnittliche Grenzkostenkurve zu ermitteln) über oder unter dem „ökonomisch optimalen" Niveau festgelegt wird.

Insgesamt können nun folgende Wirkungen einer Emissionssteuer unterschieden werden (vgl. Köppl und Schratzenstaller 2021):

- Das Bestehen eines Emissionssteuersystems bewirkt unmittelbar einen Anreiz zur Reduktion der „betriebsinternen" Emissionsentstehung, da nun jede im Produktionsprozess entstehende „steuerrelevante" Emission zu Kosten (Vermeidungskosten oder Steuerzahlung) für das Unternehmen führt.
- Bei gegebenem Stand der „betriebsinternen" Emissionsentstehung regelt die Emissionssteuer auf der Grundlage der vorgegebenen Qualitätsstandards das Ausmaß, in dem gesamtwirtschaftlich oder regional Emissionen insgesamt abgegeben werden dürfen bzw. das Ausmaß innerbetrieblicher Schutzmaßnahmen.
- Innerhalb des insgesamt erforderlichen Ausmaßes an Vermeidungsmaßnahmen bestimmt eine Emissionssteuer die Verteilung der „Vermeidungsquoten" auf einzelne Betriebsstätten.
- Entsprechend bewirkt eine Emissionssteuer unterschiedliche betriebliche Steuerbelastungen je nach dem Ausmaß der abgegebenen Emissionen und initiiert damit unterschiedliche Preis- und Nachfrageentwicklungen entsprechend der Emissionsintensität von Produktionsstätten und Produkten.

Zur zeitlichen Wirksamkeit einer Umweltschutzpolitik über Emissionssteuern wird manchmal vorgebracht, dass es sich dabei nur um eine **nachträgliche** „Haftbarmachung" und „Sanierung" in Bezug auf negative externe Effekte handle, während die entscheidende umweltpolitische Zielsetzung aber darin bestehen sollte, schon das **Entstehen** negativer externer Effekte zu verhindern. Hier ist darauf hinzuweisen, dass eine Emissionssteuer (innerhalb der erhebungstechnischen Möglichkeiten) unmittelbar mit Abgabe der Emission fällig wird. Der wichtige Aspekt dabei ist aber vor allem, dass diese abgegebenen Emissionen (bei „richtiger" Steuerhöhe) die ökonomisch „zulässigen" nicht-Pareto-relevanten Emissionen darstellen, während die „unzulässigen" Emissionen bereits aufgrund der Steuerwirkung innerhalb des Betriebes beseitigt wurden. Das gesamtwirtschaftliche Ausmaß und die „Geschwindigkeit" der Beseitigung –

wenn auch nicht ihre Betriebs- und Branchen-„Struktur" – entsprechen dabei dem, was bei administrativen Maßnahmen erreicht würde. Allerdings kann der dem gewünschten „Reinheitsgrad" entsprechende Steuersatz unter Umständen erst auf Basis eines trial-and-error-Prozesses ermittelt werden.

Die entscheidende Wirkung der Emissionssteuer besteht also im ökonomischen Lenkungseffekt sowohl innerhalb des Betriebes wie über die Beeinflussung der Nachfragestruktur. Zentral ist der Umstand, dass durch eine Emissionssteuer nun **jede** Emission Kosten verursacht – seien es interne Vermeidungskosten oder Steuerzahlungen. Damit entsteht für die Unternehmen ein viel stärkerer Anreiz, zu emissionsärmeren Verfahren insgesamt überzugehen, als dies bei administrativem Setzen von Emissionsobergrenzen der Fall ist, da solche Obergrenzen bis zu ihrem Erreichen einem kostenlosen „Verschmutzungskontingent" entsprechen. Diese generelle Kostenpflichtigkeit lässt speziell in dynamischer Betrachtung eine stärkere Lenkungswirkung von Umweltabgaben über verstärkten technischen Fortschritt, Variation von Einsatzstoffen, etc. erwarten.

Hinsichtlich der ökonomischen Wirkung von Emissionssteuern ist zunächst wie für jede Intervention des öffentlichen Sektors die Frage der **Inzidenz** von Bedeutung. Dabei ergeben sich bei Umweltabgaben keine prinzipiell anderen Überlegungen als bei anderen Instrumenten der Umweltpolitik. Die Kosten (Vermeidungskosten und/oder Steuerzahlung) entstehen unmittelbar bei den Produzenten, die Frage der Überwälzbarkeit ist analog zur Überwälzbarkeit indirekter Steuern zu sehen (siehe Kap. 11).

Ein spezifischer Aspekt ergibt sich bei Umweltabgaben insofern, als mit ihnen neben dem Lenkungseffekt auch ein **Finanzierungseffekt** verbunden ist. Das Aufkommen an Umweltabgaben kann daher zur Finanzierung öffentlicher Ausgaben, z. B. im Umweltschutzbereich, verwendet werden. Durch Bereitstellung entsprechender Alternativen (z. B. im Verkehrsbereich, Energieerzeugung und Energienutzung) kann damit die Lenkungswirkung einer Umweltabgabe unter Umständen wesentlich verstärkt werden. Soll die Einführung einer Umweltabgabe nicht zu einer Erhöhung der gesamtwirtschaftlichen Abgaben- bzw. Ausgabenquoten führen, ist das Aufkommen aus Umweltabgabe durch Senkung anderer öffentlicher Abgaben zu **kompensieren,** worauf später eingegangen werden wird (Abschn. 22.4.5).

In jedem Fall ist aber davon auszugehen, dass es bei Umweltabgaben notwendigerweise einen **Zielkonflikt** zwischen der Lenkungsfunktion und der Finanzierungsfunktion gibt. Je leistungsfähiger eine Umweltabgabe hinsichtlich einer Reduzierung der abgegebenen Emissionen ist, desto geringer wird ihr fiskalisches Aufkommen bzw. in dynamischer Betrachtung ihre Aufkommenselastizität sein.

Dem Konzept einer Emissionsabgabe entsprechen die verschiedenen Vorschläge in Richtung einer **CO_2-Steuer** mit dem Ziel, zur Bekämpfung des Treibhaus-Effektes die weltweiten Emissionen von Treibhausgasen zu reduzieren. Bezugsrahmen ist derzeit das **Pariser Klimaabkommen** 2015 zur Bekämpfung des Klimawandels und die entsprechenden Ergebnisse der Konferenz in Glasgow 2021. Auf EU-Ebene sieht der **European Green Deal** ein umfassendes Maßnahmenpaket vor, um Klimaneutralität bis 2050 zu erreichen. Zu diesem Maßnahmenpaket zählen neben dem EU-Emissionshandelssystem auch die Möglichkeit ergänzender CO_2-Abgaben. Da die Emissionen von Kohlendioxid – und auch von anderen Schadstoffen – überwiegend im Zusammenhang mit Umwandlung und Verbrauch von Energie auftreten, werden Energiesteuern als enges Substitut für CO_2 Abgaben gesehen. Konkret geht es dabei um spezielle Verbrauchersteuern, wie Energiesteuer, Mineralölsteuer, Stromabgaben oder Differenzierungen von Automobil-Steuern nach Emission bei Verbrennung fossiler Energieträger.

Zuletzt sei darauf hingewiesen, dass **Pfandregelungen** und rückzahlbare **Entsorgungsgebühren** (z. B. für Kühlschränke und Autos) ebenfalls dem Prinzip einer Umweltsteuer entsprechen. Es entstehen dem möglichen Verursacher von Umweltschäden auf jeden Fall Kosten, wobei es für ihn möglich ist, die Abgabenkosten durch eigene Aktivitäten (Rückgabe, etc.) zu verringern, sodass nicht nur ein Finanzierungs-, sondern vor allem ein Lenkungseffekt eintritt. Solche Lenkungsregelungen können dabei auch privatwirtschaftlich erfolgen bzw. auf Basis genereller ordnungsrechtlicher Vorschriften (Verpflichtung zur Pfandeinhebung). Im umweltpolitisch besonders sensiblen Bereich des Straßenverkehrs können auch **Mautregelungen** und ein fahrleistungsabhängiges **„Road Pricing"** als Abgaben mit umweltpolitischem Lenkungseffekt gesehen werden. Zum einen ergibt sich mit diesen Zahlungen eine (teilweise) Anrechnung der mit dem Straßenverkehr verbundenen externen Effekte – und damit eine bessere Sichtbarmachung der entsprechenden gesamtwirtschaftlichen Kosten. Zum anderen werden auch die relativen Preise in Bezug auf umweltfreundlichere Transportformen (Bahn) beeinflusst.

22.3.4 Festlegung handelbarer Emissionsmengen

Bei Emissionssteuern wird versucht, über die Festlegung eines entsprechenden Steuersatzes die abgegebenen Emissionen auf das über politische Prozesse bestimmte zulässige Ausmaß zu beschränken. Es entspricht derselben analytischen Konzeption, nun nicht die Preise, sondern die **Mengen** festzulegen, wobei sich aus der Handelbarkeit der entsprechenden Mengen dann Preise bilden werden, die zu einer effizienten Allokation der Umweltschutzaktivitäten unter den einzelnen Verursachern führen. Auf dieser Überlegung beruhen die Vorschläge der **handelbaren Umweltzertifikate.** Ausgangspunkt sind vom Staat zu schaffenden Umwelt-Nutzungsrechte (Verschmutzungsrechte) der einzelnen Emittenten. Diese Rechte werden exakt definiert (z. B. Tonnen CO_2-Ausstoß/Jahr) und sind handelbar. In der Regel wird es dabei darum gehen, das Ausmaß bestehender Verschmutzungsrechte im Zeitverlauf einzuschränken. Für die einzelnen Emittenten entsteht damit ein Zwang, entweder ihre Emission einzuschränken oder von anderen Unternehmen zusätzliche Emissionsrechte zu kaufen. Der sich so bildende Preis wird zu einer gesamtwirtschaftlich effizienten Allokation der Emissionsrechte führen.

In der EU ist seit 1975 das Emissionsrechtehandelssystems, basierend auf der EHS-Richtlinie, das zentrale Instrument für Klimaschutz. Es funktioniert nach dem

Prinzip „Cap and Trade". Es wird insgesamt eine Obergrenze (cap) für Emissionsrechte festgelegt, wobei diese Grenze im Zeitablauf kontinuierlich abgesenkt wird. Ein Emissionsrecht bedeutet die Berechtigung, eine Tonne Kohlendioxyd-Äquivalent auszustoßen. Spezifische emissionsintensive Unternehmen bekommen jährlich eine bestimmte Anzahl von kostenlosen CO_2-Zertifikaten. Unternehmen, die nicht alle Zertifikate in Anspruch nehmen müssen, weil sie weniger emittieren, können diese über eine EHS-Börse an Unternehmen verkaufen, die mehr emittieren als ihren Bestand an CO_2-Zertifikaten entspricht (trade). Um abrupte Marktschwankungen zu vermeiden, besteht im Rahmen des EU-EHS eine Marktstabilitätsreserve. Um die langfristige Planbarkeit zu erhöhen, wurde eine Preisuntergrenze (price floor) vorgeschlagen (Kettner et.al. 2011). Mit dem neuen EU-Programm **„Fit for 55"**, das die Reduzierung der Treibhausgasemissionen bis 2030 um 55 % im Vergleich zum Jahr 1990 sichern soll, sind eine Ausweitung der Bereiche, die unter das Emissionshandelssystem fallen und eine raschere Absenkung der Zertifikat-Ausgabe vorgesehen. Damit soll der Preis für Zertifikate[12] steigen und damit der ökonomische Druck in Richtung Dekarbonisierung verstärkt werden.

22.3.5 Ausgabenseitige Maßnahmen

Zum ausgabenseitigen Instrumentarium der Umweltpolitik zählen zum einen umweltpolitische Subventionen im weiteren Sinn und zum anderen Maßnahmen der Infrastrukturpolitik.

Soweit es sich um **emissionsbezogene Subventionen** handelt, stellen diese analytisch eine „negative Emissionssteuer" dar. Statt für eine Abgabe von Emissionen zu zahlen, wird dem Verursacher nun die Nichtabgabe von Emissionen abgegolten. Bei vorhergehender Festlegung von „Umwelt-Eigentumsrechten" würde dieser Ansatz gemäß den Annahmen des Coase-Theorems zu Ergebnissen führen, die mit einer Steuerlösung allokativ gleichwertig sind. In der Praxis sind aufgrund der Unterschiede in Bezug auf Informationserfordernisse, fiskalische Effekte und Verteilungswirkungen emissionsbezogene Umweltsubventionen aber kaum praktikabel.

Häufig vorkommend sind dagegen **Subventionierungen umweltrelevanter Investitionen** durch Zinszuschüsse, spezielle Abschreibungsregelungen etc. Dies gilt sowohl gegenüber dem Unternehmensbereich wie gegenüber öffentlichen und privaten Haushalten (z. B. zinsbegünstigte Darlehen und Zuschüsse für Formen alternativer Energieerzeugung oder die Errichtung von Kläranlagen). Es handelt sich hier durchgehend um ein Abgehen vom Verursacherprinzip in Fällen, wo ein Durchsetzen des

[12] Mitte 2021 lag dieser Preis bei rund 55 EUR für den Ausstoß einer Tonne Kohlendioxyd-Äquivalent.

Verursacherprinzips als ökonomisch nicht durchhaltbar gesehen wird, bzw. nur über unerwünschte lange Anpassungsperioden erfolgen könnte. Darüber hinaus spielen speziell im kommunalen Bereich auch verteilungspolitische Überlegungen eine Rolle. Eine volle Finanzierung kommunaler Umweltinvestitionen über kostenorientierte Gebühren, die in einigen Bereichen (z. B. Wasser- und Abwasserwirtschaft) die Wirkung von Kopfsteuern aufweisen, würde niedrige Einkommensgruppen überproportional stark belasten, was auch zu Widerständen gegen entsprechende Umweltmaßnahmen insgesamt führen kann.

Umweltpolitisch motivierte Subventionen können aber auch als **Abgeltung positiver externer Effekte** begründet werden, um damit bestimmte gesamtwirtschaftlich erwünschte Aktivitäten zu erhalten. Unter diesem Aspekt können direkte und indirekte Subventionen für landwirtschaftliche Tätigkeiten, die der Erhaltung eines bestimmten Landwirtschaftsbildes dienen, gesehen werden. Dies gilt z. B. für die Subventionierung der Bewirtschaftung von Almen, nicht aber für generelle produktions- oder einkommensbezogene Agrarsubventionen.

Einen der wichtigsten Ansatzpunkte einer nachhaltigen Umweltpolitik stellen umweltrelevante **Infrastrukturinvestitionen** dar. Denn erst durch Schaffung bzw. Ausbau von Alternativen können die durch Umweltabgaben etc. angestrebten Substitutionseffekte wirksam werden. In speziellem Maß gilt dies für den umweltpolitisch besonders sensiblen Bereich des **Verkehrs** (Schaffung umweltfreundlicher öffentlicher Verkehrsangebote), aber z. B. auch für die Bereiche Heizung (Fernwärme) und Entsorgung. Die entsprechenden Infrastrukturangebote müssen dabei nicht durchwegs von der öffentlichen Hand betrieben werden, es werden in der Regel aber zumindest ergänzende öffentliche Maßnahmen nötig sein (Finanzierung, ordnungsrechtliche Maßnahmen wie Anschlusszwang, Bauvorschriften, etc.).

22.4 Wirkungen umweltpolitischer Instrumente

Hinsichtlich der Wirkungen umweltpolitischer Instrumente können folgende im Einzelnen vielfach miteinander verbundene Fragen unterschieden werden:

- Wohlfahrtseffekte
- ökologische Wirksamkeit
- Fragen der internationalen Koordinierung
- Wachstums- und Beschäftigungseffekte
- Aufkommen und Aufkommensverwendung
- Fragen der Inzidenz und Verteilungswirkungen

Die folgende Darstellung gilt generell für die im vorigen Abschnitt dargestellten Instrumente der Umweltpolitik, wo sich besondere Aspekte für einzelne Instrumente ergeben, wird speziell darauf hingewiesen.

22.4.1 Wohlfahrtseffekte

Bei allen im obigen Abschnitt dargestellten Instrumenten der Umweltpolitik geht es letztlich in Bezug auf ihre gesamtwirtschaftliche Wirkung darum, durch „Sichtbarmachung" der externen Effekte der Produktion und des Konsums eine Erhöhung der gesellschaftlichen Wohlfahrt zu erreichen. Analytisch kann dieses Problem als ein Fall einer „negativen Zusatzlast" (**excess burden**) wirtschaftspolitischer Maßnahmen gesehen werden. Am einfachsten wird dies am Beispiel einer Emissions- oder Energiesteuer sichtbar. Dieser Ansatz gilt jedoch auch für andere Instrumente der Umweltpolitik, die auf eine Anrechnung und Sichtbarmachung der gesamtwirtschaftlichen Kosten von Produktions- und Konsumaktivitäten abstellen. Der entscheidende Aspekt ist dabei, dass das Konzept der Zusatzlast nur auf private Kosten und Erträge abstellt bzw. impliziert, dass private und soziale Kosten übereinstimmen. Die Zusatzlast einer Steuer und die durch diese Steuer hervorgerufenen Substitutionsvorgänge werden als unerwünschter Nebeneffekt gesehen: Zielsetzung der Steuer ist dagegen die Erbringung eines entsprechenden Ertrages, d. h. die Freisetzung von Ressourcen für den öffentlichen Sektor.

Genau der gegenteilige Ansatz gilt für die Emissionssteuer. Ziel der Besteuerung ist es hier, **Substitutionseffekte** zu initiieren, während der Ertragsaspekt nur einen Nebeneffekt darstellt. D. h. es wird eine **nicht-neutrale** Wirkung der Besteuerung bzw. anderer finanzpolitischer Instrumente angestrebt.

Der Wohlfahrtsgewinn des Einsatzes der entsprechenden Instrumente wird erreicht, indem die Berücksichtigung der externen Kosten der Produktion[13] zu entsprechenden Substitutionsvorgängen führt. D. h. die Allokation der Produktion bzw. das Verhältnis im Konsum von „materiellen" und „Umweltgütern" ist nun effizient unter Einbeziehung der sozialen Kosten. Unter **Effizienzaspekten** weisen Umweltsteuern und Umweltzertifikate als „marktkonformes" Instrument gegenüber ordnungsrechtlichen Ansätzen dabei den Vorteil auf, dass die konkrete Form der Reaktion auf die Einhebung einer Umweltsteuer den einzelnen Wirtschaftssubjekten frei bleibt. Unter Berücksichtigung ihrer jeweiligen Kosten- bzw. Nutzenfunktionen werden Unternehmen und Konsumenten die jeweils kosten- bzw. nutzengünstige Reaktion wählen. Ein vorgegebener Stand an Umweltqualität kann daher mit den geringsten gesamtwirtschaftlichen Kosten bzw. Nutzeneinbußen erreicht werden.

Analog zur Analyse der Bestimmungsgründe der Zusatzlast der Besteuerung (Abschn. 11.2) wird bei Abstellen auf einen bestimmten Wirtschaftsbereich der **Wohlfahrtsgewinn** durch Einführung einer Emissionssteuer oder analoger Instrumente um so höher sein, je höher der effektive Emissionssteuersatz für eine Branche, je größer der Umsatz der Branche (und damit der Gesamtsteuerertrag) und je größer die Preis-

[13] Wie früher gezeigt, ist es dabei jedoch nicht nötig, die gesamten, sondern nur die „paretorelevanten" externen Effekte zu berücksichtigen.

elastizität der Nachfrage für die Produkte dieser Branche. Die ersten beiden Aussagen sind unmittelbar einsichtig, wobei jedoch zu beachten ist, dass die Emissionssteuer keine direkte Produktionssteuer ist, sondern an den jeweiligen Verbrauch an „Umweltgütern" anknüpft und daher in ihrer effektiven Höhe zwischen den einzelnen Branchen (wie auch zwischen einzelnen Unternehmen) nach dem Ausmaß der „Emissionsintensität" variiert. Die positive Beziehung zwischen dem Wohlfahrtsgewinn durch eine Emissionssteuer und der Nachfrageelastizität nach dem entsprechenden Produkt zeigt, dass bei Gütern mit unelastischer Nachfrage eine Emissionssteuer zu keiner Reduktion des gesellschaftlichen Schadens durch Umweltverbrauch führt bzw. dass die Steuer so hoch angesetzt sein müsste, bis der (bei jedem Produkt gegebene) preiselastische Bereich der Nachfragekurve erreicht ist. Darüber hinaus ist bei völlig unelastischer Nachfrage eine Emissionssteuer, die in diesem Fall ja voll überwälzt wird, auch verteilungspolitisch problematisch, wenn man annimmt, dass Güter mit geringer Nachfrageelastizität in der Regel zu den „notwendigen Gütern" gehören, die bei den Konsumausgaben niedrigerer Einkommensgruppen einen höheren Anteil einnehmen als bei hohen Einkommen. Will man die Produktion solcher preisunelastischen Güter und die damit verbundenen Emissionen beschränken, so sind daher in diesem Fall direkte administrative Produktionsverbote oder Produktionsbeschränkungen (verbunden mit administrativer Allokation des Konsums) technisch und verteilungspolitisch vorzuziehen.

Die praktische Bedeutung dieser Einschränkung dürfte allerdings nicht sehr groß sein. Denn der wesentliche Effekt einer Emissionssteuer ist bei Substitutionsvorgängen zu erwarten, die zwischen unterschiedlich „verschmutzungsintensiven" industriellen Zwischenprodukten und Rohstoffen stattfinden (zum Beispiel kalorische Kraftwerke durch Wasserkraftwerke usw.). Nicht nur ist der Emissionsanfall im Bereich der Grundstoffindustrie wesentlich höher als in der Konsumgüterindustrie, auch die Preiselastizität der Zwischenprodukte dürfte höher liegen als die der Konsumgüter, wo die relative Rolle des Preises gegenüber anderen Bestimmungsgründen der Nachfrage geringer ist.

Jedenfalls ist aber zu beachten, dass umweltpolitische Maßnahmen neben dem **Substitutionseffekt** auch stets einen **Einkommenseffekt** aufweisen, dessen Wirkung verschieden sein wird. Gerade in Bereichen mit unelastischer Nachfrage (z. B. Wirkungen einer Besteuerung von Energie für Bezieher niedriger Einkommen) wird der wesentliche Effekt einer Besteuerung über die Reduzierung des verfügbaren Einkommens erfolgen. Eine – teilweise – Kompensation dieses Einkommenseffektes durch Ausgleichsmaßnahmen würde dann zu einer entsprechenden Verringerung der Lenkungswirkung im Ausmaß der Substitutionseffekte führen.

22.4.2 Ökologische Wirksamkeit

Hinsichtlich der **ökologischen Wirksamkeit** umweltpolitischer Instrumente ist neben der Berücksichtigung von Substitutions- und Einkommenseffekten auch die Frage der Geschwindigkeit und Zuverlässigkeit in Bezug auf das Erreichen der angestrebten

Lenkungswirkungen von Bedeutung. Dabei ist zu unterscheiden zwischen kurz- und langfristiger Wirkung, wie auch zwischen isoliertem und kombiniertem Einsatz umweltpolitischer Instrumente (z. B. Verwendung des Aufkommens einer Umweltsteuer zur Finanzierung von Energiesparinvestitionen).

Kurzfristig wird die ökologische Wirksamkeit der Instrumente höher sein, die eine **unmittelbare** Wirkung auf Emission bzw. Verbrauch ermöglichen, wie dies bei öffentlichen Umweltschutzinvestitionen, ordnungsrechtlichen Maßnahmen und Umweltzertifikaten der Fall ist. Umweltsteuern, die **indirekt** über eine Einflussnahme auf das Verhalten von Produzenten und Konsumenten wirken, weisen demgegenüber eine geringere und unsichere Wirkung auf. Ein bestehender Kapitalstock mit gegebener Technologie kann bei Unternehmen wie auch Konsumenten (Wohnbauten, Autos) zu relativ geringen **Preiselastizitäten** führen, sodass Umweltsteuern relativ hoch angesetzt werden müssen, um kurz- und mittelfristig deutliche Effekte zu erzielen, die über den bloßen Einkommenseffekt hinausgehen. Im Einzelnen wird der Lenkungseffekt wesentlich abhängen vom Vorhandensein (kurzfristiger) **Substitutionsmöglichkeiten. Partielle** Umweltsteuern lassen in dieser Hinsicht eine größere Lenkungswirkung erwarten als **umfassende** Steuerformen. So wird offensichtlich die Zielsetzung einer Reduzierung der CO_2-Ausstoßes von einer Umweltsteuer, die nach dem Ausmaß der CO_2-Emissionen differenziert, effizienter erreicht als von einer allgemeinen Energiesteuer, die keine Substitutionsprozesse zwischen unterschiedlichen Formen der Energieerzeugung auslösen wird (u. U. aber anderen umweltpolitischen Zielsetzungen entsprechen kann).

Längerfristig kann mit einer Veränderbarkeit des Kapitalstocks und vor allem mit dem Wirken eines umweltpolitisch induzierten technischen Fortschritts gerechnet werden. Hier ist von einer vergleichsweise größeren ökologischen Effizienz von Steuerlösungen auszugehen. Zum einen bewirken Steuern im Gegensatz zu ordnungspolitischen Maßnahmen (z. B. Emissionsobergrenzen), dass jede Emission bzw. emissionsverbundene Tätigkeit (z. B. Energieverbrauch) nun mit (erhöhten) Kosten verbunden ist, während administrative Emissionsobergrenzen bedeuten, dass bis zum Erreichen dieser Grenze eine „kostenlose Emissionsquote" eingeräumt wird. Zum anderen lassen Emissionssteuern, wie auch Zertifikate, als marktkonforme Instrumente einen größeren Spielraum für die Anwendung von technischem Fortschritt. Das kann zu geringeren Opportunitätskosten umweltpolitischer Maßnahmen führen[14] und damit einen höheren gesamtwirtschaftlichen Grad der Emmissionsbeseitigung bzw. generell umweltpolitischer Maßnahmen ermöglichen.

---

[14] In Abb. 22.2 würde dies dem Unterschied zwischen den Kostenkurven K_I und K_{II} entsprechen.

22.4.3 Erfordernisse und Möglichkeiten der internationalen Koordinierung

Sowohl für die ökologische wie für die ökonomische Wirkung der Umweltpolitik ist die Frage von Bedeutung, wie weit umweltpolitische Maßnahmen im nationalen **Alleingang** erfolgen können, bzw. wie weit **internationale Koordinierung** erforderlich ist. Umweltqualität erfüllt die Charakteristika eines **öffentlichen Gutes** bzw. eines **„Gemeinschaftsgutes"** („common property resource"), wie sie in Kap. 3 dargestellt wurden.

Das gesamtwirtschaftlich effiziente Ausmaß, in dem dieses öffentliche Gut bereitgestellt wird, wird daher, wie in Abb. 22.1 gezeigt, von den jeweiligen Kosten- und Nutzenfunktionen abhängen. Das bedeutet, dass der angestrebte Grad von Umweltqualität interregional und international unterschiedlich sein kann. Speziell unter Berücksichtigung des Opportunitätskostenaspektes kann dies bedeuten, dass für ärmere Regionen bzw. Staaten geringere Grade an Umweltqualität als gesamtwirtschaftlich effizient erscheinen als für reichere.

Für die Konzipierung einer Umweltpolitik ist es dabei wichtig, zwischen Umweltqualität als regionalem (unvollkommen) öffentlichem Gut und Umweltqualität als reinem öffentlichem Gut bzw. als Gemeinschaftsgut zu unterscheiden. Bei **regionalen Umweltgütern** ist Umweltqualität als regional bzw. national abgrenzbar zu betrachten (z. B. Wasserqualität eines Binnengewässers, Lärm). Die Umweltpolitik einer Region bzw. eines Staates kann sich daher auf sämtliche relevanten Kosten und Nutzeneffekte beziehen. Auch wenn sich unter diesen Aspekten regionale bzw. national unterschiedliche Umweltstandards ergeben, sind diese als ökonomisch effizient zu betrachten.

Globale Umweltprobleme, wie z. B. die CO_2-Problematik, entsprechen dagegen den Charakteristika von Gemeinschaftsgütern. Damit verbunden ist die Möglichkeit des **„free-rider-Verhaltens"** einzelner Akteure bzw. die entscheidungs-theoretische Konstellation eines **„Gefangenen-Dilemmas"** (siehe Abschn. 3.6). In einer solchen Konstellation kann eine Strategie des nationalen Alleingangs zu zusätzlichen Kosten führen, ohne dass diesen Kosten entsprechende umweltpolitische Nutzen gegenüberstehen. Bei individuellem Rationalverhalten der einzelnen Akteure wird es in einer solchen Konstellation eines Gefangenen-Dilemmas demnach nicht zur Bereitstellung des entsprechenden öffentlichen Gutes Umweltqualität kommen, obwohl dies der gemeinschaftlichen Interessenlage entspräche.

Die Lösung eines solchen **„Marktversagens"** erfordert übergreifende **Koordinierungsmechanismen.** Bestehen freilich unterschiedliche Kosten-Nutzen-Einschätzungen der Akteure und damit unterschiedliche Vorstellungen über das anzustrebende Ausmaß an Umweltqualität, werden entsprechende internationale Koordinierungen schwer zu erreichen und vor allem schwer zu exekutieren sein. Aus spieltheoretischer Sicht sind entsprechende Koordinierungsverfahren um so eher erfolgreich, je größer das Ausmaß der gegenseitigen Information und je homogener die Kosten-Nutzen-Einschätzungen sind. In diese Richtungen können Wirkungen von politisch-moralischen Ansätzen (Informationskampagne, „Vorbildfunktion" einzelner Staaten) ausgehen oder von materiellen Anreizen. So kann versucht werden, durch entsprechende Zahlungen (Kompensationen) einzelne Staaten zu veranlassen, einen höheren Beitrag zur Bereitstellung bzw. Erhaltung eines internationalen „Umwelt-Gemeinschaftsgutes" zu leisten als es den nationalen Kosten-Nutzen-Überlegungen entspricht[15]. Speziell im Fall direkt zuordenbarer internationaler externer Effekte (z. B. Kraftwerke jenseits der Staatsgrenze) kann es unter Kosten-Nutzen-Überlegungen für die von den negativen externen Effekten betroffenen Staaten günstiger sein, dem Urheber der externen Effekte Zahlungen zur Beseitigung oder Einschränkung der Schadensverursachung anzubieten, als entsprechende Mittel für Umweltschutzaktivitäten im eigenen Land zu verwenden (Ansatz der **joint implementation**). Ein Beispiel wäre die finanzielle Beteiligung westeuropäischer Staaten an Maßnahmen zur Beseitigung grenzüberschreitender Umweltprobleme in Osteuropa.

Als Instrument zum Durchsetzen der eigenen Präferenzen „umweltbewusster" Staaten wäre analytisch auch die Einhebung von zusätzlichen Steuern zur Abgeltung der von weniger umweltbewussten Staaten verursachten negativen externen Effekte denkbar. Beispiele dafür wären die Einführung spezieller Zölle oder Importverbote auf „umweltschädliche" Importe (z. B. Tropenholz) oder generell höhere Zollsätze im Fall von **„Ökodumping".** Im Rahmen der aktuellen EU-Klima-Politik wird für einzelne Produkte eine WTO-kompatible Einführung einer **CO_2-Grenzabgabe** („Carbon Border Adjustment Mechanismen, CBAM) diskutiert. Damit soll die Verlagerung von CO_2-intensiven Produktionen ins EU-Ausland (**„carbon leakage"**) verhindert werden.[16]

22.4.4 Wachstums- und Beschäftigungseffekte

Die Wirkungen der Umweltpolitik auf (konventionell gemessenes) **Wachstum** und auf die **Beschäftigung** werden wesentlich von den Rahmenbedingungen abhängen, unter denen die Einführung einer entsprechenden Umweltsteuer erfolgt. Von besonderer Bedeutung sind dabei die Frage, ob und in welcher Weise das Aufkommen einer Umweltsteuer für zusätzliche Ausgaben bzw. für die Senkung anderer Abgaben verwendet wird und die Frage, ob eine Umweltsteuer isoliert oder im (ungefähren) Gleichklang mit den wichtigsten Handelspartnern eingehoben wird.

Bei gegenüber den wichtigsten Handelspartnern isolierter Einführung und bei fehlender Kompensation entspricht der Effekt einer Umweltsteuer der isolierten Kostenerhöhung eines Input-Faktors. Ceteris paribus wird sich damit für den exponierten Bereich einer Volkswirtschaft (Exportbereich und Bereich aktueller und potenzieller

[15] Der Anteil der „reichen" Staaten (high income countries) am globalen CO_2-Ausstoß betrug 2020 32 % – globale Klimaziele sind demnach nur bei Mitwirkung „armer" Staaten erreichbar.

[16] Für eine skeptische Beurteilung dieses Ansatzes siehe Branger und Quirion (2014).

Importkonkurrenz) im Ausmaß der jeweiligen Kosteneffekte eine Verschlechterung der **internationalen Konkurrenzfähigkeit** ergeben. Die Auswirkungen auf Absatz und Beschäftigung werden dann jeweils von der **Preiselastizität** der entsprechenden Produkte abhängen, wobei diese Preiselastizität in der Regel langfristig höher anzusetzen ist als kurzfristig. Die konkreten Kosteneffekte einer Umweltsteuer werden von der „Umweltverbrauchs"- bzw. Energieintensität des jeweiligen Unternehmens abhängen. Hier zeigen sich erhebliche **strukturelle Unterschiede** und damit entsprechende Effekte. Typischerweise wird der Dienstleistungssektor (mit Ausnahme des Sektors Verkehr) von einer Umweltsteuer weniger betroffen sein als der Industriebereich, wobei innerhalb des Industriebereiches wieder erhebliche Unterschiede bezüglich Energieintensitäten bestehen. Um die mit Einführung einer Energiesteuer entstehenden **Strukturprobleme** zu mildern, sehen daher viele konkrete Energiesteuerpläne Übergangs- oder Ausnahmeregelungen für besonders betroffene Industriezweige vor, womit freilich wieder eine Abschwächung der umweltpolitischen Wirkung verbunden ist.

Eine strategische Bedeutung bei der Analyse der Wachstums- und Beschäftigungswirkungen einer Umweltsteuer kommt der Frage zu, wie weit von einer solchen Steuer Effekte auf Ausmaß und Richtung des **technischen Fortschritts** ausgehen. Wie bereits gezeigt, kann durch Anrechnung der direkten und indirekten Umweltkosten durch eine Umwelt- bzw. Energiesteuer eine Anreizwirkung in Bezug auf technischen Fortschritt im weiteren Sinn erwartet werden (Einsatz neuer Verfahren, veränderte Input-Kombinationen, etc.). Durch Änderungen der relativen Preisverhältnisse können z. B. Formen alternativer Energieerzeugung ökonomisch wettbewerbsfähig werden, wobei eine größere Nachfrage nach innovativen Produkten ermöglicht, diese kostengünstiger herzustellen, was wieder die gesamtwirtschaftlichen Kosten einer Umweltpolitik insgesamt senken kann.

Hinsichtlich des isolierten Einsatzes umweltpolitischer Maßnahmen wird weiters argumentiert, dass der dadurch erzwungene technische Fortschritt in Bezug auf Umwelt- und Energietechnologie längerfristig einen internationalen Wettbewerbsvorteil darstellt, der es erlaube, kostenmäßige Wettbewerbsnachteile zu kompensieren (Branger, Quirion, 2014). Denn dadurch werde ein Technologievorsprung auf wichtigen Zukunftsmärkten erreicht. Dies gilt freilich nur, wenn andere Staaten längerfristig der Umweltpolitik des „Vorreiters" folgen, d. h. die entsprechenden Märkte auch tatsächlich entstehen.

22.4.5 Umweltsteuern: Aufkommen und Aufkommensverwendung

Hinsichtlich der fiskalischen Effekte bewirkt die Einhebung von Umweltsteuern zunächst eine Erhöhung der **Steuerquote.** Werden diese höheren Einnahmen für höhere Ausgaben (z. B. im Umweltschutzbereich) verwendet, bedeutet dies auch eine Erhöhung der **Staatsquote.**

Ist eine solche Entwicklung aus ökonomischen oder gesellschaftspolitischen Gründen unerwünscht, stellt sich die Frage nach der fiskalischen **Kompensation** einer Umweltsteuer. Da die Zielsetzung einer Umweltsteuer allokativer und nicht fiskalischer Natur ist, wird eine Umweltsteuer, wenn sie erfolgreich ist, zu einem Sinken ihrer **Bemessungsgrundlage** (Formen der Umweltschädigung, Energieeinsatz, etc.) führen. Da es sich bei der Bemessungsgrundlage von Umweltsteuern jedenfalls um physische Größen (Schadstoffeinheiten, Energieeinheiten) handelt, wäre aber auch bei Konstanz der Bemessungsgrundlage die Aufkommenselastizität einer Umweltsteuer geringer als die von Steuern, deren Bemessungsgrundlagen Wert- oder Einkommensgrößen sind. Soll die Einhebung einer Umweltsteuer dennoch durch Senken einer anderen Steuer kompensiert werden, ist nicht nur die unmittelbare Äquivalenz, sondern auch die Aufkommensentwicklung im Zeitablauf zu beachten. Soll ein Sinken der Steuerquote verhindert werden, müsste der von der Bemessungsgrundlage ausgehenden geringeren Dynamik einer Umweltschutzsteuer durch kontinuierlich **steigende Steuersätze** entsprochen werden. Dies ist auch in verschiedenen Vorschlägen zur Einführung von Umweltsteuern vorgesehen.

In Bezug auf die **Verwendung** des Aufkommens einer Umweltsteuer handelt es sich analytisch gesehen um ein **„Second-best-Problem"**, wo es darum geht, partielle allokative Effekte, die durch eine Steuer hervorgerufen werden, durch partielle Effekte der Änderung anderer wirtschaftspolitischer Instrumente zu kompensieren – oder auch hinsichtlich ihrer gesamtwirtschaftlichen Wirkung zu verstärken. Im speziellen geht es darum, im Sinne einer Strategie der **„double dividend"**, die Wohlfahrtseffekte einer Umweltsteuer mit zusätzlichen Effizienzgewinnen über eine entsprechende Verwendung des Steueraufkommens zu verbinden.

Eine Verwendung des Aufkommens einer Umweltsteuer für **höhere öffentliche Ausgaben** wird vor allem diskutiert hinsichtlich höherer öffentlicher **Transferzahlungen** zur Kompensation unerwünschter verteilungspolitischer Effekte und hinsichtlich höherer **öffentlicher Investitionen** oder **Investitionsbeihilfen** in umweltrelevanten Bereichen (z. B. Ausbau des öffentlichen Verkehrs, Maßnahmen zur Erhöhung der Energieeffizienz, wie Wärmedämmung, etc.). Sowohl Transferzahlungen an Bezieher niedriger Einkommen wie auch Infrastrukturinvestitionen weisen auch für offene Volkswirtschaften relativ hohe **Multiplikatoreffekte** auf. Es kann daher mit positiven Einkommens- und Beschäftigungseffekten gerechnet werden, die unter Umständen in der Lage sind, auch bei isoliertem Vorgehen negative Effekte aus der Verschlechterung der internationalen Konkurrenzfähigkeit zu kompensieren.

Eine Kompensation über **Senkung der Arbeitskosten** wird vor allem für den Bereich der **Lohnnebenkosten,** wie z. B. der von den Arbeitgebern (u. U. auch der von den Arbeitnehmern) getragenen Beiträge zur Sozialversicherung diskutiert (Goulder, L.H., 1995, Bovenberg, 1997). In statischer Betrachtung bedeutet dies, dass höheren Umweltkosten, z. B. Energiekosten, geringere Arbeitskosten gegenüberstehen. Der dadurch bewirkte Entlastungseffekt wird wieder strukturell sehr unterschiedlich sein und tendenziell den Dienstleistungsbereich begünstigen. Wenn eine Kostenentlastung lohnintensiver Bereiche auch mit einer entsprechenden Preissenkung verbunden ist, kann dies, je nach Preiselastizität, zu höherer Nachfrage und damit zu höherer Beschäftigung in diesen Wirtschaftsbereichen führen. In **dynamischer** Betrachtung kann eine Veränderung der relativen Faktoren zugunsten des Faktors Arbeit eine höhere Arbeitsintensität der Produktion nach sich ziehen. Wieweit diese Erwartung zutrifft, hängt von der Höhe der Substitutionselastizität zwischen Arbeit und Kapital ab[17].

In kurzfristiger Betrachtung ist der Einfluss der relativen Faktorpreise auf die Beschäftigungsentwicklung eher vorsichtig zu beurteilen. In längerfristiger Betrachtung sind die entsprechenden Zusammenhänge vor allem davon bestimmt, ob die internationale Entwicklung des technischen Fortschritts (arbeitssparend und/oder kapitalsparend) als autonom oder kosteninduziert zu sehen ist. Die Gesamteffekte der Kompensation einer Umweltsteuer durch eine Senkung der Arbeitskosten sind daher speziell bei national isolierter Vorgangsweise sehr schwierig und mit großer Unsicherheit zu erfassen.

22.4.6 Inzidenz und Verteilungswirkungen

Grundlegend für sämtliche Wirkungsanalysen umweltpolitischer Instrumente sind Überlegungen hinsichtlich der mit ihrem Einsatz verbundenen **Preis-** und damit auch **Verteilungseffekte.** Die Frage der **Inzidenz** von Maßnahmen der Umweltpolitik ist dabei analog zu sehen zur allgemeinen Analyse der Inzidenz öffentlicher Ausgaben und Einnahmen (siehe Kap. 11).

Hinsichtlich der **Ausgaben-(Nutzen-)Inzidenz** ist zu unterscheiden, ob der durch öffentliche Maßnahmen beeinflusste Umweltbereich als reines oder unvollkommenes öffentliches Gut bzw. als Gemeinschaftsressource zu sehen ist. Wo Umweltproblemen bzw. Aspekten der Umweltqualität der Charakter globaler (reiner) öffentlicher Güter zukommt (z. B. CO_2-Problematik in Bezug auf die Erdatmosphäre) ist von generell gleicher physischer Betroffenheit auszugehen[18]. Hier sind demnach auch keine speziellen Verteilungswirkungen umweltpolitischer Maßnahmen zu erwarten.

Wo Umweltprobleme regional oder lokal abgrenzbar sind (z. B. Binnengewässer, Lärm) können dagegen aus der regionalen Inzidenz von Umweltschutzmaßnahmen unterschiedliche regionale und einkommensbezogene Effekte entstehen. Dabei können sich auch Querverbindungen ergeben. Nimmt man etwa an, dass die „ärmeren Viertel" einer Stadt überdurchschnittlich von Luftverschmutzung und Lärm betroffen sind, würden Maßnahmen gegen diese Umweltprobleme im speziellen Maß ärmeren Bevölkerungsgruppen zugutekommen. Ähnliches dürfte für Maßnahmen zur Erhöhung innerbetrieblicher Umweltqualität bei industriellen Arbeitsplätzen gelten. Andererseits

[17] Unter der Substitutionselastizität versteht man das Verhältnis zwischen der relativen Änderung der Kapitalintensität (Verhältnis von Kapital- zu Arbeitseinsatz) und der relativen Änderung des Faktorpreisverhältnisses von Kapital und Arbeit.

[18] Dies bedeutet allerdings noch nicht notwendigerweise gleiche Nutzeinschätzung.

sind die Wirkungen etwa von Subventionen für die Anschaffung von Elektroautomobilen nicht unabhängig vom Benützungsprofil dieser Fahrzeuge.

Besondere Bedeutung kommt bei Umweltfragen den Aspekten der **intertemporalen Verteilung** zu. In dem Ausmaß, in dem Umweltprobleme als Probleme erschöpfbarer Ressourcen oder als Probleme einer dauernden Schädigung von Lebensgrundlagen gesehen werden, sind dies Fragen der Ressourcenverteilung zwischen den Generationen im Sinn des Konzepts einer nachhaltigen Entwicklung (**„sustainable development“**). Neben der Einschätzung technisch-natur-wissenschaftlicher Zusammenhänge ist hier aus ökonomischer Betrachtung die Frage des relevanten **sozialen Diskontsatzes,** als Indikator der relativen Bewertung von Gegenwarts- zu Zukunftsnutzen von Bedeutung.

Für die Analyse der Kosteninzidenz der Umweltpolitik gelten im Prinzip die gleichen Ansätze, unabhängig davon, ob es sich um ausgabenseitige, steuerliche oder ordnungsrechtliche Ansätze handelt. Wenn im **Unternehmensbereich** für Maßnahmen der Umweltpolitik zusätzliche Kosten entstehen (Investitionskosten, Steuerzahlungen, etc.), so ist die Überwälzbarkeit dieser Kosten abhängig von der **Preiselastizität** der Nachfrage nach dem entsprechend angebotenen Produkt. Diese Preiselastizität wird umso geringer sein, je größer die Notwendigkeit und je geringer die Substituierbarkeit des entsprechenden Produktes. Bei völlig unelastischer Nachfrage werden zusätzliche Umweltschutzkosten dann nur Einkommens- und keine Substitutionseffekte haben. Tendenziell kann dies etwa gelten für durch Umweltschutzmaßnahmen bewirkte Verteuerungen von Trinkwasser oder für die Verteuerung der Transportkosten für Berufspendler. Da weiters erwartet werden kann, dass der Anteil der Ausgaben für „notwendige Güter und Leistungen“ am Gesamteinkommen mit zunehmendem Einkommen sinkt, kann von umweltschutzbedingten Kosten unter diesem Aspekt eine **regressive** Verteilungswirkung, d. h. eine tendenziell stärkere Belastung unterer Einkommensgruppen erwartet werden. Die Verteilungswirkung von Umweltstrukturen ist damit analog zu der spezieller Inputsteuern bzw. spezieller Verbrauchsteuern zu sehen. Dieser tendenziell regressive Verteilungseffekt von Umweltsteuern kann wieder durch gegenläufige Transferzahlungen kompensiert werden. Dem entsprechend hat die EU in Ergänzung ihres Klima-Planes die Einrichtung eines Klimasozialfonds zum Ausgleich sozialer Härten vorgeschlagen.

Unterschiede in den Preiselastizitäten der Nachfrage sind auch zu erwarten, je nachdem ob es sich um den geschützten Sektor oder den exponierten Sektor (d. h. Bereiche von Exporten und tatsächlicher oder möglicher Importkonkurrenz) handelt. Für den geschützten Sektor einer Volkswirtschaft kann jedenfalls längerfristig eine weitgehende Überwälzung von Umweltkosten angenommen werden. Im exponierten Bereich werden sich die Unternehmer dagegen generell höheren Preiselastizitäten der Nachfrage gegenübersehen. Das bedeutet, dass sich Maßnahmen der Umweltpolitik im geschützten Sektor einer Volkswirtschaft tendenziell in **Preiserhöhungen** auswirken werden (was ja der gewünschten Sichtbarmachung sozialer Kosten entspricht). Im exponierten Sektor werden sich dagegen Maßnahmen der Umweltpolitik in dem Ausmaß, das über einen Gleichschritt der wichtigsten Handelspartner hinausgeht, ceteris paribus vor allem in einer Reduktion der Gewinne niederschlagen.

Spezielle Überwälzungsfragen ergeben sich auch in Bezug auf Vorschläge, die Kosteneffekte umweltpolitischer Maßnahmen durch Kostensenkungen in anderen Bereichen zu **kompensieren.** Dies gilt z. B. für den Vorschlag, das Aufkommen einer Umweltsteuer zur Senkung lohnbezogener Abgaben zu nutzen (siehe oben). Abgesehen von den bereits diskutierten Struktureffekten ist **Kosten-** und **Preisneutralität** hier freilich nur dann zu erwarten, wenn von **symmetrischem** Überwälzungsverhalten für Steuererhöhung und Steuersenkungen auszugehen ist. Führen etwa im geschützten Sektor einer Volkswirtschaft Kostenerhöhungen zu Preissteigerungen, während Kostensenkungen nicht weitergegeben werden, würde sich dies insgesamt in Preissteigerungen und Gewinnerhöhungen niederschlagen. Die Preis- und Verteilungswirkungen umweltpolitischer Maßnahmen werden demnach auch wesentlich von der Intensität des Preiswettbewerbs in einer Volkswirtschaft und damit von der **Wettbewerbspolitik** bestimmt.

Maßnahmen der Umweltpolitik können sich neben der personellen und funktionalen Einkommensverteilung insbesondere auch auf Aspekte der **regionalen Verteilung** von Wirtschaftskraft und Bevölkerung auswirken. Die unter Umweltgesichtspunkten zentrale Höhe der Energiepreise beeinflusst wesentlich die **Transportkosten** und damit die regionale Produktions- und Siedlungsstruktur. Höhere Transportkosten bewirken ceteris paribus eine geringere interregionale und internationale Arbeitsteilung und damit eine höhere regionale Konzentration.

Generell zeigt sich, dass Maßnahmen der Umweltpolitik – wie allokative Maßnahmen insgesamt – mit einer Vielzahl distributiver und allokativer „Nebeneffekte" verbunden sein können. Aus der Sicht der Theorie der Wirtschaftspolitik wird es dabei in der Regel sinnvoll sein, zusätzlichen Effekten durch zusätzliche wirtschaftspolitische Instrumente zu entsprechen. In Fällen, wo z. B. allokativ erwünschte umweltpolitische Maßnahmen zu unerwünschten Verteilungswirkungen führen, kann es sinnvoll sein, allokative und distributive Effekte getrennt zu betrachten. Dies würde bedeuten, die allokativ erwünschten Maßnahmen zu setzen und die verteilungspolitischen Effekte durch den Einsatz zusätzlicher distributiver Instrumente zu kompensieren. Für die Setzung politischer Prioritäten und für die praktische Durchsetzung einer Umweltpolitik wird es aber jedenfalls stets erforderlich sein, die entsprechenden zusätzlichen Wirkungen mit zu berücksichtigen.

Literatur

Bovenberg, A.L. and Goulder, L.H. (1997). Environmental tax reform and endogenous growth. In: Journal of Public Economics, 63(2), 207–237

Branger, F. and Quirion, P. (2014). Would border carbon adjustments prevent carbon leakage and heavy industry competitiveness losses? Insights from a meta-analysis of recent economic studies. Ecological Economics, 99 ©, 29–39.

Kettner, C., Kletzan-Slamanig, D., Köppl, A., Schinko, T., Türk, A. (2011) Price volatility in carbon markets: Why it matters and how it can be managed. WIFO Working Papers, No. 409.

Köppl, A., Schratzenstaller, M., Effects of Environmental and Carbon Taxation. Wifo Working Papers 619/2021
Nowotny, E. Wirtschaftspolitik und Umweltschutz. Freiburg i. B. 1974.
Streissler, E.W., Neudeck, W.E., Wachstums- und Umweltpolitik. In: E. Nowotny, G. Winckler (Hrsg.), Grundzüge der Wirtschaftspolitik Österreichs, Wien 1994.

Weiterführende Literatur

Acemoglu, D., Aghion, P. and Hémous, D. (2014). The environment and directed technical change in a North-South model. Oxford Review of Economic Policy, 30 (3), 513–530.
Aghion, P., Dechezlepretre, A., Hémous, D., Martin, R. and van Reenen, J. (2016). Carbon Taxes, path dependency and directed technical change: Evidence from the auto industry. Journal of Political Economy, 124 (1), 1–51.
Aichele, R. and Felbermayr, G. (2015). Kyoto and carbon leakage: An empirical analysis of the carbon content of bilateral trade. The Review of Economics and Statistics, 97 (1), 104–115.
Andersen, M.S. (2019). The politics of carbon taxation: how varieties of policy style matter, Environmental Politics, 28 (6), 1084–1104.
Barios, S. Pycroft, J. and Saveyn, B. (2013). The marginal cost of public funds in the EU: The case of labour versus green taxes. European Commission Taxation Papers Working Paper, No. 35.
Baumol, W. and Oates, W.E. (1988). The theory of environmental policy. Cambridge University Press.
Bovenberg, A.L. Environmental Taxes and the Double Dividend. In: Empirica 1998, 25:15 ff.
Cropper, M.L., Oates, W.E., Environmental Economics: A Survey. In: JEL 1992, 30:675 ff.
Ecoplan (2017). Wirkungsabschätzung CO_2-Abgabe. Bern
European Commission (2019). Handbook on the external costs of transport. http://op.europa.eu/en/publication-detail/-/publication/9781f65f-8448-11ea-bf12-01aa75ed71a1.
Felbermayr, G. and Peterson, S. (2020). Economic assessment of carbon leakage and carbon border adjustment. Briefing requested by the INTA committee of the European Parliament, Brussels: European Parliament.
Fischer, C., Kerr, S., Toman, M. Using Emissions Trading to Regulate U.S. Greenhouse Gasemissions: An Overview of Policy Design and Implementation Issues. In: National Tax Journal 1998, 51:452 ff.
Freeman, A.M., III. Environmental Policy Since Earth Day I: What Have We Gained? In: Journal of Economic Perspectives 2002, 125:146.
Fritsch, M., Marktversagen und Wirtschaftspolitik, 10. Aufl., München 2018.
Goulder, L.H., (2013). Climate change policy's interactions with the tax system. Energy Economics, 40 (S1), 3–S11.
Jaeger, W.K.. (2012). On the double dividend debate. In Milne, J.E., Andersen, M.S. (eds.), Handbook of Research on Environmental Taxation. Cheltenham: Edward Publishing, 211–229.
Kemper, M. Das Umweltproblem in der Marktwirtschaft. 2. Aufl., Berlin 1993.
Kettner-Marx, C., and Kletzan-Slamanig, D. (2018) Energy and carbon taxes in the EU. WIFO Working Papers, No. 555.
Kirchgässner, G. Ökologische Steuerreform: Utopie oder realistische Alternative? In: G. Krause-Junk, (Hrsg.) Steuersysteme der Zukunft. Berlin 1998, S. 279 ff.
Köppl, A., Kratena, K., Pichl, C., Schebeck, F., Schleicher, St., Wüger, M. Makroökonomische und sektorale Auswirkungen einer umweltorientierten Energiebesteuerung in Österreich. WIFO-Gutachten, Wien 1995.

Köppl, A., Schleicher, S. and Schratzenstaller, M. (2019). Policy Brief Questions and facts on the pricing of greenhouse gas emissions. WIFO Policy Brief, 2019/271/S/000.
Oates, W.E. Environmental Policy in the European Community: Harmonization or National Standards? In: Empirica, 1998, Vol. 25:1 ff.
OECD. Evaluating Economic Instruments for Environmental Policy. Paris 1997.
OECD (2019). Taxing energy use 2019. Using taxes for climate action. Paris: OECD Publishing.
Panther, S., Haftung als Instrument einer präventiven Umweltpolitik. Frankfurt/Main, New York 1992.
Parry, I.W.H. (2020) Increasing carbon pricing in the EU: Evaluating the options. European Economic Review, 121, 103341.
Pigou, A.C. (1920) The economics of welfare. London: Macmillan and Co.
Schmidt, K. (Hrsg.), Öffentliche Finanzen und Umweltpolitik. Bd. I und II, Berlin 1988/1989.
Schöb, R. Zur Bedeutung des Ökosteueraufkommens: Die Double-Dividend-Hypothese. In: ZWS 1995, 115:93 ff.
Schöb, R. Ökologische Steuersysteme. Umweltökonomie und optimale Besteuerung. Frankfurt 1995.
Siebert, H. Economics of the Environment. Theory and Policy. 5. Aufl., Berlin et al 1998.
Stavins, R.N. What Can We Learn from the Grand Policy Experiment? Lessons from SO_2 Allowance Trading. In: J. of Econ. Perspectives 1998, 12:65 ff.
Stephan, G., Ahlheim, M. Ökonomische Ökologie. Berlin u.a. 1996.
Stern, N. (2007). The economics of climate change: The Stern Review: Cambrigde, Cambridge University Press, doi: https://doi.org/10.1017/CBO9780511817434.
Stern, N. (2019). Carbon tax design, the use of revenues and public acceptability. LSE. Presented at CPLC Carbon Pricing Research Conference, New Delhi, India, February 2019.
Stiglitz, J.E. (2019). Adressing climate change through price and non-price interventions. NBER Working Papers, No. 25939
Von Weizsäcker, E., Jesinghaus, J., Mauch, S.P., Iten, R. Ökologische Steuerreform – Europäische Ebene und Fallbeispiel Schweiz. Zürich 1992.
Weimann, J., Umweltökonomik. 3. Aufl., Berlin 1995.
Wicke, L. Umweltökonomie. Eine praxisorientierte Einführung, 4. neue Aufl., München 1991.
World Bank Group (2017). Report of the High Level Commission on Carbon Prices, Washington D.C.: World Bank

Die Distributionsfunktion des öffentlichen Sektors 23

Lernziele

- Neben der Allokationsfunktion und der Stabilisierungsfunktion nimmt die Distributionsfunktion eine bedeutende Stellung bei der Erklärung öffentlicher Aktivitäten ein.
- Insbesondere durch die (progressive) Einkommenssteuer und Transferleistungen (aber de facto durch jegliche staatliche Aktivität) greift der öffentliche Sektor in die Verteilung der Einkommen, Vermögen, und Chancen in einer Volkswirtschaft ein.
- Eine wesentliche Rolle bei der Verteilung von Chancen und Einkommen spielt der Arbeitsmarkt. Der öffentliche Sektor greift sowohl auf der Nachfrageseite durch die Besteuerung von Löhnen (Stichwort Lohnebenkosten) als auch auf der Angebotsseite, etwa über Humankapitalbildung, Arbeitslosenunterstützung, oder negative Einkommenssteuern ein.

23.1 Öffentlicher Sektor und Verteilung

Der öffentliche Sektor nimmt in vielerlei Hinsicht Einfluss auf die Verteilung von Chancen, Einkommen und Vermögen. Im Abschn. 4.1 wurde der (erste) Hauptsatz der Wohlfahrtsökonomie vorgestellt. Dieser besagt, „wenn alle Wirtschaftssubjekte unter den Bedingungen der vollkommenen Konkurrenz handeln, wird das bei Vorliegen entsprechender Voraussetzungen zu einer effizienten Allokation der Ressourcen führen“. Wenn wir von der Distributionsfunktion des öffentlichen Sektors sprechen, ist allerdings der zweite Hauptsatz der Wohlfahrtstheorie relevanter: „Jedes Pareto Gleichgewicht kann

E. Nowotny und M. Zagler, *Der öffentliche Sektor*,
https://doi.org/10.1007/978-3-658-36042-9_23

durch Eingriff in die Anfangsausstattung erreicht werden". Eine bestimmte gewünschte Verteilung der Ergebnisse könnte damit theoretisch lediglich durch Eingriffe in die Chancen und (einmalig) der Vermögen erzielt werden. Praktisch sind solche minimalen Eingriffe kaum möglich, insbesondere, weil es an mangelnder Information scheitern wird. Theoretisch beweist das Hammond Theorem, dass dies nicht möglich ist, weil eine derartige Umverteilung der Anfangsausstattungen immer anreizinkompatibel ist. Auch in diesem Fall unterliegt der staatlicher Eingriff in die Verteilung daher der „Theorie des Zweitbesten".

Zunächst ist davon auszugehen, dass praktisch jede Aktivität des öffentlichen Sektors auch mit Einflüssen auf die personelle, funktionale und regionale Einkommensverteilung einer Volkswirtschaft verbunden ist. Der öffentliche Sektor hat damit insbesondere auch erheblichen Einfluss auf die **Primärverteilung** in einer Volkswirtschaft, indem er, z. B. auf Arbeits- und Kapitalmärkten, als Nachfrager auftritt oder durch Infrastrukturinvestitionen (Ausbildungswesen, Verkehrswesen etc.) die Produktivität der Produktionsfaktoren beeinflusst.

Über diese allgemeinen Verteilungseffekte hinausgehend ist die spezielle Umverteilungsfunktion des öffentlichen Sektors zu sehen, wo es via Steuern, Transfers oder administrative Regelungen um die gezielte Beeinflussung der Verteilungsstrukturen in einer Volkswirtschaft im Sinne von Konzeptionen der **„vertikalen Gerechtigkeit"**[1] geht. Die entsprechenden Umverteilungsansätze können sich dabei neben regionalen Aspekten (Kap. 6) auf Konsum, Vermögen und Einkommen beziehen. Grundlage der Verteilungsanalyse sind dabei vor allem die Bereiche der Einkommens- und Vermögensverteilung, zwischen denen ein wechselseitiger Zusammenhang besteht.

Spezifische Maßnahmen der **Vermögensumverteilung** setzen vor allem von Seiten der Besteuerung (siehe Kap. 16) und der Förderung der Vermögensbildung im Wege der Sparförderung (siehe Abschn. 21.2) an. Da die entsprechenden Instrumente bereits an anderer Stelle diskutiert wurden und ihre konkrete wirtschaftspolitische Bedeutung derzeit auch nur beschränkt ist,[2] verzichten die Ausführungen in den folgenden Abschnitten auf eine separate Erörterung der Vermögensumverteilungspolitik[3] und beschäftigen sich vorrangig mit den Möglichkeiten und Problemen der Beeinflussung der **personellen Einkommensverteilung.**

Hinsichtlich der Einkommensumverteilung wird üblicherweise in der Theorie und der Praxis der Verteilungspolitik auf **Jahreseinkommen** abgestellt. Tatsächlich jedoch kann

[1] Der Aspekt der „vertikalen Gerechtigkeit" bezieht sich auf die Frage, in welchem Ausmaß Wirtschaftssubjekte mit ungleicher wirtschaftlicher Leistungsfähigkeit im Sinn einer Umverteilung ungleich behandelt werden sollen. Der Aspekt der „horizontalen Gerechtigkeit" postuliert dagegen die gleiche fiskalische Behandlung von Wirtschaftssubjekten mit gleicher ökonomischer Leistungsfähigkeit (vgl. Abschn. 10.3).

[2] Die deutsche Erbschaftsteuer bestritt 2020 lediglich 0,3% des gesamten Steueraufkommens.

[3] Vgl. hierzu etwa Oberhauser (1997, 1994).

ein gegebenes Finanz- und Steuersystem grundsätzlich dreierlei – sicherlich nicht voneinander unabhängige – redistributive Wirkungen auf die Einkommen ausüben:

1. Es kommt zu einer Umverteilung der laufenden (jährlichen) Einkommen zwischen verschiedenen Einkommensbeziehern (interpersonelle vertikale Umverteilung). Dies ist der übliche und am intensivsten analysierte Aspekt der Umverteilungsanalyse (Querschnittsanalyse für einen bestimmten Zeitpunkt).
2. Es kommt zu einer intrapersonellen Umverteilung der jährlichen Einkommen ein und desselben Einkommensbeziehers zwischen verschiedenen Lebensphasen (horizontale oder intertemporale Umverteilung). Eine derartige Redistribution im Zeitablauf (Längsschnittsbetrachtung) ist namentlich dem System der sozialen Sicherung (Alterssicherung) eigen. Sie kann aber auch durch sonstige altersbezogene Transfers und Steuererleichterungen (Kindergeld) und sogar staatliche Ausgaben[4] entstehen und wird meist Hand in Hand gehen mit bzw. überlagert sein von vertikalen (interpersonellen) Verteilungswirkungen. Eine (theoretisch) reine intrapersonelle (intertemporale) Umverteilung im Lebensablauf würde – sieht man von dem Problem der Verzinsung und Diskontierung ab – die Relation der einzelnen Lebenseinkommen zueinander nicht verändern.[5]
3. Schließlich kann es durch die öffentlichen Finanzen zu einer interpersonellen Umverteilung der Lebenseinkommen verschiedener Individuen desselben Altersjahrganges oder unterschiedlicher Altersjahrgänge (Kohorten) kommen. Eine bewusste und gezielte Beeinflussung der Verteilung der Lebenseinkommen stellt zwar kaum ein praktizierbares Ziel der Verteilungspolitik dar. Tatsächlich kann aber ein derartiger Umverteilungseffekt zumindest als (ungewollte) Folge, z. B. der Abschnittsbesteuerung eintreten. Dies etwa bei interperiodischen Schwankungen des jährlichen Einkommens oder bei durch Ausbildung (Ausbildungsprogressionseffekt), Arbeitslosigkeit, Krankheit, vorzeitige Erwerbsunfähigkeit, vorzeitigen Tod oder freiwillige Berufsaufgabe bedingten Unterschieden in der zeitlichen Verteilung eines gleich großen Lebenseinkommens. Unterstellt man vereinfachend einen Steuertarif, bei dem die („volle") Progression erst ab einer bestimmten Höhe des (Jahres-)Einkommens einsetzt, so ergäbe sich im Vergleich eines Lebenseinkommens, das, nach verhältnismäßig langer Ausbildung, in relativ wenigen Jahren der Erwerbstätigkeit mit hohen jährlichen Einkommen erzielt wird, mit einem gleich großen Lebenseinkommen, das sich auf wesent-

[4] Der größte Anteil an Gesundheitsausgaben entsteht in den ersten und letzten Lebensjahren, weshalb auch durch das Gesundheitswesen sehr stark interpersonal umverteilt wird.

[5] Ein weitgehender Aspekt einer intertemporalen interpersonellen Umverteilung wird unter dem Gesichtspunkt der „intergenerationalen Umverteilungswirkung" (generational accounting) analysiert, ist aber nicht Ansatzpunkt spezifischer, geplanter Umverteilungspolitik (siehe Boll 1994, Raffelshüschen und Walliser 1998).

lich mehr Bezugsjahre bei entsprechend niedrigeren jährlichen Einkommen verteilt wird, eine höhere Besteuerung des ersteren.

Stellt man ab auf die **Ziele der Verteilungspolitik,** so können staatliche Eingriffe nach sehr unterschiedlichen verteilungspolitischen Kriterien erfolgen, die wieder eng mit unterschiedlichen gesellschaftspolitischen Positionen verbunden sind (vgl. Kap. 1). Wichtige Ansätze in dieser Hinsicht sind z. B.:

- Maßnahmen zur Erhöhung der materiellen (nicht bloß formalen) **Chancengleichheit** in einer Gesellschaft. Ansatzpunkte der Verteilungspolitik sind hier nicht unmittelbar die konkrete Einkommens- und Vermögensverteilung, sondern die **Möglichkeiten** der Einkommenserzielung. Zielsetzung ist der Abbau materieller Ungleichheiten in den ökonomischen und sozialen Ausgangsvoraussetzungen der Wirtschaftssubjekte. Der traditionell wichtigste Ansatz ist hier der Abbau von einkommensbezogenen, regionalen und psychologischen Bildungsbarrieren durch entsprechende Bereitstellung von Ausbildungseinrichtungen und -förderungen. Historisch von erheblicher Bedeutung war auch die Diskussion um die dem Aspekt der Chancengleichheit entgegenstehende Rolle des Erbrechts und die daraus abgeleiteten Konzepte der Erbschaftsbesteuerung, deren praktische Bedeutung heute freilich in den meisten Staaten gering ist.
- Bei Maßnahmen in Richtung einer höheren „Gerechtigkeit der Einkommensverteilung“ wird im Gegensatz zum Ansatz der „Chancengleichheit“ nicht auf eine Änderung der Voraussetzungen, sondern auf eine Änderung des Ergebnisses der Einkommensentstehung abgestellt. Die inhaltliche Bestimmung des Konzeptes der „Gerechtigkeit“ stellt eine zentrale Fragestellung der Theorie der Wirtschaftspolitik dar, worauf hier nicht näher eingegangen werden kann.[6] Finanzpolitisch von Bedeutung ist vor allem die Unterscheidung zwischen der Zielsetzung des Erreichens einer gleichmäßigeren Einkommensverteilung (angestrebt z. B. durch eine progressive Einkommensteuer) und der Zielsetzung der Bekämpfung der (absoluten oder relativen) Armut, insbesondere über die Instrumente der Sozialpolitik. Mit der letzteren Zielsetzung teilweise verbunden ist, als eine spezielle Sicht einer „gerechten Einkommensverteilung“, das Konzept der „leistungsunabhängigen, **bedürfnisgerechten Verteilung**“ zu sehen. Hier stellt sich die verteilungspolitische Aufgabe des öffentlichen Sektors zunächst in der Kompensation „unverschuldeter“ Minderungen der Leistungsfähigkeit durch Krankheit, Alter etc.

[6] Zur Rawls'schen Theorie der Gerechtigkeit siehe Abschn. 4.2. Von finanzpolitischer Bedeutung ist auch die Definition von „leistungsgerechten Einkommen“ als Einkommen, die nicht dem Typus der ökonomischen Renteneinkommen entsprechen, d. h. die nicht das Entgelt übersteigen, das notwendig ist, um den jeweiligen Produktionsfaktor in seiner gegenwärtigen Verwendung zu halten. Historisch spielte dieser Ansatz vor allem in der Diskussion um die Bodenbesteuerung eine Rolle.

durch Sicherung eines sozialen **„Mindeststandards"**. Darüber hinaus stellt sich die Frage, ob und in welchem Ausmaß für bestimmte („elementare") Lebensbereiche von gleichen Grundbedürfnissen auszugehen sei, die vom öffentlichen Sektor zumindest in einem gewissen Ausmaß abzudecken sind. Der Einsatz des öffentlichen Sektors kann dabei erfolgen durch Bereitstellung meritorischer Güter (z. B. Schulwesen, Gesundheitswesen, Mindestversorgung mit Wohnraum) und/oder durch gebundene oder ungebundene Transfers (bis hin zum Konzept eines „Basiseinkommens"). Die technischen Grenzen einer Konzeption der „bedürfnisgerechten Verteilung" liegen selbstverständlich in der ökonomischen Leistungsfähigkeit einer Volkswirtschaft, wobei wieder von gegenseitigen Abhängigkeiten zwischen Distribution, Konsumtion und Produktion auszugehen ist.

23.2 Öffentlicher Sektor und Arbeitsmarkt

Unselbstständiges Erwerbseinkommen ist für eine Vielzahl von Personen die wichtigste Komponente ihres Lebenseinkommens und damit ausschlaggebend für ihre relative Position in der Gesellschaft. Der Unterschied zwischen einem Arbeitsplatz und Arbeitslosigkeit hat eine enorme Bedeutung auf die Verteilung. Der öffentliche Sektor nimmt sowohl auf die Arbeitsnachfrage als auch auf das Arbeitsangebot Einfluss.

23.2.1 Öffentlicher Sektor und Nachfrage nach Arbeitsleistungen

Ein unmittelbarer Einfluss ergibt sich hinsichtlich der Rolle des öffentlichen Sektors als Arbeitgeber. Als in der Regel größter Arbeitgeber in einer Volkswirtschaft kommt dem öffentlichen Sektor vielfach eine arbeitsmarktpolitische Leitfunktion in Bezug auf die Entwicklung von Arbeitsbedingungen, Bezahlung etc. zu. Im Rahmen des öffentlichen Sektors ist dabei zu unterscheiden zwischen privatrechtlichen Arbeitsverträgen, analog zu den anderen Bereichen der Wirtschaft und öffentlich-rechtlichen Dienstverhältnissen („Verbeamtung/Pragmatisierung"), die insbesondere durch Unkündbarkeit charakterisiert sind. Die Begründung für diese spezifische Form eines Dienstverhältnisses liegt in der speziellen Treuepflicht des Beamten gegenüber dem Staat und dem Wunsch, öffentlich Bediensteten, die in politisch „sensiblen" Bereichen, wie z. B. der Justiz, tätig sind, eine größere Unabhängigkeit gegenüber den jeweiligen politischen Amtsträgern zu sichern. Diesen politischen Aspekten stehen freilich unter Umständen Gefahren allokativer Ineffizienzen in Form geringerer Anreizwirkungen gegenüber, wobei dieser Zielkonflikt umso bedeutsamer ist, je weiter das System der Unkündbarkeit (und z. T. auch Unversetzbarkeit) ausgebaut ist.

Weitere allokative Wirkungen des öffentlichen Sektors in Bezug auf die Nachfrage nach Arbeitskräften ergeben sich hinsichtlich der Beeinflussung der relativen Faktorpreisverhältnisse. Sofern öffentliche Abgaben an der Lohnsumme anknüpfen (demnach

„Lohnnebenkosten" darstellen), bedeuten sie eine Erhöhung der Kosten des Faktors Arbeitskraft, die zu einer verstärkten Substitution von Arbeit durch Kapital führen kann. Diese Problematik wurde und wird insbesondere hinsichtlich der Beiträge zur Sozialversicherung und lohnsummenbezogener Abgaben (siehe Abschn. 8.1) diskutiert. Analytisch stellt sich generell die Problematik des steuerbedingten Unterschiedes („labour-market tax wedge") zwischen den Arbeitskosten, die sich für die Unternehmen ergeben („producer wage") und den nach Lohnsteuer und Sozialversicherungsbeiträgen verbleibenden Netto-Einkommen der Arbeitnehmer („consumption wage").

Welche Bedeutung freilich den relativen Faktorpreis-Verhältnissen in Bezug auf die Nachfrage nach Arbeitskräften tatsächlich zukommt, ist sowohl theoretisch wie empirisch nicht eindeutig geklärt. Wirtschaftspolitisch hat diese Diskussion z. B. in der 1980 erfolgten Abschaffung der Lohnsummensteuer in Deutschland ihren Niederschlag gefunden. Analogen Überlegungen folgen Vorschläge, die Arbeitgeberbeiträge zur Sozialversicherung durch eine „Wertschöpfungsabgabe" zu ersetzen, die nicht nur auf die Lohnsumme, sondern auch auf die anderen Komponenten der betrieblichen Wertschöpfung abstellt. Dabei ist freilich zu beachten, dass eine bloß auf eine Steuer abgestellte partialanalytische Betrachtungsweise gerade in Bezug auf die Erfassung von Beschäftigungswirkungen vielfach irreführend sein kann. So sind insbesondere auch allfällige ausgabenseitige Effekte zu berücksichtigen, wie z. B. durch Steuerausfälle induzierte Kürzungen öffentlicher Ausgaben mit entsprechenden negativen Beschäftigungseffekten.

23.2.2 Öffentlicher Sektor und Arbeitskraftangebot

Finanzpolitische Wirkungen auf das Arbeitsangebot können auf folgenden Ebenen auftreten:

- Wirkungen in Bezug auf die Bevölkerungszahl,
- Wirkungen in Bezug auf die Erwerbsquote,
- Wirkungen in Bezug auf Ausmaß und Form des Arbeitsangebotes bei gegebener Erwerbsquote.

Der Einsatz der Finanzpolitik als Instrument der **Bevölkerungspolitik** ist sowohl hinsichtlich der normativen Aspekte, als auch in Bezug auf die Frage der tatsächlichen Wirksamkeit umstritten. Es ist daher auch bei finanzpolitischen Instrumenten, die an der Familiengröße anknüpfen, schwer zu unterscheiden, inwieweit sie von sozialpolitischen oder von unmittelbar bevölkerungspolitischen Intentionen geleitet sind. Im Rahmen von Transferzahlungen wäre eine solche Unterscheidung prinzipiell danach möglich, ob familienbezogene Transfers differenziert nach dem Einkommen der Empfänger oder undifferenziert nach bevölkerungspolitischen Kriterien (insbesondere Kinderzahl) gegeben werden. Tatsächlich wird bei den meisten familienbezogenen Transfers auf eine Einkommensdifferenzierung verzichtet.

Nicht unerheblich kann auch der Einfluss finanzpolitischer Instrumente auf die gesamtwirtschaftliche **Erwerbsquote,**[7] bei gegebenen gesellschaftlichen Strukturen insbesondere auf die Erwerbsquote der Frauen, sein. Die Verfügbarkeit von Kinderbetreuungseinrichtungen bzw. Ausmaß und Form der Abgeltung von Kindererziehung beeinflusst jedenfalls die Erwerbsquote, speziell der Frauen. Ebenfalls von Einfluss auf die Erwerbsquote sind die familienspezifischen Regelungen im Rahmen der Einkommensbesteuerung. Dabei ist zu erwarten, dass ein System der **Individualbesteuerung** in Bezug auf die Bereitschaft eines zweiten Familienmitgliedes (de facto meist der Frau) in den Arbeitsmarkt einzutreten weitgehend neutral, ein System der **Familienbesteuerung** dagegen negativ wirkt. Ein **Splittingsystem** begünstigt – in unterschiedlichem Ausmaß – Familien, in denen ein Ehepartner nicht berufstätig ist und ist unter diesem Aspekt mit tendenziell negativen Aspekten in Bezug auf das Arbeitskräftevolumen verbunden.

Erhebliche Einflüsse auf die Erwerbsquote können schließlich vom **Schul-** und vom **Rentensystem** ausgehen. Zwar stehen in diesen Bereichen pädagogische bzw. sozialpolitische Aspekte im Vordergrund. Beide haben jedoch auch unmittelbar arbeitsmarktpolitische Effekte. Dabei ist zu beachten, dass ein arbeitsmarktpolitischer Einsatz, etwa in Form einer Verlängerung der Schulzeit oder des Rentenantrittsalters (z. B. durch Ausdehnung der Altersgrenze jenseits von 65), durch entsprechende zusätzliche Aufwendungen bzw. Einnahmeausfälle auch unmittelbare fiskalische Nebenwirkungen hat. Im Fall der Rentenversicherung etwa stehen der Entlastung am Arbeitsmarkt – und damit der Arbeitslosenversicherung – die zusätzlichen Rentenleistungen und der Entfall bzw. das Minderaufkommen an Steuern und Sozialversicherungsbeiträgen der bisher Berufstätigen gegenüber. Der Einsatz der Rentenversicherung als Instrument der Arbeitsmarktpolitik ist demnach in der ökonomischen Analyse durch sehr komplexe Kosten-Nutzen-Verhältnisse charakterisiert[8], insbesondere wenn man auch andere, alternative wirtschaftspolitische Strategien in die Betrachtung mit einbezieht.

Bei **gegebener** Erwerbsquote ist es zunächst von Interesse zu untersuchen, inwieweit durch Maßnahmen des öffentlichen Sektors Einflüsse auf die **Wahl zwischen Arbeit und Freizeit,** d. h. auf das Ausmaß der tatsächlich angebotenen Arbeitsstunden, ausgehen. Eine Steuer auf Arbeitseinkommen reduziert den Nettolohnsatz, ohne den Nutzen von Freizeit zu beeinträchtigen. Die Veränderung der relativen Preisverhältnisse zwischen Freizeit und Arbeit löst nun einen Einkommens- und einen Substitutionseffekt aus: Der **Einkommenseffekt** wird ausgelöst durch die mit der Besteuerung verbundene

[7] Die Erwerbsquote ist der Anteil der Erwerbspersonen (Erwerbstätige und Arbeitslose) an der Gesamtbevölkerung.

[8] Für die Rentenversicherung selbst ist eine solche Strategie jedenfalls mit massiven Mehrkosten verbunden.

Reduzierung des Nettoeinkommens. Um dieser Reduzierung entgegenzuwirken, wird der betrachtete Arbeitnehmer sein Arbeitsangebot erhöhen. Der **Substitutionseffekt** wird ausgelöst durch den Umstand, dass die Besteuerung der Arbeitsleistung Freizeit in dem Sinn „billiger" macht, weil nun ihre Opportunitätskosten[9] geringer sind. Der einzelne wird demnach Arbeit durch Freizeit substituieren, d. h. sein Arbeitsangebot verringern.

Die Zusammenhänge zwischen Einkommensbesteuerung und Arbeitsangebot werden vor allem von Vertretern einer „angebotsorientierten Ökonomie" stark betont. Von der Annahme eines angebotssenkenden Nettoeffektes ausgehend, wird dabei für eine Senkung der Einkommensteuerquoten plädiert, wobei teilweise als Ersatz eine Erhöhung der indirekten Steuern (die auch die Freizeitaktivitäten erfassen und insofern „neutral" sind) vorgeschlagen wurde. Die empirische Basis dieser Überlegungen ist freilich, wie gezeigt, nicht eindeutig[10], wobei jedenfalls eine einfache wirtschaftspolitische Übertragung mikroökonomischer Partialansätze, die nicht die Ausgabenseite des öffentlichen Sektors und die allgemeine Arbeitsmarktsituation berücksichtigt, als problematisch erscheinen muss.

Deutlicher als der Zusammenhang zwischen **Höhe** der Besteuerung und Arbeitskraftangebot erscheint dagegen – zumindest aus theoretischer Sicht – der Zusammenhang zwischen **Form** der (Einkommen-)Steuer und Arbeitskraftangebot. Dies gilt insbesondere für den Vergleich zwischen einer proportional und einer progressiv ausgestalteten Einkommensteuer. Denn bei „ökonomischem Rationalverhalten" wird das „optimale" Arbeitsangebot aus der Gegenüberstellung des Grenznutzens zusätzlicher Freizeit und des Grenznutzens des zusätzlichen Einkommens bestimmt. Für die Höhe des zusätzlichen (Netto-)Einkommens ist dabei wieder der Grenzsteuersatz (und nicht der Durchschnittssteuersatz) maßgeblich, der bei einer progressiven Einkommensteuer steigend ist. Die Opportunitätskosten der Freizeit werden daher bei progressiver Besteuerung im Vergleich zum Fall der proportionalen Besteuerung geringer sein, was – ceteris paribus – zu vergleichsweise geringerem Arbeitsangebot führen wird. Ob und wieweit, bei aggregierter Betrachtung, ein progressiver Steuerverlauf tatsächlich von den Wirkungen einer proportionalen Besteuerung abweicht, hängt empirisch dann freilich von der konkreten Ausgestaltung der Steuern (Form der Progression) und den unterschiedlichen Reaktionsformen in den einzelnen Bevölkerungs- und Einkommensgruppen

[9] Unter Opportunitätskosten (Alternativkosten) versteht man die entgangenen Erträge (Nutzen) der besten alternativen Verwendung eines Produktionsfaktors oder eines Gutes. Die Opportunitätskosten einer Stunde Freizeit bestehen in dem Einkommen, das in dieser Stunde durch Arbeit erzielt werden könnte.

[10] Das gilt auch hinsichtlich der Einschätzung des tatsächlichen Effektes der in den USA und in Großbritannien vorgenommenen Einkommensteuersenkungen. Siehe dazu u. a.: Keane (2011).

ab.[11] Gerade in den von der Progression besonders betroffenen hohen Einkommensgruppen können durch nicht-monetäre Motivationen (Prestige, Arbeitsfreude etc.) unter Umständen andere Beziehungen zwischen Nettolohnentwicklung und Arbeitseinsatz auftreten.

Im Rahmen der Steuerpolitik wurde die Möglichkeit von „disincentive-Wirkungen" hoher Grenzsteuersätze vor allem in Bezug auf die Bereitschaft zur Leistung von Überstunden berücksichtigt. Um diese Bereitschaft zu erhöhen, sind Lohnzuschläge für Überstunden sowie für Sonntags-, Feiertags- und Nachtarbeit durch Steuerbefreiung bzw. Proportionalbesteuerung[12] besonders begünstigt. Abgesehen von der damit verbundenen Missbrauchsmöglichkeit wäre freilich zu diskutieren, ob diese in Zeiten der Arbeitskräfteknappheit eingeführte Maßnahme auch in Zeiten des Arbeitskräfteüberschusses ökonomisch berechtigt ist, wobei Änderungsversuche allerdings mit dem Widerstand der inzwischen entstandenen speziellen Interessengruppen rechnen müssen.

Wirkungen auf den Arbeitseinsatz können selbstverständlich nicht nur von der Steuer-, sondern auch von der **Ausgabenseite** ausgehen. Von besonderem Interesse ist hier die Wirkung einkommensabhängiger Transferzahlungen (z. B. Wohngeld, Studienbeihilfen). Hier können sich unter Umständen, gerade bei unteren Einkommensgruppen, durch den Wegfall von Beihilfen bei Überschreiten von Einkommensgrenzen sehr hohe implizite „Grenzsteuersätze" mit entsprechenden „Abschreck-Effekten" ergeben.[13] Die Vermeidung dieses Aspekts liegt etwa dem Gedanken der **„Negativen Einkommensteuer"** zugrunde (siehe Abschn. 23.4). Erhebliche Beachtung findet auch die Frage, ob bzw. inwieweit die Auszahlung von Arbeitslosengeld durch die Verringerung der Suchintensität etc. das Arbeitskräfteangebot negativ beeinflusst. Wenn auch die Ausgestaltung der spezifischen institutionellen Regelungen (z. B. bezüglich Zumutbarkeit) hier von gewisser Bedeutung sein kann, gibt es keine empirisch gesicherten Hinweise eines Einflusses der Arbeitslosenversicherung auf Höhe und Veränderung der Arbeitslosigkeit in volkswirtschaftlich relevanten Größenordnungen (Tatsiramos, Journal of the European Economic Association, 2009).

Neben Einflüssen auf Umfang und Intensität des Arbeitseinsatzes gehen vom öffentlichen Sektor auch Wirkungen hinsichtlich der **Qualifikation** der Arbeitskräfte

[11] Von besonderer Bedeutung ist hier auch die Alternative, zwar nicht den Arbeitseinsatz, wohl aber den steuerlich erfassten Arbeitseinsatz durch Ausweichen in die „Schattenwirtschaft" zu reduzieren. Gerade in Bezug auf den Arbeitseinsatz ist dabei freilich neben den steuerlichen Faktoren die Verkürzung der „offiziellen" Normalarbeitszeit von erheblicher Bedeutung für die Erklärung von „Schattenwirtschaft-Phänomenen".

[12] In Deutschland sind entsprechende gesetzliche oder tarifvertragliche Zuschläge innerhalb bestimmter Grenzen steuerfrei (§ 3 b EStG). In Österreich sind, nach § 68 EStG, Überstundenzuschläge für 10 h pro Monat bis höchstens Euro 86,- steuerfrei.

[13] Zu dem in Bezug auf die Arbeitsleistung bei Transfers negativ wirkenden Einkommenseffekt tritt hier auch ein negativ wirkender Substitutionseffekt.

aus. Von grundlegender Bedeutung ist hier die Bereitstellung von Ausbildungsinfrastruktur. Nicht alle Ausbildungseinrichtungen, speziell auf den höheren Ebenen, können freilich als „investive Vorleistungen" des öffentlichen Sektors betrachtet werden, die zu gesamtwirtschaftlichen Produktivitätserhöhungen führen; ein Teil der Bildungsausgaben ist auch als Bereitstellung öffentlicher Konsumgüter zu sehen. Da freilich gerade im Bildungsbereich wesentliche Wirkungen in Form schwer quantifizierbarer externer Effekte auftreten, ist eine empirische Abgrenzung der „Konsumtiv"- und „Investiv"-Aspekte schwer möglich und vielfach auch wenig sinnvoll.

Spezifisch allokationspolitische Einflussnahmen hinsichtlich der Qualifikationsstruktur der Arbeitskräfte erfolgen im Rahmen der **„aktiven Arbeitsmarktpolitik".** Hier geht es darum, eine bessere Übereinstimmung von Angebots- und Nachfragestrukturen am Arbeitsmarkt, insbesondere in Bezug auf die Qualifikation und die Mobilität der Arbeitskräfte, herbeizuführen und auf diese Weise zu einer Reduzierung der strukturellen Komponente der Arbeitslosigkeit beizutragen. Dazu dienen insbesondere die Umschulungen auf neue Qualifikationen sowie spezifische Ausbildungseinrichtungen für neu in den Arbeitsmarkt Eintretende. Neben direkten öffentlichen Leistungen (z. B. Beratung) spielen hier vor allem Zuschüsse eine Rolle. Die entsprechenden Zuschüsse können dabei, unter bestimmten Auflagen, direkt Arbeitnehmern zufließen oder an Unternehmen vergeben werden (z. B. Zuschüsse für Lehrlingsausbildung).

23.3 Verteilungswirkungen von Transferzahlungen an private Haushalte

23.3.1 Verteilungspolitische Effizienz freier und gebundener Transfers

Wohl bei keinem anderen finanzwirtschaftlichen Instrument steht das distributive Ziel so (ausschließlich) im Vordergrund wie bei Transfers an private Haushalte **(Sozialtransfers).** Durch die Möglichkeit, in der Bemessung und Ausgestaltung der Transfers unmittelbar die individuellen Faktoren zu berücksichtigen, die für die Leistungsfähigkeit und den Bedarf des einzelnen Haushalts als maßgeblich gelten (Einkommen, Vermögen, Zahl und Alter der Familienangehörigen, Gesundheitszustand usw.), liegt bereits formal eine Analogie zur persönlichen Einkommenssteuer vor, die den Gedanken nahelegt, direkte monetäre Transfers an Haushalte als einen in kreislauftheoretischer Sicht der (Einkommens-) Steuerzahlung entgegengerichteten, einseitigen Geldstrom vom Staatspol zum Haushaltspol, als **negative (Einkommen-)Steuer** zu interpretieren (vgl. hierzu unten).

Öffentliche (direkte) **Transfers** an private Haushalte können in unterschiedlicher Form geleistet werden (vgl. Abschn. 5.4):

- als **freie** (Geld-)**Transfers,** über die der Empfänger uneingeschränkt entsprechend seinen eigenen Präferenzen verfügen kann und die einen Einkommens- oder Vermögensrückstand ausgleichen sollen. Beispiel: der deutsche Lastenausgleich, Kindergeld, Sozialhilfe, negative Einkommensteuer (s. u.);
- als an bestimmte Güter oder Leistungen gebundene **monetäre** Transfers bei nachweislich getätigten Ausgaben für bestimmte Güter und Leistungen; Beispiele: Mietzuschüsse (Wohngeld) in Höhe von 50 % der tatsächlichen Mietausgaben (Prinzip der sog. nachfrageorientierten Individualförderung in der Wohnungspolitik) als explizite Transfers oder zinsverbilligte Wohnungsbaukredite als implizite[14] Transfers an Haushalte;
- als (direkte) **Realtransfers** in Form unentgeltlicher oder preisermäßigter Überlassung bestimmter Güter und Leistungen, wobei grundsätzlich entweder der Empfängerhaushalt freie Wahl der zu konsumierenden Menge haben kann (Beispiel: kostenlose medizinische Versorgung) oder aber eine bestimmte Menge (und Qualität) des betreffenden Gutes einem ausgewählten Personenkreis auf der Basis einer „Alles oder Nichts“-Entscheidung angeboten wird (Beispiel: Vergabe öffentlicher Sozialwohnungen).

Der Empfänger eines gebundenen Transfers erhält die Möglichkeit, ein spezifisches Gut „begünstigt“, d. h. zu einem unter dem Marktpreis oder den Gestehungskosten liegenden Preis zu erwerben. Eine Sonderform der Transfertechnik stellt die Ausgabe von Bezugsscheinen oder **Gutscheinen** dar; im Extremfall kann der effektive Preis für den Transferempfänger Null sein (Übergang von monetärem Transfer zu Sachtransfer).

In der Realität der Umverteilungspolitik kommen sowohl gebundene Transfers unterschiedlicher Ausprägung als auch freie Geldtransfers vor. Die Empfängerhaushalte werden generell freie Geldtransfers, die ihnen die „volle **Konsumentensouveränität**“ belassen, vorziehen. Demgegenüber wird die Beantwortung der Frage, welche Transferform aus der Sicht des öffentlichen Sektors als Transfergeber vorteilhafter ist, in erster Linie von der mit der Transferleistung verfolgten Zielsetzung abhängen.

Besteht das Ziel der öffentlichen Transferleistung ausschließlich umverteilungspolitisch in einer Steigerung des Einkommens bzw. der Wohlfahrt bestimmter privater Haushalte, so lässt sich zeigen, dass freie Geldtransfers gebundenen Transfers in der Wirkung überlegen sind.

Die mit dem Transfer verbundene Zielsetzung des öffentlichen Sektors geht indessen möglicherweise über die Absicht der allgemeinen Einkommensumverteilung bzw. der Steigerung der subjektiv empfundenen „Wohlfahrt“ der Empfänger hinaus: Der Staat kann die Absicht verfolgen, die Versorgung der Transferempfänger mit **spezifischen Gütern** zu verbessern, weil in seinen Augen ein derartiger spezifischer Mehrkonsum

[14] Durch Verzicht auf öffentliche Einnahmen.

der Transferempfänger mit positiven **externen Effekten** für die übrigen Mitglieder der Gesellschaft verbunden ist (z. B. bei verbesserter Bildung und Ausbildung).

Weiters kann es sich bei diesen spezifischen Gütern um Fälle **meritorischer Güter** handeln, hinsichtlich derer aus der Sicht des Staates die Präferenzen der Empfängerhaushalte „verzerrt“ seien. Es kann damit hier die „Gefahr“ bestehen, dass der bedürftige Transferempfänger eine allgemeine Einkommensaufbesserung durch freie Transfers für den Erwerb „falscher“ Güter verwendet, also z. B. nicht aus der bisher bewohnten Behelfsunterkunft in eine annehmbare Wohnung überwechselt, sondern sich stattdessen ein Auto anschafft, sich besser kleidet usw.

Bei einer derartigen Zielsetzung des öffentlichen Sektors könnten gebundene Transfers, ungeachtet ihrer, auf der Grundlage individueller Präferenzordnungen abgeleiteten, allgemeinen verteilungspolitischen Unterlegenheit, aus der Sicht des Staates vorteilhafter sein als freie Geldtransfers, deren Verwendung dem „guten Willen“ des Empfängers und seinen Reaktionen auf die Marktsignale überlassen bliebe.

Analoges gilt, wenn man entsprechend den Modellen der ökonomischen Theorie der Politik auf die Vorstellungen der Wähler (Steuerzahler) zurückgeht und die Politik der Regierung in der (direkten) Demokratie als Ausdruck der Präferenzen von Wählermehrheiten interpretiert: Ist die Zahl der Transferempfänger relativ gering und verkörpert sie keine Wählermehrheit, so wäre die Leistung öffentlicher Transfers im Grundmodell der (direkten) Demokratie nur dadurch zu erklären, dass auch auf der „Geberseite“ zumindest ein Teil der Nichttransferempfänger diese Programme befürwortet und dass so eine Wählermehrheit zugunsten der Transfers zustande kommt. Eine derartige „freiwillige Umverteilung“ durch Finanzierung von Transferprogrammen[15] könnte beispielsweise darauf beruhen, dass positive **Nutzeninterdependenzen** existieren (altruistische Motive, benevolence). Dabei bezieht sich das Interesse der „Transferfinanziers“ (Steuerzahler) am Wohlbefinden ihrer ärmeren Mitbürger unter Umständen weniger auf die allgemeine Einkommenssituation als auf eine Verbesserung der Versorgungslage bei bestimmten Gütern. Eine „freiwillige Umverteilung“ durch Transfers könnte ferner darauf beruhen, dass die wohlhabenden Wähler ganz bestimmte, von ihnen als besonders belastend empfundene negative externe Effekte der Armut (z. B. die Existenz von Slums) beseitigen wollen (egoistische Motive der freiwilligen Umverteilung, self interest). In diesen Fällen wären es die Wähler selbst, die gebundene Transfers vorziehen und der Staat würde im demokratischen Willensbildungsprozess nur derartige Transferprogramme erfolgreich als Gesetz durchbringen können. Auswertungen von Umfrageergebnissen und parlamentarische Debatten, beispielsweise in den USA, scheinen darauf hinzudeuten, dass eine derartige Interessenlage gegeben ist und die Wähler bzw. ihre

[15] Im Unterschied zur durch eine Wählermehrheit der Umverteilungsbegünstigten „erzwungenen“ budgetären Umverteilung.

Repräsentanten wenig bereit sind, vorhandene spezifische gebundene Transfers durch freie Geldtransfers zu ersetzen.[16]

23.3.2 Verteilungspolitische Probleme des herkömmlichen Transfersystems

Das historisch gewachsene Transfersystem moderner Sozialstaaten besteht meist aus einer Vielzahl von Transfers, die weder untereinander, noch mit dem (Einkommen-) Steuersystem abgestimmt sind.

Soweit Transferleistungen nicht nach dem **Finalprinzip,** sondern nach dem traditionellen **Kausalprinzip** gewährt werden,[17] ist die Leistungsvoraussetzung nicht die allgemeine (Einkommens-)Situation, sondern eine bestimmte „Teilschutzbedürftigkeit". Im Extrem, falls keine Einkommensgrenzen zusätzlich zu den tatbestandsmäßigen Voraussetzungen den Kreis der Transferberechtigten eingrenzen, wie z. B. bei der österreichischen Familienbeihilfe oder beim deutschen Kindergeld, stellt eine derartige Transferleistung für die Gesamtheit der Transferempfänger gewissermaßen eine negative Kopfsteuer dar. Werden andererseits nach dem Kausalprinzip gewährte Transferleistungen auf bestimmte Einkommensklassen beschränkt oder wird der Versuch unternommen, das Volumen der öffentlichen Transferausgaben dadurch in Grenzen zu halten, dass mit steigendem Einkommen der individuelle Transferbezug in irgendeiner Weise abgebaut wird, so kann diese Einkommensabhängigkeit der (Höhe der) Transferleistung gesehen werden als eine „implizite Besteuerung der individuellen Bezüge" in der Form, dass mit steigendem (Erwerbs-)Einkommen (Y) das Transfereinkommen (Tr) reduziert wird. Es ergibt sich damit ein impliziter marginaler Steuersatz

$$t^{impl} = \frac{dTr}{dY}$$

Betrachten wir die folgenden beiden Extremformen **einkommensabhängiger Transfers:**[18]

Fall 1: Die „gröbste" Form der Einengung des Kreises der Empfänger eines Transfers – insbesondere einer Leistung nach dem Kausalprinzip – bestünde darin, innerhalb der Zielgruppe allen Beziehern von Arbeitseinkommen unterhalb einer Einkommensgrenze OB die infrage stehende Transferleistung in gleicher Höhe zu gewähren und bei Überschreiten der kritischen Grenze OB die Transfergewährung unmittelbar und in voller

[16] Vgl. Hochman and Rodgers: (1977, S. 71 ff.).

[17] Zur Unterscheidung zwischen Finalprinzip und Kausalprinzip vgl. oben Abschn. 10.1.

[18] Die Form der grafischen Darstellung entspricht der Diskussion der Wirkung der Besteuerung auf das individuelle Arbeitsangebot.

Höhe einzustellen („Schwellenphänomen"). Beispiele für eine derartige Regelung im deutschen Transfersystem sind etwa die Eigenheimzulage, die Arbeitnehmersparzulage und das Erziehungsgeld.

In Abb. 23.1 würde sich damit die ursprüngliche Transformationskurve zwischen Einkommen und Arbeit (bzw. Freizeit) EF abschnittsweise – nämlich für Arbeitseinkommen zwischen 0 und B bzw. eine Arbeitszeit zwischen F und T – parallel nach oben verschieben:

Haushalte mit einem über 0B hinausgehenden Arbeitseinkommen müssten schon ein Bruttoeinkommen von 0D und mehr erzielen, um dasselbe verfügbare Einkommen zu haben, wie ein Bezieher eines gerade noch unter OB liegenden Arbeitseinkommens. Haushalte mit einem Arbeitseinkommen von OB und einer Arbeitszeit von FT könnten ihr Gesamteinkommen durch eine Erhöhung ihres Arbeitseinkommens zunächst nicht verbessern. Der mit der beschriebenen Transferregelung verbundene implizite (negative) marginale Steuersatz t^{impl} wäre für Arbeitseinkommen unter- und oberhalb von 0B gleich Null und würde in B auf eine unter Umständen extreme Höhe emporschnellen.

Fall 2: Die „klassische" Form der Beschränkung des Gesamtvolumens der staatlichen Transferausgaben, insbesondere bei Transfers nach dem Finalprinzip, wird in Abb. 23.1 dargestellt. Unterschreitet das Arbeitseinkommen eine bestimmte Höhe (OB), so wird das verfügbare Einkommen durch Transfers jeweils auf diese Höhe **ergänzt.** Ein etwaiges zusätzliches eigenes Arbeitseinkommen des Transferempfängers wird damit in voller Höhe auf den Umfang der individuellen Transferleistung **angerechnet,** d. h. 1 Einheit zusätzliches Einkommen führt zu einer Kürzung der Transferbezüge um eben 1 Einheit. Auf den ersten Blick erscheint diese Lösung als sehr kostengünstig, da niemand Transfers erhält, der nicht bedürftig im Sinne des Minimaleinkommens (OB) ist. Ein Beispiel stellt die Regelung der Sozialhilfe (Sozialfürsorge) in Deutschland und Österreich dar. In unserer grafischen Darstellungsweise würde die Linie des verfügbaren

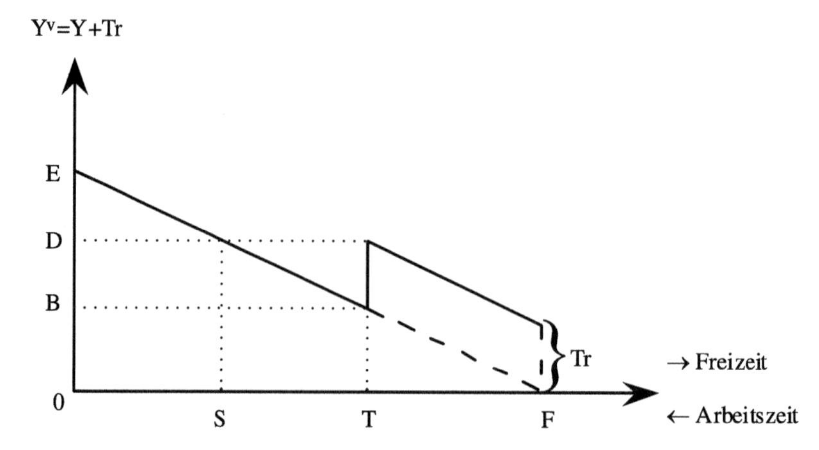

Abb. 23.1 Einkommensabhängige Transfers: „Schwellenphänomen"

Einkommens in Abhängigkeit von der Arbeitszeit bei derartig einkommensabhängigen Transfers einen horizontalen Streckenzug aufweisen.

Bei Arbeitseinkommen zwischen O und B (bzw. einer Arbeitszeit zwischen F und T), führen Variationen der Arbeitsanstrengungen (der Arbeitszeit) bei gegebenem Lohnsatz zu Änderungen lediglich der Zusammensetzung, nicht aber der Höhe des verfügbaren Einkommens (Y + Tr). Haushalte, die kein Arbeitseinkommen beziehen, oder deren Erwerbseinkommen beträchtlich kleiner als OB ist, befänden sich damit in einer **„Armutsfalle" (poverty trap)**, aus der eigene Anstrengungen nur dann hinausführen, wenn sie einen Schwellenwert (Arbeitszeit FT) überschreiten. Bis zu einem Einkommen OB läge bei dieser Transferregelung der implizite Steuersatz $t^{impl} = dTr/dY$ bei 100 %, bei darüberhinausgehenden Einkommen betrüge er Null.

Ein historisch gewachsenes „System" von Sozialtransfers (vorwiegend nach dem Kausalprinzip) mit Merkmalen der skizzierten Art wirft eine Reihe von Problemen auf: Zunächst ist es unmittelbar einsichtig, dass im Fall 2 ein über einen Bereich hin mit steigendem Arbeitseinkommen verbundener impliziter Steuersatz von 100 % (vollkommene Anrechnung eigener Erwerbseinkünfte auf die Transferberechtigung) und die dadurch geschaffene „Armutsfalle" mit beträchtlichen „disincentives" (negativen Anreizen) verbunden sind. Die Transferregelung würde die Bedürftigkeitssituation des Transferempfängers u. U. „einfrieren", statt auf Dauer als „Hilfe zur Selbsthilfe" zu wirken.

Ein unkoordiniertes Nebeneinander verschiedener, aus unterschiedlichen historischen Anlässen und Bewusstseinslagen entstandener Einzeltransfers, die jeweils auf ein bestimmtes Ziel ausgerichtet sind, orientiert sich an sehr differenzierten Merkmalen. Die ökonomische „Gesamtlage" der Haushalte wird entweder gar nicht berücksichtigt (Transfers nach dem Kausalprinzip) oder es wird lediglich das steuerliche Bruttomarkteinkommen, nicht aber das verfügbare Einkommen, als Indikator für die ökonomische Situation des (potenziellen) Transferempfängers herangezogen. Im Zusammenwirken mehrerer Transfers werden Verteilungseffekte hervorgerufen, die für die politischen Entscheidungsinstanzen nicht einschätzbar und kontrollierbar sind.

So kann es zu unberechenbaren und politisch nicht gewollten Kumulationen von Leistungen bei ein- und derselben Person kommen, vor allem dann, wenn aus identischem Anlass Anspruchsvoraussetzungen in mehreren Teilbereichen des Sozialleistungssystems erfüllt werden, ohne dass eine gegenseitige Abstimmung und Anrechnung erfolgt.[19] Bei der Beurteilung der Kumulierung verschiedener expliziter (öffentlicher) Transfers müsste allerdings berücksichtigt werden, dass öffentliche Transferleistungen zum Teil im Rahmen von mehr oder minder dem Äquivalenz-

[19] Bei der Berechnung der Sozialhilfe werden andere staatliche Transfers, wie Leistungen nach dem BAFöG, Berufsausbildungsbeihilfe und Wohngeld in voller Höhe auf den Sozialhilfebedarf angerechnet, sodass sich die Sozialhilfe um den Betrag verringert (erhöht), den der Haushalt mehr (weniger) aus anderen Förderungsmaßnahmen erhält.

prinzip folgenden Systemen mit entsprechenden spezifischen Abgaben geleistet werden und insofern, zumindest teilweise, ein Entgelt für zuvor oder gleichzeitig erbrachte Leistungen des Transferempfängers darstellen. Sicherlich wären Leistungen, die auf solchen individuellen „Vorleistungen" beruhen, d. h. nach dem reinen (Zwangs-)Versicherungsprinzip durch eigene monetäre Beiträge „verdient" wurden[20] oder die zum Ausgleich besonderer, der Allgemeinheit gebrachter Opfer bestimmt sind, bei der Kumulierung mit anderen Transfers anders zu beurteilen, als etwa eine Kumulierung von verschiedenen Leistungen, die überwiegend oder ausschließlich aus staatlichen Mitteln nach dem Fürsorgeprinzip gewährt werden.

Einen besonderen Problemkreis bildet, finanzwissenschaftlich gesehen, das Nebeneinander von expliziten Sozialtransfers mit **impliziten Transfers** in Form von **„Steuervergünstigungen"** (Steuerfreiheiten, Freibeträgen u. ä.). Ein spezifisches Problem erwächst hierbei aus der Tatsache, dass eine Vielzahl öffentlicher (und privater) Transfers beim Transferempfänger einkommenssteuerlich nicht relevant sind, in dem Sinne, dass sie ausdrücklich nicht als „Einkommen" bzw. „Einnahmen" gelten, also ex ante steuerfrei gestellt sind. Nach dem umfangreichen Katalog des § 3 des deutschen (bzw. des österreichischen) Einkommensteuergesetzes sind dies beispielsweise:

- Leistungen aus einer Krankenversicherung oder der gesetzlichen Unfallversicherung sowie Sachleistungen aus der gesetzlichen Rentenversicherung,
- Arbeitslosengeld, Arbeitslosenhilfe, Kurzarbeitergeld, Schlechtwettergeld und ähnliche Bezüge,
- Versorgungsleistungen an Kriegsbeschädigte, Lastenausgleichszahlungen, Wiedergutmachungsleistungen u. ä.,
- Sozialhilfe, Wohngeld, Kindergeld (Familienbeihilfen), Leistungen nach dem Bundesausbildungsförderungsgesetz (nach dem Studienförderungsgesetz und dem Schülerbeihilfengesetz) u. ä.
- Sparprämien u. ä.

Die im ersten Moment einleuchtende und selbstverständlich erscheinende Nichteinbeziehung von Transfers in das steuerliche Einkommen berührt nicht nur die oben angesprochene Frage des steuerlichen Einkommensbegriffs und der horizontalen steuerlichen Gerechtigkeit (gleiches ökonomisches Einkommen wird unterschiedlich hoch besteuert), sondern kann auch Rückwirkungen auf den individuellen Anspruch auf andere staatliche Transfers und Steuervergünstigungen haben: Die Verfolgung des Finalprinzips durch Gewährung einkommensabhängiger Transfers muss ins Leere stoßen, wenn – wie dies z. B. in Deutschland weitgehend üblich ist – als **Maßstab** für

[20] Zu denken wäre etwa an Geldleistungen der Sozialversicherung. Dabei wäre allerdings zu berücksichtigen, dass in der Rentenversicherung das reine Versicherungsprinzip erheblich durchbrochen wird durch staatliche Zuschüsse zur Sozialversicherung, Renten nach dem Mindesteinkommen u. a. m.

die individuelle **Bedürftigkeit** (Einkommenssituation) das steuerliche Einkommen genommen wird:

Solange z. B. das steuerliche Einkommen durch diverse Steuervergünstigungen und durch spezifische Berechnungsregelungen aus sozialpolitischen oder wirtschaftspolitischen Gründen oder auch nur aus Gründen der administrativen Vereinfachung im Einzelfall weit unter dem „eigentlichen" ökonomischen Einkommen liegen kann (Steuererosion), wird das Finalprinzip bei der Transfergewährung schon insofern nicht zu konsistenten Lösungen führen, als dann bei zwei Beziehern gleich großer Einkommen im ökonomischen Sinne die Art bzw. die Zusammensetzung des Einkommens, in Verbindung mit den steuerlichen Berechnungsvorschriften, dafür maßgeblich ist, ob der jeweilige Einkommensbezieher die an eine Einkommensgrenze gebundene Transferleistung noch erhält oder vom Bezug ausgeschlossen wird.

Vor allem aber werden, bei einer Vielzahl einkommensabhängiger Transfers, Leistungskumulierungen und verteilungspolitische Inkonsequenzen nicht ausgeschlossen werden können, wenn die individuelle Transferberechtigung jeweils am steuerlichen (Brutto-)Einkommen gemessen wird und dieses eben lediglich das Erwerbseinkommen, nicht aber Transfers umfasst. Bezieht der Haushalt z. B. Leistungen, die einen Ersatz für durch Arbeitslosigkeit, Krankheit, Unfall usw. entgangenes Erwerbseinkommen darstellen sollen **(Einkommensersatzleistungen),** so kann seine „Nettoposition" auf diese Weise in der Periode des Bezugs von Einkommensersatzleistungen günstiger sein als zuvor – als die Höhe seines Erwerbseinkommens ihn vom Bezug bestimmter anderer einkommensabhängiger Transfers ausschloss -, wenn nunmehr infolge der Steuerbefreiung der Einkommensersatzleistungen die relevante Einkommensgrenze nicht überschritten wird.

Aus finanzwissenschaftlicher Sicht muss demnach die **steuerliche Behandlung von Transfers** differenziert gesehen werden:

- Handelt es sich um eine Transferleistung, die lediglich individuelle Aufwendungen abdeckt, die andernfalls als einkommenssteuerliche Abzüge (insbesondere als außergewöhnliche Belastungen) geltend gemacht werden könnten, so tritt die Steuerbefreiung der Transfers offenbar an die Stelle der Abzugsfähigkeit der Aufwendungen des Zensiten (z. B. von der Krankenversicherung erstattete Krankheitskosten) und dient lediglich der steuerlichen Vereinfachung.
- Handelt es sich um Transfers, die einen Ersatz für entgangene oder entgehende Einnahmen darstellen (Einkommensersatzleistungen), so wäre eine Steuerbefreiung ohnehin nur dann zu rechtfertigen, wenn diese Ersatzleistung so bemessen ist, dass sie steuerlich ungekürzt dem Betrag entspricht, den der Transferempfänger ohne Krankheit, Unfall usw. netto (nach Besteuerung) erhalten hätte. Sind indessen, neben den ausgefallenen Bezügen, noch weitere steuerpflichtige (Erwerbs- und Vermögens-) Einkünfte vorhanden, so würde die Steuerfreiheit der so bemessenen Transfers mit Einkommensersatzfunktion gleichwohl noch zu einer relativen Besserstellung des Transferempfängers führen, weil insofern die Steuerprogression nicht Platz griffe

und damit die übrigen Einkünfte mit einem niedrigeren Satz besteuert würden als sonst. Die Steuerfreiheit der Transferleistung würde damit gerade den Transferempfänger besonders stark begünstigen, der von der gesamten Einkommenssituation her am wenigsten bedürftig ist, nämlich den Bezieher hoher übriger Einkünfte, der sich besonders weit in der Progressionszone befindet. Soll dies vermieden werden, müsste die Steuerfreiheit der Einkommensersatzleistung mit einem **Progressionsvorbehalt** verbunden werden, d. h. der auf das übrige, steuerpflichtige Einkommen anzuwendende Steuersatz wäre nach dem Gesamteinkommen (einschließlich Transfers) zu bemessen.[21] Nur wenn bereits, infolge der Regelung der Berechtigung zum Transferbezug, davon ausgegangen werden kann, dass gar keine weiteren individuellen Einkünfte vorliegen, könnte auf einen derartigen Progressionsvorbehalt verzichtet werden.
- Selbst wenn es sich bei den Transfers um nach dem Nettoeinkommen bemessene Einkommensersatzleistungen handelt, die steuerfrei bleiben (müssen), für die aber ein Progressionsvorbehalt gilt, bleibt das erwähnte Problem, dass bei Nichteinbeziehung bestimmter Transferbezüge in das steuerliche Einkommen dieses Einkommen umgekehrt kein zutreffendes Gesamtbild der individuellen Bedürftigkeit liefert und es damit zu verteilungspolitischen Inkonsequenzen kommen kann, wenn das steuerliche Einkommen die Maßstabsgröße in einem System einkommensabhängiger Transfers bildet. Dem Argument, eine Einbeziehung auch der Transferleistungen in das steuerliche Einkommen verhindere, dass deren Zweck (voll) erreicht werde, da der Gesetzgeber bei ihrer Bemessung davon ausgegangen sei, dass sie unbesteuert blieben, kann entgegengehalten werden, dass diesem Effekt durch eine Erhöhung der (Brutto-) Transferbezüge und/oder – im Sinne des Finalprinzips – durch eine Anhebung des einkommenssteuerlichen Grundfreibetrages („Existenzminimum“) begegnet werden könnte und müsste.

23.3.3 Probleme der kumulativen Marginaleffekte von Transfer- und Steuerregelungen

Berücksichtigen wir außer den Einkommensgrenzen und impliziten Steuersätzen im Transfersystem auch die Besteuerung des (Erwerbs-)Einkommens (Y) durch die Einkommensteuer, so wirft die Einkommensabhängigkeit von Transfers ein weiteres

[21] In der deutschen Einkommensbesteuerung wurde ein derartiger Progressionsvorbehalt 1982 für Arbeitslosengeld, Arbeitslosenhilfe, Kurzarbeitergeld und Schlechtwettergeld eingeführt (§ 32b EStG) und 1990 auf Krankengeld und Mutterschaftsgeld ausgedehnt. In Österreich gibt es seit 1988 für Arbeitslosengeld gleichfalls einen Progressionsvorbehalt, während Krankengeld erst seit 1989 einkommensteuerpflichtig ist (mit Ausnahme einiger Arten des Krankengeldes, wie z. B. Wochengeld und Behandlungskosten).

Problem auf: Zunehmende Erwerbseinkommen unterliegen einer sog. **„kumulativen"** (auch **„effektiven"**) „Marginalbelastung" (t^{kum}), die sich aus dem Zusammenwirken des positiven Grenzsteuersatzes (t) und des impliziten Steuersatzes des Transfersystems (t^{impl}) ergibt:

$$t^{kum} = \frac{dT}{dY} - \frac{dTr}{dY} = t - t^{impl} \text{ wobei } \frac{dTr}{dY} = t^{impl} < 0$$

Das verfügbare Einkommen (Y^V) ergibt sich aus dem Erwerbseinkommen durch Abzug der Steuer und Addition der Transferbezüge:

$$Y^v = Y - T(Y) + Tr(Y)$$

Mithin wird die Veränderung des verfügbaren Einkommens, die bei einem Zuwachs des Erwerbseinkommens entsteht, bestimmt durch die kumulative Marginalbelastung:

$$\frac{dY^v}{dY} = 1 - t + t^{impl} = 1 - t^{kum}$$

Wäre $dY^v/dY < 0$, so hieße dies, dass ein Zuwachs an Bruttoerwerbseinkommen für den Einkommensbezieher durch die Besteuerung und durch den Verlust von Transferbezügen mit einem Rückgang des verfügbaren Einkommens verbunden wäre. Ein derartiger Extremfall, der den bewussten Verzicht auf eine in Aussicht gestellte Gehaltserhöhung vorteilhaft werden ließe, ergäbe sich, wenn der kumulative Marginaleffekt größer als 1 (bzw. größer als 100 %) wäre. Beträgt also beispielsweise der Einkommensteuersatz 40 %, so dürften die individuellen Transferbezüge bei einer Zunahme des Erwerbseinkommens um 1 EUR nur um weniger als 0,60 EUR zurückgehen, sollte das verfügbare Einkommen zunehmen. Bei einer progressiven Einkommensteuer wäre überdies natür-

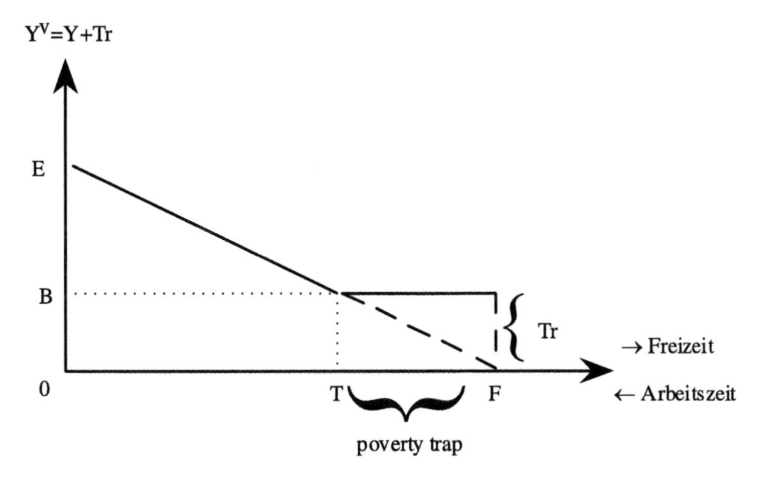

Abb. 23.2 Einkommensabhängige Transfers: „Armutsfalle"

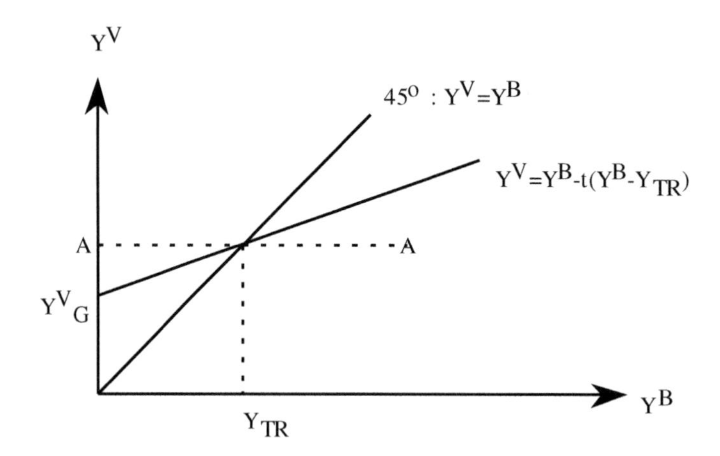

Abb. 23.3 Negative Einkommensteuer

lich die Zunahme des marginalen Steuersatzes bei steigendem Erwerbseinkommen zu berücksichtigen.

Es liegt auf der Hand, dass kumulative Marginalbelastungen von 100 % und mehr, ebenso wie implizite Steuersätze von 100 %, mit stärksten „negativen Leistungsanreizen" für den Transferempfänger verbunden sind, da in einkommensmäßiger Hinsicht ja jede zusätzliche Erwerbstätigkeit sinnlos wird. Bezogen auf die untersten Einkommensgruppen bedeutet dies: Der Zustand der Bedürftigkeit wird auf diese Weise für den, der einmal in ihn geraten ist, zu einem quasi absorbierenden Zustand (poverty trap). Kumulative Marginalbelastungen von mehr als 100 % und Unstetigkeitsstellen der beschriebenen Art in der Netto-Brutto-Einkommens-funktion wären überdies verteilungspolitisch unsinnig, sie würden ein „Umkippen der Verteilung" im Vergleich der Bruttoeinkommen mit den Nettoeinkommen nach Steuern und Transfers bewirken: Ein Haushalt A, der brutto ein höheres Erwerbseinkommen bezieht als ein anderer Haushalt B, würde bei einer Zunahme seines Bruttoerwerbseinkommens um ΔY unter Umständen anschließend netto über ein niedrigeres Einkommen verfügen als der Haushalt B nach einer ebenso großen Bruttoeinkommenszunahme ΔY **(„Umkippeffekt").**

Die dargestellten Probleme der praktischen Transferpolitik, nämlich die Gefahr hoher kumulativer Marginaleffekte bei einkommensabhängigen Transfers einerseits und das Dilemma der „überflüssigen" intrapersonellen Umverteilung andererseits, wenn Marginaleffekte von mehr als 100 % („Umkippeffekte") und Oszillationen der Marginalbelastung dadurch vermieden werden, dass die Transfers ohne Einkommensgrenzen an objektiv formulierten Tatbeständen anknüpfen, diese Probleme sind die Ausgangspunkte in der Argumentation der Befürworter des Konzeptes einer sog. negativen Einkommensteuer, auf das im nächsten Abschnitt eingegangen wird.

23.4 Das Konzept der negativen Einkommensteuer

In allgemeinster Form lässt sich der Gedanke einer negativen Einkommensteuer (NE) als das Konzept eines Systems einkommensabhängiger Transfers an Haushalte charakterisieren, das mit der Einkommensbesteuerung derart abgestimmt und verbunden ist, dass sowohl für die Transferleistungen **(negative Einkommensteuer)** als auch für die Steuerzahlungen **(positive Einkommensteuer)** eine **einheitliche Bemessungsgrundlage** maßgeblich ist und nachteilige hohe (kumulative) Marginalbelastungen bzw. Schwankungen im Verlauf der Kurve der kumulativen Marginalbelastungen vermieden werden **(integriertes Steuer- und Transfersystem).** Die Vielzahl der Vorschläge, die seit den 60er Jahren namentlich in den USA und Großbritannien diskutiert werden,[22] lässt sich mithilfe von drei Aktionsparametern charakterisieren:

- das (u. U. mit der Haushaltsgröße und -zusammensetzung variierende) garantierte **Mindesteinkommen** Y_G^v stellt die maximale Transferleistung dar, die zu zahlen ist, wenn der Transferberechtigte keinerlei eigene finanzielle Bezüge hat ($Y^B = 0$);
- die **Transfergrenze** (break-even-level of income) Y_{TR} kennzeichnet die Höhe der eigenen finanziellen Mittel, deren Unterschreiten eine Transferleistungspflicht des öffentlichen Verbandes auslöst bzw. bei deren Überschreiten das Individuum keine Transferbezüge mehr erhält;
- der marginale Transfersatz t^{impl} (**Negativsteuersatz**) gibt an, mit welcher Rate die individuellen Transferbezüge bei steigendem Einkommen reduziert werden.

Zwischen diesen drei Größen besteht ein definitorischer Zusammenhang derart, dass jeweils zwei der drei Parameter normativ vorgegeben werden können und dann den Wert des dritten Parameters bestimmen:

Unterstellen wir der Einfachheit halber im Folgenden den Fall proportionaler Einkommensbesteuerung mit konstantem Grenzsteuersatz. Im einfachsten Konzept einer NE würde dann eine positive Einkommensbesteuerung, die erst ab einer bestimmten Einkommenshöhe Y_{TR} (Grundfreibetrag) einsetzt, kombiniert werden mit einkommensabhängigen Transfers, die sich in grafischer Darstellung als Verlängerung der positiven Einkommensteuer „nach unten" darstellen (Abb. 23.3). Der implizite Steuersatz ist damit

[22] Siehe z. B. M. Friedman: Capitalism and Freedom, Chicago 1962. Im österreichischen Einkommensteuersystem gibt es eine einschleifende **Negativsteuer,** um den Arbeitnehmerabsetzbetrag und den Alleinverdiener- bzw. Alleinerzieherabsetzbetrag auch dann einkommenswirksam werden zu lassen, wenn keine Steuerpflicht vorliegt (siehe Abschn. 12.8). Weiters wird der steuerliche Kinderabsetzbetrag zusammen mit der Familienbeihilfe als – de facto – direkter Transfer ausbezahlt. Ein voll integriertes Steuer- und Transfersystem (Konzept des „Bürgergeldes") besteht aber nicht.

gleich dem expliziten Steuersatz[23] (Negative Einkommensteuer i.e.S. oder Konzept der Einkommenslücke):

$$T = t\,(Y^B - Y_{TR})$$

Liegt das individuelle Einkommen Y^B oberhalb der Transfergrenze Y_{TR}, so muss Steuer auf den überschießenden Teil des Einkommens entrichtet werden; liegt das Einkommen unter der kritischen Einkommenshöhe Y_{TR}, so erhält das Individuum entsprechend dem Satz t einen Teil der Einkommenslücke (Y^B-Y_{TR}) in Form von Transferbezügen; orientiert sich die positive Steuer am Einkommen als Indikator der „Leistungsfähigkeit", so wird in diesem System gewissermaßen Bedürftigkeit als „negative Leistungsfähigkeit" behandelt:

$$Y^B > Y_{TR} \rightarrow T > 0 \qquad \text{((positive Steuer))}$$

$$Y^B > Y_{TR} \rightarrow T > 0 \qquad \text{((negative Steuer))}$$

Im Unterschied zu den oben skizzierten traditionellen Extremformen einkommensabhängiger Transfers würde mithin das verfügbare Einkommen der Transferbezieher mit zunehmendem Erwerbseinkommen stets steigen, es gäbe keine „Armutsfalle" und keinen impliziten Steuersatz bzw. kumulativen Marginalsatz von 100 % und mehr.

Das Konzept der NE ist namentlich in den USA diskutiert und weiterentwickelt worden, es stellt in seinen Zielsetzungen ein vor allem auf die Schwachstellen des dortigen Transfersystems zugeschnittenes Konzept dar. Die **Vorteile** dieses Konzeptes liegen in der Vermeidung impliziter Steuersätze von 100 % und mehr, der Erhöhung der Transparenz des Transfersystems, der Vermeidung unerwünschter Kumulationseffekte durch den Übergang vom Kausal- zum Finalprinzip sowie eventuell in administrativen Ersparnissen (Integration von Steuer- und Sozialverwaltung). Die mit einer NE verbundenen Probleme betreffen neben Fragen der technischen Durchführbarkeit vor allem den ungebundenen Charakter dieser Transfers, da gezielte, zweckgebundene Transfers, mit denen bestimmte gesellschafts- und sozialpolitische Ziele verfolgt werden bzw. bestimmte verhaltenslenkende Wirkungen hervorgerufen werden sollen (merit wants), in einem konsequent durchgeführten System einer NE ausgeschlossen wären.

Die Frage möglicher disincentive-Wirkungen auf Arbeitswillen und Arbeitszeitangebot ist hingegen kein spezifisches Problem der NE, da eine NE ja grundsätzlich nicht neue, zusätzliche staatliche Transfers bringen soll, sondern als Alternative zu vorhandenen Transfermodalitäten gedacht ist. Die Wirkungen von Programmen negativer Einkommensteuern waren Gegenstand einer Reihe von Experimenten (das bekannteste unter ihnen das 1968–1972 mit 1357 beteiligten Haushalten durchgeführte New Jersey-

---

[23] Der implizite Steuersatz ist in der folgenden Darstellung einer NE positiv, da die Transfers als negative Steuern (T<O) geschrieben werden.

Experiment) und Simulationsrechnungen.[24] Dabei ergab sich insgesamt eine weitaus geringere Reduktion des Arbeitsangebotes, als theoretische Überlegungen hatten erwarten lassen; Simulationen gelangten sogar im Allgemeinen nur zu einer Reduktion der Arbeitsstundenzahl um weniger als 1 % (vgl. auch Abschn. 23.2).

Wird das garantierte Mindesteinkommen in Höhe des Existenzminimums angesetzt und wird die Transferleistung bei fortschreitendem Erwerbseinkommen mit einem deutlich unter 100 % liegenden impliziten Steuersatz abgebaut, dann ergibt sich allerdings ein langer „Einschleifbereich", und T_{TR} rückt nach rechts, d. h. auch Personen, deren eigenes Einkommen deutlich über dem Existenzminimum liegt, erhalten dann noch Transferzahlungen. Gegenüber der vorher bestehenden Regelung mit einem impliziten Steuersatz von 100 % entsteht damit für den Fiskus ein zusätzlicher Mittelbedarf, der z. B. durch eine Anhebung der (positiven) Einkommensteuer finanziert werden müsste. Zumindest in kurzfristiger Betrachtung könnte dies bedeuten, dass negative Arbeitsanreize auf der einen Seite (durch die NE) abgebaut und auf der anderen Seite (bei der positiven Einkommensteuer) neu erzeugt werden (Krause-Junk 1997).

23.5 Verteilungswirkungen der Einkommensbesteuerung

Unter allen Abgaben gilt die Einkommensteuer als das logischste Instrument für eine Politik der Einkommensumverteilung durch die öffentlichen Finanzen. Die Beeinflussung der personellen Einkommensverteilung durch die Besteuerung setzt eine Differenzierung der relativen steuerlichen Belastung unterschiedlicher Einkommenshöhen im Sinne einer Höherbelastung der „oberen" und einer Entlastung der „unteren" Einkommensschichten voraus. Gehen wir von der (bei dieser Steuer noch am ehesten gerechtfertigten) Annahme eines verhältnismäßig geringen Überwälzungsgrades oder gar der Identität von Steuerzahler und Steuerträger (formale Inzidenz) aus,[25] so kann im Rahmen der Einkommensbesteuerung die erwähnte Differenzierung durch die folgenden staatlichen **Aktionsparameter** bewirkt werden:

- durch die Freilassung bestimmter Teile des Einkommens im ökonomischen Sinne (nicht steuerbare oder ausdrücklich steuerbefreite Einkommensteile);
- durch die Anwendung bzw. Einräumung der Möglichkeit unterschiedlicher Verfahren der Berechnung des steuerlich relevanten Einkommens, je nach Einkommens- bzw. Einkunftsart;

[24] Einen guten Überblick gibt Brown: 2018.

[25] Zur Überwälzbarkeit von Gewinnsteuern vgl. oben Abschn. 11.3. Bei der Lohnsteuer wäre an die Möglichkeit der Steuerüberwälzung beispielsweise bei nettolohnorientiertem Verhalten der Gewerkschaften zu denken.

- durch die Gewährung diverser Abzugsmöglichkeiten bei der Ermittlung der Steuerbemessungsgrundlage (sog. „Abzüge von der Bemessungsgrundlage") und durch Abzüge von der Steuerschuld;
- durch eine (unmittelbare) Progression der auf die Bemessungsgrundlage anzuwendenden Steuersätze;
- durch eine tarifliche Differenzierung nicht nur nach der Höhe des gesamten Einkommens, sondern auch nach der Art der Bezüge und damit nach der Zusammensetzung des Einkommens;
- durch tarifliche Differenzierung des Familieneinkommens.

In welchem Maß die durch den gezielten Einsatz der aufgezählten steuerlichen Aktionsparameter effektiv bewirkten Differenzierungen auch tatsächlich der vom Fiskus beabsichtigten Umverteilungswirkung entsprechen, hängt aber nicht allein davon ab, wieweit der Kreis der durch Steuerfreiheiten, vereinfachte Berechnungsverfahren und diverse Abzugsmöglichkeiten begünstigten Einkommensarten und Einkommensklassen identisch ist mit der im Zuge der fiskalischen Umverteilungspolitik zu begünstigenden Zielgruppe. Vielmehr wird die tatsächliche Verteilungswirkung steuerrechtlicher Regelungen darüber hinaus zu einem beträchtlichen Teil auch von der – vom Gesetzgeber u. U. nicht richtig eingeschätzten oder überhaupt nicht in Rechnung gestellten – Reaktion der Steuerpflichtigen selbst abhängen **(Reaktionsparameter):**

- Unabhängig von der Regelung der rechtlichen Abzugsmöglichkeiten und vom Kreis der Berechtigten kann sich faktisch eine zusätzliche Differenzierung ergeben durch Unterschiede in der **tatsächlichen** Inanspruchnahme von Steuervergünstigungen;
- analoges gilt für eventuelle illegale Steuerhinterziehungsaktivitäten, wobei Differenzierungen im Umfang und in der Intensität der Steuerhinterziehung wiederum auf Unterschieden in den Hinterziehungs**möglichkeiten** und/oder auf Unterschieden in der – vielleicht von der Einkommenshöhe und der Steuerbelastung beeinflussten – Hinterziehungs**willigkeit** beruhen können.

23.5.1 Steuerlich nicht relevante Einkommensteile

Differenzierungseffekte dieser Kategorie ergeben sich in erster Linie durch die bereits bei der Darstellung der Einkommensteuer (Abschn. 13.3) skizzierten Abweichungen der engen steuerrechtlichen Einkommensdefinition vom ökonomischen Einkommensbegriff. Ein Beispiel dieser Problematik ist etwa die Frage, wie weit Einkommen, die keine marktmäßigen Leistungseinkommen darstellen **(imputed income),** steuerlich Berücksichtigung finden (z. B. Selbstverbrauch eigenproduzierter Güter, Wohnen im eigenen Haus).

Neben einer generellen Außerachtlassung bestimmter Arten von Bezügen ist ferner auch die unterschiedliche steuerliche Einbeziehung bestimmter Bezüge je nach der Einkunftsart möglich. Für das deutsche und österreichische Einkommensteuerrecht sei in diesem Zusammenhang verwiesen auf die differenzierende Berücksichtigung der realisierten Wertzuwächse (Veräußerungsgewinne) im Rahmen der Gewinnermittlung einerseits (generell steuerpflichtig) und im privaten Bereich andererseits (steuerpflichtig nur, soweit es sich um **„Spekulationsgewinne“** i.S. des § 23 dt. EStG bzw. § 30 ö. EStG handelt). Auch derartige Regelungen wirken mit Sicherheit horizontal und vertikal differenzierend.

23.5.2 Unterschiedliche Verfahren der Quantifizierung steuerlich relevanter Einkommensteile

Beispiele für diese Kategorie bilden

- die Gewinnermittlung nach **Durchschnittssätzen** anstelle des Betriebsvermögensvergleichs bzw. der Einnahmen-Überschussrechnung bei bestimmten landwirtschaftlichen Betrieben (§ 13 a dt. EStG bzw. § 17 ö. EStG), der zufolge der steuerliche Gewinn bei kleineren Betrieben nur ca. 20 % oder noch weniger des tatsächlichen Gewinnes beträgt.
- der (historisch zu erklärende) generelle **Dualismus** der Ermittlung der Einkünfte im deutschen und österreichischen Einkommensteuerrecht einmal als **„Gewinn“** im Rahmen der ersten drei Einkunftsarten und zum anderen als „**Überschuss** der Einnahmen über die Werbungskosten“ bei den übrigen Einkunftsarten (siehe Kap. 13). Manches spricht dafür, generell in der Gewinnermittlung eine für den Zensiten im Vergleich zu den Überschusseinkünften vorteilhafte Regelung zu sehen.

So wird etwa vielfach im Hinblick auf die bei den **Betriebsausgaben** im Vergleich mit den Werbungskosten oft weniger eindeutig vornehmbare Abgrenzung gegenüber den steuerlich nicht abzugsfähigen Aufwendungen für die private Lebenshaltung von einem **„Gestaltungsprivileg“** der Gewinneinkommensbezieher gesprochen, das der Fiskus dann u. U. durch entsprechende Vergünstigungen z. B. für die Bezieher nichtselbständiger Einkünfte (z. B. Arbeitnehmerfreibetrag gem. § 19 Abs. 4 dt. EStG (bis 1989), Arbeitnehmerabsetzbetrag gem. § 33 ö. EStG) auszugleichen versucht.

Andererseits müssten in diesem Zusammenhang dann auch etwaige Unterschiede in den **„Steuererfüllungskosten“** (compliance costs) berücksichtigt werden, die für den Zensiten mit der Abgabe der Steuererklärung, der Erstellung einer Steuerbilanz usw. verbunden sind.

23.5.3 Abzüge von der Bemessungsgrundlage, Abzüge von der Steuerschuld

Ob eine Einkommensteuer letztlich auch so umverteilend wirkt, wie es prima facie ein progressiver Tarif erwarten lässt, hängt in erster Linie von der individuellen Möglichkeit der „Gestaltung“ der Steuerbemessungsgrundlage i.e.S. ab, d. h. von den im Steuerrecht gegebenen Möglichkeiten, im Rahmen der Ermittlung der Steuerbemessungsgrundlage („zu versteuerndes Einkommen“) Abzüge vorzunehmen – und außerdem natürlich von der tatsächlichen Wahrnehmung dieser Gestaltungsmöglichkeiten.

In welchem beträchtlichen Umfang moderne Einkommensteuern Möglichkeiten der gezielten Gestaltung der individuellen Steuerhöhe durch Anpassung der ökonomischen Dispositionen oder durch die Wahrnehmung von Rechtswahlmöglichkeiten bieten, zeigt auch dem steuerlichen Laien bereits ein oberflächlicher Blick in die Einkommensteuergesetze unserer Tage mit ihren komplexen Regelungen. Der – oft von Interessengruppierungen angeregte bzw. nachhaltig unterstützte – Versuch des Gesetzgebers, der Vielfalt und den (vermeintlichen) Besonderheiten der individuellen Verhältnisse der Zensiten sowie verteilungspolitischen Zielsetzungen durch differenzierte Abzugsmöglichkeiten („Freibeträge“, „Absetzbeträge“, Sonderabschreibungen, erhöhte Absetzungen für Abnutzung u. a.m.) Rechnung zu tragen, muss, zusammen mit der zunehmenden „Befrachtung“ der Einkommensteuer mit strukturpolitischen, wachstums-, vermögens- und umweltpolitischen Aufgaben, als die entscheidende Ursache der so oft beklagten „Verkomplizierung“ des modernen Einkommensteuerrechts betrachtet werden.

Es wäre allerdings sicherlich verfehlt, alle Freibeträge als gezielte verteilungspolitische Begünstigungen zu betrachten. Manche dieser Abzüge lassen sich auch oder gar überwiegend durch den Gedanken der Besteuerung nach der Leistungsfähigkeit erklären, demzufolge vom umfassend bestimmten Einkommen (comprehensive income) alle Einkommensteile abzuziehen wären, die keine „Leistungsfähigkeit“ verkörpern, d. h. nicht zur selbstständigen Bedürfnisbefriedigung des Zensiten zur Verfügung stehen. Dazu zählen etwa außergewöhnliche Belastungen, der „Existentialbedarf“, Zwangsbeiträge zur Sozialversicherung, u. U. Aufwendungen für andere Personen (Familienmitglieder) u. a.m. In diesen Fällen ergäbe sich der „Abzug von der Bemessungsgrundlage“ gewissermaßen zwingend aus dem System der Besteuerung nach der Leistungsfähigkeit.

Die Grenze zwischen einerseits „systembedingten“ Abzügen bei der Ermittlung der Steuerbemessungsgrundlage und andererseits aus verschiedenen wirtschafts- und sozialpolitischen Erwägungen heraus gewährten Steuervergünstigungen, die der öffentliche Verband ebenso als Abzug von der Steuerschuld gewähren könnte, lässt sich indessen keineswegs eindeutig ziehen, da in vielen Fällen ein recht weiter Interpretationsspielraum gegeben ist: Illustrative Beispiele für diesen Sachverhalt sind etwa die sog. Vorsorgeaufwendungen. Ferner ist in diesem Zusammenhang die Kontroverse um die Berücksichtigung von Kindern durch Kinderfreibeträge oder aber durch (von der Einkommenshöhe unabhängige) Abzüge von der Steuerschuld bzw. die Gewährung eines Kindergeldes (direkte Transferzahlung) zu erwähnen (siehe Abschn. 13.5).

Die **personelle Verteilungswirkung** der vielfältigen Abzüge bei der Ermittlung der Steuerbemessungsgrundlage wird abhängen vom Modus der Abzugsregelung und von der Tarifgestaltung:

Je spezifischer der Tatbestand ist, der die Voraussetzung für einen bestimmten steuerlichen Abzug darstellt, desto stärker ist die Gefahr einer Verfälschung des Gedankens einer am Gesamtumfang des individuellen Einkommens orientierten „Besteuerung nach der Leistungsfähigkeit". Neben die Höhe des Einkommens als Bestimmungsgröße der Steuerschuld treten qualitative Merkmale wie die Art und Zusammensetzung des Einkommens, die Zugehörigkeit des Einkommensbeziehers zu einer bestimmten sozialen Gruppe u. a. m. Es droht damit eine Art „Individualisierung der steuerlichen Bemessungsgrundlage". (Neumark 1970, S. 100). Aber selbst bei einem (verhältnismäßig) allgemeinen Abzugsbetrag, wie etwa dem Sonderausgabenabzug, müssen Unterschiede in der vertikalen Entlastungswirkung in Rechnung gestellt werden.

Handelt es sich bei der Verkürzung der Bemessungsgrundlage um einen Freibetrag, der sich nach Auffassung des Gesetzgebers zwingend aus dem Prinzip der Besteuerung nach der Leistungsfähigkeit ergibt, und durch den erst das ökonomische Einkommen in das steuerlich maßgebliche „Leistungsfähigkeitseinkommen" überführt wird, so muss die **absolut** unterschiedliche Steuerersparnis eines einheitlichen Abzugsbetrages in Kauf genommen werden. Sie ist dann das Spiegelbild der Tatsache, dass bei progressivem Tarif die mit einem Einkommenszuwachs verbundene, zusätzliche Steuerschuld bei hohen Einkommen größer ist als bei niedrigen Einkommen. Die Entlastungswirkung einer Verkürzung der Bemessungsgrundlage kann also nur dann Anlass zu einer gezielten Gestaltung des Abzugsmodus sein, wenn es sich um einen „nicht aus dem Leistungsfähigkeitsprinzip resultierenden" Abzug handelt. **Relativ** (in v.H. des Einkommens) allerdings wird die steuerliche Entlastung, auch bei einem einheitlichen Freibetrag, bei höheren Einkommen im Allgemeinen geringer sein als bei niedrigen Einkommen, die Abzugsregelung wird also progressionsverschärfend wirken (indirekte Progression).

23.5.4 Progression des Steuertarifs

Die größten Erwartungen bezüglich der Umverteilungswirkung der Einkommensteuer sind meist mit der progressiven Tarifgestaltung verbunden. Nicht immer allerdings wird die Progression, so wie sie sich nach dem Steuergesetz darstellt, diesen Erwartungen gerecht:

- Zunächst einmal wäre es unangemessen, von einem konkreten (formalen) Einkommensteuertarif unmittelbar auf die **tatsächliche** Umverteilungswirkung der infrage stehenden Einkommensteuer zu schließen. Entscheidend für die distributive Wirksamkeit des Tarifs ist nämlich, neben der Ausgestaltung des Tarifs, der Umstand, wie weit die in der formalen Tarifstruktur angelegte Differenzierung auch effektiv zum Tragen kommt. Dies wiederum hängt ab von der interpersonellen Verteilung der Steuerbemessungsgrundlage (des zu versteuernden Einkommens) und von der Spannbreite der einzelnen Einkommensklassen bzw. der Größe der Teilmengen des Einkommens (brackets), auf die nach dem Tarif die einzelnen Steuersätze anzuwenden sind.

- Auch **internationale Vergleiche** von Einkommensteuertarifen sind natürlich nur dann sinnvoll, wenn neben den Unterschieden im Steuersystem überhaupt (welche Steuern werden neben der Einkommensteuer erhoben?) und in der Definition der **Steuerbemessungsgrundlage** (was ist überhaupt steuerpflichtig?) auch der **Anwendungsbereich** der Steuersätze berücksichtigt wird (wie hoch ist der Steuersatz für Bezieher durchschnittlicher Einkommen? wieviel Prozent der Einkommensbezieher unterliegen tatsächlich dem Eingangssteuersatz bzw. dem Spitzensteuersatz?).
- Infolgedessen ist insbesondere der maximale Grenzsteuersatz **(„Spitzensatz“)**, der in der öffentlichen Diskussion (einkommen)steuerlicher Umverteilung meist eine zentrale Rolle spielt, für sich allein kein Indikator der distributiven Wirkung einer Einkommensteuer: Wie internationale Vergleiche (OECD 1984) zeigen, werden in der steuerlichen Realität in nahezu allen OECD Staaten weniger als 1 % aller Steuerzahler nominell (d. h. mit ihrem steuerlichen Einkommen) dem jeweiligen Spitzensteuersatz unterworfen, während teilweise 40 % aller Steuerzahler oder gar mehr (Deutschland, Großbritannien, Italien) lediglich den sog. Eingangssatz des Steuertarifs entrichten.
- Generell zeigt sich ein grundsätzlicher Zielkonflikt zwischen **„Verteilungsgerechtigkeit“** und **„fiskalischer Ergiebigkeit“:** Bei einer modernen Einkommensteuer mit hohem Aufkommen, die eine zentrale Stellung im Steuersystem einnimmt, muss die Masse der Steuererträge von den mittleren Einkommensgruppen stammen, da dort der Großteil des steuerpflichtigen Einkommens anfällt.
- Des weiteren hat eine allgemeine, eine einkunftsartenspezifische oder eine einkommensklassenspezifische **Steuererosion,** wie sie zuvor erörtert wurde, regelmäßig die Folge, dass zwischen den nominellen, auf die Steuerbemessungsgrundlage bezogenen Steuersätzen des Tarifs und den effektiven, auf das ungekürzte Einkommen im weiteren (ökonomischen) Sinne bezogenen Steuersätzen beträchtliche Differenzen aufklaffen, sodass verteilungspolitisch nicht gewollte und/oder nicht kalkulierbare „tarifunabhängige“ horizontale und vertikale Verteilungswirkungen entstehen.

Zur Erzielung eines gegebenen Steueraufkommens sind damit erheblich höhere nominelle Steuersätze erforderlich als bei einer umfassend definierten Bemessungsgrundlage „Einkommen“ (vgl. Kap. 13). Für ein vorgegebenes Steueraufkommen lautet mithin die Alternative in steuertechnischer Hinsicht: I) Gewährung zahlreicher verteilungspolitisch oder sonstwie motivierter steuerlicher Abzüge, Hinnahme einer entsprechenden Erosion der Steuerbasis und, gewissermaßen als Preis dafür, hohe nominelle Steuersätze oder aber II) keine oder nur sehr wenige Abzüge und Sondervergünstigungen und entsprechend breite Steuerbasis, bei wesentlich niedrigeren Steuersätzen.

Alternative (I) entspricht der einkommenssteuerlichen Realität unserer Tage. Sie entsprang der gezielten Begünstigung einzelner Zensitengruppen, bestimmter Einkunftsarten, bestimmter Formen der Gewinn- und Einkommensverwendung usw. Diese Alternative bedeutet freilich eine ständige, bewusste Vernachlässigung des Postulats **horizontaler Gleichbehandlung.** Sie verkörpert überdies ein verteilungspolitisch intendiertes Instrumentarium, dessen distributive Effekte für den Steuerpolitiker kaum vorhersehbar und in ihrer Gesamtheit kaum übersehbar sind, ein Instrument mithin, das kaum als Garant für eine erfolgreiche und widerspruchsfreie Verteilungspolitik gelten kann.

Alternative (II) hingegen bietet den Vorteil, dass der Verteilungseffekt bei gegebener Verteilung der Einkommen von der Tarifausgestaltung bestimmt wird; der Tarif hätte bei dieser Alternative für die intendierte Verteilungswirkung jene zentrale Bedeutung, die er gegenwärtig nur nach den Mutmaßungen mancher Beiträge zur Steuerdiskussion in der Öffentlichkeit besitzt.

23.5.5 Tarifliche Differenzierungen nach der Art der Bezüge (Qualitative Differenzierung)

Explizit erfolgt eine Differenzierung der Steuerbelastung durch Differenzierung der anzuwendenden Steuersätze nach der Art der Bezüge im Rahmen eines **analytischen Systems** der Einkommensbesteuerung (Kap. 13). Implizit kann eine derartige unterschiedliche Belastung verschiedener Einkunftsarten aber auch dadurch bewirkt werden, dass nebeneinander mehrere Steuern mit unterschiedlicher Bemessungsgrundlage, aber gleichem Steuerobjekt bzw. gleicher Steuerquelle erhoben werden. Beispiele dafür sind etwa die Belastung von Kapitaleinkünften durch die Einkommensteuer und die nominelle Vermögensteuer in Deutschland und in der Schweiz.

Das Motiv derartiger Belastungsdifferenzierungen muss allerdings nicht immer der Umverteilungsgedanke sein; vielmehr werden auch Steuergerechtigkeitsüberlegungen, wie etwa der Gedanke einer, bei gleicher nomineller Einkommenshöhe, höheren „Leistungsfähigkeit" des „fundierten" Besitzeinkommens (höhere Freizeit, geringeres „Arbeitsleid", größere Sicherheit des Bezuges) oder die oben erwähnte Annahme unterschiedlicher „Gestaltungsmöglichkeiten", zur Rechtfertigung einer nach der Art der Einkünfte differenzierten Belastung in der Steuerpolitik und der Steuertheorie vorgebracht.

23.5.6 Unterschiede in der tatsächlichen Inanspruchnahme von Steuervergünstigungen

Von Kritikern einer intensiven „außertariflichen" Differenzierung der steuerlichen Behandlung und der damit verbundenen „Verkomplizierung" des Steuerrechts ist wiederholt darauf hingewiesen worden, dass ein grundsätzlicher **Zielkonflikt** besteht **zwischen steuerlicher Gerechtigkeit** und **steuerlicher Einfachheit.** Unabhängig von der jeweils zu prüfenden (formalen) Verteilungswirkung einer gegebenen steuerlichen Regelung „an sich“, kann ein hoher Komplikationsgrad des Steuerrechts dadurch zum verteilungspolitischen Problem werden, dass der steuerrechtliche „Laie“ bei der Kompliziertheit der Sonderregelungen nicht mehr ausreichend informiert ist über ihm offenstehende Möglichkeiten der Wahrnehmung von Steuererleichterungen und er damit auf das Geltendmachen von Ansprüchen wissentlich oder unwissentlich verzichtet. Es kommt auf diese Weise zu zusätzlichen, informations- und verhaltensbedingten Differenzierungen der Steuerbelastung.

Gleiches „Gestaltungsstreben“ vorausgesetzt, können etwaige, ex post festgestellte, einkunftsarten- und/oder einkommensklassenbezogene Unterschiede in der tatsächlichen Inanspruchnahme von im Steuerrecht verankerten Abzugs- und sonstigen Steuersparmöglichkeiten zurückgeführt werden

- auf Unterschiede in den faktischen Möglichkeiten der Ausnutzung steuerlicher Schlupflöchern („loopholes“), die bestimmte Einkunftsarten, bestimmte wirtschaftliche Aktivitäten u. a. m. zur tatbestandsmäßigen Voraussetzung haben,
- auf Unterschiede in der Information über die Existenz, die Art und die Voraussetzungen von Abzugsmöglichkeiten und auf Unterschiede in dem „steuertechnischen Verständnis“ der zur Realisierung dieser Abzugsmöglichkeiten erforderlichen Schritte und Maßnahmen.

Wir hatten bereits erwähnt, dass prima facie die Art der Tätigkeit und die Art der Einkunftsermittlung dem Bezieher von Gewinneinkünften in formaler Hinsicht wohl größere Möglichkeiten bieten, sein Verhalten entsprechend dem Grad seiner Steuerwahrnehmung steuersparend einzurichten, als etwa dem Bezieher nichtselbständiger Einkünfte, der überdies dem Steuerabzug an der Quelle unterworfen ist. Dies gilt dann umso mehr, wenn die gesetzlichen Steuersparmöglichkeiten der Ausfluss diverser „nichtfiskalischer Steuerfunktionen“ sind. Beispiele dafür sind etwa Maßnahmen der Investitionsförderung (vgl. Abschn. 20.3), die in ihrer Form der Bewertungsfreiheit, der Sonderabschreibung usw. eben die steuerliche Gewinnermittlung voraussetzen.

Hinzu kommt ein gewisser Zusammenhang zwischen Kompliziertheit des Steuerrechts, Höhe der (nominellen) Steuersätze und Kosten der Information über die Möglichkeiten legaler Steuerersparnisse: Die Wahrnehmung und Ausnutzung der mannigfachen Sonderregelungen und -vergünstigungen setzt bei dem erreichten Kompliziertheitsgrad des Steuerrechts ein gewisses Fachwissen auf Seiten des Zensiten oder aber die Zuziehung des Rates eines steuerrechtlichen Experten voraus. In beiden Fällen entstehen dem Steuerpflichtigen (zeitliche und/oder monetäre) **Kosten** der Informationsbeschaffung, deren Höhe im Verhältnis zum erzielbaren „Steuergewinn“ zum zusätzlichen differenzierenden

Faktor für die tatsächliche Inanspruchnahme gesetzlich gegebener Steuererleichterungen werden kann. Je höher die Steuerbelastung ist bzw. je stärker sie empfunden wird, desto größer wird naturgemäß das Interesse an der Verwirklichung von Steuersparmöglichkeiten sein. Zugleich wird, bei hohem individuellen Steuersatz, jede Verkürzung der Bemessungsgrundlage mit einer betragsmäßig größeren Steuerersparnis belohnt als bei niedrigerem persönlichen Steuersatz, während umgekehrt, bei Beziehern niedrigerer Einkommen und Inhabern kleiner und mittlerer Unternehmen, der bei Ausnutzung der Vergünstigungen herausspringende Vorteil oft den zur Erfüllung der Formalitäten usw. erforderlichen Arbeitsaufwand oder die Heranziehung eines Steuerberaters nicht lohnt.[26]

23.5.7 Unterschiede im Ausmaß der Steuerhinterziehung

Nichtdeklarierung steuerpflichtiger Einkommen(steile) kann einen weiteren Differenzierungsfaktor darstellen, der die effektive Verteilungswirkung der Einkommensteuer unter Umständen maßgeblich mitbestimmt und im Extremfall sogar den angestrebten Umverteilungseffekt konterkariert. Interpersonelle Unterschiede im Ausmaß der „praktizierten“ Steuerhinterziehung können prinzipiell die Folge sein von Unterschieden in den technischen und praktischen Möglichkeiten der Hinterziehung und/oder Unterschieden in der Hinterziehungsneigung und Hinterbeziehungsbereitschaft. Insbesondere international agierende natürliche und juristische Personen haben durch Verlegung ihres steuerlichen Sitzes, der Ausnützung von Doppelbesteuerungsabkommen („Treaty Shopping“), der Verlagerung der Steuerbasis durch Transferpreise eine Fülle von Möglichkeiten, eine Fülle von legalen (und schwer sanktionierbaren illegalen) Möglichkeiten, ihre Steuerlast zu reduzieren.

Je größer der Einfluss des Steuerpflichtigen auf die Höhe seiner Steuerzahlung durch Mitwirkung bei der Ermittlung der Steuerschuld ist (Veranlagungsverfahren statt Quellenabzug), desto größere Bedeutung kommt der subjektiven Bereitschaft und Neigung zur Hinterziehung zu, die wieder von einer Vielfalt von Faktoren (Risikoüberlegungen, „Akzeptanz“ der Finanzpolitik, etc.) bestimmt werden. Jedenfalls sollte nie übersehen werden, dass die effektiven Verteilungswirkungen der Einkommensteuer (und anderer Steuern) keineswegs allein durch „objektive“ Faktoren, wie Steuertarif, Freibeträge, Freigrenzen, tax credits usw. bestimmt werden, sondern dass sowohl Unterschiede in der tatsächlichen Inanspruchnahme steuerrechtlich gegebener Steuersparmöglichkeiten als auch Unterschiede in der illegalen Steuerausweichung als weitere Differenzierungsfaktoren mitwirken.

[26] In Österreich können aus diesem Grund Sonderausgaben ab einer Steuerbemessungsgrundlage von EUR 36.400 nur beschränkt und ab Euro 50.900 nicht mehr abgesetzt werden.

23.6 Verteilungswirkungen der Umsatzbesteuerung

23.6.1 Die traditionelle Sicht

Im Konzept der formalen Inzidenz (siehe Abschn. 11.2 und 11.3) ergibt sich die Verteilungswirkung indirekter Steuern („Kostensteuern") unter der Annahme vollständiger Überwälzung der Steuerlast durch Zurechnung des Gesamtsteueraufkommens auf die einzelnen Konsumenten. Handelt es sich um eine spezifische Verbrauchsteuer auf ein Gut mit einer Einkommenselastizität unter 1 oder um eine allgemeine Verbrauchsteuer (Umsatzsteuer) mit einheitlichem Steuersatz, so ist die relative Steuerbelastung bei mit zunehmendem Einkommen[27] sinkender Konsumquote **regressiv.** Eine allgemeine Umsatzsteuer wird also, bei Überwälzung in die Verbraucherpreise, Haushalte, die ihr geringes Einkommen fast vollständig zu Konsumzwecken verwenden (müssen), stärker treffen als Haushalte mit höherem Einkommen und niedrigerer Konsumquote, deren Ersparnisse in der laufenden Periode (umsatz)steuerfrei bleiben.

Der auf die beschriebene Weise begründete regressive Belastungsverlauf wird besonders ausgeprägt sein bei Steuern auf Güter des „Existentialbedarfs" bzw. auf **„Massengenussmittel"**, da Bezieher niedriger Einkommen einen überproportionalen Anteil ihrer Konsumausgaben auf diese (preisunelastischen) Güter verwenden müssen. Zusätzlich ergibt sich eine Verstärkung der Regression in dem Fall, dass die Steuer die Form einer spezifischen Steuer (z. B. Mengensteuer) hat, ohne dass die Steuersätze nach qualitativen Merkmalen des besteuerten Gutes (wie etwa bei der deutschen Zigarettenbesteuerung) differenziert sind: Bei relativ konstantem mengenmäßigen Verbrauch werden Bezieher höherer Einkommen vielleicht bessere und teurere Qualitäten des infrage stehenden Gutes kaufen, sodass die Konsumausgaben zwar nicht relativ zum Einkommen, wohl aber absolut mit steigendem Einkommen zunehmen, während die Steuerbeträge der Einkommensbezieher nahezu gleich sind. Als (quantitativ allerdings zu den Bagatellsteuern zählender) Extremfall einer nahezu kopfsteuerartig wirkenden Mengensteuer kann die Salzsteuer gelten, da der pro-Kopf-Salzverbrauch aus physiologischen Gründen unabhängig von der Einkommenshöhe verhältnismäßig gleich sein dürfte.

Von der formalen Inzidenz her ist eine Abschwächung der Regression oder ein nicht regressiver Belastungsverlauf einzelner indirekter Steuern höchstens dann zu erwarten, wenn es sich um spezifische Steuern auf superiore Güter oder sog. **„Luxusartikel"** handelt. Mit einem, trotz steigender Sparquote, nichtregressiven Belastungsverlauf bei einer allgemeinen Verbrauchsteuer (Umsatzsteuer) ist allenfalls dann zu rechnen, wenn einzelne Güterkategorien des „Existentialkonsums" steuerfrei blieben und/oder unterschiedlich hohe Steuersätze im Rahmen der Steuer angewendet würden.

---

[27] Als Indikator wird nicht die Steuerbasis (individuelle Konsumausgaben), sondern die Höhe des Einkommens herangezogen.

Bei einer **allgemeinen Verbrauchsteuer** kann eine proportionale (oder gar progressive) Belastung der Einkommen in formaler Inzidenzbetrachtung lediglich durch mit zunehmendem Konsumvolumen steigende Steuersätze oder durch die Anwendung differenzierter Steuersätze für verschiedene Güterkategorien zustande kommen. Eine Progression der nominellen Steuersätze nach dem Umfang des individuellen Verbrauchs ist – freilich bei massiven praktischen Problemen – nur möglich bei einer unmittelbar beim privaten Haushalt ansetzenden **persönlichen Ausgabensteuer (expenditure tax)** auf das gesamte (jährliche) Einkommen abzüglich nachweisbar gesparter Beträge (Abschn. 12.1).

23.6.2 Alternative Thesen zur Verteilungswirkung der Umsatzbesteuerung

Der Konsum C_t eines Individuums in der Periode t hänge nicht nur von der Höhe des laufenden Periodeneinkommens Y_t ab, sondern auch von dem, was das Individuum als sein „permanentes" bzw. „Lebenseinkommen" ansieht (**permanent income-Hypothese** (Friedman) bzw. **Lebenszyklus-Hypothese** (Modigliani, Ando, Brumberg)). Die Individuen werden dementsprechend versuchen, ihr Konsumniveau auch in Jahren „unnormal" niedrigen oder hohen Einkommens zu halten, so daß die rechnerische Konsumquote C_t/Y_t in Jahren mit relativ geringem Einkommen hoch und in Jahren mit relativ hohem Einkommen „unnormal" niedrig ist. Die Daten von Querschnittsanalysen schließen also in den untersten Einkommensgruppen Haushalte ein, deren Einkommen nur vorübergehend niedrig ist bzw. die sich in einer Anfangs- oder Endphase ihres Lebenszyklus mit entsprechend niedrigerem Einkommen befinden. Umgekehrt umfasst die höchste Einkommensklasse u. a. Haushalte, deren Einkommen lediglich vorübergehend „unnormal" hoch ist bzw. die sich im mittleren Lebensabschnitt, auf dem Scheitelpunkt der Kurve ihres Lebenseinkommens, befinden.[28] Die üblicherweise verwendeten (jährlichen) Querschnittsdaten wiesen mithin für den unteren Einkommensbereich insgesamt höhere Konsumquoten aus, als zweifellos die Konsumquoten der Haushalte mit ständig niedrigem Einkommen betragen. Entsprechendes gilt für den oberen Einkommensbereich, sodass die Querschnittsdaten ein Sinken der Konsumquote bei steigendem Einkommen überbetonen würden und die formalen Inzidenzanalysen zu einer zu starken Regressivität einer allgemeinen Verbrauchsteuer gelangen würden.

Würde ferner das individuelle Lebenseinkommen im Laufe des Lebens vollständig konsumiert werden, d. h. diente das zeitweilige Sparen lediglich zukünftigem Verbrauch und würde (bei einem Anfangsvermögen von Null) am Lebensende kein Vermögen

[28] Umgekehrt u-förmigen Verlauf der Lebenseinkommen vorausgesetzt.

hinterlassen werden, dann würde durch Sparen die Verbrauchsteuer jeweils nur auf einen späteren Zeitpunkt aufgeschoben werden. Dann wäre eine laufend erhobene, allgemeine Verbrauchsteuer mit einheitlichem Steuersatz, unabhängig vom zeitlichen Konsumprofil der Einkommensbezieher, proportional in Bezug auf das Lebenseinkommen.

Wird dagegen im Laufe des Lebens nur ein Teil des Lebenseinkommens konsumiert und im übrigen durch Sparen Vermögen gebildet und beim Tod hinterlassen, und nimmt dabei das Verhältnis von hinterlassenem Vermögen und Lebenseinkommen mit steigendem Lebenseinkommen zu, so ist auch unter dem Lebenseinkommensaspekt eine allgemeine Verbrauchsteuer mit einheitlichem Steuersatz regressiv.

Da man davon ausgehen kann, dass nicht allein deswegen gespart wird, um in späteren Phasen des Lebenszyklus zu konsumieren (entsparen), und dass die Fähigkeit, einen Teil des Lebenseinkommens zu sparen und als Vermögen beim Tod zu hinterlassen, mit der Höhe des Lebenseinkommens variiert, verliert damit die These von der Proportionalität einer allgemeinen Verbrauchsbesteuerung in Bezug auf das Lebenseinkommen – und von der Neutralität bezüglich der intertemporalen Entscheidung über Konsum und Sparen – viel an Überzeugungskraft.

23.7 Analysen der Umverteilungswirkung des öffentlichen Sektors

Hinsichtlich methodischer Aspekte wird in der überwiegenden Mehrzahl der Fälle die globale Messung des Umverteilungseffektes der öffentlichen Finanzen vorgenommen anhand des **Gini-Koeffizienten.** Dieses Konzept baut auf der grafischen Darstellung der personellen Einkommensverteilung mithilfe sog. **Lorenzkurven** auf. Dabei werden auf der Abszisse die kumulierten Anteile der Einkommensbezieher (Verteilungssubjekte), beginnend mit der untersten Einkommensklasse, und auf der Ordinate die kumulierten Anteile der Einkommen (Verteilungsobjekte) eingetragen (vgl. Abb. 23.4).

Die Diagonale (45°-Linie) im Lorenzdiagramm ist mithin die Linie völliger Gleichverteilung, während die Lorenzkurve der tatsächlichen Einkommensverteilung konvex unterhalb der 45°-Linie verläuft, und zwar um so weiter von der Diagonale entfernt, je ungleicher die beschriebene Verteilung ist. Der Gini-Koeffizient (G) als Maß der Ungleichheit ist dann definiert als das Verhältnis der Fläche zwischen der Diagonale und der Lorenzkurve (sog. Konzentrationsfläche) zur gesamten (Dreiecks-)Fläche unter der Egalitätslinie. G kann folglich Werte annehmen zwischen O (vollkommen gleichmäßige Einkommensverteilung, die Lorenzkurve fällt mit der Diagonalen zusammen) und 1 (vollkommene Konzentration des gesamten Einkommens bei einem Haushalt); je kleiner G, desto gleichmäßiger ist die Einkommensverteilung.

Liegt also die Lorenzkurve der Einkommen nach Umverteilung vollständig oberhalb der Lorenzkurve der Einkommen vor Umverteilung, so ist die Einkommensverteilung gleichmäßiger geworden. Die Umverteilung in der Referenzperiode kann quantifiziert werden über die relative Abnahme des Gini-Koeffizienten im Vergleich von „Sekundär-

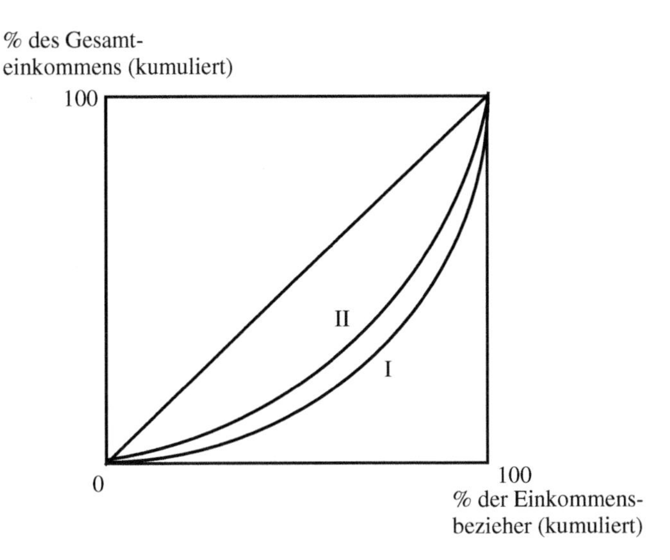

Abb. 23.4 Lorenzkurven vor (I) und nach (II) Umverteilung

verteilung“ mit der „Primärverteilung“. Die OECD berechnet einen Gini Koeffizienten für Deutschland vor Steuern und Transfers von 0,471 in 2000 und 0,504 in 2010. Nach Steuern und Transfers sinkt dieser Wert auf 0,264 in 2000 und 0,295 in 2010. Zum Vergleich lag der Gini Koeffizient in Österreich im Jahre 2010 vor Steuern und Transfers bei 0,472, und danach bei 0,265. Vom öffentlichen Sektor geht daher durchaus eine Umverteilungswirkung aus.

Naturgemäß gilt innerhalb des Problemkreises der Umverteilungswirkungen des öffentlichen Sektors das Hauptinteresse der praktischen Politik und auch der Wissenschaft der Frage nach der „tatsächlichen“ redistributiven Wirkung des öffentlichen Budgets, so wie es in bestimmten Ländern zu bestimmten Zeitpunkten ausgestaltet ist. Empirische Analysen der Budgetinzidenz haben daher stets große Beachtung gefunden und ihre Resultate sind intensiv diskutiert worden. Werfen wir deshalb abschließend einen Blick auf die Aussagen **empirischer Inzidenzstudien**[29] für Deutschland und Österreich:

Stellt man auf die **Komponenten** des gesamten Umverteilungseffektes ab und differenziert man nach **Ursachefaktoren,** so zeigen die entsprechenden Studien für Deutschland, dass von dem deutschen Einnahmensystem so gut wie keine bzw. nur geringe Umverteilungseffekte ausgehen, da die Wirkung der direkten Steuern (nahezu) ausgeglichen wird durch die errechnete regressive Wirkung der indirekten Steuern sowie der Gebühren usw. Danach wären also in Deutschland die öffentlichen Ausgaben

[29] Für Deutschland S. Bach et al. (2015), für Österreich Guger et al. (2016).

„praktisch alleine für die budgetäre Umverteilung verantwortlich" (Recktenwald, Grüske 1980, S. 42).

Analoges gilt auch für Österreich: Das obere Einkommensdrittel der Haushalte (ohne Selbstständige, mit Pensionisten), das über 60 % des volkswirtschaftlichen Bruttohaushaltseinkommens verfügt, zahlt 64 % der Abgaben und Steuern und erhält 40 % der öffentlichen Ausgaben.[30] Das untere Drittel verfügt über nur 12 % des Bruttohaushaltseinkommens, zahlt 9 % der Steuern und Abgaben, erhält aber 29 % der öffentlichen Ausgaben. Die Transferzahlungen (inklusive Renten) allein machen für das untere Drittel der Haushalte 31 % ihres Einkommens aus, für das obere Drittel (immerhin) 12 %.

Für die genannten Staaten zeigt sich als Grundmuster ein über weite Bereiche nahezu proportionaler Verlauf der relativen Abgabenbelastung einerseits und ein deutlich regressiver Verlauf der relativen Einkommensvorteile der Ausgaben andererseits. Der Verlauf des **relativen Nettoredistributionseffektes nach Einkommensklassen** ist demnach regressiv, weist also auf eine Umverteilung durch den öffentlichen Sektor „von oben nach unten" hin: Der Saldo aus dem Einkommenswert empfangener öffentlicher Leistungen (E) und aus den „getragenen" Abgaben (T) ist für die Bezieher niedriger Einkommen positiv, für die oberen Einkommensklassen hingegen negativ. Bezieht man den Saldo auf das jeweilige (Primär-) Einkommen (Y), so nimmt zudem dieser relative Nettovorteil (E – T)/Y mit steigendem Einkommen ab bzw. jenseits des break-even-points wächst die relative Nettobelastung (T – E)/Y mit der Einkommenshöhe.

Bei der Würdigung der vorgestellten empirischen Resultate zum Zustandekommen der budgetären Umverteilung muss berücksichtigt werden, dass in allen angeführten Rechnungen die Inzidenz der Ausgaben für öffentliche Güter nach der traditionellen Methode der pro-Kopf- bzw. pro-Haushalt-Zurechnung ermittelt wurde, also nach jener Methode, die den die „Armen" am stärksten begünstigenden regressiven Verlauf der Einkommensvorteile liefert (vgl. Abschn. 12.4).

Auch unter Berücksichtigung der erheblichen methodischen Probleme von Inzidenzanalysen zeigt sich, dass der öffentliche Sektor insgesamt in wohlfahrtstaatlich organisierten Staaten in der Lage ist, nicht unerhebliche Umverteilung in Bezug auf die verfügbaren Einkommen vorzunehmen. Ebenso wird deutlich, dass etwa Strategien, die eine Reduzierung der Staatsquoten anstreben, je nach ihrem Ansatzpunkt mit unterschiedlichen verteilungspolitischen Wirkungen verbunden sein werden. Eine Veränderung der Steuerstruktur durch tendenziell geringere Gewichtung direkter Steuern würde etwa die (schwache) Umverteilungswirkung des Steuersystems weiter reduzieren. Besondere Bedeutung kommt aber stets den Transferzahlungen zu, die nach den angeführten Resultaten in Deutschland immerhin für fast die Hälfte des ausgabenbedingten (bzw. des budgetären) Umverteilungseffektes verantwortlich sind. Stellt

[30] Dieser relativ hohe Anteil beruht auf der überwiegenden Personenbezogenheit (bzw. Zurechnung) öffentlicher Ausgaben, verbunden mit dem Umstand, dass im oberen Einkommensdrittel doppelt so viele Personen in einem Haushalt leben wie im unteren Einkommensdrittel.

man auf das integrierte Finanz- und Sozialbudget ab, so ist der Umverteilungseffekt des öffentlichen Sektors in Deutschland sogar zu 69 % bis 88 % auf die Ausgaben für soziale Sicherung und Sozialversicherung, die Subventionen und die individuellen Transfers zurückzuführen, während auf die reinen öffentlichen Leistungen lediglich zwischen 17,4 % und 25,8 % entfielen (Grüske 1985, S. 362). Auch in Österreich gehen die stärksten progressiven Umverteilungseffekte vom Sozialbereich, den Pensionszahlungen und den Gesundheitsleistungen aus (Guger 2016).

23.8 Verteilung und Diskriminierung

Diskriminierung bestimmter Gruppen in einer Gesellschaft kann Ursache einer ungerechten Verteilung von Einkommen, Vermögen, und Chancen sein. Die Vereinten Nationen definieren Diskriminierung, wenn eine Differenzierung aufgrund von Klasse, Kaste, familiären Hintergrund, Geschlecht, Ethnie oder Hautfarbe, Sprache oder Nationalität, Religion oder sexuelle Orientierung besteht. Ein erster Schritt Diskriminierung zu bekämpfen besteht darin, Diskriminierung aufzuzeigen. Öffentliche Haushalte sind nicht notwendigerweise neutral in Bezug auf einzelne oben genannte Gruppen. Einzelne Programme können (oft unbeachtet und ungewollt) unterschiedliche Auswirkungen auf einzelne der oben genannten Gruppen auslösen. Im Rahmen der EU wird insbesondere auf die Unterschiede beim Geschlecht Rücksicht genommen. Im Rahmen des **Gender-based-budgeting** wird explizit ausgeführt, zu welchem Teil einzelne Programme Männern und Frauen (und eventuell auch dem dritten Geschlecht) zugutekommen. Im Rahmen des **Gender-responsive-budgeting** wird explizit darauf geachtet, dass öffentliche Ausgaben (und eventuell auch Einnahmen) nicht implizit gegen Frauen (oder Männer) diskriminieren. Es wird im Verlauf kein separates Budget für Frauen erstellt, und es werden nicht notwendigerweise eigene Mittel für Frauen zur Verfügung gestellt. Wohl aber wird darauf geachtet, dass bei staatlichen Programmen Frauen nicht diskriminiert werden.

Literatur

Bach, S., Grabka, M., Tomasch, E., Steuer- und Transfersystem: Hohe Umverteilung vor allem über die Sozialversicherung, DIW Wochenbericht 8/2015, 147–156.

Boll, S. Intergenerationale Umverteilungswirkungen der Fiskalpolitik in der BR Deutschland. Frankfurt/Main 1994.

Brown, C. V., Taxation and Labor Supply, Routledge 2018.

Grüske, K.-D. Effektive Umverteilung in der Bundesrepublik Deutschland? In: H. Hanusch, K.W. Roskamp , J. Wiseman (Hrsg.) Staat und Politische Ökonomie heute. Horst Claus Recktenwald zum 65. Geburtstag, S 346 ff, Stuttgart – New York 1985.

Guger, A., Rocha-Akis, S., Umverteilung durch den Staat in Österreich (Redistribution by the State in Austria), WIFO-Monatsberichte, 2016, 89(5), S.329–345.

Hochman H. M., und Rodgers, J. D., The Simple Politics of Distributional Preference, in: F. T. Juster (Ed.) The Distribution of Economic Well-Being, Cambridge, 1977.
Keane, M., Labor Supply and Taxes: A Survey, Journal of Economic Literature, 2011.
Krause-Junk, G. Bürgergeld – The Negative Income Tax. In: Jahrbücher für Nationalökonomie und Statistik 1997, 216:549 ff.
Neumark, F. Grundsätze gerechter und ökonomisch rationaler Steuerpolitik. Tübingen 1970.
Oberhauser, A. Vermögensverteilung als gesamtwirtschaftliche Aufgabe. In: Kirche und Gesellschaft,. Köln 1994.
Raffelshüschen, B., Walliser, J. Was hinterlassen wir zukünftigen Generationen? Ergebnisse der Generationenbilanzierung. In: B. Gahlen u.a., 1998, S. 301 ff.
Recktenwald, H.C., Grüske, K.-D. Justitia Distributiva durch Umverteilung? Eine Analyse der personalen Budgetinzidenz. In: Kyklos 1980, 33:16 ff.
Tatsiramos, K. Unemployment insurance in Europe: unemployment duration and subsequent employment stability. Journal of the European Economic Association 7(6), 2009: 1225–1260.

Weiterführende Literatur

Adema, W. What Do Countries Really Spend on Special Policies? In: OECD Econ. Studies, 1997, 28:153 ff.
Albers, W. (Hrsg.) Öffentliche Finanzwirtschaft und Verteilung. Berlin 1974.
Algan, Y., Cahuc, P., Zylberberg, A. Public employment and labour market performance. In: Economic Policy 2002, 9:65
Atkinson, A.B. The Economics of Inequality. 2nd ed, Oxford 1983.
Bach, S., Corneo, G. und Steiner, V.: Effective Taxation of Top Incomes in Germany, 1992–2002, mimeo, Berlin.
Bachtrögler-Unger, J., Bock-Schappelwein, J., Eckerstorfer, P., Huber, P., Mayrhuber, C., Sommer, M., Streicher, G., Die ökonomischen Auswirkungen einer Erhöhung der Gleichstellung von Frauen und Männern (The Economic Impact of Increasing Equality Between Women and Men), WIFO-Monatsberichte, 2020, 93(12), S.899–908
Badelt, Ch., Österle A. Grundzüge der Sozialpolitik. 2 Bde., Wien 1998.
Battisti, M., Felbermayr, G., Lehman, S., Inequality in Germany: Myths, Facts, and Policy Implications, 2016, IFO Working Paper No. 217.
Bohnet, A. Finanzwissenschaft. Staatliche Verteilungspolitik. München 1994.
Bös, D., Felderer, B. (Hrsg.) The Political Economy of Progressive Taxation. Berlin-Heidelberg 1989.
Boulding, K.E., Pfaff, M. (Hrsg.) Redistribution to the Rich and the Poor. The Grants Economics of Income Distribution. Belmont/Cal. 1972.
Bradford, D.F. (Hrsg.) Distributional Analysis for Tax Policy. La Vergne, Tenn., 1995.
Bruce, N. Waldman, M. Transfers in Kind: Why They Can Be Efficient and Nonpaternalistic. IN: American Economic Review 1991, 80:1345 ff.
Caminada, K., Goudswaard, K. International Trends in Income Inequality and Social Policy. In: International Tax and Public Finance 2001, 395:415
Christl, M., Köppl–Turyna, M., Lorenz, H., Kucsera, D., Redistribution within the tax-benefits system in Austria, Economic Analysis and Policy, 2020, Volume 68, 250–264.
Corneo, G., Schröder, C., König, J., Distributional Effects of Subsidizing Retirement Savings Accounts, 2018 FinanzArchiv: Public Finance Analysis, Vol. 74(4), 415–445(31).

Danziger, S., Havemann, R., Plotnik, R. How Income Transfer Programs Affect Work, Savings and the Income Distribution: A Critical Review. In: Journal of Economic Literature 1981, 19:975 ff.

Esping-Andersen, G., Myles, J., The Welfare State and Redistribution, In: Grusky, D. (Hrsg.), Social Stratification, 2019, Routledge.

Falkinger, J. Tax Evasion and Equity: A Theoretical Analysis. In: Public Finance 1988, 43:388 ff.

Förster, M.F. The Effects of Net Transfers on Low Incomes Among Non-Elderly Families. In: OECD Econ. Studies, 22, 1994, 181 ff.

Frey, R., Leu, R., Buhmann, B. Budgetinzidenz: Wer profitiert von den öffentlichen Leistungen und wer zahlt dafür? In: R. Frey, R. Leu (Hrsg.) Der Sozialstaat unter der Lupe. Wohlstandsverteilung und Wohlstandsumverteilung in der Schweiz, S. 149 ff, Basel 1988.

Fullerton, D., Rogers, D. L. Who Bears the Lifetime Tax Burden? Washington 1992.

Gandenberger, O. Einkommensabhängige staatliche Transfers. Baden-Baden 1989.

Grüske, K.-D. Die personale Budgetinzidenz. Eine Analyse für die Bundesrepublik. Göttingen 1978.

Grüske, K.-D. Personale Verteilung und Effizienz der Umverteilung. Göttingen 1985.

Guger, A. (Koord.) Umverteilung durch öffentliche Haushalte in Österreich. Österr. Institut für Wirtschaftsforschung, Wien 2008.

Hackmann, J. Die Besteuerung des Lebenseinkommens. Tübingen 1979.

Hanusch, H. Verteilung öffentlicher Leistungen. Göttingen 1976.

Hauser, R. u.a. Ziele und Möglichkeiten einer sozialen Grundsicherung. Baden-Baden 1996.

Hinterberger, F. Monetäre Verteilungspolitik. Zur Begründung und Bewertung verteilungspolitischer Maßnahmen am Beispiel Österreichs und der Bundesrepublik Deutschland. Berlin 1991.

Holzmann, R. Lebenseinkommen und Verteilungsanalyse. Berlin 1984.

Hüther, M. Gutachten zu den vorliegenden Berechnungen zu den fiskalischen Auswirkungen der Einführung eines Bürgergeldes. Wiesbaden-Bonn 1997.

Hüther, M. Intergierte Steuer- und Transfersysteme für die Bundesrepublik Deutschland. Berlin 1990.

Ifo-Institut für Wirtschaftsforschung, Umverteilung in der Bundesrepublik Deutschland. Das Zusammenwirken von Steuern und Sozialtransfers. 3 Bde. München 1988.

Jacobs, K. Einkommensbezug im Lebensverlauf. Positive und normative Aspekte aus verteilungspolitischer Sicht. Frankfurt/Main u.a. 1991.

Kaiser, H., Spahn, P.B. On the Efficiency and Distributive Justice of Consumption Taxes: A Study on VAT in West Germany. In: Journal of Economics/Zeitschrift für Nationalökonomie 1989, 49:99 ff.

Kaiser, J.H., van Essen, U., Spahn, P.B. Income Taxation and the Supply of Labour in West Germany. A Microeconomic Analysis with Special Reference to the West German Income Tax Reforms 1986–1990. In: Jb. für Nationalökonomie und Statistik 1992, 209:87 ff.

Karrenberg, H. u. a. Die Umverteilungswirkungen der Staatstätigkeit bei den wichtigsten Haushaltstypen. (Schriftenreihe des Rheinisch-Westfälischen Instituts für Wirtschaftsforschung, N F 43), Berlin 1980.

Kitterer, W. Die Belastung der privaten Haushalte mit indirekten Steuern. In: Mitteilungen des Rheinisch-Westfälischen Institutes für Wirtschaftsforschung 1978, 29:2 ff

Kitterer, W. Die Belastung der privaten Haushalte mit Umsatzsteuern. In: Mitteilungen des Institutes für Angewandte Wirtschaftsforschung, 10:20 ff, Tübingen 1982.

Krause-Junk, G. Finanzwirtschaftliche Verteilungspolitik. In: HdF 111:257 ff, Tübingen 1981.

Külp, B. Verteilung – Theorie und Politik. Stuttgart 1994.

Lambert, P.J., Pfähler, W. On the Aggregate Measures of the Net Redistributive Effect of Taxation and Government Expenditure. In: Public Finance Quarterly 1988, 16:178 ff.

Lyon, A.B., Schwab, R.M. Consumption Taxes in a Life-Cycle Framework: Are Sin Taxes Regressive? In: Review of Economics and Statistics 1995, 77:389 ff.
Metze, I. Negative Einkommensteuer. In: HdWW 9:788 ff. Stuttgart u. a. 1982.
Moffitt, R.A. The Negative Income Tax and the Evolution of U.S. Welfare Policy. In: Journal of Economic Perspectives 2003, 119:140
Müller, K., Bork, Ch. Verteilung und Fiskus: Die Auswirkungen der Einkommensbesteuerung auf die Einkommensverteilung. In: B. Gahlen u.a. 1998, S. 207 ff.
Oberhauser, A. Erbschafts- und Vermögensbesteuerung als Mittel zur gleichmäßigen Verteilung des Vermögensbestandes. In: W. Albers, 1974, S. 147 ff.
Oberhauser, A. Familie und Haushalt als Transferempfänger. Frankfurt 1989.
OECD (2021), Government at a Glance 2021, OECD Publishing, Paris.
OECD Taxing Consumption. Paris 1988.
OECD. Benefit Systems and Work Incentives. Paris 1998.
OECD. Income Distribution in OECD Countries. Paris 1995.
OECD. Making Work Pay. Paris 1996.
OECD. Tax Expenditures: A Review of the Issues and Country Practices. Paris 1984.
OECD. The Tax/Benefit Position of Employees 1995–1996. Paris 1994.
Rocha-Akis, S., Steiner, V., Zulehner, C., Verteilungswirkungen des österreichischen Steuer- und Sozialabgabensystems 2007/2016 (Distribution Effects of the Austrian Tax and Transfer System 2007-2016), WIFO-Monatsberichte, 2016, 89(5), S.347–359.
Saez, E., Public Economics and Inequality: Uncovering Our Social Nature, 2021, NBER Working Paper No. 28387
Scheer, C. Verteilungswirkungen der Einkommensteuer. Göttingen 1982.
Schmähl, W. (Hrsg.) Ansätze der Lebenseinkommensanalyse, Tübingen 1983.
Slemrod. J. (Hrsg.) Tax Progressivity and Income Inquality. Cambridge 1994.
Transfer-Enquete-Kommission, Das Transfersystem in der Bundesrepublik Deutschland. Bericht der Sachverständigenkommission zur Ermittlung des Einflusses staatlicher Transfereinkommen auf das verfügbare Einkommen der privaten Haushalte. Stuttgart u. a. 1981.
Tullock, G. Economics of Income Distribution. 2. Aufl., Dordrecht 1997.
United Nations, Canberra Handbook on Household Income Statistics, 2011, Genf.
Vierling, M. Lohnsubvention und negative Einkommensteuer. Berlin 1996.
Wrede, M. Ökonomische Theorie des Steuerentzuges: Steuervermeidung, -umgehung und -hinterziehung, Heidelberg 1993.

24 Zukunftsperspektiven des öffentlichen Sektors

Wie Joseph Schumpeter in seiner Schrift „Krise des Steuerstaates“ (1918) betonte, sind Finanzkrisen vielfach als Krisen der Methodik zu interpretieren, d. h. dass neuen Anforderungen vielfach nicht mit den bisherigen Formen der öffentlichen Aufgabenerfüllung entsprochen werden kann. Diese neuen Anforderungen können als Ergebnis langfristig wirkender Strukturentwicklungen und/oder als Ergebnis rasch wirksam werdender externer oder politischer Herausforderungen resultieren. Beide Faktoren können – und werden – auf die Dynamik des öffentlichen Sektors einwirken und gerade in ihrer gemeinsamen Wirkung zu „Krisen des Steuerstaates“ im Sinne Schumpeters führen.

24.1 Strukturelle Einflussfaktoren

Von der Vielzahl von strukturellen Wandlungen, denen jede dynamische Gesellschaft ausgesetzt ist, sind für die langfristige Entwicklung des öffentlichen Sektors folgende Faktoren von besonderer Bedeutung (vgl. auch Abschn. 2.4):

- **Globalisierung/Internationalisierung** von Wirtschaft und Gesellschaft. Auch wenn es in Folge der Corona-Krise in einzelnen Bereichen zu einer, u. U. auch nur vorübergehenden, Abschwächung der Globalisierungsdynamik kommt, ist doch insgesamt langfristig mit einer vielfach nicht mehr unumkehrbaren Zunahme der internationalen Mobilität zu rechnen. Für den öffentlichen Sektor von unmittelbarer Bedeutung ist hier die Mobilität auf den internationalen Kapitalmärkten, die zu massiver Bedeutung von Steuer- und Regulierungswettbewerb und damit zu deutlicher Einschränkung staatlicher Handlungsspielräume führt (siehe Kap. 17.2). Die wirtschaftsliberalen Grundtendenzen der letzten Jahrzehnte des 20. Jahrhunderts

E. Nowotny und M. Zagler, *Der öffentliche Sektor*,
https://doi.org/10.1007/978-3-658-36042-9_24

wurden in einer Vielzahl von internationalen Regelungen festgeschrieben, wie zum Beispiel im Rahmen von OECD[1] und IMF in Bezug auf Liberalisierung des Kapitalverkehrs, im Rahmen der WTO Liberalisierung des Güterverkehrs, sowie spezielle Investitionsschutz- und Besteuerungsabkommen. Für den öffentlichen Sektor hat dies speziell im Bereich der Besteuerung mobiler Produktionsfaktoren (Multinationale Unternehmen und Spitzenverdiener) zu einem Steuerwettbewerb nach unten („race to the bottom") geführt. Unter verteilungspolitischen und speziell auch Klima-politischen Aspekten werden nun Gegentendenzen sichtbar, z. B. Bemühungen um eine Einschränkung eines aggressiven Steuerwettbewerbs, speziell durch Kleinstaaten mit geringem Infrastrukturbedarf (wie karibische Staaten, Kanal-Inseln etc.). Die zunehmende Konzentration privater Finanzstärke bei großen globalisierten Unternehmen bleibt freilich eine wesentliche Herausforderung für entsprechende Versuche, die Handlungsfähigkeit des öffentlichen Sektors und die Chancengleichheit der nicht-globalisierten Bereich der Wirtschaft zu sichern.
Erhebliche Herausforderungen ergeben sich aber auch aus der zunehmenden globalen Mobilität auf den Arbeitsmärkten. Auf der einen Seite geht es hier um die wachsende Zahl national ungebundener Hochqualifizierter („citizens of nowhere"), wo sich aus dem „Kampf um Talente" entsprechende Herausforderungen für den öffentlichen Sektor ergeben. Auf der anderen Seite kommt es zu massiven Wanderungsbewegungen sozial schwacher Gruppen. Neben anderen Faktoren können neben besseren Erwerbschancen höhere Sozialleistungen in einem Land einen Anreiz zur Zuwanderung in dieses Land bedeuten. Für den öffentlichen Sektor ergibt sich daraus die Notwendigkeit zu entsprechenden Integrationsleistungen bis hin zur Gefahr, die Finanzierbarkeit des historisch entwickelten Sozialsystems zu gefährden.

- **Wachsende Bedeutung der europäischen Integration:** Die europäische Integration ist in weiten Bereichen auch als Bemühen zu sehen, Fortbestand und positive Weiterentwicklung des europäischen „Gesellschafts- und Wirtschaftsmodells" in Zeiten der Globalisierung zu ermöglichen. Das bedeutet notwendiger Weise für die einzelnen Mitgliedsstaaten der Europäischen Union – und speziell des „Euro-Raumes" – Einschränkungen ihrer autonomen Handlungsspielräume in einer Vielzahl von finanzpolitischen Bereichen (z. B. Beihilfe-Verbote, Stabilitätspakt, siehe auch Kap. 7). Eine besondere Herausforderung ergibt sich aus der langfristig wachsenden wirtschaftlichen (und politischen) Bedeutung Chinas, einem globalen Akteur mit deutlich unterschiedlichem gesellschaftspolitischem Modell. In dieser neuen globalen Machtkonstellation wird es wichtig sein, die Bedeutung der europäischen Integration zu stärken – mit entsprechenden Rückwirkungen auf dem öffentlichen Sektor der einzelnen Mitgliedsstaaten.

[1] OECD: Organization for Economic Cooperation and Development; IMF: International Monetary Fund; WTO: World Trade Organization.

- **Technologische Entwicklungen:** Speziell „skill-biased" technischer Fortschritt[2] und seine Auswirklungen auf die Arbeitsmärkte kann zu einer Tendenz wachsender Einkommensunterschiede führen. Um höhere gesellschaftliche Spannungen zu vermeiden, wird ein stärkeres öffentliches Engagement in den Bereichen Bildung-, Arbeitsmarkt-, Sozial- und Verteilungspolitik erforderlich sein. Technologische Entwicklungen, speziell Digitalisierung, Einsatz künstlicher Intelligenz, werden auch in vielen Bereichen die Produktionsformen im öffentlichen Sektor selbst verändern. Wesentliche Teile der öffentlichen Daseinsvorsorge – Bildungswesen, Gesundheitswesen, öffentliche Sicherheit – werden aber weiterhin überdurchschnittlich personalintensiv und damit im gesamtwirtschaftlichen Vergleich höheren Kostensteigerungen ausgesetzt sein (siehe Abschn. 2.4). Dies bedeutet höhere Finanzierungserfordernisse. Falls diese Finanzierungserfordernisse angesichts von Budgetrestriktionen nicht abgedeckt werden, kann dies zu einer Verschlechterung in der Qualität der entsprechenden öffentlichen Dienste und in der Folge zur „Auswanderung" zahlungsfähiger Teile der Bevölkerung zu privaten, marktfinanzierten, Anbietern entsprechender Dienstleistungen, z. B. im Bildungs- oder Gesundheitsbereich – führen. Dies kann langfristig Spaltungstendenzen im Gefüge einer Gesellschaft bewirken. Je weniger höhere Einkommensgruppen auf Leistungen des öffentlichen Sektors angewiesen sind, desto weniger wird auch ihr Interesse an der Finanzierung solcher Leistungen sein („services for the poor tend to become poor services"). Umgekehrt können über Mechanismen der Parteienkonkurrenz Verbände für die Vertretung von einzelnen Spezialinteressen („special interest groups") auch Druck auf die Bereitstellung spezifischer öffentlicher Leistungen (z. B. Agrarsubventionen) ausüben. Die Realität des öffentlichen Sektors wird demnach in Zukunft im Vergleich zum gegenwärtigen Zustand möglicherweise von noch stärkeren Divergenzen zwischen einzelnen Interessensgruppen bestimmt sein (vgl. Kap. 4).
- **Einkommens- und Vermögensverteilung:** Aus den oben angeführten Gründen ist mit einem zunehmendem einkommensmäßigen Auseinander-Klaffen der Gesellschaft zu rechnen. Das bedeutet eine zunehmende Schwierigkeit für den öffentlichen Sektor dieser Auseinanderentwicklung entgegenzuwirken. Bisher ist dies durch Maßnahmen der Einnahmenseite, und vor allem der Ausgabenseite des öffentlichen Sektors in erheblichem Ausmaß gelungen (siehe Kap. 23). Es ist aber eine Entwicklung absehbar, wo andere gesellschaftspolitische Prioritäten (z. B. Klima, internationale Wettbewerbsfähigkeit) dazu führen, dass die Bedeutung verteilungspolitischer Zielsetzungen für den öffentlichen Sektor zurückgeht. Eine spezielle Problematik ergibt sich im Bereich der Vermögensverteilung. Angesichts der nach Einkommen unterschiedlichen Sparfähigkeit ergibt sich in „Friedenszeiten" eine „automatische" Tendenz zu wachsender Ungleichheit der Vermögensverteilung. Da speziell die

[2] Unter skill-biased technologischem Fortschritt versteht man Produktivitätsfortschritte, von denen Qualifizierte mehr profitieren als Nicht-Qualifizierte.

internationale „Steuermobilität" der Eigner und Eignerinnen großer Vermögen sehr ausgeprägt ist, sind die Interventionsmöglichkeiten des öffentlichen Sektors bei international nicht koordiniertem Verhalten sehr gering. Ein wachsender Druck, die Verteilungseffekte von Maßnahmen der Klimapolitik fiskalisch auszugleichen, kann hier freilich zu neuen Diskussionen in Fragen der Erbschafts- und Vermögensbesteuerung und unter Umständen auch der Wettbewerbspolitik führen (siehe dazu Piketty, 2014).

- **Demographische und soziologische Entwicklungen:** Ein wachsender Anteil älterer Menschen an der Gesamtbevölkerung bedeutet für den öffentlichen Sektor zum einen zunehmende Herausforderungen in Bezug auf den Bereich öffentlicher Leistungen und zum anderen möglicher Weise Veränderungen in den Präferenzen der Wählerschaft. Im Bereich öffentlicher Leistungen geht es speziell um Organisation und Finanzierung des Pensions- und des Gesundheitssystems (siehe Abschn. 2.4.2). Darüber hinausgehende soziologische Entwicklungen betreffen zum Beispiel Änderungen der Familienstrukturen, insbesondere Zunahme von unvollständigen Familien und größere ethnische Vielfalt der Bevölkerung. Dies wird zu neuen Anforderungen und auch zu größerer Flexibilität in Bezug auf soziale Leistungen führen.

24.2 Corona und Klimapolitik als Wendepunkte der Finanzpolitik?

Neben evolutionären Entwicklungen gibt es langfristig immer wieder einzelne „disruptive" Phasen in der Gesellschafts- und Wirtschaftspolitik. Besonders dramatische Beispiele dafür sind Kriege, wo es auch nach ihrer Beendigung in der Regel nicht zu einer Rückkehr zum „status quo ex-ante" kommt. Für den öffentlichen Sektor gibt es eine Vielzahl historischer Beispiele entsprechender „Niveauverschiebungseffekte" („displacement effects"), wo über einen „Wendepunkt" eine neue Grundstruktur entsteht (vgl. Abschn. 2.4). In „friedlichen" Zeiten sind es tief greifende Krisen, die solche Veränderungen – mit unterschiedlicher Intensität – bewirken können. So hat etwa die „Finanzkrise" der Jahre 2008/09 für den Bereich der Finanzwirtschaft dazu geführt, die Politik der „De-Regulierung" der vorangegangenen zwei Jahrzehnte kritisch zu hinterfragen und vielfache Schritte einer „Re-Regulierung", speziell in Bezug auf die Stabilität des Bankensektors zu setzen. Sehr viel weitergehend dürften aber die Folgen für den öffentlichen Sektor sein, die sich aus der Corona-Krise und aus den Maßnahmen zur Einschränkung des Klimawandels ergeben.

24.2.1 Post-Corona: Eine neue Phase der Finanzpolitik?

Die durch die Corona-Pandemie ausgelöste Krise war weltweit – und speziell für Europa – die schwerste Wirtschaftskrise der Nachkriegszeit. Je nach gesundheitspolitischer Strategie und Handlungsfähigkeit des öffentlichen Sektors hat sie sich in den Staaten Europas unterschiedlich ausgewirkt, in jedem Fall aber zu einem massiven Rückgang des Sozialproduktes und zur Erhöhung des öffentlichen Defizits geführt. Ursprünglich eine durch medizinische Faktoren ausgelöste Krise der Angebotsseite, führte die Corona-Pandemie rasch durch verringerte Konsummöglichkeiten, wachsende Arbeitslosigkeit und Einkommensrückgänge auch zu einer Krise der Nachfrageseite. Manche Beobachter haben eine Analogie zur Konstellation einer „Kriegsökonomie" gezogen. Allerdings blieb im Fall der Corona-Krise das Angebotspotential intakt, sodass auch die Gefahr einer „Nachkriegs-Inflation" wesentlich geringer ist – es aber wegen einzelner Kapazitätsengpässe zu Preiserhöhungen in spezifischen Bereichen kommen kann.

Auf der Ebene der nationalen Finanzpolitik haben das Wirken „automatischer Stabilisatoren", vor allem aber diskretionäre Maßnahmen zu einer Erhöhung der Defizite in Größenordnungen geführt, die bisher in Friedenszeiten nie erreicht worden waren – wobei auch hier erhebliche nationale Unterschiede zu vermerken sind[3]. Die diskretionären Maßnahmen[4] setzten dabei auf der Ausgabenseite an, vor allem bei einem gewaltigen Ausbau des Instrumentes der Kurzarbeit, bei direkten Unterstützungszahlungen an Unternehmen und private Haushalte und bei staatlichen Garantien. Auf der Einnahmenseite der öffentlichen Haushalte waren speziell Moratorien für die Zahlung von Steuern und Sozialabgaben und befristete Senkungen der Umsatzsteuer von Bedeutung. Bei so umfassenden Krisenprogrammen sind nicht nur die Fragen des Volumens, sondern auch die Fragen der zeitlichen Effizienz und allfälliger Mitnahme-Effekte von Bedeutung. Aus Sicht vieler Beobachter dürfte sich hier vor allem das Instrument der Kurzarbeit bewährt haben, das auf bereits vorhandenen administrativen Erfahrungen aufbauen konnte – allerdings ökonomisch effizient nur als temporäres, nicht als permanentes Instrument einer Stabilisierungspolitik zu sehen ist.

Die Ebene der **Europäischen Union** war zunächst durch den abrupten Anstieg der staatlichen Defizite berührt, da dadurch sämtliche Grenzen des bestehenden Stabilitäts- und Wachstumspaktes (SWP) überschritten wurden (siehe Abschn. 7.4). Entsprechend wurde der Stabilitätspakt auch für die Jahre 2020 bis 2022 ausgesetzt. Während mit dem Konjunkturaufschwung eine relativ starke Wachstums-bedingte Reduktion der Defizitquoten zu erwarten ist, ist eine entsprechend rasche Reduktion der Verschuldungs-

[3] Budgetdefizite 2021 (in Prozent des BIP, Prognose EU-Kommission, Juli 2021): Deutschland: 7,5; Österreich: 7,6; Italien: 11,7. Schuldenquote (Q1/2021, in Prozent des BIP): Deutschland: 71,1; Österreich: 83,9; Italien: 160,0.

[4] Für einen detaillierten Überblick siehe u. a.: Zimmermann et al. 2021, S. 290 ff.; Pekanov 2021, S. 193 ff.

quoten (öffentliche Verschuldung in Prozent des BIP) wenig realistisch. Es hat daher in der EU bereits eine Diskussion darüber begonnen, wann und wie eine Neugestaltung gemeinsamer Regeln für die nationalen öffentlichen Haushalte erfolgen sollte. Der Ausgang dieser Diskussion wird wesentlich die künftigen Spielräume der Finanzpolitik der einzelnen Staaten der EU – und im Speziellen des Euro-Raumes – bestimmen.

Von erheblicher weiterführender Bedeutung ist der erstmalige massive Einsatz der EU als Träger einer für den gesamten EU-Raum koordinierten Stabilisierungspolitik (siehe Kap. 7). Hervorzuheben ist hier speziell die in dieser Größenordnung erstmalige Finanzierung des 750 Mrd. **„Next Generation EU"-Pakets** durch Ausgabe von EU-Schuldverschreibungen unter der Haftung des EU-Haushaltes und damit indirekt der Mitgliedstaaten. Es handelt sich entsprechend den EU-rechtlichen Vorgaben um eine einmalige Aktion mit einer Tilgungsperspektive bis 2058. Es geht daher im strengen Sinn (noch) nicht um „Euro-Bonds", längerfristig kann sich hier aber wohl eine entsprechende politische Dynamik ergeben. Für die nächsten Jahre ist die EU jedenfalls einer der weltweit größten Emittenten auf dem internationalen Markt staatlicher Schuldtitel und hat für ihre Emissionen auch bereits lebhafte Nachfrage gefunden. Gleichzeitig ist für die Empfängerstaaten das Programm „Next Generation EU" mit seinem zentralen Bereich der „Aufbau- und Resilienzfazilität" auch mit erheblichen strukturpolitischen Konditionen verbunden (hoher Anteil an Investitionen für Klimaschutz und Digitalisierung). Entsprechende nationale Planungen sind von der EU-Kommission vor der Freigabe der Mittel zu überprüfen. Insgesamt ist damit ein massiver und wohl langfristig wirkender Zuwachs an wirtschafts- und finanzpolitischer Kompetenz für die EU-Gremien erfolgt. Hinsichtlich der zeitlichen Wirksamkeit hat sich freilich gezeigt, dass die politischen und administrativen Entscheidungsprozesse auf EU-Ebene sehr langwierig sind, sodass die Bedeutung der EU-Programme eher im strukturellen, als im stabilisierungspolitischen Bereich anzusehen ist.

Die Corona-Krise hat auch deutlich gezeigt, wie eng, speziell in Krisen-Zeiten, Fragen der Finanzpolitik mit Fragen der **Geldpolitik,** speziell mit Fragen der finanzwirtschaftlichen Stabilität, verbunden sind. Zentral für Fragen des wirtschaftlichen Überlebens ist dabei die Sicherung ausreichender Liquidität. Die **EZB** hat auf verschiedenen Wegen den Banken entsprechende Liquidität bereitgestellt, die dann – zum Teil unterstützt durch staatliche Garantien – an den Unternehmensbereich weitergeleitet wurde. Die massive Liquiditätsbereitstellung durch die EZB hat auch dazu geführt, dass der mit der Krise verbundene starke Zuwachs an öffentlicher Verschuldung von den Kapitalmärkten problemlos finanziert werden konnte, wobei der starke Rückgang der zu zahlenden Anleihezinsen dazu führte, dass trotz Erhöhung der Schuldenquote der Anteil des öffentlichen Zinsendienstes am Bruttoinlandsprodukt in einigen Staaten sogar zurückging.

Geldpolitische Entscheidungen können wesentlich rascher erfolgen als finanzpolitische und entsprechend konnte die EZB mit dem speziellen **„Pandemic Emergency Purchase Program" (PEPP)** im Gesamtvolumen von 1850 Mrd. EUR rasch auf die Herausforderungen durch die Corona-Krise reagieren. Es zeigte sich damit, dass jedenfalls in Krisensituationen eine unabhängige Notenbank bereit und in der Lage ist, ein gesamtwirtschaftliches Stabilisierungsprogramm wirksam zu unterstützen. Das allein ist schon – gegeben die Erfahrungen aus der Weltwirtschaftskrise der 1930er Jahre, aber auch der vorschnellen Konsolidierung nach 2010 – von erheblicher weiterführender Bedeutung.

Insgesamt kann der Einsatz der Wirtschaftspolitik zur Bewältigung der Corona-Krise als durchaus erfolgreich gesehen werden[5]. Unter längerfristigen Aspekten kann sich aus diesem Erfolg eine höhere Bereitschaft zu stabilitätspolitischem Handeln des öffentlichen Sektors ergeben – wohl auch unter Akzeptanz höherer Defizite und Schuldenstände. Allerdings darf hier nicht übersehen werden, dass für ein einzelnes Mitgliedsland des Euro-Raumes öffentliche Verschuldung jeweils eine Verschuldung in einer „Fremdwährung" darstellt und daher engeren ökonomischen Grenzen unterliegt als dies etwa für die USA der Fall ist (siehe Abschn. 18.3). Hier kommen demnach einer Gesamtverschuldung auf EU-Ebene und dem Verhältnis zwischen Geld- und Finanzpolitik langfristig strategische Bedeutung zu.

24.2.2 Herausforderungen der Klima-Politik

EU-Parlament und nationale Parlamente haben ambitionierte Ziele im Bereich der Klima-Politik gesetzt. Die Umsetzung dieser Ziele wird mittel- und langfristig massive Auswirkungen auf den öffentlichen Sektor haben (siehe Kap. 22). Von besonderer Bedeutung ist dabei die von der EU ausgehende Dynamik, aufbauend auf dem Umsetzungspaket **„fit for 55"**[6]. Es geht dabei um Lenkungsmaßnahmen in Bereichen der Struktur-, speziell der Verkehrspolitik und um steuerliche Maßnahmen, speziell in Form einer umfassenden CO_2-Abgabe. Mit all diesen umweltpolitisch motivierten Maßnahmen können erhebliche „Nebeneffekte" in Bezug auf Beschäftigung, Wirtschaftsdynamik und Einkommensverteilung verbunden sein. Ein empirisch tragfähiger Überblick über Form und Ausmaß dieser „Nebeneffekte" ist derzeit vielfach noch nicht verfügbar – es ist aber absehbar, dass sich für den öffentlichen Sektor hier eine Vielfalt von Zielkonflikten bzw. Kompensationserfordernissen ergeben wird. Besondere Herausforderungen stellen sich hier auch im Bereich der für die Europäische Wirtschaft insgesamt zentralen außenwirtschaftlichen Verflechtungen, was sich etwa in der Diskussion um umweltpolitische „Grenzabgaben" gegenüber CO_2-intensiven Importen zeigt, ebenso wie in Fragen der Sicherung der Wettbewerbsfähigkeit europäischer Exporteure. Viel wird hier von Umfang und Verfügbarkeit technischer Innovationen abhängen – die wieder in

[5]Wachstumsraten 2020/2021 (Prozent EU-Kommission, Juni 2021): EU: -6,1/+4,3; Deutschland: -4,8/3,7; Österreich: -6,3/4,0.

[6]Dies bezieht sich auf das Ziel der EU, die CO_2-Emissionen im EU-Bereich insgesamt bis 2030 um mindestens 55 % zu reduzieren.

wesentlichen Bereichen von der Zielorientierung und Effizienz staatlicher Bildungs- und Technologiepolitik abhängt (siehe Kap. 21). Die Rolle des öffentlichen Sektors wird hier tendenziell zunehmen angesichts der steigenden Bedeutung der Grundlagenforschung einerseits und auch der wachsenden Notwendigkeit einer wirksamen Wettbewerbspolitik, speziell im Bereich der „quasi-natürlichen Monopole" durch „Netzwerk-Effekte" in vielen Anwendungsformen des Internet und der sozialen Netzwerke.

24.3 Gesamtperspektive

Wie gezeigt, wird sich der öffentliche Sektor bei längerfristiger Betrachtung einer Vielzahl von Herausforderungen gegenüberstehen. Wichtig ist dabei, diese Herausforderungen nicht jeweils isoliert zu betrachten, sondern als Teile einer Gesamtentwicklung. Damit stellt sich aber die für die Finanz- und Wirtschaftspolitik zentrale – in Theorie, wie Praxis aber oft übersehene – Problematik von **Zielkonflikten** zwischen den einzelnen Anforderungen. Die Auseinandersetzung mit diesen Zielkonflikten ist wesentliches Element der politischen Entscheidungsprozesse. Dies bedeutet auch zunehmende Probleme für Formen einer „regelgebundenen Wirtschaftspolitik", die auf ein einzelnes Ziel oder Instrumentalziel (z. B. Budgetdefizit) abstellen, während die Berücksichtigung von Zielkonflikten stets eine gewisse Flexibilität erfordert. Insgesamt gibt es jedenfalls viele Hinweise, dass die Rolle des öffentlichen Sektors im Wirtschafts- und Sozialgeschehen langfristig zunehmen wird. Offen, im Schumpeter'schen Sinn, sind freilich die Methoden. Konkret: Ob sich diese wachsende Rolle im direkten Einsatz von öffentlichen Ausgaben und Einnahmen zeigen wird oder in verstärkten bzw. anders akzentuierten ordnungspolitischen Regelungen gegenüber dem privatwirtschaftlichen Bereich. Zweifellos gilt aber weiterhin Schumpeters Diktum (1918): „Die Finanzen sind eine der besten Angriffspunkte der Untersuchung des sozialen Getriebes, besonders, aber nicht ausschließlich, des politischen".

Literatur

Pekanov, A., Europäische Wirtschaftspolitik in der COVID-19-Krise. In: WIFO Monatsberichte 3/2021
Piketty, T., Capital in the 21st century, Harvard University Press, 2014.
Zimmermann, H., Henke, K.-D., Broer, M., Finanzwissenschaft, 13. Aufl., München 2021

Weiterführende Literatur

Badelt, Ch., Österreichs Wirtschaftspolitik in COVID-19-Zeiten und danach. In: WIFO Monatsberichte 1/2021
Broer, M., Henke, K.-D., Zimmermann, H., Zur Zukunft der EU-Finanzen nach Corona. In: Wirtschaftsdienst 2020, Heft 12, S. 928 ff.

Brunnermeier, M., Die resiliente Gesellschaft, Berlin 2021

Fuest, C., Wie wir unsere Wirtschaft retten – Der Weg aus der Corona-Krise, Berlin 2020

Mason, P., Postkapitalismus. Grundrisse einer kommenden Ökonomie, Berlin 2016

Mazzucato, M., The Value of Everything: Making and Taking in the Global Economy. London 2018

Nowotny, E., Euro-Bond, Corona und "Kriegsfinanzierung". OeGfE Policy Brief 09/2020.

Nowotny, E., Rules versus Flexibility and the Future of European Monetary Policy, OeGfE Policy Brief, 03/2020

Rifkin, J., Der globale Green New Deal, Frankfurt 2019

Sachverständigenrat zur Begutachtung der gesamtwirtschaftlichen Entwicklung, Jahresgutachten 2020/21 „Corona-Krise gemeinsam bewältigen, Resilienz und Wachstum stärken".

Schumpeter, J., Die Krise des Steuerstaates. In: Zeitfragen aus dem Gebiet der Soziologie, Graz 2018, wieder abgedruckt in: R. Hickel, Hrsg., R. Goldscheid, J. Schumpeter, Beiträge zur politischen Ökonomie der Staatsfinanzen, Frankfurt 1976.

Shafik, M., What we owe each other, London 2020

Wissenschaftlicher Beirat beim Bundesfinanzministerium, Konjunkturpolitik in der Coronakrise, Berlin 2020

Printed by Printforce, the Netherlands